TOULOUSE, ALBI, CARCASSONNE

Mit Katharerland, Canal du Midi und Montagne Noire

Heike Bentheimer

TRESCHER VERLAG

1. Auflage 2022

Trescher Verlag
Reinhardtstr. 9
10117 Berlin
www.trescher-verlag.de

ISBN 978-3-89794-600-2

Herausgegeben von Bernd Schwenkros und Detlev von Oppeln
Reihenentwurf und Gesamtgestaltung: Bernd Chill
Lektorat: Sabine Fach
Redaktionelle Mitarbeit: Hinnerk Dreppenstedt
Stadtpläne und Karten: Johann Maria Just, Martin Kapp, Dorit Hahnewald, Bernd Chill unter Verwendung von Daten von © OpenStreetMap-Mitwirkende/www.openstreetmap.org
(Kartenregister → S. 385)

Gedruckt auf chlorfrei gebleichtem Papier
Printed in Germany

Alle Angaben in diesem Reiseführer wurden sorgfältig recherchiert und überprüft. Dennoch können Entwicklungen vor Ort dazu führen, dass einzelne Informationen nicht mehr aktuell sind. Gerne nehmen wir dazu Ihre Hinweise und Anregungen entgegen. Bitte schreiben Sie an post@trescher-verlag.de.

Titel: Blick über den Tarn auf Albi mit Bischofspalast und Kathedrale (→ S. 198)
Vordere Umschlagklappe: Das Rathaus von Toulouse (→ S. 80)
Hintere Umschlagklappe: Cordes-sur-Ciel (→ S. 242)

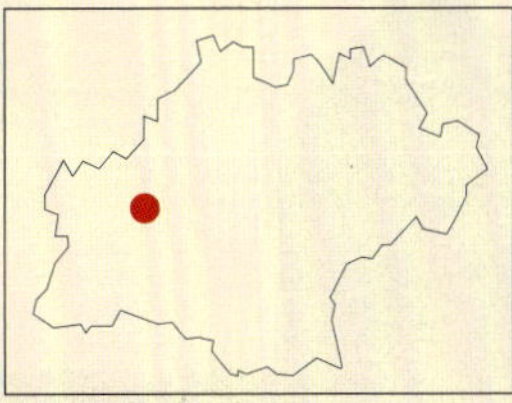
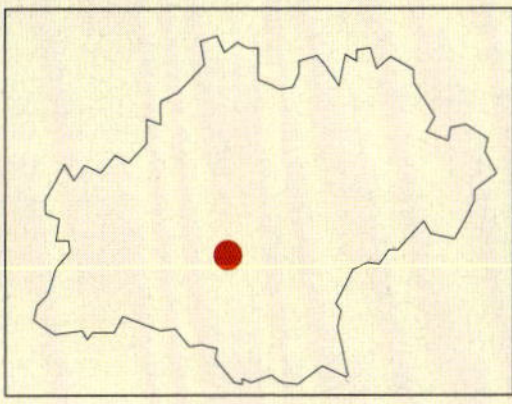
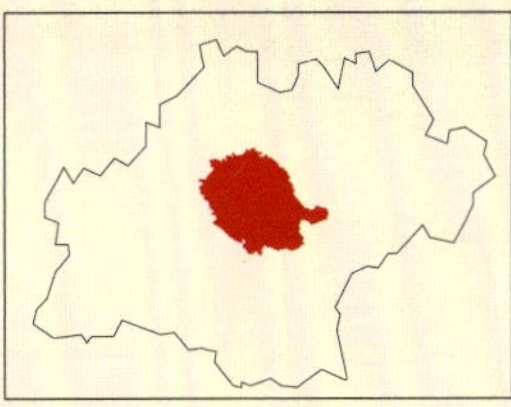
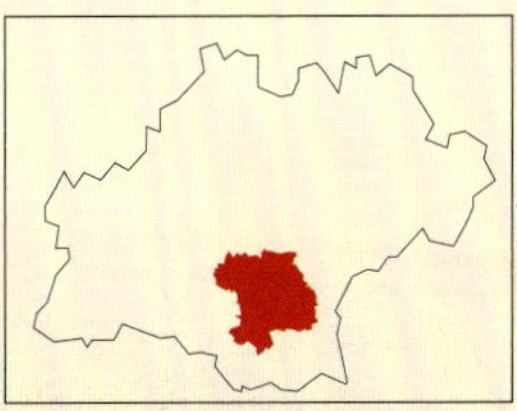

Ausflugsschiff auf der Garonne in Toulouse

CAPITOLIUM

EXTRA

In der mittelalterlichen Oberstadt von Carcassonne

Vorwort

Zugegeben, Frankreich hat viele schöne Regionen. Manche davon locken mit Meer, andere mit Gebirgen. Das sogenannte Midi Toulousain im Dreieck zwischen den Städten Toulouse, Albi und Carcassonne hat weder das eine, noch das andere. Offiziell gab und gibt es die Region nicht einmal. Bis 2016 hieß sie Midi-Pyrénées und war eine Erfindung der 1960er Jahre. Inzwischen nennt sie sich Okzitanien. Doch auch Okzitanien ist eigentlich gar keine Region, sondern eine Identität, basierend auf der alten Sprache Okzitanisch. Und selbst diese spricht heute kaum jemand mehr. Okzitanier zu sein, bedeutet die Leichtigkeit des Seins und ein Gefühl von »Mia san mia«.

So viel regionales Selbstbewusstsein, aber auch regionale Eigenarten rufen gerne Neider und Spötter auf den Plan und so gibt es viele Klischees über die Region. Doch auch über solch vermeintliche Verunglimpfungen kann ein Okzitanier nur lächeln. So heißt es in Frankreich gerne mal, die Leute aus der Region könnten nicht richtig sprechen. Und tatsächlich ist der melodische Singsang, der vor allem in Toulouse selbst weidlich gepflegt wird, für Nicht-Okzitanier oftmals unverständlich. Wobei wir wieder beim Vergleich mit den Bayern wären... Doch bei aller Häme über den starken Akzent wählten die Franzosen doch bei einer Umfrage das Toulousain zum sexiesten und charmantesten Dialekt im Lande. Putaing!

Das Vorurteil, dass die Leute aus Okzitanien immer unpünktlich seien, stimmt auch nur bedingt. Am besten trifft es der Ausdruck »le quart heure toulousain«, die Tolosaner Viertelstunde. Sie sind immer pünktlich 15 Minuten nach der verabredeten Zeit am Treffpunkt. Nie später, aber auch nie früher. Auf die Minute unpünktlich also. Es ist leicht, in Okzitanien und mit seinen Menschen zurecht zu kommen. Und sie kommen umgekehrt mit – fast – jedem zurecht. Nur nicht mit Bordelaisern. Wer aus Bordeaux kommt und ein Auto mit der verräterischen Nummer 33 fährt, gilt als Snob und damit als nicht sonderlich sympathisch. Doch kaum ein Leser dieses Reiseführers wird vermutlich diesen »Geburtsfehler« haben und kann sich somit eines warmen, herzlichen Empfangs in Okzitanien sicher sein.

Seit fast 800 Jahren ist die Region französisch und doch bis heute eigenständig und anders. Nicht politisch eigenständig, aber in Tradition, Kultur und Brauchtum. Stolz auf die Geschichte, die Sprache, die Traditionen. Ja, Okzitanien ist ein Lebensgefühl, egal welch sperrige Namen die Gegend im Südwesten in den nächsten Jahrhunderten möglicherweise noch bekommen wird. Nicht umsonst wird das Gebiet auch Pays de Cocagne, zu Deutsch Schlaraffenland, genannt. Der verheißungsvolle Begriff, dieser fiktive Ort aus diversen Märchen, steht für eine Gegend, in der alles im Überfluss vorhanden ist. Genießen ist die größte Tugend der Bewohner des Schlaraffenlandes und genau das prägt das Leben in Okzitanien.

In diesem Sinne: Genießen Sie den Aufenthalt in Okzitanien und »Bon voyage« oder »Bon viatge« auf gut Okzitanisch!

Herausragende Sehenswürdigkeiten

Toulouse ▾

La vie en rose in der Ville rose – die Hauptstadt Okzitaniens hat mit der Pilgerkirche Saint-Sernin eine herausragende Sehenswürdigkeit, die allein schon eine Reise lohnt. Aber auch die Jakobinerkirche, das Musée des Augustins und das Museum für zeitgenössische Kunst Les Abattoirs sind sehr lohnend. Die ganze Stadt ist ein einziges Kunstwerk, dank ihrer roten Backsteinhäuser, die ihr den Beinamen gaben. Luft- und Raumfahrtfans kommen an der Metropole, in der Airbus seinen Sitz hat, ebenfalls nicht vorbei. Ob Cité de l'Espace, Aérospace oder Airbus, für jeden Technikfan ist etwas dabei. → S. 67

Pays de Cocagne

Der Anbau von Pastel (Pflanze zur Gewinnung von Indigo-Blau) machte die Region einst reich und es wurde zum Pays de Cocagne – Schlaraffenland. Heute ist die fruchtbare Gegend ein Paradies für Wanderer. Ob auf dem Pastelweg oder dem Knoblauchspfad, idyllische Wege finden sich allenthalben, unberührt vom Massentourismus. Durch die zentrale Lage zwischen Toulouse, Castres und Albi für mobile Reisende eine ideale und ruhige Basis. → S. 168

Castres ▾

Die Geburtsstadt des berühmten Sozialisten Jean Jaurès war einst eine Hochburg der Hugenotten und ein Zentrum des Pastelanbaus. Dank des Vermächtnisses von Francisco de Goya besitzt Castres ein Museum von Weltruf. Malerische Häuser am Fluss Agout sorgen für Flair. → S. 182

Albi ▾

UNESCO-Weltkulturerbe dank der alles überragenden Kathedrale Sainte-Cécile und des Bischofspalastes, in dem das grandiose Toulouse-Lautrec-Museum untergebracht ist. Die Kunstwerke des kleinsten aller großen Maler Frankreichs kann man nur hier sehen, da sie nie ausgeliehen werden. Die spektakuläre Lage am Tarn macht aus Albi ein Gesamtkunstwerk. → S. 198

Cordes-sur-Ciel ▲

Malerischer geht es kaum: die Bastide scheint wirklich am Himmel zu kratzen und die Aussicht ist grandios. Die Oberstadt wirkt, als sei die Zeit stehengeblieben, und nirgends kann man eine ähnlich aufregende Zeitreise ins 13. und 14. Jahrhundert machen wie hier, dank der vielen gotischen Häuser. → S. 242

Carcassonne

Bilderbuchansichten und ein Muss für Freunde von Geschichte und Geschichten rund um Ritter und Burgfräulein. Die einst mächtige und stolze Burg wurde das Hauptopfer im Albigenserkreuzzug. Lage, Wehrmauern und rekonstruierte Burg lassen das Mittelalter wieder lebendig werden. Eine Märchenkulisse und Europas größte Festungsstadt. → S. 259

Canal du Midi

Ein Meisterwerk der Ingenieurskunst, das den Traum einer Verbindung zwischen den Meeren erfüllte und völlig zu Recht zum UNESCO-Weltkulturerbe zählt. Im Schatten von zigtausend Platanen kann man per Rad oder Hausboot die beschauliche Gegend des Lauragais und das Weinland des Minervois mit verschlafenen Dörfern und guter Gastronomie entdecken und die Langsamkeit zum Reiseziel erheben. → S. 309

Pays des Cathares ◄

Weinberge, Schluchten, bezaubernde Dörfer, beeindruckende Burgen, dramatische Geschichte – das Land vor der spektakulären Kulisse der Pyrenäen birgt kulturelle und landschaftliche Höhepunkte. Die Geschichte von Rennes-le-Château inspirierte Dan Brown zu seinem Bestseller um den »Da Vinci Code«. Die Burg von Puivert ist der Inbegriff mittelalterlicher Ritterromantik. Unbedingt sehenswert ist der Blick auf die Burgruine Montségur, in der sich die letzten Katharer verschanzt hatten. → S. 325

Limoux und Saint-Hilaire ▲

Die Wiege des Schaumweines! Auch wenn man es in der Champagne nicht wahrhaben will, der prickelnde Gaumengenuss wurde im 16. Jahrhundert in der Abtei Saint-Hilaire erfunden. In Limoux lernt man die Unterschiede zwischen Blanquette und Crémant am besten durch Versuch! → S. 334

Das Wichtigste in Kürze

Die seit 2016 bestehende Region Okzitanien, aus einer Fusion der Regionen Midi-Pyrénées und Languedoc-Roussillon hervorgegangen, ist mit über 70 000 Quadratkilometern Fläche viel zu groß, hat viel zu viele sehenswerte Orte, um sie in nur einem Reiseführer abzuarbeiten. Deshalb widmet sich dieses Buch der **Hauptstadt Toulouse** sowie den angrenzenden **Départements Tarn und Aude**. Dieses Gebiet umfasst damit weitere interessante Städte wie Albi und Carcassonne, die zum UNESCO-Weltkulturerbe zählen, sowie die Landstriche Pays de Cocagne und Pays Cathare, also das Schlaraffenland und das Land der Katharer.

Das erste Kapitel **Land und Leute** gibt eine umfassende Einführung in das Gebiet hinsichtlich Geographie, Geschichte, Kunst, Architektur, Brauchtum und Küche. In den weiteren Kapiteln werden die sehenswertesten Orte und Stätten im **Großraum Toulouse**, in **Albi**, in **Carcassonne** sowie im **Umland** vorgestellt. Zahlreiche **Extra-Texte** geben in gesonderten Kästen tiefergehende Hintergrundinformationen. Am Ende aller beschriebenen Orte finden sich **praktische Tipps zu Übernachtung**, **Restaurants**, **Eintrittsbedingungen** und **Freizeitgestaltung**. Die Preisspannen bei Hotels umfassen die unterschiedlichen Tarife je nach Saison. Hochsaisonpreise gelten in der Regel von Juli bis September. Frühstück ist in der Regel nicht enthalten, angegebene Preise sind Zimmerpreise. Für ein Frühstück muss man zwischen 10 und 15 Euro pro Person rechnen, in Luxushotels manchmal bis zu 25 Euro. Bei Gästezimmern in Bed & Breakfasts sind hingegen die Kosten für ein Frühstück für zwei Personen inkludiert. In solchen privat geführten Häusern handelt es sich allerdings meist um ein französisches Frühstück ohne Wurst und Käse. In den Restaurants beziehen sich die Preise auf die üblicherweise in Frankreich angebotenen Drei-Gänge-Menüs.

Im Anhang finden sich alle reiserelevanten Informationen in den **Reisetipps von A bis Z**, ein **Sprachführer**, ein **Ratgeber zu Essen und Trinken**, das **Glossar** sowie **Literatur- und Internettipps**.

Preisangaben

► **Hotels**
€ unter 60 Euro
€€ 60–120 Euro
€€€ 120–200 Euro
€€€€ 200–300 Euro
€€€€€ über 300 Euro

► **Campingplätze**
€ unter 15 Euro
€€ 15–30 Euro
€€€ 30–45 Euro
€€€€ über 45 Euro

► **Restaurants**
€ unter 15 Euro
€€ 15–30 Euro
€€€ 30–60 Euro
€€€€ 60–100 Euro
€€€€€ über 100 Euro

Unterwegs in der Region

Innerhalb des Städtedreiecks Toulouse–Albi–Carcassonne kann man sich recht gut mit öffentlichen Verkehrsmitteln, v.a. mit Lokalzügen, bewegen. Will man aber auch ländliche Gebiete wie das Pays des Cathares oder die Montagne Noire und die Dörfer im Cabardès erkunden, braucht man ein Auto, da die meisten Orte gar nicht oder nur schwer mit öffentlichen Verkehrsmitteln erreichbar sind.

Auto- und Straßenverkehr

Höchstgeschwindigkeit auf Autobahnen 130 km/h, bei Nässe 110 km/h. Auf vierspurigen Nationalstraßen gelten 110 km/h, bei Nässe 100 km/h, bei nur zweispurigen Nationalstraßen und anderen Landstraßen 90 km/h, 50 km/h innerorts. Wer seinen Führerschein noch keine zwei Jahre besitzt, muss sich jeweils an die bei Nässe geltenden Limits halten. Gurtpflicht gilt auf Vorder- wie Rücksitzen. Der maximal erlaubte Blutalkoholgehalt beträgt 0,5 Promille.

Öffnungszeiten

Es gibt kein allgemeines Ladenschlussgesetz wie in Deutschland, daher können die Öffnungszeiten variieren. Kleinere Geschäfte machen in der Regel eine Mittagspause von 2 Stunden zwischen 12 und 14 Uhr. Morgens öffnen die meisten Läden um 10 Uhr, abends sind sie bis 18 oder 19 Uhr geöffnet. Größere Supermärkte am Stadtrand öffnen morgens früher, meist ab 8.30 Uhr und sind abends oft bis 20 Uhr geöffnet. Mit Ausnahme der großen Ketten sind Geschäfte am Montagmorgen geschlossen.

Etikette in Restaurants

Grundsätzlich wird in Frankreich ein Tisch angewiesen und es gilt als übergriffig und unhöflich, wenn man sich einfach an einen freien Tisch setzt. Zudem sitzen sich Paare in Frankreich gegenüber, das typisch deutsche Nebeneinandersitzen wird schon deshalb nicht akzeptiert, da zwei Plätze dadurch verloren gehen. Will man am Ende getrennt bezahlen, muss man es auf jeden Fall zu Beginn anzeigen, ansonsten gibt es automatisch am Ende des Essens eine Rechnung für den ganzen Tisch. Dass der Gast seinen ganzen Verzehr aufzählen muss und der Kellner/die Kellnerin zusammenrechnet, kennt man in Frankreich nicht. Alles, was bestellt wurde, wird in die Kasse unter der Tischnummer eingetippt, deshalb muss auch anfangs geklärt werden, ob man separat bezahlen will.

Kaffee oder Café

Kaffee mit Milch, also *Café au lait* bedeutet in Frankreich halb Kaffee, halb Milch und wird nur zum Frühstück getrunken. Ansonsten heißt *Café*, dass man einen Espresso bekommt, *Café crème* bedeutet Kaffee, also Espresso, mit Kaffeesahne, will man ihn in »deutscher Größe« ist dies ein *Grand café crème*. Filterkaffee, wie er übli-

Blick über Lautrec

Roséwein aus Okzitanien

cherweise in Deutschland getrunken wird, heißt *Café à l'américaine*. *Thé* bedeutet immer schwarzer Tee, will man Kräutertee, muss man nach *Tisane* fragen. Was man im deutschsprachigen Raum als Café oder Kaffeehaus kennt, also ein Lokal, in dem Kaffee und Kuchen serviert wird, nennt sich in Frankreich »Salon de thé«. In einem »Café« werden neben Kaffee eher Sandwiches, Snacks oder Salate angeboten.

Frühstück in Frankreich

Nicht umsonst hat das französische Wort für Frühstück (*petit-déjeuner*) ein »klein« voranstehen. In Familien und einfacheren Hotels oder Gästehäusern besteht es in der Regel aus nicht viel mehr als Baguette und/oder Croissants, Butter und Marmelade sowie einem Heißgetränk. Für Gäste wird oft zusätzlich Obst, Joghurt, Kuchen, Viennoiserien wie Brioche oder Pain au chocolat und Saft gereicht, manchmal sogar Käse. Die beliebte deutsche Frühstücksgewohnheit auch Wurst zu essen, kennt man in Frankreich nicht. Nur in höherklassigen Hotels und internationalen Ketten wird sogenanntes kontinentales Frühstück, meist auf Buffets, angeboten, dann auch mit Schinken und Salami. In vielen dieser Hotels steht beim Frühstück ein Korb mit frischen Eiern, die man sich selbst in einem Wasserbad kochen kann. Dabei sollte man ein paar Minuten zugeben, da das Wasser selten sprudelnd kocht.

Wasser und Mineralwasser

In jedem Restaurant, selbst in Sternerestaurants, kann man in Frankreich nach einer kostenlosen Karaffe Wasser, *une carafe d'eau*, verlangen und bekommt ohne scheelen Seitenblick das überall unbedenklich zu genießende Leitungswasser. Bestellt man ein *Eau mineral* erhält man stets stilles Mineralwasser. Will man das in Deutschland beliebtere kohlensäurehaltige Wasser, muss man *Eau minérale gazeuse* ordern.

Trinkgeld

Das Trinkgeld (*pourboire*) ist in der Regel schon mit 15 % in der Rechnung der Restaurants enthalten – vermerkt mit dem Zusatz »Service compris«. Bei aufmerksamem Service lässt man nur ein paar Euro zusätzlich liegen, in Höhe von 3–5 % der Summe. Zahlt man, wie in Frankreich üblich mit der Karte, lässt man das Trinkgeld separat auf dem Tisch liegen. Es wird nicht gerne gesehen, das Trinkgeld auf die Kartenabbuchung aufzuschlagen, da dieses dann versteuert werden müsste. Man lässt sich bei Barzahlung üblicherweise den vollen Restbetrag zurückgeben und lässt dann liegen, was man für richtig erachtet. Für Zimmermädchen ist es üblich einen Euro Trinkgeld pro Tag pro Person liegen zu lassen. Bei Taxifahrten gibt man rund 10 %.

Wichtige Telefonnummern

Vorwahl nach Frankreich: 0033
Vorwahl nach Deutschland: 0049
Polizei (Police): 17
Rettungsdienst (SAMU): 15
Feuerwehr (Pompiers): 18
Notruf (Urgence): 112

Deutschsprachiger ADAC-Notruf: 0049/89222222.
Französischer Pannendienst AIT-Assistance: 08000/89222.
Zentrale Notrufnummer zum Sperren von EC/Kreditkarten: 0049/116116

Ausführliche Informationen in den Reisetipps von A bis Z ab → S. 341

Entfernungstabelle

	Albi	Carcassonne	Castelnaudary	Castres	Cordes-s.C.	Gaillac	Lavaur	Limoux	Mirepoix	Montségur	Rennes-le-Ch.	St-Sulpice-l-P.	Toulouse
Toulouse	77	94	62	78	82	57	41	99	80	118	119	35	
St-Sulpice-l-P.	47	116	70	52	52	26	15	109	110	146	129		35
Rennes-le-Ch.	145	45	61	103	165	141	116	20	52	50		129	119
Montségur	149	77	64	114	196	171	136	53	31		50	146	118
Mirepoix	152	46	33	83	157	133	89	34		31	52	110	80
Limoux	133	25	41	83	145	121	95		34	53	20	109	99
Lavaur	53	98	56	39	51	26		95	89	136	116	15	41
Gaillac	27	113	82	49	25		26	121	133	171	141	26	57
Cordes-s.C.	25	137	105	67		25	51	145	157	196	165	52	82
Castres	43	65	53		67	49	39	83	83	114	103	52	78
Castelnaudary	92	37		53	105	82	56	41	33	64	61	70	62
Carcassonne	108		37	65	137	113	98	25	46	77	45	116	94
Albi		108	92	43	25	27	53	133	152	149	145	47	77

»Wo Milch und Honig fließen, wo die Wiesen grünen, wo die Obstbäume sprießen, wo Bacchus in den Weinbergen regiert und Ceres über die Felder herrscht... wo man beschenkt ist mit Wein und beschenkt mit Brot, beschenkt mit Fleisch und beschenkt mit Fisch.«

Johannes de Garlandia, Mitbegründer der Universität Toulouse und erster Professor der Kunstfakultät, 1230 in einem Aufruf an Studenten aller Länder, nach Toulouse zu kommen

Am Canal du Midi

LAND UND LEUTE

Okzitanien: Zahlen und Fakten

Name der Region: Occitanie
Historische Namen: Comté Toulouse, Sénéchaussée Toulouse
Hauptstadt: Toulouse
Weitere große Städte: Albi 49 000 Einw., Carcassonne 46 000 Einw., Castres 41 600 Einw.
Längster Fluss: Garonne, wichtigster Zufluss ist der Tarn.
Fläche: 72724 km^2, 13,2 % der Fläche Frankreichs
Einwohnerzahl: 5,88 Millionen (Stand August 2020). 8,7 %aller Franzosen
Einwohnerzahl der betreffenden Départements: Aude 368 000, Haute-Garonne 1,35 Millionen, Tarn 368 500.
Bevölkerungswachstum: 1,2 %, so hoch wie nirgends sonst in Frankreich
Bevölkerungsdichte: 81 Einw. pro km^2
Bevölkerungsverteilung: 31 % in ländlichen Gebieten, 69 % in Städten (Vergleich ganz Frankreich: im Durchschnitt nur 23 % ländliche Bevölkerung)
Präsidentin: Carole Delga (seit Januar 2016).
Administrative Gliederung: 13 Départements (seit 1.1. 2016), 36 Arrondissements, 269 Kantone, 4488 Gemeinden (12,7 % aller französischen Kommunen).
Départements: Ariège, Aude, Aveyron, Gard, Gers, Haute-Garonne, Hautes-Pyrénées, Hérault, Lot, Lozère, Pyrénées-Orientales, Tarn, Tarn-et-Garonne
Sitz der Präfekturen der im Reiseführer behandelten Départements: Carcassonne (Aude), Toulouse (Haute-Garonne), Albi (Tarn)
Größe der betreffenden Départements: Aude 6140 km^2, Haute-Garonne 6316 km^2, Tarn 5758 km^2
Einwohnerzahl der betreffenden Départements: Aude 373 000, Haute-Garonne 1,38 Millionen, Tarn 388 500
Bevölkerungsdichte der betreffenden Départements: Aude 61 Einw. pro km^2, Haute-Garonne 219, Tarn 67
Erwerbstätigkeit Okzitanien gesamt: 2,5 Millionen Beschäftigte, Landwirtschaft 3,4 %, Industrie 16,8 %, Handel und Dienstleistungen 79,8 %
Anteil am BIP Frankreichs: 7,3 % (Rang 4)
Arbeitslosenquote: 11,6 Prozent (2020)
Flagge: goldenes Tolosanerkreuz auf rotem Grund in Kombination mit den rotgoldenen katalanischen Streifen des ehemaligen Roussillon
Zeit: MEZ
KFZ-Zeichen/Ordnungsnummern der Départements: Aude 11, Haute-Garonne 31, Tarn 81
Nationalfeiertag: 14. Juli
Internationale Telefonvorwahl: +33
Internetkennung: .fr

Die Flagge Okzitaniens

Geographie

Historisch betrachtet gab es nie ein geographisches oder politisches Territorium, das den Namen Okzitanien trug. Der Begriff wurde zunächst im Mittelalter benutzt, um die Gebiete zu bezeichnen, die nach den Albigenserkriegen und dem Hundertjährigen Krieg an die französische Krone fielen. Erst durch die starke Zentralisierung Frankreichs im 19. und 20. Jahrhundert wurde der Begriff Okzitanien als Ausdruck regionaler Eigenständigkeit in kultureller Hinsicht verwendet und ist räumlich nur schwer einzugrenzen. Im weitesten Sinne ist es das südliche Drittel Frankreichs, in dem die Bejahungsformel »Oc« gebräuchlich war. Das in diesem Buch beschriebene Gebiet Okzitaniens orientiert sich an den großen kulturellen Zentren im Südwesten der 2016 neu geschaffenen Region Occitanie und umfasst somit den nördlichen Teil des Départements Haute-Garonne sowie die Départements Tarn und Aude.

Das Midi

Der Begriff Midi tauchte als geografischer Begriff erstmals im 19. Jahrhundert auf, als der Schriftsteller Alphonse Daudet in seiner »Numa Roumestan« von einem Midi gascon, einem Midi provençal, einem auvergnatischen, einem Midi von Marseille, einem von Bordeaux und auch einem Midi von Toulouse schrieb. Im Grunde meint der Begriff die der Mittagssonne zugewandte Südhälfte Frankreichs. Die Abgrenzung nach Süden ist einfach, da Mittelmeer und Pyrenäen eine natürliche Grenze bilden. Nach Norden wird es schon schwieriger. Gemeinhin nimmt man heute den 45. Breitengrad, also nördlich von Bordeaux bis Valence an der Rhône und Briançon nahe der italienischen Grenze in den Alpen.

Als geopolitischer Begriff taucht das Wort erstmals in der Regionalbezeichnung Midi-Pyrénées auf, die 1960 mit Einrichtung der damals 22 französischen Regionen geschaffen wurde. Seit 2016 ist nun auch diese Territorialbezeichnung wieder Geschichte, seit durch Fusionen zwischen Regionen die Zahl auf 13 geschrumpft wurde. Auch der Name der neuen Region Occitanie, Okzitanien zu deutsch, war bislang nie ein geografisches oder politisches Territorium. Als Lingua Occitana – und davon abgeleitet Languedoc – wurden nach dem Albigenserkreuzzug die Gebiete genannt, die als Folge dieses Krieges an die französische Krone angeschlossen wurden. Damit nahm die seit dem 13. Jahrhundert verwendete Provinzbezeichnung Languedoc mehr Bezug auf die sprachliche Einheit als auf eine geographische.

Flüsse

Schon der antike Name Aquitania für den Südwesten Galliens lässt auf den Wasserreichtum schließen. Auch die vielfach verbreitete Endsilbe -ac vieler Ortsnamen wie Gaillac oder Saissac verweist auf selbigen. Die größten und wichtigsten Flüsse sind die Garonne, die sich kurz hinter Bordeaux mit der Dordogne zum Mündungsästuar Gironde vereint, und ihr wichtigster Zufluss Tarn, sowie

Blick in die Tarnschlucht von der Pointe Sublime bei Massegros (Lozère)

die Aude. Zusammen mit den Nebenflüssen wie dem Agout sind sie der Hauptsiedlungsraum im Südwesten und damit auch maßgeblich für Kultur, Wirtschaft und Geschichte in diesem Gebiet. Als nach der Französischen Revolution die alten Herrschaftsgebiete aufgelöst wurden, entstanden die meist nach Flüssen benannten Départements – immerhin 65 von heute 95, darunter die Départements Haute-Garonne, Aude und Tarn.

Garonne

In den katalanischen Pyrenäen entspringt auf 1872 Metern über dem Meeresspiegel an den Flanken des Pic d'Aneto im Val d'Aran die Garonne. Sie verläuft auf insgesamt 647 Kilometern, davon 522 auf französischem Staatsgebiet, bevor sie sich mit der Dordogne zur Gironde vereint. Zwischen Toulouse und Bordeaux nimmt sie mit dem Tarn und dem Lot die zwei wichtigsten Nebenflüsse auf. Der durchschnittliche Durchlauf liegt bei 630 Kubikmetern pro Sekunde. Ihren Namen verdankt sie der Zusammensetzung des keltischen »garr« für Steine oder Felsen und »unna« für Fluss, woraus zu Römerzeiten Garumna und später Garonne wurde. Der »steinige Fluss« führt im August nur rund 190 Kubikmeter Wasser pro Sekunde, im Februar dagegen 1030 Kubikmeter pro Sekunde. Seit dem Bau des Canal du Midi wurde die Garonne zum wichtigen Verbindungsglied zwischen Mittelmeer und Atlantik. Die größten Metropolen des Südwestens, Toulouse und Bordeaux, liegen an der Garonne. Drei Départements führen sie in ihrem Namen: Haute-Garonne, Tarn-et-Garonne und Lot-et-Garonne in der Region Nouvelle-Aquitaine.

Tarn

Seinen Namen verdankt der 380 Kilometer lange Fluss den keltischen Begriffen »tan« (felsig) und »ar« (Flussbett), woraus Tanara und schließlich Tarn wurde. In den Cevennen am Mont Lozère entspringt er und bildet in seinem Oberlauf eine spektakuläre Schlucht durch das Kalkhochplateau der Causses in der Rouergue, einer ehemaligen Grafschaft, die in etwa dem heutigen Département Aveyron entspricht. Dort nimmt er vor allem im Frühjahr, zur Zeit der Schneeschmelze, schnell Fahrt auf. Der Agout sowie der Tescou sind seine beiden wichtigsten Zuflüsse im beschriebenen Gebiet. Zwei verheerende Hochwasserkatastrophen sind historisch belegt. Die erste am 18. Juni 1766 und die zweite am 3. März 1930. Die durchschnittliche Ablaufmenge liegt bei 230 Kubikmetern pro Sekunde, gemessen bei Moissac, wo der Tarn in die Garonne mündet. Bei der Überschwemmung von 1930 waren es 6000 Kubikmeter pro Sekunde. In besonders trockenen Sommern sinkt der Wert aber auch manchmal extrem ab. Der niedrigste jemals gemessene Wert lag bei nur acht Kubikmetern pro Sekunde. Auch nach dem Tarn sind zwei Départements benannt: Tarn und Tarn-et-Garonne.

Agout

Der Agout entspringt ebenfalls im Zentralmassiv, in den Monts de l'Espinouse. Bevor er das Département Tarn erreicht, durchläuft er bereits das Hérault. Nach vielen Richtungsänderungen erreicht er schließlich bei Saint-Sulpice-la-Pointe, nach 194 Kilometern Lauflänge, dank der vielen Mäander, den Tarn. Sein Name leitet sich vom lateinischen ad-guttum ab, das zu Aguotis wurde und meint soviel wie Abwasserkanal. Rund 55 Kubikmeter Wasser pro Sekunde bringt er dem Tarn durchschnittlich an Zulauf.

Aude

In den östlichen Pyrenäen entspringt die Aude und verläuft zunächst in nördliche Richtung. Bei Carcassonne ändert sie ihren Lauf nach Osten und strebt schließlich dem Mittelmeer zu, wo sie letztendlich im Gemeindegebiet von Fleury bei Narbonne mündet. In der Antike hieß der 224 Kilometer lange Fluss Atax bei den Römern, Narbón bei den Griechen. Der griechische Geograph Strabon nannte als Ursprung des Namens Fluvium Atacis oder Atax das keltische Wort für »brausend« atacos. Tatsächlich braust er im Frühjahr anfangs mit rund 80 Kubikmeter Wasser pro Sekunde aus den Pyrenäen, während er bei Carcassonne schon wesentlich gemächlicher mit nur noch einem Viertel der Durchlaufmenge dahinfließt. Im November 1999 sorgte die Aude für eine katastrophale Überschwemmung, die 35 Opfer forderte. Zwei außergewöhnliche Wetterphänomene kamen dabei zusammen. Zum einen heftige Gewitterniederschläge, bei denen mit 620 Millimeter innerhalb von zwei Tagen soviel Regen fiel wie sonst in über einem Jahr, zum anderen ein starker Sturm über dem Golf du Lion, der den Wasserstand des Mittelmeers 80 Zentimeter hoch peitschte und den Ablauf der Aude verhinderte. Auch im Herbst 2018 führte die Aude wieder ein außergewöhnliches Hochwasser, das allerdings durch rechtzeitige Evakuierungsmaßnahmen glimpflicher verlief.

Gebirge

Neben den Flüssen sorgen die Mittelgebirge Montagne Noire und Corbières für die abwechslungsreichen Landschaften zwischen dem Zentralmassiv im Norden und den Pyrenäen im Süden. Die über 3400 Meter hohe Pyrenäenhauptket-

Der Pic de Bugarach, die höchste Erhebung der Corbières

te sorgt bei klarem Wetter für eine beeindruckende Kulisse, ist aber nicht Teil dieses Reiseführers, ebenso wie die sogenannte Nordpyrenäenfront, die südlich der Garonne für ein welliges Gelände sorgt. Die Montagne Noire sind der südlichste Teil des Zentralmassivs, das durch die variskische Gebirgshebung vor rund 550 Millionen Jahren entstand.

Corbières

Die Corbières entstanden beim Zusammenprall von eurasischer und afrikanischer Kontinentalplatte vor ungefähr 65 Millionen Jahren, als auch die Alpen aufgetürmt wurden. Dabei wurden Meeresbodenablagerungen gepresst und hochgedrückt, so dass der Sockel der Corbières größtenteils aus Kalk und Schiefer besteht. Durch Erosion über die Jahrmillionen erreicht die Gebirgskette eine Durchschnittshöhe von 400 bis 500 Höhenmetern. Den Namen haben die Corbières vom Wort für die Raben, auf Latein corvaria.

Die Gebirgskette zieht sich vom Mittelmeer am Kap Leucate etwa 130 Kilometer ins Landesinnere, parallel zu den Pyrenäen, von denen sie durch den Fluss Agly abgegrenzt werden. Die Corbières werfen nach Norden zwei Falten, durch deren Mitte sich die Aude ihren Weg gesucht hat. Die höchste Erhebung in den Corbières ist der Pic de Bugarach, in der Nähe von Rennes-le-Château, mit einer Höhe von 1231 Metern. Oftmals findet sich die Bezeichnung Puech, Pech oder Puèg an Bergnamen, was nichts anderes als das okzitanische Wort, je nach Dialekt, für Berg ist und ursprünglich vom lateinischen podium stammt. Vor allem für rundkuppige, eher flache Berggipfel, die an eine Plattform erinnern, ist Puèg und seine Abwandlungen eine gebräuchliche Bezeichnung.

Montagne Noire

Eine Depression, durch die die Aude ab Carcassonne verläuft, trennt die Corbières von den Montagne Noire als südlichster Ausläufer des wesentlich älteren Zentralmassivs. Die »Schwarzen Berge« sind ein ungefähr 35 Kilometer langes Bergmassiv, das sich auf rund 25 Kilometer Breite zwischen Mazamet im Norden und Carcassonne im Süden erstreckt. Das Zentralmassiv entstand durch die variskische Gebirgshebung vor rund 550 Millionen Jahren. Es bildet keine geographische Einheit, sondern gliedert sich durch Unterschiede in Klima und Bodenverhältnissen in mehrere stark differenzierte Regionen. Dazu gehören im Südwesten große Kalksteinplateaus, die abgeleitet vom lateinischen calx für Kalk Causses genannt werden. Nach Westen laufen diese über die Causses de Limogne bei Moissac in das aquitanische Becken aus. Dieses Becken wiederum wird nach Südosten durch die Montagne Noire abgegrenzt.

Im Vergleich zu den Corbières mit ihren tertiären Kalken sind die Gesteine der Montagne Noire erdgeschichtlich wesentlich älter. Der Hauptstock besteht aus paläozoischen Graniten, die vor zirka 360 Millionen Jahren entstanden sind. Durch Metamorphose, ausgelöst durch hohe Temperaturen und hohen Druck während der alpidischen Faltung, wurde an den westlichen Rändern der Granit zu Gneis (Orthogneis), während im Norden Richtung Albi aus Verwitterungston kristalline Schiefer entstanden. Die höchste Erhebung der Montagne Noire ist der 1211 Meter hohe Pic de Nore, der fast gänzlich aus Gneis besteht.

Als Teil des Altgebirges Massif Central besteht die geologische Basis der Montagne Noire aus Granit und metamorphen Gesteinen wie Gneis. Durch die massiven tektonischen Bewegungen im Tertiär kam es zu Überschiebungen, so dass in den südlichen Ausläufern des Zentralmassivs vielerorts das ältere Gestein von anderen Stellen auf die jüngeren Decken geschoben wurde. Charakteristisch für diese Überschiebungsdecken sind flach gewellte Gesteinskörper in den Faltengebirgen, wie zum Beispiel der Ségala im nördlichen Teil des Départements Tarn.

Klima

Mit durchschnittlich 2000 Sonnenstunden an 300 Sonnentagen gehört Okzitanien zu den sonnigsten Regionen Frankreichs. Der Frühling beginnt früh und oft kann man bis Oktober sommerlich-warme Temperaturen genießen. Meist steigen die Temperaturen schon Mitte April auf über 20 Grad. Im Juli und August werden im Schnitt an die 30 Grad erreicht, in Spitzen aber auch deutlich mehr. Im Herbst kann man meist einen schönen Altweibersommer mit Temperaturen bis zu 25 Grad genießen. Erst im Oktober gehen die Temperaturen auf unter 20 Grad zurück. Auch die Winter sind in den Tieflagen mit Tiefstwerten um zehn Grad meist mild und selbst in den hügeligen Ausläufern des Zentralmassivs oder im Pyrenäenvorland sinken die Nachttemperaturen selten unter den Gefrierpunkt.

Obwohl die Region für ihr schönes, warmes – manchmal zu warmes – Wetter berühmt ist, kann es natürlich auch in Okzitanien mal regnen. Die regenreichste Zeit ist das Frühjahr, der Mai hat mit 50 Millimetern Niederschlag die »höchsten« Werte. Von Juni bis September gibt es im Durchschnitt nur sieben Regentage, dafür aber pro Tag acht Sonnenstunden. Am trockensten ist der September bei nur 24 Millimeter Niederschlag im Durchschnitt. Nur selten fällt im Winter etwas Schnee. Die Niederschläge im Sommer sind oft starken Gewittern geschuldet, wohingegen im Winter häufiger Nieselregen fällt.

Zwei Winde gestalten das Klima im Südwesten maßgeblich mit: der Autan und der Tramontane. Der Tramontane kommt von Nordwesten und bringt Abkühlung, während der Autan mit warmen und launenhaften Böen über Okzitanien weht. Er ist meist Vorbote von Unwettern, die vom Atlantik her aufziehen. Außerdem sorgt er bei vielen wetterfühligen Menschen für Nervosität und taugt – wie der Föhn im Voralpenland – als Ausrede für Kopfweh und schlechte Laune.

Reisezeit

Aufgrund des Klimas liegt die beste Reisezeit zwischen Mai und Oktober. Toulouse selbst zählt zwar jährlich bis zu 5,6 Millionen Touristen, doch gibt es keine wirkliche Hochsaison, da sich die Besucherzahlen fast gleichmäßig auf die sechs Monate von Mai bis Oktober verteilen. Das Umland wie das Pays de Cocagne ist touristisch, bislang zumindest, ebenfalls eher unentdeckt. Anders sieht es in Albi und Carcassonne aus. Vor allem während der französischen Sommerferien in den Monaten Juli und August herrscht in den beiden Top-Sehenswürdigkeiten Hochsaison. Da zu dieser Zeit die Hotelpreise meist höher und die Straßen deutlich voller sind, sind vor allem die Monate Mai, Juni, September und Oktober besonders empfehlenswert. Toulouse hat das ganze Jahr über Saison, selbst im Winter, wenn die Stadt mit ihrem Weihnachtsmarkt lockt. Im Hochsommer ist die Stadt deutlich entvölkert, wenn die mehr als 110 000 Studenten Semesterferien haben und die Airbus-Mitarbeiter ihrerseits Urlaub in anderen Teilen Frankreichs machen. Insbesondere zwischen dem Nationalfeiertag am 14. Juli und dem Maria-Himmelfahrts-Tag am 15. August ist die Stadt sehr ruhig. Umgekehrt ist es im Winter außerhalb von Toulouse vielfach schwierig Übernachtungsmöglichkeiten zu finden, da viele Hotels und Restaurants im Januar und Februar für ihren Jahresurlaub schließen.

Die Brücke von Hautpoul in den Montagne Noir bei Mazamet

Geschichte

Bereits seit der Altsteinzeit, dem Paläolithikum, ist der Südwesten Frankreichs nachweislich besiedelt. Die bislang älteste Spur, der Tautavel-Mensch, datiert auf rund 450 000 Jahre. Im mittleren Paläolithikum tauchte vor etwa 200 000 Jahren der Neandertaler auf und vor rund 40 000 Jahren erschien der moderne Mensch, der Homo sapiens sapiens, auf der Bildfläche. Dessen Schädel wurde erstmals 1868 in einer Halbhöhle, Abri in der Fachsprache, beim Dorf Cro Magnon an der Vézère im nördlich benachbarten Périgord gefunden. Die erste Kulturstufe dieser Epoche nennt sich Aurignacien nach einem Fundort im Süden des Départements Haute-Garonne, südwestlich von Toulouse. Es tauchten erstmals Werkzeuge und Kleinkunst aus Knochen und Elfenbein auf. Außerdem entstanden die ersten Höhlenmalereien wie die in der Höhle von Chauvet an der Ardèche.

Während des Aurignacien verschwand der Neandertaler, vermutlich war er der technischen Überlegenheit des Cro Magnon-Menschen unterlegen. Mit dem Ende der Würm-Eiszeit wich das Eis nach Norden zurück und mit ihm die Rentiere, die wichtigsten Beutetiere des Cro Magnon-Menschen. Die Jäger der Altsteinzeit wanderten den Tieren nach und verließen daher die ehemals so günstigen Siedlungsräume im Südwesten. Dies bedeutete gleichzeitig das Ende der prähistorischen Kunst in Okzitanien.

Die Steinzeit endete Mitte des dritten vorchristlichen Jahrtausends mit dem Auftreten der Glockenbecherleute, die die Kenntnis der Kupfermetallurgie auch in den Südwesten Frankreichs brachten. Da Legierungen auf Kupferbasis zu wesentlich härteren Waffen geschmiedet werden konnten, verloren Stein- und Knochenspitzen schnell ihre Jahrtausende währende Bedeutung. Bronze, das heißt 90 Prozent Kupfer und zehn Prozent Zinn, war das Material der nächsten knapp 2000 Jahre.

Tafel an der Fundstätte des Cro-Magnon-Menschen

Vercingetorix ergibt sich Cäsar, Gemälde von Lionel Roger aus dem Jahre 1899

Antike

Sogenannte Keltiberer oder Proto-Basken, die im »Gallischen Krieg« als Aquitanier bezeichnet wurden, waren Nachkommen dieser bronzezeitlichen Kultur. Laut Cäsar waren die Aquitanier, berühmt für ihre Eisenarbeiten, geborene Bergleute und Metallarbeiter. Zu ihnen gehörten Stämme wie die Elusaten und Ausker, die im Gebiet des heutigen Départements Gers westlich von Toulouse lebten. Die Kelten als Träger der spätbronzezeitlichen Urnenfelderkultur im Donauraum, dem Salzkammergut und der Westschweiz begannen um 800 vor Christus in Mitteleuropa mit der Eisenverhüttung und läuteten damit die Eisenzeit ein. Ab dem 7. vorchristlichen Jahrhundert breiteten sie sich Richtung Westen aus, wo sie von den Römern als Gallier bezeichnet wurden.

Gallier

Bei Cäsar heißt es: »Ganz Gallien ist in drei Teile geteilt, von denen einen die Belger bewohnen, einen anderen die Aquitanier und den dritten die, die sich selbst Kelten nennen, in unserer Sprache aber Gallier heißen. Diese alle unterscheiden sich durch Sprache, Einrichtungen und Gesetze voneinander. Die Gallier trennt von den Aquitaniern der Fluss Garumna [Garonne]…«. In ihrer eigenen Sprache bedeutete Kelten so viel wie die »Mächtigen« oder »Starken«, Gallier leitet sich vom keltischen Wort für »Krieger« ab. Erst in der Renaissance, also im 16. Jahrhundert, führte man den »Gallischen Hahn« als Wappentier Frankreichs ein, weil man irrtümlicherweise das lateinische Wort »gallus« (Hahn) für den Ursprung der Bezeichnung hielt. Der Begriff Gallien tauchte erstmals 168 vor Christus bei Cato dem Älteren schriftlich auf und wurde in der Römerzeit namensgebend für die drei neugeschaffenen römischen Provinzen.

Die Kelten waren in einzelnen Stämmen organisiert. Zu den Kelten, die nördlich und östlich der Garonne beheimatet waren, gehörten die Tektosagen in der Gegend um Toulouse, weiter nordöstlich im Zentralmassiv waren, als einer der mächtigsten Stämme, die Averner beheimatet. Sie standen unter der Führung des Fürsten Vercingetorix, der zum mächtigsten Gegenspieler Cäsars avancierte. Bereits ab 58 vor Christus führte Cäsar seinen Eroberungskrieg gegen Keltenstämme wie die Helvetier, die mit Rom verbündete Stämme vermeintlich bedroht hatten. Nach seinen ersten Erfolgen wollte Cäsar schließlich ganz Gallien erobern, doch formierte sich 52 vor Christus der keltische Widerstand. Die Stämme machten Vercingetorix zum Führer des Aufstandes, der den Römern am Hauptoppidum der Averner Gergovia eine bittere Niederlage beibrachte.

Eine Zusammenkunft der Keltenstämme in Alesia nutzte Cäsar, um die Aufständischen einzuschließen und zu belagern. Auch ein Entsatzheer der Cadurcer von 350 000 Mann unter Leitung ihres Fürsten Lucterius, konnte den doppelten Belagerungsring Cäsars nicht durchbrechen. Da die in Alesia Eingeschlossenen kurz vor dem Hungertod standen, lieferte sich Vercingetorix schließlich dem Gegner aus. Cäsars Ziel war damit erreicht, die gallischen Stämme im Wesentlichen besiegt. Der letzte Ort, den Cäsar 51 vor Christus eroberte, war Uxellodunum, der Hauptort der Cadurcer, an der Dordogne gelegen. Da die Gallier des langen und verlustreichen Kampfes müde waren und Cäsar geschickt mit den Keltenführern verhandelte, akzeptierten die meisten Keltenstämme die Herrschaft der Römer. Die letzten aufständischen Gallier in den französischen Alpen besiegte allerdings erst Kaiser Augustus im Jahre 6 vor Christus, woran das Tropaeum Alpium, ein Siegesmonument in La Turbie bei Monaco, erinnert.

Römer

Unter Kaiser Augustus, Cäsars Großneffe und Haupterbe, wurde Gallien tiefgreifend romanisiert. Er vergrößerte die Provincia Gallia Aquitania nach Norden bis zur Loire und nach Osten um das Zentralmassiv. Bereits 125 vor Christus hatten die Römer den Mittelmeerraum Galliens bis zur Garonne erobert und zur Provincia Gallia Transalpina erklärt. Diese Provinz, zu der Tolosa, also Toulouse, gehörte, wurde nach ihrer ersten Hauptstadt zur Gallia Narbonensis. Insbesondere in dieser Provinz war die Romanisierung schon bald so weit vorangeschritten, dass unter Kaiser Claudius die ersten Gallier in den römischen Senat aufgenommen wurden. Anfang des 3. Jahrhunderts bekamen alle freien Reichsbewohner, so auch die Gallier, dank der Constitutio Antoniniana von Kaiser Caracalla römisches Bürgerrecht.

Ende des 3. Jahrhunderts wurden die Provinzen durch Diokletians Reichsreformen neu eingeteilt. Das Gebiet Aquitaniens südlich der Garonne wurde zur Novempopulana, die nördlichen Teile zur Aquitania I und Aquitania II. Die Narbonnensis wurde um ihre nordöstliche Hälfte verkleinert. Diese neuen Verwaltungseinheiten wurden als Diözesen bezeichnet, ohne dass dies einen Bezug zur heutigen Bedeutung des Wortes als Bistum gehabt hatte. Das Christentum hat sich nur langsam und frühestens ab dem 4. Jahrhundert verbreitet. Während dieser Zeit drangen im Zuge der Völkerwanderung große germanische Kriegertrup-

Westgotische Könige (Codex Vigilanus)

pen nach Gallien ein. Unter ihnen auch die Westgoten, Burgunder und Franken. Noch vor dem Ende des weströmischen Reiches 476 war die Römerherrschaft in Gallien peu à peu zerbrochen.

Westgoten

Die Westgoten wurden in Aquitania 418 als vertraglich verbündete Föderaten angesiedelt, um Gallien vor anderen Völkern und Stämmen zu schützen. So kämpften sie 451 an der Seite der Römer gegen die Hunnen auf den Katalaunischen Feldern. Im Laufe des 5. Jahrhunderts dehnten die Westgoten ihr Reich, das sie von Tolosa, dem heutigen Toulouse, aus verwalteten, weiter aus. Der Name ihrer Hauptstadt verlieh dem Westgoten-Reich seinen Namen: Tolosanisches Reich. Im Süden reichte es bis weit nach Hispanien hinein, im Osten bis zur Rhône und nach Norden dehnte es sich bis zur Loire aus. Ein Vorstoß gegen Rom scheiterte zwar, brachte aber 475 die Anerkennung der Unabhängigkeit des Tolosanischen Reiches, ein Jahr vor dem Untergang des weströmischen Reiches.

An der Nordgrenze des Reiches erwuchs den Westgoten in den Franken unter dem Merowinger Chlodwig ein neuer, starker Nachbar, der sich per Heirat mit den östlich benachbarten Burgundern verbunden hatte. Im Jahre 507 kam es in der Schlacht von Vouillé zum entscheidenden Aufeinandertreffen der beiden neuen Großmächte in Gallien, aus dem die Franken siegreich hervor gingen. Die Westgoten mussten sich auf ihre hispanischen Besitzungen südlich der Pyrenäen zurückziehen, von wo sie im Jahre 711 durch arabische Eroberer vertrieben wurde.

Frankenreich

Chlodwig, der Sohn eines fränkischen Kleinkönigs, konnte mehrere fränkische Stämme vereinen. Nach der Hochzeit mit der Burgunder-Prinzessin Chlothilde und einer siegreichen Schlacht gegen die Alemannen konvertierte er zum Katholizismus und wurde vermutlich 496 in Reims zum ersten fränkischen König gesalbt und gekrönt. Durch den Sieg über die Westgoten avancierte er zum uneingeschränkten Herrscher über Gallien.

Das Frankenreich wurde in die Gebiete Austrien, Neustrien und Burgund aufgeteilt. Okzitanien war Teil Neustriens, das erstmals von Paris aus regiert wurde. Ab dem späten 7. Jahrhundert übernahmen unter schwachen Merowinger-Königen die Hausmeier genannten Verwalter mehr und mehr die tatsächliche Macht. Ab 687 herrschten faktisch die Karolinger über Neustrien. Der karolingische Hausmeier in Neustrien, Karl Martell, konnte im 8. Jahrhundert auch die anderen Reichsteile als Hausmeier verwalten. Die nach Norden vordringenden Sarazenen besiegte er 732 in der Schlacht von Tours und sicherte damit die faktische Herrschaft der Karolinger.

Karolinger

Karl Martells Sohn Pippin der Kurze sollte 20 Jahre später dann auch offiziell die Herrschaft übernehmen, das karolingische Königreich der Franken begründen und seinem Sohn Karl dem Großen vererben. Im Vertrag von Verdun 843 wurde das Reich unter den Enkeln von Karl beziehungsweise Söhnen von Ludwig dem Frommen geteilt. Okzitanien war Teil des Westreichs unter Karl dem Kahlen, das im Osten entlang einer Grenze über die Flüsse Rhône, Saône, Maas und Schelde an das Reich des erstgeborenen Lothar grenzte. Der mittlere Sohn Ludwig bekam das Ostreich jenseits des Rheins, also Deutschland.

Als die Zentralmacht der Karolinger in der Nachfolge Karls des Kahlen mehr und mehr bröckelte, etablierten sich zunehmend mehr Kleinfürsten, die die Könige nur noch nominell anerkannten, de facto aber eigene Reiche aufbauten. Dazu gehörte auch Mitte des 9. Jahrhunderts das Grafengeschlecht der Raimundiner, die aus der Rouergue stammten, und die von Karl dem Kahlen als Grafen von Toulouse bestätigt wurden. Durch Ansammlung weiterer Herrschaftsgebiete wie dem Quercy und den Grafschaften im Osten bis zur Rhône wurden sie zu einem mächtigen Herrschergeschlecht.

Karl der Kahle zwischen den Päpsten Gregor IV. und Johannes VIII.

Als 987 mit Ludwig V. der letzte König aus der Dynastie der Karolinger starb, sollte ein »Primus inter pares« (Erster unter Gleichen) zum neuen König des Frankenreiches gewählt werden. Hugo Capet, der mächtige Graf von Paris und Herzog von Franzien (Ile-de-France) mit kleinem Territorium, wurde bei seiner Wahl in Senlis von den meisten kleinen Fürsten des Nordens unterstützt, nicht jedoch von den Großen des Landes. Und schon gar nicht von jenen des Südens: der Graf von Toulouse verweigerte ihm den Lehenseid und machte dadurch sein Territorium unabhängig. Erst Hugos Sohn Robert der Fromme konnte die Herrscher des Südens zu einem einfachen Lehnseid bewegen, der seine Stellung als König sicherte, die Grafen und Herzöge aber nicht zu finanzieller und militärischer Unterstützung zwang. Die Grafschaft Toulouse konnte dadurch ihre faktische Unabhängigkeit bewahren.

Das Wappen der Region Okzitanien enthält das Tolosanerkreuz der ehemaligen Grafschaft

Grafschaft Toulouse

Die mächtigen Grafen von Toulouse hatten zahlreiche Aftervasallen, also nachgeordnete Lehensnehmer. Durch Verheiratung des Grafen Raymond VI. 1196 mit einer Schwester von Richard Löwenherz, der nicht nur König von England, sondern dank der Mutter Eleonore von Aquitanien auch Herzog dieses benachbarten Reiches war, gewann er das Quercy und das Agenais dazu, das Richard seiner Schwester als Mitgift gab. Daneben gehörten die Grafschaften und Vizegrafschaften von Foix, Rouergue, Albi, Bézier, Razès und Carcassonne zu den Aftervasallen. Zudem waren die Grafen von Toulouse Ende des 11. Jahrhunderts Oberherren des Herzogtums Narbonne, das aus dem spätantiken Septamanien hervorging, das die Franken als Markgrafschaft Gothien von den Sarazenen zurückeroberten.

Dank des ausgedehnten Territoriums, das von der Garonne ab der Mündung des Lots bis zur Rhône reichte und im Norden bis weit ins Zentralmassiv hinein, standen die Grafen von Toulouse im 12. Jahrhundert ihren Nachbarn in Aquitanien und dem mächtigen Burgund in nichts nach. Auch die französischen Könige konnten nur neidvoll in den Süden schielen, waren doch hier die Ländereien, auch dank des Klimas, wesentlich fruchtbarer und reicher. Die Grafschaft Toulouse verfügte zudem im Herzogtum Narbonne über Zugang zum Mittelmeer und damit zu den Märkten im Orient. Doch wo Erfolg ist, ist der Neid nicht weit. Das sollte sich schon bald bewahrheiten.

Katharer

Ab dem 12. Jahrhundert entstand in Okzitanien eine christliche Glaubensbewegung, deren Anhänger man als Katharer, abgeleitet vom griechischen Wort »katharoi« (die Reinen), bezeichnet. Ihre Lehre basierte auf dem – aus ihrer Sicht – unversöhnlichen Gegensatz zwischen der Seele des reinen Menschen und der bösen Welt. Die Welt ist wie alles Sichtbare und Vergängliche vom Teufel geschaffen, Gott hingegen schuf das Bleibende und Unsichtbare, so auch die Seele. Der leibhaftige Gegenspieler der reinen Seele ist der Schöpfer der Welt, also Satan. Wenn dieser aber die Welt erschaffen hat, ist der Satan der »Gott« der Genesis und das Alte Testament die Urkunde und das Vermächtnis des Bösen. Daher galt den Katharern Moses als böser Zauberer, Johannes der Täufer als Sendbote des Satans und die Wassertaufe als teuflische Verfehlung des Alten Bundes.

Das Neue Testament wurde von den Katharern zwar anerkannt, die Predigt Christi verkündete das Ideal der reinen Seele, Christus selbst war aber nur der Prediger dieser Botschaft und weder Gottessohn noch Erlöser. Daher negierten die Katharer eine der Grundbotschaften des katholischen Glaubens. In den Augen der Katharer gab es keine Erlösung durch Jesus, sondern nur durch sich selbst. Man war nur auf Erden, um Buße zu tun für seine Sünden. Der Aufenthalt auf der bösen Welt des Satans war mithin also ein Aufenthalt im Fegefeuer. Daher glaubten die Katharer aber weder an ein Jüngstes Gericht noch an die Auferstehung und damit verfehlten auch die im Mittelalter üblichen Drohungen katholischer Priester ihre Wirkung.

Da für die Katharer der Mensch durch eine List des Satans an die Materie gefesselt war, bestand der Sinn seines Lebens darin, sich davon zu lösen und ein Leben zu führen, das auf die Reinheit der Seele ausgelegt war. Aus dem katharischen Glauben und der Sittenlehre heraus ergaben sich deren praktischen Gebote fast zwangsläufig.

Konflikt mit der katholischen Kirche

Aus der katharischen Glaubenslehre und ihren Regeln resultierte die Nichtanerkennung wichtigster Lehren der römisch-katholischen Kirche. Nicht nur, dass alle Sakramente der katholischen Kirche wie die Wassertaufe oder das Schließen einer Ehe mit dem Ziel der Zeugung von Nachwuchs abgelehnt wurden, die Katharer zahlten auch keinen Zehnt an ihre Lehnsherren, da sie Feldarbeit ablehnten. Einer der größten Lehnsherrn, dem dadurch Einkünfte entgingen, war die katholische Kirche. All dies muss den katholischen Bischöfen die Zornesröte ins Gesicht getrieben haben und machte in ihren Augen die Katharern zu Ketzern oder Häretikern.

Das enthaltsame Leben der Katharer stand in krassem Gegensatz zum oft ausschweifenden Leben katholischer Geistlicher. Vom katholischen Bischof in Carcassonne sagte gar der Papst, dass dieser eine Geldbörse an der Stelle habe, wo bei anderen das Herz sitzt. Und genau dieser Gegensatz brachte immer mehr Menschen dem Katharismus näher. Im Jahre 1163 klagte Papst Alexander III. über eine Zunahme der Häresie in der Grafschaft Toulouse. Sein Nachfolger Papst Innozenz III. entsandte ab 1203 mehrfach den Legaten Pierre de Castelnau in die Region, um gegen die Katharer zu predigen. Wegen ihrer nachlässigen Haltung im Kampf gegen die Häresie exkommunizierte er mehrere Bischöfe und weltliche Herren, wie Graf Raymond VI. von Toulouse 1207. Ein Jahr später wurde Castelnau nach einem Treffen mit dem Grafen, das im Streit endete, auf dem Rückweg nach Rom erschlagen, vermutlich durch einen Gefolgsmann des Grafen. Papst Innozenz bestätigte daraufhin die Exkommunikation des Grafen und rief zum Kreuzzug gegen die Katharer auf.

Die Katharer

Die Bezeichnung Katharer wurde 1163 durch den deutschen Mönch Eckbert von Schönau geprägt. Die Katharer nannten sich selbst »Bonshommes«, also Gutmenschen. Da der erste katharische Bischofssitz in Albi entstand, werden sie auch oft als Albigenser bezeichnet. Daneben gab es Bischöfe in Castres, Toulouse und Agen. Um 1140 entstand eine Art kirchlicher Hierarchie, die an der Spitze Bischöfe hatte. An unterster Stelle standen die Sympathisanten, die sich weder an ihre strengen Vorschriften zu halten noch irgendwelche Arbeiten zu übernehmen hatten. Die Grafen von Toulouse gehörten vermutlich zu dieser Gruppe, indem sie die Katharer vor Verfolgungen schützten. An zweiter Stelle standen die Gläubigen, die sich durch Ehrenbezeigung zur katharischen Kirche bekannten, aber nicht in diese eintraten und daher auch nicht die religiösen Vorschriften zu befolgen hatten. Deren Zahl wird auf mehrere Hunderttausend geschätzt.

Eine Stufe darüber waren die Initiierten, die danach strebten das Consolamentum, das einzige Sakrament der Katharer, das in der Geisttaufe bestand, zu erhalten. Diese erfolgte nach einer längeren Bewährungszeit, in der man bereits nach den strengen Regeln leben musste, per Handauflegen durch einen »Perfekten« oder »Bonhomme«. Die Zahl der Perfecti hat Schätzungen zufolge wohl nur um die 5000 Personen betragen. Aus der Gruppe dieser Gutmenschen wurde der Bischof gewählt, der im Grunde nur der Gemeindevorstand war, aber keine weitreichenden Rechte wie ein katholischer Bischof hatte. Zwei Diakone standen ihm als Vertreter zur Seite. Wesentliche Aufgabe von Bischof oder Diakonen war im Falle von Unklarheiten oder Zweifeln innerhalb einer Gemeinde schlichtend einzugreifen, womit diese Ämter vor allem aus viel Herumreisen bestanden.

Kult und Glaubensvorschriften

Die Katharer hatten ein entbehrungsreiches und asketisches Leben zu führen. Die Religionsausübung bestand im Wesentlichen im täglichen Gebet. Siebenmal am Tag und siebenmal in der Nacht hatte man jeweils 16 Vaterunser zu beten. Es gab keine festen Feiertage, es gab nur regelmäßige Versammlungen. Einmal pro Monat fand ein gemeinsamer Gottesdienst statt. Das Kernstück war dabei das Brotbrechen. Im Falle seiner Anwesenheit hatte ein Bischof das Privileg, dieses Ritual durchzuführen. Ein weiterer Bestandteil des Gottesdienstes war das sogenannte Apparellamentum, bei dem die Katharer einem Diakon ihre Verfehlungen beichteten. Zur Buße konnte einem zusätzliches Fasten oder Kniebeugen auferlegt werden. In der Regel hatte man dreimal pro Woche zu fasten. Zusätzlich gab es vor Weihnachten, vor Ostern und nach Pfingsten eine jeweils sechswöchige Fastenzeit.

Da man im Geschlechtsverkehr ein Teufelsgebot sah, weil durch den Zeugungsakt dem Satan Untertanen geboren werden sollten, durfte man keine Speisen zu sich nehmen, die durch Zeugung entstanden sind. Demzufolge waren unter anderem Fleisch, Fisch, Käse, Milch und Eier verboten.

Auch der Genuss vergorener Getränke wie Wein war untersagt. Also konnte sich ein Katharer fast nur von Wasser und Brot ernähren.

Es war verboten zu töten, was neben Menschen auch Vögel und vierbeinige Tiere einschloss. Auch die Todesstrafe an Verbrechern zu vollstrecken, war gemäß der katharischen Lehre verboten und hätte als Mord gegolten. Daraus resultierte aber auch, dass sich die Katharer während des Albigenserkreuzzuges nicht gegen die Angreifer zur Wehr setzen konnten.

Es war Katharern untersagt, zu lügen, zu fluchen oder Eide zu leisten, waren diese doch in ihrem Verständnis vom Teufel erfunden. Dafür waren sie zur Arbeit verpflichtet, wobei Feldarbeit oder Tierzucht verpönt waren, da sie mit Zeugung zu tun hatten. Gläubige durften dem Handwerk nachgehen, nicht jedoch die Perfekten, da auch diese Arbeit nur den Menschen, aber nicht der Seele diente. Daher lebten viele von Spenden, allerdings durfte man als Kaufmann tätig sein. Zinsnehmen war den Katharern im Gegensatz zu den Katholiken erlaubt.

Die Auseinandersetzung zwischen dem heiligen Dominikus und den Albigensern oder Die Feuerprobe (Ausschnitt, Pedro Berreguete (1450–1504), Museo de Prado Madrid)

Albigenserkreuzzug

Durch den Aufruf zur Ausrottung der Häresie im Südwesten bot sich den Baronen des Nordens eine willkommene Gelegenheit im reichen Süden einzufallen, zumal Papst Innozenz III. in seinem Brief an den französischen König anbot, das »von den Unterstützern der Häresie« eroberte Land der Krondomäne einzuverleiben. König Philipp II. August verzichtete zwar selbst auf eine Teilnahme an diesem Kreuzzug, da er seit 1204 dabei war, das Angevinische Reich der Engländer zu verkleinern und nach der Eroberung der Normandie gerade im Begriff war, die Grafschaft Anjou zu annektieren. Doch er bot seinen Vasallen die Gelegenheit, sich im reichen Süden eigene Fürstentümer zu schaffen.

Simon de Montfort setzte sich an die Spitze deines etwa 10 000 Mann umfassenden Kreuzfahrerheeres, das ab 1209 begann, den Süden zu erobern und nebenbei die Katharer, wegen eines ihrer Bischofssitze auch Albigenser genannt, auszurotten. Da Graf Raymond VI. von Toulouse als vermeintlicher Hauptunterstützer der Katharer in letzter Sekunde dem Papst seine Unterwerfung unter den Willen der Kirche glaubhaft übermitteln konnte, blieben seine direkten Besitzungen zunächst von einem Angriff der Kreuzfahrer verschont.

Simon de Montfort

Simon de Montfort stürzte sich stattdessen auf die Gebiete der Trencavels, die als Vizegrafen über weite Teile des Südens herrschten. Zunächst veranstaltete das Kreuzzugsheer in Béziers ein Massaker nach dem Motto »Gott wird sie Seinen schon erkennen« und erschlug jeden, der nicht schnell genug fliehen konnte, egal ob Katharer oder nicht. Anschließend nahm das Kreuzfahrerheer Carcassonne nach zweiwöchiger Belagerung ein. Nach dem Fall der Stadt wurde Simon de Montfort von den Kreuzrittern zum neuen »Vizegrafen von Carcassonne und Béziers« ausgerufen. Mehrere Städte wie Albi, Fanjeaux, Castres, Limoux und Castelnaudary ergaben sich daraufhin freiwillig.

Ab 1211 konzentrierte sich Simon de Montfort auf die Eroberung der Gebiete des mächtigen Grafen von Toulouse. Raymond VI. musste nach der Schlacht bei Muret am 12. September 1213 zwar nach England fliehen, doch kehrte er gute drei Jahre später mit großem Gefolge zurück und beendete die Belagerung von Toulouse durch die Kreuzritter. Am 25. Juni 1218 tötete ein Steinschleuderschuss den Anführer des Kreuzfahrerheers und es gelang dem Grafen von Toulouse, die Kreuzfahrer von seinem Kernterritorium zu vertreiben.

Bereits im Jahr 1216 war Papst Innozenz III., eine der Haupttriebfedern des Kreuzzuges, gestorben. Nach dem Tod de Montforts übernahm dessen Sohn Amaury die Führung der Kreuzritter, doch blieb er dabei recht glück- und erfolglos. Raymond VI. von Toulouse konnte immer mehr Gebiete zurückerobern, die Katharer wagten sich wieder in die Öffentlichkeit. Nach dem Tod von Raymond VI. übernahm sein Sohn Raymond VII. die Führung des Widerstandes und das zunächst mit großem Erfolg. Da es Amaury de Montfort zudem an Kreuzrittern mangelte, verließ er schließlich 1224 Okzitanien und verkaufte die letzten ihm verbliebenen Gebiete an den neuen französischen König Ludwig VIII., der ein Jahr zuvor den Thron bestiegen hatte. Einem Gesandten des neuen Papstes Ho-

Simon de Montfort gelang es, die Katharerhochburg Carcassonne einzunehmen

norius III. gelang es, den König davon zu überzeugen, dass er den Kreuzzug weiterführen müsste. Was er denn auch tat, aber wohl vor allem, um die von Amaury de Montfort erworbenen Gebiete zu sichern. Der Papst half tatkräftig mit, indem er Raymond VII. exkommunizierte, was einen erneuten Angriff erlaubte.

Ende der Unabhängigkeit

Durch die jahrelangen Kämpfe war die Grafschaft so weit geschwächt, dass sie dem ab 1226 anstürmenden Ludwig VIII. nichts mehr entgegensetzen konnte. Da jener noch im selben Jahr an einer Ruhrerkrankung starb und die Söhne minderjährig waren, hatte die Regentin Frankreichs Blanca von Kastilien großes Interesse an einer Beendigung des Krieges. Auch Raymond war kriegsmüde, die Grafschaft ausgeblutet und so kam es 1229 zum Vertrag von Meaux. Nach dem Ende des Albigenserkreuzzuges herrschte in Okzitanien ein Klima von Angst und Intoleranz. Inquisitoren wurden eingesetzt, um die letzten Ketzer auszurotten. Der letzte katharische Bonhomme, Guilhem Bélibaste, landete 1321 auf dem Scheiterhaufen.

Vertrag von Meaux

Raymond VII. musste sich als Pilger nach Paris begeben, auf den Stufen der Kathedrale Notre-Dame um Absolution bitten, sich öffentlich geißeln und schließlich den Vertrag, der deswegen auch Vertrag von Paris genannt wird, unterzeichnen. Gemäß dem Vertrag musste sich Raymond dem minderjährigen König Ludwig IX. unterwerfen und die Hälfte seiner Ländereien abtreten. Der äußerste Osten seiner Grafschaft, das Comtat Venaissin, ging an den Papst, die anderen Besitzungen im Osten, die zu einem Gutteil ehemals durch die Vizegrafen von Carcassonne verwaltet wurden, fiel an die Krone. Unter dem Namen Languedoc wurden aus diesen Gebieten zwei Verwaltungseinheiten – sogenannte Sénéchaussées – mit dem Namen Carcassonne und Beaucaire geschaffen. Um den Kampf gegen die Häresie zu unterstützen, musste Raymond eine Universität in Toulouse gründen und die Entlohnung des Lehrkörpers für die nächsten zehn Jahre übernehmen. Außerdem musste er die meisten seiner Festungen schleifen lassen. Der Vertrag sah zudem vor, dass Raymonds Erbin, seine Tochter Johanna, mit dem jüngeren Bruder des Königs, Alfons von Poitiers, verheiratet wurde, wodurch die Anbindung der westlichen Grafschaft Toulouse an das Königreich nur eine Frage der Zeit war.

Da die Ehe zwischen Johanna und Alfons kinderlos blieb, wurde 1271 die Grafschaft nach dem Tod der beiden auf dem Rückweg vom siebten Kreuzzug von der Krone eingezogen und in die königliche Domäne integriert. Das neu geschaffene Languedoc mit seinen zwei Verwaltungsbezirken wurde um die Sénéchaussée Toulouse erweitert. Jedes der drei Gebiete wurde bis zur Auflösung des Languedoc im Verlaufe der Revolution von einem eigenen Seneschall, dem obersten königlichen Gerichtsbeamten, verwaltet.

Hundertjähriger Krieg

Als 1337 der Hundertjährige Krieg zwischen Frankreich und England begann, wurde die ehemalige Grafschaft Toulouse zu einem der Hauptstützpunkte der Franzosen um die englischen Gebiete des Herzogtums Guyenne, wie Aquitanien zwischenzeitlich genannt wurde, anzugreifen. Als sich nach dem Auftreten der Jeanne d'Arc 1429 das Kriegsglück zugunsten der Franzosen zu wenden schien

Die Ruinen der Katharerburg Lastours

und immer mehr Gebiete von den Engländern zurückerobert werden konnten, ließ König Karl VII. eine Gebietsreform umsetzen, die zur Schaffung des Parlaments von Toulouse führte. Am 4. Juni 1444 trat dieses Gremium, das das erste Parlament Frankreichs außerhalb von Paris war, zum ersten Mal zusammen. Die Aufgabe eines Parlaments damaliger Zeit ist einem Landesgericht vergleichbar. Zivile und kriminelle Angelegenheiten wurden im Namen des Königs verhandelt, aber auch kirchliche Belange die Diözese betreffend.

Wirtschaftliche Konsolidierung

Kurz nach Einsetzung des Parlement de Toulouse endete 1453 mit der Schlacht von Castillon der Hundertjährige Krieg, im Südwesten konnte nun wieder durchgeatmet werden. Auf den Ruinen vieler zerstörter Burgen wurden neue komfortablere Schlösser errichtet. Dank König Franz I. kam aus Italien ein neuer Stil nach Frankreich: die Renaissance. Durch den wirtschaftlichen Aufschwung nach dem langen Krieg konnten viele neue Häuser in diesem Stil errichtet werden.

Die Wirtschaft, insbesondere der Handel mit Stoffen, die durch Färberwaid (Pastel, → S. 172) blau gefärbt wurden, boomte, Kaufleute und Produzenten des begehrten Farbstoffes ließen sich höchst ansehnliche Stadtpalais bauen. Beamte, insbesondere Juristen, die am Parlament beschäftigt waren, taten es den Händlern gleich.

Der Humanismus als neue geistige Strömung verbreitete eine optimistische Einschätzung der Fähigkeit der Menschheit, zu einer besseren Existenzform zu finden. Er entwarf ein Gesellschafts- und insbesondere Bildungsideal, dessen Verwirklichung jedem die bestmögliche Persönlichkeitsentfaltung ermöglichen sollte. Frankreich als stärkster Staat Europas schien einer blühenden Zukunft entgegenzublicken. Doch im Ringen um die Vorrangstellung in Europa tauchten im 16. Jahrhundert mit den spanischen Habsburgern neue Gegenspieler auf, allen voran Carlos I., der im Jahre 1519 als Karl V. Kaiser des Heiligen Römischen Reiches wurde. Zunächst unterlag Franz I. im Ringen um Italien dem Spanier, danach musste sein Sohn Heinrich II. im Frieden von Cateau-Cambrésis Frankreichs Großmachtstellung zugunsten von Spanien unter Philipp II. abtreten.

Generalität von Toulouse

Verwaltungstechnisch brachte die Herrschaft von Franz I. eine weitere große Veränderung für die Region. Durch das Edikt von Cognac 1542 ließ der König die Sénéchausséen abschaffen und schuf stattdessen 17 sogenannte Generalitäten. Der Name nahm Bezug auf die obersten Finanzdirektoren der jeweiligen Provinzen, die Généraux des Finances genannt wurden. Damit war nun nicht mehr nur die Gerichtsbarkeit in die Provinz verlagert worden, sondern auch die Finanzverwaltung. Die Generalität von Toulouse wie die des Languedoc, zu der das Albigeois wie Carcassonne gehörten, durfte Steuereinnehmer entsenden, um die Gabelle einzuziehen. Diese Abgabe war unter König Karl V. (1364–1380) zu einer dauerhaften Steuer geworden, die sich allmählich zu einer Salzsteuer entwickelt hatte. Jeder, der älter war als acht Jahre musste wöchentlich eine festgelegte Minimalmenge an Salz zu einem festgelegten Preis kaufen, ob er wollte oder nicht. Etwa sechs Prozent der Gelder, die in die königlichen Kassen floss, kamen allein aus dieser Steuer. Auch die andere wichtige Steuer, die sogenannte Taille, eine persönliche Steuer auf jegliche Art von Einkommen, wurde nun direkt eingezogen. Die Taille war besonders verhasst, da Adel und Klerus von ihr ausgenommen waren und ihre Höhe je nach Bedarf oft willkürlich erhöht wurde.

Franz I. von Frankreich galt als großer Renaissanceherrscher

Religionskriege

Noch dunklere Wolken zogen ab 1562 mit dem Beginn der Religionskriege auf. In Frankreich fanden die reformatorischen Ideen erst relativ spät Verbreitung. Doch Jean Calvin setzte von Genf aus auf eine systematische Missionierung vor allem des französischen Adels. Sein Schüler Clément Marot verbreitete die Reformationsideen in Okzitanien. König Franz I. stand anfänglich diesen Ideen recht wohlwollend gegenüber. Doch als Franz begann, sich um seine Sicherheit zu sorgen, ließ er 1534 erstmalig die Calvinisten verfolgen. Als sein Sohn König Heinrich II. 1559 verstarb und dessen Nachfolger Franz II. ein Jahr später ebenfalls das Zeitliche segnete, kam es zu einer gefährlichen Situation für die Königsdynastie der Valois-Kapetinger. Heinrichs Witwe Katharina von Medici versuchte, in ihrem Bemühen ihren minderjährigen Söhnen den Thron zu erhalten, die Adelshäuser gegeneinander auszuspielen. Vor allem das Haus Guise als Anführer der Katholischen Liga und die protestantischen Bourbonen waren dabei die wichtigsten Gegenpole. Katharina wollte zudem, wie schon ihr Gatte, eine religiöse Zersplitterung wie in Deutschland verhindern. Die von ihrem Schwiegervater Franz I. begonnene Zentralisierung sollte auch eine für alle geltende Religion beinhalten.

Die Wirren der Religionskriege fanden ihren blutigen Höhepunkt in der Bartholomäusnacht am 24. August 1572. Zur Aussöhnung der verfeindeten Religionsgruppen hatte man eine Hochzeit zwischen der katholischen Königstochter Margarethe und dem protestantischen Heinrich von Navarra, einem Mitglied des Hauses Bourbon, arrangiert. Diese Feierlichkeiten nutzte die Katholische Liga, um ein Blutbad anzurichten, bei dem mehr als 20 000 Protestanten niedergemetzelt wurden. Ein Frieden war in weite Ferne gerückt. Erst als nach dem Tode von Katharinas drittem Sohn auf dem Thron, Heinrich III., im Jahre 1589 Heinrich von Navarra als König Heinrich IV. nachfolgte, kehrte nach und nach Ruhe ein. Mit dem Edikt von Nantes, das Heinrich IV. neun Jahre später erließ, wurden den Hugenotten in ganz Frankreich Glaubensfreiheit und gewisse politische Rechte gewährt. Dennoch blieb die Situation schwierig, denn nach den acht Religionskriegen war Frankreich ein verwüstetes Land mit brachliegender Landwirtschaft, darniederliegendem Handwerk und Handel, zerstörten Verkehrswegen und völlig zerrütteten Finanzen.

Merkantilismus und Absolutismus

Heinrich IV. machte seinen alten Freund und Weggefährten Maximilien de Béthune, Graf von Sully zum Finanzminister, der für einen Wiederaufbau sorgen sollte. Dieser etablierte ein merkantilistisches Wirtschaftssystem, das die Wirtschaft im Lande sowie die Exporte förderte, bei gleichzeitiger Eindämmung von Einfuhren. Durch diese uneingeschränkte staatliche Regulierung der Märkte schuf er eine der Grundlagen des Absolutismus, der unter Heinrichs Enkel Ludwig XIV. seine größte Ausprägung fand. Das absolutistische Verständnis führte zu einer immer stärkeren Zentralisierung Richtung Paris beziehungsweise Versailles. Die Provinzen versanken in nahezu völliger Bedeutungslosigkeit. Größere Bauten sind ab Mitte des 17. Jahrhunderts die Ausnahme und wenn, dienen sie wirtschaftlichen Interessen – wie der Bau des Canal du Midi.

»L'Etat c'est moi« – »der Staat bin ich« – war die berühmte Formel, nach der das Frankreich unter Ludwig XIV. funktionierte. Und daher war es undenkbar, dass es auch nur einen Untertanen gab, der eine andere Religion als der König hatte. Also wurde das Edikt von Nantes im Jahre 1685 wieder aufgehoben, was trotz Verbots zu einer immensen Abwanderung französischer Protestanten führte. Die meisten Hugenotten kamen in dieser Zeit aus der

Katharina von Medici und getötete Protestanten, Gemälde von Édouard Debat-Ponsan

Handwerkerschaft, so dass durch deren Flucht Frankreichs Wirtschaft einen schwerwiegenden Verlust erlitt. Und wo Tüftler und Erfinder fehlten, konnte es natürlich auch keine industrielle Revolution geben. Stattdessen verharrte Frankreich in seinen agrarischen Strukturen, während zahlreiche deutsche Fürstentümer durch eben jene zugewanderten Hugenotten einen enormen Aufschwung erfuhren.

Unter Ludwig XIV. wurde der Canal du Midi erbaut

Französische Revolution

Gewaltige Ausgaben durch die Kriegsführung unter Ludwig XIV., der die West- und Nordgrenzen seines Reiches neu definieren wollte, dazu die Unsummen, die der Bau von Versailles verschlang, sowie eine immer üppigere und kostspieligere Hofhaltung unter seinem Urenkel Ludwig XV. und dessen Enkel Ludwig XVI. führten letztlich in die Katastrophe. Etwa 500 Millionen Pfund an Einnahmen standen 620 Millionen an Ausgaben gegenüber. Die Hälfte davon fielen auf Zinsen und Tilgung der angehäuften Staatsverschuldung, weitere 25 Prozent auf das Militär und 19 Prozent auf die Zivilverwaltung. Der Rest aber waren Kosten für Hofhaltung, höfische Feste und Pensionszahlungen für Höflinge. Vor allem letzteres fand der dritte Stand besonders skandalös, da der Adel ja steuerbefreit war und zudem eigene Einkünfte aus Ländereien hatte. Eine katastrophale Missernte gefolgt von einem extrem harten Winter führten zu einer massiven Getreideknappheit im Jahr 1789. Bauern und einfache Handwerker konnten sich kaum mehr das tägliche Brot leisten.

Am 14. Juli 1789 eskalierte die Situation und die bereits im Frühsommer begonnene Revolution erlebte mit dem Sturm auf die Bastille ihren symbolträchtigen Höhepunkt. Mit der Auflösung der historischen Adelsterritorien verschwanden auch die alten Bezeichnungen wie Grafschaft oder Sénéchaussée Toulouse für immer von den Landkarten. Namen wie Haute-Garonne oder Tarn traten an ihre Stelle. Weder Napoleon oder das nach dem Wiener Kongress anbrechende Zeitalter der Restauration oder das Zweite Kaiserreich unter Napoleon III. änderten dies.

Erst Präsident Charles de Gaulle schuf mit der Einrichtung der Regionen ab 1960 wieder ein größeres Gebilde, das den Kunstnamen Midi-Pyrénées bekam und der nun seit 2016 auch schon wieder Geschichte ist. Vermutlich ist daher die per Volksabstimmung getroffene Namenswahl Okzitanien die langlebigste Variante, denn die Sprache bleibt und das damit verbundene Identitätsbewusstsein ebenso.

Politik und Wirtschaft

Nach dem Zweiten Weltkrieg entstand in Frankreich 1946 die Vierte Republik, die aber durch Parteienzersplitterung politisch extrem instabil war. In nur elf Jahren gab es 25 Regierungen. Mit der neuen, fünften Verfassung, 1958 auf massiven Druck de Gaulles 1958 verabschiedet, wurde dem französischen Präsidenten eine deutlich stärkere Position eingeräumt und auch die Regierung handlungsfähiger gemacht. Der Präsident hat – für maximal zwei Amtsperioden – die Grundlinien der Politik vorzugeben, die Ministerpräsident und Regierung umzusetzen haben. Das Parlament hat abschließende Kontrollfunktion und muss über Annahme oder Ablehnung der Gesetze entscheiden.

Charles de Gaulle wurde zum ersten Präsidenten der Fünften Republik, die er maßgeblich mit auf den Weg gebracht hatte und die am 5. Oktober 1958 in Kraft trat. Eine seiner größten Taten vollbrachte Charles de Gaulle zusammen mit Bundeskanzler Konrad Adenauer mit der Aussöhnung der vermeintlichen Erbfeinde. Nach einem verlorenen Referendum trat de Gaulle als Präsident 1969 zurück, ein Jahr später starb er. Sein Nachfolger Georges Pompidou starb ein Jahr vor Ablauf seiner ersten Amtsperiode, Giscard d'Estaing wurde 1974 zum nächsten Präsidenten gewählt. Mit François Mitterrand folgte ihm 1981 der erste Sozialist im Amt, der sieben Jahre später wiedergewählt wurde. Er ist damit der einzige Präsident Frankreichs, der 14 Jahre lang das Land regierte. Zwar wurde auch sein Nachfolger Jacques Chirac 2002 wiedergewählt, doch da zwischenzeitlich eine Reform die Amtsdauer auf fünf Jahre verkürzte, brachte er es nur auf zwölf Jahre. Nicolas Sarkozy hatte durch diese Neuerung die zunächst kürzeste Amtszeit, da er bei der Wahl 2012 dem Sozialisten François Hollande unterlag. Doch auch dieser musste es bei einer Amtsperiode belassen.

Am 7. Mai 2017 wurde Emmanuel Macron zum jüngsten Staatspräsidenten in der Geschichte Frankreichs gewählt. Eine Woche später wurde er ins Amt eingeführt, am darauffolgenden Tag ernannte er Édouard Philippe, bis dahin Bürgermeister von Le Havre, zum neuen Premierminister. Nach dem schlechten Abschneiden bei den Kommunalwahlen im Juni 2020 kündigte Macron eine Kabinettsumbildung an. Premier Philippe kam einer erwarteten Entlassung zuvor, indem er am 3. Juli mitsamt seiner Regierung zurücktrat. Sein Nachfolger wurde der selbst in Frankreich weitestgehend unbekannte Jean Castex.

Politisches System

Seit einer Reform von 1962 wird der Präsident direkt vom Volk gewählt. 2000 wurde die Wahlperiode eines Präsidenten von sieben auf fünf Jahre verkürzt, um sie der Legislaturperiode der Nationalversammlung anzupassen. Vorher kam es häufiger zur Situation der sogenannten Cohabitation, bei der Präsident und Ministerpräsident aus unterschiedlichen Lagern kamen, was die politische Handlungsfähigkeit einschränkte. Der Ministerpräsident, den der Präsident ernennt, muss den Mehrheitsverhältnissen im Parlament entsprechen, also ein Vertreter der stärksten Partei sein. Inzwischen finden die Präsidentenwahlen und die Parlamentswahlen innerhalb von knapp zwei Monaten statt, wodurch das politische Barometer in der Regel in die gleiche Richtung ausschlägt und es bisher zu keiner Cohabitation mehr kam.

Sowohl bei den Präsidentenwahlen wie auch bei den Parlamentswahlen oder Regionalwahlen werden in einem ersten Wahlgang aus einer Vielzahl an Kandidaten die beiden mit den meisten Stimmen ausgelotet, die in einer zweiten Stichwahl direkt gegeneinander antreten. Am 10. April 2022 wird die nächste Präsidentschaftswahl stattfinden und nach der Stichwahl am 24. April wird sich entscheiden, welcher Bewerber in den Élysée-Palast einziehen darf. Die Regional- und Départementwahlen im Juni 2021 waren der letzte Stimmungstest und Prognosen lassen vermuten, dass es trotz der überraschenden Schlappe für Marine Le Pen auf eine Stichwahl zwischen der Rechtspopulistin vom Rassemblement National und dem amtierenden Präsidenten Emmanuel Macron hinauslaufen wird.

Bei der Regionalwahl verteidigte die Präsidentin des Regionalrats, Carole Delga von der Parti Socialiste, die linke Hochburg Okzitanien. Seit 20 Jahren wählt die Region traditionell sozialistisch und hat auch bei den Régionales 2021 mit fast 40 Prozent für die PS votiert. Die Extrem-Rechte RN, Rassemblement National, von Marine Le Pen hat immerhin 22 Prozent holen können, während die Konservativen der Republikaner auf gerade einmal zwölf Prozent kamen. Bei der letzten Präsidentschaftswahl 2017 gewann Emmanuel Macron in der Region mit einer fast Zwei-Drittel-Mehrheit in der Stichwahl gegen Marine Le Pen.

Wirtschaft

Durch die Fusion mit der ärmsten Region Frankreichs, dem Languedoc-Roussillon, wurde aus dem ehemals relativ wohlhabenden Midi-Pyrénées, das an achter Stelle von 22 Regionen lag, Teil der drittärmsten Region Frankreichs, in der 17 Prozent der Einwohner an der Armutsgrenze leben. Außer in und um Toulouse gibt es kaum nennenswerte Industriestandorte in der Region. Dort dominiert vor allem die Luft- und Raumfahrt und schafft mehr als 120 000 Arbeitsplätze, allein Airbus beschäftigt 52 000 Menschen. Daneben spielt die Landwirtschaft und die lebensmittelverarbeitende Industrie im gesamten Raum eine wichtige Rolle. Mehr als 45 000 Menschen sind in der Landwirtschaft tätig, rund ein Viertel aller Unternehmen sind im Agrarsektor aktiv.

Mit 10,3 Prozent Arbeitslosigkeit liegt Okzitanien zwar weiterhin über dem Landesdurchschnitt, der inzwischen auf 8,8 Prozent gesunken ist, auch hier ist die Tendenz fallend. Das ärmste Département der Region Okzitanien ist Aude, das reichste hingegen Haute-Garonne, das auf Rang sieben aller 96 Départements steht. Vieille-Toulouse ist die reichste Gemeinde der Region, die landesweit auf Platz acht mit durchschnittlich 41 491 Euro Jahreseinkommen pro Kopf kommt. Die derzeit reichste Gemeinde Frankreichs ist übrigens Archamps in Haute-Savoie mit 46 156 Euro pro Kopf.

Der durchschnittliche Bruttolohn in Frankreich liegt bei knapp 2900 Euro pro Monat, in Okzitanien bei rund 2100 Euro, bei einer jährlichen Steigerung von zirka 1,7 Prozent, in Deutschland im Vergleich bei 3750 Euro. Das durch-

Airbus ist einer der wichtigsten Arbeitgeber in Toulouse

schnittliche Nettoeinkommen in der gesamten Region Okzitanien liegt bei knapp 2000 Euro, im Einzugsgebiet von Toulouse bei knapp 2400 Euro, in etwa so viel wie man in Deutschland 2020 verdiente. Da die Sozialabgabenlast in Frankreich für die Arbeitnehmer deutlich niedriger ist als in Deutschland, liegt der durchschnittliche Nettolohn auf fast gleichem Niveau, trotz höherer Bruttolöhne in Deutschland. Die Lohnsteuer beträgt in beiden Ländern auf diesem Einkommensniveau rund 20 Prozent.

Landwirtschaft

Obwohl die Landwirtschaft nur zu 3,4 Prozent zum regionalen Bruttoinlandsprodukt beiträgt, spielt sie doch für Okzitanien eine große Rolle. Im Département Haute-Garonne mit der Hauptstadt Toulouse hängen nur 0,8 Prozent der Arbeitsplätze an der Landwirtschaft. Doch wird diese im Umland immer noch rege betrieben. Eine große Fläche nimmt dabei der Anbau von Weizen und Sonnenblumen für die Ölgewinnung ein, der im Garonne-Tal dominiert.

Im Pays de Cocagne zwischen Toulouse, Carcassonne und Albi sorgte im Mittelalter der Anbau von Färberwaid zur Gewinnung des blauen Farbstoffes »Pastel« für Reichtum. Heute wird es nur noch für den Künstlerbedarf angebaut. Neben Getreide spielt der Weinanbau rund um Gaillac eine größere landwirtschaftliche Rolle. Das Aushängeschild im Garonne-Tal ist die Chasselas-Traube, die man in Deutschland eher als Gutedel-Traube kennt.

Die Region Okzitanien steht mittlerweile auf Platz eins der französischen Bio-Landwirtschaft und auf dem vierten Platz aller EU-Regionen. 2018 produzierten 10 583 Bauernhöfe auf über 400 000 Hektar ein Viertel aller französischen Bio-Erzeugnisse. Allein 2019 haben 1549 Bauern auf Bio umgestellt und sich zertifizieren lassen.

Tourismus

Okzitanien belegte mit fast 55 Millionen jährlichen Übernachtungen bis zum Ausbruch der Corona-Pandemie den vierten Rang aller Regionen, sowohl was Besucherzahlen anbelangt als auch die Zahl der im Tourismus Beschäftigten. In den letzten Jahren wurde die Region immer beliebter und hatte noch 2019 wieder über sechs Prozent mehr Übernachtungen verbuchen können. Vor allem die Zahl ausländischer Besucher stieg kontinuierlich. 87 500 Personen, also rund 3,5 Prozent aller in der Region Beschäftigten, leben direkt vom Tourismus und sind im Hotel- und Gaststättengewerbe tätig.

Insgesamt kamen im Jahr vor Corona rund dreieinhalb Millionen Besucher nach Okzitanien, fast eineinhalb Millionen davon waren Ausländer, meist aus EU-Ländern oder aus Großbritannien. Auch bei Deutschen wurde die malerische Region immer beliebter. In den Jahren von 2015 bis 2019 wuchs die Zahl der Besucher um fast 30 Prozent. Nach Toulouse reisten jedes Jahr gar 5,6 Millionen Menschen, allerdings nur ein Drittel als Urlauber. Zwei Drittel der Hotelübernachtungen gehen in der Regel auf das Konto von Geschäftsreisenden. Dagegen kommen die zwei Millionen Besucher, die Carcassonne jährlich verzeichnete, ausschließlich aus touristischen Gründen. Die Festungsstadt ist damit die meistbesuchte Stadt Okzitaniens.

Ausländische Gäste übernachten zu 82 Prozent in Hotels, während die Franzosen, die die Region besuchen, Campingplätze bevorzugen. Franzosen geben im Schnitt 40 Euro pro Tag aus, ausländische Touristen dagegen fast 70 Euro. Die durchschnittliche Aufenthaltsdauer liegt in allen betroffenen Départements bei fünfeinhalb Tagen. Zwei Drittel aller Touristen, nämlich vor allem die Franzosen aus anderen Regionen, kommen allein in den Monaten Juli und August.

Auf dem Bauernmarkt in Mirepoix

Corona-Pandemie

Frankreich war das erste Land Europas, in dem das neue Corona-Virus erstmals auftrat. Im Januar 2020 erkrankten die ersten drei Personen und auch der erste Covid–19-Todesfall außerhalb Asiens musste in Frankreich registriert werden. Vor allem das Elsass und die Hauptstadtregion Ile-de-France litten unter hohen Infiziertenzahlen. Bis Ende 2021 gab es in Frankreich mehr als 7,7 Millionen bestätigte Fälle und mehr als 120 000 Todesopfer, womit Frankreich zu den am stärksten betroffenen Ländern Europas gehört. Zu den prominentesten Opfern der Covid–19-Pandemie, die bislang mehr als 115000 Todesopfer in Frankreich gefordert hat, gehört der ehemalige Präsident Valéry Giscard d'Estaing, der am 2. Dezember 2020, genau zwei Monate vor seinem 95. Geburtstag, starb. An Silvester, einen Tag nach seinem 93. Geburtstag, starb der Schauspieler und Regisseur Robert Hossein, der in den 1960er Jahren durch die Angélique-Filme berühmt wurde, ebenfalls an den Folgen einer Corona-Infektion.

Nach Ausbruch der Pandemie hatte Präsident Macron Mitte März 2020 das Land in Schockstarre versetzt und in Frankreich die rigidesten Ausgangssperren der gesamten EU verhängt. Nach Lockerungen im Frühsommer erhöhte sich mit Beginn der Urlaubszeit die Zahl der Corona-Fälle wieder. Der neue Premierminister Castex appellierte noch einmal an den Bürgersinn der Franzosen, doch trotz aller Appelle stieg die Zahl der Neuansteckungen beträchtlich. Angesichts des Infektionsgeschehens verkündete Präsident Macron, der im Dezember 2020 selbst an Corona erkrankte, einen zweiten Lockdown. Kaum begannen die Lockdown-Maßnahmen Wirkung zu zeigen, traten ab Anfang 2021 die ersten Virus-Mutationen auf und ließen die 7-Tage-Inzidenz wieder steigen. Dennoch stellte Premierminister Castex trotz doppelt so hoher Werte wie zum gleichen Zeitpunkt in Deutschland, wo just ab diesem Stichtag die Bundesnotbremse in Kraft trat, Lockerungen für den Sommer in Aussicht und pünktlich zum Beginn der großen Ferien waren alle Beschränkungen wieder aufgehoben. Durch die vielen Urlauber stiegen die Inzidenzen in den Urlaubsgebieten rund ums Mittelmeer und machten Okzitanien zum Hochrisikogebiet, da vor allem im Département Hérault die Zahlen auf eine Inzidenz von über 600 anstiegen. Kaum waren die Ferien vorüber sanken die Zahlen in Okzitanien auf 110 bis 160, während sie im Großraum Paris wieder anstiegen.

Lange erschien den Franzosen die deutsche Corona-Politik als durchdachter und fast die Hälfte gab bei einer Befragung an, dass Emmanuel Macron weniger gut agiere als Angela Merkel. Den deutschen Föderalismus, der in Deutschland selbst immer wieder stark kritisiert wird, sehen die Franzosen eher als Vorteil, sorge er doch dafür, dass besser auf die Unterschiede in den Regionen eingegangen werden könne. In Frankreich wird zentralistisch entschieden und Präsident Macron wirft man immer häufiger vor, er entferne sich zunehmend vom Volk, berate sich nur noch im engsten Kreis und höre immer weniger auf die Ratschläge von Experten. 60 Prozent aller Franzosen sind daher unzufrieden mit ihrem Präsidenten.

Da bislang die vierte Welle, nach französischer Lesart ist es bereits die fünfte, die moderater als in Deutschland verläuft, sehen die Franzosen mittlerweile weniger neidvoll über den Rhein. Die Inzidenzen sind niedriger, die Impfquote höher und während in Deutschland noch immer über eine allgemeine oder teilweise Impfpflicht diskutiert, hat Frankreich längst Nägel mit Köpfen gemacht und im September eine Impfpflicht für Pflege- und Rettungskräfte eingeführt. Inzwischen – im Herbst 2021 – liegt die Rate landesweit bei über 300, knapp 70 Prozent der Bevölkerung sind doppelt geimpft und die Booster-Kampagne läuft auf Hochtouren, bereits ein Viertel haben die »Dose de rappel«, wie die Booster-Impfung in Frankreich genannt wird, bekommen. Noch dominiert die Delta-Variante, die erstmals in Indien registriert wurde, die Corona-Lage auch in Frankreich, allerdings gibt es erste Verdachtsfälle der neuesten Mutante Omikron und es wird nur eine Frage der Zeit sein, bis sich diese bestätigen.

Wirtschaftliche Auswirkungen

Macron hatte es geschafft, die jahrelang hohe Arbeitslosigkeit auf 8,7 Prozent zu senken, dem niedrigsten Stand seit über zehn Jahren. Allein 2020 wollten französische Unternehmen fast drei Millionen Menschen neu anstellen, doch dann kam Corona. Und die Covid-Krise traf Frankreich aus strukturellen Gründen auch wirtschaftlich härter als die meisten Nachbarstaaten. In Anlehnung an die Große Depression der 1930er Jahre spricht man in Frankreich vom Grand Confinement, also vom Großen Lockdown. Da Frankreichs Wirtschaft wesentlich stärker als die deutsche von Handel und Konsum lebt, hatten die Schließungen auch massivere Auswirkungen. Die Spezialisierung des Landes auf Wirtschaftszweige, die von der Pandemie ganz besonders stark betroffen sind, wie Tourismus und Flugzeugindustrie, verschärfen die Situation zusätzlich.

Durch den besonders harten Lockdown im Frühjahr 2020 verloren 800 000 Franzosen innerhalb nur eines Monats – April – ihren Arbeitsplatz. Um weitere Entlassungen und Konkurse zu verhindern, packte auch die französische Regierung einen gewaltigen Rettungsschirm mit Kurzarbeitergeld und Wirtschaftshilfen aus. Mehr als 34 Prozent der Franzosen bekamen im letzten Jahr Kurzarbeitergeld, mehr als doppelt so viele wie in Deutschland.

Dem Schutz der Gesundheit solle alles untergeordnet werden, erklärte Emmanuel Macron im März 2020, »koste es, was es wolle«. Um dieses Versprechen einzulösen und die Wirtschaft nicht kollabieren zu lassen, schnürte Macron zusammen mit den zuständigen Ministern ein umfassendes Hilfspaket mit staatlichen Kreditbürgschaften für existenzbedrohte Unternehmen, mit der Aussetzung der Sozialabgaben, mit einem Solidaritätsfonds für Kleinunternehmer und Selbständige, die ihre Tätigkeit wegen der Ausgangssperren nicht mehr fortsetzen können. Mit Blick auf die guten Erfahrungen in Deutschland wurde die Auszahlung von Kurzarbeitergeld massiv ausgeweitet und das in beträchtlicher Höhe. Alle, die nicht mehr arbeiten können, weil ihre Unternehmen in Schwierigkeiten geraten sind, weil sie wegen der Schließung der Schulen ihre Kinder zu Hause betreuen müssen, oder weil sie gesundheitlich besonders gefährdet sind, bekommen 90 Prozent ihres bisherigen Nettolohnes weiterbezahlt. Rund eine Million Unternehmen ließen sich seit 2020 die Gehälter ihrer Mitarbeiter vom Staat überweisen. Das heißt, 13 von 20 Millionen Beschäftigten in der Privatwirtschaft wurden vom Staat bezahlt. Rechnet man dann noch die Beamten, die Sozialhilfeempfänger und die Rentner dazu, wurden 2020 und 2021 drei Viertel aller Franzosen vom Staat alimentiert.

Obwohl die Regierung von der Pleite bedrohte Konzerne wie Renault und Air France mit Staatsgeldern rettete, gelten viele Firmen, insbesondere Autozulieferer und Einzelhandelsketten, noch immer als stark von der Insolvenz bedroht. Fast die Hälfte aller Franzosen gibt an, eine Verschlechterung ihrer wirtschaftlichen Situation zu spüren. Sicher auch ein Grund für die depressive Stimmung der Franzosen.

Das Haushaltsdefizit stieg 2020 von drei auf elfeinhalb Prozent, die Staatsverschuldung auf 120 Prozent. Während die OECD, die Organisation für wirtschaftliche Zusammenarbeit und Entwicklung, der gesamten Eurozone für 2020 ein Minus von 7,9 Prozent voraussagte, Deutschland sogar nur 5,4 Prozent, wurde Frankreichs Wirtschaftsleistung ein Rückgang von bis zu 14 Prozent prognostiziert. Tatsächlich waren es »nur« 8,2 Prozent, aber damit immer noch höher als der EU-Durchschnitt von real 6,4 Prozent. Insgesamt 500 Milliarden hatte Staatschef Macron zur Bewältigung der Krise veranschlagt, hieß es im Juni 2020. Inzwischen wurden noch einmal mehrere hundert Milliarden mehr eingeplant. Steuererhöhungen soll es aber nicht geben, um die Folgen der Krise zu bewältigen, das versicherte Macron bereits mehrfach. Schließlich stehen 2022 ja auch Wahlen an…

Staatsbesuch zu Corona-Zeiten: Emanuel und Brigitte Macron erwarten den deutschen Bundespräsidenten und seine Frau

Sprache, Kunst und Kultur

Die Kultur des Südwestens war über lange Zeit geprägt durch die Sprache. Vom 12. bis ins 14. Jahrhundert fand die religiöse Bewegung der Katharer ihre besonders starke Ausbreitung im Südwesten. Die Ausrottung dieser vermeintlichen Häretiker brachte letztendlich die Angliederung an das Königreich Frankreich und damit auch einen langsamen, aber stetigen Niedergang des Okzitanischen. Erst durch die Zentralisierung ab dem 16. Jahrhundert setzte sich im Süden der Gebrauch des Nordfranzösischen durch. Mit der Machtverlagerung nach Norden – sprich nach Paris – wurde aber aus dem Süden eine vernachlässigte Provinz, in der sich trotz aller Angleichungsversuche regionale Besonderheiten erhielten.

Okzitanische Sprache

Die Identität und nicht zuletzt die Regionalbezeichnung hängt im Wesentlichen an der Sprache. Die okzitanische Sprache verdankt ihre Benennung der Bejahungsformel »Oc« im Gegensatz zum nordfranzösischen »Oïl«. Hatte sich im Norden aus dem lateinischen »hoc ille« über das »oïl« das heute »oui« zum Bejahen entwickelt, so verkürzte man im Süden »hoc est« zu »oc«. Das Okzitanische entwickelte sich im südlichen Gallien aus dem Vulgärlatein und nahm im Gegensatz zum Französischen im Frankenreich kaum germanische Einflüsse auf. Im 12. und 13. Jahrhundert erreichte die okzitanische Sprache sprachgeschichtlich ihren Höhepunkt durch die Troubadourlyrik. Der Albigenserkreuzzug (→ S. 37) beendete diese kulturelle Blüte jäh. Doch auch nach dem Anschluss der ehemaligen Grafschaft Toulouse an das Königreich blieb die Sprache weiterhin Hauptmerkmal des Südens. Nicht umsonst nannten die Könige ihre neu hinzu gewonnenen Ländereien im Süden »Etats de Languedoc«, also »Staaten der Sprache des Oc«. Im Alltag blieb *Occitan* die Hauptsprache. Französisch war die Sprache der Beamten und Gerichtssprache war bis 1539 Latein, bevor König Franz I. Französisch zur Amtssprache erhob.

Im Sinne von Ludwigs XIV. Auffassung von Absolutismus musste aber das Volk nicht nur die gleiche Religion wie sein König haben, sondern auch die gleiche Sprache sprechen. Okzitanisch als Unterrichtssprache an Schulen wurde also abgeschafft und im Alltagsgebrauch zurückgedrängt. Mit der Einführung der allgemeinen Schulpflicht in Frankreich im Jahre 1885 wurde der ausschließliche Gebrauch des Französischen festgelegt, was die Regionalsprachen wie das Okzitanische noch weiter zurückdrängte.

Erst durch die Vergabe des Literatur-Nobelpreises an Frédéric Mistral für sein Werk »Mirèio«, das er auf Provenzalisch, der östlichen Form des Okzitanischen, verfasste, rückte die Sprache des Südens wieder mehr ins Bewusstsein. Nach Verabschiedung des Gesetzes Deixonne 1951 dürfen in Frankreich auch Regionalsprachen unterrichtet werden. In Pau wurde 1979 die erste sogenannte »Calandreta« gegründet, eine Privatschule an der neben Französisch auch Okzitanisch unterrichtet wird. Derzeit existieren 60 Grundschulen und drei Collèges (Mittelschulen) mit insgesamt knapp 3500 Schülern, die zu den Calandretas gehören. Daneben belegen aber auch immer mehr Schüler staatlicher Schulen Ok-

Demonstration für Schulunterricht in Okzitanisch

zitanisch als Fremdsprache, was ab der sechsten Klasse möglich ist, dank einer gewachsenen Zahl an Lehrern, die die Sprache unterrichten dürfen. 1992 gab es erstmalig Unterricht im Fach Okzitanisch an einer staatlichen Schule. Derzeit lernen es etwa 75 000 Schüler. An neun Universitäten zwischen Paris und Toulouse kann man Okzitanisch heute auch studieren. Die Angaben über die Zahl der Okzitanischsprechenden schwankt enorm, doch die meisten gehen von etwa 600 000 Personen aus, die die Sprache regelmäßig aktiv verwenden und etwa zwei Millionen, die sie zumindest passiv beherrschen. 2008 wurde in die Verfassung aufgenommen, dass »die Regionalsprachen zum Kulturerbe Frankreichs gehören«. Im gleichen Jahr setzte die UNESCO Okzitanisch auf die rote Liste der aussterbenden Sprachen.

Im Gegensatz zum Okzitanischen ist »Francitan« keine eigene Sprache, sondern bezeichnet den starken Dialekt, den die Okzitanier im Gebrauch des Französischen an den Tag legen und in den einzelne Begriffe des Okzitanischen einfließen. Am ausgeprägtesten übrigens in Toulouse. Zudem werden in der Aussprache die nasalen Endungen des nordfranzösischen deutlicher ausgesprochen und zu einem melodischen Singsang zusammen gezogen.

Aus dem Wort »pain« (Brot), ausgesprochen »pä~« wird »päng«, aus »vin« (Wein), ausgesprochen »vä~« wird »väng«, aus »dimanche« (Sonntag), gesprochen »dima~nsch« wird »dimangsch« oder aus »un« (eins), ausgesprochen »ä~« wird »öng«.

Troubadoure und Minnesang

Mit dem verlorenen Albigenserkreuzzug verstummten auch die Troubadoure, da die Höfe an denen sie einst ihre Werke vortrugen, nicht mehr existierten und die neuen nordfranzösischen Herren ihre Sprache nicht verstanden. Im Jahr 1323 gründeten sieben der letzten »Trobadors« die Académie des Jeux floraux, um in Toulouse jährlich einen Dichterwettstreit abzuhalten und okzitanische Dichttraditionen zu erhalten. Benannt wurde die Akademie nach den Floralia, die im alten Rom zu Ehren der Göttin Flora abgehalten wurden. Bei den Dichterwettbewerben in Toulouse wurden und werden den Vortragenden Blüten überreicht. Wer mindestens drei Blumen bekommt, wird zum »Meister der Spiele« gekürt und erhält ein silbernes oder selten ein goldenes Veilchen. Wenige Jahre später entstanden weitere Kategorien, in denen man mit silbernen Blumen ausgezeichnet wird. Der erste Preisträger, der im Mai 1324 ein goldenes Veilchen bekam, war Arnaud Vidal, der ein Canso zur Verherrlichung der Jungfrau Maria vorgetragen hatte.

Eine Kletterrose gibt es für Sonette und Ringelblumen für Elegien und Balladen. Ende des 17. Jahrhunderts musste die Akademie auf Befehl Ludwigs XIV. die Wettbewerbssprache auf Französisch ändern. Mit der Französischen Revolution wurde die Akademie aufgelöst, allerdings schon 1806 neu begründet. Erst seit 1895 darf Okzitanisch wieder verwendet werden. Es wurden im Laufe der Zeit weitere Kategorien eingeführt wie die Sparte »Hymnen an die Jungfrau Maria«, die mit einer Lilie ausgezeichnet wird oder Fabeln, für die es eine Primel gibt. 1960 wurde die erste goldene Narzisse überreicht, die es seither für Preisträger gibt, die auf Okzitanisch vortragen. Zu den Preisträgern des Wettbewerbs gehören Pierre Ronsard, François-René de Chateaubriand, Voltaire, Victor Hugo und Frédéric Mistral. Letzterer gründete 1854 mit sechs Dichterkollegen eine weitere Vereinigung zum Erhalt der okzitanischen Sprache, die sich Félibrige nennt. Jährlich einmal hält diese einen Kongress in wechselnden Städten der Provence und Okzitaniens ab. Alle sieben Jahre hält auch die Félibrige einen Dichterwettbewerb ab, das nächste Mal im Mai 2025.

Die Kunst der Troubadourlyrik entstand im ausgehenden 11. Jahrhundert in Okzitanien. Der Troubadour ist dem Wortstamm nach ein »Erfinder« von Liedern in Reimform, die in der Sprache des Landes vorgetragen wurden. Wilhelm IX. von Aquitanien, Großvater der berühmten Eleonore von Aquitanien, gilt als der älteste von insgesamt 450 namentlich bekannten Troubadouren. Doch nicht nur Fürsten, sondern vor allem Vertreter der Ritterschaft, aber auch Kleriker versuchten sich als Dichter. Zu den berühmtesten Troubadouren gehören neben Wilhelm IX. Marcabru, Jaufré Rudel, Bernart de Ventadorn, Aimeric de Sarlat und Bertran de Born.

Fast die Hälfte aller erhaltenen Werke sind Liebes-Kanzone, die als Königsgattung galten. Darin werden hochstehende und als unerreichbar beklagte Damen verherrlicht. Daneben gab es aber auch Scheltlieder (Sirventes) mit moralisch oder politisch rügendem Inhalt, meist in satirischer Form. In den sogenannten Planhs wurde eine preisende Totenklage für einen hochrangigen Verstorbenen gehalten.

Gesellschaftlich entwickelte sich ab dem 11. Jahrhundert die Kunst der Hohen Minne, die ein Ideal platonischer Liebe stilisierte. Der Troubadour stellt sich unverbrüchlich in den ritterlichen Dienst einer Dame, unterwirft sich ihrem Willen und wirbt um ihre Gunst. Der Dienstgedanke steht bei diesem Konzept im Vordergrund und zeigt damit Parallelen zum damaligen Lehnswesen. Allerdings mit dem Unterschied, dass der »Vasall«, also der Werbende, nur ideellen Lohn erhofft. Durch die Form seines Werbens wurde die Etikette an den mittelalterlichen Höfen maßgeblich geprägt, die Höflichkeit entwickelte ihre verfeinerten Züge.

Im Garten an der Quelle war's,
Wo nah am Kies die Wiese grünt.
Beim Schatten des gepflegten Baums,
Im Schmelze weißer Blütenpracht
Und frischer Frühlingsstimmen traut:
Dort traf ich einsam ohne Freund
Die Spröde, die sich mir versagt.

Sie war ein Fräulein Wohlgestalt,
Die Tochter eines Kastellans.
Indes ich wähnte, daß vom Sang
Der Vögel und vom frischen Grün
Und von der jungen Jahreszeit
Sie froh gestimmt, mich gern erhört' –
War alles anders schon mit ihr.

Der Tod des Trobadours Jaufré Rudel (13. Jahrhundert)

Tränen im Auge saß sie da
Und seufzt' aus tiefer Herzensnot.
»Herr Jesus," sprach sie, »großer Gott,
Von euch kommt all mein schweres Leid,
Denn eure Schmach ist meine Not,
Weil all die Besten euch zulieb
Gegangen sind. So wolltet ihr's.

Mit euch zieht auch mein Freund dahin.
Der Schöne, Liebe, Herrliche.
Und ich bleib hier in meiner Pein
Und wein und sehn' mich Tag und Nacht;
Verflucht der König Ludwig sei!
Mit seinem Ruf und Aufgebot
Hat er das Herz mir wund gemacht."

Wie ich sie also jammern hört',
Trat ich zu ihr ans Bächlein klar.
»Vom vielen Weinen, schönes Kind",
Sagt' ich, »wird nur die Wange welk.
Auch dürft ihr nicht so trostlos sein.
Denn, der den Wald ergrünen läßt.
Beschert euch wohl noch manche Lust."

»Herr", sprach sie drauf, »ich glaub' es gern,
Daß Gott sich meiner noch erbarmt,
Dort oben in der Ewigkeit,
Wohin er viele Sünder ruft.
Doch hier nimmt er den Einen mir,
Den Liebsten, der mir die Freude mehrte.
Oh so weit ist er entfernt von mir."

Marcabru, um 1150

Musik und Malerei

Louis Deffès aus Toulouse komponierte mit dem Lied »Ô Moun Pais« eine Art okzitanische Nationalhymne. Dieses wiederum inspirierte den bekanntesten Jazz-Sänger des Südwestens, Claude Nougaro, zu seinem Lied »Toulouse« (→ S. 66). Nougaro kam 1929 als Sohn eines Opernsängers und einer Klavierlehrerin zur Welt und wuchs bei den Großeltern in Toulouse auf. Er legte Zeit seines Lebens weder seinen Akzent noch seine Liebe zu der Stadt ab. Der Tolosaner Manu Larrouy hatte 2007 anlässlich eines Konzerts zur Hommage an Nougaro seinen ersten Auftritt, zwei Jahre später feierte er seinen Durchbruch mit »Mec à la cool«. Ebenfalls aus Toulouse stammen die Gruppen Fabulous Trobadors, die Rap und brasilianische Elemente mit okzitanischer Folklore verbindet, sowie die Rockgruppe Agora Fidelio. Die Gruppe OC interpretiert mit modernen Instrumenten die Lieder der Troubadoure des Mittelalters neu und gibt ihre Konzerte ausschließlich in historischem Rahmen wie in Carcassonne. Dort kam Claudi Marti zur Welt, der nicht nur auf okzitanisch singt, sondern auch als Schriftsteller arbeitet und Filmmusik komponiert, wie für den Film »Herbstgeschichte« von Eric Rohmer.

Auch die derzeit erfolgreichsten Rapper der französischen Musikszene kommen aus Okzitanien. Die Brüder Florian und Olivio Ordonez stürmten von Toulouse aus unter ihren Spitznamen Bigflo & Oli – oder kurz B & O – erstmals 2015 die französischen Charts. Seit 2017 wurden sie dreimal in Folge bei den NRJ Music Awards zur besten französischsprachigen Gruppe gekürt. 2018 wurden sie bei den MTV Music Awards als beste französische Künstler ausgezeichnet.

Der bedeutendste klassische Komponist aus Okzitanien war der in Saint-Féix-Lauragais 1872 geborene Déodat de Séverac. Nach seiner Schulzeit in Toulouse studierte er am Pariser Musikkonservatorium, kehrte aber nach dem Studium wieder in seinen geliebten Südwesten zurück, der auch in seinen Werken durchklingt. Lied- und Chorkompositionen sind oft auf okzitanisch verfasst. Außerhalb Frankreichs sind am ehesten seine Klavierstücke bekannt, wie die Suite »En Languedoc«.

Mit Henri de Toulouse-Lautrec (1864–1909) und Francisco de Goya (1746–1828) hat die Region gleich zwei namhafte Künstler von Weltruf hervorgebracht. Weniger bekannt wurde der aus Toulouse stammende Impressionist Henri Martin (1860–1943). Ebenfalls aus Toulouse kamen die Bildhauer Alexandre Falguière (1831–1900) und Antonin Mercié (1845–1916), die beide in der zweiten Hälfte des 19. Jahrhunderts in Paris mit ihren Skulpturen den Durchbruch schafften. Der aus Carcassonne stammende Jacques Gamelin (1738–1803) ist vor allem mit seinen Bildern der großen napoleonischen Schlachten in den französischen Museen vertreten.

Architektur

Besonders reich ist der Schatz an romanischen Kirchen, die auf Basis römischer Baukunst als Tempel zur Ehre Gottes erbaut wurden, getrieben von der mittelalterlichen Angst des erwarteten Weltenendes. Nachdem 951 Godescalc, Bischof von Le Puy-en-Vélay zum Grab des Apostels Jakobus des Älteren nach Santiago de Compostela pilgerte, setzte in der Erwartung des Jüngsten Gerichts ein

Miègeville-Portal an der Kirche Saint-Sernin in Toulouse

gewaltiger Pilgerstrom ein, von dem auch zahlreiche Stätten Okzitaniens betroffen waren und profitierten. Insbesondere Toulouse und die Kirche des heiligen Saturninus wurde zu einer der wichtigsten Zwischenstationen der Jakobspilger. Durch das Geld, das die Jakobspilger in die Kassen schwemmten, entwickelte sich die Baukunst innerhalb weniger Jahre und brachte dem Südwesten einen immensen Schub. Entlang der Pilgerwege wie der Via Tolosana und der Via Podiensis verbreiteten sich die (bau-)technischen Neuerungen in Windeseile und die Architektur dieser Zwischenstationen wurde ab dem 11. Jahrhundert stilbestimmend. Bis der Papst zum Kreuzzug gegen die Katharer aufrief.

Nach dem Ende des Albigenserkreuzzugs war nichts mehr wie vorher und vielfach war noch nicht einmal ein Stein auf dem anderen geblieben. Mit den Kreuzfahrern aus dem Norden kam auch der Baustil des Nordens, die Gotik. Und mit ihr der dauerhafte Anschluss an das Königreich Frankreich. Die königlichen Beamten ließen sich Stadtpaläste im neuen Stil erbauen.

Die europäische Architektur war beginnend mit dem Quattrocento – der Frührenaissance ab etwa 1420 – von Italien geprägt. Durch die Italienfeldzügen der französischen Könige hielt die Renaissance zwar mit Verspätung, dafür aber seit Franz I. mit großer Vehemenz, auch in Frankreich Einzug. Das Geld zum Bau neuer Renaissance-Palais verdienten sich die wohlhabenden Bürger des Südwestens mit Blaufärberei (→ S. 172).

Romanik

Der vorherrschende Typus beim Kirchenbau im Südwesten ist die Saalkirche, die von einem Tonnengewölbe bedeckt ist. Da aber die Massen an Wallfahrern besondere Erfordernisse, gerade logistischer Natur, notwendig machten, schlugen sich diese dementsprechend auch in der Architektur nieder. Die Pilger wollten dem Heiligen so nahe wie möglich kommen, der Altardienst durfte aber nicht gestört werden. Durch eine meist dreischiffige, basilikale Bauform konnten sich die Gläubigen durch einen Chorumgang den Reliquien maximal annähern, ohne zu stören. Umgangschöre zur geordneten Umrundung des Allerheiligsten wurden also zum Standard. Die Intention der Bischöfe, den Pilgern einen moralischen Kompass zu vermitteln, führte zur Entwicklung von Figurenschmuck mit ikonologischen Programmen. Die Pilgerkirche Saint-Sernin in Toulouse wurde insbesondere in punkto Bauplastik zum wichtigsten Impulsgeber, weit über die Grenzen Okzitaniens hinaus.

Um die erste Jahrtausendwende entstand eine Baukultur, die technisch auf die Formen der römischen Antike zurückgriff. Die daraus auch namentlich abgeleitete Romanik wurde damit zur ersten eigenständigen Stilform im christlichen Europa. Deren Ausbreitung wurde befördert durch die Vorstellung, dass sich nach 1000 Jahren der Satan erheben wird, wie es in der Apokalypse des Johannes offenbart wurde und somit das Weltende und das Jüngste Gericht unmittelbar bevorstehe. Die damit einhergehende Angst schürte die Kirche, um die Menschen zu einem frommen Leben zu bewegen. Das beherrschende Thema am Fassadenschmuck der Kirche wurde das Weltengericht. Man wollte sich aber nicht nur durch ein gottgefälliges Leben darauf vorbereiten, sondern suchte Unterstützung bei den Heiligen. Somit gewann der Reliquienkult immer größere Bedeutung und über den Gebeinen von Märtyrern entstanden neue Pilgerkirchen, die dem gleichen Stil folgen.

Schon relativ früh entstand in Toulouse an der Wallfahrtskirche Saint-Sernin ein erstes ikonologisches Programm, das heißt durch Skulpturen an den Portalen sollte der Besucher ermahnt und zu frommem Leben geführt werden. Im Laufe des 12. Jahrhunderts entwickelte sich die Skulpturenkunst zu ihrer größten Blüte wie man sie insbesondere in Toulouse bestaunen kann. Da alle Kirchen der Romanik innen wie außen bunt bemalt waren, zog man möglichst hellen Stein vor, aufgrund der Möglichkeit zur besseren Bearbeitung der Regel Kalkstein. Kam dieser nicht an Ort und Stelle vor, wurde er je nach finanziellen Möglichkeiten aus weiter entfernten Gegenden importiert oder man musste mit den lokalen Gegebenheiten zurechtkommen. Im Tal der Garonne nutzte man daher für die Portale Kalkstein aus den Pyrenäen, das eigentliche Mauerwerk bestand aber aus Ziegeln, die aus dem Schwemmland der Garonne gebrannt wurden. Im südwestlichen Zentralmassiv hatte man selbst Kalkstein, aber durch die starke Verkarstung gab es nur wenige Steinbrüche, aus denen man große Quader brechen konnte.

Romanische Kapitelle im Musée des Augustins in Toulouse

Gotik

Die Gotik entstand Mitte des 12. Jahrhunderts als »opus francigenum« (französischer Stil) im Norden Frankreichs. Ein großer Einfluss auf die Entstehung der neuen Bauweise wird dem Abt Suger von Saint-Denis zugeschrieben, der Berater der französischen Könige war. Das Aufbrechen der Wände zugunsten großer Glasflächen war das Ziel, um Gott in Gestalt von Licht sichtbar zu machen und das Himmlische Jerusalem, in der Bibel beschrieben mit Wänden aus Edelsteinen, zu imitieren. Nach dem Albigenserkreuzzug und der Angliederung an die Krone kamen zwar gotische Stilelemente wie Kreuzrippen und Spitzbögen nach Okzitanien, doch blieben große Bauten im französischen Stil die Ausnahme. Allerdings gibt es unter diesen Ausnahmen herausragende Werke wie die Kathedrale in Albi oder die Jakobinerkirche in Toulouse. Auch im Burgenbau wurden die Kreuzrippengewölbe übernommen.

Gotische Kirchen und Kathedralen wie in Albi oder Toulouse wurden im Herzland der Katharerbewegung zu einer Demonstration der Macht, zum steingewordenen Symbol des Sieges der katholischen Kirche über die vermeintlichen Häretiker und insgeheim auch zum Symbol des Sieges des französischen Königs über die einst unabhängigen, reichen Gebietsfürsten.

Bastiden

Wichtigste Neuerung des 13. Jahrhunderts sind die Bastiden, streng geometrisch geplante, befestigte Garnisonsorte, die zur Sicherung der Grenzen entstanden. Erste Bastiden entstanden bereits während des Albigenserkreuzzuges im Auftrag von Raymond VI. von Toulouse. Alfons von Poitiers, der Bruder von König Ludwig dem Heiligen, der 1249 die Grafschaft Toulouse erhalten hatte, wollte die neue Reichsgrenze hin zum mächtigen Nachbarn Aquitanien weiter befestigen. Als nach seinem Tod die Grafschaft direkt an die Krone fiel, übernahmen die Seneschalle als Verwalter die Aufgabe neuer Gründungen. Ließ es das Gelände zu, bildete eine Bastide nach Idealplan ein Rechteck mit rechtwinklig zueinander verlaufenden Gassen und einem arkadengesäumten Marktplatz im Zentrum. Zwischen den Häusern blieb meist ein 25 Zentimeter breiter Freiraum, der sowohl als Wasserkanal wie als Brandschutz diente.

Gotische Elemente im Kreizgang von Les Jacobines in Toulouse

Durch zahlreiche Zuwendungen und Privilegien wurden Siedler ermutigt, in diese Festungsorte zu ziehen. Es gab kostenloses Bau- und Ackerland, Befreiung vom Wehrdienst sowie Asylrecht und Erbrecht. Ein von den Seneschallen eingesetzter Vogt, der sogenannte Bailli, war für die Rechtsprechung und die Einziehung der Steuern

Auch Mirepoix wurde als Bastide errichtet

zuständig, die Verwaltung der Orte war Sache der Konsuln, die von den Bewohnern selbst gewählt wurden. Rechtlich gesehen waren Bastiden anfangs Dörfer mit Marktrecht, doch mit dem Erfolg dieses Systems, der sich im Hundertjährigen Krieg bewies, wuchs so manche Bastide auf Stadtgröße an.

Schlösser

Nach dem Hundertjährigen Krieg verloren die Burgen ihre Bedeutung, da diese auf Senkrechtverteidigung ausgelegt waren, mit der Entwicklung der Artillerie diese Technik aber überholt war. Zudem lagen viele Burgen in Schutt und Asche. Und so entstanden auf den Trümmern im 16. Jahrhundert neue Schlösser, nachdem sich die wirtschaftliche Situation schnell verbesserte und wieder ausreichend Geld zur Verfügung stand. Die alten noch stehenden Burgen wurden modernisiert und restauriert. Die französischen Könige Ludwig XII. und Franz I. brachten aus Italien, wo sie Thronansprüche auf das Großherzogtum Mailand durchsetzen wollten, den Stil der Renaissance mit, der nie dagewesenen Komfort versprach. Bestanden die Donjons noch aus übereinander gelagerten Räumen, mit Hühnerleitern verbunden, entstanden nun prächtige Treppen. Gab es vorher mehrere Räume auf einer Ebene, so musste man direkt durch die Säle gehen ohne Rücksicht auf Privatsphäre. Durch die Loggien entstanden nun Gänge, die es ermöglichten, genau in den Raum zu gehen, in den man wollte, ohne andere Säle zu durchqueren. Der Wohntrakt oder Corps de logis wurde dadurch verbreitert. Größere Fenster brachten dank verbesserter Isolation durch Glasfenster mehr Licht in die Räume. Die Fenster werden nun streng axial übereinander gesetzt und durch Lukarnen oben zusätzlich in Szene gesetzt.

Hôtels particuliers

Doch nicht nur in Gestalt von Schlössern zeigte sich die neue Stilrichtung, auch in Städten entstanden unzählige Renaissance-Häuser. Kaufleute, die in den neuen Friedenszeiten zu Wohlstand kamen, ließen sich prächtige Stadtpalais errich-

Das Palais Berbie in Albi

ten, genauso wie die immer größer werdende Zahl von Beamten. Üblicherweise bestanden diese Hôtels particuliers aus drei Etagen und einem Dachboden sowie einem überwölbten Lagerkeller, da ihre ersten Erbauer und Besitzer meist aus der wohlhabenden Händlerschicht stammten. Keller und Speicher dienten dem Waren- oder Materiallager, Erdgeschoss dem Verkauf, erste und zweite Etage dem Wohnen und Arbeiten. Nur selten ist den Fassaden abzulesen, dass sich die Häuser aus dieser Zeit nach hinten um einen Hof weiter erstrecken und manchmal gar ganze Blöcke einnahmen. Zu den Hôtels particuliers gehört oft ein Turm als Zeichen des Wohlstands, mit dem sich gerade die reichen Pastelhändler gegenseitig übertrumpfen wollten. In Toulouse zeugen heute über 50 solcher Türme von diesem Wettstreit, einst nannte man die Stadt deshalb auch die »Stadt der 100 Türme«.

Essen und Trinken

Die Küche des Südwestens profitiert von dem großen Naturreichtum, der der Region schon im Mittelalter einen reich gedeckten Tisch ermöglichte. Gemüse und Obst in großer Vielfalt, aber auch Fleisch, vor allem das schmackhafte Lammfleisch aus den Causses, gehören zu den Grundzutaten. Doch die wichtigsten Bestandteile eines gepflegten Menüs in Okzitanien liefern Gänse und Enten. *Foie gras* und *Confit de canard* sind unerlässlich in der hiesigen Küche. Aus den Eichenwäldern im nördlichen Okzitanien kommen mindestens so viele schwarze Périgord-Trüffel wie aus der namensgebenden Nachbarprovinz oder der Provence. Man liebt es, mit Freunden zusammen zu tafeln und alles mit dem ein oder anderen Schluck Rotwein zu begießen. Das Aushängeschild des Südwestens aber ist das *Cassoulet* (→ S. 65), ein deftiger Bohneneintopf.

Kulinarische Genüsse

Traditionellerweise beginnt man in Okzitanien ein Essen mit einer Scheibe *Foie gras*, die überregional verbreitet ist. Überhaupt spielt Geflügel eine ganz besondere Rolle in der Küche des Südwesten. Überall gibt es Enten-Confit oder Entenbrust, *Magret de Canard*. Da der beschriebene Teil Okzitaniens über keine Meeresküste verfügt, gibt es in den drei Départements nur wenige Fischspezialitäten. Zu diesen gehören Forellen aus dem Tarn. Zubereitet werden sie meist mit einer Weinsauce oder mit *Verjus*, dem Saft unreifer Trauben.

Die Foie gras ist der Stolz des Südwestens und vieles dreht sich um die Fettleber von Gans und Ente. Doch auch die anderen Teile des Geflügels spielen in der Küche Okzitaniens eine große Rolle. Der Klassiker unter den Vorspeisen der Region ist die *Terrine de foie gras mi-cuit*, also eine Scheibe Gänse- oder Entenstopfleber, die am besten mit etwas Meersalz und einer süßlichen Konfitüre aus Feigen oder Zwiebeln serviert wird und zu der man am besten ein Glas Süßwein reicht. Die Brust der Enten wird am liebsten in Form von *Magret de canard à point*, also rosa gebratener Entenbrust gegessen. Die Keulen werden zum Confit, das heißt wörtlich eingemacht, indem man sie drei Stunden in eigenem Fett langsam schmort und mit dem Schmalz ursprünglich in Steintöpfen, heute in Konserven, aufbewahrt. Bei Bedarf wieder herausgeholt und erwärmt, serviert man sie üblicherweise mit Bratkartoffeln, die mit Gänseschmalz zubereitet werden. In Okzitanien ebenfalls sehr beliebt, ist ein Salat mit *Gésiers*. Dabei handelt es sich um angebratene Entenmägen. Die letzten Fleischreste von Ente

Äußerst deftig: Cassoulet

Käseladen in Albi

oder Gans werden zu *Grillon*, einem Brotaufstrich, bei dem das Fleisch mit Gewürzen so lange gekocht wird bis es zu Fasern zerfällt und in Gläsern eingemacht wird.

Selbst beim alltäglichen Abendessen wird in den Familien Käse vor dem süßen Dessert aufgetragen. Ein Ziegenkäse aus der Region ist der *Cathare* aus dem Lauragais, der ein Tolosanerkreuz in seiner Aschehaut hat. Aus einer Mischung von Kuh- und Schafsrohmilch wird im Tal des Tarn der *Pérail* hergestellt. Da die traditionelle Küche bei Vorspeisen und Hauptgerichten eher deftig und sättigend ist, bevorzugt man beim Dessert meist frisches Obst.

Sterneküche

Will man sich etwas Besonderes gönnen, kann man auch ein Essen bei einem der Sterneköche einplanen. Werktags bieten viele ein durchaus erschwingliches Mittagsmenü an, das preislich meist zwischen 30 und 50 Euro angesiedelt ist. Das einzige Drei-Sterne-Restaurant Okzitaniens, die »Auberge du Vieux Puits« von Gilles Goujon, befindet sich in Fontjoncouse bei Narbonne. Die höchst dekorierten Sterneköche innerhalb des vom Buch behandelten Gebiets sind in Toulouse Michel Sarran mit seinem gleichnamigen Restaurant und Xavier Saffon-Pers mit dem »PY-R«, Bernard Bach im »Le Puit Saint-Jacques« in Pujaudran und Franck Putelat in Carcassonne im »Le Parc« mit ihren jeweils zwei Sternen.

Mit jeweils einem Stern ausgezeichnet sind in und um Toulouse Stéphane Tournie in den »Jardins de l'Opéra«, das »Hedone« von Balthazar Gonzales, Küchenchef Thomas Vonderscher vom »Le Cenacle«, Guillaume Momboisse im Restaurant »Sept«, Frank Renimel im »En Marge« in Aureville, Claude und Thierry Merville in Castanet-Tolosan, Sylvain Joffre im »En Pleine Nature« in Fonsegrives, das »Ô Saveurs« in Rouffiac-Tolosan von David Biasibetti, Jerémy Morins »L'Aperté« in Montrabé und in Verfeil »La Promenade« von Nicolas Thomas.

Im Département Aude dürfen sich in der Gegend um Carcassonne Jérôme Ryon im Restaurant »La Barbacane«, Philippe Deschamps in der »Domaine d'Auriac« und Jean-Marc Boyer im »Puits du Trésor« in Lastours ebenfalls mit einem Michelin-Stern schmücken. Seit David Enjalran sein Sternerestaurant in Albi geschlossen hat, gibt es im Département Tarn kein Sternerestaurant mehr. Der Engländer Simon Scott im »Bistrot des Saveurs« in Castres hat zwar keinen Stern mehr, kocht aber immer noch auf Sterneniveau und das »Chateau de

Salettes« in Cahuzac-sur-Vère ist nach dem Weggang seines Sternekochs unter dem neuen Küchenchef Ludovic Dziewulski auf dem Weg zurück in den Sternehimmel.

Wein und Schaumwein

Über ganz Frankreich verteilt gibt es 16 Weinbauregionen. Die von diesem Reiseführer beschriebenen Gebiete gehören zur Weinbauregion Sud-Ouest, in der insgesamt 650 000 Hektoliter auf knapp 15 000 Hektar produziert werden, das Minervois gehört zum Gebiet Languedoc. Dabei erstreckt sich das sehr diversifizierte Gebiet Sud-Ouest quer durch 13 Départements von Südwesten nach Nordosten, vom Baskenland bis ins Anbaugebiet Entraygues-Le-Fel im Zentralmassiv. Das Weingebiet Languedoc ist eher für seine Massenproduktion bekannt. Daher fallen die Weine des Minervois positiv aus dem Raster und glänzen mit Feinheit und Eleganz.

Das wichtigste Anbaugebiet innerhalb der den Reiseführer betreffenden Gebiete ist Gaillac mit 3600 Hektar Anbaufläche. Die Gaillac-Weine haben den AOC-Status, also das französische Schutzsiegel der kontrollierten Herkunftsbezeichnung (→ S. 238). Diese »Appellation d'origine contrôlée« steht in Frankreich für höchste Qualität und ist die Garantie dafür, dass die Produkte aus einem genau definierten geographischen Raum stammen und nach traditionellen Methoden hergestellt sein müssen. Es gibt klar definierte Qualitätsstandards, die gleichmäßig erbracht werden müssen und durch eine staatliche Kontrollkommission streng überwacht werden. Liegt ein Weinberg auch nur einen Meter außerhalb eines genau umrissenen Radius', darf der Wein von dort nicht mehr als AOC-Wein bezeichnet werden.

Gaillac-Weine

Das Gebiet Gaillac hat für seine Weißweine bereits seit 1938 die AOC, seit 1970 auch für seine Rot- und Roséweine. Es reicht von Cordes-sur-Ciel im Nordosten, Montauban im Nordwesten und im Süden entlang des Tarn-Tals bis nach Rabastens und Busque. Alles, was außerhalb des Gebietes liegt, wird als Côtes-du-Tarn bezeichnet, mit Ausnahme des nur 20 Hektar großen AOC-Gebietes der Gaillac-Premières-Côtes-Weine. Das Mini-Gebiet liegt nördlich des Tarn zwischen Gaillac, Cahuzac-sur-Vère und Cestayrols. Insgesamt nur elf Gemeinden liegen an diesen »ersten Hängen«, auf denen ausschließlich Reben für Weißweine wachsen. Hauptrebsorten von weißen Gaillac-Weinen sind die Mauzac-Trauben, die Muscadelle und die Len d'El-Traube, die nur hier angebaut wird. Eine der drei Sorten muss zumindest mit 50 Prozent im Wein vertreten sein. Sauvignon und Ondenc dürfen die Weine ergänzen.

Auch die Rotweine des Gaillac haben ungewöhnliche alte Rebsorten wie die Duras-Traube und die Braucol-Traube, die auch als Fer Servadou bekannt ist. Zusammen mit der Syrah-Traube sind sie die charakteristischen Hauptträger, die durch die Cabernets Sauvignon und Franc, Gamay, Merlot und Prunelart ergänzt werden dürfen. Die erstgenannten Hauptsorten müssen mit mindestens 60 Prozent vertreten sein, wobei Duras oder Fer Servadou Minimum zehn Prozent haben und beide zusammen mindestens 40 Prozent ausmachen müssen. Die Rotweine haben ein Bukett von schwarzen Früchten, Lakritz und Pfeffer, der gut zu Wildgerichten, rotem Fleisch in Verbindung mit Steinpilzen oder Täubchen passt, idealerweise bei 16 Grad Trinktemperatur.

Côtes du Frontonnais

Aus dem Gebiet nördlich von Toulouse, das zwischen Garonne und Tarn liegt, kommen die Weine der Côtes du Frontonnais. Diese müssen zumindest zur Hälfte aus der alten Rebsorte Negrette bestehen, die man in den USA als Pinot St. George kennt. Dazu dürfen Syrah, Malbec, die Cabernets, Gamay, Cinsaut, Mauzac und Braucol verwendet werden. Die spät reifende und sehr für Mehltaubefall anfällige Negrette-Traube verleiht den Fronton-Weinen sehr feine Aromen von roten und schwarzen Beeren und einen typischen Veilchen-Duft. Diese sind leicht auf 15 bis 16 Grad gekühlt die besten Begleiter zu einem Cassoulet!

Minervois

Das Gebiet im Osten des Départements Aude ist mit 15 000 Hektar Gesamtfläche, von denen etwa 4000 Hektar mit Weinstöcken bepflanzt sind, eines der kleinsten Weinanbaugebiete Frankreichs. Aber auch eines der ältesten: Vermutlich brachten schon die Griechen, die im 4. Jahrhundert den Mittelmeerstützpunkt Agathé, das heutige Agde, gründeten, Wein in die Region. Sicher belegt ist der Weinbau im Minervois zu Römerzeiten, die im 2. vorchristlichen Jahrhundert in die Provinz kamen und hier später die Provincia Gallia Narbonensis gründeten. Die römische Göttin Minerva, Göttin der Weisheit, der Kriegskunst und des Handwerks ist Namensgeberin des Dorfes Minerve (→ S. 300) und des ganzen Gebiets. Insgesamt 61 Gemeinden, 16 davon im Nachbardepartement Hérault, liegen innerhalb des Weinanbaugebietes Minervois, das seit 1985 AOC-Status hat. Für Rotweine, die zu fast 95 Prozent produziert werden, müssen zu mindestens 60 Prozent die Rebsorten Syrah, Mourvèdre und Grenache verwendet werden. Als komplementäre Rebsorten dürfen Carignan, Lledoner Pelut, Cinsault, Picpoul, Terret und Aspiran angebaut werden.

Schaumweine

Der älteste Schaumwein Frankreichs stammt aus Limoux (→ S. 334), 25 Kilometer südlich von Carcassonne. Schon mehr als hundert Jahre vor dem Kellermeister Dom Pérignon in der Champagne haben Mönche der Abtei Saint-Hilaire die Herstellung der prickelnden, perlenden Tropfen beherrscht. Je nach dominierender Rebsorte unterscheidet man zwischen einem Crémant de Limoux und der Blanquette de Limoux. Ein Blanquette de Limoux méthode ancestrale ist ein sortenreiner Schaumwein, der ausschließlich aus der Mauzac-Traube hergestellt wird. Bei einer Blanquette de Limoux brut spielen zu zehn Prozent die Rebsorten Chardonnay und Chenin Blanc mit. Der Crémant de Limoux besteht mindestens zur Hälfte aus Chardonnay-Wein und zu einem Fünftel aus der Chenin Blanc-Rebe. Mauzac und Pinot noir runden die Cuvée für einen Crémant ab. Auch im AOC-Gebiet Gaillac wird Schaumwein produziert. Hier dient die Len de l'El-Traube als Basis neben der Mauzac blanc und Mauzac rosé.

Das Nationalgericht Cassoulet

Als typischstes Gericht des Südwestens gilt der berühmte Bohneneintopf Cassoulet (Abb. → S. 61), zu dem traditionell ein Salat gereicht wird.

Zutaten

Für die Zubereitung des echten Cassoulets von Castelnaudary braucht man für vier Personen 350 Gramm getrocknete weiße Bohnen aus dem Lauragais, zwei eingemachte Gänsekeulen (Confit d'oie), vier Scheiben à 50 Gramm Schweineschulter oder Haxe, 250 Gramm Schweineschwarte, etwas salzigen Speck, Schweineknochen, eine Zwiebel, zwei Karotten, eine Stange Lauch, eine halbe, kleine Knolle Sellerie, Wasser, Salz, Pfeffer und Salz.

Zubereitung

Die Bohnen über Nacht in kaltem Wasser einweichen. Am nächsten Morgen abgießen und die Bohnen in einen Kochtopf mit drei Litern Wassern geben, fünf Minuten kochen lassen. Dann durch ein Sieb abgießen. Erneut den Topf mit drei Litern frischem Wasser aufsetzen, die in Streifen geschnittene Schweineschwarte sowie die Knochen dazu geben, das in größere Würfel geschnittene Gemüse dazugeben. Großzügig salzen und pfeffern und die Bouillon eine Stunde simmern lassen. Anschließend die Bouillon filtern, Gemüse und Knochen entfernen und die Streifen der Schwarte beiseite stellen. In die gefilterte Bouillon die vorgegarten Bohnen geben und so lange kochen lassen, bis sie weich, aber nicht verkocht sind, also etwa eine Stunde. In einem Schmortopf die Confits von der Gans bei niedriger Temperatur erwärmen, dann beiseite stellen. Im verbliebenen Fett die Scheiben von Schweineschulter oder -haxe goldbraun braten. Die Bohnen abgießen, aber die Bouillon weiter behalten. Zu den Bohnen einige Knoblauchzehen und etwas kleingewürfelten Speck geben.

Die Fertigstellung des Cassoulets erfolgt dann in der Cassole, also der großen irdenen Schale, die original aus Issel kommt, alternativ einem feuerfesten Tongefäß. Die Schale mit etwas Knoblauch ausreiben, dann den Boden mit den Schwartestreifen auslegen. Zirka ein Drittel der Bohnen darauf geben. Die Scheiben vom Schweinefleisch und das Confit auflegen und alles mit dem Rest der Bohnen bedecken. Die heiße Bouillon darüber gießen, so dass die Bohnen gerade bedeckt sind. Mit Pfeffer aus der Mühle würzen und einen Löffel des Fetts, das vom Anbraten des Fleisches in der Pfanne blieb, daraufsetzen. In den auf 150 bis 160 Grad vorgeheizten Backofen stellen und zwei bis drei Stunden backen lassen. Dazwischen immer wieder die sich bildende Kruste aufbrechen, traditionellerweise sieben Mal. Wenn die obere Schicht Bohnen trocken zu werden beginnt, immer wieder mit etwas Bouillon aufgießen. In der Zwischenzeit einen grünen Salat mit einer Vinaigrette aus Essig, Öl, Senf, Salz und Pfeffer anmachen. Wenn das Cassoulet fertig ist, sofort heiß mit dem grünen Salat als Beilage servieren. Reste lassen sich am nächsten Tag unter Zugabe von etwas Bouillon oder Wasser bei 150 Grad eineinhalb Stunden im Ofen gut aufwärmen.

Bon apetís!

Wie fern mein Land ist, wie fern!
Tief in mir sehe ich es manchmal vor mir:
Das grüne Wasser des Canal du Midi
Und die roten Ziegel von Minimes.
Oh mein Land, oh Toulouse, oh Toulouse ...
Du redest wie mit Kieseln in deinem Mund.
In dir brodelt die Gewalt bis in deine Veilchen.

aus dem Lied »Ô Toulouse« von Claude Nougaro, 1967, basierend auf dem okzitanischen Liedtext »La Tolosenca« von Lucien Mengaud, 1865

TOULOUSE

Annäherung an Toulouse

»Toulouse ist eine sehr schöne Stadt an der Garonne, die durch ihre Größe und die Art ihrer Bewohner, die auf den Straßen flanieren, mir mehr Flair zu haben scheint als Paris oder jede andere Stadt, die ich je gesehen habe«, schrieb die Gräfin von Montpensier (1627–1693) begeistert über die heutige Hauptstadt Okzitaniens. 480 000 Einwohner zählt die viertgrößte Stadt Frankreichs, der Großraum Toulouse hat mittlerweile sogar schon die Millionengrenze überschritten. Bei der jährlichen Umfrage, welches die beliebteste Stadt in punkto Lebensqualität und Sicherheit ist, belegte Toulouse 2018 den zweiten Platz aller französischen Städte, nur Bordeaux lag vor ihr. Keine Überraschung, da Toulouse seit Jahren auf dem Treppchen steht, mal ganz oben wie 2013, schlechtestenfalls auf dem dritten Rang. Damals hat sie die Hitzewelle vielleicht den Titel gekostet, da Toulouse wochenlang unter Temperaturen um die 37 Grad Celsius litt. Erst Corona wirbelte 2020 die Rangliste durcheinander und die hohen Inzidenzen in der »Ville rose« warfen sie auf den 29. Rang zurück.

Toulouse ist eine junge und dynamische Stadt, an den vier Hochschulen sind 66 000 Studenten eingeschrieben. Diese schätzen an der drittgrößten Universitätsstadt nach Paris und Lyon besonders das große kulturelle Angebot, die vielfältigen Freizeitmöglichkeiten, noch erschwingliche Studentenwohnungen und das hervorragende Transportsystem innerhalb der Stadt mit Metro, Tram, Bussen und Bike-Sharing. Was des einen Freud, ist des anderen Leid. Junge Familien finden nur sehr schwer größere Wohnungen oder gar Häuser in der Stadt und wer in die Randbezirke außerhalb des studentischen Sektors zieht, braucht ein eigenes Auto, für das er im Zentrum keinen Parkplatz findet. Auch der Tourist, der mit dem eigenen Auto reist, wird dies feststellen müssen. Vor allem sollte man tunlichst vermeiden, in den morgendlichen Berufsverkehr oder

An der Place Saint-Étienne im gleichnamigen Stadtviertel

▲ Karte S. 72

Der Pont Neuf von Toulouse

den Feierabendverkehr zu kommen, ansonsten ist Stau auf der Rocade, dem Autobahnring, garantiert.

Die guten Chancen auf dem Arbeitsmarkt, dank der Forschung und der Luft- und Raumfahrtindustrie, locken dennoch jedes Jahr auch viele junge Familien in die Stadt. Jeder Achte arbeitet für die Airbus Group, ehemals EADS, und ihre Zulieferer. Da aber nur Facharbeiter gesucht werden, ist die Zahl der Arbeitslosen mit 13,7 Prozent überdurchschnittlich hoch. Was die jungen Familien an Toulouse vor allem schätzen, sind neben den Karrierechancen die gute Infrastruktur bezüglich Kindergärten und Schulen und der hohe Lebensstandard, inklusive einer höchst attraktiven Umgebung. Bei der Ermittlung der lebenswertesten Städte Frankreichs landete Toulouse bei der Frage, wo die Franzosen am liebsten arbeiten, immerhin auf Platz vier, hinter Bordeaux, Paris und Lyon.

Doch sind den Tolosanern solche Ranglisten im Grunde unwichtig. Für sie gibt es nur eine Rangliste, in der sie ganz vorn stehen möchten, nämlich beim Rugby. Der Nationalsport des Südwestens gilt vielen Tolosanern als Religion und das Stadion Ernest Wallon ist ihr Tempel. Fragt man sie nach der Farbe der Stadt, ist sie nicht »rose«, sondern rot-schwarz, die Farben des Stadtvereins Stade Toulousain. Nach einer längeren Durststrecke, während der die Mannschaften aus Toulon, aus Paris und gar der Konkurrent aus Castres die Meisterschaften unter sich ausmachten, hat Toulouse 2019 nach siebenjähriger Abstinenz wieder den »Bouclier de Brennus«, das Meisterschild, gewonnen. Und nachdem wegen Corona 2020 keine Meisterschaft ausgespielt wurde, triumphierte »Rouge et Noir« auch 2021 wieder, zum insgesamt 21. Mal. Absoluter Rekord! Und schon einen Monat vorher wurde die Champions League gewonnen. Zum fünften Mal, ebenfalls Rekord. Was interessiert einen Tolosaner da noch der 29. Rang auf der Liste der lebenswertesten Städte Frankreichs?!

EXTRA

Rugby: Verrückt nach dem Ei

Im Südwesten Frankreichs hat Rugby den gleichen Stellenwert wie »König Fußball« in Deutschland. Während der beiden Halbzeiten fiebert man mit seiner Mannschaft mit, nach dem Spiel gehen alle gemeinsam zur »dritten Halbzeit« in den Bars über. Randale zwischen Fans oder gar Hooligans kennt man allerdings beim Rugby überhaupt nicht, es ist nach wie vor das »Spiel der Gentlemen« – in jeglicher Hinsicht. Seit 1892 wird um den Bouclier de Brennus, das Meisterschild der Top 14 genannten Liga, gespielt.

In der Regel spielen beim Rugby zwei Mannschaften mit jeweils 15 Spielern gegeneinander. Gespielt wird mit einem eiförmigen Ball, der in eine Torzone hinter dem gegnerischen Tor gelegt werden oder über eine drei Meter hohe Torlatte gekickt werden muss. Dabei darf der Ball zwar in alle Richtungen getreten, aber nicht nach vorn geworfen werden, sondern nur nach hinten oder zur Seite. Nur der balltragende Spieler darf angegriffen werden. Wird gegen eine dieser Regeln verstoßen, gibt es ein Gedränge, »Mêlée«, bei dem die acht Stürmer eines Teams vornübergebeugt gegeneinander drängen und versuchen in Besitz des Balls zu kommen, der vom Schiedsrichter in die Mitte geworfen wird. Schießt man aus dem Spiel heraus über das H-förmige Tor gibt es drei Punkte, hat man durch Tragen des Balles einen erfolgreichen Versuch, »Essai«, gemacht, für den es fünf Punkte gibt, hat man die Möglichkeit zur Erhöhung durch einen erfolgreichen Schuss über die Latte, der noch einmal zwei Punkte einbringt. Landet der Ball nach einem Wurf oder Kick im Seitenaus gibt es eine sogenannte Gasse, bei der je ein Spieler beider Mannschaften durch eine Art Räuberleiter hochkatapultiert wird, um sich den Ball zu angeln.

Das Mannschaftsspiel entstand 1823 in der englischen Stadt Rugby und kam wenige Jahre später auch nach Frankreich. Im traditionell eigensinnigen Südwesten wurde es zum Nationalsport. Fußball gilt nach Überzeugung vieler Rugby-Verfechter als Vergnügen für Memmen und Komödianten und Spieler wie der für Paris Saint-Germain spielende Brasilianer Neymar bestätigen sie in ihren Ansichten. Beim Rugby gibt es so gut wie keine erschummelten Siege. Spieler, die durch »Schwalben« oder Provokationen einen Vorteil für ihre Mannschaft herausschinden wollen, werden nicht nur vom Publikum, sondern auch von den eigenen Teamkameraden geächtet. Gemeinsames Trinken oder auch Essen nach dem Spiel gehört übrigens genauso zum Rugby wie körperliche Einsatzbereitschaft während des Spiels. Sinnlose Diskussionen mit dem Schiedsrichter von Seiten der Spieler gibt es ebenso wenig wie Gewalt zwischen den Fans. Stattdessen nutzen die kontaktfreudigen Okzitanier die »dritte Halbzeit«, die berühmte »troisième mi-temps«, in der Kneipe zum Knüpfen neuer Freundschaften und maximal zu spöttischen Frotzeleien.

Neben Mut, Bescheidenheit und Gemeinsinn erfordert Rugby vor allem Leidensfähigkeit. Im Rugby müssen die Spieler Schmerzen ertragen und überwinden wie in kaum einer anderen Mannschaftssportart. Der ballführende oder eher balltragende Spieler ist in der Opferrolle. Er rennt, bis er von seinen Verfolgern zu Boden gestreckt wird oder an einer Mauer aus gegnerischen Körpern fast zerschellt. Um das kostbarste Gut, den eiförmigen Ball, in Sicherheit zu bringen, passt er das Ei zu einem seiner Mitspieler, bevor er von einem Berg an muskulösen Körpern begraben wird. Bernard Marie, der 2015 im Alter von 96 Jahren verstorbene Politiker und

Die Mannschaft von Stade Toulousain (in Schwarz) spielt gegen Stade Français aus Paris

langjährige Rugby-Schiedsrichter, nannte Rugby treffend einen »Sport für Schurken, gespielt von Gentlemen«.

Regelverletzungen bleiben selten ungesühnt. Kommt es vor, dass der Schiedsrichter einen Regelverstoß nicht sieht, greifen die Spieler zu kollektiver Selbstjustiz. Am berüchtigtsten ist »la fourchette«, die Gabel, bei der im Schutze des unübersichtlichen Gedränges ein Übeltäter mit gespreizten Fingern in die Augen des Gegners sticht. Die Kompagnons des Opfers sorgen im nächstbesten Moment für »Gerechtigkeit« und rächen ihren Mitspieler. Mit dem Schlusspfiff endet die Gewalt.

In Okzitanien entwickelte sich aufgrund der bewegten Geschichte ein Selbstverständnis, der »Esprit de clocher«, die Verbundenheit zum eigenen Kirchturm zu demonstrieren. Man verteidigt sein Dorf, seine Stadt, setzt sich für seine Nebenleute bis zur Selbstaufgabe ein. Im Rugby muss man genau das tun und deshalb wurde das Spiel zum Nationalsport, zum Teil der Kultur Okzitaniens. Der ehemalige Nationalspieler Philippe Guillard sagte einmal treffend »Man kann verlieren, aber wenn man verliert, dann erhobenen Hauptes.« Wie es in der Geschichte Okzitaniens schon oft passierte.

Spielbesuch

Seit 1982 trägt die Mannschaft von Stade Toulousain ihre Heimspiele im Stadion Ernest Wallon im Stadtteil Sept-Deniers aus, das nach der umfassenden Renovierung Anfang der 2000er Jahre ein Fassungsvermögen von 19 000 Zuschauern hat. Benannt wurde es nach dem ersten Präsidenten des Rugby-Clubs, der 1907 gegründet wurde. Findet ein Match im Stadion statt, setzt die städtische Verkehrsgesellschaft Tisséo sogar Gratis-Busse ein, um die Zuschauer von der Metrostation Barrière-de-Paris zum Stade Ernest Wallon zu bringen.
Adresse: 114, rue des Troènes, Tel. 0892693115. Die Ticketpreise liegen bei 20 bis 95 Euro. Information: www.stadetoulousain.fr

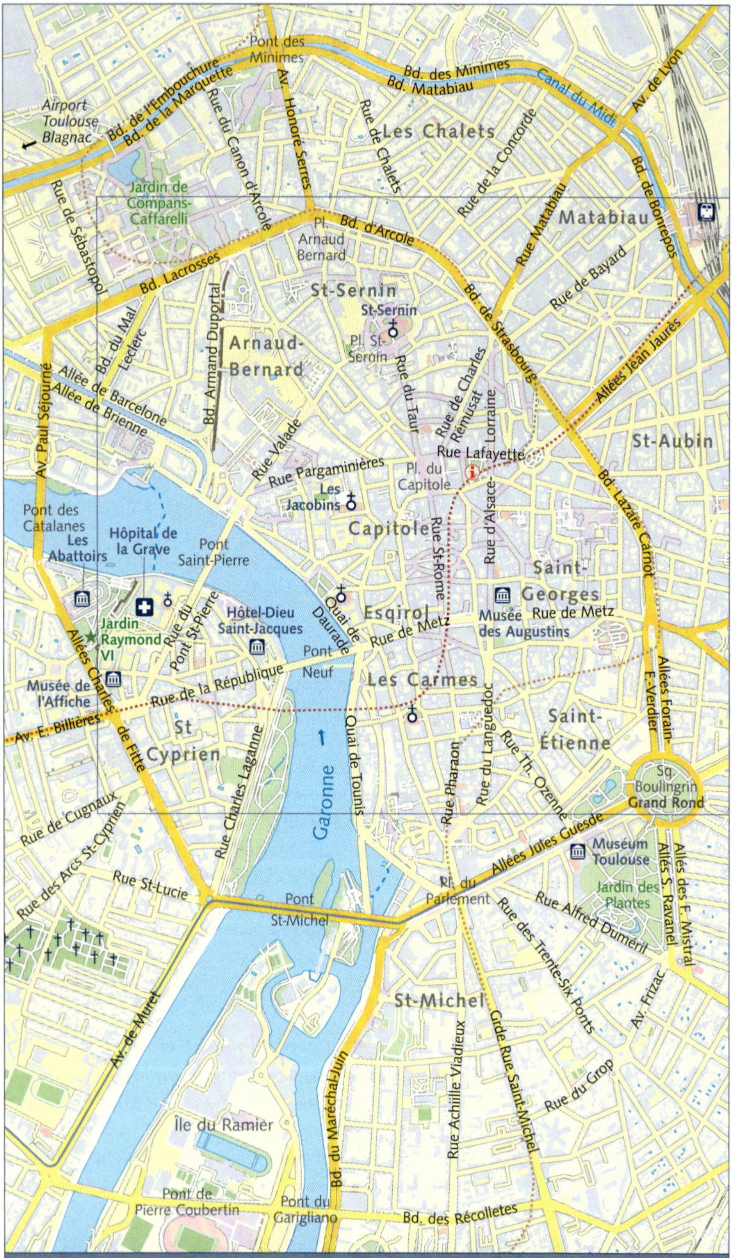

Toulouse: Zentrum

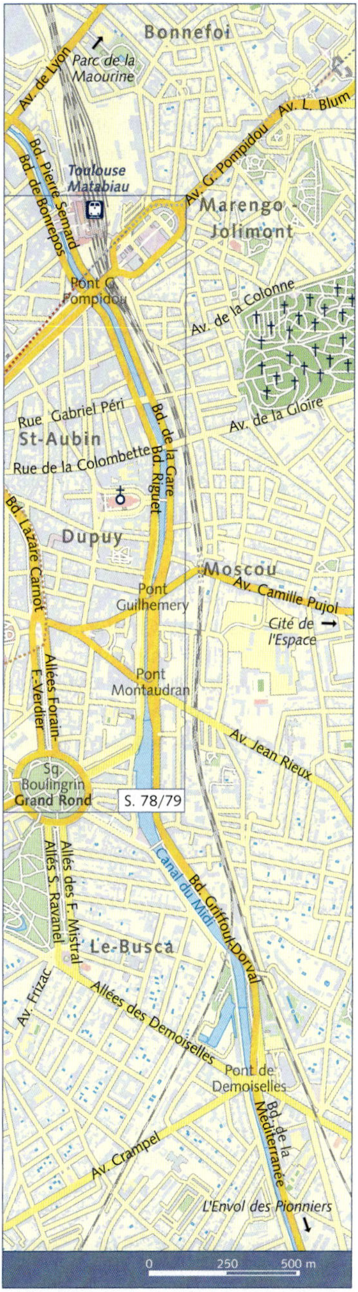

Stadtgeschichte

Toulouses antiker Stadtname Tolosa geht zurück auf eine Sippe der keltischen Volcae Tectosages, einem Teilstamm der Volker, die aus Gebieten östlich des Rheins und nördlich der Donau stammten. Die an der Garonne siedelnden Mitglieder dieser Fraktion wurden in antiken Quellen als Tolosates bezeichnet, ihr Oppidum als Tolosa, heute Vieille-Toulouse, etwa acht Kilometer südlich des Zentrums gelegen. Erwähnt wurde Tolosa damals auch als Ort eines legendären Keltenschatzes, den die Tektosagen mitgebracht haben sollen und den die Römer bei der Eroberung der Keltensiedlung geplündert haben sollen, der aber nie in Rom ankam. Unter den Römern wurde Tolosa einige Kilometer nördlich neu angelegt, mit der heutigen Place Esquirol als Zentrum. Die Stadt wurde Teil der Provincia Gallia Narbonensis und brachte es sogar bis zur Hauptstadt. In seiner Blütezeit hatte Tolosa bis zu 50 000 Einwohner.

In der Zeit der Völkerwanderung kamen die Westgoten und wurden zu Föderaten Roms im gemeinsamen Kampf gegen die Vandalen, die auf der Iberischen Halbinsel eingefallen waren. 418 überließ ihnen der weströmische Kaiser Maximus einen Teil der Provinz Aquitanien und unter ihrem Anführer Wallia machten die Westgoten Tolosa erneut zur Hauptstadt und gaben ihrem Herrschaftsbereich den Namen Tolosanisches Reich. Nach dem Ende des Weströmischen Reiches gab es für die Westgoten mit den Franken im Norden Frankreichs einen neuen mächtigen Gegner. In der Schlacht von Vouillé bei Poitiers kam es im Spätsommer 509 zum Showdown. Das Zünglein an der Waage waren dabei die Ostgoten, die sich per Heirat ihrer Prinzessin Clodhilde mit Chlodwig, dem Anführer der Franken, verbündet hatten.

Das Tolosanische Reich bestand zwar noch einige Zeit weiter, aber nur noch auf der Iberischen Halbinsel. Toulouse war Teil des Frankenreiches geworden. Nach der Teilung unter den fränkischen Karolingern wurde die Stadt Teil des Westfränkischen Reiches.

Grafschaft Toulouse

Nach dem Zerfall der karolingischen Zentralmacht wollten die lokalen Gebietsfürsten das Machtvakuum zu ihren Gunsten nutzen. Um Toulouse konkurrierten zwei Parteien: Zum einen die Gellonen, die im Westen der heutigen Region Okzitanien ihre Basis hatten, zum anderen die Raimundiner aus dem Rouergue. 864 bestätigte König Karl der Kahle, Enkel von Karl dem Großen, Raymond I. als Grafen von Toulouse. Als 987 der letzte Karolinger-König starb und Hugo Capet zum Ersten unter Gleichen gewählt wurde, versagte ihm Wilhelm III. Taillefer, inzwischen Graf von Toulouse, Albi und Quercy, die Anerkennung. Toulouse war faktisch die Hauptstadt einer unabhängigen Grafschaft, die sehr viel größer, reicher und mächtiger war als das Königreich. Durch Heirat vergrößerten die Grafen ihr Reich sogar noch weiter nach Osten bis in die Provence, in Toulouse mussten sie hingegen eine Machteinbuße hinnehmen, da lokale Adlige und Kleriker sie dazu zwangen, auf Abgaben zu verzichten.

Das Augustinerkloster wurde 1789 verstaatlicht und dient heute als Museum

▶ Karte S. 72

Capitoulat

Die Macht der Stadt wurde in Gestalt der Juristen und reichen Händler in der Folgezeit noch größer und gipfelte 1147 in der Gründung des Capitoulats. Graf Alphonse Jourdain übergab die Privilegien über Toulouse an Konsuln, auf okzitanisch Capitouls genannt. Jedes Stadtviertel sollte durch eine angesehene Persönlichkeit vertreten werden. Die restlichen Capitouls setzten sich anfangs aus Beratern des Grafen, Richtern und Klerikern zusammen. Graf Raymond V. bestimmte die Zusammensetzung auf vier Richter, zwei Advokaten, sechs Domkapitelherren und die sechs Vertreter der Stadtviertel Daurade, Saint-Étienne, Vieux-Pont, Saint-Pierre-des-Cuisines, Saint-Sernin und Saint-Barthélemy (heute Quartier des Carmes).

Nach dem Ende des Albigenserkreuzzuges (→ S. 37) wurde zwar die Grafschaft unter die Herrschaft der französischen Krone gestellt, aber Toulouse selbst behielt viele Privilegien. Zudem erhielt die Stadt 1229 eine Universität, anfangs mit nur einer theologischen und einer juristischen Fakultät, wenig später konnte man auch Medizin und die Sieben Freien Künste (Rhetorik, Grammatik, Dialektik, Geometrie, Arithmetik, Astronomie und Musik) studieren.

Toulouse wurde, auch dank der Lehrstätte, aber vor allem dank eines einzigen Wirtschaftszweiges noch reicher als vorher. Pastel hieß das Zauberwort. Die auf Deutsch Färberwaid oder Deutsche Indigo genannte Pflanze *Isatis tinctoria* lieferte bis 1561 den einzigen beständigen blauen Farbstoff. Ausgerechnet Blau war die Farbe des französischen Königshauses: Goldene Lilien auf blauem Grund. Angefangen vom Mantel des Königs bis hin zu Polsterstoffen für die seit der Renaissance immer beliebter werdenden Stuhlpolster, der Bedarf war groß und je prächtiger die Hofhaltung wurde, desto mehr klingelten die Kassen in Toulouse. Um 1550 hatte die Stadt trotz mehrerer Pestepidemien immerhin 50 000 Einwohner.

Zusätzlich zu den reichen Pastelhändlern war Toulouse 1444 Sitz des Parlaments der Krone geworden. Jurisdiktion, Exekutive, Legislative, die ganze Macht lag nicht beim Volk, sondern beim König, und der wurde durch das Parlament in der Provinz vertreten. Mehr und mehr drängten die königlichen Parlamentarier die Souveränität des Capitoulats zurück. Es bedurfte schon einer Revolution, um dies zu ändern und die kam ja bekanntermaßen 1789. Genau fünf Monate nach dem Sturm auf die Bastille hatten sowohl die Parlamentarier wie die Capitouls ihre Macht verloren und Toulouse hatte mit Joseph de Rigaud einen ersten Bürgermeister bekommen. Zunächst von einer Konstituierenden Versammlung, am 28. Februar 1790 durch Wahl des Volkes.

Toulouse nach der Revolution

Schon im 17. Jahrhundert hatte Toulouse eine Wachstumsdelle erlebt, als die Portugiesen Indigo als neuen Blaufarbstoff vermehrt auf den europäischen Markt brachten. Zwar verlor Toulouse nicht ganz den Anschluss, dank des Canal du Midi blieb die Stadt ein Handelszentrum, aber andere französische Städte zogen an der Stadt an der Garonne vorbei. Auch der Canal de Brienne, der ab 1776 den

Toulouse ist ein Zentrum der Luftfahrtindustrie

Canal du Midi mit dem Garonne-Seitenkanal verband und Toulouse damit zum Mittelpunkt des Schifffahrtsweges vom Mittelmeer zum Atlantik machte, konnte dies nicht verhindern. Die industrielle Revolution, die in Frankreich an sich weniger massiv war als in England oder Deutschland, ging an Toulouse fast völlig spurlos vorüber und die Stadt drohte in die Bedeutungslosigkeit zu stürzen. Am Vorabend der Revolution hatte Toulouse immerhin 60 000 Einwohner, 1800 waren es nur noch 50 171. Dass sich die Zahl binnen eines Jahrhunderts wieder verdoppelte, hat die Stadt dem Bau der Eisenbahn und der Eröffnung des Bahnhofs Matabiau 1856 zu verdanken. Zudem wurde auch die Stadt selbst modernisiert, die alte Stadtmauer abgerissen, neue, breite Boulevards angelegt. Und dann kam der Deutsch-Französische Krieg 1870/71, der für Frankreich mit dem Verlust von Elsass und Lothringen endete. Dies führte zur Flucht tausender Elsässer und Lothringer, die sich wegen der Pariser Kommune dann lieber für andere Städte entschieden. Zum Beispiel Toulouse.

Anfang des 20. Jahrhunderts holte Toulouse seine Industrielle Revolution nach. Die Stadt wurde während des Ersten Weltkriegs zu einem Zentrum der Rüstungsindustrie, in dem 50 000 Menschen beschäftigt wurden. Außerdem entstanden tausende neuer Arbeitsplätze beim Bau von Eisenbahnwaggons. Den größten Sprung in Richtung Industriestandort brachte aber die Entwicklung der Luftfahrt (→ S. 142). Die Wirtschaft explodierte förmlich und die Stadt wuchs und wuchs und sie wächst noch immer, um rund 15 000 Menschen pro Jahr.

Während des Zweiten Weltkriegs gehörte Toulouse bis November 1942 zur sogenannten Freien Zone, unterstand also dem Vichy-Regime unter Marschall Pétain. Zusammen mit Lyon war die Stadt Auffangbecken für Flüchtlinge aus halb Europa, Juden aus Deutschland, Österreich und Polen, Italiener und Spanier, die vor Mussolini beziehungsweise Franco flohen. Schon 1941 gründeten sich erste Widerstandsgruppen in der linken Hochburg Toulouse. Nach der Besetzung ganz Frankreichs durch die deutsche Wehrmacht verschärften sich die Repressionen. Die Gestapo richtete Folterkeller ein, führte Razzien durch und der Bahnhof Matabiau wurde zu einem Zentrum der Deportationen französischer Juden in Richtung deutscher Konzentrationslager im Osten. Am 19. August 1944 begann die zweitägige Befreiung der »Ville rose«, am 20. August besuchte Charles de Gaulle die befreite Stadt.

Dank der Luft- und Raumfahrtindustrie boomte Toulouse auch in der zweiten Hälfte des 20. Jahrhunderts. Hatte Toulouse 1954 noch weniger als 270 000 Einwohner, waren es am Ende des Jahrhunderts fast schon 400 000. Neue Viertel wie Bagatelle, Mirail oder Empalot entstanden. Und der Boom hält ungebrochen an.

▸ Karte S. 72

■ Islamistische Anschläge 2012

Der radikal-islamistische Fanatiker Mohammed Merah löste im März 2012 durch eine Anschlagserie, die sieben Menschen, darunter drei Kinder, das Leben kostete, Entsetzen aus. Den ersten Anschlag verübte Merah in Toulouse vor einer Sporthalle, wo er mit einem Soldaten marokkanischer Abstimmung den Verkauf eines Motorrades abwickeln wollte, den er aber mit einem Kopfschuss tötete. Erst nachdem in Montauban vier Tage später zwei Luftlandepioniere, ebenfalls nordafrikanischer Herkunft und ebenfalls wie das erste Opfer Soldaten, die in Afghanistan im Einsatz waren, ermordet worden waren, verdichtete sich der Verdacht, dass es sich um islamistische Vergeltungsschläge handeln könnte. Erneut vier Tage später fuhr der Täter mit seinem Motorrad vor ein jüdisch-orthodoxes Collège in einem ruhigen Wohngebiet im Nordosten der Stadt und erschoss zunächst einen Lehrer, der vor der Schule stand. Im Schulgebäude selbst feuerte er weiter um sich und erschoss dabei auch drei Kinder. Erst zwei Tage später konnte die Polizei den Täter lokalisieren und seine Wohnung stürmen. Beim Fluchtversuch verletzte Merah noch drei Polizisten, bevor er von einem Scharfschützen getötet wurde.

Stadtgliederung

Seit 2009 ist Toulouse in sechs Sektoren mit insgesamt 20 Vierteln organisiert. Das Zentrum der Stadt, der Secteur 1, umfasst seither die fünf Viertel Capitole, Les Carmes, Arnaud-Bernard, Saint-Georges und Saint-Étienne. Die viel befahrene Rue de Metz teilt die Altstadt in einen nördlichen und einen südlichen Teil. Zu letzterem gehören die Viertel Les Carmes und Saint-Étienne, zum nördlichen Teil gehören das Quartier Arnaud-

Bernard mit der Basilika Saint-Sernin als Herzstück, das Quartier Saint-Georges, das das wichtigste Museum der Stadt, das Musée des Augustins, umfasst und vor allem das Capitole-Viertel.

Die meisten Sehenswürdigkeiten befinden sich in diesem ersten Sektor, entweder im oder in Gehweite zur Place du Capitole, einem idealen Ausgangspunkt für die Erkundung der Stadt! Rund um den Platz stehen die elegantesten Häuser, das imposante Rathaus und es gehen die wichtigsten Straßen ab. Die Fußgängerstraße Rue Saint-Rome führt durch das Herz der Altstadt, die Rue Gambetta zum Jakobinerkonvent Les Jacobins und die Rue Notre-Dame du Taur ins Quartier rund um Saint-Sernin. Die Straßen beiderseits des Rathauses, die Rue Lafayette und die Rue du Poids de l'Huile, führen zur Place Wilson und ins Saint-Georges-Viertel.

Capitole

Auch wenn das Rathaus mindestens so majestätisch wie ein Kapitol wirkt und der Platz groß genug für ein antikes Forum ist, hat der Name ganz andere Ursprünge. Der Name Capitole ist eine Ableitung des okzitanischen Wortes Capitouls, mit dem die acht Magistratsherren, die seit 1189 jedes Jahr neu gewählt worden waren, bezeichnet wurden. Capitouls wiederum geht auf die ursprünglich sechs Kapitulare, also Priester, die dem Domkapitel angehörten zurück und die an der Seite von vier Richtern und zwei Advokaten den Stadtrat bildeten.

Place du Capitole

Sein heutiges Aussehen hat der Platz im Wesentlichen Mitte des 19. Jahrhunderts bekommen. In den 200 Jahren vorher entstanden Häuser um das alte Rathaus. 1852 erhielten der Stadtarchitekt Jacques-Pascal Virebent und sein Kollege Urbain Vitry den Auftrag den Platz zu vereinheitlichen. Neue Fassaden sorgten für ein harmonisches Bild und rahmen seither den 12 300 Quadratmeter großen Platz, auf dem alle feierlichen Ereignisse in Toulouse begangen werden, auf drei Seiten. Auf der Westseite, dem

Die Arkaden an der Place du Capitole

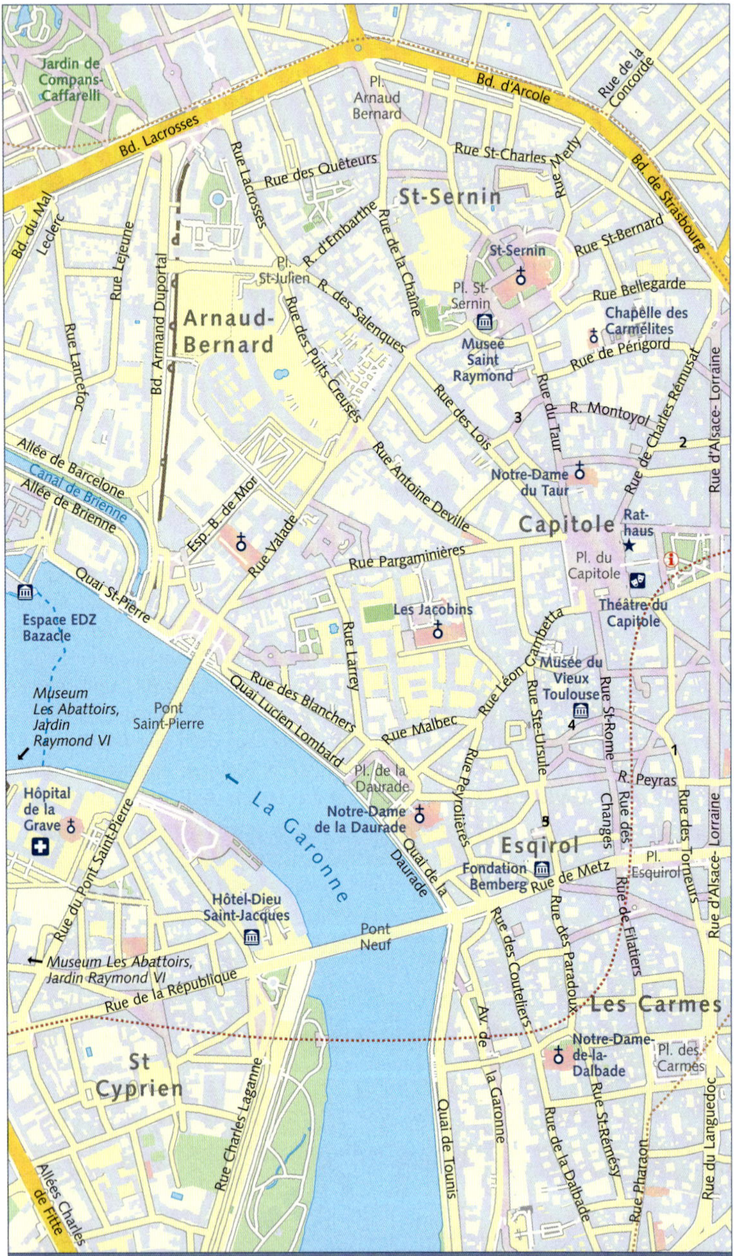

Toulouse: Capitole, Saint Sernin und Nördliche Altstadt

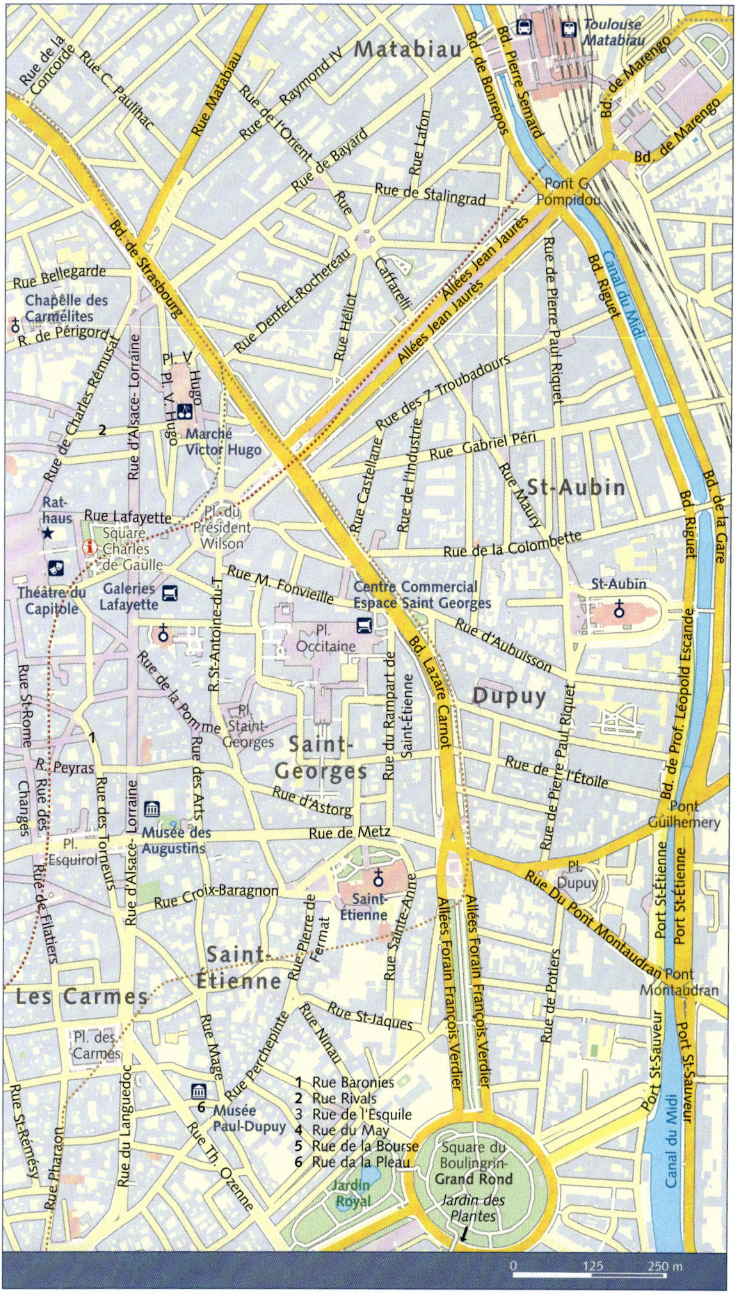
Matabiau
Toulouse Matabiau
Bd. de Bonrepos
Bd. Pierre Semard
Bd. de Marengo
Rue de la Concorde
Rue C. Paulihac
Rue Matabiau
Rue de l'Orient
Raymond IV
Rue de Bayard
Rue Lafon
Rue de Stalingrad
Pont G. Pompidou
Bd. de Strasbourg
Rue Caffarelli
Rue Denfert-Rochereau
Allées Jean Jaurès
Rue de Pierre Paul Riquet
Bd. Riguet
Canal du Midi
Rue Bellegarde
Chapelle des Carmélites
R. de Périgord
Rue de Charles Rémusat
Rue d'Alsace-Lorraine
Pl. V. Hugo
Marché Victor Hugo
Rue Héliot
Rue des 7 Troubadours
Rue de l'Industrie
Rue Gabriel Péri
Rue Maury
St-Aubin
Bd. de la Gare
Rathaus
Rue Lafayette
Square Charles de Gaulle
Pl. du Président Wilson
Rue Castellane
Rue de la Colombette
Théâtre du Capitole
Galeries Lafayette
Rue M. Fonvieille
Centre Commercial Espace Saint Georges
Rue d'Aubuisson
Bd. de Prof. Léopold Escande
R. St-Antoine-du-T
Pl. Occitaine
Bd. Lazare Carnot
Rue de la Pomme
Pl. Staint-Georges
Saint-Georges
Rue du Rampart de Saint-Étienne
Dupuy
Rue St-Rome
R. Peyras
Rue des Changes
Rue des Arts
Rue de l'Étoile
Rue d'Astorg
Rue des Tourneurs
Musée des Augustins
Rue de Metz
Pont Guilhemery
Pl. Esquirol
Pl. Dupuy
Rue de Filatiers
Rue Croix-Baragnon
Saint-Étienne
Rue Pierre de Fermat
Rue Sainte-Anne
Allées Forain François Verdier
Rue Du Pont Montaudran
Port St-Étienne
Pont Montaudran
Les Carmes
Rue de Potiers
Rue Mage
Rue Perchepinte
Rue Ninau
Rue St-Jaques
Pl. des Carmes
Port St-Sauveur
Rue St-Rémésy
Rue du Languedoc
Musée Paul-Dupuy
Rue Th. Ozenne
Rue Pharaon
1 Rue Baronies
2 Rue Rivals
3 Rue de l'Esquile
4 Rue du May
5 Rue de la Bourse
6 Rue da la Pleau
Square du Boulingrin-Grand Rond
Jardin Royal
Jardin des Plantes
0 125 250 m

Rathaus gegenüber, entstand eine **Galerie mit 29 Arkaden**, die von der Pariser Arkadengalerie an der Rue de Rivoli inspiriert ist. Unter und vor den Arkaden drängen sich heutzutage **Cafés und Brasserien** dicht an dicht.

Die letzte größere Veränderung erfuhr der Platz und mit ihm die **Arkaden** 1997. Vom Künstler Raymond Moretti (1931–2005) gemalte Bilder, die die wichtigsten Etappen der Stadtgeschichte und die großen Söhne der Stadt zeigen, hat man in die 2,5 x 3,10 Meter großen Kassetten an der Decke der Galerie eingepasst. »Galerue« nannte er das Gesamtkunstwerk. An den Pfeilern der Arkaden sind die einzelnen Bilder benannt.

In der Mitte des Platzes schuf derselbe Künstler das emblematische **Kreuz von Toulouse**. Das okzitanische Kreuz aus Messing hat einen Durchmesser von 18 Meter und die charakteristischen Punkte an den Enden der geschwungenen Kreuzarme hat Moretti zum Zodiak mit den zwölf Tierkreiszeichen versehen. Unter dem Platz befindet sich eine Tiefgarage mit 855 Plätzen.

Capitole de Toulouse

Ein Jahr nach Einführung des Magistrats beschlossen die Capitouls den Bau eines ersten Rathauses. Die Stelle für den Neubau war nicht zufällig gewählt. Die Burg der Grafen war weit entfernt, die alte gallorömische Stadtmauer im Rücken bot Schutz und es mussten durch die Stadtrandlage nicht viele Häuser abgerissen werden. Gerade letzteres war wichtig, denn es sollte die gesamte Verwaltung, die Archive, das Gefängnis und Empfangsräume beherbergen. Eine geradezu hochmoderne Zentrale kommunaler Macht entstand und wurde immer mehr erweitert. Im 15. Jahrhundert umfasste das Rathaus nicht nur den Platz des heutigen Gebäudes, sondern erstreckte sich auch über den dahinter liegenden Platz, den heutigen Square Charles-de-Gaulle. 1522 hat der Stadtschreiber Pierre Salmon den bis dato gebräuchlichen Namen Capitoul in Referenz an die römische Antike in Capitolinum latinisiert, woraus sich nach und nach der Name Capitole entwickelte.

▸ Karte S. 78

Fassade

Der Anspruch der Capitouls wuchs, man wollte mehr Luxus. Im 17. Jahrhundert wurde deswegen der Beschluss zu einem Neubau gefasst. Er sollte einzigartig in ganz Frankreich werden – und er wurde es! Die klassizistische, 128 Meter lange Fassade, an der oben noch immer Capitolinum zu lesen ist, entstand ab 1750 und benötigte eine zehnjährige Bauzeit. Drei unterschiedliche Materialien wurden für den Bau verwendet: Backstein aus dem Lehm der Garonne, weißer Kalkstein aus dem Quercy und roter Marmor aus den Pyrenäen. Die für Toulouse so typischen Backsteine konnte man anfangs nicht sehen, denn der Plan des Architekten Guillaume Cammas sah eine weiße Putzschicht vor. Für Farbakzente sorgten ursprünglich nur die rosafarbenen Marmorsäulen und Pilaster. Die acht Säulen am Mittelrisalit unter dem Dreiecksgiebel sollen die ursprünglich acht Capitouls symbolisieren. Später wurde die Zahl sukzessive erhöht, da die Stadt wuchs und neue Viertel entstanden. Im 18. Jahrhundert gab es 20 Mitglieder, woran die beiden Flügel mit je sechs, von Pilastern getrennten Fenstern erinnern.

Cour Henri IV

Geht man durch den rundbogigen Durchgang, gelangt man in den Cour Henri IV. Dieser Teil des Capitoles stammt noch aus dem 16. und frühen 17. Jahrhundert und ist somit der älteste Teil. Hauptblickfang ist das **Renaissanceportal**, das der

Das Rathaus von Toulouse

Architekt Nicolas Bachelier in der ersten Hälfte des 16. Jahrhunderts schuf. In der Mitte des Bogendurchgangs thront eine Pallas Athene, die antike Göttin der Weisheit, auf dem Schlussstein. Flankiert wird sie in den Zwickelfeldern von zwei allegorischen Figuren, die ihr rechts den Lorbeerkranz und links eine Standarte mit dem Tolosaner Kreuz reichen. Darüber ist eine Inschrift auf schwarzem Grund: Hic Themis dat jura civibus Apollo flores camoenis Minerva palmas artibus (Hier gibt Themis den Bürgern ihr Recht, Apollo die Blüten der Lieddichtung, Minerva die Erfolge der Kunst). Der Text nimmt damit sicher Bezug auf die Mehrfachbestimmung des Gebäudes.

Die beiden **seitlichen Galerien** im Hof datieren aus den Jahren 1602 bis 1607. Vom gleichen Architekten, Pierre Souffron, stammt auch die Nische über dem **Bachelier-Portal**, in dem eine Statue des damals herrschenden Königs Henri IV. steht. Der Skulpteur Thomas Hurtamat schuf sie aus dunklem Marmor für den Harnisch und hellem Marmor für den von einem Lorbeerkranz bekröntem Kopf. Königsfiguren, die zu Lebzeiten geschaffen wurde und heute noch erhalten sind, sind extrem selten. Während der Revolution wurde sie nicht zerstört, sondern durch eine Freiheitsallegorie ersetzt. Seit 1815 steht Heinrich IV. wieder an seinem angestammten Platz. Ergänzt durch eine Inschrift: »Als er lebte, liebte ihn das gesamte Volk. Sie beweinten ihn, als er von ihnen ging. Die Nachwelt wird nicht aufhören, ihn von tiefstem Herzen zu lieben.«

Auf dem Boden des Cours Henri IV. erinnert eine **Steinplatte** an die Hinrichtung von Henri II. von Montmorency am 30. Oktober 1632. Der Herzog von Montmorency war Gouverneur des Languedoc und hatte sich einem Aufstand unzufriedener Adliger, zu denen der Bruder des Königs Ludwigs XIII. gehörte, angeschlossen, ja, sogar eine bewaffnete Erhebung organisiert. Nachdem diese scheiterte, wurde er von Kardinal Richelieu, dem Berater des Königs, angeklagt und zur Enthauptung verurteilt.

Samstags herrscht Hochbetrieb im Hof, da im Rathaus auch das Standesamt untergebracht ist. Deswegen ist an diesem Tag auch keine Innenbesichtigung möglich. Zu den Öffnungszeiten betritt man das Rathaus durch das seitliche Portal und wird von einer monumentalen Büste des Historikers und sozialistischen Politikers Jean Jaurès (1859–1914) empfangen, der in Toulouse als Philosophie-Dozent tätig war.

■ Ehrentreppe

Die Ehrentreppe ist eine Rekonstruktion aus dem 19. Jahrhundert des Originals von 1674. Der Treppenaufgang ist mit **Wandmalereien** und **Wandteppichen** prachtvoll gestaltet.

Durch das Rennaisance-Portal betritt man den Rathaushof

▲ Karte S. 78

Rechts an der Wand sieht man zunächst ein Werk von Jean-Paul Laurens (1838–1921) mit dem Titel **Das Turnier**. Es war die Vorlage für einen Wandteppich, der in der Gobelin-Manufaktur für das Archives nationales in Paris gefertigt wurde, und zeigt ein spätmittelalterliches Turnier, wie es Ende des 14. Jahrhundert üblicherweise stattgefunden hat. Gegenüber hängt das Bild **Der exkommunizierte Raymond VI, Graf von Toulouse**, das René Henri Ravaut (1854–1917), eine Schüler Laurens schuf.

Es folgt ein monumentales Wandbild von 1912 in einer rundbogigen Nische: **Die ersten Jeux floraux von 1324** von Laurens. Es zeigt den Garten des Augustiner-Konvents, in dem der Dichterstreit (→ S. 53) stattfand, in dem Moment, in dem die Jury, die aus sieben Troubadouren bestand, den Arnaut Vidal de Castelnaudary zum Sieger kürt.

Laurens Sohn Paul-Albert malte das Bild an der Decke mit dem Thema **Der Triumph der Clémence Isaure**. Die junge Dame aus Toulouse hat 1487 oder 1488 den Dichterwettbewerb gewonnen.

Am oberen Treppenabsatz finden sich zwei weitere Werke von Paul-Albert Laurens (1870–1934): **Die Musik**, auf dem eine junge Frau einem Panflöte spielenden Engel lauscht und **Die Poesie** mit einem sinnierenden jungen Mann. Der jüngere Bruder, Jean-Pierre Laurens (1875–1932) malte das Werk mit dem Titel **Die Hirten**.

■ Rathaus-Säle

In der ersten Etage befinden sich die äußerst repräsentativen Empfangssäle, die noch üppiger ausgestattet sind. Den **Saal Gervais** hat der Tolosaner Maler Jean Louis Gervais (1859–1944) mit Allegorien der Liebe ausgestattet. Sehr passend, denn hier fanden früher die Trauungen statt. »Die Liebe als Quelle eines glücklichen Lebens« im Alter von 20, 40 und 60 Jahren ist in drei Bildern an der Wand zu sehen, »Eros« sowie die Grazien, die für Tugenden »Treue«, »Unschuld«, »Reinheit« und »Anmut« stehen, schmücken die Decke.

Den **Saal Henri Martin** zieren die Bilder des gleichnamigen spätimpressionistischen Malers, der 1860 in Toulouse das Licht der Welt erblickt hat. An einer Wand vier Bilder mit den »Jahreszeiten«, gegenüber an der Nordwand die Bilder des Zyklus »Am Ufer der Garonne« mit dem großflächigsten, das »Die Spaziergänger oder die Träumer« zeigt. Die dargestellten Personen sind Martins Familie und Freunde, darunter als Vierter von links der Maler Jean-Paul Laurens und ganz rechts Jean Jaurès. Rechts daneben »Der Dichter« sowie »Die Liebenden« und »Die Brücke Saint-Pierre«. Büsten von prominenten Persönlichkeiten, die mit Toulouse Verbindung haben, sind in Medaillons oberhalb der Fenster zu sehen, darunter der Architekt Bachelier und der Mathematiker Pierre de Fermat.

■ Théâtre du Capitole

Die Fassade des Rathauses endet an beiden Flügeln in einem runden Seitenrisalit. Im rechten Trakt befindet sich das Théâtre du Capitole. 1736 beschlossen die Capitouls dessen Einrichtung innerhalb der Mauern des Rathauses, das nach einem Jahr eröffnet wurde. Am Nachmittag des 10. August 1917 brannte er innerhalb von 50 Minuten völlig aus. Das barocke Juwel wurde aber wieder rekonstruiert und öffnete 1923 erneut seine Pforten. Seine ehemals reiche Ausstattung mit Deckenfresken bekam es nach einer aufwändigen Restaurierung in den 1990er Jahren wieder zurück. Der prunkvolle Saal im italienischen Stil hat ein Fassungsvermögen von 1156 Zuschauern. (→ S. 162)

■ Square Charles de Gaulle und Donjon

Auf der Rückseite des Rathauses liegt der Garten des Capitoles, heute Square Charles de Gaulle. Die rückwärtige Fassade des Rathauses entstand erst ab 1884 als Kopie der Hauptfassade von Cammas. Der **mittelalterliche Turm**, in dem heute das **Office du Tourisme** untergebracht ist, ist der älteste Teil des Rathauses, der zwischen 1525 und 1530 erbaut wurde. Frankreichs berühmter Denkmalschutzarchitekt Eugène Viollet-le-Duc hat im Rahmen einer Renovierung ab 1873 aus dem Turm der Stadtarchive einen Donjon im flämischen, nordfranzösischen Stil gemacht.

Der Square wurde 1993, als die Métro-Linie A gebaut wurde, neu gestaltet, bekam neue **Wasserspiele**, die besonders die Kinder im Sommer lieben. Erhalten blieben hingegen die zwei großen **Libanon-Zedern**, der **Berg-Ahorn** und die **Zürgelbäume**, in deren Schatten die älteren Herrschaften gerne einen Plausch halten. Direkt am Brunnen wurde dem berühmtesten Sohn der Stadt des letzten Jahrhunderts ein Denkmal gesetzt. Genau zehn Jahre nach seinem Tod wurde hier eine **Statue von Claude Nougaro** (1929–2005), geschaffen vom Künstler Stéphane Langloys, aufgestellt. Die Einwohner von Toulouse haben zur Entstehung aktiv beigetragen. Jeder war eingeladen, ein Häufchen Erde zur Statue hinzuzufügen, bevor sie gebrannt wurde.

Les Jacobins

Anfang des 13. Jahrhunderts war Domingo de Guzmán, ein Priester aus der spanischen Provinz Burgos, auf Geheiß seines Bischofs als Wanderprediger in Südfrankreich unterwegs und war entsetzt über die starke Verbreitung der katharischen Lehre (→ S. 33). 1215 gründet Domingo, besser bekannt als

Die Jacobinerkirche

Dominikus, in Fanjeaux, 70 Kilometer südöstlich von Toulouse, den Orden der Predigerbrüder, um die katholische Lehre zu verbreiten und die Häresie zu bekämpfen, so wie es zur selben Zeit Simon de Montfort im Rahmen des Albigenserkreuzzuges tat. Dominikus zog im April 1215 nach Toulouse und richtete hier den Hauptsitz seines Ordens ein, der bald auch schon im allgemeinen Sprachgebrauch nach ihm Dominikaner-Orden genannt wurde. Die Predigerbrüder mussten nach Ansicht des heiligen Dominikus intellektuell und rhetorisch gut gerüstet sein, um den Argumenten der Ketzer Paroli bieten zu können. Wegen ihrer Wortgewalt nannte man die Brüder deshalb auch die »domini cani«, die Hunde des Herrn. Zwei Jahre nach der Ordensgründung entsandte Dominikus die ersten 16 Brüder, die im neuen Mutterkonvent in Toulouse ausgebildet worden waren, in die damals größten und wichtigsten Universitätsstädte Europas: Bologna, Köln, Oxford und Paris. Dort gründeten sie einen Konvent in der Rue Saint-Jacques, weshalb die Dominikaner später auch Jakobiner genannt werden.

Folgt man der **Rue Léon Gambetta**, auf der Südseite des Place du Capitole beim Hotel Crowne Plaza, passiert man ein sehr schönes **Jugendstilgebäude in Nummer 66** auf der linken Straßenseite, in dem sich ehemals die Buchhandlung Viviès befand. Nach wenigen Schritten erreicht man das **Renaissance-Stadtpalais Hôtel de Bernuy** rechter Hand, das im 15. Jahrhundert für einen reichen Kaufmann errichtet wurde und heute das Gymnasium Lycée Pierre de Fermat beherbergt. Durch die hier rechts abgehende **Rue Lakanal**, sieht man bereits die massive Jakobinerkirche.

Jakobinerkirche

Nach dem Ende des Albigenserkreuzzuges begann man mit dem Bau der Jakobinerkirche. Der erste Bau war bereits eine Hallenkirche mit zwei gleich hohen

▶ Karte S. 78

Schiffen, die durch fünf Säulen unterteilt war, aber noch ein hölzernes Flachdach und einen geraden Chorabschluss hatte. In einer zweiten Bauetappe wurde zwischen 1245 und 1252 das Schiff nach Osten verlängert und mit Grabkapellen versehen. Erst die dritte Bauphase ab 1275 brachte der Jakobinerkirche ihren berühmten Chor. Von einem 22 Meter hohen Stützpfeiler gehen 22 Rippen ab, die der Chorapsis eine Gesamthöhe von 28 Metern verleihen. Am 2. Februar 1292 wurde der neue Chor mit einer Messe eingeweiht. Im Laufe der folgenden zwei Jahrzehnte wurden die alten Säulen des Langhauses auf die neue Höhe gebracht und das Kreuzrippengewölbe eingezogen. 1315, also genau ein Jahrhundert nach Ordensgründung war der Bau vollendet.

Dank der gotischen Bauweise, bei der nur ein Skelett aus Pfeilern, Säulen und Streben aus Kalk- und Sandstein die Baulast trägt, wirkt der Innenraum leicht und luftig. Vor allem der **Palmetten-Pfeiler**, der das gesamte Gewölbe des Chors trägt ist ein Meisterwerk gotischer Baukunst. Durch einen unten angebrachten Spiegeltisch, lässt sich das Sterngewölbe besonders gut bewundern. Von außen wirkt die Kirche hingegen wie eine Festung aus Ziegelstein. Und eine Festung sollte sie ja auch sein – eine Festung Gottes, in der der rechte Glaube verkündet werden sollte. (→ S. 162)

Kreuzgang

Im Nordwesten schließt an die Kirche der ehemalige Kreuzgang des Konvents an, der gegen Eintritt zu besichtigen ist. Mit seinen filigranen, marmornen Doppelsäulen, die ein Pultdach tragen, ist er besonders stimmungsvoll. Die Kapitelle sind mit floralen Motiven verziert. Vom Kreuzgang hat man einen schönen Blick auf den **Glockenturm** an der Nordostseite der Kirche. Er ist 45 Meter hoch und hat einen oktogonalen Grundriss. Besonders dekorativ ist der obere Teil des Turms, der in vier Geschosse unterteilt ist. Jede der acht Seiten ist durch Doppelarkaden mit Dreiecksgiebeln durchbrochen. Ehemals hatte der Turm einen Spitzhelm, der aber nach der Französischen Revolution zerstört wurde. Bei der Restaurierung im 19. Jahrhundert hat man die oberste Balustrade aufgesetzt, die durch die Fialen an eine Krone erinnert. Vom Kreuzgang gingen die wichtigsten Gemeinschaftsräume des Konvents ab. Der **Kapitelsaal** im Osten, flankiert von der **Abtskapelle** links und der **Antoninus-Kapelle** rechts, sowie das **Refektorium** im Norden blieben erhalten. In der Chapelle St-Antonin sind Wandmalereien aus der Entstehungszeit um 1340 erhalten. In Deckenmedaillons sind Szenen aus der Apokalypse mit Christus als Weltenherrscher, umgeben von den vier Evangelisten und den 24 Ältesten zu sehen. Die Wandmalereien zeigen in zwei Registern die Heiligenlegende des heiligen Antoninus von Pamiers, der vor allem in der Rouergue das Evangelium verkündete.

Im Kreuzgang des Jacobinerkonvents

EXTRA

Doctor Angelicus: Thomas von Aquin

Thomas von Aquin, einer der einflussreichsten und bedeutendsten Philosophen und Theologen der Geschichte, kam als siebtes Kind des Grafen Landulf von Aquino kurz vor oder nach Neujahr 1225 auf Schloss Rossasecca in der italienischen Region Latium zur Welt. Im Alter von fünf Jahren wurde er zu seinem Onkel geschickt, der Abt des Klosters Montecassino war. Die Erziehung im Benediktinerkloster zeichnete den Weg für ein geistliches Amt vor. Nach seiner Studienzeit in Neapel übersiedelte er nach Paris, um bei Albertus Magnus seine Studien fortzusetzen, bevor er selbst zum angesehenen Professor wurde. 1256 wurde er in Paris zum Doktor der Theologie und Professor für Philosophie ernannt. Sein umfangreiches Wissen und seinen Intellekt, der ihm den Beinamen Doctor Angelicus – engelsgleicher Doktor – einbrachte, stellte er ganz in den Dienst des Glaubens.

In seinen Argumentationen stützte sich Thomas größtenteils auf die Gedanken des Aristoteles, dessen Werke lange Zeit unbekannt waren und die dank der arabischen Kommentatoren Avicenna und Averroës wieder in der lateinischen Welt bekannt wurden. Die Schriften des Aristoteles über das Wesen der Erkenntnis, die Naturwissenschaften, die Metaphysik, die Seele und die Ethik, kurzum den ganzen Schatz antiken Wissens, verband er mit dem Denken der Kirchenväter, insbesondere des Augustinus. Auch die Gedanken islamischer Gelehrter und Ideen jüdischer Philosophen lehnte er nicht schlankweg ab, wie viele seiner Zeitgenossen, sondern studierte sie und zog Anregungen aus ihnen. All seine Überlegungen flossen ein in sein Hauptwerk Summa theologica, das wohl 1265 entstand. Viele halten die Summa für das überragendste philosophisch-theologische Werk überhaupt.

Der emeritierte Papst Benedikt XVI. würdigte Thomas von Aquin in einer Generalaudienz auf dem Petersplatz am 2. Juni 2010 und erklärte: »... Thomas von Aquin [zeigte], dass zwischen dem christlichen Glauben und der Vernunft eine natürliche Harmonie besteht. ..., dass das, was mit dem Glauben nicht vereinbare Vernunft zu sein schien, keine Vernunft war, und dass das, was Glaube zu sein schien, kein Glaube war, wenn es zur wahren Vernünftigkeit im Gegensatz stand; so hat er eine neue Synthese geschaffen, welche die Kultur der nachfolgenden Jahrhunderte geformt hat.«

Am 7. März 1274 starb Thomas von Aquin auf der Reise zum Zweiten Konzil von Lyon im Kloster Fossanova, wo er auch begraben wurde. Er hinterließ ein umfangreiches Werk von rund 80 Büchern. Schon 1323 wurde er von Papst Johannes XXII. heilig gesprochen. Papst Urban V., ehemals selbst Student in Toulouse, ordnete 1369 die Überführung der Gebeine nach Toulouse an. Der herausragende Kirchenlehrer, »der Gelehrteste unter den Heiligen und der Heiligste unter den Gelehrten«, sollte in der schönsten Kirche seines Ordens ruhen, bestimmte der Papst und dadurch kam der Meister der Scholastik in die Jakobinerkirche, die ehemalige Marienkirche kam unter das Patrozinium des heiligen Thomas von Aquin, der zu Lebzeiten nie in Toulouse war. Nach der Auflösung von Konvent und Kirche 1792, die danach als Kaserne und Pferdestall genutzt wurden, kam der Schrein mit seinen Gebeinen in die Basilika Saint-Sernin, erst 1974 kam er wieder zurück in die Jakobinerkirche. Im linken Schiff des Langhauses wurde ein neuer, schlichter Altar errichtet, der Reliquienschrein unter der Altarplatte sichtbar aufgestellt.

Nördliche Altstadt

In einem Rechteck zwischen den Straßen Rue Sainte-Ursule, Rue Temponière, Rue Baronie, Rue Saint-Pantaléon, Rue Baour-Lormian und Rue des Gestes liegen die Gassen der Altstadt. Fast der gesamte Bezirk, nur so groß wie etwa sieben Fußballfelder, ist Fußgängerzone und hat zum größten Teil für High-Heels ungeeignetes Kopfsteinpflaster, das aber den mittelalterlichen Charakter unterstreicht. Mehrere große Brände, am schlimmsten 1408 und 1463, haben verhindert, dass noch ältere Bauten als solche aus dem 15. Jahrhundert überlebt haben.

Die Hauptachse durch die nördliche Altstadt ist die schnurgerade Rue Saint-Rome. Bereits im Mittelalter war die Straße inklusive der abgehenden Seitenstraßen eine sehr stark frequentierte Händlerstraße, in der damals vor allem Lebensmittel ver- und gekauft wurden. Das ist manchmal bis an den Straßennamen abzulesen, wie im Falle der Rue Tripières, in der Innereien verkauft wurden, also die Metzger ansässig waren. Durch die Brände im 15. Jahrhundert verschwanden allerdings viele Handwerker und Händler aus dem Viertel, stattdessen entstanden neue, repräsentative Stadtpalais, die sogenannten Hôtels particuliers.

Rue Saint-Rome

Die lebhafte Rue Saint-Rome ist gesäumt von Boutiquen und kleinen Geschäften. In ihrer Verlängerung wird sie zur Rue des Changes. In der Antike verlief über die beiden Straßen der Cardo Maximus des antiken Tolosa, die Hauptachse in Nord-Süd-Richtung, die zum Forum, das an der heutigen Place d'Esquirol im Süden lag, führte. Zu den Opfern des Brandes von 1463 gehörte auch eine alte Kirche, die dem heiligen Romanus geweiht war und die der Straße ihren Namen gab.

Im Haus mit der **Nummer 39** befindet sich heute ein Schuhladen der Kette San Marina, früher wohnte hier Auger Ferrier, der Leibarzt von Katharina von Medici, der im 16. Jahrhundert an der Universität Toulouse Medizin lehrte.

In **Nummer 30** ließ sich kurz nach dem Brand der Capitoul und reiche Kaufmann Jean Solaci solch ein Palais erbauen, das 1547 mit einem der in Toulouse besonders beliebten Türme ergänzt wurde. Das Hôtel particulier von Solaci umfasst nicht nur die Nummer 30, rue Saint-Rome, in dem ein Herrenausstatter (Jules) seinen Laden hat, sondern auch Nummer 4–6, rue Baour-Lormian und Nummer 21, rue des Puits-Clos.

Ein weiteres Stadtpalais verbirgt sich hinter Haus **Nummer 21**, das Hôtel des Comynihan. Pierre de Comynihan war 1639 Capitoul und später Berater des Königs Ludwigs XIV. Seine Stadtresidenz ließ er daher im neuen Stil des französischen Barock erbauen. Agraffen (Schlusssteine eines Bogens), Maskaronen (Fratzenköpfe) und Girlanden sind typisches Dekor dieser Zeit.

Das Haus **Nummer 18** entstand um 1734 im klassizistischen Stil. Ein gravierter Stein zwischen zwei Arkaden trägt eine Inschrift mit dieser Jahreszahl und seiner ehemaligen Nutzung: Banc Majous. Hier war also früher die Schlachtbank oder anders gesagt der Schlachthof.

In **Nummer 7** wurde 1808 Hippolyte Prévost geboren, wie eine Tafel anzeigt. Prévost hat das bis heute in Frankreich gültige Stenografiesystem entwickelt.

Auf das Maison de Serta, das Haus in **Nummer 2**, hat man von der Rue des Changes den besten Blick. Es dominiert den Blick von Süden in die Rue Saint-Rome mit seiner Fachwerkfassade und dem 23 Meter hohen Turm aus Ziegelsteinen.

In der Altstadt von Toulouse

spazieren. Ohne das Gedränge lassen sich die Backsteingebäude, die je nach Tageszeit mal sanft rosa, mal dunkelrot, mal purpurn leuchten, ungestörter bewundern. Viele der Hôtels particuliers lohnen durchaus einen längeren Blick.

Rue Peyras

Die Rue Peyras, die auf Okzitanisch Carrièra Peiras, Steinstraße zu deutsch, heißt war schon im Mittelalter sehr stark bevölkert. Eine bunte Mischung aus Handwerkern, Händlern, Rechtsgelehrten, Notaren, Ärzten und Chirurgen wohnte hier, wie Aufzeichnungen aus der Zeit nach dem großen Brand von 1463 erwähnten. Obwohl vom Magistrat mehrfach verboten, wurden auch nach der Feuersbrunst noch **Fachwerkhäuser** errichtet (Nummern 1, 3, 6, 7). Im 17. Jahrhundert entstanden mehrere **Hôtels particuliers**, errichtet von noblen Familien. Darunter die beiden schönsten, in Nummer 14 und 13, erbaut durch Joseph Druihet und den Anwalt am Parlament Paul de Tiffy.

Rue Baronies

Im 19. Jahrhundert wurde die Straße auf bis zu acht Meter verbreitert. Ursprünglich hieß die Rue Baronies Carrièra Veronica, nach einem Gasthof, der den Namen der heiligen Veronika trug. Durch die okzitanische Aussprache wurde aus Veronica »Baronica«. Als dann im 16. Jahrhundert die Auberge in die heutige Rue des Tourneurs umzog, wurde die Carrièra Baronica nach einem Bewohner der Straße namens Huc oder Hugues Vidal umbenannt. Die Revolution machte sie zur Rue de la Vigilance (Wachsamkeit) und als die Stadt in napoleonischer Zeit wieder zu den alten Straßennamen zurückkehrte, wurde sie zur Rue Baronies. Das Haus mit dem Treppentürmchen in der **Nummer 5** stammt aus der zweiten Hälfte des 19. Jahrhunderts und ist besonders reich im Stil der Neo-Renaissance dekoriert. Heute werden hier Brillen verkauft.

Rue du Puits Verts

Links geht es in die Rue du Puits Verts, im Mittelalter als Carrièra Pissa-Auca, was soviel wie »Gänsepisse« bedeutet, bekannt. Der deftige Name dürfte ein Hinweis darauf sein, dass in der Straßen die Geflügelhändler ihre Läden hatten. Fast ausschließlich Kaufleute lebten in der Straße, die allerdings in Häusern wohnten, die in den Parallelstraßen ihren Eingang hatten. Zur Rue des Puits-Verts öffneten sich dagegen die Läden. Ein Brunnen, nicht unwichtig für die Gänse, wurde auch von anderen Lebensmittelhändlern in der Altstadt frequentiert. Auch hier widersetzten sich noch Anfang des 16. Jahrhunderts dem Fachwerkverbot (Nummer 1 und 2), doch nach 1523 wurde nur noch mit Toulouser Backstein gebaut.

Die mit drei bis vier Metern sehr schmale Gasse verbreitert sich an der Kreuzung mit der Rue Jules-Chalade und **Rue des Puits-Clos**, die links abgeht. In dieser noch engeren Gasse, maximal drei Meter breit, wohnte im Hôtel Darbou (Nummer 20) der Sozialistenführer Jean Jaurès von 1889 bis 1892, während er als Philosophie-Professor an der Universität Toulouse lehrte und als Journalist für die Dépêche de Toulouse tätig war. Das Stadtpalais wurde im 17. Jahrhundert für die Familie Darbou erbaut, erst 1730 unter Jean-François Darbou bekam es seine heutige Fassade.

Rue Jules-Chalande

Zunächst war die Rue Jules-Chalande als Rue de Renneville oder Renovilla bezeichnet worden. Vermutlich handelte es sich dabei um einen Bewohner

der Straße. Im Laufe der Zeit ging der Name verloren und die Straße hieß nur noch die »Große Nachbarstraße«. Die Umbenennung der Revolution machte aus ihr die Glückseligkeitsstraße (Rue de la Félicité). Ab 1806 war sie die Kleine Saint-Rome, bevor die Stadt 1939 beschloss dem einheimischen Historiker Jules Chalade Ehre zu erweisen und eine Straße nach ihm zu benennen. Die dank **vieler kleiner Restaurants und Bars** sehr belebte Straße war im Mittelalter für ihre Apotheker und Mediziner bekannt.
An der Stelle des Hauses **Nummer 3** gab es einen Doktrinarier-Konvent namens St-Romain. Die Doktrinarier waren und sind eine Priesterkongregation, die sich besonders der Seelsorge, der Erziehung und dem Unterricht Jugendlicher widmet. Nur die ehemalige Bibliothek hat die Französische Revolution unbeschadet überstanden, heute beherbergt sie das Collège Saint-Rome. Vorher stand an dieser historischen Stelle der erste Dominikaner-Konvent (1216–1229), bevor dieser nach Les Jacobins umzog. Nebenan, in Nummer 1, wohnte vom 15. Jahrhundert bis zur Revolution eine reiche Apothekerfamilie.

■ Rue Baour-Lormian

1865 erst erhielt die Rue Baour-Lormian ihren heutigen Namen, im Mittelalter hieß sie Pélégantières-Étroite. Étroite wie eng. Die Rue du May hatte den gleichen Namen für die Fellhändler, war im Gegensatz zu der drei Meter schmalen Rue Baour-Lormian aber large, also breit. Ab Mitte des 16. Jahrhunderts hieß sie Rue Lagnagnioux, abgeleitet von Laganhós, woraus schließlich Gamion und dann Lormian wurde. Die Nordseite der Straße wurde ehemals durch den Konvent der elftausend Jungfrauen (Couvent des Onze-Mille-Vierges, an Stelle von Nummer 7) dominiert, der 1350 dank des testamentarischen Vermächtnisses eines ehemaligen Bischofs der Stadt gegründet wurde. Die Augustiner-Chorfrauen sollten sich um die Erziehung junger Mädchen kümmern, ansonsten Tag und Nacht im Gebet verbringen. In den Blütezeiten waren um die 200 Nonnen im Konvent, am Vorabend der Revolution waren es nur noch 49. Die Kapelle des Klosters war dem heiligen Pantaleon von Nikomedia, einem der vierzehn Nothelfer und Patron der Ärzte und Hebammen, geweiht, deshalb wurde die angrenzende Straße zur Rue Saint-Pantaléon.

▸ Karte S. 78

■ Rue des Gestes

Die Rue des Gestes erinnert an die Familie gleichen Namens, die in der Straße in **Hausnummer 14** seit dem 16. Jahrhundert residierte. Auch schon im Mittelalter war es der Name einer eingesessenen Familie, die der Straße den ursprünglichen Namen Pujols gab. Vermutlich ist es Jean de Gestes zu verdanken, dass nun diese Familie als wichtiger erachtet wurde, denn er wurde 1549 Capitoul. **Nummer 11** ist der Eingang zum Haus von Auger Ferrier, dem Leiter der medizinischen Fakultät und Hofarzt bei Katharina von Medici, das einen weiteren Zugang von der Rue Saint-Rome (Nummer 39) hat. Mehrere Restaurants, Indisch, Argentinisch, Französisch, sind in der Straße angesiedelt. Die **Rue Sainte-Ursule** verdankt ihren Namen dem Konvent von Doktrinarierinnen, der seit 1604 hier angesiedelt war.

■ Rue du May und Rue Bedelières und Rue Bedelières

Der Name der **Rue du May** geht zurück auf eine Familie namens Dumay. Der erste Dumay, der hier wohnte war der Medizinprofessor Antoine, der 1596 das Stadtpalais in der heutigen Hausnummer 7 erbauen ließ. Heute ist hier das

Musée du Vieux-Toulouse eingerichtet. (→ S. 161)
Die **Rue Bedelières** oder Vanèla Budelièra war die Straße der Metzger. Noch heute steckt dies im Namen, denn vedèl ist das okzitanische Wort für Kalb, budel das für Blutwurst. Im hübschen **Fachwerkhaus** (Nummer 12) kam 1808 Hippolyte Prévost, der Erfinder der Stenographie, zur Welt.

■ Rue Tripière

Auch in der Nachbarstraße Rue Tripière ging es um die Wurst – im wahrsten Sinne des Wortes. Im **Hausnummer 10**, das etwas rückwärtig auf der südlichen Straßenseite liegt, wohnte im 16. Jahrhundert die »Belle Paule«, die schöne Paula. Gemeint ist damit Paule de Viguier, die beim Besuch von François I. auf Geheiß der Capitouls die Schlüssel der Stadt symbolisch an den französischen König übergeben sollte. Franz war so entzückt von der 15-jährigen Schönheit, dass er sie Belle Paule nannte. Aber auch die Tolosaner waren von ihrer schönen Stadttochter so begeistert, dass die Capitouls sie verpflichteten, sich künftig zwei Mal pro Woche dem Volk zu zeigen.
An der Fassade des **Musée du Compagnonnage** (→ S. 160), in dem Gesellenstücke aus Holz und Metall ausgestellt sind, ragt ein runder Balkon hervor, der mit seinem Baldachin an eine Kanzel erinnert. Von hier »predigt« Vater Soubise, eine legendäre Gestalt, die mit Meister Jakob und König Salomon einen ersten Tempel in Jerusalem gebaut haben soll. Das Gebäude sowie das hinter Glas geschützte Wandbild stammt aus dem 16. Jahrhundert und war ehemals das Hauptquartier der Zimmerergesellen.

■ Rue de la Bourse

Im Rechteck zwischen der Rue Temponièrese, Rue de la Bourse, Rue de Metz und Rue des Changes war seit dem Mittelalter das Viertel der reichen Tuchhändler, die ihre Stoffe auf der sogenannten Borsa, also einer Art Börse, versteigerten, daher der Name einer Straße und eines Platzes. Vor allem an der Rue de la Bourse gibt es einige **schöne Hôtels particuliers** zu bestaunen: das Maison Pierre Delfau aus den 1490er Jahren mit einem schönen geschweiften gotischen Portal in Hausnummer 20, das Hôtel des Quatre-Saisons um 1770 in Nummer 16 und in Nummer 15 das Hôtel de Nupces.

■ Place Esquirol

Der Name Esquirol bedeutet auf Okzitanisch Eichhörnchen. Allerdings ist er in diesem Falle nicht nach den possierlichen Tieren benannt, sondern nach dem Psychiater Jean-Étienne Esquirol, der am 3. Februar 1772 an diesem Platz im Haus mit der Nummer 9 geboren wurde und den Grundstein zur Klassifikation von Halluzinationen legte, Grundsätzliches in der Erforschung und Behandlung von Geisteskrankheiten leistete und eine Kommission zur Untersuchung der Missbräuche in Irrenanstalten einsetzte, um diese abzuschaffen. Damals hieß der Platz noch Place de la Pierre. Im Mittelalter standen hier noch zwei Kirchen, weshalb er bis ins 15. Jahrhundert Place Saint-Pierre-Saint-Géraud hieß. Da beide Kirchen 1463 ein Opfer der Flammen wurden blieb nur die verkürzte Form. In der Antike war es Ort des Forum, auf dem sich Cardo und Decumanus maximus kreuzten. Die Rue de Metz entspricht dem Verlauf des Decumanus maximus, Rue des Changes und Rue Saint-Rome dem Cardo.
Nach der Revolution wurde die Place de la Pierre in Place de l'Abondance, Platz des Überflusses, umbenannt. Eine riesige Kornhalle, die auf der Südseite des Platzes zwischen der Rue des Changes

und der Rue des Tourneurs stand, war ein Grund für die Namensgebung, außerdem gab es nicht weit entfernt eine Fischmarkthalle und die Schlachterei in der Rue St-Rome. Doch den Anwohnern stank diese Hülle und Fülle mehr und mehr, den Kornhändlern war der Weg zu weit geworden, denn seit dem Bau des Canals du Midi kam das Getreide aus dem Garonne-Tal und dem Lauragais auf diesem Weg im Norden der Stadt an. 1860 fasste der Stadtrat den Beschluss die Märkte zu verlegen und riss die alte Kornhalle ab, stattdessen entstand ein gedeckter Markt, der jedoch ebenfalls längst verschwunden ist. Die damals moderne Eisenkonstruktion wurde abmontiert und an die Stadt Lourdes verkauft, da inzwischen eine Markthalle an der Place Victor Hugo entstanden war. Dennoch blieb auch im 20. Jahrhundert die Place Esquirol, wie der Platz seit 1887 heißt, ein beliebter Treffpunkt der Tolosaner. Die ersten großen Kaufhäuser entstanden hier und beliebte Bars wie das »Père Léon« (Nummer 2), »Paris et le Frascati« (Nummer 4), »Paddy« (Nummer 14) und die »Unic-Bar« (Nummer 17). Auch die Kaufhäuser verschwanden, nur das Père Léon und die Unic-Bar gibt es noch. Dennoch kommen jeden Tag bis zu 100 000 Menschen zur Place Esquirol. Die meisten allerdings nur, um zur Metrostation hinab- oder um in einen der Busse umzusteigen.

Musée du Vieux-Toulouse

Das Museum zur Stadtgeschichte, das im ersten Stock des Renaissance-Palais der Familie Dumay untergebracht ist, besteht aus relativ kleinen Salons, die noch im Stil des 18. Jahrhunderts eingerichtet sind. Ganz so wie es der letzte Besitzer François Belmont hinterlassen hat. Etwa 500 Objekte sind thematisch geordnet auf die acht Räume verteilt. (→ S. 161)

▸ Karte S. 78

■ Ostflügel

Die **Salle Léon Joulin** ist der antiken Vergangenheit von Tolosa gewidmet. Neben diversen Amphoren und Kleinkeramik gibt es einen Kopf der Göttin Ceres aus dem 1. nachchristlichen Jahrhundert zu sehen, der ehemals die Rathausfassade zierte. Pläne illustrieren die Entwicklung der Stadt.

Aquarelle, Gouachen und Ölbilder zeigen in der **Salle Henri Puget** Ansichten von Toulouse aus verschiedenen Epochen bis Anfang des 20. Jahrhunderts. Das Meisterwerk dieses Saals ist aber eine Statue in äußerst feiner Ausführung aus dem frühen 17. Jahrhundert. Die Jungfrau mit Kind stammt aus der Kirche des Karmeliterklosters und wird Arthur Legoust, einem Schüler von Bachelier, zugeschrieben.

Die **Salle Henri Rouzaud** ist eine Hommage an die Capitouls der Stadt. Kopien von Porträts zeigen die für Toulouse wichtigsten Ratsherren, aber auch von Geschichten und Persönlichkeiten, die wie der Duc de Montmorency, ein Opfer der Capitouls wurden.

Eine große Sammlung Tolosaner Fayencen aus dem 18. und 19. Jahrhundert birgt die **Salle Félix Mathieu**, aber auch Porzellan aus der Manufaktur Valentine in St-Gaudens am Fuße der Pyrenäen.

■ Süd- und Nordflügel

Der erste Raum im Südflügel, die **Salle Gabriel Gay**, war der Musiksalon und widmet sich den Künstlern der Stadt, vor allem Malern und Bildhauern. Darunter Joseph Roques, dem Lehrer Dominique Ingres (→ S. 123), und Gabriel Durand, der die Tolosaner Bourgeoisie im Zweiten Kaiserreich portraitierte.

Weitere berühmte Persönlichkeiten der Stadt werden in der **Salle Rozès de Brousse** gewürdigt. Zu diesen gehört der Artist Jules Léotard, der als erster

Mensch am Trapez »flog«, außerdem ein hautenges Kleidungsstück erfand, das heute noch, auch im Deutschen, nach ihm heißt, uns aber eher als Gymnastikanzug geläufig ist. Desweitern ist auch Louis Deffès, der Komponist der Hymne La Toulousaine, präsent. Die beiden letzten Räume befinden sich im Nordflügel und zeigen das Leben einfacher Leute in früheren Zeiten anhand von Keramiken, Kostümen, Fotografien und Lithografien.

Hôtel d'Assézat et Fondation Bemberg

Das Hôtel d'Assézat an der Ecke Rue de Metz und Rue de l'Écharpe ist das vermutlich schönste Stadtpalais von Toulouse aus der Zeit der Renaissance. Es wurde ab 1555 in nur zwei Jahren nach den Plänen des Architekten Nicolas Bachelier erbaut. Auftraggeber war der reiche Kaufmann Pierre Assézat, der sein Vermögen durch Pastel (Färberwaid) machte. Im Hof zeigt sich die klassische Säulenordnung, der sich Bachelier bediente, um den Prinzipien eines antiken Baus zu folgen. Demzufolge dekorieren im Erdgeschoss ionische Kapitelle die Pilaster und Halbsäulen zwischen den Fenstern, in der Mitte dorische und oben korinthische Kapitelle. In der mittleren Ebene lässt sich noch heute an jedem Fenster das typische Fensterkreuz der Zeit erkennen. Im 19. Jahrhundert kaufte eine Bank das Gebäude und schenkte es wegen der exorbitanten Kosten, die eine notwendige Restaurierung gekostet hätte, der Stadt Toulouse. Die nutzte und nutzt es für Empfänge, aber seit 1994 auch als Museum.

Georges Bemberg, ein reicher argentinischer Unternehmer und Kunstmäzen mit deutschen Wurzeln überließ damals der Stadt Toulouse als Dauerleihgabe für einen Zeitraum von 99 Jahren seine umfangreiche **Kunstsammlung**, bestehend aus über 1100 Einzelobjekten. Etwa drei Viertel der Kollektion, Gemälde, Skulpturen und Kunstobjekte, werden seither in 13 Räumen des Hôtels d'Assézat gezeigt. (→ S. 161)

■ Besichtigung

Raum I: Alte venezianische Meister, darunter Ansichten von Venedig des Meisters Canaletto wie »Der Canale Grande bei Santa Lucia« und der »Triumph des Herkules« von Tiepolo.

Raum II: Rokoko-Malerei aus der Zeit Ludwigs XVI., mit Bildern von Louis-Léopold Boilly, unter anderem dem »Delikaten Geschenk«, das »Galante Fest mit Dame und Pulcinella« von Nicolas Lancret, Porträts von Persönlichkeiten am Hofe von Versailles, darunter das »Portrait der Comtesse Kagenek als Flora« von der Hofmalerin Elisabeth Vigée-Lebrun. Dazu niederländische Landschaftsbilder von Jan van Goyen und Philips Wouwerman.

Das Hôtel d'Assézat beherbergt die Bemberg-Kunstsammlung

Toulouse

Raum I in der Fondation Bemberg

Raum III–IV: kostbare Bucheinbände und ebenso wie im angrenzenden Kaminzimmer (Raum IV) Gemälde aus dem 18. Jahrhundert, darunter Bilder des Rokoko-Malers François Boucher (1703–1770) mit lieblichen Putti.
Raum V: Europäische Malerei des 16. und 17. Jahrhunderts mit Bildern des Tolosaner Barockmalers Nicolas Tournier und »Szenen in einer Wirtschaft« von Pieter Brueghel dem Jüngeren.
Raum VI: Galerie der Porträts; dazu gehören Porträts von Persönlichkeiten aus der Zeit und dem Umfeld Königs Franz I. wie seine Mutter »Louise von Savoyen« von Jean Clouet, dem Vater des späteren Hofmalers François, der selbst mit dem Bild von »Karl IX.« vertreten ist. Besonders sehenswert: »Die Liebenden« von Lucas Cranach dem Älteren, »Jungfrau mit Kind« von Gérard David und die »Darstellung im Tempel« von Tintoretto.
Raum VII: vor allem Bronzefiguren, aber auch italienische Meister wie Veronese mit »Der Falkner«,Vittore Carpaccio »Jungfrau mit Kind« und Tintoretto mit der Darstellung der karthagischen Prinzessin »Sophonisbe«.
Raum VIII: Moderne Meister – Pointilisten. Die Kunst der Impressionisten und Post-Impressionisten war einer der Sammelschwerpunkte von Georges Bemberg und daher sind besonders viele sehenswerte Bilder von Paul Signac, Henry-Edmond Cross, Paul Sérusier, Edouard Vuillard und Walter Sickert zu entdecken.
Raum IX: Moderne Meister aus dem Umfeld von Henri Fantin-Latour. Neben Bildern des Malers und Lithografen des Realismus, so ein »Selbstbildnis«, sind Bilder von Paul Gauguin, Henri Toulouse-Lautrec und Odilon Redon zu sehen.
Raum X: Hier sind die jungen Wilden, also die Fauves wie Albert Marquet, Albert Lebourg, Othon Friesz und Henri Manguin ausgestellt.
Raum XI: Dieser Raum ist den Impressionisten gewidmet. Die reiche Sammlung umfasst Werke von Camille Pissarro, Eugène Boudin, Claude Monet, Alfred Sisley, Berthe Morisot, Gustave Caillebotte und Stanislas Lepine.
Raum XII: Er gehört den Werken von Pierre Bonnard (1867–1947), einem post-impressionistischen Maler, der zur Künstlergruppe der Nabis gehörte, die die Malerei der reinen Dekoration und dem Kunstgewerbe öffnen wollte. Ergänzt wird die Ausstellung durch die Skulpturen von Roger de la Fresnaye (1885–1925), ebenfalls Anhänger der Nabis.
Raum XIII: Überwiegend Zeichnungen sind hier präsentiert, darunter »Herkules und Antäus« von Tiepolo, Studien von Luca Giordano, aber auch Bilder moderner Meister. »Tahitianerin« von Gauguin, »Haus in der Rue des Moulins, Rolande« von Toulouse-Lautrec, eine »Tänzerin« von Edgar Degas, neben einer »Dame bei der Toilette« und dem »Gelben Harlekin«.

▲ Karte S. 78

Saint-Sernin

Das Viertel im Norden der Altstadt heißt heutzutage offiziell **Arnaud-Bernard**, in Erinnerung an den Adligen Arnaud Bernat, dem im Mittelalter ein großes Stück Land in diesem Gebiet an der ehemaligen Porte Royale gehörte. Dieses Viertel am 1825 zerstörten Stadttor entwickelte sich zum ersten Auffangbecken der Zuwanderer. Schon im Mittelalter war es die wichtigste Anlaufstation für Besucher aus aller Herren Länder dank der Wallfahrtskirche Saint-Sernin, nach der das Viertel umgangssprachlich benannt wird. Obwohl sie nicht Sitz der Kathedra, also des Bischofsstuhls, ist, ist sie doch die wichtigste Kirche der Stadt und der größte romanische Bau Frankreichs noch dazu. Geweiht ist sie dem heiligen Saturninus, dem ersten Bischof der Stadt. In der Zeit um 250, als die Christenverfolgung unter dem römischen Kaiser Decius noch einmal einen grausamen Höhepunkt erlebte, wirkte Saturninus als erster Bischof in Tolosa. Er sollte nach Aufforderung den römischen Staatsgöttern Juno, Jupiter und Minerva auf dem Forum vor dem Kapitol, heute Place Esquirol, einen Stier opfern. Doch Saturninus weigerte sich. Die heidnischen Priester befahlen daraufhin, dass Sernin an den Stier gebunden und zu Tode geschleift werden sollte. Der Stier raste durch die heutige Rue Saint-Rome und wurde nur durch die Stadtmauer gestoppt, etwa dort, wo sich heute die Kirche Notre-Dame du Taur erhebt. Obwohl es verboten war, kümmerten sich drei wohltätige Frauen um den Leichnam des toten Bischofs und verschafften ihm heimlich ein Grab, an der Stelle, an der der Körper sich vom Stier gelöst hatte.

Notre-Dame du Taur

An der Stelle, an der die Frauen den Leichnam begraben hatten, errichtete man dem Märtyrer schon kurz nach Einführung des Christentums als Staatsreligion, 380 durch Kaiser Theodosius I., ein Oratorium, später eine Kirche. Anfangs hieß sie Église du Taur, dann St-

In der Rue du Taur

Eine in jeder Hinsicht ungewöhnliche Kirche: Saint-Sernin

Sernin-du-Taur, erst 1534 wurde sie der Jungfrau Maria geweiht. Der heutige Bau geht auf das 14. bis 16. Jahrhundert zurück. Auffälligster Baukörper ist die **Glockenwand**, die als Fassade dient. Sie misst 42 Meter inklusive des Kreuzes an der Spitze und ist von sechs Bögen mit Dreiecksgiebel durchbrochen. Die Form der Arkaden soll an die Bischofsmütze, Mitra, erinnern. In ihnen hängen die insgesamt 13 Glocken des Carillon. Die Glockenwand ist wie der gesamte Bau aus den charakteristischen roten Ziegeln erbaut, nur Details wie das Portal und die flankierenden Nischen sind aus weißem Kalkstein, links vom Eingang steht ein Apostel, rechts der heilige Franz von Assisi. Im Dreiecksgiebel des Portals befindet sich seit dem 16. Jahrhundert eine polychrom gefasste Statue der neuen Kirchenpatronin. (→ S. 162)

▸ Karte S. 78

Basilika Saint-Sernin

»Die Kirche Saint-Sernin erleuchtet den Abend wie eine Korallenblume, von der Sonne getränkt«, sang Claude Nougaro über das Wahrzeichen der Stadt, das aus dem charakteristischen Backstein erbaut wurde. Die Gebeine des heiligen Saturninus wurden wohl im Jahr 402 an die Stelle überführt, an der sich »seine« Kirche erhebt. Noch heute ruhen sie unter dem Chor der Basilika. Die erste Kirche Saint-Sernin wurde durch Karl den Großen reich mit Reliquien beschenkt, woraufhin sie sich zu einem Pilgerziel entwickelte. Als die Jakobswallfahrt Fahrt aufnahm, kamen die Pilger aus ganz Europa nach Toulouse zu Saint-Sernin. Das Liber Sancti Jacobi, eine Art Reiseführer für die Wallfahrt nach Santiago de Compostela, nannte Toulouse als wichtiges Etappenziel und Saint-Sernin als Kirche, die unbedingt besucht werden sollte. Der südlichste der vier Jakobswege durch Frankreich wurde sogar nach Toulouse benannt: Via Tolosana. Für einen Besuch von Saint-Sernin konnte es einen Ablass von bis zu 100 Jahren geben, also 100 Jahre weniger Fegefeuer! (→ S. 162)

Baugeschichte

Immer mehr Pilger und Wallfahrer machten schon sehr bald den Bau einer größeren Kirche erforderlich. 1077 begann man mit dem Bau auf der Ostseite, um möglichst schnell einen Chorraum für die Messen zu haben. Bereits 1096 wurde im Beisein des Papstes Urban II. der Altar geweiht. Als Baumaterial diente auch hier der Tolosaner Backstein, aber auch der statisch bessere Kalkstein aus dem Quercy und den Corbières, einer südöstlich von Toulouse verlaufenden Mittelgebirgskette. Um den Anforderungen einer Pilgerkirche gerecht zu werden, wurde ein doppelter Umgangschor geschaffen, damit möglichst viele Besucher den spirituell kostbaren Reliquien nahekommen konnten. Reliquien wurden immer im Chor, dem allerheiligsten Raum einer Kirche aufbewahrt. Der Zugang in den Altarraum, war allerdings nur den Priestern vorbehalten. Nur durch die Schaffung des doppelten Umlaufs um diesen herum, war es möglich, dass sich die Pilger den Reliquien annähern konnten. Chorkapellen schufen eine zusätzliche Fläche zur Aufbewahrung und Zugänglichkeit von Reliquienschreinen. Schon von außen lässt sich dieses Konzept bereits erkennen, am besten von der Rue St-Bernard am östlichen Ende des Place Saint-Sernin aus. Von hier aus ist nicht nur das Chorhaupt, der älteste Teil der Kirche, mit seinen fünf Apsiskapellen zu sehen, sondern auch der 65 Meter hohe, achteckige Glockenturm über der Vierung. Die drei unteren der insgesamt fünf Stockwerke stammen noch aus dem frühen 12. Jahrhundert, was an den romanischen Rundbogenarkaden gut erkennbar ist. Erst rund 150 Jahre später wurden die beiden oberen Etagen aufgesetzt und bekamen Fenster mit einem dreieckigen Ziergiebel.

Grafenportal

Da die Kirche wie jedes christliche Gotteshaus geostet sein sollte – ex oriente lux (aus dem Osten kommt das Licht) – bedeutete das allerdings, dass die Südseite und nicht wie sonst üblich die Westseite zur Hauptzugangsseite wurde, der Stadt zugewandt. Die Porte des Comtes am südlichen Querschiffarm ist das älteste Portal der Kirche. Die **acht Kapitelle** des Grafenportals und ein nicht erhaltenes Tympanon wurden zwischen 1080 und 1100 geschaffen. Trotz einer gewissen technischen Unbeholfenheit entstanden ausdrucksstarke Figuren, die die Geschichte vom armen Lazarus und dem reichen Prasser erzählen. Von rechts nach links sieht man, wie dem armen Lazarus, der den Reichen um Essen gebeten hat, die Hunde auf den Hals gejagt werden. Da Lazarus Hungers stirbt, aber ein frommer und gottesfürchtiger Mann war, darf seine Seele in den Himmel eingehen, dargestellt durch zwei Engel, die Lazarus in einer Mandorla gen Paradies heben. Der reiche Prasser wird nach seinem Tod, gegen seinen Willen auf die Erde zurückzukehren, in der Hölle festgehalten. Greife verschlingen seinen Kopf. An linken Eingang wiederholt sich noch einmal die Szene, in der der Reiche zurückgehalten wird. Die Buhlerin des Reichen wird von schuppigen Schlangen gebissen. Ganz links vorn bestrafen die zwei Teufel den Reichen ob seiner fleischlichen Begierden mit Stöcken, die sich an seinem Gemächt zu schaffen machen, und links hinten machen sich die Teufel über den Prasser lustig, der sich verzweifelt an seinem Geldbeutel festklammert. Die Botschaft war einfach: egal, wie arm du bist, bleib fromm und du kommst ins Paradies, bist du hartherzig, verschwenderisch, geizig oder lüstern erwarten dich Höllenqualen.

Links des Portals sind in die Mauer des Langhauses Bogennischen eingelassen, in denen die Sarkophage von vier Grafen von Toulouse eingestellt sind, weshalb das Portal seinen Namen Porte des Comtes bekommen hat.

Miègeville-Portal

Durch ein schönes, reich mit Rankenwerk verziertes Renaissance-Portal, das um 1530 entstand, gelangt man zum Südportal, das zum Haupteingang der Basilika Saint-Sernin geworden ist. Wie schnell die Entwicklung der romanischen Skulptur voranschritt, zeigt sich an der Porte Miègeville, deren Name sich von mièja vila, Stadtmitte, ableitet. Um 1110/1115 entstanden das Tympanon und die Kapitelle, die eine bedeutend größere Kunstfertigkeit beweisen.

Das zentrale Thema des **Bogenfeldes** ist die Himmelfahrt. Christus steht mit erhobenen Händen im Mittelpunkt des Geschehens, zwei kleine Engel greifen ihm hilfreich unter die Arme, vier weitere Engel begleiten die Szene beiderseits. Auf dem Türsturz verfolgen elf Apostel und Paulus statt des zwölften verräterischen Apostels Judas das ungewöhnliche Ereignis. Petrus ist dank des großen Schlüssels gut erkennbar, rechts von ihm Paulus an seiner hohen Stirn. Zwei Engel mit phrygischen Mützen rahmen beiderseits die Apostel ein und weisen darauf hin, dass Himmelfahrt auch Wiederkunft bedeutet. Die Figuren im Tympanon und auf dem Türsturz weisen alle gleiche Merkmale auf: An ein Mäanderband erinnernde Kleidersäume, markante, ausgeprägte Kinne und Helmfrisuren, die einen an Perücken denken lassen. Dank der großen Ähnlichkeit zu den Figuren auf der datierbaren, signierten Altarplatte kann man die Figuren auf dem Miègeville-Portal dem Meister Bernardus Gelduinus zuordnen.

Die Himmelfahrt Christi im Bogenfeld des Miègeville-Portals

▲ Karte S. 78

Auch die beiden seitlichen **Großplastiken**, höher als das Tympanon, zeigen die gleichen Charakteristika. Rechts Petrus, der den Schlüssel zum Himmel in der seiner Hand hält, links Jakobus der Ältere, zu dessen Gebeinen die Jakobspilger ja unterwegs waren. Nach wie vor rätselhaft ist die Bedeutung der vogelähnlichen Tiere zu seinen Füßen, der drei Figuren, zwei Frauen, ein Mann, ganz unten, und der zwei Figuren über seinem Kopf, die sich in Ranken verfangen zu haben scheinen. Eindeutiger ist die Geschichte unter Petrus einzuordnen. Bei dem Mann mit orientalischem Turban, der von zwei geflügelten Dämonen mit spitzen Krallen und herausgestreckten Zungen festgehalten wird, handelt es sich um den Magier Simon, der eine vergebliche Himmelfahrt versuchte und dabei jämmerlich abstürzte.

Zu den Rätseln des Portals zählt auch eine der beiden **Konsolen**, auf denen der Türsturz aufliegt. Zwei Frauen mit phrygischen Mützen reiten auf löwenähnlichen Fabeltieren, jede trägt nur einen Schuh. Die linke Konsolfigur lässt sich anhand seiner Laute hingegen leicht als König David identifizieren.

Die Archivolten des Portals ruhen auf **Marmorsäulen mit Kapitellen**. Links außen: der Kindermord zu Bethlehem, links innen: Verkündigung und Heimsuchung. Rechts innen: Sündenfall und Vertreibung aus dem Paradies, rechts außen: Löwen im Rankenwerk.

Kircheninneres

Die Maße von Saint-Sernin sind gewaltig und natürlich ein Ausdruck ihrer Bedeutung als Pilgerkirche: 115 Meter lang, 32,50 Meter breit im fünfschiffigen Langhaus, 64 Meter mit den Querschiffarmen und 21,10 Meter Scheitelhöhe im Mittelschiff. Um den Herausforderungen des Stroms an Pilgern gerecht zu werden,

Detail am Miègeville-Portal

wurde der Typus einer Emporenbasilka und einer Staffelhalle auf dem Grundriss eines lateinischen Kreuzes miteinander verbunden. Das heißt es gibt Fenster an den äußeren Seitenschiffen, Fenster im Emporengeschoss der inneren Seitenschiffe, aber keine Obergadenfenster wie sie für eine reine Basilika typisch wären. Die Bauweise ist eine Folge des Bedürfnisses nach Platz für die Besucher. Die mittelalterlichen Pilger übernachteten in der Mehrheit üblicherweise in der Kirche auf dem Boden des Langhauses und auf den Emporen, meist auf einem harten Lager aus Stroh. Um die Spuren der Übernachtungen möglichst einfach entfernen zu können, wurde ein leichtes Gefälle nach Westen eingeplant. Bestuhlung für Laien setzte sich erst in nachreformatorischer Zeit durch, im Mittelalter folgte man der Messe im Stehen und Knien musste man auf dem harten Steinboden.

Da der Gottesdienst auch und vor allem aus liturgischen Gesängen besteht, ging es auch immer schon um eine möglichst gute Akustik, deshalb setzte man auf steinerne Gewölbe. So auch in Saint-Sernin. Dies aber wiederum bedeutete ein wesentlich höheres Gewicht, das auf

Blick durschs Hauptschiff von Saint-Sernin

die Mauern drückte, die entsprechend dick sein mussten. Andererseits sollte eine Kirche ein Abbild des Himmlischen Jerusalems sein, mit Mauern aus Edelsteinen (Offb 21,19). Deshalb war der Innenraum von Saint-Sernin – und jeder anderen romanischen Kirche – leuchtend bunt mit Fresken an den Wänden bemalt und nicht von der heutigen schlichten Eleganz. Im Zeitalter der Aufklärung ließen die Kirchenherren die Wandbilder bewusst entfernen. Wandermaler aus Italien wurden mit der Entfernung der Fresken in Saint-Sernin beauftragt und – leider – erledigten sie ihre Arbeit sehr gewissenhaft. Mit Ausnahme einiger Faulpelze, die am Übergang vom nördlichen Seitenschiff zum Querhaus arbeiteten, denn hier sind **zwei Fresken aus der Zeit um 1140** erhalten. Die Maler hatten sie nicht abgeschlagen, sondern nur übertüncht!

Die Szene **Noli me tangere** (Joh 20,17) zeigt den auferstandenen Christus in einem grünen Gewand mit purpurfarbenem Umhang vor dem Maria Magdalena mit erhobener Hand kniet. Sie war die erste, die dem auferstandenen Jesus begegnete und ihn berühren wollte. »Berühre mich nicht«, sprach Christus daraufhin. Das zweite Fresko zeigt einen auf Wolken sitzenden Engel.

Auch im nördlichen Querhaus wurden bei Restaurierungsarbeiten in den 1970er Jahren **Wandmalereien** freigelegt. Sie stammen aus der Zeit bis 1180. Auf der Westmauer wird die Auferstehung in fünf Registern erzählt. Unten links, neben der Tür, die zu den Emporen hinauf führt, sind deutlich in dunklem Rot die Schilde von zwei Soldaten, die das Grab Christi bewachen sollten, zu erkennen. Darüber die heiligen Frauen, die im leeren Grab einen Jüngling im weißen Gewand vorfinden, der ihnen kund tut, dass Jesus auferstanden sei (Mk 16, 1–8). Im dritten Bildstreifen erweisen zwei Propheten aus dem Alten Testament dem auferstandenen Christus Ehre, der über ihnen im Glorienschein, erhellt durch Kandelaber, mit dem Buch des Lebens in seiner linken Hand, erscheint. Maria und Johannes der Täufer stehen zu beiden Seiten des Weltenrichters. Das oberste Bildfeld lässt sich nur schwer erkennen, nur zwei Engel sind identifizierbar. Im Gewölbe des Querhauses ist im zentralen Medaillon Christus als Agnus Dei – Lamm Gottes – zu sehen, umgeben von einem Kranz aus Engeln. In den Zwickelfeldern sind weitere Szenen zu sehen: zwölf bekrönte Jungfrauen als Vorboten des Himmlischen Jerusalems im südlichen Eck, Vögel, Meerestiere und Vierbeiner, die die Tierwelt, der ebenso die Erlösung bevorsteht, repräsentieren. Des Weiteren ist hier auch ein **Abguss der originalen Altarplatte**, die sich im Chor befindet, zu sehen. Am 24. Mai 1096 weihte Papst Urban II., der auf Werbereise für die Teilnahme am Ersten Kreuzzug war, den Tischaltar. An der umlaufenden Oberkante verläuft eine Inschrift, in der die Auftraggeber als Mitbrüder des heiligen Saturninus genannt

▸ Karte S. 78

werden, die ihren Glauben durch die Liturgie beweisen und ihre Hoffnung in die Macht der Fürsprache des Heiligen setzen. Aber auch zu lesen ist: Bernardus Gelduinus me fec(it), Bernardus Gelduinus hat mich gemacht. Bückt man sich kann man auch die reich verzierte Unterkante in Augenschein nehmen. In kleinen Medaillons sind unter anderem auf der Vorderseite Christus mit dem Weltenbuch und Engel zu sehen. Auf der linken Seite Christus mit erhobenen Händen, seine Wunden zeigend, sowie flankiert von seiner Mutter Maria und Petrus rechts, Johannes und Paulus links.

■ Chor

Den **originalen Altar**, der wohl genau über der Grabstätte des heiligen Saturninus steht, kann man durch die Chorschranken nur vage erkennen. Umso auffälliger ist das spätbarocke **Altarretabel** von 1720. Das **Deckengemälde** in der Apsiskalotte entstand zwischen 1536 und 1542 und zeigt einen Christus Pantokrator. Um in den **Chorumgang** und in die Krypten zu gelangen, muss man Eintritt am Kassenhäuschen am nördlichen Querhaus bezahlen. Der spirituelle Schatz der Kirche befindet sich – zumindest teilweise – links, der kunsthistorische rechts, an der Außenmauer des Chors. Sieben große Marmorplatten mit Flachreliefs, die alle charakteristische Handschrift von Meister Gelduinus tragen, sind in die Wand zum Chor eingelassen. Zunächst ein Engel, gefolgt von einem Apostel, dann ein Seraph, einer der feurigen, sechsflügeligen Engel, die Gottes Thron umschweben und immerfort »Heilig, heilig, heilig« ausrufen (Jes 6, 1–7). Im Chorhaupt schließlich Christus in der Mandorla als Weltenrichter und ein Cherub, ein Engel, der als Bewacher des Paradieses (Gen 3,24) für die Pilger besonders wichtig war. Ein weiterer, ebenfalls nicht näher ausgewiesener Apostel und ein Engel beschließen den Halbkreis. An den Außenwänden und in den Radialkapellen sind in nahezu identisch aussehenden Schreinen ein Teil der **Reliquien** aufgestellt. Die Originalschreine wurden in der Französischen Revolution konfisziert und das Edelmetall eingeschmolzen. Im 19. Jahrhundert entstanden die heutzutage zu sehenden Aufbewahrungstruhen für die Gebeine der Heiligen. In der Chorhauptkapelle wurden bis 1974 die Gebeine von Thomas von Aquin aufbewahrt. (→ S. 86, Les Jacobins).

■ Krypta

1258 beschlossen die Chorherren von Saint-Sernin den Sarkophag des Heiligen den Augen der Gläubigen zugänglich zu machen. Um dies möglich zu machen, wurde die alte romanische Krypta zerstört und es entstand eine Art gotischer Baldachin, mit tragenden Kreuzrippen als Gewölbe, die eine zweite, darüber liegende Krypta tragen mussten. In der oberen Krypta sind hinter Glas, dem Schrein des heiligen Honoratius gegenüber, die schönsten und ältesten Objekte aus dem **Kirchenschatz**, darunter das wertvollste Stück der Sammlung: Ein emailliertes Reliquienkästchen aus Limoges von 1200, in dem ein **Splitter vom wahren Kreuz** aufbewahrt wird. In der unteren Krypta wird zudem eine Dorne aus der Dornenkrone Christi ausgestellt, die 1251 als Geschenk von Alphonse de Poitiers in den Kirchenbesitz kam. Das nach heutigem Schätzwert kostbarste Stück, die Gemma Augustea, die fünf Jahre vorher erstmals im Kirchenschatz aufgeführt wurde, hat man sehr zum Ärgernis im 16. Jahrhundert an den Habsburger Rudolf II. verkauft. Sie kann daher im Kunsthistorischen Museum in Wien bewundert werden, wo sie ein Prunkstück der Antikensammlung ist.

Romanische Skulptur

Da mit Ausnahme der Kleriker die Menschen des Mittelalters Analphabeten waren, nutzte man insbesondere Kirchenportale, um Geschichten aus der Bibel zu illustrieren. Die großen Bogenfelder – Tympana – über den Türen boten sich an, um dem Besucher durch eine Bildersprache eine Botschaft zu übermitteln. Eine Botschaft, die durch steinerne Figuren transportiert werden sollte, da Malereien durch die Einflüsse der Witterung zu schnell verblasst wären. Da aber seit der römischen Antike keine Großplastiken mehr hergestellt wurden und figürliche Darstellungen auf das Schnitzen von Gemmen beschränkt waren, und zudem freistehende Rundplastiken wegen des begrenzten Platzes nicht infrage kamen, waren also neue bildhauerische Fähigkeiten gefragt. Die romanische Skulptur an Kirchen tritt daher immer als Relief auf.

Das älteste datierte Zeugnis mittelalterlicher Steinplastik ist ein Türsturz von 1020 an der Abteikirche von Saint-Genis-des-Fontaines in Roussillon. Südfrankreich ist damit nachweislich eine der Keimzellen romanischer Skulptur. Waren die ersten bauplastischen Arbeiten noch sehr flach, entwickelte sich die romanische Steinmetzkunst innerhalb weniger Jahrzehnte stark weiter. Mit den Kapitellen am Grafenportal der Basilika Saint-Sernin in Toulouse, die um 1080 entstanden, schuf ein unbekannter Bildhauer erstmals plastisch wirkende Figuren, die dem Architekturelement dennoch nichts von seiner Stabilität und damit seiner eigentlichen Aufgabe nahmen. Solch qualifizierte Steinmetze waren sicher sehr gefragt und wurden wohl gezielt für anspruchsvolle Bauvorhaben angeworben. Die Romanische Skulptur erreichte Mitte des 12. Jahrhunderts ihre Vollendung, als es gelang, die Figuren der Tympana vollplastisch wirken zu lassen, obwohl sie immer noch Reliefs waren. Erst mit den Gewändefiguren der Frühgotik wurden wieder freistehende Skulpturen geschaffen. Eine wichtige Entwicklungsetappe dorthin stellen die halblebensgroßen Figuren am Miègeville-Portal in Toulouse dar, die dem Meister Bernardus Gelduinus, einem der wenigen namentlich bekannten Meister, zugeordnet werden können.

Als Themenvorlagen dienten natürlich die Geschichten aus Altem und Neuem Testament, daher bezeichnet man die Reliefs an Tympana und Kapitellen oftmals als «biblia pauperum«, als Armenbibel. Da Bischöfe oder Äbte als Auftraggeber aber in der Regel eine bestimmte Botschaft übermitteln wollten, wird besonders das Thema des Jüngsten Gerichts zum weit verbreiteten Hauptmotiv. Im Grunde gilt: keine Kirche ohne Weltengericht. Geschichten wie das Gleichnis vom armen Lazarus und dem reichen Prasser sind ebenso beliebt. Eine kleine Ermahnung hier, ein erhobener Zeigefinger da, die Bildprogramme werden im Laufe des 12. Jahrhunderts immer komplexer und oft erfüllten auch scheinbar rein dekorative Ornamente eine besondere Funktion. Blattrosetten stehen oft als Sinnbild für die Feuerräder der Hölle, andere Ornamente oder Arabesken hatten vielleicht einen tieferen Sinn, der sich im Laufe der Jahrhunderte verloren hat und daher heute nicht mehr verstanden wird.

Da die Kirche als Wohnstatt Gottes auf Erden verstanden wurde und nach Christi Worten, der sich mehrfach als Tür, durch die der Weg zum Heil führt, bezeichnet hat, ist es verständlich, dass gerade dem Portal besondere Bedeutung zukommt. Als Grenzmarke zwischen weltlichem und geistlichem Bereich sollte sich der Gläubige am Portal auf die Begegnung mit Gott im Inneren vorbereiten. Es war also die beste Stelle, um dem Kirchenbesucher aufzuzeigen, was ihn am Ende aller Zeit erwartet, wie gottgefälliges Handeln belohnt und wie sündhaftes Verhalten bestraft wird. Die Botschaft sollte für den mittelalterlichen Kirchenbesucher einfach zu verstehen sein und Aufgabe der Steinmetze war es, diese Botschaft zu vermitteln.

Mit der Entwicklung der Bauplastik entwickelte sich auch der Beruf des Steinmetzes. Im frühen Mittelalter, zu Beginn der Entwicklung, waren die Bauleute mit Anbruch des Winters entlassen worden und erst im folgenden Frühjahr wieder eingestellt worden. Doch nicht immer an der selben Baustelle. Oft waren es ganz andere Arbeiter, die den Bau im nächsten Jahr fortsetzten und nicht alle Mitglieder der Bautrupps waren ausgebildete Steinmetze. Ab dem ausgehenden 11. Jahrhundert wurden aber aus den Steinmetzen Bildhauer. Diese wurden zwar noch immer als Arbeiter und nicht als Künstler angesehen und blieben daher namentlich meist unbekannt, doch entwickelte man Regeln zu einer Ausbildung. Dadurch steigerte sich sowohl Qualität wie auch die Quantität an qualifizierten Bauarbeitern.

Wer Steinmetz werden wollte, musste von ehelicher Geburt sein und »ehrbare« Eltern haben. Mit 14 Jahren begann man in der Regel seine Lehrzeit, die nach fünf Jahren endete. Danach mussten die Gesellen für drei Jahre auf die Walz gehen. Durch diese Wanderschaft sollte der Geselle auf anderen Baustellen und von anderen Meistern lernen, brachte vermutlich aber auch Impulse seiner vorherigen Meister mit. Dem Gesellen oblag es, zunächst einfacher strukturierte Bauelemente zu gestalten, Kapitelle mit pflanzlichen Motiven beispielsweise oder Kragsteine. Den Meistern waren die wichtigsten Bildmotive und das Gesamtkonzept vorbehalten. Nur wenige der Meister sind namentlich bekannt. Der Meister Bernardus Gelduinus etwa, der in Toulouse eine Altarplatte signierte oder Meister Gislebertus im burgundischen Autun. Andere werden nach einem ihrer Wirkungsorte benannt wie der Meister von Cabestany (→ S. 324, St-Papoul). Auch wenn sie zu ihrer Zeit nur als Handwerker galten, waren sie doch Künstler, die originelle und einzigartige Werke schufen – von unvergänglicher Schönheit!

Kapitell am Grafenportal von Saint Sernin in Toulouse

Musée Saint-Raymond

Auf der Westseite, gegenüber der nie wirklich fertiggestellten Fassade der Basilika, wurde in einem Kolleg aus dem 16. Jahrhundert das **Archäologische Museum** der Stadt untergebracht, das bereits 1892 eröffnete. Raymond Gayrard, ein reicher Tolosaner, der um 1100 lebte, vermachte sein gesamtes Vermögen Saint-Sernin, das in den Bau eines Hospizes für Jakobspilger investiert wurde. Nach Gayrards Tod rund 20 Jahre später wurde er in einer Kapelle des Krankenhauses beigesetzt, die in der Folgezeit Saint-Raymond genannt wurde, obwohl sie eigentlich dem heiligen Johannes geweiht war. Nach der Gründung der ersten Universität in Toulouse 1229 beschloss der Abt von Saint-Sernin aus dem Gebäude eine Kolleg zu machen, in dem die armen Studenten wie in einem Wohnheim lebten. 1523 erhielt das Gebäude sein heutiges Gesicht. (→ S. 160)

Erste Etage

Die umfangreiche Sammlung mit mehr als 1000 Exponaten stammt überwiegend aus der Ausgrabungsstätte einer römischen Villa in Chiragan bei Martres-Tolosane. Das gesamte erste Stockwerk ist den **Fundstücken aus Chiragan** vorbehalten. Dieses römische Landgut aus der augusteischen Zeit, das ab 1826 ausgegraben wurde, gilt als zweitwichtigste Entdeckung nach der Villa Hadriana in Tivoli bei Rom.

Durch Stellwände ist der rechte Teil des Geschosses zu einer langen **Galerie der Porträts** geworden, an deren rechtem Ende die **Münzsammlung** liegt. Möglicherweise handelte es sich um eine kaiserliche Villa, die von Verwaltern geführt wurde, denn anders kann man sich kaum erklären, dass so gut wie von jedem Kaiser Büsten gefunden wurden. Von Kaiser Augustus im frühen 1. Jahrhundert bis ins 5. Jahrhundert schien die Villa existiert zu haben, denn es befand sich unter den Fundstücken auch eine Büste der Placidia, die heute die Kaisergalerie am Ende überwacht. Sie war Gattin des weströmischen Kaisers Olybrius, der für einige Monate des Jahres 472 Kaiser über den Westteil des Römischen Reiches war, also kurz vor dessen Untergang vier Jahre später. Neben den Kaisern wurden auch uns heute unbekannte Personen des öffentlichen Lebens von Tolosa und Familienmitglieder der Villenbewohner zutage gefördert.

Das Museé Saint-Raymond beherbergt archäologische Fundstücke

▲ Karte S. 78

Hinter den Stellwänden auf der linken Seite des Obergeschossen sind drei weitere Bereiche eingeteilt. Zum einen die **Repliken aus römischer Zeit** von griechischen Skulpturen. Während die Griechen ihre Plastiken meist aus dem edleren Material Bronze machten, fertigten die römischen Kopisten die Repliken aus Marmor. Da später oftmals die griechischen Bronzen verloren gingen, weil sie eingeschmolzen wurden, um an das edle Metall zu kommen, blieben die Werke dank der Marmorkopien doch der Nachwelt erhalten. Unter den Skulpturen griechischen Einflusses ist beispielsweise ein Bacchus, Dionysos bei den Griechen, der eine Nachbildung eines Werkes des Praxiteles (4. Jahrhundert vor Christus) ist, der zu den herausragendsten griechischen Bildhauern gehörte. Ebenfalls nach einem Original dieses Künstlers wurde die Venus gearbeitet. In der Villa gefunden wurde nur der Kopf der sogenannten Knidischen Aphrodite, wie das Originalwerk von Praxiteles genannt wird. Ein zweiter, mittlerer Abschnitt gehört den »Arbeiten des Herkules«. Die Marmortafeln schmückten ehemals die Wände des Portikus' oder eines großen Raumes wie beispielsweise des Trikliniums, also des Speisesaals der Römer. Die Arbeiten, die Herkules erledigen musste, um einen Mord, den er in einem Anfall von Wahnsinn begangen hatte, zu sühnen, begannen mit der Erlegung des Nemeischen Löwen, dann musste er die neunköpfige Lernäische Schlange Hydra töten. Es folgten das Einfangen der Kerynitischen Hirschkuh, dann das des Erymanthischen Ebers. Nachdem der die Ställe des Augias ausgemistet hatte, vertrieb er die Stymphalischen Vögel, fing den Kretischen Stier und zähmte die menschenfressenden Rosse des Diomedes. Nachdem er auch noch den Auftrag den Amazonengürtel zu beschaffen, die Rinder des Riesen Geryon zu rauben und die Goldenen Äpfel der Hesperiden zu pflücken, erledigt hatte, musste er zu guter Letzt auch noch in die Unterwelt, um den Höllenhund Zerberus zu zähmen. Jede der einzelnen Arbeiten war wie ein Bild auf einer einzigen Platte gearbeitet worden und in der Antike zudem noch farbig bemalt gewesen. Man stelle sich den prächtigen und farbenfrohen Anblick vor! Die größte Marmortafel zeigt den Raub der Rinder des Geryon, eines im heutigen Spanien lebenden Riesen. Vielleicht ist sie deshalb größer als die anderen, weil zur Zeit der Entstehung im 3. Jahrhundert Kaiser Maximianus, genannt Herculius, kurz zuvor Militärerfolge auf der Iberischen Halbinsel errungen hatte. Der letzte Bereich der Etage widmet sich der Architektur-Dekoration. Fragmente von Friesen, sechs große Medaillons und andere Marmorelemente sind hier ausgestellt.

Zweite Etage

Der zweite Stock ist dem **römischen Toulouse** gewidmet. Fundstücke aus Vieille-Toulouse im Süden der heutigen Stadt am rechten Garonne-Ufer stammen von einer Keltensiedlung des Stammes der Tolosaten, der auch der Römerstadt nördlich seinen Namen gab: Tolosa. Zu den raren keltischen Exponaten gehört eine anthropomorphe Statue, die aus der Mitte des 1. vorchristlichen Jahrhunderts stammt. Da die Kelten in einem regen Handelsaustausch standen, fanden sich in der Ausgrabung auch diverse Handelsgüter anderer Mittelmeerzivilisationen wie der Griechen oder Etrusker. Toulouse als Teil der Provincia Gallia Narbonensis wird durch Modelle und Fundstücke von großen Tempelbauten illustriert, aber auch das Alltagsleben in der römischen Stadt anhand von Kleinfunden.

Graffiti in der Rue Gramat

Untergeschoss

Das Untergeschoss erlaubt dem Besucher einen Blick in die **Nekropole der Stadt**, die sich in der Antike im heutigen Saint-Sernin-Viertel befand und in der auch der heilige Saturninus beigesetzt wurde. Ausgrabungen Mitte der 1990er Jahre förderten 95 Gräber und die Knochen von 79 hier Beigesetzten zutage. Prächtige Sarkophage aus der Spätantike sind ausgestellt. Des Weiteren wurde ein Kalkbrennofen im Rahmen der Ausgrabungen entdeckt, der im ersten Raum des Untergeschosses zu sehen ist. Ab Ende des 4. Jahrhunderts, nach der Einführung des Christentums als Staatsreligion, dürfte so manche Marmorstatue in diesem Ofen gelandet sein, um Kalk daraus zu machen und die alten, heidnischen Götterstatuen verschwinden zu lassen.

Rue Gramat

Folgt man auf der Nordseite von Saint-Sernin der Rue Gatien Arnoult und biegt in die noch kleinere Rue Gramat ein, sieht man sofort die **Graffitis**, die im Rahmen eines Kulturprojektes entstanden sind. Seit den 1980er Jahren die Welle der Graffitikunst aus den Vereinigten Staaten auch Toulouse erreicht hatte, waren erste bunte Bilder auf den Wänden entstanden, die nun drohten zerstört zu werden. Die Kulturorganisation Carrefour culturel Arnault-Bernard bemühte sich zweieinhalb Jahre lang darum, die Graffitis zu erhalten und brachte Bürgermeister, Stadtrat und Bewohner des Saint-Sernin-Viertels immer wieder an einen Tisch, um das Projekt zu besprechen und alle auf einen Nenner zu bringen. 1999 war es dann soweit, dass alle Beteiligten mit den Vorschlägen zu Erhalt und Neuschaffung von Graffitis einverstanden waren, und im darauffolgenden Jahr, nachdem die Fassadenreinigung abgeschlossen war, durften sich die Sprayer 25 Tage lang austoben.

Auf der nahen Place des Tiercerettes starten die vom Office du Tourisme (→ S. 149) organisierten »Graff Tours« zu Graffiti-Kunstwerken an verschiede-

▶ Karte S. 78

nen Stellen der Stadt, die auch durch die Rue Gramat führen. Viele Graffitis, die auf dieser Rundfahrt angesteuert werden, entstanden im Rahmen von zwei Festivals der Graffitikunst, dem Latinograff und dem Rose Béton. Begleitet werden die Touren von einem Sprayer und einer Fremdenführerin des Fremdenverkehrsamtes. Die Kosten für dieses außergewöhnliche Kunsterlebnis liegen bei 15 Euro Einheitspreis. Von Jahr zu Jahr werden die Touren länger, da seit 2016 regelmäßig das Festival Rose Béton stattfindet, eine Art Biennale der Street-Art, bei der regelmäßig neue Kunstwerke entstehen.

Chapelle des Carmélites

Südlich von Saint-Sernin liegt in der kleinen Rue du Périgord, zugänglich über die Rue du Taur, in einem unscheinbaren Innenhof eine kleine Kapelle mit schlichter Fassade: die Chapelle des Carmélites. Betritt man das Gebäude, stellt man fest, dass man ein kleines Schmuckstuck fernab der Touristenpfade gefunden hat, die Sixtinische Kapelle von Toulouse. Prächtige **Deckengemälde** erinnern an ihre berühmtere Vorlage im Vatikan, und das nicht zufällig. Der Maler Jean-Pierre Rivalz hatte um 1657 eine Romreise unternommen, zurück in Toulouse übernahm er wohl ab 1667 die Innenausstattung der Kapelle der Karmeliterinnen. (→ S. 162)

Baugeschichte

Am 1. Juli 1622 war durch König Ludwig XIII. im Beisein seiner Gattin Anna von Österreich der Grundstein gelegt worden. Der König versprach die stattliche Summe von 25 000 Livres zur Finanzierung des Baus, was nach heutigen Maßstäben fast einer halben Million Euro entspricht. Doch das Geld kam nicht. Deshalb sprang der Präsident der Untersuchungskammer des Parlaments, Guillaume de Rességuier, ein, da seine fünf Töchter im Orden der Karmelitinnen waren. 1643 war die Ordenskapelle fertiggestellt, allerdings etwas schlichter als ursprünglich geplant. Und deshalb dauerte es auch noch einige Jahrzehnte, bis wieder genügend Geld für die Innenausstattung zusammengekommen war. Rivalz war also gerade rechtzeitig aus Rom zurück und übernahm die Arbeiten, nach seinem Tod 1706 führten sein Sohn Antoine und sein Schüler Baptiste Despax die Arbeiten fort. Erst 1752 waren die Wand- und Deckengemälde fertig.

Wandmalereien

An den Wänden des Kirchenschiffs geht es vor allem um den Propheten Elija, der Vorbild für die Brüder und Schwestern des Karmeliterordens war, und seinen Nachfolger Elischa.

Beiderseits des Eingangs sind in den **zwei ersten Jochen** Szenen des Propheten nach den Büchern der Könige im Alten Testament zu sehen. Rechts erfleht Elija von Gott ein Zeichen, dass das Volk seinen wahren Gott erkennen möge, der daraufhin Feuer vom Himmel fallen ließ, das alles verschlang (1 Kön 18,37–40). Es folgt die Begegnung des Propheten mit König Ahab (1 Kön 18,41–46). Auf der linken Wand ist der Prophet Elischa, Elijas Nachfolger, zu sehen, wie er mit dessen Mantel den Jordan teilt (2 Kön 2, 12–14), daneben spricht Elischa zu seinen Anhängern, die den im Wettersturm gen Himmel gefahrenen Elija suchen wollten (2 Kön 2, 15–16). An der Eingangswand ist auf zwei schmaleren Bildern der weitere Verlauf aus dem zweiten Buch der Könige zu sehen. Elischa mehrt das Öl der Witwe und er erweckt das tote Kind einer Schunemiterin.

Auf Höhe des **dritten Jochs** befanden sich ursprünglich zwei Seitenkapellen, die später abgerissen wurden. Den Platz an der Wand füllte man mit zwei Bildern von Félix Saurine, die ehemals in anderen Kirchen hingen, links die Geburt Christi, rechts die Marienhimmelfahrt.

Im **vierten Joch** folgen wieder zwei Bilder mit Szenen der Elija-Geschichte. Der Prophet wird in der Wüste von einem Engel genährt und er beruft Elischa zu seinem Nachfolger (1 Kön 19, 5–7 und 19, 19).

An der **Wand oberhalb des Eingangs** ist die Verzückung der heiligen Teresa von Ávila dargestellt, die selbst Karmelitin war und just im Jahr der Grundsteinlegung dieser Kapelle heilig gesprochen worden war. Gegenüber auf der **Chorseite** sind unten drei Bilder zu sehen: in der Mitte die Verkündigung an Maria, links die Anbetung der Hirten und rechts die Anbetung der heiligen drei Könige. In der Apsiskalotte darüber, die Despax in Öl auf Putz malte, sind um einen Strahlenkranz, der Gott symbolisiert, Propheten und Gerechte aus dem Alten Testament dargestellt, darunter Moses mit der Gesetzestafel, rechts von ihm König David, links im roten Gewand König Salomon.

Im Bereich der **Fenster oben** sind zu beiden Seiten des Schiffes die Tugenden, die von den Mitgliedern des Ordens verlangt wurde, dargestellt. Vom Chor ausgehend links: Nächstenliebe, Glaube, Hoffnung, Buße, Reinheit, Gehorsam, Fleiß und Wachsamkeit, rechte Seite: Kontemplation, Demut, Heiligenverehrung, Unterwerfung, Armut, Pflichteifer und Vorsicht.

In der Kapelle werden häufig Konzerte gegeben, so zum Beispiel jedes Jahr im Juni im Rahmen der Bachwoche »Passe ton Bach« des Toulouser Barockensembles.

Garonne-Quais

Vor der Basilika **Notre-Dame de la Daurade** erstreckte sich ehemals eine gleichnamige Brücke über die Garonne, die auf der gegenüberliegenden Seite am riesigen Hôpital de la Grave (→ S. 133)

In der Kapelle der Karmeliterinnen

▲ Karte S. 78

Am Quai Garonne

ankam. Sie musste im 17. Jahrhundert der neuen Brücke, dem Pont Neuf (→ S. 111) weichen. Nördlich der Kirche lag einstmals der Hafen Port de la Daurade. Heute erstreckt sich hier der **Parc La Daurade**. In der Sommersaison kann man von hier zu Ausflugsfahrten auf der Garonne und dem Canal du Midi aufbrechen. (→ S. 309)

Neben dem Pont Neuf gibt es mit den Brücken Saint-Pierre und Saint-Michel insgesamt drei Brücken über die Garonne im Bereich zwischen Le Bazacle und Îlot Baniève, auf knapp zwei Kilometern Länge. Im Sommer wird dieser Abschnitt zum Strand der Tolosaner. Der Quai Saint-Pierre liegt am nördlichsten, bei der Einmündung des Canal de Brienne in die Garonne. Ab der Spannbetonbrücke Saint-Pierre nennt sich der Quai Lucien Lombard, dann Quai de la Daurade und hinter den Pont Neuf wird er zum Quai de Tounis.

Im Rahmen eines städteplanerischen Projekts mit dem Namen Grand Parc de la Garonne werden die Ufer entlang des Flusses zum Teil renaturiert, zum Teil für Fußgänger und Radfahrer instandgesetzt. Toulouse will den Fluss mehr in die Stadt einbinden und die Garonne-Quais in ein Naherholungsgebiet verwandeln. Das Park-Projekt startete 2013 an der Place Saint-Pierre, die sich mit ihrer neuen, breiten Treppe wie ein Theater zur Garonne hin öffnet.

■ Bazacle

In der Zeit, als Toulouse noch Tolosa hieß, war die Stelle, die man Bazacle nennt, die einzig gangbare Möglichkeit die Garonne zu überqueren. Eine natürliche Furt, der die Römer den Namen vadaculum gaben, woraus Bazacle wurde. Ende des 12. Jahrhunderts wurde auf Befehl des Grafen Raymond V. ein Wehr gebaut und zahlreiche Mühlen entstanden hier. Mühlen, in denen vor allem Färberwaid gemahlen wurde, und die wie auf kleinen Flößen in der Garonne schwammen. Mit dem Niedergang des Pastelhandels verschwanden auch die 60 kleinen, mobilen Mühlen, es blieben die zwei größeren Getreidemühlen auf dem Festland, die bis ins 19. Jahrhundert Toulouse mit Mehl versorgten.

Ab 1888 verwandelten sich die Mühlen zu **Wasserkraftwerken** der neuen städtischen Elektrizitätsgesellschaft. Nach dem Zweiten Weltkrieg übernahm der Staatskonzern EDF das Werk, das auch zu besichtigen ist. Die große Halle des **Espace EDZ Bazacle** dient für wechselnde Ausstellungen, die mal technisch, mal künstlerisch, mal historisch sind. Im Untergeschoss kann man mehr über den Fluss und Wasserkraftwerk, das immer noch in Betrieb ist, erfahren. Ganz unten gibt es einen Zugang zu einem Ausstellungsbereich, von dem aus man die Fische beobachten kann, die über eine Passage den Fluss hinaufwandern.

Canal de Brienne

Auf dem Weg flussaufwärts zweigt der Canal de Brienne Wasser von der Garonne ab. Mit dem im Jahre 1776 fertiggestellten Bauwerk verband man den Canal du Midi mit dem früheren Haupthafen von Toulouse, dem Port de la Daurade. Mit dem Bau dieses eineinhalb Kilometer kurzen Kanals durch Joseph-Marie de Saget wurde der Quai Saint-Pierre und seine Verlängerung, der Quai Lucien Lombard als Treidelpfad erbaut. Der Namensgeber für den Kanal war der damalige Erzbischof von Toulouse, Étienne de Loménie de Brienne.

Die Schwarze Madonna von Notre-Dame-de-la-Daurade

▶ Karte S. 78

Quai de la Daurade

Mit dem **Park La Daurade** endet der Quai Lucien Lombard an der Stelle, an der sich bis ins 19. Jahrhundert der Flusshafen Port de la Daurade erstreckte. Der Name Daurade hat sicher nichts mit den Goldbrassen zu tun, aber möglicherweise gab es einen »doreur«, also einen Vergolder in dem Viertel. Eine andere Erklärung wäre, dass es in einer Kapelle, die nachweislich zur Zeit der Westgoten hier stand, Goldmosaike gab. Vielleicht lag es ja aber auch daran, dass über die Garonne goldgelbes Korn zum Hafen hierher kam, der Kornmarkt auf der Place Esquirol war ja gleich um die Ecke. Nach der Aufgabe des Hafens füllte sich das Becken schnell mit Sedimenten und wurde zudem zugeschüttet, um stattdessen einen Platz zu gewinnen, der im Laufe des 20. Jahrhunderts zu einem Parkplatz wurde. Im Rahmen des Projekts Grand Parc de la Garonne wurde der katalanische Architekt Joan Busquets mit der Umgestaltung der 7000 Quadratmeter großen Fläche des ehemaligen Hafenbeckens beauftragt. Liegewiese und Cafés am Platz machen den Park inzwischen zu einem beliebten Treffpunkt der Tolosaner.

Notre-Dame-de-la-Daurade

Das Herzstück des Daurade-Viertels und des Quai de la Daurade ist die Basilika Notre-Dame, die an der Stelle der alten westgotischen Kapelle steht, die wiederum einen römischen Tempel auf zwölfeckigem Grundriss, der wahrscheinlich Apollon geweiht war, ersetzte. Im 9. Jahrhundert entstand an dieser Stelle ein Benediktinerkloster, die alte polygone Kapelle wurde 200 Jahre später erst um ein Langhaus zu einer richtigen Kirche erweitert. 1077 wurde das Kloster der Abtei von Moissac angegliedert. Geführt wurde es von einem Prior, der zu den einflussreichsten Persönlichkeiten Toulouses gehörte. Im Zuge der Angliederung entstanden erstmals gemeinschaftliche Klostergebäude.

Im 18. Jahrhundert war die romanische Kirche in einem derart beklagenswerten Zustand, dass dringend Arbeiten durchgeführt werden mussten. Der Plan war ambitioniert: Notre-Dame-de-la-Daurade sollte eine Kopie des Petersdoms werden. Inklusive einer großen Kuppel. Damit verbesserte man den Zustand nicht, im Gegenteil. Die Kuppel war zu schwer für die Mauern und letztlich blieb nur der Abriss. Auch der Wiederaufbau kam nur schwer in Gang. Der Bau der Garonne-Quais erschien wichtiger zu sein. Kaum war dann doch der Grundstein für den Neubau gelegt, unterbrach die Französische Revolution die Arbeiten. Erst 1836 konnte die Kirche dann doch noch geweiht werden. Fertiggestellt war sie aber erst 1883. Sechs mächtige Säulen stützen den Dreiecksgiebel der klassizistischen Fassade. Jedes Jahr am 3. Mai ziehen die Laureaten der Jeux floraux (→ S. 53) in die Kirche ein, wo sie im Rahmen einer Messe ausgezeichnet werden. Warum ausgerechnet hier? Vermutlich, weil einer der bedeutendsten Troubadoure der Neuzeit in der Notre-Dame-de-la-Daurade beigesetzt ist: Pierre Godolin (1580–1649).

Im Inneren beherbergt die Kirche, die 1876 von Papst Pius IX. in den Rang einer Basilica minor, einer niederen Basilika, erhoben wurde, eine **Schwarze Madonna**, die vor allem von Schwangeren verehrt wird. Die zwei Meter hohe Statue ist die Kopie einer Kopie. Die erste Madonna wurde noch die Braune genannt und wurde im 16. Jahrhundert geraubt. Die erste Kopie wurde ein Opfer der Revolution. Die Schwarze Madonna von La Daurade ist äußerst modebewusst. Seit dem Jahr 2008 trägt sie je nach liturgischem Anlass Haute-Couture-Kleider. Die Priester machten damals einen Aufruf und bekannte Couturiers wie Jean-Charles de Castelbajac, Franck Sorbier und Jean-Michel Broc für Lacoste folgten dem Aufruf sofort. Inzwischen hängen auch Kreationen von Christian Lacroix, Sonia Rykiel, Yves Saint-Laurent, Paco Rabane, Prada, Valentino und Gucci im Schrank der Gottesmutter.

École des Beaux-Arts

Südlich der Notre-Dame-de-la-Daurade liegt die Kunsthochschule École des Beaux-Arts. 1895 erhielt sie ihre monumentale Fassade, drei Jahre nachdem die Kunstschule vom ehemaligen Augustinerkonvent hierher in eine ehemalige Tabakfabrik umgezogen war. Große Figuren, die als Allegorien die hier gelehrten Künste repräsentieren, verzieren die Fassade. Die Namen großer Persönlichkeiten der entsprechenden Sparte wurden in die Wand eingraviert, Skulptur, Malerei, Architektur und Gravur sind dargestellt. 2011 wurde die École des Beaux-Arts in drei Kulturinstitute umgewandelt. Das Institut supérieur des Arts ist der direkte Nachfolger der Kunsthochschule. Daneben beherbergt es inzwischen aber auch die Musik- und Tanzakademie sowie ein Kulturzentrum.

Pont Neuf

Die heute älteste Brücke der Stadt war im 16. Jahrhundert das Modernste auf dem Gebiet des Brückenbaus. Wie sein Namensvetter in Paris verdankt der Pont Neuf in Toulouse seine Entstehung König Heinrich IV. Der Pont de la Daurade, den es seit 1480 gab, war in einem derart miserablen Zustand, dass man beim nächsten Hochwasser mit einer Katastrophe rechnen musste. Die Capitouls beschlossen einen Neubau und nachdem der König 1541 eine Sondersteuer zur Finanzierung genehmigte, konnte gut zwei Jahre spä-

Der Pont Neuf, im Hintergrund die Kirche Notre-Dame de la Dalbade

ter der erste Stein gelegt werden. Durch die Wirren der Religionskriege verzögerte sich der Bau und er wurde erst 1632 beendet. Den Pont de la Daurade riss man sieben Jahre später ein.

Ihr Aussehen verdankt die Brücke dem Architekten Nicolas Bachelier. Sieben unregelmäßig große Bögen führen auf einer Länge von 220 Metern über die Garonne. Die kreisrunden Durchläufe in den Bogenzwickeln und die Spitzen vor den Pfeilern, die das Wasser um diese herumleiten, waren geniale Schachzüge, die dafür sorgten dass die Brücke selbst das bislang größte Hochwasser am 23. Juni 1875 unbeschadet überstand, bei dem der Pegelstand über 8,32 Meter höher war als normal und mehr als 7500 Kubikmeter Wasser pro Sekunde durchströmten. Mehr als 200 Menschen starben damals bei der Überschwemmung, 1000 Häuser wurden zerstört. Alle anderen Hochwasser lagen übrigens bei etwas über vier Meter, das letzte am 12. Juni 2000. Ein Klacks für den Pont Neuf!

■ Quai de Tounis

▲ Karte S. 78

Mit der Fertigstellung des Quai de Tounis 1856 war das Projekt der Garonne-Quais abgeschlossen. Der Name des Quais leitet sich von der okzitanischen Kurzform für Antoine ab. Eine Kapelle für den Heiligen gleichen Namens lag in der Nähe der Rue du Pont de Tounis. An dieser Stelle kam in der Antike der Aquädukt der Römer auf der rechten Garonneseite an, wie Ausgrabungen ergaben, die nach der zufälligen Entdeckung der alten römischen Wasserleitung beim Bau der Metrostation Bellefontaine begonnen wurden.

Am Quai de Tounis Nummer 112, wohnte zuletzt der berühmte Jazzsänger Nougaro. Mit dem Lied »C'est une Garonne« setzte Claude Nougaro 1993 dem Stadtfluss ein Denkmal: »Ich darf nicht vergessen, wie sie schäumt, wie eine Amazone, die durch ihr Flussbett reitet. Mein Ol' Man River ist die Garonne, wie sie schnurrt, meinem Herzen so nah. Mein Meer, mein Ozean ist die Garonne und wie sie erschallt!«, sang er. Nachdem er 2004 an Krebs gestorben war, wurde – so wie er es sich gewünscht hatte – seine Asche vom Pont St-Michel in die Garonne gestreut und ein letztes Mal passierte er die Backsteinfassaden seiner Heimatstadt. Für die lebenden Besucher ist eine Ausflugsfahrt eine angenehmere Variante.

Saint-Georges

Das Viertel Saint-Georges bildet die Form eines Segels mit der Place Jeanne d'Arc als Nordspitze und erstreckt sich im Bereich zwischen den Boulevards de Strasbourg und Lazare-Carnot, der Rue d'Alsace-Lorraine und der Rue de Metz. Im Zentrum dieses Viertels liegen mehrere Plätze, darunter die namensgebende **Place Saint-Georges**, die **Place Victor-Hugo** mit der **Markthalle**, die **Place Occitane** mit dem modernen **Einkaufszentrum Saint-Georges** und die zentrale **Place Wilson**.

Die Hauptflaniermeile durch das Viertel ist die **Rue Saint-Antoine-du-T**, die ihren Namen von einem ehemaligen Antoniterkloster hat. Da die Mönche dieses Ordens ein Kreuz mit dem griechischen Buchstaben Tau tragen, fand dies im Namen Aufnahme. An der Kreuzung zur Rue du Lieutenant-Colonel-Pélissier, wo sich heute noch die massiven Wände erheben, befand sich das Kloster, das später eine Militärakademie beherbergte. Die Kirche Saint-Jérôme war ehemals die Kapelle der blauen Büßer (→ S. 119). Bedeutendster Stifter des Baus war der französische König Ludwig XIII., der selbst Mitglied der blauen Büßer war. Ab 1622 wurde diese ehemalige Kapelle errichtet und trotz der royalen Gönnerschaft während der Revolution weitestgehend von Zerstörungen verschont. Dank der großen Zahl an Einwohnern in diesem Viertel wurde sie zur Stadtpfarrkirche umgewandelt, respektive neu geweiht. In der Rue Saint-Jérôme, die östlich von der Rue Saint-Antoine-du-T abgeht, war der Standort der Kapelle der schwarzen Büßer, die die Revolution nicht überlebte und deren Ausstattung ins Musée des Augustins gebracht wurde.

Place Saint-Georges

Der ursprüngliche Name des Platzes war Place Montaygon, vermutlich der Name eines Anwohners. Schon ab dem 13. Jahrhundert taucht aber parallel dazu der Name des heiligen Georgs auf, da eine Kapelle dieses Heiligen an der Stelle der

In der Markthalle Victor Hugo

heutigen Hausnummer 15 stand. Nach der Französischen Revolution hieß der Platz dann nach Jean Calas, der wenig vorher, am 10. März 1762, hier hingerichtet worden war. Aus Sicht der Revolutionäre aus reiner Willkür, denn Calas war ein wohlhabender Tuchhändler gewesen, der vom Capitoulat des Mordes an seinem ältesten Sohn beschuldigt worden war. Da der Händler Protestant war, hegten die Ankläger und Richter am Parlament von Anfang an eine starke Abneigung gegen den Mann, der ohne wirkliche Beweise schuldig gesprochen wurde. Ein jüngerer Sohn erzählte Voltaire die Geschichte, der sie daraufhin publik machte und ein Traktat über die Toleranz schrieb. Er brachte den Fall sogar noch einmal in Versailles vor den Rat des Königs, der eine erneute Untersuchung einleitete. Calas wurde posthum freigesprochen, doch er war längst auf der Place St-Georges stranguliert und verbrannt worden. 1930 wurde der Platz noch einmal umbenannt, zu Ehren des Toulouser Komponisten Paul Vidal und erst seit 1941 wurde er wieder zur Place Saint-Georges. Heute einer der belebtesten und beliebtesten Plätze der Stadt, gesäumt von vielen **Restaurants** und **Cafés**.

Place Wilson

Der heute so lebendige Hauptplatz im Zentrum der Ville rose lag einstmals außerhalb der gallorömischen Stadtmauer. Noch im 13. Jahrhundert war hier nichts weiter als eine Wiese, auf der Simon de Montfort mit seinen Truppen während des Albigenserkreuzzugs lagerte, um die Capitouls zu treffen und eine Übergabe der Stadt des exkommunizierten Grafen von Toulouse zu verhandeln. Dort, wo der Platz in die Rue Lapeyrousse übergeht, befand sich eines der alten Stadttore. Diese Porte Villeneuve, die die Hugenotten während der Religionskriege zur Flucht benutzten, wurde im 16. Jahrhundert zugemauert, um ihnen symbolisch die Rückkehr unmöglich zu machen. Eine Marienstatue, die Notre-Dame-des-Remparts wurde in der neuen Mauernische aufgestellt, die nach der Wiederöffnung des Tores gute 100 Jahre später in die Kirche Notre-Dame du

▲ Karte S. 78

Die Fontaine Goudouli an der Place Wilson

Taur umzog. Erst 1783 fasste der damals neu ernannte Stadtplaner und Architekt Jacques-Pascal Virebent die Schaffung eines Platzes an dieser Stelle ins Auge. Es dauerte aber noch 23 Jahre, bis die Arbeiten begannen. Dazu wurden über 300 Meter Stadtmauer inklusive des alten Tores abgerissen und die Häuser auf der stadtzugewandten Seite damit neu aufgebaut. Die Bildhauer Falguière (→ S. 124) und Mercié bekamen zahlreiche Aufträge zur Gestaltung des Platzes.

Fontaine Goudouli

Die beiden wichtigsten Skulpteure der Stadt schufen gemeinsam das Werk, das den berühmten Tolosaner Dichter Pèire Godolin (1579/80–1649), oder in der französisierten Form Pierre Goudouli, ehrt. Der Dichter hält sein Hauptwerk Ramelet Moundi in seiner linken Hand, aufgeschlagen an der Seite, auf der die schöne Schäferin Liz besungen wird:

»La pasturo Liriz es ta jantia et poulido
Qu s'en posco trouba jouts la capo del cèl.
As fredons qu'elo fa sur un ayre noubèl
La serena de mar se troubario rabido.

D'un quicon de beziat sa paroulo seguido
Un guignon frizoutat que se tors en anèl
Un lambrec amorous qu'escapa de soun èl.
Sur tout autro beautat la tenen accoumplido.«

Liriz, die Schäferin ist so liebreizend und schön,
es gibt nichts Vergleichbares unter dem Himmelszelt.
Mit ihren Gesängen eröffnet sie neue Sphären,
die selbst die Sirenen des Meeres entzückt.
Ein Hauch von Vollkommenheit in allem, was sie sagt,
ein Schaudern hervorrufend, das im Innersten trifft,
einem Aufblitzen von Liebe, das ihrem Auge entspringt.
Von jeglicher Schönheit ist ihre die Vollkommenste.
Übersetzung H. Bentheimer

Mit der Schaffung des Brunnens, in dessen Mittelpunkt die Statue von 1882 gesetzt wurde, war die Platzgestaltung abgeschlossen und er wurde am 23. Mai 1908 feierlich eingeweiht, als Square Lafayette. Erst zehn Jahre später wurde er nach dem 28. Präsidenten der USA benannt, der wichtigster Verbündeter Frankreichs im Ersten Weltkrieg war. Im neuen Jahrtausend wurde die Place du Président Thomas Wilson wie er seither offiziell heißt, zur Fußgängerzone und 2007 kam das alte **Karussell** auf den Platz, das vorher auf der Place St-Georges stand.

Rue d'Alsace-Lorraine

Eine der, wenn nicht die wichtigste Straße durch die Innenstadt ist die Rue d'Alsace-Lorraine, die seit 2012 Teil der Fußgängerzone ist. Zwischen 1869 und 1873 wurde sie im Rahmen eines großen städteplanerischen Programms wie eine Bresche durch die Altstadt geschlagen, ganz im Stil der Haussmann'schen Boulevards in Paris. Eine 15 Meter breite Prachtstraße sollte den Glanz der Belle Époque nach Toulouse bringen. Da durch den Friedensvertrag von Versailles zur Beendigung des Deutsch-Französischen Krieges 1871 die Provinzen Elsass und Lothringen an Deutschland abgetreten werden mussten, wurde just nach ihnen der Boulevard benannt. Ein Gebäude, das aus dem einheitlichen Stil heraussticht, **Nummer 42bis**, ist der ehemalige Sitz der Zeitung La Dépêche du Midi. In den 1930er Jahren wurde es im Stil des Art Déco vom Architekten Jean Jaussely errichtet und von den Künstlern Alphonse Gentil und François Eugène Bourdet mit Mosaiken dekoriert.

Als westlicher Schenkel des ‚goldenen' Dreiecks, dem Paradies für Shopping-Queens, sind fast in jedem Haus an der Rue d'Alsace-Lorraine Geschäfte eingezogen. Ausnahmen sind **Nummer 38**, in dem sich das slowenische Konsulat befindet und **Nummer 2**, der Sitz der Industrie- und Handelskammer des Départements Haute-Garonne.

Das goldene Dreieck

Auch in den kleinen Seitenstraßen, die nach Osten abgehen, namentlich der **Rue du Poids de l'Huile**, **Rue de la Pomme**, **Rue du Fourbastard** und **Rue Antonin Mercié**, lässt es sich wunderbar bummeln. Aber auch in der **Rue Boulbonne**, der südlichen Verlängerung der Rue Saint-Antoine-du-T, sowie den von ihr abgehenden **Rue Cantegril** und **Rue d'Astorg**. Auch große Kaufhäuser wie die **Galeries Lafayette** (4–6, rue Lapeyrouse) befinden sich in diesem goldenen Dreieck, dazu das Einkaufszentrum **Centre Commercial Espace Saint-Georges** an der Place Occitane, nahe der östlichen Ringstraße, dem Boulevard du Strasburg. Der Schandfleck aus den 1970er Jahren wurde erst 2018/19 komplett renoviert und bietet mit dem Casino-Supermarkt eine der wenigen Möglichkeiten zum innerstädtischen Lebensmitteleinkauf, wenn man nur eine günstige Flasche Wasser oder Zahnpasta sucht.

Eines der wichtigsten Museen in Toulouse: das Musée des Augustins

▲ Karte S. 78

Marché Victor Hugo

Biegt man kurz vor dem nördlichen Ende der Rue d'Alsace-Lorraine rechts in die Rue Rivals ein, gelangt man zur Markthalle. Von außen macht das Gebäude von 1963 keinen besonders einladenden Eindruck, doch der Marché Victor Hugo ist das Paradies für Gourmets und Gourmands. In der oberen Etage der Markthalle kann man in kleinen **Restaurants** wunderbar zu Mittag essen.

Musée des Augustins

Im Jahr 1309 gab Papst Clemens V. die Erlaubnis zum Bau eines Klosters für die Gemeinschaft von Mönchen des Ordens der Augustiner-Eremiten innerhalb der damaligen Stadtmauern von Toulouse. Zunächst begann man mit dem Bau einer Kirche, die der Architekt der Kathedrale plante. Der Bau ging aus finanziellen Gründen – die Augustiner waren ein Bettelorden – nur sehr langsam voran. Erst am 30. Juni 1504 wurde die Klosterkirche geweiht. Kaum 50 Jahre später schlug dann auch noch der Blitz in den Glockenturm ein und zerstörte einen Teil dessen, was gerade erst fertig geworden war. Parallel zur Kirche baute man ab 1341 am Kreuzgang und den Gemeinschaftsgebäuden: Kapitelsaal im Osten, Schule, Krankenstation und Apotheke im Süden und das große Refektorium mit Küche und Vorratskammer im Westen. Der große Brand von 1463 sorgte auch hier für große Schäden und auch beim Wiederaufbau gingen die Arbeiten nur sehr schleppend voran. Im 17. Jahrhundert bekam das Kloster aber eine bald schon sehr berühmte Bibliothek im Obergeschoss des Südflügels. Dennoch schrumpfte die Zahl der Mönche bis zum Jahr 1680 auf 30, in den Blütejahren des Mittelalters waren es an die 200 gewesen. Am Vorabend der Französischen Revolution war es nur noch eine Handvoll.

Per Dekret wurde das Augustinerkloster am 2. November 1789 zum Staatsbesitz erklärt – und in der Folgezeit regelrecht ausgeschlachtet. Das Refektorium wurde von einer Bürgerin Verdier gekauft, die hier einen Pferdestall einrichtete. Eine Gruppe engagierter Mitbürger, darunter Professoren der ehemals Königlichen Akademie für Malerei und Bildhauerei drängte auf die Errichtung eines Museums. 1793 wurde deren Druck nachgegeben und der Rat des Départements beschloss ein Musée provisoire du Midi de la République, das zwei Jahre später seine Pforten erstmals öffnete. (→ S. 161)

Romanisches Kapitell im Museé du Augustins

Ein Tempel der Kunst

Die Kirche war der erste Ausstellungsraum des Museums. In die Räume am südlichen Flügel des Kreuzgangs zog 1804 die Kunsthochschule ein. Eineinhalb Jahrzehnte später wurden der Kapitelsaal und weitere Räume im Osten zusammengefasst, um die Ausstellungsfläche des Museums zu erweitern. Dort wo heute die gotischen Kapitelle ausgestellt sind, war damals die Antikensammlung, die später ins Musée Saint-Raymond umgezogen ist, untergebracht und die römischen Statuen dienten den Studenten als Modelle. Um den Bedürfnissen eines Museums gerecht zu werden, wurden die Fenster der Kirche zerstört und durch Zwischendecken wurde das Gewölbe abgehängt. Zahlreiche mittelalterliche Skulpturen dienten als Füllmasse für die Umbauten. Der sakrale Charakter sollte verschwinden, stattdessen ein Tempel der Kunst entstehen.

1868 beschloss die Stadt Toulouse, das ehemalige Refektorium zurückzukaufen. Im Rahmen eines Urbanisierungsprojekts wurde damals die breite Rue Alsace-Lorraine geplant und an der neuen Prachtstraße wäre der inzwischen heruntergekommene Bau ein Schandfleck gewesen. Mit der Rekonstruktion sollte Eugène Viollet-le-Duc betraut werden, doch kaum hatte der seine Pläne vorgelegt, starb er 1879. Sein Schüler und Assistent Denis Darcy durfte stattdessen das Projekt realisieren. Zu guter Letzt zog die Kunstschule aus und die Räume, die zur Rue de Metz hin gingen, wurden abgerissen. 1901 waren die Umbauten abgeschlossen, dem Architekten wurde gedankt, indem das neue große Treppenhaus am neuen Haupteingang, das Escalier Darcy, nach ihm benannt wurde.

Salle de Sculpture Romane

Im ehemaligen Speisesaal werden romanische Kapitelle aus drei verschiedenen Provenienzen präsentiert. Und das

Notre-Dame de Grasse im Salle de Sculpture Gotique

in sehr zeitgenössischem Rahmen. Der kubanisch-amerikanische Künstler Jorge Pardo durfte 2014 den Raum in ein neues Licht tauchen und die Säulen, auf denen die Kapitelle ruhen, bunter gestalten. Die meisterhaften Säulenköpfe kommen aus den Gebäuden des Domkapitels Saint-Étienne, dem Kloster de la Daurade und dem Kreuzgang der Abtei Saint-Sernin.

Zu den bemerkenswertesten gehören: das Doppelkapitell mit dem Harfe spielenden **König David und seinen Musikern**, das Kapitell rund um den **Tod von Johannes dem Täufer** mit dem Festmahl des Herodes und dem Tanz der Salome, beide um 1100 bis 1110, und das Kapitell der **Gefangennahme Christi** im Garten Gethsemane, etwa 20 Jahre später entstanden, alle aus La Daurade.

■ Salle de Sculpture Gotique

Dort wo ehemals Kapitelsaal, Sakristei und eine Kapelle untergebracht waren, befindet sich heute die Ausstellung gotischer Skulptur. Erst relativ spät kam die gotische Kunst in den Süden Frankreichs, war sie doch der Stil der französischen Könige, der in Saint-Denis bei Paris seinen Anfang nahm. Erst nach dem Albigenserkreuzzug und dem Anschluss der Grafschaft Toulouse ans Königreich entstanden mit der Kathedrale Saint-Étienne und der Jakobinerkirche erste Bauwerke in diesem Stil.

Zu den schönsten gotischen Steinmetzarbeiten in diesem Saal gehören der **Sarkophag des Ritters de Palays**, die **Figur des Bischofs von Rieux**, der seine Kirche in Händen hält, die liebliche **Notre-Dame-de-Bonne-Nouvelle** und die majestätische **Notre-Dame de Grasse**. Mit der polychromen Figurengruppe der **Pietà mit Johannes und Maria-Magdalena** (1501–1525) kündigt sich bereits die Renaissance an.

Das Meisterwerk ist allerdings das **Retabelbild des Christus am Kreuz** zwischen Maria und Johannes und den kleinen Stifterfiguren an einem Pult im Bildvordergrund kniend (1460–1470). Dabei handelt es sich um den französischen König und den sogenannten Dauphin, als den Thronfolger. Nicht sicher ist, ob es sich um König Karl VI. und seinen Sohn handelt oder um Karl VII. und dessen Sohn, den späteren Ludwig XI.

■ Kirche

Die in der Kirche ausgestellten Werke stammen alle fast ausnahmslos aus den Kirchen der Stadt und dem Capitole, größtenteils aus der **Zeit der Renaissance**. Für Frankreich heißt das aus dem 16. Jahrhundert, da sich der in Italien entstandene Stil erst nach den italienischen Kriegen in der Zeit unter König Franz I. durchsetzte.

Besonders sehenswert ist die **Dame Tholose**, die 1544 von den Capitouls beim Bildhauer Jean Rancy in Auftrag gegeben

▸ Karte S. 78

wurde und die als Wetterfahne auf dem Turm Rathaus-Archivs diente. 1827 hat man sie abmontiert und in eine Siegesgöttin umgewandelt und auf der Place Dupuy aufgestellt. Damit wollte man den General Dominique Dupuy ehren, der an Napoleons Seite in Italien und später in Ägypten kämpfte und ein Sohn der Stadt war.

Die **Terracotta-Figuren** mit wunderbaren Renaissance-Gewändern wie man sie um 1520 trug, die Propheten und Sibyllen zeigen, wurden für die Basilika St-Sernin gebrannt und schmückten dort einst den Chorumgang.

Aus der Werkstatt des äußerst umtriebigen Architekten Nicolas Bachelier stammte der **Hauptaltar der Klosterkirche Notre-Dame-de-la-Dalbade**, dessen Fragmente ebenfalls hier ausgestellt sind, insbesondere die Reliefplatten mit der Verkündigung, der Geburt Christi, die Anbetung der heiligen drei Könige und die Darstellung im Tempel.

Die **Bilder an den Wänden** stammen zumeist aus der Kapelle Mont-Carmel des Karmeliter-Konvents (»Darstellung im Tempel« und »Maria Lichtmess«) und aus der Kapelle der schwarzen Büßer. Vor allem im 16. Jahrhundert entstanden in Toulouse zahlreiche Bußbruderschaften, in denen sich Laien nach Berufen organisierten und Kapuzenmäntel in unterschiedlichen Farben, je nach Zugehörigkeit, trugen. Die schwarzen Büßer kamen aus der Schicht der Händler, während Handwerker weiß trugen oder Adlige Blau. Die schwarze Büßerkapelle kam durch die reichen Händler zu einer entsprechend bemerkenswerten Ausstattung. Nicolas Tournier (1590–1639) war die Ausstattung der Kapelle der schwarzen Büßer anvertraut worden, »Die Grablegung Christi« ein Teil davon.

Ein besonderes Augenmerk verdient das Gemälde **Johannes Evangelista und der hl. Augustinus** von Perugino (um 1445–1523), einem der größten italienischen Renaissance-Maler, das Teil eines Mehrflügelaltars in Perugia war.

Die **Spätrenaissance**, auch Manierismus genannt, ist durch **Die Heimsuchung** von Cristofano Gherardi (1508–1556) und das Hauptwerk von Giambattista Tinti (1558–1609) **Jungfrau mit Kind und die Zeichen der Passion** vertreten. Der Manierismus in der Skulptur zeigt als typisches Merkmal die sogenannte Figura serpentinata, bei der die Figuren zur Steigerung der Expressivität in starker Verdrehung gezeigt werden, wie am »Merkur« abzulesen ist. Diese Bronzefigur ist eine der unzähligen Nachbildungen eines Originals vom flämischen Künstler Jean de Bologne, der sich hauptsächlich in Italien aufhielt und sich in seinem Werk stark von Michelangelo beeinflussen ließ.

Die Malerei nördlich der Alpen der Gegenreformationszeit wird durch Peter Paul Rubens' (1577–1640) Werk **Die Kreuzigung** repräsentiert.

Salon Vert

Die **Malerei der Spätrenaissance oder des Manierismus** ist auch das Hauptthema im grünen Raum. Mit dem sogenannten Sacco di Roma, der Plünderung Roms 1527 durch die Truppen Kaiser Karls V. beginnt diese Kunstepoche als Übergangsstil zwischen Renaissance und Barock. Für andere beginnt sie bereits mit dem Tod Raffaels. Die Darstellung des menschlichen Körpers orientierte sich im 17. Jahrhundert nicht mehr an der klassischen Kunst der Antike und an der Natur, sondern am Ideal der Anmut, weshalb die Figuren oft überlange schlanke Gliedmaße und Hälse bekommen, wie beispielsweise die Maria auf dem Gemälde **Die Heilige Familie von Jacques Stella** (1596–1657).

Als Maler im Palazzo Vecchio in Florenz sowie im Vatikan an der Seite seines Lehrers Giorgio Vasari gehörte Jacopo Zucchi (1541–1590) zu den bedeutendsten Vertretern dieses Stils in Italien. **Die Heilige Familie von Zucchi** ist ein typisches Beispiel für den Stil und die Themenwahl. Das kleine Format und die Malweise Öl auf Kupfer verrät, dass es als Bild für ein kleines Studiolo gedacht war, wie der Maler sie auch für die Medicis angefertigt hat. Im Zuge der Gegenreformation und als Folge des Konzils von Trient spielen religiöse Motive wieder eine wichtigere Rolle. Die propaganda fedei bedient sich eben auch der Kunst, nicht nur in Italien. Der Pariser Maler Paul Mignard (1612–1695) bekam vom Sonnenkönig Ludwig XIV. den Auftrag zum **Christus mit dem Rohrstock**. Jesus trägt, die Dornenkrone bereits auf dem Kopf, ein Purpurgewand wie in der Geißelungsszene im Markusevangelium beschrieben, und wurde von den Soldaten verspottet, verhöhnt und geschlagen wie der Stock symbolisiert.

Eines der Meisterwerke des Museums ist das Werk **Vor der Sintflut** von 1616 des niederländischen Malers Cornelis van Haarlem (1562–1638). Eine fast schon paradiesische Landszene lässt nur durch die Präsenz der Arche Noahs die baldige Katastrophe erahnen.

Mit Pieter Verbeeck, Pieter Van Bloemen, Anthony Jansz van der Croos und Jan van Goyen sind weitere Maler der niederländischen und flämischen Schule vertreten. An Bildern wie **Der Kopf des Alten** von Pieter Verelst (1618–1678) und Willem de Poorters (1608–1649) **Lukrezia** zeigt sich Rembrandts Einfluss auf die Maler seiner Zeit. Eine Reihe meist kleinformatiger Stillleben komplettiert die Sammlung typischer Werke des Manierismus.

▲ Karte S. 78

■ Salon Blanc

Bei den im weißen Salon ausgestellten Kunstwerken handelt es sich überwiegend um **Gemälde des 17. und 18. Jahrhunderts aus Italien und Frankreich**. Rom war die europäische Kunsthauptstadt der Kunst des Barocks. Der aus Bologna stammende Annibale Carracci und Michelangelo da Caravaggio legten die Grundlagen der Barockmalerei. Perspektivische Verkürzungen, um Tiefenwirkung zu erzielen, ein bewegungsreicher, dramatischer Figurenstil, kontrastreiche Farben und das Spiel mit Licht und Schatten sind für den Malstil kennzeichnend. Typischer Vertreter der Epoche ist Guido Reni (1575–1642) und sein Bild **Apollon häutet Marsyas**. Marsyas maßte sich an, den Gott der Künste, insbesondere der Musik, ausgerechnet in einem musikalischen Wettstreit herauszufordern. Er tritt mit der Doppelflöte (Aulos) an, sein göttlicher Gegner mit der Lyra, links zu sehen. Die Musen als Schiedsrichterinnen entschieden zugunsten des Gottes, der zu seinem Leierspiel auch sang. Marsyas wurde von Apollo zur Strafe die Haut bei lebendigem Leibe abgezogen. Mythen der Antike wie diese gehörten zu den Hauptthemen in der Malerei des Barocks.

Wie Reni war auch Guiseppe Maria Crespi ein Schüler Carraccis, später studierte er die Werke Rembrandts. Sein Gemälde **Demokrit und Heraklit** zeigt nicht nur Kontraste durch das Schattenspiel, sondern auch durch das Sujet. Demokrit, der stets lachende Philosoph, amüsiert sich über die Schwächen der Menschheit, Heraklit betrauert sie.

Giovanni Battista Gaulli (1639–1709) kennt man vor allem wegen seines Deckengemäldes in der Jesuitenkirche Il Gesù in Rom. Sein Werk **Die Bekehrung des Paulus** zeigt den Bewegungsreichtum der Barockmalerei. In Venedig entwickelte sich, maßgeblich geprägt durch Canaletto, die Stilform der Vedute, also der wirklichkeitsgetreuen Ansicht einer Landschaft oder eines Stadtbildes, wie beim Bild **Die Rialto-Brücke** von Francesco Guardi (1712–1793).

Die Hell-Dunkel-Malerei eines Caravaggio kam durch Simon Vouet, der ab 1612 in Rom gelernt hatte und nach seiner Rückkehr 1627 zum Hofmaler von König Ludwig XIII. wurde, nach Frankreich und in die französische Barockmalerei. Die **Judith** von Valentin de Boulogne (1591–1632) und **Der Empfang von Henri d'Orléans durch Ludwig XIII. im Heilig-Geist-Orden** von Philippe de Champaigne (1602–1674) sind hierfür gute Beispiele.

Historienbilder werden im 18. Jahrhundert immer beliebter. Jean-François de Troy (1679–1752) folgte diesem Trend, wie die beiden großformatigen, übereinander hängenden Bilder um die mythologische Geschichte Jasons beweisen. Oben: **Kampf ums Goldene Vlies** und unten **Der Tod der Glauke**, in die Jason sich verliebt hatte und mit der er seine Gattin Medea betrog, die daraufhin der Rivalin einen vergifteten Schleier übersandte, der sie innerlich verbrannte.

Eine andere neue Sparte der Kunst jener Zeit ist die Porträtmalerei. Immer mehr Adlige und Höflinge hieß immer mehr potentielle Auftraggeber für die Maler. Hyacinthe Rigaud (1659–1743) wurde zum Hofmaler von Ludwig XIV. ernannt. Wer Rang und Namen in der Hocharistokratie hatte, wollte von ihm porträtiert werden, wie **Der Siegelbewahrer Germain Louis de Chauvelin**. Sein weibliches Pendant wurde später Élisabeth Vigée-Lebrun, die offizielle Hofmalerin von Marie-Antoinette, die nicht nur die Königin, sondern auch andere Damen bei Hofe malen durfte, darunter **Die Baronesse de Crussols**. Aber auch die Maler selbst porträtieren sich, wie das **Selbstbildnis von Nicolas de Largillière** (1656–1746) beweist.

Ein Teil des Raumes widmet sich im Speziellen der Kunst in Toulouse im Zeitalter des Barock. Darunter die **Ausstattungen der Büßerkapellen der Pénitents noir** und der **Pénitents blancs**. Aus der letzteren stammen unter anderem die sieben ovalen Bilder, die den oberen Teil einer Wand einnehmen. Der Maler Pierre Subleyras (1699–1749) bekam den Auftrag zu 15 Gemälden für die Decke der Büßerkapelle, schaffte aber nur fünf. Ambroise Crozat (um 1695–1744) sollte den Zyklus beenden, brachte es aber nur auf zwei. Das Bild »Kaiser Konstantin in der Schlacht« war Teil der Ausstattung der schwarzen Büßerkapelle durch Tournier. Nach seinem Tod ging der Auftrag an Aubin Vouet (1595–1641), unbekannterer Bruder von Simon, über. Von ihm stammt »Die eherne Schlange« nach einer alttestamentarischen Geschichte, wonach Gott durch drei Wunder dem Volk Israels bewies, dass Moses wirklich von ihm gesandt war. Beim ersten Wunder verwandelte er den Stab, den Moses in der Hand hielt, in eine Schlange. Ein weiteres Gemälde Vouets zeigt die »Auffindung des wahren Kreuzes« durch die Mutter Konstantins, die heilige Helena.

Die **Büste von Johann Joachim Winckelmann** von Louis Pierre Deseine (1749–1822) kündigt bereits das Thema des angrenzenden roten Saals an. Der deutsche Archäologe, Bibliothekar und Schriftsteller der Aufklärung gilt als geistiger Begründer des Klassizismus im deutschsprachigen Raum und propagierte als höchste Aufgabe der Kunst die Darstellung der Schönheit. Von ihm auf die bekannte Formel »Edle Einfalt und stille Größe« gebracht.

Im Salon Rouge

Salon Rouge

Im roten Salon sind die Werke des **Klassizismus und der akademischen Kunst**, der **Romantik**, des **Orientalismus** bis hin zum **Impressionismus** ausgestellt. Der Klassizismus ist in Frankreich mehr oder weniger gleichzusetzen mit der Zeit des ersten Kaiserreiches unter Napoléon I. Heroische Themen und mythologische Sujets bestimmen die Motive der Maler, die sich in der Tradition Jacques-Louis Davids sahen, der mit seinen majestätischen und heroischen Gemälden neue Maßstäbe gesetzt hat.

Philippe-Auguste Hennequin (1762–1833) war einer von Davids Schülern. Die **Schlacht von Quibéron** war das erste Auftragsgemälde, das er für Napoleon anfertigen durfte. Antoine-Jean Gros (1771–1835), genannt Baron Gros, war einer von Napoleons Lieblingsmalern. Die Freiheit in seinen Kompositionen und ihre expressive Kraft kam aber auch danach noch gut an. Doch ab 1830 begann sein Stern rapide zu sinken, was ihn schließlich in den Selbstmord trieb. Sein letztes Gemälde **Herkules und Diomedes** greift ein typisches Bildthema auf. Auch Jérôme-Martin Langlois (1779–1838) ist mit einem Bildthema aus der Antike vertreten: **Die Großzügigkeit Alexanders des Großen**. Der griechische Held in der Bildmitte beauftragt den Maler Apelles seine Geliebte Kampaspe zu malen, der sich auf der Stelle in sein Modell verliebt. Großzügig schenkt Alexander dem Maler die schöne Hetäre.

Nachdem Napoleon von seinem Italienfeldzug zahlreiche antike Skulpturen mitgebracht hatte, erlebte die **Bildhauerei im Klassizismus** einen nie gekannten Aufschwung. **Philopoimen in Sellasia vom** Tolosaner Bildhauer Bernard Lange (1754–1839) zeigt den Strategen des Achaiischen Bundes, der bei der Entscheidungsschlacht gegen die Spartaner von einem Speer getroffen wurde.

▸ Karte S. 78

Alle Merkmale des Klassizismus lassen sich erkennen: heroische Nacktheit des Kriegers, idealisierte Proportionen und die Verwendung von Marmor. Gleiches lässt sich auch bei der Skulptur der **Von Zephyr gestreichelte Chloris** von James Pradier (1790–1852) erkennen. Pradier war der gefragteste Künstler in der Zeit des Bürgerkönigs Louis-Philippe Die dargestellte Schöne ist die, bei Ovid mit Flora gleichgesetzte, griechische Nymphe Chloris, die von Zephyr, dem – unsichtbaren – Westwind, verfolgt und zu seiner Frau gemacht wird. Immerhin hat er es schon geschafft ihr die Kleider vom Körper zu wehen.

Während in Deutschland die Zeit des Biedermeiers war, bestimmte in Frankreich die sogenannte **Akademie** die Kunst. Vorsitzender der Akademie der Schönen Künste und damit der Jury war ab 1851 Dominique Ingres, der selbst ein akademischer Maler war und in diesem Raum mit »Virgil beim Lesen der Aeneis« vertreten ist. Die Akademie der Schönen Künste in Paris bestimmte, wer auf dem Pariser Salon ausstellen durfte. Was für die Künstler von existentieller Bedeutung war. Wo vor der Revolution Adel und Klerus die Auftraggeber waren, war es nun das Großbürgertum, das die Bilder kaufte. Und die Bourgeoisie kaufte, was auf dem Salon zu sehen war. Wer dann noch, wie Thomas Couture 1837, einen Preis gewann, hatte ausgesorgt.

Was Pradier in der Skulptur war, wurde Thomas Couture (1815–1879) in der Malerei. Sein Bild **Die Liebe zum Gold** entstand 1844. Seine virtuose Technik, gepaart mit einem moralischen Zeigefinger, mit der er die weit verbreitete Korruption zu der Zeit karikierte, zeigt sich hier perfekt und unterstreicht Coutures Ruf als bester akademischer Maler seiner Zeit. Weiterer Preisträger war Jean-Léon Gérôme (1824–1904), der ein Jahr nach seinem ersten Preis mit **Anakreon, Bacchus und die Liebe** am Salon teilnahm.

Gegenbewegung zur akademischen Kunst war die **Romantik**. Der Maler Eugène Delacroix mit seiner bunten Farbpalette, dem kräftigen Farbauftrag und seiner expressiven Darstellungsform wurde zum Idol einer neuer Künstlergeneration. Eine Reise nach Marokko 1832 war zum Wendepunkt in seiner Karriere geworden. Hatte er selbst noch fünf Jahre zuvor auf dem Pariser Salon mit akademischer Kunst gewonnen, entdeckte er die Farben und das vibrierende Leben auf dieser Reise. Mit zahlreichen Skizzenbüchern verließ er das Land und malte danach **Sultan Moulay Abd-er-Rahman beim Verlassen seines Palastes in Meknès,** mit dem er 1845 beim Salon antrat und gnadenlos durchfiel.

Doch viele Maler folgten seinem neuen Stil. Der Orient wird zum beliebten Motiv. Maler wie Jean-Joseph Benjamin-Constant (1845–1902) mit dem größten Bild im Raum, dem **Einzug von Sultan Mehmet II. in Konstantinopel am 29. Mai 1453**, und Édouard Debat-Ponsan (1847–1913) mit **Szene einer Massage** vertreten die Stilrichtung des Orientalismus.

Ein anderes typisches Sujet der Romantik ist die Natur, hier vertreten durch Camille Corot (1796–1875) **Der Abendstern** von 1864.

Maler, die immer wieder von der Jury abgelehnt wurden, organisierten 1863 einen Gegen-Salon. Zu den Abgewiesenen gehörte der im Toulouse damaliger Zeit sehr bekannte Maler Jean-Paul Laurens (1838–1921), der das Capitole mit ausgestattet hatte. Mit **Der Tod von Cato dem Jüngeren in Utica** nahm er auf diesem Salon des Réfusés teil. Für den größten Skandal auf dem Zurückgewiesenen-Salon sorgte allerdings Édouard Manet (1832–1883) mit seinem Frühstück im Grünen. Seine Schwägerin Berthe Morisot (1841–1895)zeigt mit dem Bild **Junges Mädchen im Park** von 1893 zeigt ihren späten Stil, der stark von Renoir beeinflusst ist. Weitere bemerkenswerte Kunstwerke im roten Salon sind die Bilder **Frau bei der Toilette** von Toulouse-Lautrec (→ S. 210), **Unter den Bäumen des roten Pavillons** von Édouard Vuillard (1868–1940) sowie die **Büste von Jean-Paul Laurens** von Auguste Rodin (1840–1917) und die Büste von Camille Claudel (1864–1943), die ihren jüngeren Bruder **Paul Claudel** zeigt.

■ Escalier Darcy

1699 rief Minister Colbert den Prix de Rome ins Leben, um Künstlern das Studium der klassischen Künste in der Wiege der europäischen Kunst zu ermöglichen. Architektur, Malerei und Skulptur waren die Fachrichtungen, in denen Stipendien vergeben wurden. Um die Chance darauf zu bekommen, mussten sich die Künstler bewerben und auf dem Salon ausstellen, der jedes Jahr im Mai im Louvre in Paris abgehalten wurde. Nur der Sieger wurde nach Rom geschickt.

Alexandre Renoir (1811–1855) hatte sich 1848 mit dem **Jungen Horaz** beworben, das den römischen Dichter so zeigt, wie er sich selbst in einer seiner Oden beschrieben hat. Einen Preis gewann Renoir damit aber nicht.

Zu den Preisträgern gehörte stattdessen 1859 Alexandre Falguière (1831–1900) aus Toulouse, der schon sechs Jahre vorher ein Stipendium von der Stadt Toulouse bekommen hatte, um in Paris an der École des Beaux-Arts studieren zu können. Der junge Mann bedankte sich 1855 mit dem **Weintrauben naschenden Faun**. In Rom fertigte er 1868 den christlichen Märtyrer **Tarcisius**. Nach seiner Rückkehr aus Italien bekam er etliche stattliche Aufträge von Stadt und Staat, für Brunnen, Plätze und öffentliche Gebäude. **Henri de la Rochejaquelein** war ein junger General, der sich bei der Niederschlagung des Aufstands der Royalisten in der Vendée nach der Französischen Revolution seine Meriten erworben hat. Die **Statue von Cardinal Charles de Lavigerie**, der Bischof in Algier war, gaben die Weißen Väter in Auftrag, deren Gründer er war. Mit der Gruppe **Am Schultor** zeigte Falguière, dass er auch ein Auge für alltägliche Szenen hatte. Das Werk entstand im Jahr, als Jules Ferry die allgemeine Schulpflicht in Frankreich einführte. Weitere Werke Falguières im Treppenhaus sind die **Diana** und **Juno oder die Frau mit dem Pfau**.

Antonin Mercié (1845–1916), ebenfalls aus Toulouse trat zunächst als Schüler ins Atelier Falguières ein, dann in die Fußstapfen seines Lehrers, indem er neun Jahre nach ihm den Prix de Rome gewann. Auch er wurde, wie sein ehemaliger Meister, von der Dritten Republik vielbeschäftigt. Die **Gloria Victis** und **Trotzdem** waren für die Stadt Belfort bestimmt, um den heroischen Widerstand, den die Stadt im Deutsch-Französischen Krieg leistete, zu honorieren. **David, Sieger über Goliath** ist ein weiteres Werk Merciés.

Laurent Marqueste (1848–1920) und Jean-Antoine Idrac (1849–1884) sind weitere Bildhauer der Ville rose die sich in die Liste der Preisträger einschreiben durften. Die germanische Seherin **Veleda** und **Salammbo**, die karthagische Prinzessin aus Flauberts gleichnamigem Roman sind ihre hier ausgestellten Werke. Eine weitere sehenswerte Skulptur ist **Der Albtraum** von Eugène Thivier (1845–1920), das durch seine morbide Erotik zu einem Kultobjekt für Anhänger des Symbolismus geworden ist.

▶ Karte S. 78

Südliche Altstadt

Südlich der Rue de Metz, südöstlich der Place Ésquirol, liegt das heutige Viertel St-Étienne. Als die Capitouls noch das Sagen in der Stadt hatten, gehörte auch das St-Georges-Viertel zu diesem Quartier rund um die gleichnamige Kathedrale. Westlich davon schließt sich das Carmes-Viertel an, das im Mittelalter nach seiner Hauptkirche Dalbade hieß. Seit der Gebietsreform von 2009 bilden St-Étienne, Les Carmes, Capitole, St-Georges zusammen mit Arnaud-Bernard, ehemals St-Sernin, den Sektor Centre (Secteur 1).

St-Georges und Les Carmes sind eher ruhigere Wohnviertel, aber es gibt hier auch einige sehr gute Restaurants, Cafés und Pubs. St-Étienne war eher ein Viertel für Adlige und Großbürgertum, Dalbade ein bevorzugter Wohnort für Juristen, da sich im Süden des Viertels seit 1443 das Parlament befand. Mit der Revolution verschwand zwar das Parlament, das damals der Gerichtshof und verlängerter Arm des Königs war, nicht aber die Juristen. Mit dem Tribunal de Grande Instance, vergleichbar mit deutschen Landgerichten, und dem Berufungsgericht sind gleich zwei große Organe der Rechtsprechung nach wie vor hier beheimatet.

Saint-Étienne

Der östliche Teil des südlichen Altstadtviertels wurde nach der Kathedrale Saint-Étienne benannt. Die Kathedrale errichtete man auf den Fundamenten einer Kapelle, die der heilige Saturninus als erster Bischof der Stadt hatte bauen lassen. Mit dem Einfall der Westgoten wurde die Kapelle zerstört und durch den heiligen Exuperius, damaliger Bischof von Toulouse, wiederaufgebaut.

1071 wurde mit dem Bau der heutigen Kirche begonnen, nachdem es einen weiteren, vermutlich karolingischen Bau gegeben hatte. Immer wieder, von Anfang an, gab es Planänderungen, wodurch die Kathedrale ein sehr uneinheitliches Gesicht bekommen hat. Mehrere Stilwandel trugen ein Übriges dazu bei. Immerhin wurde vom 11. bis zum 17. Jahrhun-

Die Kathedrale Saint-Étienne

dert an Saint-Étienne gebaut. Die beiden Hauptstilrichtungen sind Romanik und Gotik. Das Langhaus aus der ersten Bauphase romanisch, der Chor aus dem 13. Jahrhundert gotisch. Dazu Kapellen aus der Renaissance, eine barocke Innenausstattung, es ist fast jeder Stil vertreten. Betritt man das Kircheninnere, fällt zunächst auf, dass die ganze Kirche aus der Achse versetzt ist, das heißt, zunächst hat man den neuen Chor nach dem Anschluss der Grafschaft an die Krone isoliert und im Stil der nordfranzösischen Könige neu aufgebaut, dann wollte man ein ebenfalls gotisches Langhaus anfügen unter Verwendung der Südwand des romanischen Baus. Ein neues gotisches Langhaus wurde aber nie gebaut und die beiden einzelnen Bauteile erst im 16. Jahrhundert miteinander verbunden - mehr schlecht als recht. Pater Brown würde sagen, »hübsch hässlich habt ihr's hier«.

1272 begann man mit dem Bau des Chors, bereits nach weniger als einem halben Jahrhundert wurde er wieder eingestellt. Vermutlich war zunächst das Geld ausgegangen, dann der Hundertjährige Krieg dazwischen gekommen. Erst 1609 ersetzte man das provisorische hölzerne Dach durch das steinerne Gewölbe, das heute zu sehen ist. Allerdings, entgegen der ursprünglichen Pläne, nicht 37, sondern nur 28 Meter hoch. Das barocke Altarretabel im Chor zeigt den Patron der Kirche, den heiligen Stephanus, erster Märtyrer der Kirchengeschichte, der durch Steinigung umgebracht wurde. Bildhauer war Gervais Drouet, der bis 1670 daran arbeitete.

Als hätte die Kathedrale nicht schon genug durch die mangelnde Bauplanung mitgemacht, fiel dann auch noch die größte Glocke auf den Boden. 1794, nach der Revolution, sollte aller Besitz der Kirche zu Geld gemacht werden, daher sollte die mehr als zwölf Tonnen schwere Glocke mit dem Namen Cardailhac eingeschmolzen werden. Letzte größere Katastrophe war der Diebstahl des Tabernakels im Jahr 2006, allerdings konnte es dank guter Polizeiarbeit nach sechs Jahren wieder zurückkehren.

▶ Karte S. 72

Gartenviertel Le Busca

Toulouse darf sich zu Recht als grüne Stadt bezeichnen. 161 Parks und Gärten, 13 Grünanlagen, 160 000 Bäume, die Zahlen sprechen eine eindeutige Sprache. Drei seiner Gärten sind sogar mit dem Label »bemerkenswerter Garten« ausgezeichnet. Und die Tendenz ist steigend. Vor allem am Rande des Zentrums gibt es eine Reihe von Gärten und Parks, die zum Erholen und Entspannen einladen und einen Besuch wert sind. Im Viertel Le Busca, direkt südlich vom Saint-Étienne-Viertel, gibt es gleich vier sehenswerte Gärten mit dem Jardin des Plantes, dem Jardin du Grand-Rond, dem Jardin Royale und, etwas weiter entfernt, dem Jardin du Musée Georges-Labit.

■ Jardin des Plantes

Der Garten trägt noch immer den Namen, den er seiner Gründung als Botanischer Garten der naturwissenschaftlichen Fakultät der Universität zu verdanken hat. Dabei war der Garten ursprünglich gar nicht an seiner heutigen Stelle, doch der vorherige Standort im Saint-Sernin-Viertel erwies sich als ungeeignet. 64 Jahre nach seiner Gründung zog der Botanische Garten 1794 auf Betreiben des Naturforschers Philippe Picot de Lapeyrouse schließlich an einen neuen Standort um. Dorthin, wo sich bis zur Französischen Revolution das Kloster der Karmeliten befunden hatte. Unter Einbeziehung des ehemaligen Klostergartens entstand eine ausgedehnte Anlage inklusive eines Heilkräutergartens des ehemaligen Klosters.

Im Jardin des Plantes

Anlässlich einer großen internationalen Ausstellung, die 1887 in Toulouse stattfand, wurde der Garten in einen öffentlichen Park umgewandelt. Bis 1976 bevölkerten auch noch exotische Tiere wie Affen und Robben den Park, doch die Menagerie wurde aufgelöst und heute erfreuen sich nur noch Enten, Schwäne und Pfauen an dem Garten und seinen vielen Wasserstellen, die durch einen kleinen Kanal, der vom Canal du Midi abgeleitet wurde, versorgt werden. Diverse **Skulpturen**, die meisten davon aus der Zeit der Dritten Republik, dekorieren den sieben Hektar großen Park, die grüne Lunge von Toulouse, ebenso wie alte **historische Gebäudereste**. Zypressen, Gingkos, Nussbäume und Mammutbäume (*Metasequoia*) und an die hundert weitere Spezies sorgen für schattige Wege. Die Kreppmyrte (*Lagerstroemia indica*) leuchtet mit ihren pinken Rispen, die von Juli bis Oktober blühen, heraus.

■ Muséum Toulouse

Direkt am Jardin des Plantes liegt das **Naturhistorische und Ethnologische Museum**, das heute nur kurz Muséum Toulouse heißt. 1796 erhielt der Naturforscher Picot de Lapeyrouse das ehemalige Kloster der unbeschuhten Karmeliten, um darin die Sammlung der Wissenschaftsakademie unterzubringen. Durch die Schaffung des Museums wurde sie 1865 der Öffentlichkeit zugänglich gemacht. Nach einer zehnjährigen Sanierung wurde das Muséum 2007 in modernem Gewand – und um das Doppelte vergrößert – neu eröffnet. Auf 6000 Quadratmetern werden fast zwei Millionen Exponate präsentiert. (→ S. 162)

Schon beim Betreten des Museums wird man im großen Hof von einem der größten Ausstellungsstücke begrüßt, dem asiatischen Elefanten Punch, dem einstigen Star des Zirkus Pinder, der 1909 ins Museum kam und auch hier taxidermiert wurde. Über den Köpfen der Besucher schwebt im Grand Carré zudem das Skelett eines Quetzalcoatlus, eines Flugsauriers aus der späten Kreidezeit. Eine 120 Meter lange Glaswand, in die weitere Saurierskelette eingelassen sind, trennt das Museumsinnere vom Botanischen Garten Henri Gaussen, der als Kräutergarten zur Universität Toulouse III gehört.

Neben dem Thema **Botanik** widmet sich die permanente Ausstellung im Erdgeschoss der **Zoologie** und der **Geologie** sowie im ersten Stock der **Paläontologie**. Außergewöhnlich umfangreich ist dabei die **Sammlung vogelkundlicher Exponate**. Die **ethnologische Sammlung** ist ebenfalls im Obergeschoss untergebracht und umfasst 5000 Exponate außereuropäischer Kulturen, insbesondere aus Frankreichs Überseepovinzen in Ozeanien.

Im zweiten Obergeschoss wurden zwei Räume eingerichtet, in dem die Kinder museumspädagogisch betreut werden. Im Labo finden unterhaltsame Kurse für die Kinder im Schulalter statt, das Atelier des Tout-petits kümmert sich um die Kinder im Vorschulalter.

Im Untergeschoss finden die Sonderausstellungen statt. Zum Muséum de Toulouse gehören auch große Gärten, die sich im nördlichen Stadtteil Borderouge befinden (→ S. 161).

Mit dem »Le Moaï« verfügt das Museum zudem über ein ungewöhnlich **gutes Restauran**t, das auch einen großen Außenbereich am Botanischen Garten hat.

■ Jardin Royale

Vom Muséum de Toulouse nur durch die Esplanade des Français de l'Afrique du Nord getrennt liegt der Jardin Royale. Der Königliche Garten entstand 1754 als erster öffentlicher Park der Stadt. Gute 100 Jahre später wurde er in einen Englischen Garten umgewandelt, damals erhielt er auch seinen heutigen Namen. Der gut eineinhalb Hektar große Garten ehrt mit seinen **Statuen** die Pioniere der Luftfahrt wie Antoine de St-Éxupéry oder bekannte Persönlichkeiten, die aus der Region kommen wie der Komponist Déodat de Sévérac. Der Jardin Royale ist als »Jardin remarquable« klassifiziert, ebenso wie der Jardin du Grand Rond, der das Label 2018 verliehen bekam.

▸ Karte S. 72

Über eine Fußgängerpassage sind die beiden Gärten miteinander verbunden.

■ Jardin du Grand-Rond

Der Jardin du Grand-Rond hat seinen Namen durch die Lage in der Mitte eines großen Rondells von etwa 200 Metern Durchmesser, um das eine Ringstraße herumführt, die den alten Namen des Gartens trägt: Boulingrin. Der ungewöhnliche Name leitet sich von englischen »Bowling Green« ab, was wiederum daher rührt, dass die Grünanlage ein beliebter Treffpunkt zum **Pétanque- oder Boulespielen** war und ist. Wie sein Nachbar wurde auch der Jardin du Grand-Rond Mitte des 18. Jahrhunderts von Louis de Mondran angelegt. Einen Großteil der **Skulpturen** im Boulingrin-Garten schufen die beiden berühmten Toulouser Bildhauer Falguière und Mercié (→ S. 124) wie »Sieger beim Hahnenkampf« oder »David bezwingt Goliath«.

■ Jardin et Musée Georges-Labit

Verlässt man den Square Boulingrin in südöstliche Richtung über die Allée des Soupirs erreicht man in wenigen Minuten den Canal du Midi und weitere fünf Minuten später den Garten und das Museum von Georges Labit (1862–1899). Der Ethnologe brachte von seinen Reisen in den Orient und den Fernen Osten zahlreiche **exotische Souvenirs** mit. Der Garten, mal fernöstlich, mal orientalisch, mal mediterran ist Teil der Ausstellung. Das Haus im Stil einer maurischen Villa ist so exotisch und ungewöhnlich wie die Sammlung im Inneren. Einen Orchideenbaum, Aloen, Bananenbaum, Baumfarne, neuseeländische Palmen und asiatische Bambusarten brachte er ebenso von seinen Reisen mit wie altägyptische Kunst, japanische Holzschnitte, indische Skulpturen oder südostasiatische Buddhas. (→ S. 161)

Mach den Koffer oder küss' die Fanny – über Boule und Pétanque

Nach wie vor ist das nachmittägliche Boule-Spiel, zu dem sich die Herren treffen, in allen Städten und Dörfern fest verankert. Ein halbwegs ebener Platz, ausreichender Schatten und schon kann es losgehen. Fast überall gibt es Boulodrome, selbst im verschlafensten Nest. Dabei müsste man eigentlich von Pétanquodromen sprechen, da die beliebteste Variante des Spiels mit den Kugeln aus dem Stand mit geschlossenen Beinen, ped tanco auf Okzitanisch, gespielt wird. Die südfranzösische Version entstand 1907, als Ernest Pitiot wegen seines Rheumas nicht mehr auf die vorher übliche Art mit drei Anlaufschritten werfen konnte.

Aus einem provisorisch gezogenen Wurfkreis von etwa 50 Zentimeter Durchmesser wird zunächst von einem Spieler das Cochonnet oder Schweinchen genannte drei Zentimeter kleine Kügelchen zwischen sechs und zehn Meter weit geworfen. Dann wirft derselbe Spieler eine seiner Kugeln, Boule auf Französisch, hinterher, bevor sein Gegner oder ein Spieler der gegnerischen Mannschaft versucht, sich so weit wie möglich dem Schweinchen zu nähern. Spielen nur zwei Personen oder Mannschaften mit jeweils nur zwei Spielern gegeneinander, hat jeder Spieler drei Kugeln zur Verfügung, beim üblichsten Spiel drei gegen drei hat jeder nur zwei Kugeln. Die üblicherweise aus Stahl gefertigten Kugeln müssen einen Durchmesser von sieben bis acht Zentimeter haben und zwischen 650 und 800 Gramm wiegen.

Nachdem jede Partei je eine Kugel geworfen hat, darf die schlechter platzierte fortfahren. Wirft einer aus dieser Mannschaft näher an das Cochonnet heran oder hat die besser platzierte Kugel des Gegners weggeschossen, wechselt das Wurfrecht an die nun schlechter Liegenden. Sind alle zwölf Kugeln geworfen, erhält die besser platzierte Mannschaft so viele Punkte wie sie Kugeln hat, die näher an der Zielkugel liegen als die beste Kugel der gegnerischen Mannschaft. Dann wird die nächste Runde in die entgegengesetzte Richtung gespielt. Ziel ist es insgesamt 13 Punkte zu erreichen.

Hat eine Mannschaft keinen einzigen Punkt gemacht und Null zu 13 verloren, muss sie »die Fanny küssen«. Der Ausdruck geht auf den Brauch zurück, einer gewissen Fanny das entblößte Hinterteil zu küssen. Später war es ein Werbeschild oder eine Tonfigur, die der echten Fanny des 19. Jahrhundert nachempfunden war. Heutzutage blieb nur der Ausdruck »embrasser Fanny« und als Strafe muss man der gegnerischen Mannschaft eine Runde zahlen. Nur noch wenige Haushaltswarengeschäfte führen tönerne Fannys und wenn, dann nur, weil die ein beliebtes Neckgeschenk zum Polterabend sind. Übrigens, hat eine Mannschaft innerhalb einer Runde alle sechs Kugeln in die Wertung gebracht, hat sie »une valoche«, einen Koffer, gemacht.

Freizeitvergnügen für Herren: Pétanque

Les Carmes

Das Quartier Les Carmes schließt westlich der Rue du Languedoc an das Kathedralenviertel Saint-Étienne an und erstreckt sich bis zum Garonne-Ufer. An der Place des Carmes erhob sich einst das namensgebende Karmeliter-Kloster. An der Stelle, an der seit 1963 ein schmuckloses Parkhaus steht, befand sich bis zur Französischen Revolution der Konvent. Im 19. Jahrhundert entstand auf dem Platz eine Markthalle aus Gusseisen. Über die Rue des Polinaires oder die südlich parallel verlaufende Rue des Prêtres und ihre jeweiligen Verlängerungen gelangt man zur Rue de la Dalbade, die früher dem Viertel den Namen verlieh. Die Bezeichnung Dalbade wiederum geht zurück auf den Beinamen der Marienkirche im Zentrum des Viertels.

■ Notre-Dame de la Dalbade

Der ursprüngliche, okzitanische Name der Kirche war Santa Maria dealbata, Sankt Maria die Weiße, den sie wohl wegen ihres dicken weißen Kalkputzes bekommen hatte. Weiß sind heute nur noch die Streben der Fensterrose an der Westfassade, ansonsten ist sie wie alle Kirchen aus Tolosaner Backstein. Zudem hat sie den buntesten Eingang von allen, dank eines Keramik-Tympanons von Gaston Virebent aus dem Jahr 1878, inspiriert durch ein Altarretabel mit der Marienkrönung von Fra Angelico aus den 1430er Jahren.

Eine erste Kirche stand auf diesem Platz um 540. Dieses kleine Oratorium wurde am 27. Oktober 1442 ein Opfer der Flammen – wie das ganze Viertel. Um 1480 begann man mit dem Bau der Kirche wie sie heute erscheint. Den Glockenturm konzipierte Nicolas Bachelier zum Abschluss der Bauarbeiten in der Mitte des 16. Jahrhunderts. Seine Spitze erreichte stolze 87 Meter. Als Symbol klerikaler Macht wurde er nach der Französischen Revolution abgetragen, aber ab 1881 wieder aufgebaut. Nun aber noch einmal vier Meter höher! In der Nacht vom 11. auf den 12. April 1926 gegen 3 Uhr 15 stürzte der Turm plötzlich ein und tötete ein Bäckersehepaar. Die Reste des zerstörten Hauptaltars von Bachelier wurde ins Musée des Augustins (→ S. 116) gebracht. Daher ist das Innere der Kirche aber auch eher karg und schlicht. (→ S. 162)

■ Place du Parlement

Folgt man der Rue de la Dalbade von der Kirche aus weiter nach Süden, erreicht man die Place du Parlement, die zunächst nichts weiter ist, als die verbreiterte Rue de la Dalbade. Links geht die Place du Salin ab, wenige Schritte weiter steht das Maison Seilhan, das dem Vogt, also dem Vorsitzenden des mittelalterlichen Gerichts, Pierre Seilhan gehörte. Direkt gegenüber erhebt sich ein großer Backsteinbau, in dem noch heute das Gericht untergebracht ist. Im Mittelalter stand dort ehemals die Burg der Grafen von Toulouse, das sogenannte Château Narbonnais, das im Auftrag von Graf Raymond V. zwischen 1155 und 1175 erbaut worden war. 1549 wurde es abgerissen, um stattdessen das Parlamentsgebäude zu errichten, aus dem nach der Revolution der Gerichtshof wurde.

■ Maison Seilhan

Das Maison Seilhan ist ein schmales Backsteinhaus aus dem 13. Jahrhundert, das erst im 16. Jahrhundert seinen weißen Portalvorbau bekam. Am 25. April 1215 überschrieb Seilhan sein Haus an Domingo de Guzmán (→ S. 325), den Gründer der Dominikaner, wie eine Urkunde in den Stadtarchiven belegt. Damit war das Maison Seilhan zum ersten Sitz

▲ Karte S. 72

des Dominikanerordens geworden, blieb es aber nur bis zum Umzug nach Les Jacobins. Dennoch blieb das Haus im Besitz des Ordens und wurde bis zur Französischen Revolution genutzt, um durchreisende Mitbrüder zu beherbergen. Vor allem in den ersten Jahrhunderten waren dies Brüder, die im Dienste der Heiligen Inquisition standen. Papst Gregor IX. erteilte per Schreiben »Ille humani generis« den Dominikanern den Auftrag zur Verfolgung der Häresien. Da Toulouse eine der Hochburgen der Katharer war (→ S. 33) kamen besonders häufig Mitglieder des Predigerordens hierher.
Die Einrichtung des Hauses stammt aus der Zeit der 1790er Jahre, als der Dominikanerbruder Henri Lacordère, der den Ordensnamen Dominik angenommen hatte, den Predigerorden nach der Revolution in Frankreich wiederherstellte. Ein Zimmer, in dem der heilige Dominikus bei seinem Aufenthalt 1215 gewohnt haben soll, wurde anlässlich der 800-Jahrfeier der Ordensgründung wieder möbliert. Anlässlich des Jubiläums kamen auch die Fenster des renommierten Glaskünstlers und Dominikanerbruders Kim En Joong in die Ordenskapelle. Die Kassetten der Holzdecke wurden im 17. Jahrhundert von einem Novizen mit Szenen aus dem Leben des heiligen Dominikus bemalt hat.

■ Musée Paul-Dupuy

Das im **Hôtel Besson**, einem herrschaftlichen Stadthaus des 17. Jahrhunderts, eingerichtete Museum verdankt seinen Namen und seine Existenz dem Sammler Paul Dupuy, einem Liebhaber der dekorativen und grafischen Kunst. Aber auch einem glühenden Verehrer alter Uhrmacherkunst. Die Sammlung trug der Sohn einer reichen Händlerfamilie, die ihr Geld mit Gewürzen und Gürkchen machte, selbst über Jahrzehnte zusammen, indem er Antiquariate und Flohmärkte abklapperte. Münzen und Medaillen, Waffen, Möbel, Textilien, die Nachbildung einer der ältesten Apotheken Frankreichs, die Sammelleidenschaft Dupuys machte scheinbar vor nichts Halt und kam nach seinem Tod 1944 per Testament in den Besitz der Stadt Toulouse, die auf dem Grundstock aufbaute und vor allem die Sammlung alter Uhren erweiterte, so dass das Museum mittlerweile die umfangreichste Kollektion Frankreichs besitzt. Seit 2019 wird es umfassend renoviert, eine Teileröffnung fand im November 2021 statt. (→ S. 162)

Stadthäuser an der Place des Carmes

Saint-Cyprien

Auf der linken Seite der Garonne liegt das Viertel Saint-Cyprien, das erstmals 1177 urkundlich als vila sancti Cypriani erwähnt wurde. Heute wird es meist nur kurz Saint-Cyp genannt. Erst seit 1794 ist die ehemalige Vorstadt (Faubourg) Teil der Gemeinde Toulouse und seit der Gebietsneueinteilung Teil des Sektors Toulouse Rive gauche (Secteur 2). Im 19. und 20. Jahrhundert noch als Armenviertel verschrien, als dubioses Viertel der Prostituierten, als Auffangbecken der Gescheiterten, gehört es inzwischen zu den beliebtesten Vierteln der Stadt. Durch die Nähe zum Zentrum, von dem man nur durch die Garonne getrennt ist, und viele Sanierungsprojekte in den letzten Jahren gilt »St-Cyp« inzwischen als multikulti, trendy und hip!

Rund um die **Markthalle**, die einzige der Stadt, die im Originalzustand erhalten ist, und an der **Place Olivier** haben sich Bioläden, Tapasbars und Cafés niedergelassen. Am Montag, wenn die Lebensmittelhändler im Marché Couvert Ruhetag haben, übernehmen die Bouquinisten (Antiquitätenhändler) das Zepter. Erst im Frühjahr 2019 wurde die Halle aus Gusseisen und der Platz um den Markt einer Sanierung unterzogen.

Multikulti ist St-Cyp wegen der vielen Immigranten, die im 20. Jahrhundert kamen. Ein Großteil der Zuwanderer kam in den 1930er Jahren aus Spanien, vor allem Katalanen auf der Flucht vor dem Franco-Regime. Mehr als 20 000 Spanier kamen allein zwischen Februar und März 1939 nach Toulouse, nachdem die Faschisten ganz Katalonien besetzt hatten. Die meisten dieser sogenannten Espingouins ließen sich in Saint-Cyprien nieder. Schon nach dem Ersten Weltkrieg kamen die Italiener, die sogenannten Ritals, nach dem Zweiten Weltkrieg die Polen, dann die Portugiesen, die der autoritären Diktatur Salazars entkommen wollten. Und nach dem Algerienkrieg schließlich die Nordafrikaner, vor allem Harkis, also algerische Muslime mit französischem Pass. Haben in ganz Frankreich 20 Prozent aller Franzosen mindestens ein Elternteil mit Migrationshintergrund, ist es in Toulouse jeder Vierte, in St-Cyp vermutlich noch mehr.

In Saint-Cyprien ist man seit dem Mittelalter an Ausländer gewöhnt. Tausende Pilger kamen in die Stadt und wer auf dem Jakobsweg war, zog weiter durch Saint-Cyprien. Viele der Wallfahrer waren aber auf dem beschwerlichen Weg krank geworden und so wurde bereits 1197 von Graf Raymond IV. ein Krankenhaus in Auftrag gegeben, das am Garonne-Ufer errichtet wurde.

Hôpitaux de Toulouse

Steht man, egal wo, an der Garonne, kann man sich des Anblicks der Hospize nicht entziehen, weithin sichtbar ist die grüne Kuppel der Josephskapelle im Hôpital de la Grave. Der Name Grave bezieht sich auf den Kies am Garonne-Ufer, auf Französisch »gravier«. Anfang des 16. Jahrhunderts wurde das Krankenhaus erweitert und nahm den Namen Saint-Sébastien an, da dieser Heilige gegen die Pest und andere Seuchen angerufen wurde. Die Lage außerhalb der Stadt erlaubte es, die Pestkranken von der Stadtbevölkerung zu isolieren.

Im Frühjahr 1348 kam zum ersten Mal der Schwarze Tod nach Toulouse. Innerhalb von vier Jahren starb rund ein Viertel der Bevölkerung. Immer wieder wurde Toulouse von Pestepidemien heimgesucht, so dass das Hospiz schnell zu klein geworden war. In der angrenzenden Stadtmauer von Saint-Cyprien und

▸ Karte S. 72

den Wachtürmen mussten die Kranken untergebracht werden. Immer neue Hospize und Krankenhäuser wurden gebaut, dazu Leprastationen.

1504 beschloss das Parlament die Zusammenlegung von St-Sébastien mit dem benachbarten Hôpital Saint-Jacques-du-Bout-du-Pont, dem Jakobspilgerkrankenhaus am Ende der Brücke, das später zum Hôtel-Dieu wurde. Per Parlamentsdekret wurde beschlossen, die vielen kleinen Hospize – es gab inzwischen 52! – zu schließen und stattdessen das Hôpital de la Grave sowie das Hôtel-Dieu zu vergrößern. Eine weitere verheerende Pestepidemie war vorausgegangen (1628–1631), bei der 10 000 Tolosaner starben, bei einer Gesamtbevölkerungszahl von 50 000!

Hôpital de la Grave

1647 wurde das Hôpital Saint-Sébastien zum Hôpital Général Saint-Joseph de la Grave. Fünf Jahre später brach die nächste – und letzte – große Pestepidemie aus. Nach dem Erfolg bei deren Bekämpfung verfügte der König, dass in jeder größeren Stadt seines Reiches solch ein Generalkrankenhaus entstehen solle. Ende des 18. Jahrhunderts umfasste das Hospital eine Gesamtfläche von sechs Hektar, inklusive der Kapelle Saint-Joseph, die allerdings erst knappe hundert Jahre später ihre markante Kuppel bekam. Ab den 1880er Jahren spezialisierte sich das Krankenhaus besonders im Bereich der Geburtshilfe und Kinderheilkunde. Es gab sogar schon seit 1893 eine Hebammenschule im Haus. Sicher ist im 20. Jahrhundert jeder Tolosaner entweder im La Grave zur Welt gekommen oder mit Hilfe einer hier ausgebildeten Hebamme. 1958 wurde es zum Universitätskrankenhaus, in dem nahezu alle Fachbereiche abgedeckt wurden, allerdings wurden die Räumlichkeiten nicht jünger ... Nach und nach entstanden neue Uni-Krankenhäuser und am 10. Mai 2010 wurde zum letzten Mal ein Patient aufgenommen. Es gehört allerdings noch immer zum CHU (Centre Hospitalier Universitaire) von Toulouse und beherbergt Forschungszentren.

Blick über die Garonne zum Hôpital de la Grave

Hôtel-Dieu

Im Bereich des Hôtel-Dieu Saint-Jacques haben bereits 1987 die letzten Patienten das Krankenhaus verlassen. Inzwischen beherbergt es die Verwaltung des CHU, das Europäische Institut für Telemedizin und zwei Museen.

Das **Medizinhistorische Museum**, im linken Flügel des Hôtel-Dieu an der Rue Viguerie, zeichnet anhand von Gemälden, Skulpturen und medizinischen Gegenständen die Entwicklung der Krankenhäuser und der medizinischen Ausbildung in Toulouse nach. Der Großteil der Exponate stammt von einer Wissenschaftsgesellschaft, bestehend aus Ärzten und Apothekern, die bereits 1801 gegründet wurde. Im Saal Albert Valdiguié, der alten Apotheke des Krankenhauses mit der Einrichtung aus dem 19. Jahrhundert, werden alte Waagen, Mörser und diverse Apothekengefäße wie Albarelli gezeigt. Für Laien ist dies sicherlich der sehenswerteste Raum des Museums. Der angrenzende Saal II ist der Geschichte der Krankenhäuser von Toulouse gewidmet

Eingang zum Hôtel-Dieu

Karte S. 72

und zeigt diese anhand von Modellen, Dokumenten und Schautafeln. Über die Galerie (Saal III) mit Bildern von Wohltätern des Hôtel-Dieus gelangt man ins Untergeschoss, dem Saal IV, in dem die Forschung und Lehre Hauptthema ist. (→ S. 161)

Das **Musée des Instruments de médecine** des Hôpitaux de Toulouse, untergebracht im Espace Jean de Rudelle im Eingangsbereich des Hôtel-Dieus, umfasst an die 2000 Objekte, die aus der Privatsammlung des 2006 verstorbenen Arztes und Anästhesisten André Graulle stammen. Chirurgische Instrumente aus über eineinhalb Jahrhunderten zeigen die ganze Palette aus verschiedenen Teilbereichen der Chirurgie. Das Instrumentenmuseum befindet sich im ehemaligen OP des Krankenhauses. (→ S. 161)

Die Besichtigung der Museen ist eine gute Gelegenheit, auch die **historischen Räume** und die **Kapelle des Hôtel-Dieu** im gegenüberliegenden Flügel an der Garonne zu besuchen. Ein paar Stufen führen von der Eingangshalle hinunter, rechts ist die Tür zum Pilgersaal geöffnet, der eine bemerkenswerte Holzdecke und einen schönen Fußboden aus der Entstehungszeit von 1861 hat. An der dem Eingang gegenüberliegenden, holzvertäfelten Wandseite führt die Tür in der Mitte in die Kapelle, die allerdings nicht immer zugänglich ist. Links davon geht es in den Säulensaal, an dessen Stelle sich ursprünglich der Stall des Pilgerhospizes befand. !858 wurde er zum Krankensaal umgewandelt und erhielt dabei sein heutiges Aussehen mit den 80 weißen Säulen. Bis 1962 wurden hier Unfallpatienten versorgt. Die Kapelle befindet sich an der Stelle, an der das erste, 1197 gegründete Hospiz, damals Hôpital Sainte-Marie de la Daurade genannt, im Auftrag des Grafen errichtet wurde. Ihr heutiges Aussehen verdankt

Das Museum Les Abattoirs in den ehemaligen Gebäuden eines Schlachthofs

sie den Restaurierungen von 1861 durch den Architekten Delors.

Les Abattoirs

Das Backsteingebäude entstand 1832 nach Plänen des Architekten Urbain Vitry, der sich die Basilika Saint-Sernin zum Vorbild nahm, als Zentralschlachthof von Toulouse und bestand in dieser Funktion bis 1988. Drei Jahre später wurde es unter Denkmalschutz gestellt und seine Umwandlung in ein **Museum für moderne und zeitgenössische Kunst** geplant. Die folgende Ausschreibung gewann das Projekt der Architekten Antoine Stinco und Rémi Papillaut, das ab 1997 realisiert wurde. Nach dreijähriger Bauzeit öffnete das Kunstmuseum am 23. Juni 2000 seine Pforten, den Namen Schlachthof behielt es – Les Abattoirs. 6700 Quadratmeter Fläche umfasst das Gelände, die Hälfte davon ist Ausstellungsfläche, was eine sehr großzügige Präsentation der oft großformatigen Werke erlaubt. Der basilikale Stil blieb erhalten, sowohl im eigentlichen Museum, das das »Mittelschiff« einnimmt, als auch in der Gesamtkonzeption, mit Verwaltung und einer Mediathek in den »Seitenschiffen«. Im »Chor« befindet sich ein Museumsrestaurant und pädagogische Ateliers. (→ S. 161)

Werke im Museum

Im **Außenbereich** laden 16 monumentale Werke zu einem originellen und bunten Rundgang ein, der am Eingang des Museums mit dem Werk »Les Femmes au Perroquet« - Frauen mit Papagei – einem polychromen Bronzerelief von Fernand Léger beginnt. Elf Werke stammen von Léger, die anderen sind von verschiedenen Künstlern der Gegenwart. Darunter Franck Scurti (s.u.) mit seinen Reklameleuchtschildern oder »Agoraphobie« des Deutschen Franz West.

Eine der Hauptattraktionen des Museums ist das Bühnenbild **Die Überreste**

des Minotaurus im Kostüm eines Harlekins, das Pablo Picasso für das Theaterstück »Le 14 juillet« von Romain Rolland anfertigte und 1965 der Stadt Toulouse schenkte. Wegen des fragilen Zustands wird es allerdings nur insgesamt sechs Monate pro Jahr öffentlich gezeigt. So denn geöffnet findet man es im Salle Picasso auf Niveau 2.

Ein Großteil der rund 4000 Werke stammt aus zwei bedeutenden Sammlungen. Zum einen aus der **Collection Anthony Denney** (1913–1990), zum anderen aus der **Sammlung Daniel Cordier**, einem ehemaligen Kunsthändler aus Bordeaux, der an der Seite von Jean Moulin aktiv in der Résistance war. Dank seiner persönlichen Beziehung zu dem 1943 ermordeten Widerstandskämpfer kam Cordier in den Besitz von Zeichnungen, die dieser unter dem Pseudonym Romanin in den 1930er Jahren anfertigte und die ebenfalls im Museum ausgestellt sind.

Postmoderne Kunst der Gegenwart wird meist durch finanzielle Unterstützung des Regionalfonds für zeitgenössische Kunst, FRAC, erworben. Insbesondere Künstler der Region werden durch diesen Fond, den der ehemalige Kulturminister Jack Lang 1982 für jede Region eingeführt hat, gefördert. Zu diesen gehört der 1946 in Toulouse geborene Michel Batlle, Gründer der Psychophysiographie, der stark von Picasso und dem Kubismus beeinflusst ist.

Kunstrichtungen und Künstler

Die Kunst seit Ende des Zweiten Weltkriegs bis heute wird in all ihren Facetten und jeder bedeutenden Stilrichtung anhand von 950 Künstlern präsentiert: Informel, Pop Art, Nouveau Réalisme, Art brut, Minimalismus, Lyrische Abstraktion, CoBrA, Tachismus, Op Art, Gutai, Concept Art, Fluxus, Narrative Figuration, Arte Povera, Process Art bis zur Bio-Art des 21. Jahrhunderts.

Die Kunstrichtung des **Tachismus** wird durch Werke von Jean Bazaine, Roger Bissiere und Tal-Coat dargestellt. Camille Bryen sei für das Informel genannt, da er gleich mit sechs Werken vertreten ist. Dubuffet ist als Gründer der **Art-brut-Bewegung** gar mit über 20 Werken vertreten, darunter »Arabe et palmier« und »Trois bédounis«, die Paradebeispiele für die Kunstrichtung sind. Zudem zählen Antoni Tapiès in den 1950er Jahren oder Gaston Chaissac in den 1960ern zu den Art-brut-Künstlern. CoBrA-Mitbegründer Karel Appel ist ihr Hauptvertreter mit unter anderem »Le chat«.

Zu den bedeutendsten Vertretern der **Lyrischen Abstraktion** gehören Hans Hartung, von dem das Museum drei Werke aus der Gründungsphase der Lyrisch-Abstrakten besitzt, sowie Pierre Soulages, Pierre Buraglio, Gérard Schneider, Henri Michaud und Jean-Paul Riopelle. Victor Vasarely, Mitbegründer der **Op-Art-Bewegung**, ist mit den Werken »Fresko« und »Ixion« im Museum ausgestellt. **Der Nouveau Réalisme** ist vertreten durch: Arman mit dem »Stempel« 1958, Jacques de la Villeglé mit »Genese«, Niki de St-Phalle »Dear Diana« und »Kleinmädchentraum«, Jean Tinguélys Objekt »Dreirad«, César (Baldicchini) mit drei Objekten und Mimmo Rotella, »Evviva«.

Ein typisches Werk der **Narritiven Figuration** ist »Moteur à explosion« des isländischen Künstlers Erró. Robert Rauschenberg, der Wegbereiter der **Pop-Art-Bewegung**, ist mit einem Werk ohne Titel von 1961 ebenso vertreten wie Sister Corita Kent, deren Bilder »Highly Prized«, 1967, oder »Magpie in the Sky« mit typischen Elementen der Stilrichtung spielen. Ein typischer Spoerri, also ein Werk der **Eat-Art**, sind die Bistro-Tische von Sainte-Marthe in Mailand« von 2014.

▶ Karte S. 72

Concept Art, die maßgeblich von Marcel Duchamps beeinflusste Kunstrichtung, ist mit »Bitte berühren« von 1947 vom Meister selbst oder »La Boîte Alerte« (1960) von Mimi Parent vertreten, zudem durch Objektkünstler wie Richard Baquié, bekannt für seine Maschinenskulpturen, oder Miquel Barceló, einem mallorquinischen Maler und Bildhauer.
Werke der Kunstform **Fluxus** sind zum Beispiel von Robert Filliou oder BEN (Benjamin Vautier). Beispiel für die **Arte povera** ist die Serie »Il genio del tempo« mit zehn Bildern von Michelangelo Pistoletti, die mit Kohle auf Papier gemalt sind.
Unter den **Gutai-Künstlern** sind mit Kazuo Shiraga und dem Gründer Jiro Yoshihara zwei der wichtigsten im Museum präsent. Ludger Gerdes' »Diptychon« aus dem Jahr 1989 ist ein Paradebeispiel für den **Minimalismus**, ebenso wie die Bilder von Didier Demozay aus den 1990er Jahren oder die Monumentalskulptur »National Monument« von Guillaume Leblon aus dem Jahr 2014. Video-Installationen der Concept Art stammen von Künstlern wie Pierre Bismuth oder Johan Decaix (»Projet Étoile«, 2017). Die Figuration libre, wie der Neo-Expressionismus in Frankreich heißt, vertritt Valerio Adami, der zu den prominentesten Vertretern dieser Richtung gehört, aber auch Mimmo Paladino mit »Montagna bianca«. Mit 24 Werken ist Guy de Cointet, ein Objektkünstler, der vor allem in Kalifornien tätig war und von der **Graffitikunst** der dortigen Straßenkunstszene und deren Wall-Writing beeinflusst wurde, ausgestellt. Gleiches gilt für Henri Bassmadjians Werk »Education« von 1991. Eine Variante der neuen, trendigen Bio-Art zeigt ein zwölfminütiges Video: Die französische Raumfahrtmission ISS Proxima, die am 17. November 2016 am Weltraumbahnhof Baikonur startete, ist Thema der Video-Installation des brasilianischen Künstlers Eduardo Kac unter dem Titel »Télescope intérieure«.
Dazu gibt es Künstler, die sich jeder Zuordnung entziehen, wie der deutsche Aktionskünstler John Bock, der mit seiner Video-Installation »Dandy« und zwei Bleistiftskizzen zur Vorbereitung des Werks vertreten ist.
Einer, der die **Fotografie** zum Stilmittel der Kunst machte, war Brassaï. Als Gyula Halász wurde er im heute rumänischen Brașov (Kronstadt) geboren, sein Künstlername bezieht sich auf den ungarischen Namen der siebenbürgischen Stadt: Brassó.
Kaum in Paris angekommen (1924) wurde er berühmt durch sein Fotobuch »Paris de Nuit«, da er die damals schwierige Technik der Fotografie bei Nacht meisterte. Er war aber auch ein Pionier auf dem Gebiet der Graffiti-Fotografie. Auf seinen Spaziergängen durchs nächtliche Paris fand er Gefallen an den zahlreichen in Mauern eingeritzten Wandbildern und fotografierte sie, bevor er sie mit lichtempfindlichen Silbersalzen bearbeitete. Als Serie »Graffiti« besitzt das Abattoirs 14 dieser Fotografien.
Bei Neuanschaffungen sieht sich das Museum gerne bei den Preisträgern des **Prix Marcel Duchamp** um, der im Rahmen der FIAC, der Internationalen Messe zeitgenössischer Kunst, verliehen wird. 2004 gewann Carole Benzaken, 2012 Daniel Dewar und Grégory Gicquel, 2013 Raphaël Zarka. Dass man es auch ohne den Preis zu gewinnen ins Museum bringen kann, beweist Franck Scurti, der 2012 zwar nominiert war, aber Zarka den Vortritt lassen musste. Mehrere Neonlicht-Installationen von ihm sind ausgestellt. Werke der vorher Genannten sind »Duc de Wellington«, »La Draisine de l'Aérotrain«, »Les Prismatique N° 8«, »Legs«.

EXTRA

Zeitgenössische Kunst – Kunstströmungen der letzten sechs Jahrzehnte

Modern? Zeitgenössisch? Die Begriffe werden oft wahllos und äußerst verwirrend eingesetzt. Zunächst einmal ist die Antwort ganz einfach: zeitgenössische Kunst ist die, die zu unseren Lebzeiten geschaffen wurde und wird. Als Kunst der Moderne bezeichnet man die Kunst vom Ende des 19. Jahrhunderts bis etwa 1950. So betrachtet ist das Toulouser Schlachthofmuseum ein Museum für zeitgenössische Kunst. Die Kunstrichtungen, die es in den letzten Jahrzehnten gab und gibt, sind vielfältig und im Gegensatz zu früher gibt es mehrere, oft konträre Stilrichtungen parallel. Begriffe schwirren nur so durch den Raum, so dass man sehr schnell den Überblick verliert. Daher ein Versuch, Licht ins Dunkel der Begriffe zu bringen.

Schon Anfang des 20. Jahrhunderts, also in der Kunst der Moderne, gab es mehrere unterschiedliche, ja oft sogar gegensätzliche Kunstrichtungen. Expressionismus, Kubismus, Dadaismus, Surrealismus, Bauhaus, um die bekanntesten zu nennen. Die Stilrichtungen, die sich in den folgenden Jahren nach dem Zweiten Weltkrieg entwickelten, sind natürlich von diesen beeinflusst. Sei es, dass die Künstler in Opposition dazu gingen oder den Stil für sich weiter entwickelten. Bestes Beispiel dafür ist die Renaissance der figurativen Malerei seit den 1980er Jahren. Abstraktion und neue Kunstrichtungen wie Konzeptkunst, Performancekunst, Land Art oder Medien- und Videokunst, die ab den späten 1960er und 70er Jahren entstanden, veranlassten Kunstkritiker bereits vom »Ende der Malerei« zu schreiben. Doch allen Unkenrufen zum Trotz gewann die Malerei mit dem Neo-Expressionismus wieder an Bedeutung.

Informel: Informel hat im Paris der 1940er und 1950er Jahre seinen Ursprung. Der Kunstkritiker Michel Tapié hat den Namen geprägt, als er über eine Ausstellung 1951 in Paris von Art informel geschrieben hat. Informel bezeichnet keinen einheitlichen Stil, sondern umfasst verschiedene abstrakte Strömungen der Nachkriegskunst, die sich alle vom geregelten Form- und Kompositionsprinzip verabschieden, zugunsten einer spontanen Gestik. Darin zeigen sich eindeutig die Nachwirkungen des Expressionismus, weshalb man auch vom abstrakten Expressionismus in diesem Zusammenhang spricht. Eine Variante dabei ist der Tachismus, abgeleitet vom französischen Wort für »Flecken«.

Art brut: Eine andere Kunstrichtung, die dem gleichen Grundgedanken folgt, ist die Art brut. Jean Dubuffet, der Vater der »rohen Kunst« bezeichnete damit Kunst, die spontan, unreflektiert, nur aus dem Unterbewusstsein heraus entsteht. Für ihn war es die Kunst von Kindern oder Geisteskranken, naiv und mit einer anti-akademischen Ästhetik. Auch die Kunst außereuropäischer, indigener Völker zählte für ihn in diese Kategorie, an der er sich mit seinen Werken orientierte. 1947 gründete Dubuffet einen Kreis von Gleichgesinnten, die noch im selben Jahr eine Ausstellung unter dem Namen »L'art brut préféré aux arts culturels« (Die rohe Kunst bevorzugt vor der kulturellen Kunst) organisierten.

Abstrakter Expressionismus: Auch CoBrA gehört in die Kategorie des abstrakten Expressionismus. Der Name ist ein Akronym der Städte Copenhagen, Brüssel, Amsterdam, aus denen die Mitglieder der Künstlergruppe kamen, die sich 1948 gegründet hat.

Ebenfalls eine Richtung des abstrakten Expressionismus ist die sogenannte Lyrische Abstraktion. Den Begriff Lyrische Abstraktion prägte George Mathieu, im Abattoirs ist sein Bild »Bataille de Hastings« zu sehen. Informel und Lyrische Abstrakte lassen sich kaum voneinander unterscheiden und die meisten Künstler der einen Gruppe lassen sich auch der anderen zuordnen. Letztendlich war es nur eine Frage mit welchen Kollegen man sich in welcher Kneipe traf und in welcher Galerie man ausstellte. Die Galerie Drouin in der Rue Visconti in Paris war eines der Zentren der Lyrischen Abstraktion, wie sich die Gruppe um Mathieu nannte, im Studio Facchetti in der Rue de Lille stellten die Informels aus.

Op-Art: Eine Stilrichtung, in der die Kunstwerke zwar ebenfalls abstrakt sind, aber im Gegensatz zu den bisher aufgeführten mit abstrakten Formenmustern und geometrischen Farbfiguren überraschende oder irritierende optische Effekte erzeugen will, ist die Op-Art. Bauhaus, russischer Konstruktivismus und Kubismus sind die Vorläufer der Kunst der Moderne, aus denen sich in den 1960er Jahren die Op-Art entwickelte.

Nouveau Réalisme: Der Nouveau Réalisme in Frankreich bezeichnet eine lose Künstlergruppe, die um den Kunstkritiker Pierre Restany als Gegenbewegung zur abstrakten, informellen Kunst in den frühen 1960ern entstand. Mit neuen Techniken und eher zufällig gefundenen Materialien wollen sie Neo-Realisten die Realität des täglichen Lebens in die Kunst integrieren. Eng an den Neuen Realismus angelehnt ist die Narrative Figuration. Charakteristisches Bild dieser Stilrichtung ist »Moteur à explosion«, des isländischen Künstlers Erró. Wie schwierig sich die Gruppe abgrenzen lässt, beweist auch der Fall Valerio Adami, der außerhalb seiner Wahlheimat Frankreich als Pop-Art-Künstler präsentiert wird. Ähnliches gilt für Jacques Monory.

Pop Art: Kritik an der Massenkultur und den Werbemedien verband die Pop-Art mit dem Neuen Realismus. Motive sind häufig der Alltagskultur, der Welt des Konsums, den Massenmedien und der Werbung entnommen. Wegbereiter der Kunstrichtung war Robert Rauschenberg, aber auch Fernand Léger, der in seinen frühen Jahren noch ein Vertreter des Kubismus war. Sein Spätwerk hatte aber zunehmend Einfluss auf spätere Pop-Art-Künstler wie Roy Lichtenberg. Der Schweizer Daniel Spoerri griff mit seiner Eat-Art die Idee der Kommerz-Kunst auf. Er erschuf dreidimensionale Stilleben, indem er Essensreste, manchmal sogar Erbrochenes fixierte und dadurch plastische Momente der Alltagswelt darzustellen. Man könnte die Eat-Art aber genauso dem Nouveau Réalisme zuordnen.

Gutai: Die wichtigste japanische Künstlergruppe Gutai wurde 1954 von einem alten Meister und Kenner des Surrealismus und des abstrakten Expressionismus namens Jiro Yashihara gegründet, wurde aber erst in den 1970er Jahren einem internationalen Kunstpublikum bekannt. Auf einer festivalartigen Ausstellung 1972 in New York nahm auch Kazuo Shiraga teil, der eine alte Tradition japanischer Maler aufgriff und sich in einen lebenden Pinsel verwandelte, andere sprangen durch Papierwände oder rollten sich in Farbe getunkt auf Leinwänden. Die Kunst entstand durch Aktion. Action painting auf japanisch! Gutai war nach dieser Ausstellung schlagartig berühmt, die Werke der insgesamt 59 Künstler der Bewegung, die übersetzt »konkret« bedeutet, stiegen fast stündlich im Preis. Vereinfacht könnte man sagen Gutai ist Aktionskunst und deshalb konkret, obwohl das Ergebnis gegenstandslos, also abstrakt ist.

Minimal Art: Eindeutiger lässt sich Minimal Art oder Minimalismus erkennen. In den 1960er Jahren als Gegenbewegung zum abstrakten Expressionismus entstanden, strebt Minimalismus nach schematischer Klarheit, nach Logik. Keine spontane Gestik, sondern Objektivität und Reduktion ist das Leitmotiv.

Concept Art: Eine Bewegung, die sich aus einer ähnlichen Geisteshaltung wie der Minimalismus entwickelt hat, ist die Concept Art. Marcel Duchamp darf man wohl zu recht als »Vater der Konzeptkunst« bezeichnen, denn noch bevor die Stilrichtung einen Namen hatte, schuf er bereits seine »Ready-mades«. Dabei hat der Künstler an einem scheinbar beliebig vorgefundenen Objekt keine oder kaum Bearbeitungen vorgenommen, den Gegenstand also lediglich präsentiert und für Kunst erklärt. Welch großen Einfluss Marcel Duchamp auf die zeitgenössische französische Kunst hat, zeigt die Tatsache, dass der wichtigste Kunstpreis in Frankreich nach ihm benannt ist.

Fluxus: Eine 1960 entstandene Kunstrichtung, die in Deutschland durch Beuys bekannt wurde, ist Fluxus, die durch den litauisch-amerikanischen Künstler George Maciunas begründet wurde. Ihm und seinen Gleichgesinnten kam es nicht auf das Kunstwerk als solches an, sondern auf die schöpferische Idee, den geistigen Fluss. Daher einigten sich die Künstler beim Treffen in einer Galerie auf Long Island auf den Namen Fluxus – Fließen. So wie die Künstler des Dadaismus konventionelle Kunst und Kunstformen ablehnten und sie parodierten, ja sogar ins Lächerliche zogen, tun dies auch Künstler des Fluxus.

Arte Povera: Vor allem in den 1970er Jahren verbreitete sich die Kunstrichtung der Arte Povera, auch als Transavantgardismus bezeichnet. Der Kurator Germano Celant hatte 1967 in Genua eine Ausstellung mit Werken von sechs Künstlern unter dem Titel »Arte povera e IM spazio« – Arme Kunst und IM Raum – organisiert, die namensgebend wurde. Typisch für die Kunstrichtung sind räumliche Installationen aus »armen« Materialien, also gewöhnliche Werkstoffe wie Erde, Holz, Glassplitter. In der Malerei ist ein einfacher Malgrund wie Papier statt Leinwand, eine stark reduzierte Farbpalette und alltägliche Malmittel charakteristisch.

Process Art: Installationen spielen seit den 1970er und 1980er Jahren eine immer größere Rolle. Bestes Beispiel hierfür ist die Process Art. Basierend auf den Ideen des Minimalismus und der Performance-Kunst sollen die Kunstwerke Zeit und Raum bewusst machen, die Entstehung ist Teil des Werkes und wird in die Präsentation einbezogen. Am besten lässt sich dies mit dem Medium Video umsetzen.

Figuration libre: In der 1980ern entstand der »Neo-Expressionismus«, in Frankreich auch Figuration libre genannt, in Abkehr vom vorherrschenden Informel oder zur Concept Art. In Deutschland werden die Künstler auch als »Neue Wilde« bezeichnet, was ihre Nähe zum Fauvismus verdeutlicht.

Bio Art: Derzeit geht ein immer größer werdender Trend in Richtung der Bio Art, die es schon seit den 1990ern gibt. Pflanzen, lebende Organismen aber auch Lebensprozesse auf die Bühne der Kunst zu bringen, steckt als Idee hinter der Bio Art. Eine deutsche Künstlerin, Regina Rapp, nennt es Schnittstellenarbeit: »Wir sind eine Brücke für die Wissenschaft, wir tragen Kunst nach außen.« Nach außen – das heißt zurzeit vor allem: hinein in die Wissenschaft.

Parks und Wasserturm von Saint-Cyprien

An das Museum Les Abattoirs lehnt sich der **Jardin Raymond VI.** an. Spaziergänger auf der Suche nach einem sonnigen Plätzchen für ein Nickerchen werden hier fündig. Die roten Backsteinwände des Museums kontrastieren wunderschön mit dem grünen Rasen und dienen manchmal sogar als Galerie für Fotoausstellungen. Bänke, Spiele für die Kinder, eine kleines Ausflugslokal ... es gibt alles für einen Familienausflug, weshalb gerade am Wochenende viele junge Familien den Park besuchen. Zudem lockt die Besichtigung eines **Botanischen Gartens**, dessen Wildpflanzen mit medizinischen Eigenschaften alle gekennzeichnet sind.

Auch der zweite Garten von St-Cyp, die **Praires des Filtres**, liegt direkt an der Garonne, allerdings im Südosten des Viertels, zwischen Pont Neuf respektive dem Château d'Eau und Pont Saint-Michel. Die Filtres-Wiesen sind ein beliebter Ort für Picknicks. Tagsüber wird er von Familien und Spaziergängern frequentiert, abends von Nachtschwärmern. Mit ihrer Lage am Ufer der Garonne direkt am Wasser bietet die Anlage einen herrlichen Blick auf den Fluss und den Quai de Tounis mit seinen schönen, roten Backsteinen. Im Sommer erhält sie feinen Sand, um den **Strand von Toulouse** zu bilden, und den Rest der Zeit finden hier viele festliche Veranstaltungen statt.

Seinen Namen verdankt der Park dem Wasserfilter- und Pumpsystem der Garonne vom **Wasserturm** aus, der seit 1974 als **Fotogalerie** dient. Das Château d'Eau von 1822 hat einst 90 Brunnen in der Stadt versorgt. Die alte Hydraulik ist noch zu sehen. Seit der Toulouser Fotograf Jean Dieuzaide den Turm als Kunstgalerie zweckentfremdet hat, finden jedes Jahr an die zehn Ausstellungen statt. (→ S. 161)

Matou – Musée de l'Affiche

Unweit des Jardins Raymond VI. befindet sich das einzige in Frankreich existierende Werbeplakatmuseum Frankreichs. Das Matou verfügt über eine Sammlung von annähernd 20 000 Werbeplakaten und anderen Werbemitteln wie Etiketten oder Rasierklingenverpackungen. Im Rahmen von drei bis vier Wechselausstellungen wird ein Teil der Sammlung in dem 2017 nach einer Renovierung neu eröffneten Museum ausgestellt. Zu den Beständen gehören 14 Originalabzüge von Toulouse-Lautrec, aber auch Kurioses wie das skandalöse Plakat von Michel Polnareffs nacktem Hinterteil. Der Sänger, der mit seinem Lied »La Poupée qui fait non« auch einem deutschen Publikum 1966 bekannt wurde, floh in den 1970er Jahren wegen erheblicher – unverschuldeter – Steuerschulden nach Los Angeles und drehte Frankreich den verlängerten Rücken zu. (→ S. 161)

Der Wasserturm von Saint-Cyprien

Außerhalb des Zentrums

Die Bezirke von Toulouse außerhalb des Zentrums und des zentrumsnahen Sektor 2 mit Saint-Cyprien sind in die Sektoren Nord (3), Est (4), Sud-Est (5) und Ouest (6) eingeteilt. Grob vereinfacht lässt sich sagen, dass der Südosten das Gebiet der Akademiker, der Norden das der Arbeiter und der Westen der soziale Brennpunkt mit hoher Arbeitslosigkeit ist. Innerhalb der Sektoren gibt es durchaus Unterschiede, die sich auch im Quadratmeterpreis für Wohnungen niederschlagen. So sind die Viertel Minimes oder Les Sept-Deniers, gerade durch ihre Nähe zu den Airbus-Werken und ihrem urbanen Charakter, beliebter als die noch weiter nördlich gelegenen Quartiers wie Grand Selve oder Lalande, wo es keine Geschäfte, Restaurants oder Ärzte mehr vor Ort gibt und die reine Wohnviertel sind.

Im Südosten ist Rangueil eher das Viertel der Studentenwohnheime, Le Busca mit seinen schönen Häusern und Villen ist hingegen ist die bevorzugte Wohnlage der Professoren, da es einerseits nicht weit zur Uni ist, aber auch nicht weit ins Zentrum. Der Westen ist das am wenigsten attraktive Viertel, was sich auch hier im Mietspiegel niederschlägt. Während im nördlich angrenzenden Sektor zwei, Toulouse-Rive gauche, zu dem auch St-Cyp gehört, die Quadratmeterpreise bei fast 4500 Euro liegen, zahlt zahlt man in den Vierteln Papus oder Lalanne im Südwesten etwa 1800 Euro. Die höchsten Preise müssen derzeit mit fast 6000 Euro im Saint-Étienne-Viertel bezahlt werden. Durch neue urbane Projekte, auch im Bereich Wohnungsbau, entwickelt sich insbesondere der Südosten enorm weiter. 2017 ist mit dem Projekt Aérospace ein attraktives neues Viertel entstanden, in dem das Preisniveau für den Quadratmeter Eigentumswohnung inzwischen fast schon den städtischen Durchschnitt von 3700 Euro erreicht hat.

▲ Karte hintere Umschlagklappe

Aérospace

Der Flugplatz von Montaudran im Südosten der Stadt war der Ort, an dem die Geschichte der Luftfahrt für Toulouse ihren Anfang nahm. Nachdem der internationale Flughafen Toulouse-Blagnac zum Passagierflughafen ausgebaut worden war, blieb in Montaudran der Sitz von Flugzeugbauern und der Ort der Flugzeugwartung. Der Zulieferer Groupe Latécoère unterhielt hier ebenso wie Breguet und Air France Industries ihre Werke. 2003 schloss Air France Industries als letztes sein Werk an diesem alten Flughafen.

Das 50 Hektar große Grundstück wurde ab 2010 nach Ideen des Städteplaners und Architekten David Mangin in ein Projekt namens Toulouse Aérospace umgewandelt. Hier fanden Gärten, Museen, Forschungseinrichtungen, Wohnungen, ein Hotel, Geschäfte, ein Kino und Sportgelände ihren Platz. Mit anderen Worten, es entstand ein neues Stadtviertel in direkter Nachbarschaft zur naturwissenschaftlichen Universität Toulouse-III-Paul-Sabatier, den technischen Fachhochschulen sowie des Polytechnikums INP. Attraktiver geht es in Toulouse kaum! Aérospace selbst hat im Süden des Viertels einen Bereich bekommen, der unter dem Namen Innovation Campus der Forschung und Weiterentwicklung im Bereich Luft- und Raumfahrt dient. Eckpfeiler ist dabei der Gebäudekomplex unter dem Namen B612, in Anlehnung an den Heimat-Asteoriden der Romanfigur »Der kleine Prinz« von Saint-Exupéry. Herzstück des neuen Stadtviertels ist aber die knapp zwei Kilometer

Der Komplex B612 auf dem ehemaligen Flugplatz Montaudran

lange ehemalige Start- und Landebahn, der »Piste des Géant«, an der sich die Jardins de la Ligne und die Halle de la Machine befinden.

L'Envol des Pionniers

Um die Geschichte von Toulouse zu würdigen und zu verbreiten, wurde aus dem ehemaligen Hangar und dem Werksgebäude der Aéropostale ein **Museum** unter dem Namen »Abflug der Piloten« angelegt. Am 22. Dezember 2018, fast auf den Tag genau 100 Jahre nach dem ersten Flug von Montaudran aus, wurde das Museum L'Envol des Pionniers eingeweiht. Es besteht aus drei Gebäuden, die ehemals zum Latécoère-Werk gehörten: das Château Petit-Espinet, in dem ehemals der Firmensitz von Latécoère war, das Werksgebäude Magasin général Nummer 30, das ein Materiallager war, und das Maison de la radio, die Funkstation des ersten Flugplatzes. Der für den Besucher zugängliche Museumsbereich wurde in der ehemaligen Lagerhalle eingerichtet. Anhand von Bilddokumenten bis zum Nachbau des Flugzeuges mit dem alles begann, einer Salmson 2A2, und vielen Erinnerungsstücken, die die Familien der Flugpioniere zur Verfügung gestellt haben, wird an die Anfänge der Luftfahrt in Toulouse erinnert. Sogar ein Flugsimulator, der »Bréguet XIV«, wurde in dem Museum aufgebaut. (→ S. 161)

Halle de la Machine

Direkt an der ehemaligen Landepiste wurde eine neue Maschinenhalle gebaut, in der **kuriose Maschinen** wie der »Minotaurus« oder die »Spinne« zu bestaunen sind. Gebaut wurden diese »lebenden Konstruktionen«, bewegliche Skulpturen, von den Nantaiser Firma Compagnie La Machine, die in Toulouse Aérospace eine Filiale gegründet hat. Die Halle wurde vom Architekten Patrick Arotcharen entworfen und beherbergt auf 6000 Quadratmetern nicht nur rund 150 Maschinen, sondern auch die Werkstatt, so dass der Besucher bei der Entstehung der mobilen Kunstwerke zusehen kann.

Anlässlich der Einweihung der Maschinenhalle Anfang November 2018 wurde eine sogenannte urbane Oper aufgeführt. Der 14 Meter hohe Minotaurus, der Wächter des Tempels, und Ariane, die fast genauso große Spinne, fuhren damals durch die Straßen der Innenstadt von Toulouse. Die Kreaturen, die der Designer François Delarozière geschaffen hat, können beide im Museum besichtigt werden. Zwischen 14 und 15 Uhr kann man auch eine Fahrt an Bord des Minotaurus über das Gelände buchen. (→ S. 161)

Les Jardins de la Ligne

Die neuesten Toulouser Gärten, die im Juni 2017 eingeweiht wurden, sind ebenfalls Teil des Projekts »Piste des Géants« und der Hommage an die Pioniere der Luftfahrt. Dort wo einst die Transportflüge der Latécoère, dann der Aéropostale nach Spanien, Marokko, Mauretanien, Senegal, Brasilien, Uruguay und Argentinien starteten, sollen heute die Gärten die acht regelmäßig angesteuerten Länder widerspiegeln. Auf zwei Hektar wurden Böden, Felsen und typische Pflanzenarten der jeweiligen Länder angelegt, um die Landschaften und damit die Eindrücke nachvollziehen zu können, die die Piloten auf ihren Flügen über die drei Kontinente hatten. 227 Bäume, 7000 Sträucher und 80 000 mehrjährige Pflanzen wurden dafür gepflanzt!

Cité de l'Espace

Schon von Weitem erkennt man die »Weltraumstadt« am Nachbau der Rakete Ariane 5, die wie das Original 55 Meter hoch ist und wie ein Leuchtturm den Weg zur Cité de l'Espace weist. Auf vier Hektar entstand 1997 ein **Themen- und Erlebnispark**, der der Raumfahrt gewidmet ist und im Laufe der Jahre um diverse Attraktionen erweitert wurde. (→ S. 161)

Attraktionen

Ein Jahr nach der Eröffnung bildete man die **Raumstation Mir** nach, die bis ins

Die Ariane 5 weist den Weg zur Cité de l'Espace

▲ Karte hintere Umschlagklappe

Modell der Raumstation Mir

kleinste Detail das Leben der Kosmonauten auf der Weltraumstation darstellt. Im Milleniumsjahr wurde der **Terr@dome**, eine Halbkugel von 25 Meter Durchmesser eingeweiht, in dem mithilfe von Spezialeffekten die Geschichte der Erde vom Urknall vor rund fünf Milliarden Jahren bis heute nachgezeichnet wird. Fünf Jahre später bekam die Weltraumstadt mit der Einweihung von Astralia ein neues **Planetarium** und ein **IMAX-Kino**, in dem ein von Astronauten der ISS gedrehter Film gezeigt wird. Zudem steht in der Eingangshalle ein Nachbau des Rovers Curiosity, der nach der Landung im August 2012 erste Bilder vom Mars lieferte.

Zu Füßen der Ariane wurde zudem ein **spezieller Kinderbereich**, die Base des Enfants, eingerichtet, in der die Kinder im Grundschulalter spielerisch den Mondzyklus kennenlernen oder mit einem Puzzle aus Kissen eine Rakete nachbauen können. Zwischen der Ariane-Rakete und der Raumstation Mir, kann man in das Innere einer **originalen Sojus-Raumkapsel** klettern.

■ Ausstellungen

Die Hauptausstellungsräume befinden sich alle links vom Eingang. Dazu gehört ein **Nachbau der Abschussrampe von Kourou** in Französisch-Guyana inklusive des Kontrollraums, in dem man interaktiv seinen eigenen Satelliten in den Weltraum befördern oder einen Raketenstart miterleben kann. Im selben Gebäude befindet sich das **Stellarium**, ein Planetarium speziell für Kinder. Dahinter liegt das Hauptgebäude, in dem **interaktive Ausstellungen** verschiedenste Themen lebendig beleuchten, darunter die Geschichte der Eroberung des Weltraums, in der **Wetterstation** kann man nicht nur aktuelle Vorhersagen für alle Länder erfahren, sondern sogar das Wetter am Tag der eigenen Geburt.

Da nicht alle Animationen zu jeder Zeit stattfinden, sollte man sich im Vorfeld das Programm auf der Internetseite ansehen, um sich seinen Besichtigungsplan zu machen. Um alle interessanten Ausstellungen zu sehen, muss man zwei Tage für die Cité de l'Espace einplanen.

Pioniere der Lüfte – die Geschichte der Luftfahrt in Toulouse

Dass Toulouse so eng wie kaum eine andere europäische Stadt mit der Luftfahrt verbunden ist, verdankt die Stadt dem Zufall und Pierre-Georges Latécoère. Dieser gründete in Toulouse eine Firma, in der zunächst Granaten für den Ersten Weltkrieg produziert wurden, dann auch Flugzeugrümpfe. Kaum war die Tinte auf dem Waffenstillstandsvertrag von 1918 getrocknet, hatte der Luftfahrtpionier die Idee, die Militärflugzeuge in Transportmaschinen umzubauen. An Weihnachten startete sein Pilot René Cornement von Toulouse aus zu einem Versuchsflug nach Barcelona. Es funktionierte und Latécoère gründete mit der Compagnie Espagne-Maroc-Algérie eine erste Luftpostlinie, nur kurz La Ligne genannt, die regelmäßig von Toulouse aus nach Spanien und Nordafrika flog. Dafür ließ er den ersten Flugplatz von Toulouse erbauen: Toulouse-Montaudran, im Süden der Stadt. 1926 trat Antoine de Saint-Éxupéry in die Linie ein und wurde zum Piloten auf der Linie Toulouse–Dakar.

Zusammen mit dem Bankier Marcel Bouilloux-Lafont erweiterte die Ligne später ihre Destinationen und wurde zur Linie Aéropostale, die in den Zwischenkriegsjahren Toulouse mit Santiago de Chile verband. Dem Piloten Jean Mermoz gelang im Mai 1930 der erste Flug mit Fracht über den Südatlantik, was eine schnellere Verbindung nach Chile, Brasilien, Argentinien und Uruguay ermöglichte. Nach dem Zweiten Weltkrieg haben sich die Flugzeugbauer Breguet und Sud-Aviation am Standort Toulouse, direkt am alten Flughafen Montaudran, niedergelassen. Sud-Aviation gelang mit der Caravelle der Bau einer der ersten strahlgetriebenen Maschinen. Erster Hauptabnehmer war Air France, andere Fluggesellschaften wie die SAS folgten bald danach.

Der Gruppe Aérospatiale, ein Zusammenschluss von Sud-Aviation mit zwei weiteren Flugzeugkonstrukteuren, gelang in Zusammenarbeit mit der British Aircraft Corporation der nächste Coup, der Toulouse ins Rampenlicht brachte. Am 2. März 1969 hob der Pilot André Turcats mit der »Concorde 001« zum ersten Flug mit einem Überschallflugzeug vom Flughafen Toulouse-Blagnac ab. Das Projekt Concorde war zwar unbestreitbar ein technologischer Erfolg, aber der kommerzielle Erfolg blieb aus. Der kam erst mit der Gründung von Airbus, die – nach langjährigen Verhandlungen – am 18. Dezember 1970 vertraglich besiegelt wurde. Aus der Aérospatiale und der Deutschen Airbus GmbH war Airbus geworden und durch den Beitritt der spanischen CASA im darauffolgenden Jahr und dem von British Aerospace 1979 das europäische Unternehmen par excellence entstanden. Allein in der Hauptverwaltung in der Nähe des Flughafens Toulouse-Blagnac im Nordwesten der Stadt sind über 5600 Mitarbeiter beschäftigt. Die Fertigungswerke, die hauptsächlich der Endmontage der Flugzeuge dienen, sind rund um den Flughafen und in den benachbarten Vororten Colomiers, Saint-Martin-du-Touch und Cornebarrieu verteilt. Dazu kommen noch über 500 Zulieferer in und um Toulouse und selbstverständlich die Ingenieurshochschulen wie die Nationale Hochschule für Zivilluftfahrt (ENAC), das Institut für Luft- und Raumfahrt (ISAE) oder das Institut National Polytechnique de Toulouse (INPT). Insgesamt schafft die Luft- und Raumfahrtindustrie etwa 120 000 Arbeitsplätze in Toulouse.

Blagnac und die Flugzeugmuseen

Die Luft- und Raumfahrt ist das zentrale Thema für die Wirtschaft der Stadt, dies gilt ganz besonders im nordwestlichen Vorort Blagnac. Hier liegt der internationale Flughafen mit einem jährlichen Passagieraufkommen von knapp zehn Millionen Fluggästen und hier haben auch zwei Flugzeugbauer ihren Sitz: Airbus und ATR, letzteres ein französisch-italienisches Unternehmen. Für die Testflüge der Concorde wurde 1968 eine zweite Startbahn gebaut, von der aus auch der erste Airbus, der A300, am 28. Oktober 1972 zu seinem ersten Flug abgehoben hat. Und auch das Großraumflugzeug A380 startete 2005 von hier zu seinem Jungfernflug.

Aeroscopia

In der Nähe des Airbus-Werkes Lagardère eröffnete 2015 das **aeronautische Museum**. Das einem Flugzeugrumpf nachempfundene 7000 Quadratmeter große Gebäude ist der Geschichte des Fliegens gewidmet und beherbergt, zum Teil innen, zum Teil im Außenbereich, eine **Sammlung legendärer Flugzeuge** wie der Blériot XI von 1909, der Concorde und

Der Airport Toulouse Blagnac

der Corvette von Aérospatiale oder der Falcon10 von Dassault sowie ein A400. Seit sich Flugzeug-Enthusiasten 1980 zur **Association Ailes Anciennes Toulouse** zusammengeschlossen haben, rettet und restauriert der Verein alte Flugzeuge. Vom Segelflugzeug über Motorflugzeuge bis zum Hubschrauber ist alles vertreten. 16 ihrer Maschinen sind mittlerweile im Aéroscopia ausgestellt, darunter eine Super-Guppy oder die Falcon10, dennoch sind noch an die 50 weitere Maschinen auf dem Vereinsgelände zu sehen. Manche noch in der Wartungshalle, in der alte Flugzeuge vor den Augen der Besucher instandgesetzt werden.

Let's visit Airbus

Airbus hat exklusiv den Veranstalter Manatour, der sich auf Firmenbesichtigungen spezialisiert hat, mit Führungen zu verschiedenen Bereichen von Airbus betraut. Vier verschiedene Touren werden angeboten. Jedes der Programme dauert etwa eineinhalb Stunden und erfordert die Vorlage eines Personalausweises oder Reisepasses.

Der **Circuit Airbus Découvert«** hat den Schwerpunkt A380 und beginnt mit einer Einführung im Telemetrie-Raum, anschließend geht es mit einem Bus in die Lagardère-Halle, um die Endmontage zu verfolgen. Abschließend wird der A400M, eine Militärtransportmaschine vorgestellt.

Der **Circuit Panoramique** bietet einen Überblick über die verschiedenen Werksgebäude, das Trainingszentrum der Piloten und die Büros, die Führung findet aber ausschließlich vom Bus aus statt, ebenso wie der **Circuit Visite Verte**. Schwerpunkt der sehr theoretischen Rundfahrt ist die Nachhaltigkeit und Ökoeffizienz der Airbus-Maschinen.

Die **Visite de l'A350** beginnt mit einer Busfahrt auf den Spuren der Flugge-

Das ehemalige Flaggschiff des Airbus-Konzerns: die A380

schichte von Toulouse und der Firmengeschichte von Airbus, bevor man das neueste Baby der Airbus-Familie zu Gesicht bekommt. Von einem Aussichtspunkt aus kann man die Fertigungskette bei der Endmontage des A350 verfolgen und fährt anschließend zum Clément-Adler-Werk, wo der A330 zusammengebaut wird. (→ S. 162)

Jardins du Muséum – Parc de la Maourine

Der **Parc de la Maourine** ist mit 14 Hektar der größte Park von Toulouse und liegt im nördlichen Stadtviertel Borderouge. Der öffentliche Park ist in drei Themenbereiche unterteilt: »Garrigue« im Süden zeigt die typische mediterrane Vegetation auf kalkigen Böden, »Bord de rivière« hat mit Pappeln, Ulmen, Gunnera und Taglilien den typischen Bewuchs entlang von Flüssen und der dritte Bereich imitiert eine Schilflandschaft mit Seerosen, Iris und diversen Seggen-Arten. Um die letzten beiden Typen entsprechend anlegen zu können, wurde sowohl ein Teich wie ein künstlicher Fluss geschaffen, dessen Wasser zugleich der Bewässerung des Jardins du Muséum mittels eines Schöpfrades dient.

Die **Gärten des Museums** befinden sich zwischen dem Étang de la Maourine aamit dem Marais und dem Trockengarten Garrigue. Sie gehören zum Naturhistorischen Museum, das im Zentrum der Stadt in der Nähe des Jardins des Plantes liegt. Von Reisfeldern über ein Lotusbecken bis hin zu Getreidekulturen sind alle erdenklichen Anbauformen vertreten. Dazu gehört auch ein großes, schattiges Gewächshaus, in dem mit einem Bassin für Wasserpflanzen ein ideales Klima geschaffen wurde. Obst und Gemüse aus aller Welt, über 700 Nutzpflanzen aus Asien, Afrika, Amerika und Europa werden in den Gemüsegärten, dem Herzstück der Anlage angebaut. Zudem gibt es weitere Gärten, die sich auf die Themen Bacchus, Aroma, Süßwaren und Tropen spezialisiert haben. Bei Bacchus geht es um Pflanzen, die sich zur Herstellung von Alkohol eignen. Im Aromagarten betören die Düfte von Kräutern die Sinne. Im Garten der Süßigkeiten sind all die Früchte und Pflanzen, die sich zur Herstellung von Konfitüren, Sirup und kandierten Früchten eignen, zu sehen. Der Tropengarten ist rund um einen künstlichen Wasserfall organisiert. Durch die eintrittspflichtigen Museumsgärten hat man zugleich Zugang zu einem sogenannten »Vergessenen Pfad«, Sentiers oublié, der durch das Röhricht des Marais führt. (→ S. 162)

▲ Karte hintere Umschlagklappe

Toulouse

Office de Tourisme, Donjon du Capitole, Square Charles de Gaulle, Tel. 089218 0180, 0561223412; Mo–Fr 9–18, Sa 9–12.30, 14–18, So 10–12.30, 14–17 Uhr. In der Hochsaison (Juni–Sept.) Mo–Sa 9–19, So 10.30–17.15 Uhr. www.toulouse-tourismus.de

Parking Capitole, Place du Capitole, Tiefgarage, max. 1,80 m, 24/24, 7/7.

Parking Victor Hugo, Place Victor Hugo, Parkhaus, max. 1,80 m, 24/24, 7/7.

Parking Esquirol, 14, place Esquirol, Tiefgarage, max. 1,80 m, 24/24, 7/7.

Parking Saint-Georges, 51bis, rue du Rempart Saint-Etienne, Tiefgarage, max. 1,80 m, 24/24, 7/7.

Parking Jean-Jaurès, 16, allée Jean Jaurès, Tiefgarage, max. 1,90 m, 24/24, 7/7.

Parking Matabiau Ramblas, face au numéro (gegenüber) 75, allée Jean Jaurès, Parkhaus, max. 1,90 m, 24/24, 7/7.

Aéroport Toulouse-Blagnac, Tel. 0825 380000. Die schnellste und bequemste Anreise von Deutschland, Österreich oder der Schweiz ist immer noch per Flug. Es gibt **Direktflüge** ab Frankfurt, Hamburg, München, Wien, Zürich und Basel. Ein **Bus** verbindet derzeit noch den Flughafen Toulouse-Blagnac mit dem Stadtzentrum und erreicht in 20 Min. den Busbahnhof Matabiau. Die Navette fährt auf Ankunftsniveau im Bereich C ab (s.u. Stadtbusse). Seit 2015 gibt es zudem eine **Tram T2**, die alle 15 Min. Richtung »Palais de justice« fährt. Um ins Zentrum oder zum Bahnhof zu gelangen, muss man an der Station »Arènes« in die Metrolinie A umsteigen. Für eine Fahrt mit dem **Taxi** ins Stadtzentrum muss man rund 20–25 Euro rechnen. www.toulouse.aeroport.fr

Gare de Toulouse Matabiau, 64, Boulevard Pierre Sémard, Tel. 0892353535. Bei einer Zuganreise von Deutschland muss man über Paris fahren, inklusive eines Bahnhofwechsels von der Gare du Nord oder Gare de l'Est, wo die Züge aus Deutschland ankommen, zur Gare Montparnasse oder Gare d'Austerlitz, wo die Züge nach Toulouse abfahren.

In Toulouse kommt man an der Gare Matabiau an. Für Reisen in der Region ist der Bahnhof der große Knotenpunkt und die TER-Regionalzüge aus Brive-la-Gaillarde kommen über Souillac, Gourdon, Cahors und Montauban hier an.

Auch aus Rodez via Albi, aus Figeac via Villefranche-de-Rouergue, aus Narbonne via Carcassonne und aus Bordeaux via Moissac kommt man mit der Bahn nach Toulouse. www.gares-sncf.com

► Fernbusse

Gare Routière, 68, Boulevard Pierre Sémard, Tel. 0800511883.

Direkt neben dem Hauptbahnhof Matabiau kommt man aus Deutschland mit Eurolines-Bussen aus Aachen, Berlin, Bielefeld, Braunschweig, Dortmund, Duisburg, Düsseldorf, Essen, Hannover, Köln, Münster und Osnabrück an.

Regionalbusse kommen aus Carcassonne, Castelnaudary, Albi, Castres, Montauban, Figeac und Rodez nach Toulouse.

► Stadtbusse

Es gibt über 80 Buslinien. Eine Einzelfahrkarte kostet 1,70 Euro, ein Carnet mit 10 Karten 14,50 Euro. Ein- und Drei-Tagespässe zwerden zu 6,50 und 13 Euro angeboten.

► Airport Shuttle

Dieser Bus fährt alle 20 Minuten und stoppt an den Haltestellen Compans-Caffarelli, Jeanne d'Arc, Jean-Jaurès und Matabiau anfährt. Das Einzelticket zum Airport kostet 8 Euro, 2-Fahrten-Ticket 15 Euro, 6-Fahrten-Ticket 35 Euro. Der erste Bus fährt ab Flughafen um 5.30 Uhr, der letzte um 0.15 Uhr. In Gegenrichtung verkehren die Busse alle 20 Minuten zwischen 5 und 21.20 Uhr. Am 1. Mai verkehrt kein Bus. Informationen zum Linienverkehr der Stadt: www.tisseo.fr

M

Derzeit gibt es zwei Metro-Linien. Linie A: Basso Campo–Balma Gramont, Linie B: Ramonville–Borderouge. Schnittpunkt beider Linien ist die Station Jean-Jaurès. So–Do 5.15–0, Fr/Sa 5.15–3 Uhr. Eine Einzelfahrkarte kostet 1,70 Euro, ein Carnet mit 10 Karten 14,50 Euro. Außerdem werden Ein- und Drei-Tagespässe zu 6,50 und 13 Euro angeboten. Zudem gibt es zwei Trambahn-Linien, die beide nach Norden führen: T1 vom Palais de Justice nach Aéroconstellation, T2 vom Palais de Justice zum Aéroport. Über www.tisseo.fr kann man sich die passende Verbindung suchen. Auch als App fürs Smartphone verfügbar.

Taxi Aéroport, Tel. 0561300254
Taxis Aéroport Toulouse, Tel. 0668637544 oder 0668495701
Allo Association Taxis Toulouse, Tel. 05.62.162616
Allo Taxi 31, Tel. 0562212000
Capitole Taxis, Tel. 0534250250
Taxi Radio Toulousain, Tel. 0561423838

Es gibt Hotels für jeden Geschmack und fast jeden Geldbeutel. In den Zimmerpreisen der Hotels ist im Gegensatz zu den privaten Gästezimmern das Frühstück in der Regel nicht enthalten. Für Selbstversorger können Apartments eine Alternative sein. Die meisten haben aber eine Mindestaufenthaltsdauer von in der Regel drei Tagen. Da viele Kongresse in der Stadt stattfinden und ganzjährig viele Geschäftsreisende in der Stadt absteigen, ist das Preisniveau für alle Arten von Unterkünften nicht nur in den Ferienmonaten gehoben.

► Hotels im Zentrum

Le Grand Balcon (€€€–€€€€), 8–10, rue Romiguières, Tel. 0534254409. Hervorragendes Fünf-Sterne-Hotel an der Place du Capitole mit stilvoller Einrichtung, die der Designer Jean-Philippe Nuel im Stil der 1930er Jahre modern und geschmackvoll gestaltete. Schallisolierte und klimatisierte Zimmer mit sehr sauberen, modernen Bädern. Ausgezeichnetes Frühstück mit reichhaltigem Buffet. 43 Zimmer in drei Kategorien, vier Suiten in zwei Kategorien. Auch Zimmer mit getrennten Betten. www.grandbalconhotel.com

Pullman Toulouse Centre (€€€–€€€€), 84, Allées Jean Jaurès, Tel. 0561102310. Sehr moderne und luxuriöse Zimmer in einem Fünf-Sterne-Hotel mit viel moderner Kunst in zentraler und verkehrsgünstiger Lage. Mit Fitnesscenter. Tiefgarage mit Parkservice. Auch Zweibettzimmer. Ausgezeichnetes Frühstücksbuffet. www.pullmanhotels.com

Crowne Plaza (€€€–€€€€), 7, place du Capitole, Tel. 0561611919. Zentraler als in diesem Fünf-Sterne-Hotel kann man in Toulouse nicht wohnen; geräumige, komfortable und klassisch eingerichtete Zimmer. Hauseigenes Fitnesscenter, Tiefgarage. Auch Zweibettzimmer. www.ihg.com

Hôtel des Beaux-Arts (€€–€€€€), 1 place du Pont Neuf, Tel. 0534454242. Stilvolles und elegantes Vier-Sterne-Hotel mit geschmackvollem Interieur im Belle-Époque-Stil. Die geschmackvollen Zimmer sind individuell und mit Liebe zum Detail eingerichtet. Das Hotel strotzt von Charme und Atmosphäre, auch dank des sehr aufmerksamen Personals. Das schönste Zimmer des Hotels mit Privatterrasse und Garonne-Blick wurde zum »romantischsten Zimmer von Toulouse« gewählt. www.hoteldesbeauxarts.com

Grand Hôtel de l'Opéra (€€–€€€), 1, place du Capitole, Tel. 0561218266. Vier-Sterne-Hotel mit Charme in zentralster Lage. Raffinierte Zimmer in meist kräftigen Farben. Massage, Sauna, Hamam. www.grand-hotel-opera.com

Novotel Toulouse Centre Wilson (€€€), 15, place Wilson, Tel. 0561107070. Modernes Business-Hotel im Zentrum, verkehrsgünstig in der Nähe der U-Bahn-Station Jean Jaurès gelegen. Modernes, klares Design mit Vier-Sterne-Komfort. Wellnessbereich mit Sauna, Whirlpool, Fitnesscenter. www.accorhotels.com

Mercure Toulouse Wilson (€€€–€€€€), 7, rue Labéda, 0534454060. Vier-Sterne-Hotel mit modernen Zimmern und zweckmäßiger Ausstattung. Sehr gute Lage am Place Wilson. Private Tiefgarage. www.mercure.com

Hôtel Ours Blanc Wilson (€€), 2, rue Victor Hugo, Tel. 0561216240. Elegantes Vier-Sterne-Hotel mit hellen, gemütlichen Zimmern, in denen die Farbe weiß dominiert. Die Zimmer der unteren Kategorien sind etwas klein, aber mit gutem Preis-Leistungs-Verhältnis. www.hotel-oursblanc.com

Hôtel des Arts (€€€–€€€€), 1 bis, rue Cantegril, Tel. 0561233621. Kleines, sehr charmantes Drei-Sterne-Hotel mit stylischen, modernen Zimmern, die sehr individuell eingerichtet sind. Hat dank der nur zwölf Zimmer eine sehr persönliche Atmosphäre. In der Fußgängerzone in der Nähe der Place St-Georges gelegen. Die Zimmer in der obersten, dritten Etage sind klimatisiert. www.hoteldesartstoulouse.fr

Albert 1er (€€€), 8, rue Rivals, Tel. 0561 211791. Drei-Sterne-Hotel im Zentrum mit einer gelungenen Mischung aus Alt und Neu. Einige Zimmer haben Kamin und Stuckverzierungen, sind mit Antiquitäten eingerichtet. Moderne Bäder. Viel Charme und Atmosphäre zu gutem Preis. Auch Zweibettzimmer. www.hotel-albert1.com

Père Léon (€€€), 2, place Esquirol, Tel. 0561217039. Moderne Zimmer im Boutique-Stil. Zentral in der Nähe des Musée des Augustins und dem Pont Neuf gelegen. Gute schallisolierte Fenster. Drei-Sterne-Hotel mit sehr gutem Preis-Leistungs-Verhältnis. www.pere-leon.com

Ibis Styles Capitole (€€€), 20, place du Capitole, Tel. 0561211754. Perfekt gelegenes Drei-Sterne-Hotel in einem charmanten Gebäude aus dem 17. Jahrhundert mit 70 klimatisierten Zimmern in zwei Kategorien um einen schönen, ruhigen Innenhof. www.accor.com

Saint-Sernin (€€–€€€), 2, rue Saint-Bernard, Tel. 0561217308. Sehr zentrales Drei-Sterne-Hotel neben der Basilika St-Sernin mit neu renovierten Zimmern in einem schicken Design. www.hotelstsernin.com

Croix Baragnon (€€), 17, rue Croix Baragnon, Tel. 0561526010. Kleines Zwei-Sterne-Hotel mit 14 einfachen, aber sauberen und recht geräumigen Zimmer in sehr guter, zentraler Lage bei der Kathedrale und in der Nähe des Musée des Augustins. Auch Zimmer mit getrennten Betten. www.hotelcroixbarabnon.com

► Hotels in Zentrumsnähe

Privilège Hôtel Mermoz (€€€), 50, rue Matabiau, Tel. 0561630404. Vier-Sterne-Hotel mit Art-Déco-Charme. Die neu renovierten Zimmer sind modern und zweckmäßig eingerichtet. Kleiner Außenpool, Fitnesscenter, Tiefgarage. In der Nähe des Bahnhofs Matabiau und in fußläufiger Entfernung zum Zentrum und zur Basilika Saint-Sernin. Kleiner Nachteil: Es gibt in direkter Umgebung keine guten, einladenden Restaurants, man muss etwa 15 Min. bis zum Zentrum spazieren. Auch Zimmer mit getrennten Betten. www.privilegetoulouse.com

Hôtel de Brienne (€€–€€€), 20, Boulevard Maréchal Leclerc, Tel. 0561236060. Modernes Vier-Sterne-Hotel mit etwas kleinen Zimmern zu relativ kleinem Preis wegen der nicht ganz zentralen Lage. 15 bis 20 Min. Spaziergang bis ins Zentrum, allerdings liegt eine Bushaltestelle fast direkt vor der Haustür. Zimmer sind modern und chic eingerichtet, die meisten liegen ruhig nach hinten. Private, kostenlose Tiefgarage. www.hoteldebrienne.com

Hotel Urban Style Saint-Claire (€€), 29, place Nicolas Bachelier, 0534405888. Drei-Sterne-Hotel mit Charme in Zentrumsnähe zwischen Canal du Midi und Place du Capitole gelegen. Neu und modern renovierte Zimmer verbinden französischen Landhausstil mit Feng Shui. Besonders aufmerksames Personal. Privatparkplatz in der Nähe. Sehr gutes Preis-Leistungs-Verhältnis. www.stclairehotel.fr

Ibis Styles Cité Espace (€€–€€€), 21, Avenue Marcel Dassault, Tel. 0561801801.

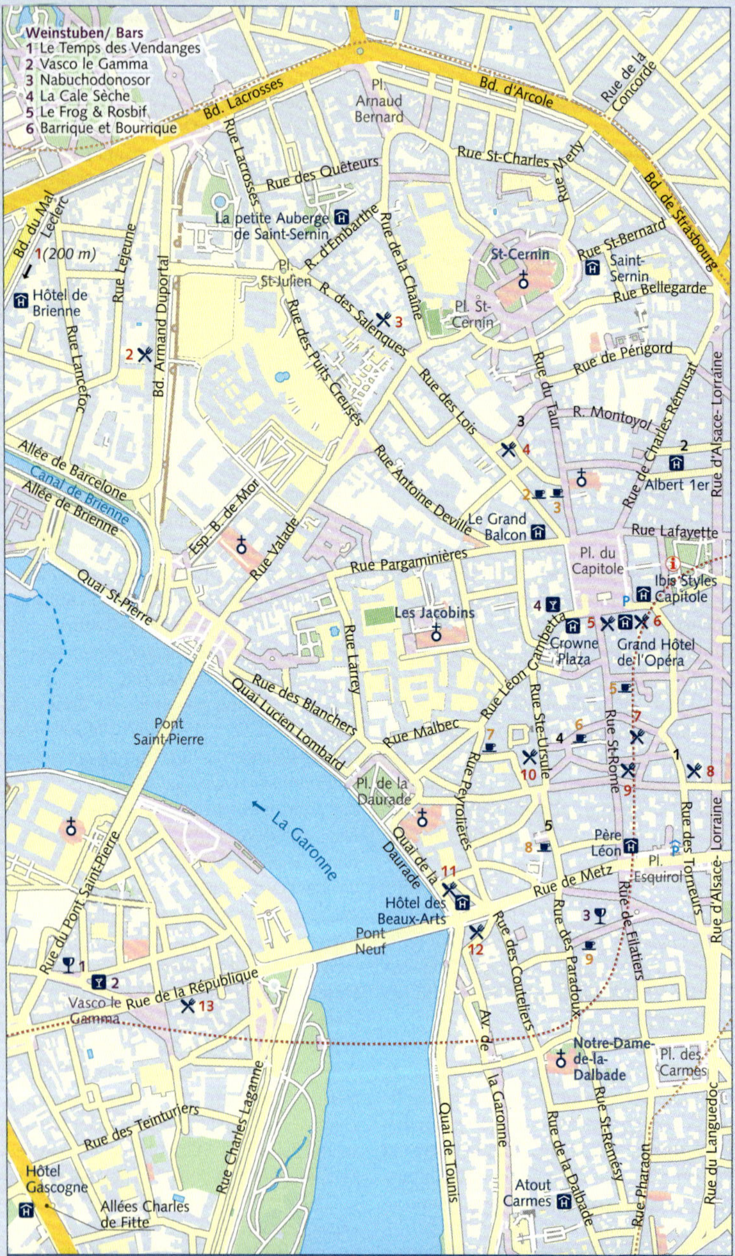

Toulouse: Hotels, Restaurants, Cafés und Weinbars

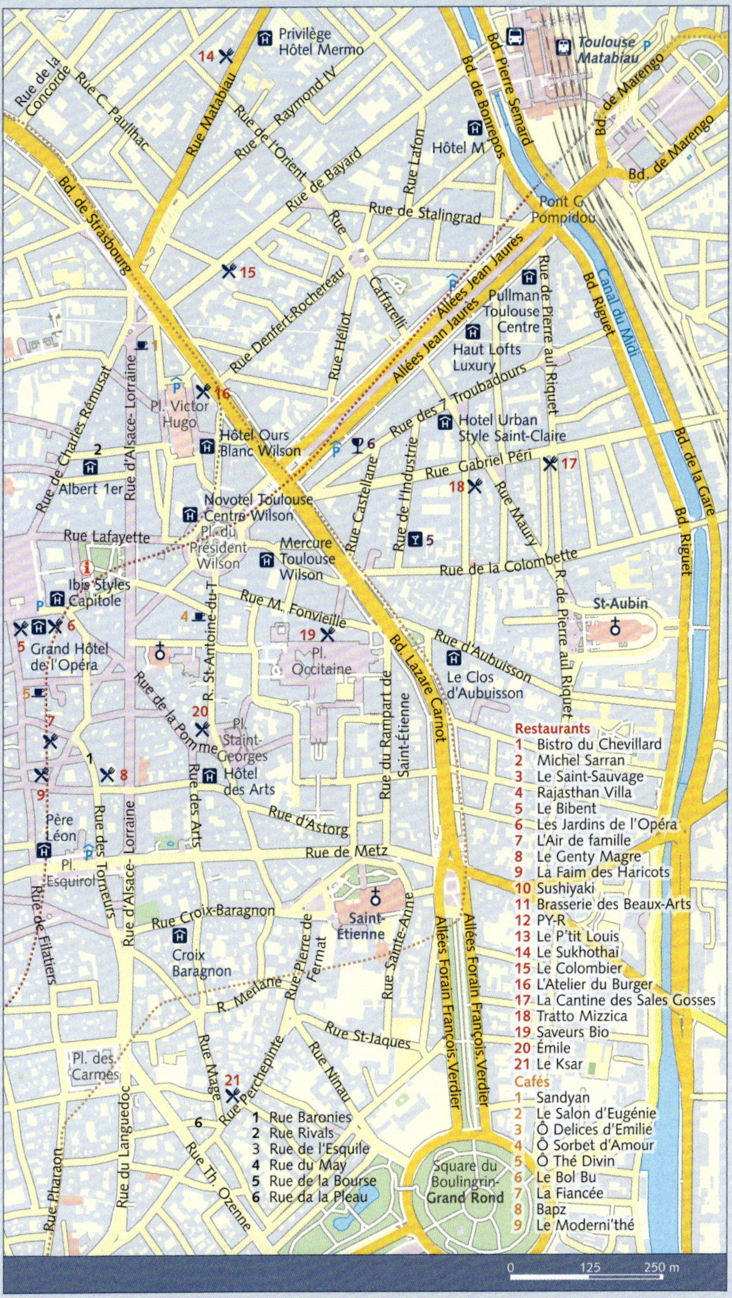
Restaurants
1 Bistro du Chevillard
2 Michel Sarran
3 Le Saint-Sauvage
4 Rajasthan Villa
5 Le Bibent
6 Les Jardins de l'Opéra
7 L'Air de famille
8 Le Genty Magre
9 La Faim des Haricots
10 Sushiyaki
11 Brasserie des Beaux-Arts
12 PY-R
13 Le P'tit Louis
14 Le Sukhothaï
15 Le Colombier
16 L'Atelier du Burger
17 La Cantine des Sales Gosses
18 Tratto Mizzica
19 Saveurs Bio
20 Émile
21 Le Ksar
Cafés
1 Sandyan
2 Le Salon d'Eugénie
3 Ô Delices d'Emilie
4 Ô Sorbet d'Amour
5 Ô Thé Divin
6 Le Bol Bu
7 La Fiancée
8 Bapz
9 Le Moderni'thé
1 Rue Baronies
2 Rue Rivals
3 Rue de l'Esquile
4 Rue du May
5 Rue de la Bourse
6 Rue da la Pleau
Toulouse Matabiau
Privilège Hôtel Mermo
Hôtel M
Pullman Toulouse Centre
Haut Lofts Luxury
Hotel Urban Style Saint-Claire
Hôtel Ours Blanc Wilson
Novotel Toulouse Centre Wilson
Mercure Toulouse Wilson
Ibis Styles Capitole
Grand Hôtel de l'Opéra
Albert 1er
Le Clos d'Aubuisson
Hôtel des Arts
Croix Baragnon
Père Léon
Pl. Victor Hugo
Pl. du Président Wilson
Pl. Occitaine
Pl. Saint-Georges
Pl. Esquirol
Pl. des Carmes
St-Aubin
Saint-Étienne
Square du Boulingrin-Grand Rond
Pont G. Pompidou
Canal du Midi
Bd. Pierre Semard
Bd. de Bonrepos
Bd. de Marengo
Bd. de Strasbourg
Bd. Riguet
Bd. de la Gare
Bd. Lazare Carnot
Allées Jean Jaurès
Allées Forain François Verdier
Rue de la Concorde
Rue C. Paulihac
Rue Matabiau
Rue de l'Orient
Rue Raymond IV
Rue de Bayard
Rue Lafon
Rue de Stalingrad
Rue Caffarelli
Rue Héliot
Rue Denfert-Rochereau
Rue de Pierre aul Riquet
Rue des 7 Troubadours
Rue Gabriel Péri
Rue de l'Industrie
Rue Castellane
Rue Maury
Rue de la Colombette
R. de Pierre aul Riquet
Rue d'Aubuisson
Rue M. Fonvieille
Rue de Charles Rémusat
Rue d'Alsace-Lorraine
Rue Lafayette
R. St-Antoine-du-T
Rue de la Pomme
Rue des Arts
Rue d'Astorg
Rue du Rampart de Saint-Étienne
Rue de Metz
Rue des Tourneurs
Rue de Filatiers
Rue Croix-Baragnon
Rue Pierre de Fermat
Rue Sainte-Anne
R. Merlane
Rue St-Jaques
Rue Mage
Rue Perchepinte
Rue Ninau
Rue Th. Ozenne
Rue du Languedoc
Rue Pharaon
0 125 250 m

Modernes, sehr sauberes Drei-Sterne-Hotel in der Nähe des Luft- und Raumfahrtmuseums, das sich thematisch in den etwas kleinen Zimmern widerspiegelt. Zeitgenössisches Design im Hotel und den Zimmern. Außenpool und Fitnesscenter stehen zur Verfügung. Privater Parkplatz. Auch Zweibettzimmer.www.accor.com

Hôtel M (€€–€€€), 9, Boulevard Bonrepos, Tel. 0561157052. Drei-Sterne-Hotel mit schicken Lounge-Charakter am Bahnhof mit Zimmern im Boutique-Stil und neuen, modernen Bädern.
http://m.toulousehotel.net

Hôtel Gascogne (€€), 25, Allées Charles de Fitte, Tel. 0561592744. Zwei-Sterne-Hotel im Stadtteil Saint-Cyprien auf der der Altstadt gegenüberliegenden Seite der Garonne. Zwar 20 Fußminuten vom Zentrum entfernt, aber dafür bekommt man sehr schöne moderne und geradlinige Zimmer mit guter Ausstattung wie Flachbild-TV zu sehr guten Preisen. Um das Hotel gibt es viele Restaurationsmöglichkeiten. Kostenfreie Parkplätze.
www.hotel-gascogne.com

► Flughafen-Hotels

Radisson Blu (€€€–€€€€), 2. Rue Dieudonné Costes, Tel. 0561161800. Elegante, luxuriöse Zimmer in einem modernen Vier-Sterne-Haus. Fitness- und Wellnesscenter mit Whirlpool, Sauna und Hamam. Kostenloser Flughafen-Shuttle. Kostenloser Privatparkplatz.
www.radissonblu.fr

Pullman Toulouse Aéroport (€€€), 2, Avenue Didier Daurat, Tel. 0534561111. Schickes Vier-Sterne-Hotel mit elegantem Design in den Zimmern. Wellnessbereich mit Sauna und Fitnessstudio, beheiztem Innenpool. Kostenlose Parkplätze und Flughafentransfers.
www.pullmanhotels.com

Novotel Toulouse Purpan Aéroport (€€–€€€), 23, Impasse de Maubec, Tel. 0561150000. Dank guter Schallisolation ruhiges Vier-Sterne-Flughafen-Hotel. Große Zimmer mit moderner, funktionaler Ausstattung. Kostenloser Flughafentransfer, Fitnesscenter, Pool und kostenfreier Privatparkplatz. Sehr gutes Frühstücksbuffet. Sehr gutes Preis-Leistungs-Verhältnis.
www.accor.com

Holiday Inn Express (€€–€€€), 30, Avenue Charles de Gaulle, Tel. 0561310600. Modernes Drei-Sterne-Hotel mit kostenlosem Shuttle-Service zum Flughafen, der zwei Minuten entfernt ist. Zweckmäßig eingerichtete Standard-Zimmer mit schallisolierten Fenstern. Außenpool und Fitnesscenter.
www.ihg.com

Ibis Toulouse Aéroport (€€), 80, Avenue du Parc, Tel. 0534550455. Drei-Sterne-Hotel mit klassisch und zweckmäßig ausgestatteten Zimmern, kostenpflichtiger Flughafen-Shuttle. Kostenloser Parkplatz.
www.accor.com

Côté Carmes (€€–€€€), 7, rue de la Dalbade, Tel. 0659891873. Drei stilvolle Gästezimmer in der zweiten Etage eines Stadtpalais' des 18. Jahrhunderts mit Aufzug. Geräumige, klimatisierte Zimmer mit TV, die im französischen Landhausstil eingerichtet sind. Auf Nachfrage gibt es die Möglichkeit, im Haus zu dinieren. Zentral in der Innenstadt in der Nähe der Kathedrale und der Garonne gelegen.

Les Toits de la Dalbade (€€–€€€), 7, rue de la Dalbade, Tel. 0622255798. Zwei geschmackvolle und dezent ausgestattete Gästezimmer in der obersten Etage des Stadtpalais, in dem auch das Côté Carmes untergebracht ist. Bei gutem Wetter wird das Frühstück auf der Dachterrasse mit Panoramablick serviert.

Teva (€€€), 17 bis, rue Saint-Léon, Tel. 0624824826. Zwei sehr schöne, ruhige Gästezimmer mit TV, Espressomaschine und privater Frühstücksecke. Bodentiefe Fenster zum Garten. Kostenloser Parkplatz. 2 km zum Stadtzentrum, gute Metro-Anbindung.

Garonnella (€€€), 98, Chemin des Etroits, Tel. 0561521549. Am Ufer der Garonne gelegenes Gästehaus mit einem Holz-Bunga-

low mit einer Schlafecke und einem kleinen Salon. Privater Pool und Sonnenterrasse. In 4 km Entfernung zum Zentrum. Gastgeber Jean spricht auch Englisch.
www.garonnella.fr

Maison d'hôtes Anjali (€€–€€€), 86, Grande Rue Saint-Michel, Tel. 0954224293. Schönes Gästehaus mit einem großen Garten, 15 Min. zu Fuß vom Zentrum entfernt. Fünf geräumige Gästezimmer mit modernem Design.
www.anjalichambrehote.com

HorsScène (€€), 15, rue Ingres, Tel. 0561634641. Zwei sehr schöne ruhige Gästezimmer mit Landhaus-Charme. Anwesen mit privatem Garten, knappe 20 Fußminuten vom Zentrum entfernt. Gastgeberin Marion spricht auch Englisch.
www.horsscene.com

Villa Danieli (€€–€€€), 3, Avenue du Parc, Tel. 0567006385. In einer Architektenvilla aus den 1930er Jahren in einem ruhigen Wohnviertel stehen drei großzügige Zimmer und zwei Suiten zur Verfügung. Großer Garten mit Pool.

► **Gästehäuser außerhalb der Stadt**

Carpe Diem Tolosa (€€), 9, Chemin de Gojousse, Vieille-Toulouse, Tel. 0562249537. Die moderne Villa 10 km südlich von Toulouse bietet vier modern eingerichtete Gästezimmer und zwei Apartments, alle mit TV ausgestattet. Terrasse mit Außenpool und Jacuzzi.
www.carpediemtolosa.com

Chambres d'hotes d'Arquier (€€€–€€€€), 17, Avenue des Pyrénées, Vigoulet-Auzil, Tel. 0561758076. In einem großen Herrenhaus mit hochherrschaftlicher Ausstattung kann man sich wie ein Schlossherr fühlen. Es gibt zwei Zimmer und eine Suite mit zwei getrennten Schlafzimmern, authentische Einrichtung mit Stilmöbeln und Antiquitäten. Großer Park mit Pool. 13 km südlich des Zentrums.
www.arquier.com

Domaine de Dubac (€€€), 80, Route de Tournefeuille, Cugnaux, Tel. 0561925842. Drei sehr große und geschmackvoll eingerichtete Zimmer mit Galerie und privater Terrasse in einem sehr stilvollen Anwesen, umgeben von einem großen Park mit Pool. Alle Gästezimmer sind klimatisiert und mit Flachbild-TV und DVD-Player ausgestattet. 12 km südwestlich der Stadt.

► Apartments/Ferienwohnungen

Haut Lofts Luxury Sky Concept Toulouse (€€–€€€€€), 76, Allée Jean-Jaurès, Tel. 0581311740. Zwölf Lofts im New-York-Style vom Ein-Zimmer-Studio bis zum geräumigen Drei-Zimmer-Apartment mit zeitgenössischem Design und Chic über den Dächern von Toulouse in den beiden obersten Stockwerken eines 19-stöckigen Hochhauses. In der vorletzten Etage Lofts in drei Kategorien, ganz oben ein 235 Quadratmeter großes Penthouse für max. sechs Personen. Alle Apartments verfügen über eine vollausgestattete Kochecke, TV und Internet-Zugang. www.luxury-apart-haut-lofts.touloushotel.net

Le Clos d'Aubuisson (€€), 7, rue d'Aubuisson, Tel. 0686614445. Vier Studios mit zwei Zimmern und ein Studio mit vier Zimmern in einem Stadtpalais im Stadtzentrum. Wohnzimmer mit TV und mit einer Kochecke, ausgestattet mit Mikrowelle, Kühlschrank, Waschmaschine und Kaffeemaschine. Bettwäsche und Handtücher stehen zur Verfügung. Mindestaufenthalt drei Nächte.
www.leclosdaubuisson.com

Le Clos des Salins (€€), 3, rue des Azes, Tel. 0616251330. Zwei Ein-Zimmer-Studios für max. 2 Personen, modern und funktional ausgestattete Zimmer mit Küchenzeile. Ein Zwei-Zimmer-Studio mit separatem Schlafzimmer für max. 4 Personen. Mikrowelle, Espressomaschine und Kühlschrank sowie Bettwäsche und Handtücher vorhanden. Mindestaufenthalt drei Nächte.
www.apparttoulouse.fr

Le Clos des Chartreuses (€€), 14, Chemin de la Pescadoure, Tel. 0679615716. Zwei Apartments im Minimes-Viertel mit großem Garten und Terrasse. Sehr modern und chic ausgestattete Zimmer mit TV. In

der Küche fehlt es an nichts, vom Geschirrspüler bis zum Multifunktionsherd ist alles vorhanden, ebenso steht im Badezimmer eine Waschmaschine zur Verfügung, Wäsche und Handtücher vorhanden. Mindestaufenthalt zwei Tage.
www.le-clos-des-chartreuses-apartment.midi-pyrenees-hotels.com

► **Jugendherbergen**

Habitat Jeunes Ô Toulouse (€), 2, Avenue Yves Brunaud, Tel. 0534304280. Jugendherberge in direkter Bahnhofsnähe mit Küche, Fernsehzimmer, Billard.
www.otoulouse.org

La petite Auberge de Saint-Sernin (€), 17, rue d'Embarthe, Tel. 0760881717. Vier- und Sechs-Bett-Schlafsäle, die jeweils ein eigenes Bad und eine Küchenzeile haben.
lapetiteaubergedesaintsernin.com

Camping Toulouse La Rupé (€), 21, Chemin du Pont-Rupé, Tel. 0561700735. Drei-Sterne-Platz im Norden der Stadt in der Nähe der Metro-Station »La Vache«, zur der zweimal täglich ein kostenloser Shuttle-Bus fährt. Kinderspielplatz, Basketball, Tischtennis, Boulodrome zum Pétanque-Spielen, Billard. Ein kleiner Laden, eine Bar und eine Pizzeria am Platz, Waschmaschinen und Trockner vorhanden.
www.camping-toulouse.com

Camping de la Bouriette (€), 199, chemin de Tournefeuille, Tel. 0561496446. Ganzjährig geöffneter, stadtnaher Zwei-Sterne-Platz mit 83 Stellplätzen am Fluss Le Touch. Auch Mobilheim-Vermietung.
www.camping-la-bouriette-toulouse.fr

Das Angebot an Restaurants in Toulouse ist riesig und bietet von der Sterneküche bis zum kleinen Imbiss für jeden Gaumen und Geldbeutel eine gute Auswahl. Restaurants mit regionaler Küche haben die Küche des Südwestens mit z.B. dem Cassoulet (→ S. 65) auf ihren Karten. In klassischen französischen Restaurants gibt es mit Gänse- oder Entenstopfleber zwar auch eine typisch regionale Spezialität, serviert werden ansonsten aber eher große Klassiker wie Steaks oder Tatar. In Restaurants fährt man preislich am Besten mit Menüs, während in einer Brasserie oder einem Bistrot eher à la carte-Gerichte und große, reich garnierte Salate angeboten werden. Dank der Multikulti-Gesellschaft gibt es auch eine große Zahl an internationalen Restaurants. Als Studentenstadt hat Toulouse auch eine riesige Auswahl an Cafés, Bars und Diskotheken, von denen manche während der Semesterferien geschlossen haben.

► **Sternerestaurants**

Michel Sarran (€€€€–€€€€€), 21, Boulevard Armand Duportal, Tel. 0561123232; Mo–Fr 20–21.45 Uhr, Mo, Di, Do, Fr auch 12–13.45 Uhr. Zwei-Sterne-Koch Sarran entführt in den gastronomischen Himmel. Kreativität und Frische machen selbst ein Cassoulet als Amuse-Gueule serviert, zur leichten Küche.
www.michel-sarran.com

PY-R (€€€€), 19, descente de la Halle aux Poissons, Tel. 0561255152; Di–Sa 11.45–13.30, 19.45–23.30 Uhr. Exquisite Küche in weißem, puristischem Design. Überraschende, einfallsreiche Kompositionen, von Zwei-Sterne-Chef Pierre Clément hervorragend zubereitet und abgeschmeckt. Ein Hochgenuss!
www.py-r.com

Les Jardins de l'Opéra (€€€–€€€€), 1, place du Capitole, Tel. 0561230776; Di–Sa 12–14.30, 20–23 Uhr. Sternekoch Stephane Tournié bietet hohe Küchenkunst zu erstaunlich erschwinglichen Preisen.
www.lesjardinsdelopera.fr

► **Restaurants**

Des Roses et des Orties (€€€–€€€€) 28, Chemin de Gramont, Colomiers, Tel. 0561155555; Di–Sa 12.30–13.30, 19.30–21 Uhr. Der junge Chef Yannick Delpech hat sein Zwei-Sterne-Restaurant L'Amphitryon geschlossen, nachdem es ein Opfer der Flammen wurde. In seinem neu-

en, schicken Lokal an altem Ort verbindet er klassische, regionale und internationale Küche zu kreativen, kosmopolitischen Kompositionen.
www.desrosesetdesorties.com
Les Quatre Petits Cochons (€€–€€€), 99, Avenue de Lardenne, Tel. 0561494040; Mo–Fr 12–14, 19.30–21.30 Uhr. So bunt wie das Lokal ist, so bunt sind auch die Gerichte. Saisonale Küche mit viel Geschmack in schönem Rahmen. Sehr schöner Garten für laue Abende mit gutem Essen.
www.4petitscochons.fr
Mas de Dardagna (€€–€€€), 1, Chemin de Dardagna, Tel. 0561140980; Mo–Fr 12–13.45, 20–21.30 Uhr, an Feiertagen geschlossen. Sehr schönes Restaurant mit Charme am Stadtrand in einem ehemaligen Bauernhof mit großem Garten und Terrasse. Kreative Gerichte von ausgezeichneter Qualität. Abends nur mit Reservierung.
www.masdedardagna.com
Le Saint-Sauvage (€€–€€€), 20, rue des Salenques, Tel. 0561235686; Di–Fr 12–14, 20–23 Uhr, Sa nur abends. Ein romantisches Restaurant mit barockem Dekor. Auch die Teller sind sehr schön angerichtet – ein Fest für die Augen, aber auch für den Gaumen.
Au Pois Gourmand (€€–€€€€), 3, rue Emile Heybrard, Tel. 0534364200; Mo–Fr 12–13.30, Mo–Sa 19.30–21.30 Uhr. Restaurant in einer verspielten Villa des Historismus. Hier serviert man die Küche des Südwestens in moderner Interpretation, teils mit Anklängen aus der asiatischen Küche.
www.pois-gourmand.fr
Émile (€€€–€€€€), 13, place Saint-Georges, Tel. 0561210556; Di–Sa 12–14, 19.30–22 Uhr. Schönes Restaurant mit noch schönerer Terrasse an einem der belebtesten Plätze der Stadt. Hervorragende regionale Küche, die neben dem klassischen Cassoulet auch täglich wechselnde Gerichte mit typischen Produkten des Südwestens präsentiert. Reservierung dringend empfohlen, v.a. wenn man einen Terrassenplatz möchte.
www.restaurant-emile.com
Le Pic Saint-Loup (€€), 7, rue Saint-Léon, Tel. 0561538151; Di–Sa 12–13.45, 20–21.45 Uhr. Einfache, schnörkellose Einrichtung, hier stehen die Speisen im Fokus. Sehr gutes Preis-Leistungs-Verhältnis für exzellente Menüs voller Aromen.
www.lepicsaintloup.fr
Le Colombier (€€€), 14, rue Bayard, Tel. 0561624005. Mo–Fr 12–14, 19.15–22 Uhr. Die beste Adresse in Toulouse für Cassoulet.
www.restaurant-lecolombier.com
Bistro du Chevillard (€–€€), 4, Boulevard Maréchal Leclerc, Tel. 0561213202; Mo–Fr 12–14, Mo–Sa 20–23 Uhr. Uriges und gemütliches Lokal mit deftiger, regionaler Küche. Großer Außenbereich.
www.chezcarmen.fr/le-chevillard
Le Genty Magre (€€–€€€), 3, rue Genty Magre, Tel. 0561213860; Di–Sa 12–14, 20–22 Uhr. Sowohl klassische französische Gerichte als auch überraschende Kreationen mit Inspirationen aus den Töpfen der Welt in bester Manier. Dazu ein schönes Ambiente in einer Mischung aus altem Gemäuer mit zeitgenössischer Einrichtung.
www.legentymagre.com
La Gourmandine (€€–€€€), 17, place Victor Hugo, Tel. 0561227884; Di–Sa 12–14, 19.45–23 Uhr. Stylisches Bistro mit französischer Küche mit vielen regionalen Anklängen bis hin zum Cassoulet. Die Karte bietet für jeden etwas, ohne zu groß zu sein.
www.la-gourmandine.fr
L'Air de famille (€€–€€€), 6, rue Jules Chalande, Tel. 0567065408; Di–Sa 11.45–13.30 Uhr, Do–Sa 19.45–23.30 Uhr. Der Name ist Programm – ein sehr familiärer Hauch weht durch dieses rustikale Restaurant. Täglich wechselnde Karte, die auf der Schiefertafel angeschrieben wird. Originelle Gerichte mit großer Vielfalt.
www.lairdefamilletoulouse.wordpress.com
La Cabane (€€–€€€€), 37, Avenue de Grande-Bretagne, Tel. 0561155356; tgl. 11–23.30 Uhr. Außer, dass der Blick aufs Meer fehlt, ist dies ein perfektes Lokal, um Austern und Meeresfrüchte zu genießen. Frische Produkte, schöne Auswahl, guter

Wein, gemütliche Atmosphäre und ausreichend Parkplätze.
www.toulousefruitsdemer.fr

La Cantine des Sales Gosses (€€-€€€), 81, rue Pierre-Paul Riquet, 0967153164; Di–Sa 12–14, 20–22 Uhr. Originelles Dekor aus den französischen Kinderzimmern inspiriert, gute Küche. Ein zweites Lokal in der Rue de l'Industrie 7, Tel. 0561993031.
www.restaurant-lessalesgosses.fr

Le Cantou (€€€-€€€€), 98, rue Velasquez, Tel. 0561492021; Mo–Fr 12–14, 19.30–22 Uhr. Elegantes Restaurant mit Terrasse im Vorort Saint-Martin-du-Touch, in dem man sich wie auf dem Land fühlt und doch nur wenige Minuten vom Zentrum und vom Flughafen entfernt ist. Mediterran-französische Küche mit einem Hauch Sud-Ouest.
www.cantou.fr

► **Brasserien**

Le Bibent (€€€-€€€€), 5, place du Capitole, Tel. 0534301837; tgl. 12–15, 19–23.30 Uhr. Eine der schönsten Brasserien des Landes mit dem Glamour der Belle Époque. Der Chef Christian Constant bietet traditionelle Brasserie-Küche mit einer gewissen Raffinesse.
www.lebibent.com

Brasserie Grand Café de l'Opéra (€€-€€€), 1, place du Capitole, Tel. 0561213703; tgl. 12–14.30, 19–23 Uhr. Eine Institution in der Stadt im Stil einer klassischen Pariser Brasserie mit der entsprechenden Speisekarte. Empfehlenswerte Tagesgerichte.
www.brasserieopera.com

Brasserie des Beaux-Arts/Brasserie Flo (€€€), 1, Quai de la Daurade, Tel. 0561211212; tgl. 12–14.30, 19–22.30 Uhr. Traditionsreiches Lokal mit vielen regionalen Gerichten, aber auch den großen Klassikern.
www.brasserielesbeauxarts.fr

L'Hémicycle (€€), 97, Allée Charles Fitte, Tel. 0561420495; Mi–So 12–14 Uhr. Deftige Küche in typischer Brasserie mit Charme im Kunstmuseum Les Abattoirs (→ S. 135). 14.30–18 Uhr Salon de thé.

► **Internationale Küche**

Tratto Mizzica (€-€€), 28, rue Jean Palaprat, Tel. 0534661493; Di–Sa 12–14, 20–22.30 Uhr. Original sizilianische Küche mit hervorragenden Cannoli oder Caponata.
www.trattomizzica.com

Le Sukhothaï (€-€€€), 37, rue Matabiau, Tel. 0561628470; Mo–Sa 12–13.30,19.30–22.30 Uhr, So nur abends. Thai-Restaurant in schlichtem Ambiente. Die Farbakzente setzen die Teller mit bester Thai-Küche.
www.lesukhothai-toulouse.fr

Rajasthan Villa (€-€€), 4, rue de l'Esquile, Tel. 0534449191; tgl. 12–14, 19–23 Uhr. Indische Küche in orientalischem Dekor. Leckere Currys und Thalis.
www.lerajasthanvilla.com

Sushiyaki (€€), 9, rue Sainte-Ursule, Tel. 0561120060; Mo–Sa 12–14, 19–23 Uhr. Japanische Küche wie in Osaka. Hervorragend und zu kleinem Preis.
www.sushiyaki.net

Le Ksar (€€-€€€), 7, rue Perchepinte, Tel. 0561537220; Di–Sa 12–14, 19.30–22 Uhr. Klassische marokkanische Tajines und Couscous in orientalischem Dekor.

► **Snacks und Fast Food**

La Faim des Haricots (€), 3, rue du Puits Vert, Tel. 0561224925fr; tgl. 12–14.30, 19–22.30 Uhr. Vegetarisches und veganes Restaurant, in dem man sich sein Menu aus Salaten, Tartes und Quiches, Suppen, Hauptgerichten und Desserts am Buffet selbst zusammenstellen kann. Nur wenige Plätze, Reservierung daher ratsam.
www.lafaimdesharicots.fr

Saveurs Bio (€-€€), 22, rue Maurice Fonvieille, Tel. 0561121515; Di–Sa 11.45–14.15, 19–22 Uhr. Restaurant, das ausschließlich Bio-Produkte verwendet und überwiegend vegetarische Gerichte in einer großen Auswahl am Buffet hat. In Menüs aber auch Fleischgerichte zur Wahl.
www.saveursbio.com

Le P'tit Louis (€), 32, rue de la République, Tel. 0954897435; Mo–Fr 12–15 Uhr. Sa-

late, Sandwiches, Pizzaschnitten und koreanische Gerichte.
www.leptitlouis.fr

Le Louchebem (€–€€), Place Victor Hugo, loge 3–5, Tel. 0567005175; Di–So 12–14.30 Uhr. Restaurant in der ersten Etage der Markthalle. Ein Metzger bietet mittags Bestes aus seiner Schlachtung an. Einfache, ehrliche Küche, je nach Wunsch auf den Punkt gebraten, nur nichts für Vegetarier.
www.lelouchebem-toulouse.fr

L'Atelier du Burger (€), 19, Boulevard de Strasbourg und 9, rue Léon Gambetta, Tel. 0983428824; Mo–Sa 12–14, 19.30–22.30 Uhr. Hervorragende Burger, mit lokalen Produkten und hausgemachten Saucen frisch zubereitet.
www.latelierduburger.com

Les Mecs au Camion (€), 37, allées Jules Guesde, Tel. 0636481920; tgl. 11.30–14, Mo–Fr auch 19–22 Uhr. Leckere, hausgemachte Burger aus einem Imbisswagen.
www.lesmecsaucamion.com

Was man im deutschsprachigen Raum als Café oder Kaffeehaus kennt, also ein Lokal, in dem Kaffee und Kuchen serviert wird, nennt sich in Frankreich »Salon de thé«. In einem »Café« werden neben Kaffee eher Sandwiches, Snacks oder Salate angeboten.

Sandyan, 54 bis, rue Alsace-Lorraine, Tel. 0561214564; Mo 10–18, Di–Sa 9.30–19, So 9.30–13.30 Uhr. Patisserie und Salon de thé des Sternekochs Yannick Delpech, der hier seine Liebe zu Dessertkreationen und Kuchen auslebt. So sieht wahre Versuchung aus. Ob Macarons, Eclairs, Obsttörtchen, Schokoladentorte, am liebsten würde man alles probieren – und alles schmeckt exquisit.
www.sandyan.fr

Ô Thé Divin, 6, rue Baour Lormian, Tel. 0534449640; Di–Sa 10–19 Uhr. Leckere Obstkuchen, Pies, Scones,Törtchen und den New York Cheese Cake!

Bapz, 13, rue de la Bourse, Tel. 0561 230663; tgl. 12–19 Uhr. Hervorragende Kuchen und Torten, dazu 20 verschieden Trinkschokoladen und über 40 Teesorten, Gurkensandwiches zum Five o'clock Tea. Very british. Auch der Brunch ist sehr empfehlenswert.
www.othedivin.eatbu.com

Le Salon d'Eugénie, 16, rue des Lois, Tel. 0562308452; Mo–Sa 12–19 Uhr. Von der Schwarzwälder Kirschtorte bis zu Zitronentarte und Schokotörtchen findet man alles, was lecker und süß ist. Spezialität des Hauses ist die Tarte Eugénie, ein Himbeer-Auflauf-Kuchen mit Baiser.
www.lesalondeugenie.fr

Le Moderni'thé, 2, rue du Coq d'Inde, Tel. 0561251006; Mo–So 10.45–19 Uhr. Gute Kaffeevariationen und dazu hausgemachte Kuchen und Törtchen. Auch Brunch und Mittagsimbiss.

Ô Delices d'Emilie, 15, rue du Taur, Tel. 0561229484; Mo–Sa 7.30–18 Uhr. Café, in dem kleine Gerichte wie Quiches, Panini und Risotto, aber auch viele kleine Küchlein, Petits-fours und Desserts serviert werden.

Le Bol Bu, 8, rue du May, Tel. 0561211131; So–Mi 12–19, Do–Sa 12–22 Uhr. Der älteste Teesalon der Stadt, in dem in gemütlichem Ambiente neben Kuchen und Torten auch leckere Crêpes serviert werden.

La Fiancée, 54, rue Peyrolières, Tel. 0983467056; 9.30–18.30 Uhr. Frühstück, Brunch und Mittagsimbiss.
www.cafelafiancee.com

Ô Sorbet d'Amour, 28, rue Montardy, Tel. 0562271340; Mo–Sa 12.30–0, So 14–0 Uhr. Eine unglaubliche Auswahl an Sorbets und Eissorten, alle hausgemacht von einem der besten Eismacher Frankreichs, 1985 zum »Maître Artisan Glacier« ernannt.
www.osorbetdamourtoulouse.fr

Nabuchodonosor, 15, rue du Coq de l'Inde, Tel. 0561536500; Mo–Fr 12–20 Uhr. Ins »Nabu« geht man auf eine Glas Wein mit Freunden, wenn man unprätentiöses Ambiente und urige Atmosphäre sucht. Mit einen Original von Wirt, der seinesgleichen sucht und die besten Weine des Südwestens hat.
www.nabu.vin

Le Temps des Vendanges, 9, place de l'Estrapade, Saint-Cyprien, Tel. 0561 429466; Di–Sa 12–14, 19.30–22 Uhr. Zwischen den Weinregalen gibt es kleine Tische, an denen man nicht nur ein Glas Wein trinken kann, sondern auch Tellergerichte, Käse- oder Wurstplatten dazu genießen kann. www.letempsdesvendanges.com

Barrique et Bourrique, 19, rue des Septs Troubadours, Tel. 0562807543; Di–Sa 19–2 Uhr. Gemütliche, rustikale Weinbar. Tapas zum Schnabulieren.

► **Pubs und Bars**

Le Frog & Rosbif, 14, rue de l'Industrie, Tel. 0665468046; Mo–Fr 17.30–2, Sa/So 13–2 Uhr. Ein Hauch von Irland in Toulouse mit einer großen Auswahl an Bieren und auch gewagten Bier-Cocktails ... Aber auch klassische Cocktails wie Mojito oder Piña Colada. Sympathische Atmosphäre. www.frogpubs.com

Le Dubliners, 46, Avenue Marcel Langer, Tel. 0561142316; Mo–Sa 17–2 Uhr. Traditioneller Irish Pub mit Guinness und Kilkenny. Und wenn Iren anwesend sind, gibt Molly Malone zum Mitgrölen. Korrekte Preise.

De Danu, 9, rue du Pont-Guilhemery, Tel. 0561625879; Mo–Fr 12–14, Sa/So 12–16 Uhr und tgl. 19.30–23 Uhr. Irish Pub, dessen Dekor schon zeigt, dass der Chef großer Rugby-Fan ist. Entsprechend ist das Publikum, und natürlich werden über Fernseher alle Spiele von Stade Toulousain übertragen. Wer einmal die Rugby-Leidenschaft im Südwesten hautnah miterleben will, sollte auf ein Bier hierher kommen. www.thedanu.fr

La Cale Sèche, 41, rue Léon Gambetta; Mo–Sa 19–2 Uhr. Empfehlenswerte Cocktailbar mit sehr moderaten Preisen. www.la-cale-seche.fr

Vasco le Gamma, 1, place de l'Estrapade, Saint-Cyprien, Tel. 0561506811; tgl. 16–2 Uhr. Bar mit Themenabenden, mittwochs z.B. Quiz. Auch gute Tapas. www.le-vasco.fr

► **Discos, Clubs**

Planète Rock, 7, Chemin de Lanusse, Tel. 0561114500; Do 0–6, Fr/Sa 23–7 Uhr. Disco in der Rock, Rock, Rock gespielt wird. Freier Eintritt, faire Preise für Getränke. www.planetrock.fr

Le Purple, 2, rue Castellane, Tel. 0562730467; Mi–So 23–7 Uhr. 10 Euro. Stylischer Club mit Techno, House und Electro-Music. www.purepurple.fr

BlackOut, 1 bis, Rue du Puits Vert, Tel. 0950044486; Mi–Sa 0–7 Uhr, Do Studentenabend. 8 Euro. Große Disko auf zwei Ebenen mit gemischter Musik und gemischtem Publikum, in der auch Ü30-er nicht auffallen. Pole Dance am Wochenende.

Le Charleston, 101, Route d'Agde, Tel. 0561264493; Fr/Sa 23–5 Uhr. Funk, Soul und Disco-Musik in Retro-Ambiente. Trotz des recht hohen Eintrittspreises von 14 Euro recht junges Publikum um die 25.

Puerto Habana, 12, Port Saint-Etienne, Tel. 0561544561; Di–Fr 19.30–2, Sa 20–3 Uhr. Die Salsa-Bar der Stadt. Während der Woche der Treff für Salsa-Tänzer, am Wochenende Disco. www.puerto-habana.com

Limelight Bar, 23 bis, Boulevard Riquet; tgl. 22–7 Uhr. Schwulen- und Lesben-Bar und Disco mit ultra-schickem Design, in der auch Heteros willkommen sind. Freier Eintritt. www.limelight-club.com

Bears Bar, 44, boulevard de la Gare, Tel. 0561615428; Do–So 19–2 Uhr. Homo- und Fetisch-Bar für Freunde von Leder. www.bears-toulouse.com

Musée Saint-Raymond (Archäologiemuseum), 1 ter, place St-Sernin, Tel. 0561223144; Di–So 10–18 Uhr, 1. Jan., 1. Mai, 31. Dez. geschlossen. Eintritt 5 Euro, reduziert 3 Euro. (→ S. 104) www.saintraymond.toulouse.fr

Musée du Compagnonnage (Handwerksmuseum), 12–13 rue Tripière; Mi 14.30–17 Uhr. (→ S. 91)

Musée du Vieux-Toulouse (Stadtgeschichte), 7, rue du May, Tel 0562271150; 15. April–31. Okt. Mo–Sa 14–18 Uhr, Eintritt: 4 Euro, Hof Mo–Fr 9–12, Mi, Fr 15 Uhr Führungen in frz. Sprache. (→ S. 92)
www.tolousainsdetoulouse.fr

Fondation Bemberg (Kunstsammlung), Place d'Assézat, Tel. 0561120689; Di–So 10–12.30, 13.30–18, Do 13.30–20.30 Uhr. Eintritt: 10 Euro, reduziert 8 Euro. Führungen durch die Fondation immer um 15.30 Uhr, 3 Euro. (→ S. 93)
www.fondation-bemberg.fr

Musée des Augustins (Museum der Schönen Künste), 21, rue de Metz, Tel. 0561222182; Do–Mo 10–18 Uhr, Mi 10–21 Uhr, 1. Jan., 1. Mai, 25. Dez. geschlossen. Eintritt 4 Euro, reduziert 2 Euro, freier Eintritt für Kinder, Jugendliche und Studenten. Führungen 3 Euro. (→ S. 116)
www.augustins.org

Muséum Toulouse (Naturhistorisches und Ethnologisches Museum), 35, Allées Jules Guesdes, Tel. 0567738484; Di-So 10–18 Uhr, 1. Jan., 1. Mai, 25. Dez. geschlossen. Eintritt 7 Euro, reduziert 5 Euro, frei für Kinder unter 6 Jahren. (→ S. 127)
www.museum.toulouse.fr

Jardin et Musée Georges-Labit (Ethnologische Sammlung und Garten), 17, rue du Japon, Tel. 0531229980; Mi–Mo 10–17 Uhr, Juni–Sept. 10–18 Uhr, geschlossen an allen Feiertagen. Eintritt 5 Euro, reduziert 3 Euro. (→ S. 128)
www.museegeorgeslabit.fr

Musée des Instruments de médecine des Hôpitaux de Toulouse (Medizinhistorisches Museum), 2, rue Charles Viguerie, Tel. 0561778272; Do/Fr 13–17 Uhr und jeden ersten So im Monat 10–18 Uhr, geschlossen an allen Feiertagen. Eintritt frei. (→ S. 134)

Musée de l'Histoire de la Médecine (Medizinhistorisches Museum), 2, rue Charles Viguerie, Tel. 0561778425; Do/Fr, So 11–17 Uhr. Eintritt frei. (→ S. 134)

Les Abattoirs (Moderne und Zeitgenössische Kunst), 76, Allée Charles de Fitte, Tel. 0562485800 oder 0534511060; Mi–So 12–18 Uhr. Eintritt 8 Euro, reduziert 5 Euro, Kinder bis 12 Jahre frei, bis 18 reduziert, ebenso Rentner über 65.(→ S. 135)
www.lesabattoirs.org

Château d'Eau (Fotografiemuseum), 1, place Laganne, Tel. 0561770940; Di–So 13–19 Uhr, 1. Jan., 1. Mai, 14. Juli, 25. Dez. geschlossen. Eintritt 4 Euro, reduziert 2,50 Euro. (→ S. 141)
www.galeriechateaudeau.org

Matou (Werbeplakate), 58, Allées Charles de Fittes, Tel. 0581917917; Di–So 10–18 Uhr. Eintritt 2 Euro. (→ S. 141)

L'Envol des Pionniers (Luftfahrtgeschichte), 6, rue Jacqueline Auriol, Tel. 0567222324; Di–So 10–18 Uhr, geschlossen an Feiertagen. Eintritt 8 Euro, Kinder ab 6 Jahren 5 Euro, Führung 3,90 Euro. (→ S. 143)
www.lenvol-des-pionniers.com

La Halle de la Machine (bewegliche Skulpturen) 3, avenue de l'Aérodrôme, Tel. 0532108907; Di–So April–Sept. 10–18 Uhr, Juli/Aug. 10–19, Fr/Sa 10–22 Uhr, Nov.–März Di–Fr 14–18, Sa/So 10–18 Uhr. Eintritt 9 Euro, reduziert 6,50 Euro, Visite & Voyage (Eintritt und 40-minütige Fahrt mit dem Minotaure) 16 Euro, reduziert 11,50 Euro. (→ S. 143)
www.halledelamachine.fr

Cité de l'Espace (Erlebnispark zum Thema Raumfahrt), Parc de la Plaine, Avenue Jean Gonord, Tel. 0567222324; Di–So, April–Aug. tgl. ab 10 Uhr, die Schließzeiten variieren fast täglich zwischen 17, 18, 19 und 23 Uhr. Eintritt Tagesticket in der Nebensaison 21,50 Euro, 16 Euro für Kinder ab 5, 2-Tages-Ticket 26,50 Euro, 21 Euro für Kinder. In der Hauptsaison (alle französischen Ferien), zu erfahren unter www.cite-espace.com/infos-pratiques/tarifs, 24,50 Euro, 18 Euro für Kinder über 5 Jahre, als Zwei-Tages-Tickets jeweils 5 Euro mehr. An den Tage, an denen bis 23 Uhr geöffnet ist, 26 Euro und 19,50 für Kinder. Ermäßigte Familien-Tickets kosten zwischen 69 Euro für 4 Personen in der Nebensaison bis zu 112 Euro für 6 Personen in der Hauptsaison. (→ S. 144)
www.cite-espace.com

Aéroscopia (Sammlung historischer Flugzeuge), Allée André Turcat, Tel. 0534394200; tgl. 9.30–18 Uhr, während der Ferien bis 19 Uhr, an Weihnachten, Silvester und eine Woche Mitte Januar geschlossen. Eintritt 12,50 Euro, reduziert 10 Euro, Kombiticket mit Airbus-Besichtigung 24 Euro, frei für Kinder unter 6 Jahren. Geführte Besichtigungen in französischer, englischer und spanischer Sprache 3,50 Euro. (→ S. 147)
www.musee-aeroscopia.fr

Let's visit Airbus (Werksbesichtigungen), Allée André Turcat, Tel. 0534394200; Mo–Sa 8–19 Uhr, So und an allen Feiertagen geschlossen. Vorherige Reservierung obligatorisch, Führungen auch in deutscher Sprache. Eintritt/Führung 15,50 Euro für jede Tour, reduziert 13 Euro, Kombiticket mit Aéroscopia 24 Euro, frei für Kinder unter 6 Jahren. (→ S. 147)
www.manatour.fr

Musée Paul-Dupuy (Antiquitäten), 13, rue de la Pleau, Tel. 0531229540; Di–So 10–18 Uhr, an Feiertagen geschlossen. Eintritt 5 Euro, reduziert 3 Euro. (→ S. 162)
www.ampdupuy.fr

► Kirchen

Notre-Dame du Taur, rue du Taur; Mo–Sa 14–17 Uhr, Eintritt frei. (→ S. 95)

Saint-Sernin; Juni–Sept. 8.30–19 Uhr, Krypta 10–18, So 11.30–18 Uhr, Okt.–Mai 8.30–18 Uhr, Krypta 10–12, 14–17.30, So 14–17.30 Uhr. Eintritt: frei, Chor/Krypta: 2,50 Euro. (→ S. 96)
www.basilique-saint-sernin.fr

Chapelle des Carmélites, 1, rue du Périgord; Mai–Nov. Mi–So 12–19 Uhr. Eintritt frei. (→ S. 107)

Couvent des Jacobins, Place des Jacobins; Di–So 10–18 Uhr, Eintritt zur Kirche frei, Eintritt für den Cloître 4 Euro. Das Refektorium ist nur im Rahmen von Sonderausstellungen geöffnet. (→ S. 83)

Notre-Dame de la Dalbade, rue de la Dalbade; So 10–12.30 Uhr, Sept.–Juni Mo–Sa 9–18 Uhr, Juli/Aug. Mo–Sa 9–19 Uhr. (→ S. 130)

► Gärten

Öffentliche Gärten und Parks öffnen jeden Tag um 7.45 Uhr, die Schließzeiten am Abend variieren je nach Saison zwischen 18 Uhr im Winter und 21 Uhr im Sommer. Bei großen Hitzewellen wie 2018 wird ausnahmsweise bis 23 Uhr verlängert.

Jardins du Muséum, 24–26, avenue Bourgès Maunoury, Borderouge, Tel. 0567738484; Mai–Okt. Di–So 10–18 Uhr. Eintritt 3 Euro, reduziert 2 Euro. www.museum.toulouse.fr (→ S. 148)

► Sonstiges

Capitole, Mo–Fr 8.30–19, So 10–19 Uhr, freier Eintritt. (→ S. 80)

Théâtre du Capitole, Besichtigung Mo–Fr 9–12, 14–17 Uhr. (→ S. 83)

Espace EDF Bazacle (Wasserkraftwerk); Di–So 11–18 Uhr. Eintritt frei. (→ S. 109)

Théâtre du Capitole, Place du Capitole, Tel. 0561223131 oder 0561631313. Opernaufführungen, Ballett und Konzerte. Opernkarten 40–100 Euro je nach Kategorie, für Ballett 20–60 Euro. Telefonische Auskünfte oder Reservierungen Mo–Fr 10–13, 14–17.45 Uhr.
www.theatreducapitole.fr

Halle aux grains, 1, place Dupuy, Tel. 0561631313. Heimat des Orchestre National du Capitole de Toulouse, die hier klassische Konzerte geben. Karten 16–38 Euro.
onct.toulouse.fr/halle-aux-grains

Théâtre National de Toulouse, 1, rue Pierre Baudis, Tel. 0534450505. Karten im Großen Saal, im Kleinen Theater und im Studio 27 Euro.
www.tnt-cite.com

Les 3T, 40, rue Gabriel Péri, Tel. 0561630074. Komödientheater, 14–18 Euro.
www.3tcafetheatre.com

Théâtre du Grond Rond, 23, rue des Potiers, Tel 0561621485. Vor allem lokale und regionale Schauspielkompanien. Karten 12 Euro.
www.grand-rond.org

Théâtre du Pont Neuf, 8, place Benoît Arzac, Saint-Cyprien, Tel. 0562215178. 12 Euro. www.theatredupontneuf.fr

Festival Rio Loco, Musikfest im Juni mit Rock-, Pop- und Jazz-Konzerten mit Künstlern der Region sowie aus vielen anderen Ländern, an verschiedenen Plätzen der Stadt.
www.rio-loco.org

Piano aux Jacobins, im September jeden Abend um 20 Uhr Klavierkonzert in der Jakobinerkirche (→ S. 83) mit immer anderen Pianisten. 15–40 Euro je nach Kategorie.
www.pianojacobins.com

Toulouse Les Orgues, Anfang Oktober Orgelkonzerte an verschiedenen Orten der Stadt.
www.toulouse-les-orgues.org

Jazz sur son 31, Jazz-Festival im Oktober mit verschiedenen Gruppen und Musikern in unterschiedlichen Clubs und Kulturzentren wie z.B. im Automne Club.

Rose Béton, Graffiti-Street-Art-Festival, das alle zwei Jahre von April bis September stattfindet.
www.rose-beton.com

Festival de la Violette. Alles dreht sich um das Toulouser Veilchen. Blumendekorationen und Ausstellungen zum Thema, an zwei Tagen Ende Februar auf der Place du Capitole. Infos zum Programm: www.toulouse.fr., unter der Rubrik Service den Stichpunkt culture anklicken.

MAP, von Mitte Juni bis Mitte Juli stattfindendes Fotofestival.
www.map-photo.fr

Tangopostale, jedes Jahr im Juni, mehr als 80 Veranstaltungen rund um den Tango, eine Hommage an den Toulouser Carlos Gardel, mit Konzerten, Vorführungen und Bällen.
www.tangopostale.com

Freiluftkino Cinématèque, im Juli und August werden 40 berühmte Filme der Filmgeschichte im Hof der Cinemathek im Viertel St-Sernin an die Wand projiziert; 69, rue du Taur, Tel. 0562303010.
www.lacinemathequedetoulouse.com

Maison du Vélo, 12, Boulevard Bonrepos, Tel. 0534406472, Dépendence Le Canal à Vélo auf der gegenüberliegenden Seite des Kanals, 89, Boulevard Pierre Semard. Fahrradverleihstation in der Nähe des Bahnhofs und Busbahnhofs, um z.B. eine Radtour entlang des Canal du Midi zu machen. 20 Euro pro Tag, 100 Euro pro. Woche.
www.maisonduvelotoulouse.com

VélÔToulouse. Stadtfahrräder, die man an verschiedenen Stationen ausleihen und an anderen wieder abstellen kann. An einem Hauptautomaten (Borne principale) oder über die Webseite kann man das Abonnement für 1 oder 7 Tage mit Hilfe der Kreditkarte lösen. 1,20 Euro kostet das Tagesticket, 5 Euro das 7-Tage-Ticket. Die erste halbe Stunde ist frei, für jede weitere halbe Stunde fallen 0,50 Euro an. 253 Stationen gibt es in der Stadt. Die nächstgelegene Station kann man sich per App über das Smartphone anzeigen lassen.
www.velo.toulouse.fr

Toulouse Croisières, Quai de la Daurade (→ S. 110), Tel. 0561802226. Ausflugsfahrten auf dem Canal du Midi, um in einer guten Stunde Toulouse aus einer anderen Perspektive kennenlernt. Mehrere Abfahrten tgl. (März–Nov.): 10.45, 14.30, 15.30, 16, 17 und 18 Uhr. 10 Euro.
www.bateaux-toulousains.com

Les Vedettes du Canal, Port Sud, Ramonville-Saint-Agne, Tel. 0648701071. Bootsverleih, um übers Wochenende oder länger auf dem Canal du Midi entlang zu schippern. Ab 350 Euro.
www.plan-canal-du-midi.com/ramonville-les-vedettes-du-canal

Es gibt sechs Golfplätze in der Nähe von Toulouse, bis zu 20 km entfernt.

Golf Saint-Gabriel, Castié, Montrabe, Tel. 0561841665. Zwei Parcours, einer mit neun, der andere mit sechs Löchern. 10 km nordöstlich von Toulouse.

Greenfee 28–35 Euro. www.golfstgabriel.fr

Golf de la Toulouse Ramée, Ferme du Coousturier, Tournefeuille, Tel. 05610 70909. 18-Loch- und 9-Loch-Parcours. 12 km westlich. Greenfee 36–58 Euro. www.ngf-golf.com/gardengolf-laramee

Golf de Toulouse, 2, Chemin de la Planho, Vieille-Toulouse, Tel. 0561734548. 18-Loch-Platz. Preise für Nicht-Mitglieder auf Anfrage. 9 km südlich der Stadt. www.golfclubdetoulouse.fr

Golf Estolosa, Avenue de Lanta, Dremil-Lafage, Tel. 0562188400. 9-Loch-Parcours. 14 km östlich. Greenfee 28–35 Euro. www.estolosa.fr

Exclusiv Golf Toulouse-Seilh, Route de Grenade, Seilh, Tel. 0562131414. Zwei 18-Loch-Parcours, davon ein internationaler Wettbewerbsparcours. 29–72 Euro je nach Länge und Wochentag. 15 km nordwestlich von Toulouse. www.exclusivgolf-toulouse-seilh.fr

In den Fußgängerstraßen der Innenstadt drängen sich Läden an Läden und laden zum Shoppen ein. Es gibt neben nationalen und internationalen Geschäften auch viele lokale Designer und Geschäfte mit regionalen Spezialitäten.

Centre Commercial Espace St-Georges, 51bis, rue du Rempart St-Étienne; 10–20 Uhr, Casino 8.30–20.30 Uhr. Ein großes innerstädtisches Kaufhaus mit großem Supermarkt an der Place d'Occitanie.

Maison Busquets, 21, place Victor Hugo. Eine große Auswahl von regionalen Spezialitäten wie Cassoulet im Glas, Confit de canard, Foie gras und Weine des Südwestens.

Fromagerie Xavier, 6, place Victor Hugo. Vom besten Affineur lassen sich auch die Sterneköche ihre Käse liefern. Er sorgt für die idealste Reifung, um den jeweiligen Käsesorte zur Vollendung zu bringen. Alle – vom Gasmann bis zum Stadtrat – vertrauen auf Meister Xaviers Kunst.

Délices Lamarque, 63, rue de la Pomme. Allein die Einrichtung des Ladens lohnt den Besuch. In einer Kulisse wie auf einer Postkarte aus Großmutters Zeiten werden Veilchen-Bonbons, Nougat, Lutscher, Marmeladen, Senf, Liköre und vieles mehr verkauft.

Tête de Cabosse, 37, rue Lafayette. Die süßeste Versuchung, seit es Schokolade gibt.

Péchés Gourmands, 3, rue Lafayette. Süße Sünden von Biskuits, kandierte Früchte, Marzipan, Marmeladen und Bonbons.

Maison Pillon, 2, rue d'Austerlitz. Schokoladen und Pralinen vom bekanntesten Meister seines Fachs in der Stadt.

Eléonore Toulouse, place Victor Hugo. Stand mit leckeren Törtchen und Cupcakes in der Markthalle.

Melle Créations, 39, rue Peyrolières. Boutique der Mode-Designerin Hélène Francés. Poppige Farben und originelle Schnitte.

Talangai, 9, rue Peyrolières. Ausgefallene Kleider-Kreationen der Designerin Agnès. Auch selbst entworfene Accessoires.

Mama Roots, 9, place Saintes-Scarbes. Feminine Kleider, Blusen und Schals.

La Juponnerie, 7, rue Arnaud Bernard. Boutique von mehreren Tolosaner Designern mit Damenoberbeleidung und Accessoires.

Scaax, 9, rue de Languedoc. Kleine Boutique mit bunter und femininer Damenmode mit einem Touch Retro.

La Plage des Pommes, 67, rue Pargaminières. Origineller und verspielter Schmuck, Täschchen und kleine Puppen.

Mano Facto, 95, rue de la Colombette. In der Boutique präsentieren mehrere Kunsthandwerker der Stadt ihre Produkte: Textiles, Keramik, Schmuck, Accessoires und Grafiken.

Nicolas Tourrel, 13, rue Boulbonne. Der preisgekrönte Kunsthandwerksmeister kreiert Schmuck und ist auf die Verarbeitung von Edelsteinen und Diamanten spezialisiert.

Kaqoty et les Squaws, 23, rue Sainte-Ursule. Sehr fantasievoller Schmuck und Accessoires, Taschen und Beutel. Auch kleine Deko-Objekte.

Les Trésors de Violette, 73, rue de la Pomme. Alles rund um das Wahrzeichen der Stadt, von der Veilchenseife bis zu getrockneten und gezuckerten Veilchen-Blättern.

La Fleurée du Pastel, 20, rue de la Bourse. Blauvariationen des Färberwaids in allen Variationen. Mode, Postkarten, Farbpigmente.

Espace Graine de Pastel, 4, place Saint-Etienne. Seit mehr als zehn Jahren hat sich Graine de Pastel auf die Herstellung kosmetischer Produkte auf Basis des Färberwaids spezialisiert, wie Salben, Cremes und ätherische Öle, um die Heilwirkung des Pastels zu nutzen.

Violettes et Pastels, 10, rue Saint-Pantaléon. Der Laden für originelle Geschenke mit den beiden Spezialitäten der Stadt: Veilchen und Färberwaid. Wer noch verzweifelt Souvenirs sucht, sollte hier vorbeischauen.

La Maufacture, 33, rue Bouquières. Schöne Tischwäsche, Kissen, Plaids und Kerzen.

► Märkte

Marché Victor Hugo, place Victor-Hugo; Di–So 7–14 Uhr. In der zentralen Markthalle kaufen Toulouser am liebsten ihre Lebensmittel.

Boulevard de Strasbourg, Di–So findet auf der Ringstraße morgens von 7–13.30 Uhr der größte Lebensmittelmarkt statt. Am So gibt es zusätzlich einen duftenden Kräutermarkt.

Marché Saint-Georges, Lebensmittel- und Blumenmarkt; Di, Mi, Fr, Sa 7–13.30, Do 15–20 Uhr.

Place Jeanne d'Arc., täglich außer Mo findet der Blumenmarkt statt.

Place Saint-Sernin, alte Bücher und Trödel Fr 10–18.30 Uhr.

Marché Saint-Cyprien, auf der Place Roguet bei der Markthalle findet Mo 8–19 Uhr ein Büchermarkt statt.

Marché brocante Saint-Aubin, Antiquitäten- und Trödelmarkt Sa 7–13.30 Uhr um die Kirche St. Aubin, an der Metrostation Jean-Jaurès.

Grande Brocante des Allées François Verdier, der größte Antiquitäten- und Trödelmarkt, der an jedem ersten Wochenende des Monats in der Nähe der Kathedrale St-Étienne stattfindet.

Weihnachtsmarkt, drei Wochen lang auf der Place du Capitole.

CHU – Centre hospitalier Universitaire, place du Docteur Baylay, Tel. 0561772233. www.chu-toulouse.fr.

Neben vielen Apotheken, die über die ganze Stadt verstreut sind und an ihren grün blinkenden Kreuzen erkennbar sind, gibt es eine reine **Nachtapotheke/Pharmacie de nuit**: 76, Allée Jean Jaurès, Eingang rue Vidal, Tel. 0561623805.

► Deutschsprachige Ärzte

Dr. Martin Meyer, 26, Boulevard Silvio Trentin, Tel. 0561478627, Allgemeinarzt.

Dr. Christian Hirsch-Hoffmann, 2 ter, Allée Docteur Lejzer Zamenhof, Tel. 0534569443, Augenarzt.

Dr. Guillaume Kobuch, Clinique Ambroise Paré, 387, Route de St-Simon, Tel. 0561501574, Gynäkologe.

Dr. Dominique Nizard, 18, rue Carrière, Blagnac, Tel. 0561719645, HNO-Arzt.

Catherine Combret-Kobuch, 4, Boulevard Firmin Pons, Blagnac, Tel. 0561714266, Hautärztin.

Ute Knospe, 4, rue Rivals, Tel. 0561212185, Zahnärztin.

Vor dem Marché Victor Hugo

»Toulouse-Lautrec hat uns all dies gezeigt. ... Seine Lehre ist traurig aber wahr. Und deshalb wird der Meister der Maler einer Epoche bleiben, die wir nicht kennen, weil wir sie manchmal als Skeptiker durchlebt haben und sicher fast immer als Unbekümmerte und Unbeteiligte.«

Nachruf auf Toulouse-Lautrec im »Journal de Paris« am 10. September 1901

TARN

Albi – die schöne Rote am Tarn

Pays de Cocagne

Im Dreieck zwischen Toulouse, Albi und Castres liegt das Lauragais, dessen westlicher Teil auch gerne als Pays de Cocagne, Schlaraffenland, bezeichnet wird. In dieser weiten, von kleineren Bodenerhebungen durchsetzten Ebene wachsen und wuchsen landwirtschaftliche Produkte, die diese Bezeichnung durchaus rechtfertigen. Vor allem der Anbau von Pastel machte den Landstrich und mehr noch die Pastelhändler von Toulouse reich. Da der Anbau von Pastel sehr viel Wasser erfordert, war diese von vielen Bächen durchzogene Ebene bestens geeignet. Um den nötigen Dünger zu produzieren, wurden früher allerorten im Pays de Cocagne Taubentürme errichtet und mit dem Taubenkot gedüngt. Schlaraffenland heißt das Lauragais aber auch wegen seiner Bohnen, aus denen man im gesamten Südwesten das Nationalgericht Cassoulet (→ S. 65) kocht.

Den Namen Lauragais hat die Landschaft von der Burg Laurac, die einem Vasallen des Grafen von Toulouse gehörte und – wie der Rest der Grafschaft – 1271 Teil der Krondomäne wurde. König Ludwig XI. machte 1477 das Lauragais zu einer eigenständigen Grafschaft. Nach der Französischen Revolution wurde diese aufgelöst. Ein Teil kam zum Département Tarn, ein anderer zum Département Aude, ein kleines Stückchen zum Département Ariège und der äußerste Südwesten zum Département Haute-Garonne. Der Tarnaiser Teil ist heute als Pays de Cocagne bekannt, die östlichen Teile behielten die Bezeichnung Lauragais. Das Färberwaid spielt heutzutage kaum mehr eine Rolle, BASF und anderen Konzernen sei »Dank«; Getreide- und Maisfelder dominieren inzwischen das Landschaftsbild.

▸ Karte S. 169

Saint-Sulpice-la-Pointe

Die 9000 Einwohner zählende Kleinstadt liegt an der Mündung des Agout in den Tarn. Zudem fließen zwei Bäche durch den Ort, was ihn für den Pastelanbau prädestinierte. Ein alter Taubenturm aus dem Jahr 1810 lieferte zudem den notwendigen Dünger für den Anbau von Färberwaid.

Im 20. Jahrhundert wurde Saint-Sulpice bekannt wegen seines Internierungslagers. Kurz nach Hitlers Überfall auf Polen entstand das Camp d'internement de Saint-Sulpice als Auffanglager für eventuelle Flüchtlinge. Tatsächlich kamen nach der Invasion der deutschen Wehrmacht im Mai 1940 in den Benelux-Staaten 1500 belgische Flüchtlinge hier unter. Sie konnten noch rechtzeitig bei Einheimischen untergebracht werden, bevor aus dem Camp auf Anordnung des Vichy-Regimes eine Art Konzentrationslager »zur Unterbringung unerwünschter Elemente« wurde.

■ Bastide Sicard Alaman

Im Mittelalter gehörte Saint-Sulpice zum Lehen der Grafen von Toulouse. Der letzte unabhängige Graf Raymond VII. beauftragte seinen Landverwalter Sicard Alaman mit der Gründung einer Bastide. Innerhalb von nur vier Jahren entstand die Festungsstadt, die sich dank der Konzessionen, die Sicard großzügig verteilen durfte, schnell mit Leben füllte. Da es sich um eine Bastide in der Ebene handelte, war ihre Funktion eher politischer denn defensiver Natur. Händler und Handwerker spielten hier eine wichtigere Rolle als Soldaten.

An der Kreuzung der beiden Hauptstraßen durch die Bastide, die Rue de Reims und die Rue du Centre erhebt sich die **Kirche von Saint-Sulpice**, die die höchs-

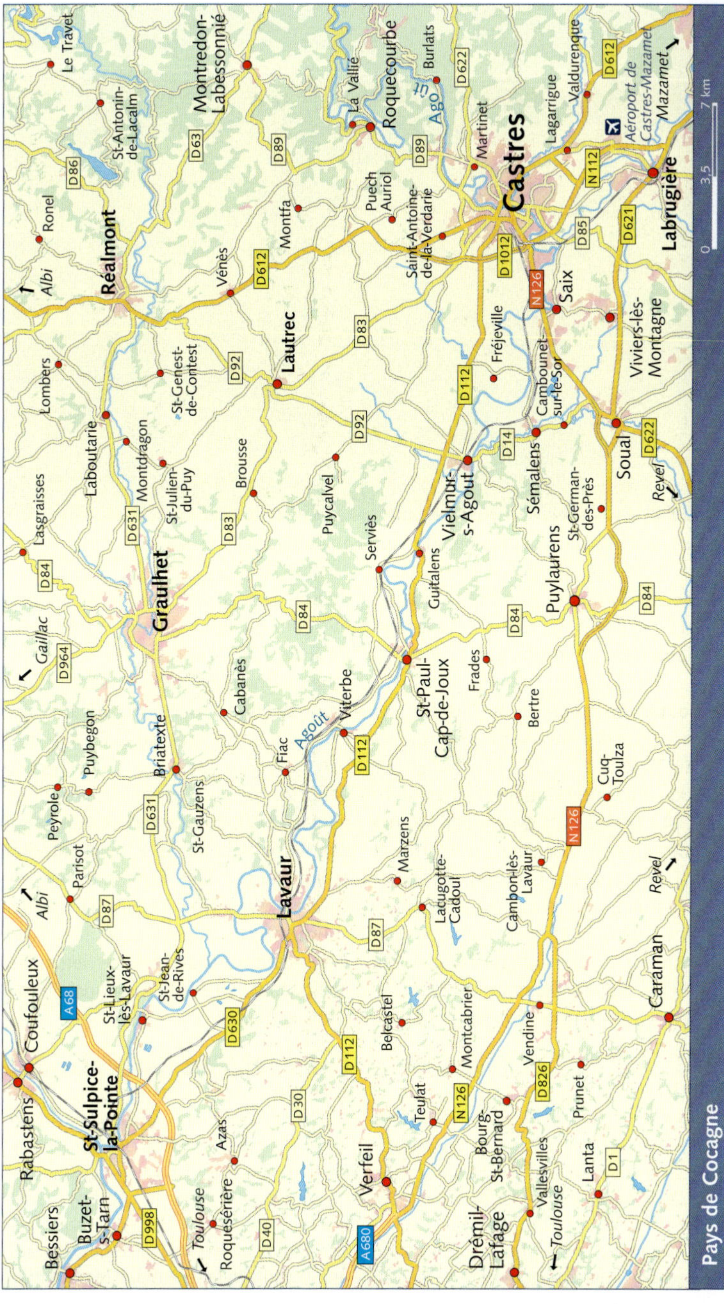
Pays de Cocagne
St-Sulpice-la-Pointe
Rabastens
Coufouleux
Bessiers
Buzet-s-Tarn
Toulouse
Roquesérière
Azas
St-Lieux-lès-Lavaur
St-Jean-de-Rives
Albi
Parisot
Peyrole
Puybegon
Briatexte
St-Gauzens
Lavaur
Verfeil
Teulat
Belcastel
Montcabrier
Bourg-St-Bernard
Drémil-Lafage
Vallesvilles
Lanta
Prunet
Vendine
Caraman
Revel
Cambon-lès-Lavaur
Lacougotte-Cadoul
Marzens
Cuq-Toulza
Fiac
Agoût
Viterbe
Cabanès
Gaillac
Graulhet
Lasgraisses
Laboutarie
Montdragon
St-Julien-du-Puy
Brousse
Puycalvel
Serviès
Guitalens
St-Paul-Cap-de-Joux
Frades
Bertre
Puylaurens
St-Germain-des-Prés
Soual
Sémalens
Vielmur-s-Agout
Cambounet-sur-le-Sor
Fréjeville
Viviers-lès-Montagne
Saix
Lautrec
St-Genest-de-Contest
Lombers
Réalmont
Ronel
St-Antonin-de-Lacalm
Le Travet
Montredon-Labessonnié
Vénès
Montfa
Puech Auriol
Saint-Antoine-de-la-Verdarie
Castres
Martinet
Roquecourbe
La Vallié
Burlats
Agout
Lagarrigue
Valdurenque
Aéroport de Castres-Mazamet
Mazamet
Labruguière
A68
A680
D998
D40
D30
D630
D112
N126
D826
D1
D87
D631
D964
D84
D83
D92
D612
D86
D63
D89
D622
D1012
D85
D621
N112
D14
0
3,5
7 km

Tarn

Pastel, auch Färberwaid genannt, war einst ein wichtiges Gut in der Region

te Glockenwand des gesamten Départements hat. 40 Meter ragt die Backsteinwand in den - meist blauen - Himmel.

■ Souterrain mediéval du Castela

Zum Schutz der Bevölkerung wurde unter der Burg von Castela, nordöstlich der Bastide, ein unterirdisches Gangsystem von 142 Meter Länge angelegt. Wohnräume, Getreidespeicher, Wasserreservoirs, Nischen für Lampen, vieles ist noch vorhanden, um sich das - ungemütliche - Leben im Untergrund vorstellen zu können. Zudem ist der bizarre Ort der Schauplatz einer dramatischen Geschichte aus königlichem Haus. Jeanne de Boulogne, durch Heirat als Elfjährige mit dem 38 Jahre älteren Herzog Jean de Berry zur Schwägerin des französischen Königs geworden, wurde durch ihren zweiten Gatten, den Grafen von Guînes, finanziell ruiniert. Da die Burg von Castela zu ihrem Erbe elterlicherseits gehörte, zog sich die gepeinigte Johanna nach Saint-Sulpice zurück. Am Rande des Ruins richtete sie in den unterirdischen Gängen eine Falschmünzerwerkstatt ein, weshalb sie schließlich wegen Landesverrats angeklagt wurde. Allerdings fehlte der Beweis, der legendäre Münzschatz wurde bislang noch immer nicht gefunden.

Saint-Sulpice-la-Pointe

Office de Tourisme, 81370 Saint-Sulpice-la-Pointe, Rue du 3 mars 1930, Tel. 0563418950; April–Juni u. Sept./Okt. Di–So 14–17.30, Mi auch 10–12 Uhr, Juli/Aug. Mo–Sa 9.30–12.30, 14–18.30, So 14–18.30 Uhr, Nov.–März Di–Sa 14–17, Mi auch 10–12 Uhr.
www.tourisme-tarnagout.com

Gare SNCF, Avenue Rhin et Danube, Tel. 0563402264. Saint-Sulpice-la-Pointe liegt an der Strecke Toulouse–Brive-la-Gaillarde und ist daher auch mit Villefranche-de-Rouergue, Capdenac und Figeac verbunden. Des Weiteren gibt es direkte Verbindungen nach Albi, Rodez, Castres und Lavaur. Nähere Auskünfte zu Verbin-

▸ Karte S. 169

dungen und Zeiten: www.ter.sncf.com/occitanie

Die Gesellschaft **Tarnbus** verbindet St-Sulpice mit Gaillac und Albi durch die Linie 702, mit Albi auch per Linie 709, mit Montauban mit der Linie 717, mit Lavaur und Castres durch die Linie 765. Der Busbahnhof befindet sich am Bahnhof.

Domaine d'En Fargou (€€€), Côte d'En Fargou, Tel. 0563589014. Ausgezeichnetes neues Vier-Sterne-Hotel im historischen Gebäude einer Weißgerberei, die mit viel Geschmack und Stil renoviert wurde. Elf Zimmer in vier Kategorien in einer Oase der Ruhe mit großem Garten. Pool und Whirlpool.
www.domaine-denfargou.com

Le Manoir de Thouron (€€), Le Thouron, Tel. 0615873667. Auf dem wunderschönen ehemaligen Weingut in einem Park am Tarn gibt es fünf Gästezimmer, die mit Antiquitäten eingerichtet sind. Ein wahrhaft herrschaftlicher Rahmen für eine Übernachtung in himmlischer Ruhe. Jedes Zimmer hat eine eigene Terrasse mit Poolblick.
www.lemanoirduthouron.com

Ô Castela (€–€€), 1018 Route de Lavaur (D 630, südöstlicher Stadtrand von Saint-Sulpice), Tel. 0563410268; Mo–Sa 12–14, Fr/Sa 19–21.30 Uhr, Aug. geschlossen. Spezialitäten vom Holzofengrill, Vorspeisenbuffet nach Wunsch. Großzügige Portionen, reiche Auswahl. Themenabende und Konzerte.
www.ocastela.fr

Le Grand Rond (€–€€), Place du Grand Rond, Tel. 0563418365; Mo–Sa 7.30–23.30 Uhr. Bar und gemütliche Brasserie im Stadtzentrum von Saint-Sulpice mit hausgemachtem Essen, täglich wechselnde Gerichte auf der Schiefertafel. Außenbereich.

Le Colvert (€€–€€€), En Boyer, Saint-Lieux-lès-Lavaur, Tel. 0563413247; Di–Fr u. So 12–14, Di–Sa 19.30–21 Uhr. Gehobene ländliche Küche mit frischen Zutaten auf einem alten Bauernhof des Lauragais, 7km östlich von Saint-Sulpice. Innen rustikales Gemäuer, außen Terrasse mit riesiger Kastanie.
www.restaurantlecolvert.com

O St-Sulp, 71, Rue de la Loubatière, Tel. 0563404167; Di–Sa 12–14, 19.30–22 Uhr. Restaurant und Weinbar in einem. Im Stil einer Tapasbar mit einer Terrasse. Einfache, aber schmackhafte Küche für Liebhaber von Fleisch, aber auch sehr großzügige Salate, leckere Burger und Pizzen. Keine Menus, nur à la carte. Sa abends Live-Musik.

Souterrain mediéval du Castela en Pays de Cocagne, Rue du 3 mars 1930, Tel. 0563418950. Nur im Rahmen einer knapp einstündigen Führung (Treffpunkt am Office de Tourisme) zu besichtigen; April–Juni, Sept./Okt. Mi, Sa 15, So 15 und 16 Uhr. Juli/Aug. Mo–So mehrere Führungen täglich zusätzlich. Eintritt 6 Euro, reduziert 4 Euro, Kinder unter 6 Jahren frei. Temperatur im Untergrund konstant bei 14°C, warme Jacke nicht vergessen!
www.tourisme-tarnagout.com

Le Monde de Lise, Centre Commercial Les Portes du Tarn (südlich des Bahnhofs), Z.I. des Terres Noires. Geschirr, Tafelwäsche, Einrichtungsobjekte und diverse Produkte aus und mit Pastel wie Kissen, Handtücher, Schals, Kosmetika. Hübscher Laden zum Stöbern.

Jeden Mi findet auf der Place du Grand-Rond und der Esplanade Octave Medale von 7 bis 13 Uhr der **Wochenmarkt** statt.

EXTRA

Pastel oder die Kunst des Blaumachens

Seit dem Mittelalter verwendete man die Blätter der Pflanze *Isatis tinctoria*, die im Deutschen als Färberwaid, Pastel oder Deutsches Indigo bezeichnet wird. Diese zweijährige Pflanze aus der Familie der Kreuzblütengewächse stammt ursprünglich aus Westasien und kam vermutlich mit den Kreuzfahrern nach Europa. Anfangs hat man enorme Mengen an frischen Blättern zum Färben benutzt und ein sehr helles, lichtes Blau erzeugt. Bis man merkte, dass durch Lagerung an der Luft die Blätter ein wesentlich intensiveres Blau ergeben. Grund dafür ist das farblose Glykosid Indican, das sich nach der Ernte der frischen Blätter in Zucker und Indoxyl spaltet. Erst durch die Fermentation an der Luft wird der Farbstoff Indoxyl langsam blau. Königlich blau!

Zur Gewinnung des Farbstoffs wurden Ende Mai, Anfang Juni die Blätter geerntet, indem man die Blattrosetten von der Wurzel abgestochen hat. Nach dem ersten Stich trieben die Blätter erneut aus und sechs Wochen später konnte man erneut abstechen. In einem guten Jahr konnte man jede Pflanze bis zu vier Mal abernten. Die geernteten Blätter mussten nach jedem Stich zum Waschen zu einem fließenden Gewässer gebracht werden, anschließend wurden sie auf Wiesen zum Trocknen ausgelegt, wo sie blieben, bis sie welkten. In Pastelmühlen wurden sie dann zu einem Mus zerquetscht, aus dem faustgroße Bällchen geformt wurden, die erneut zum Trocknen ausgelegt wurden. Dabei schrumpfte die Masse auf ein Drittel zusammen und wurde als sogenanntes getrocknetes Ballenwaid zu den Pastelhändlern gebracht.

Dort erst entstand dann der blaue Stoff. Dazu wurden die Bällchen zerschlagen, mit Wasser befeuchtet, um die Gärung in Gang zu setzen. Zum Färben der Stoffe wurde dann noch etwas Kalk und Pottasche zugefügt und alles in einen Bottich mit heißem Wasser gegeben. Beim Färben von Baumwollstoffen wurde zusätzlich noch Urin beigefügt. Allerdings wurde in diesem Teil Okzitaniens fast ausschließlich Wollstoff gefärbt, während Nîmes und Avignon auf das Färben indischer Baumwolle spezialisiert waren. Die Stoffe aus Nîmes wurden über Genua nach Amerika exportiert, woher sich die Ausdrücke Denim (de Nîmes) und Jeans (Gênes, fr. für Genua) ableiten. Da weder Toulouse noch das Pays de Cocagne über einen Seehafen verfügen, wurden hier die damals wesentlich begehrteren und edleren Wollstoffe gefärbt. Diese Stoffe wurden mehrfach in die gelbe Pastel-Kalk-Lösung getaucht und dann zum Trocknen aufgehängt. Durch die Oxidation an der Luft wurden aus den anfangs gelblichen Stoffen blaue. Dieser Prozess dauerte mehrere Stunden, während derer man nur warten konnte. Man machte also blau, indem man nichts tat, woher unser Ausdruck des Blaumachens stammt.

Mit der Einfuhr von *Indigofera tinctoria* aus Indien durch die Portugiesen setzte sich bald diese Blaumacherpflanze durch. Sie wurde ab dem 17.Jahrhundert in den neuen Kolonien in Amerika systematisch angebaut, vor allem in der französischen Kolonie Louisiana. Durch eine Mischung des Pastel-Indigos und des tropischen Indigos erzielte man noch kräftigeres und haltbareres Blau. Erst als 1834 Friedlieb Ferdinand Runge erstmals blauen Farbstoff Anilin aus Steinkohlenteer gewonnen hat und der deutsche Chemiker Heumann die Grundlagen der großtechnischen synthetischen Herstellung von blauem Farbstoff entwickelt hatte, war die Zeit des Pastels endgültig vorbei.

Lavaur

Seinen Namen hat Lavaur vom keltischen Wort »vobero« für einen kleinen, versteckten Bach, womit wohl das Stadtflüsschen Font-Célarde gemeint war. Umflossen wird der Ort, der sich gerne als Hauptstadt des Schlaraffenlandes bezeichnet, vom Agout. Rund 11 000 Einwohner zählt die Stadt, Vauréens genannt.

1025 wurde Lavaur erstmals urkundlich als »castrum«, befestigte Siedlung, erwähnt. Während des Albigenserkreuzzuges (→ S. 37) wurde die Stadt mehrfach belagert und durch Simon de Montfort eingenommen. 400 bis 500 Katharer wurden gehängt, erdolcht oder verbrannt. Nachdem Raymond VII., Graf von Toulouse, Lavaur nach de Montforts Tod 1218 rückeroberte, fiel sie zusammen mit der gesamten Grafschaft nach dem Vertrag von Paris schließlich doch an die französische Krone und die Stadtmauern wurden geschleift. 1317 wurde Lavaur zum Bischofssitz erhoben und blieb es bis zur Französischen Revolution. Nach dem Niedergang des Pastelhandels wurde im 18. Jahrhundert eine Seidenmanufaktur angesiedelt, doch auch diese schloss nach der Revolution. Inzwischen haben sich kleinere Betriebe der Textilindustrie und Druckereibetriebe angesiedelt, vor allem aber ist Lavaur das Handwerks- und Dienstleistungszentrum für die Dörfer der Umgebung, die überwiegend von der Landwirtschaft leben.

■ Stadtzentrum

Den Reichtum der Region kann man jeden Samstag hautnah auf dem großen **Wochenmarkt** erleben. Auf den Boulevards rund um die Altstadt, Allée Férréol Mazas, Allée Jean-Jaurès, Quai de la Tour Ronde bis zur Place du Vieux-Marché, fühlt man sich dann tatsächlich wie im Schlaraffenland. Die Gassen im Zentrum, insbesondere die Grand Rue, haben ihren Charme bewahrt und lohnen ebenfalls einen kleinen Bummel.

Das – im wahrsten Sinne des Wortes – herausragendste Gebäude der Stadt ist dabei die ehemalige Kathedrale. Anstelle des ehemaligen Bischofspalais' entstand an der Nordseite ein baumbestandener kleiner Park, hin zum Fluss Agout. Vor der ehemaligen Kathedrale wurde ein gepflegter Garten angelegt.

■ Cathédrale Saint-Alain

Eine romanische Vorgängerkirche wurde durch den Albigenserkreuzzug zerstört und ab 1255 aus rotem Backstein im gotischen Stil wieder aufgebaut. Der erhaltene Turm mit seinem oktogonalen Aufbau wurde in den Neubau integriert. Seit dem 17. Jahrhundert schlägt der **Jacquemart**, der berühmte Stundenschläger aus Holz, zu jeder vollen und halben Stunde. Uhr und Schlagwerk sind sogar noch etwas älter und stammen aus dem Jahr 1523. Die Legende besagt, dass während der Religionskriege ein Protestant in der Kirche gefangen gehalten wurde, der jede Stunde die Kirchenglocken läuten musste. Um dieser Aufgabe zu entgehen, heckte er eine List aus und konstruierte einen Automaten, der die Aufgabe an seiner Statt übernahm. Ihr heutiges Aussehen bekam die ehemalige Kathedrale vor allem Anfang des 16. Jahrhunderts, als der monumentale **Portalvorbau** angefügt wurde. Der Zugang erfolgt allerdings von der Südseite aus, unter dem **romanischen Turm**, der zur gleichen Zeit auf Initiative des Bischofs von Lavaur, Jean Viguier, seinen achteckigen Aufbau bekam. Am **Trumeaupfeiler** des spätgotischen Portals ist der Patron der Kirche dargestellt, der heilige Alain von Lavaur, über dessen Heiligenvita nichts bekannt ist, außer dass ihm zu Ehren an Stelle der Kathedrale

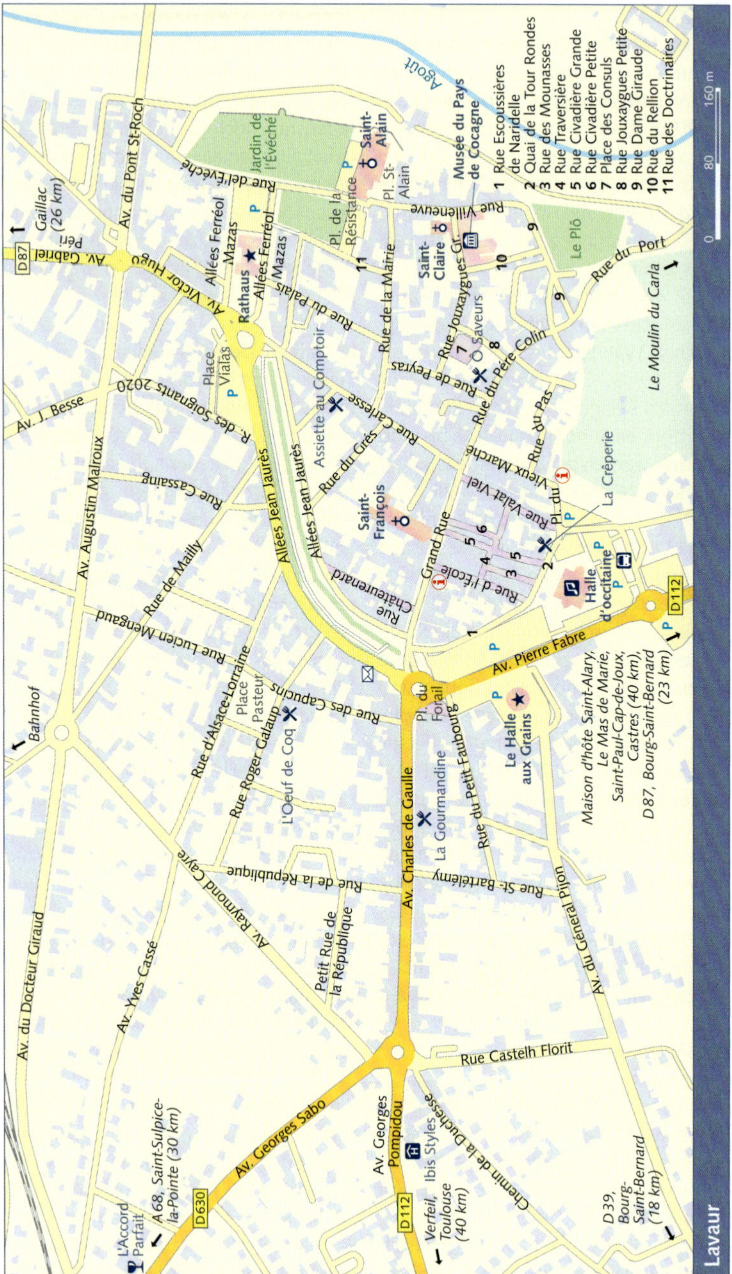
Lavaur
1 Rue Escoussières de Naridelle
2 Quai de la Tour Rondes
3 Rue des Mounasses
4 Rue Traversière
5 Rue Civadière Grande
6 Rue Civadière Petite
7 Place des Consuls
8 Rue Jouxaygues Petite
9 Rue Dame Giraude
10 Rue du Rellion
11 Rue des Doctrinaires
0
80
160 m
Agout
Jardin de l'Évêché
Saint-Alain
Pl. St-Alain
Pl. de la Résistance
Musée du Pays de Cocagne
Saint-Claire
Rathaus
Allées Ferréol Mazas
Rue de l'Évêché
Rue Villeneuve
Rue de la Mairie
Rue du Palais
Rue Jouxaygues Gr.
Ô Saveurs
Le Plô
Rue du Port
Le Moulin du Carla
Rue du Père Colin
Rue de Peyras
Rue Carlesse
Assiette au Comptoir
Rue du Grés
Allées Jean Jaurès
Place Vialas
Av. Victor Hugo
Av. Gabriel Péri
D87
Gaillac (26 km)
Av. du Pont St-Roch
Av. J. Besse
R. des Soignants 2020
Av. Augustin Malroux
Rue Cassaing
Rue de Mailly
Rue Lucien Mengaud
Saint-François
Grand Rue
Rue d'Ecole
Rue Châteurenard
Vieux Marché
Rue Valat Viel
Rue du Pas
Pl. du
La Crêperie
Halle d'occitaine
D112
Av. Pierre Fabre
Maison d'hôte Saint-Alary, Le Mas de Marie, Saint-Paul-Cap-de-Joux, Castres (40 km), D87, Bourg-Saint-Bernard (23 km)
Le Halle aux Grains
Pl. du Forail
Rue des Capucins
Place Pasteur
Rue d'Alsace-Lorraine
Rue Roger Galaup
L'Oeuf de Coq
Bahnhof
Av. Charles de Gaulle
La Gourmandine
Rue du Petit Faubourg
Rue St-Barteléмy
Av. du Général Pijon
Rue de la République
Petit Rue de la République
Av. Raymond Cayre
Av. Yves Cassé
Av. du Docteur Giraud
Rue Castelh Florit
Chemin de la Duchesse
Av. Georges Sabo
Av. Georges Pompidou
Ibis Styles
D630
A 68, Saint-Sulpice-la-Pointe (30 km)
L'Accord Parfait
Verfeil, Toulouse (40 km)
D39, Bourg-Saint-Bernard (18 km)

im 11. Jahrhundert eine Klosterkirche durch den Bischof von Toulouse geweiht wurde. Angeblich soll Alanus von Lavaur im 7. Jahrhundert selbiges Kloster selbst gegründet haben.

Von außen beeindruckt der Kirchenbau durch seine imposanten Maße, ein wahres Bollwerk aus rotem Ziegelstein: 73 Meter lang, fast 14 Meter breit und 42 Meter hoch. Die kleinen Trepppentürmchen mit Spitzhelmen am Ansatz des oktogonalen Turmaufbaus verstärken den wehrhaften Eindruck der ehemaligen Kathedrale und erinnern an eine Burg. Eine Burg Gottes.

Im **Inneren** überrascht die einschiffige Kirche mit bunter **Wandbemalung**, die ein Werk des 19. Jahrhunderts ist. Das älteste Stück der Ausstattung ist eine **Altarplatte** aus dem 11. Jahrhundert, die vermutlich der Tolosaner Bischof zur Weihe als Geschenk mitgebracht hat. Das Dekor trägt die Handschrift von Meister Bernardus Gelduinus, der auch die Altarplatte für Saint-Sernin gemacht hat. Ein seltenes Meisterwerk ist die **Orgelempore** aus der Renaissance, die aus kunstvollen Holzschnitzereien mit polychromer Fassung besteht. Die Orgel selbst stammt aus dem Jahr 1876, aus der Werkstatt von Aristide Cavaillé-Coll.

Die Kathedrale Saint-Alain

Tarn

Lavaur

Office de Tourisme, 81500 Lavaur, Tour des Rondes, Tel. 0563580200; April–Juni, Sept./Okt. Di–Sa 10–12, 14–17.30 Uhr, Do nur nachmittags, Juli/Aug. Mo–Sa 9.30–12, 14–18.30 Uhr, Nov.–März Di–Sa 14–17 Uhr, Mi, Sa auch 10–12 Uhr. www.tourisme-tarnagout.com

Gare SNCF, Avenue de la Gare, Tel. 0563580119. Direkte Verbindungen bestehen nach Toulouse über Saint-Sulpice und nach Castres. Nähere Auskünfte zu Verbindungen und Zeiten: www.ter.sncf.com/occitanie

Der **Busbahnhof** ist an der Halle d'Occitanie neben dem Netto-Markt, die meisten Busse halten aber auch am Bahnhof Lavaur. Der Tarnbus Linie 765 fährt mehrfach pro Tag zwischen Saint-Sulpice und Castres über Lavaur. Zudem ist Lavaur über die Linie 705 mit Albi verbunden, über die Linie 710 mit Gaillac.

Taxi du Vaurais, Tel. 0972900583.

Ibis Styles Toulouse Lavaur (€€–€€€), 1, avenue Georges Pompidou, Tel. 0563830808. Drei-Sterne-Hotel in zentraler und doch erstaunlich ruhiger Lage mit hübschem Hof um einen alten Brunnen. Moderne, klimatisierte Zimmer mit bequemen Betten. Gutes Frühstücksbuffet. www.accor.com

Maison d'hôte Saint-Alary (€€), Chemin d'en Ayral (9 km östlich von Lavaur), Tel. 0563702403. Drei geschmackvolle Zimmer in alten Bauernhaus, das sehr liebevoll restauriert und zu einem charmanten Gästehaus umgebaut wurde. Traditionell mit modernem Touch. Abends gibt es die Möglichkeit, im Haus zu dinieren, Hausherrin Corinne bereitet gegen Voranmeldung ein Drei-Gänge-Menü für 21 Euro zu. Sehr gutes Frühstück. Die sehr netten Gastgeber stellen kostenlos Fahrräder zur Verfügung. Ein großer Garten mit Pool ist ebenfalls vorhanden. Sehr empfehlenswert! www.saint-alary.com

Le Moulin du Carla (€€), 747, Chemin du Carla, Tel. 0677570180. Die alte Mühle mit ihren zwei Taubentürmen am Fluss Agout wirkt wie ein verwunschenes Schloss inmitten eines großen Parks, in dem ein Pool zur Verfügung steht. Eine einzige Suite wird an Gäste vermietet, antike Möbel und ein Kamin unterstreichen das Schloss-Ambiente und entschädigen für das französische Frühstück. Bei Bedarf kann die Suite auch zum Dreibettzimmer umgewandelt werden.
www.lemoulinducarla.fr

Le Mas de Marie (€€-€€€), Lieu-dit Dominici, Tel. 0684351742. Das familiäre Bed & Breakfast des Ehepaars Poteau ist in einem Landgut aus dem 18. Jahrhundert mit viel historischem Charme eingerichtet (4 km südöstlich der Stadt). Mit großem Pool, Grill, Tischtennis, Billard. Kontinentales Frühstück. Vier Gästezimmer, darunter eine Familiensuite mit zwei Schlafzimmern stehen zur Verfügung. Zusätzlich gibt es noch ein Ferienhaus mit zwei Schlafzimmern mit eigenen Bädern, einer voll ausgestatteten Küche, einem Salon mit einer Schlafcouch und einer Gästetoilette. 780–1150 €/Woche im Ferienhaus (Sa-Sa).
www.lemasdemarie.fr

L'Oeuf de Coq (€€-€€€), 1, Place Pasteur, Tel. 0563346658; Mi–So 12–14, Mi–Sa 19–21.30 Uhr. Feine, leichte Küche mit lokalen Produkten und kreativem Touch in schönem Ambiente. Unbedingt lohnend!

La Gourmandine (€-€€), 35, avenue Charles de Gaulle, Tel. 0563418377; Fr–Mo 12–14, Do–Mo 19–21.30 Uhr. Traditionelle Küche in gemütlichem Rahmen. Sehr günstige Mittagsmenüs.

Assiette au Comptoir (€-€€), 19bis, rue Carlesse, Tel. 0563426030; Mo–Fr 12–13.30, Do/Fr 19.30–21.30 Uhr. Traditionelle Gerichte wie bei Muttern, hausgemacht und rustikal, wohlschmeckend und ohne Chichi, in einem urigen Restaurant in der Fußgängerzone.

Chez John (€€-€€€€), 465, route de Gaillac, Ambres, Tel. 0563576485; Di–Fr So 12–14, Di–Sa 19–21 Uhr. Für das moderne, stylische Restaurant lohnt der Weg nach Ambres, 5 km nördlich von Lavaur gelegen. Das findet seit 2018 auch der Michelin-Restaurantführer und lobt die moderne, kreative Küche des Engländers. Regionale Küche neu interpretiert.

La Crêperie (€-€€), 8, Quai la Tour des Rondes, Tel. 0563427256; Di–So 11–14, Di–Sa 18–21.30 Uhr. Leckere Crêpes und Salate in modernem, geradlinigem Design.

Kebab Ô Petit Creux (€), 1, allée Jean-Jaurès, Tel. 0651032868; Mi–Sa 11–14, 18.30–21.30 Uhr. Natürlich gibt's v.a. Döner, aber auch Burger, Sandwiches und Tacos.

Ô Saveurs, 2, rue Peyras, Tel. 0563 582310; Mo–Fr 10–18 Uhr. Im Sommer lässt sich auf der netten Terrasse im Schatten mittags ein Imbiss mit Crêpes, herzhaften Tartes oder Salat im Schatten nehmen oder nachmittags Kaffee und Kuchen genießen. Wenn's draußen zu kühl ist, steht innen ein gemütlicher Bereich mit Backsteinwänden und Kamin zur Verfügung und man kann sich mit leckerer, heißer Schokolade aufwärmen.
www.o-saveurs.fr

L'Accord Parfait, 24, avenue Georges Sabo, Tel. 0563335943; Di–Sa 10–13, 15–19.30 Uhr. Hervorragende Weinauswahl.

▸ Karte S. 173

Mittags wird das Geschäft zu einem Weinbistro, in dem Weinkenner und Sommelier Bertrand und Köchin Catherine für den perfekten Einklang zwischen Essen und Wein sorgen. Innovative Gerichte, regional, aber auch asiatisch, mit frischen, lokalen Produkten, meist Bio. Mittagessen (€) Mo–Fr 12–14 Uhr.
www.caviste-lavaur.com

Musée du Pastel, Château de Magrin (15 km südöstlich von Lavaur), Tel. 0563706382; So 15–17.30 Uhr (außer an Weihnachten und Neujahr), Juli–Mitte Sept. Mo–So 15–17.30 Uhr, in den ersten drei Augustwochen zusätzlich 10.30–12 Uhr. Eintritt 8 Euro, Kinder und Jugendliche 6–7 Euro, Kinder unter 6 Jahren frei. Im Château de Magrin, das im ältesten Teil bereits auf das 12. Jahrhundert zurückgeht und im 16. Jahrhundert von einer Burg zu einem Schloss umgebaut wurde, ist ein Museum rund ums Thema Pastel eingerichtet.
www.pastel-chateau-musee.com

Sentier du Pastel: Unterhalb des Pastelmuseums im Château de Magrin, beginnt ein Rundwanderweg, der rund 8 Kilometer lang ist und auf der ehemaligen Römerstraße auf einem Höhenweg durchs Land des Färberwaids führt. Der Pastelweg ist mit gelben Strichen markiert, gelbes Kreuz bedeutet »dieser Weg ist falsch«. Ein Infoblatt mit Beschreibung und Karte gibt es hier: www.lautrectourisme.com (Menüpunkt: Randonner).

Les Écuries de Cocagne, Route de Garrigues, En Cros (8 km westlich von Lavaur), Tel. 0563581858 oder 0677093851; Di–So, Reitkurse während der Ferienzeiten Mo–Fr 9–18 Uhr.
www.ecuriesdecocagne.fr

Golf Étangs de Fiac, Braziz, Tel. 0563706470; März–Okt. 8.30–18.30 Uhr, Okt.–März 9–18 Uhr. 5,6 km langer 18-Loch-Platz, Par 71. Greenfee werktags 43 Euro, Wochenende 54 Euro.
www.jouer.golf/etangs-de-fiac

La Maison du cadeau et du pastel, 33, Grand Rue; Di–Sa 9.30–12.30, 14.30–19.15 Uhr. Kleine Boutique für kleine Geschenke und Mitbringsel, rund um das Thema Pastel.
Wochenmarkt am Samstagmorgen auf den Boulevards um die Altstadt.

Tarn

Hausfassade in Lavaur

Lautrec

Das Örtchen Lautrec gehört zu den »schönsten Dörfern Frankreichs«. Über den Ursprung des Namens gibt es zwei Theorien. Die einen vermuten den Namen eines Keltenstammes dahinter, die anderen leiten den Ortsnamen von der Bezeichnung Alt Rec für einen hochgelegenen Bach ab.

Nachdem der Ort von Kelten und Römern besiedelt war, legte Karl der Große, der hier eine Rast einlegte, den Grundstein für eine Kirche, die dem heiligen Remigius geweiht war. Nur der Name des Waschhauses erinnert an deren Standort. Immerhin entwickelte sich um diese Kirche im Laufe der nächsten Jahrhunderte eine kleine Stadt, die sogar Sitz eines Vizegrafen wurde. Das Lehen dieser Vizegrafschaft gehörte später zum Besitz der Grafen von Toulouse-Lautrec-Monfa, deren berühmtester Sprössling der Maler Henri Toulouse-Lautrec war.

Der erste Vizegraf Sicard von Lautrec errichtete um 970 auf dem Hügel Monlausain ein Castrum mit einer doppelten Mauer mit je acht Türmen. Nur noch das Caussade-Tor ist von dieser Befestigungsanlage erhalten. Im Schutze dieser Verteidigungsanlage entwickelte sich um den benachbarten Salette-Hügel das Dorf, das sich bis heute seinen mittelalterlichen Charme bewahrt hat. Zu Blütezeiten hatte Lautrec immerhin 4500 Einwohner, heute nur noch ein Drittel.

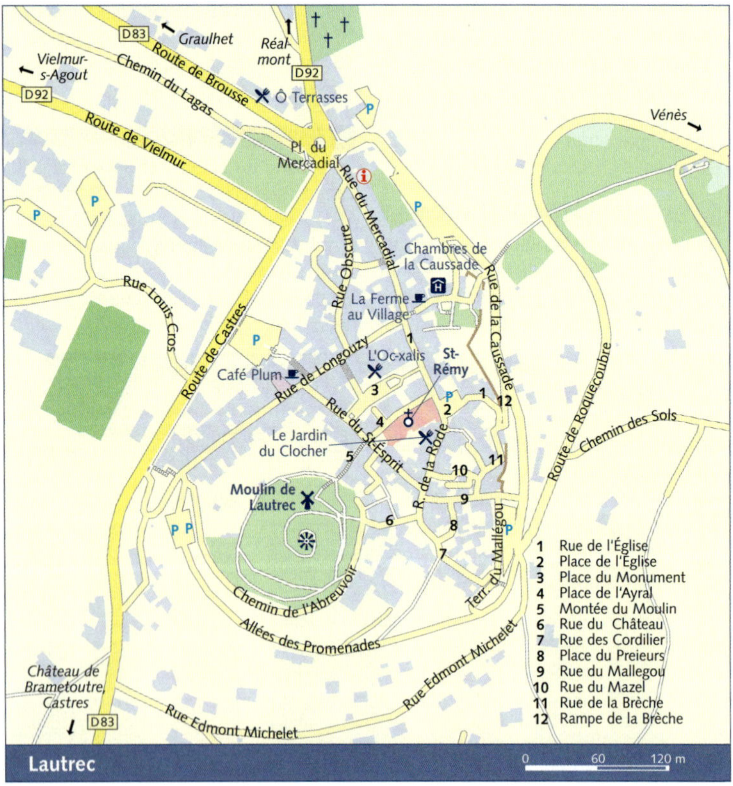

Lautrec

Lautrec ist berühmt für seinen rosa Knoblauch

Collègiale Saint-Rémy

In den malerischen Gassen des Dorfkerns überrascht die Stiftskirche Saint-Rémy mit ihren Dimensionen von 40 Metern Länge. Innen fast strahlend weiß, beherbergt sie einen meisterhaften **Altar aus Caunes-Minervois-Marmor**. Dieser Marmor gehört zu den edelsten Marmi der Welt, Versailles oder der Petersdom wurden damit verschönert. Das gotische Deckengewölbe der 1394 erbauten Kirche wurde im 19. Jahrhundert mit Trompe l'œil-Malereien versehen.

Windmühle

Oben auf dem Salette-Hügel steht noch immer eine alte Windmühle, die 1688 als Kornmühle erbaut wurde, und von der aus man einen wunderbaren Blick auf die alten Dächer des Dorfes hat. Seit einer Restaurierung in den 1990er Jahren ist sie auch wieder zu besichtigen (s.u.).

Ail rose de Lautrec

Lautrec ist nicht nur Teil des für Pastel bekannten Pays de Cocagne, sondern auch Knoblauchland. Wenn freitags der Wochenmarkt auf der Place centrale stattfindet, sind die weiß-rosa Knollen nicht wegzudenken. Jedes Jahr am ersten Freitag und Samstag im August feiert das Dorf sein Knoblauchfest. Der rosa Knoblauch von Lautrec hat seit 1966 ein staatliches Gütezeichen und seit 1996 die europäische IGP (Indication géographique protegée), die besagt, dass nur der Knoblauch, der auf den 320 Hektar im Südwesten des Départements Tarn, um Lautrec herum, sich als »Rosa Knoblauch von Lautrec« bezeichnen darf. Dafür müssen sich die Knoblauchbauern an strikte Regeln halten

Die Legende erzählt, dass man den Knoblauch einem Hausierer zu verdanken hat, der vor Ort übernachtete, aber sein Quartier nicht bezahlen konnte. Statt mit

Die Windmühle von Lautrec

Geld hat er dann mit den rosa geäderten Knollen bezahlt. Der Gastwirt habe diese dann in seinen Garten gepflanzt und für seine Verbreitung gesorgt. Die Ernte erfolgt zwischen Mitte Juni bis Mitte Juli. Die besondere Qualität verdankt sich den lehmigen Kalkböden des Tarn. Geschätzt wird der rosa Knoblauch von Lautrec für seine milde Süße, seine dezente Schärfe und seine große Lagerfähigkeit. Als Stabknoblauch wird er zu Trauben, sogenannten Manouille, zusammengebunden, die an vielen Läden des Dorfes zu sehen sind. Zwischen 400 und 800 Tonnen ernten die 178 Knoblauchbauern um Lautrec. Die Qualität der neuen Ernte wird im Rahmen des Festivals von einer Bruderschaft, deren Mitglieder in jägergrünen Umhängen und weißen Hüten feierlich einziehen, einer Geschmacksprüfung unterzogen.

Lautrec

Office de Tourisme, 81440 Lautrec, Rue du Mercadial, Tel. 0563979441; Mai, Juni, Sept. Mi–Sa 9–12.30, Di–So 14–17.30 Uhr, Juli/Aug. tgl. 9.30–12.30, 14–18 Uhr, Okt.–April Di–Sa 9.30–12.30, 14–17.30 Uhr. www.lautrectourisme.com

Tarnbus, Linie 704 verbindet Lautrec mit Castres und Gaillac.

Chambres de la Caussade (€€), Rue de la Caussade, Tel. 0563753321. Mme. Ormière hat drei Zimmer im Herzen des Dorfes und gibt auch Kochunterricht. Die Zimmer sind einfach, aber mit Geschmack eingerichtet, die Badezimmer sehr sauber.

Chambres d'hôtes Cadalen (€€), Cadalen, Tel. 0786028848. 3 km östlich von Lautrec Richtung Vénès, rechts Richtung Cabrilles/Peyregoux. Ein schwedisch-französisches Paar vermietet vier sehr individuelle Zimmer mit stilvoller, antiker Einrichtung in einem historischen Gemäuer, das auf das 14. Jahrhundert zurückgeht. Ausgezeichnetes kontinentales Frühstück. Großer Garten mit einem sehenswerten Taubenhaus. www.cadalen81.com

La Fontaine de Lautrec (€€), Le Buguet, Tel. 0563501572 oder 0615764191. Sehr familiär geführtes B & B mit viel Charme und Herzlichkeit. Das Besitzerehepaar Lagarde hat vier Zimmer, davon zwei Familiensuiten, in denen bis zu fünf Personen übernachten können. Sehr gutes Frühstück mit selbstgemachten Marmeladen, Abendessen von der Hausherrin auf Anfrage zubereitet.
www.fontaine-lautrec.com

Château de Brametourte (€€€–€€€€), Tel. 0563750125. Die sechs Suiten und zwei Zimmer versprühen wie das ganze Anwesen, eine Burg aus dem 11. Jahrhundert, mittelalterlichen Charme und bieten doch Luxus und Komfort. Außergewöhnlich und außergewöhnlich schön brametourte.com

Camping Le Pessac, 14, rue Quartier de Pessac, Vielmur-sur Agout, Tel. 0563743024. Schöner Platz mit Pool, diverse Spiel- und Sportmöglichkeiten sowie kostenloser Zugang zum örtlichen Tennisplatz. www.camping-lepessac.com

▶ Karte S. 178

Le Clos d'Adèle (€€-€€€), 6, place du Monument, Tel. 0581436191; Fr–Di 12–14, Mo, Di, Do–Sa 19.30–21.30 Uhr. Traditionelle, regionale Küche auf hohem Niveau in einem urigen Fachwerkhaus, mit Terrasse. Großzügig bemessene Portionen.
Le Jardin du Clocher (€€€), 4, rue de la Rode, Tel. 0983655456; Mi–So 12–14, 19–22 Uhr Juli/Aug. Di–So 12–14, 19–22 Uhr. Ambitioniertes, erst 2019 renoviertes Restaurant mit wunderbarer Innenhofterrasse, das traditionelle Gerichte aus der Region anbietet; kleine, aber feine Karte.
Ô Terrasses (€), 14, route de Brousse, Tel. 0563753710; Mo–Fr 9–17, Sa/So 9–0 Uhr. Das Restaurant und Café mit hübscher Terrasse bietet für jeden Geschmack etwas zu kleinem Preis. Traditionelle Gerichte, Pizza, Tapas, Crêpes und Waffeln.

La Ferme au Village, 4, rue du Mercadial, Tel. 0563742329; April/Mai Fr–So 10–18 Uhr, Juni–Sept. tgl. 10–18 Uhr. Hübscher Teesalon im ehemaligen Rathaus, der einer Boutique, in der sich alles um Pastel dreht, angeschlossen ist. Mittags gibt es auch kleine Gerichte wie Knoblauchsuppe und andere lokale Spezialitäten. Auch Sitzplätze im Innenhof im Schatten einer Palme. www.lafermeauvillage.com
Café Plum, Rue de Lengouzy, Tel. 0563708330; Sept.–Juni Mi, So 10–20, Do 10–22, Fr/Sa 10–1 Uhr, Juli/Aug. Di–So 9–1 Uhr. Originelles Literaturcafé mit Bar, das regionale Gerichte und viele Kulturevents anbietet. www.cafeplum.org

Moulin de la Salette; Mitte April–Mitte Okt. Mi–Sa 10–12.30, 14–17.30 Uhr, So nur nachmittags. Eintritt 1 Euro, mit Führung 2 Euro, Kinder unter 6 Jahren frei.

Fête de l'Ail. Am ersten Augustwochenende feiert man die Ernte der rosa Knolle mit Musik und viel Knoblauch im Essen.

Complexe de loisir Aquaval, route de Vielmur, Tel. 0563705232; tgl. 10–20 Uhr. Erw. 6 Euro, Kinder von 3–14 Jahren 5 Euro. Freizeitpark mit großem, überwachtem Wasserbereich mit Rutschen, Kinder- und Planschbecken. Spielplätze, Minigolf, Bowling sowie Grillbereich und Picknickplätze.
www.cclpa.fr/aquaval

Der **Knoblauchweg**, »Sentier de l'Ail«, führt zunächst durchs Dorf, dann geht es über einen Treppenweg zu hoch zur Windmühle und auf der Südseite des Hügels wieder hinab und weiter nach Saint-Clément. Ein Höhenweg führt vorbei an Peyrolle mit herrlichen Ausblicken zu den Montagne Noire und zurück zum Ausgangspunkt. Zwei Stunden muss man für den sieben Kilometer langen Wanderweg, der mit gelben Querstrichen markiert ist, rechnen (gelbe Kreuze zeigen an, dass man sich auf dem falschen Weg befindet). Im Office de Tourisme in Lautrec gibt es einen Prospekt sowohl zu dieser Wanderung als auch zu einer doppelt so langen Wanderung auf der »Boucle du Tumulus«. Auch online erhältlich unter: www.lautrec-tourisme.com (Menüpunkt: Randonner).

La petite Maison du Pastel, 1, Place Centrale, Tel. 0620629526; Di–Fr 10–19, Sa/So 10.30–19 Uhr. Textilien, Kosmetik, Deko alles in pastelblau. www.lapetitemaisondupastel.com
Yannick Garibal, La Grande Plaine, Jonquières, Tel. 0683240019. Knoblauchproduzent, der nach telefonischer Voranmeldung auch direkt verkauft. 6 km südlich von Lautrec.
Freitagmorgen findet rund um die Place Centrale der **Wochenmarkt** statt. Ab Mitte Juli bis zum Jahresende auch Knoblauchmarkt an diesem Tag.

Castres

Die größte Stadt am Rande des Pays de Cocagne ist Castres mit über 40 000 Einwohnern, beiderseits des Flusses Agout gelegen. Seit dem 14. Jahrhundert dominiert die Textilverarbeitung die Wirtschaft der Stadt, auch heute noch. Um 1860 zählte die Stadt 50 Wollmühlen, in denen 3000 Personen beschäftigt waren. Heute ist Castres das zweitgrößte Zentrum Frankreichs für Wolle. Es ist sogar das wichtigste Zentrum für die Herstellung von Streichgarnen, die zur Herstellung gewalkter Stoffe und vor allem von Loden benötigt werden. 7000 Tonnen Garn und fast 15 Millionen Meter Stoff kommen Jahr für Jahr aus den hiesigen Textilbetrieben. Durch die Nähe zur Montagne Noire ist die Stadt zudem traditionell in der Holzindustrie aktiv. Dazu kamen im 20. Jahrhundert Maschinenbauunternehmen sowie chemische und pharmazeutische Industrie. Ein gebürtiger Castrais gründete 1961 die nach ihm benannten Laboratoires Pierre Fabre, heute ein milliardenschweres Kosmetik- und Pharmaunternehmen, das unter anderem das Arzneimittel Vinorelbin herstellt, das in der Brustkrebsbehandlung eingesetzt wird. Das Unternehmen ist der größte Arbeitgeber in Castres.

Die Castrais und Castraises, wie man die Einwohner nennt, sind übrigens fast so Rugby-verrückt wie die Tolosaner. Nur nicht ganz so erfolgreich. Immerhin fünf Mal wurde Castres Olympique französischer Meister, zuletzt 2018.

Stadtgeschichte

Die Geschichte von Castres begann als Castras, abgeleitet vom lateinischen Castrum. Im frühen Mittelalter siedelten sich Eremitenmönche am Ufer des Agout an, woraus um 810 die Gründung einer Benediktinerabtei resultierte. Nachdem die Karolinger dem Kloster die Reliquien des heiligen Vinzenz von Saragossa, der in Spanien das Evangelium verkündet hatte, schenkten, wurde Castres zu einer Station des Jakobswegs, der Via Tolosana. Durch die Pilger entwickelte sich in der Nähe des Pilgerziels eine Stadt, die unter die Herrschaft der Vizegrafen von Albi und Lautrec kam. Bereits im 11. Jahrhundert allerdings gewährte man ihr die Unabhängigkeit. Die Verwaltung lag fortan in den Händen von Konsuln. Diese unterwarfen sich und die Stadt dem Kreuzfahrerheer Simon de Montforts und entgingen damit Zerstörungen.

Teil des Königreichs geworden, wurde Castres 1317 zur Bischofsstadt erhoben. Vierzig Jahre später erhob König Johann II. die Stadt sogar zur Grafschaft, die dem Herzog von Nemours, der fast 600 Kilometer weiter im Norden residierte, unterstellt war. Dies bedeutete für Castres einen fast bodenlosen Fall in die Bedeutungslosigkeit. Pestepidemien taten ein Übriges, so dass die Einwohnerzahl mehr und mehr zurückging. Erst 1519 fiel die Grafschaft Castres wieder an die Krone zurück.

Im 16. Jahrhundert wurde Castres zu einer Hochburg der Protestanten, weshalb die Stadt besonders unter den Religionskriegen zu leiden hatte. Erst nach dem Erlass des Edikts von Nantes kehrte wieder Ruhe in Castres ein. Die Stadt wurde einer der vier konfessionell gemischten Gerichtshöfe, die in diesem Edikt festgeschrieben worden waren. Für Castres war diese Zeit eine Phase von Wachstum und Wohlstand. 1665 hatte Castres wieder 7000 Einwohner, davon 4000 Katholiken und 3000 Protestanten. Mit der Blütezeit war es jedoch bald schon wieder vorbei, da Ludwig XIV. das Edikt seines Großvaters aufhob.

▶ Karte S. 184

Die Hugenotten, vor allem Handwerker, flohen aus dem Land, den Händlern fehlte die Kundschaft nach Auflösung des Gerichtshofes und des Abzugs der Richter. Bedeutungslos geworden, wurde nach der Revolution auch noch die Diözese Castres aufgehoben und dem Bistum Albi unterstellt.

Wirtschaftlichen Aufschwung brachte im 19. Jahrhundert die Textilindustrie. Mehr als 50 Wollmanufakturen beschäftigten 1860 bereits wieder 3000 Menschen. Innerhalb von 50 Jahren hatte sich die Einwohnerzahl wieder verdoppelt und um 1900 zählte Castres 20 000 Einwohner.

Jean Jaurès

In dieser Zeit der Industrialisierung kam am 3. September 1859 Jean Jaurès zur Welt. Er besuchte die Schule am Boulevard Clemenceau, die heute als Collège seinen Namen trägt, ging dann zum Studium nach Paris und kehrte als Philosophielehrer in seine Heimatregion zurück. Allerdings nach Albi, nicht nach Castres. Später lehrte er an der Universität von Toulouse und begann sich für Politik zu interessieren. Jaurès wurde zum bekanntesten Vertreter des Reformsozialismus und vertrat das Département Tarn ab 1885 in der Nationalversammlung. Angesichts eines drohenden Krieges kämpfte er Anfang des 20. Jahrhunderts als Pazifist für Frieden und die Verbrüderung der Völker über alle Grenzen hinweg. 1905 übernahm er die französische Sektion der Sozialistischen Internationale, die kurz vorher gegründet worden war. Der berühmteste Pazifist und Sozialist Frankreichs, nach dem in jeder französischen Stadt eine Straße oder ein Platz benannt ist, wurde am 31. Juli 1914 in einem Pariser Café ermordet. Zehn Jahre später wurden seine sterblichen Überreste in das Pantheon überführt, die höchste Ehre, die Frankreich einem Bürger des Landes zuteil werden lässt.

Sehenswürdigkeiten

Obwohl die meisten Besucher wegen des Goya-Museums nach Castres kommen, hat die Stadt durchaus weitere Sehenswürdigkeiten zu bieten. Deshalb sollte man sich ruhig die Zeit für einen

Ehemalige Handwerkerhäuser am Agout in Castres

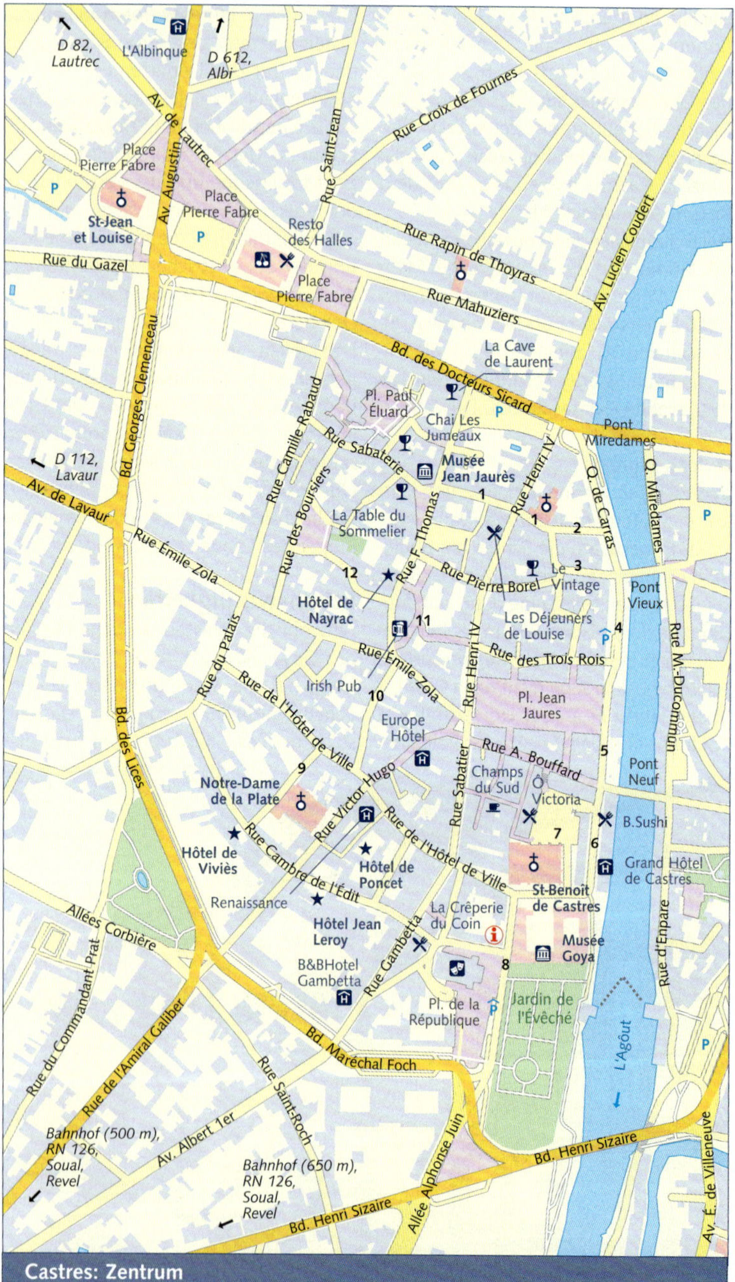

Castres: Zentrum

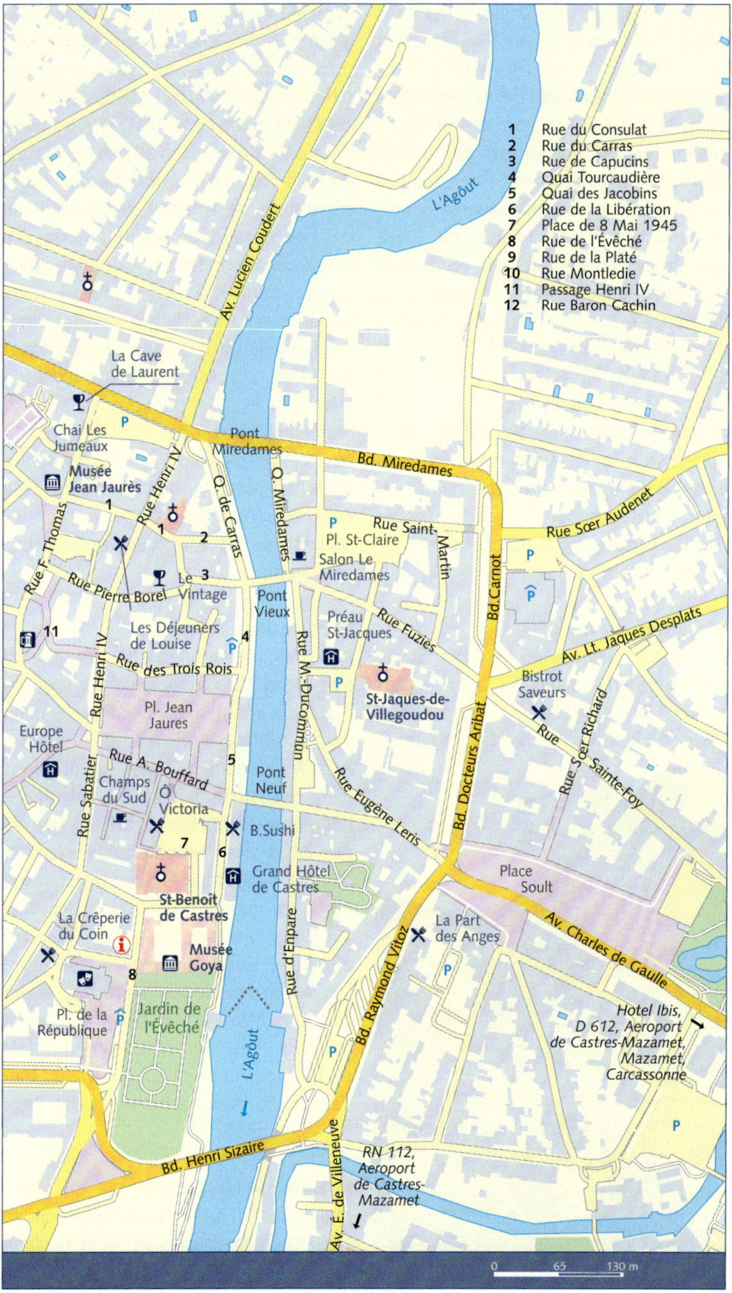
1 Rue du Consulat
2 Rue du Carras
3 Rue de Capucins
4 Quai Tourcaudière
5 Quai des Jacobins
6 Rue de la Libération
7 Place de 8 Mai 1945
8 Rue de l'Évêché
9 Rue de la Platé
10 Rue Montledie
11 Passage Henri IV
12 Rue Baron Cachin
L'Agôut
Av. Lucien Coudert
La Cave de Laurent
Chai Les Jumeaux
Pont Miredames
Bd. Miredames
Musée Jean Jaurès
Rue Henri IV
Q. de Carras
Q. Miredames
Rue Saint-Martin
Pl. St-Claire
Salon Le Miredames
Bd. Carnot
Rue Sœr Audenet
Rue F. Thomas
Rue Pierre Borel
Le Vintage
Pont Vieux
Préau St-Jacques
Rue Fuziès
Av. Lt. Jaques Desplats
Les Déjeuners de Louise
Rue des Trois Rois
Rue M.-Ducommun
St-Jaques-de-Villegoudou
Bistrot Saveurs
Rue Sœr Richard
Rue Sainte-Foy
Pl. Jean Jaures
Europe Hôtel
Rue A. Bouffard
Pont Neuf
Bd. Docteurs Aribat
Rue Sabatier
Champs du Sud
Victoria
B.Sushi
Rue Eugène Leris
St-Benoît de Castres
Grand Hôtel de Castres
Place Soult
Av. Charles de Gaulle
La Crêperie du Coin
Musée Goya
Rue d'Enpare
Bd. Raymond Vitoz
La Part des Anges
Pl. de la République
Jardin de l'Évêché
Hotel Ibis, D 612, Aeroport de Castres-Mazamet, Mazamet, Carcassonne
Bd. Henri Sizaire
Av. É. de Villeneuve
RN 112, Aeroport de Castres-Mazamet
0 65 130 m

Tarn

kleinen Stadtbummel lassen. Mit etwas Glück findet man einen Parkplatz am Quai des Jacobins, ansonsten gibt es dort eine Tiefgarage. Einen besonders malerischen Anblick von diesem Quai aus bieten die Häuser auf der linken Uferseite des Agouts mit ihren bunten Holzverkleidungen. Nur wenige Schritte flussabwärts erreicht man die Place Jean Jaurès. In der Altstadt verstecken sich noch einige schöne Stadtpalais aus der Renaissance. Für politisch besonders Interessierte gibt es nördlich der Altstadt auf der Place Pélisson das Centre National et Musée Jean Jaurès, das 1988 durch Präsident François Mitterrand, dem ersten sozialistischen Präsidenten, persönlich eingeweiht wurde. Kulinarisch Interessierte können 300 Meter weiter die Markthalle von 1868 auf der Place Pierre Fabre besuchen.

■ Häuser am Agout

Die ältesten Häuser im östlichen Stadtviertel gehen auf das 12. Jahrhundert zurück. Die meisten von ihnen beherbergten Handwerker, die für ihr Metier

Das Hôtel de Nayrac

▲ Karte S. 184

Wasser benötigten, Gerber, Pergamentmacher, Färber. Das Fundament der Häuser besteht aus einem steinernen Geschoss, das im Wasser steht, caoussino auf Okzitanisch genannt. Das Wort leitet sich von Kalk ab, da in all den Kellerateliers Kalk benötigt wurde. Im Erdgeschoss arbeiteten und wohnten die Gesellen, die das Leder weiterverarbeiteten oder die Pergamente herstellten. Der erste Stock gehörte dem Meister und seiner Familie und in den darüberliegenden Stockwerken befanden sich die Trockenräume und das Lager. Zu besichtigen sind die alten Häuser nicht, aber der schönste Anblick bietet sich eh von der rechten Uferseite aus, beiderseits des Pont Neuf entlang des Quais des Jacobins. Nur das weiße Arkadenhaus unterbricht den Blick. Es schließt die Place Jean Jaurès nach Osten hin ab.

■ Place Jean Jaurès

In seiner Heimatstadt benannte man den mit 4300 Quadratmetern größten Platz, die ehemalige Place Royale, nach dem berühmtesten Sohn der Stadt. Vom Arkadenhaus am Ufer des Agout bis ins Herz der Altstadt erstreckt sich dieser königliche Platz, der seit 1925 von einer Statue des streitbaren Pazifisten dominiert wird. Nach einer Umgestaltung der Place Jean Jaurès 2005 ist der Platz zur Fußgängerzone geworden. Magnolien, Bänke und Wasserspiele laden zum Verweilen ein. Jeden Vormittag außer Sonntag, Montag und Mittwoch findet auf dem Platz der Wochenmarkt statt und in der Vorweihnachtszeit wird hier der größte Weihnachtsmarkt der Region abgehalten.

■ Hôtel de Nayrac

In der Altstadt gibt es noch einige schöne alte Hôtels particuliers aus dem 17. Jahrhundert zu sehen, die aus der Blütezeit Castres datieren, als nach der Erlassung des Edikts von Nantes der katholisch-protestantische Gerichtshof in der Stadt ansässig war. Geht man vom westlichen Ende des Platzes Jean-Jaurès rechts und ein paar Schritte später links in die Passage Henri IV. erreicht man in der **Rue Frédéric Thomas** das Hôtel de Nayrac, das 1635 für den reichen Tuchhändler Sieur Oulès erbaut wurde. Ein stattlicher Dreiflügelbau aus Ziegelstein um einen Ehrenhof herum. Drei ältere Häuser mussten um 1620 weichen, um den Neubau zu ermöglichen. Den Namen Nayrac bekam es durch seine späteren Besitzer.

Hôtel de Viviès

Über die Rue Montledier und Rue de la Plate kommt man direkt auf das Hôtel de Viviès zu, das vielleicht imposanteste Stadtpalais, das im 16. Jahrhundert für den Monsegnieur de Rozel errichtet wurde. Dieser war Anwalt am Gerichtshof und zeigte seinen Rang schon am Portal, das in den Ehrenhof führt, mit dem Wappen der Familie. In der linken Ecke des Innenhofs befand sich der Haupteingang im Turm, der, wie in der Epoche üblich, einen älteren Vorgängerbau simulieren sollte. Streng übereinander angeordnete Fenster mit Fensterkreuz sind ebenfalls ein typisches Merkmal des Renaissance-Stils.

Hôtel Jean Leroy

Wenige Schritte weiter, an der Kreuzung der Rue Chambre l'Edit/Rue Victor Hugo wartet mit dem Hôtel Jean Leroy bereits das nächste Palais. Im frühen 17. Jahrhundert wurde es ebenfalls für einen Juristen erbaut. Am Giebel des Portals eine Platte über dem Schlussstein die Inschrift CŒLUM NON SOLUM, der Himmel und nicht die Erde oder frei übersetzt: die Erde ist nicht genug! Mit seinem Treppentürmchen und dem roten Ziegelmauerwerk erinnert es an die Tolosaner Architektur der Zeit.

Hôtel de Poncet

Ein weiteres Hôtel particulier findet man in der Rue Gabriel Guy, einer nach links abgehenden Seitenstraße der Rue Chambre l'Edit. Das Hôtel de Poncet, ebenfalls aus dem 17. Jahrhundert, gehörte einer Hugenotten-Familie, die kurz nach Aufhebung des Edikts von Nantes 1685 aus Castres nach England floh. Pfeiler mit Karyatiden und Atlanten tragen eine Loggia im ersten Stock, die von Doppelsäulen mit ionischen Kapitellen gestützt wird. Vor allem die männlichen Gebälkträger an den Pfeilern tragen typische Kopfbedeckungen der damaligen Mode entsprechend, ein weiteres Charakteristikum der Renaissance.

Kehrt man wieder zur Rue Chambre l'Edit zurück und folgt dieser bis zum Ende, erreicht man die Place de la République mit dem Stadttheater. Dahinter liegt der Jardin de l'Évêché mit dem Rathaus linker Hand, in dem sich das Musée Goya befindet.

Jardin de l'Évêché

Ende des 17. Jahrhunderts hat der berühmte Gartenarchitekt André Le Nôtre, der die Gärten von Versailles gestaltete, den Bischofsgarten im französischen Barockstil für Michel Tubœuf, den damaligen Bischof von Castres, angelegt. Der beeindruckendste Teil ist direkt vor dem Rathaus entstanden. Niedrige Buchsbaumhecken stellen stilisiert die königlichen Lilien, eine Bischofsmütze und das Kreuz Okzitaniens dar. Die dazwischen liegenden Flächen werden mit bunten Blumen je nach Saison mehrfach neu ausgefüllt. Das Feuerwerk am Nationalfeiertag wird vor dieser majestätischen Kulisse abgefeuert.

Musée Goya

Für den Bau einer neuen Residenz heuerte Bischof Michel Tubœuf Mitte des 17. Jahrhunderts einen damals noch recht unbekannten Architekten an. Kurz nachdem 1673 der Bischofspalast fertiggestellt war, wurde aus dem Baumeister Jules Hardouin-Mansart der Hofarchitekt Ludwigs XIV., der ihn fünf Jahre später mit dem Weiterbau von Versailles beauftragte. Nach der Auflösung des Bistums Castres wurde aus dem Palais das Rathaus der Stadt. 1840 wurde das erste Museum in dem Prachtbau eingerichtet. 1893 bekam das Städtische Museum eine bedeutende Sammlung hispanischer Kunst aus dem Nachlass von Marcel Briguiboul, eines Malers und Kunstsammlers aus der Region. Dessen Sohn Pierre vermachte die Sammlung dem Museum von Castres. Anfang des 20. Jahrhunderts wurde zwar das Museum für die vielen neuen Exponate umgebaut, doch den Wert der Sammlung erkannte man erst, als 1931 der Konservator des Louvre dem Museum einen Besuch abstattete. Nach einem erneuten Umbau eröffnete das Museum 1947 neu, nun als Musée Goya. Auch Werke spanischer Meister aus dem Depot des Louvres fanden in Castres eine neue Heimat und machen aus dem Musée Goya das bedeutendste Museum spanischer Kunst in Frankreich außerhalb von Paris.

Im Dezember 2018 kündigte die Stadt einen erneuten Umbau an, da dem Musée Goya zwei weitere bedeutende Sammlungen vermacht wurden. Die Werke des aus Castres gebürtigen Schriftstellers, Dichters und Journalisten Marc Sabathier Levêque kamen nach dessen Tod 1965 in den Besitz seines Freundes Jean-Claude Ollagnier, der dem Museum die Sammlung übergab. Darunter befinden sich auch Illustrationen von Pablo Picasso, der mit Levêque befreundet war, ebenso wie Werke des deutschen Surrealisten Hans Bellmer. Die zweite Stiftung umfasst mehr als 400 Werke des Künstlers René Izaure, der als Kind während des Spanischen Bürgerkriegs nach Toulouse kam und dort später als Professor an der Kunstakademie tätig war. Nach dem Tad Izaures 2016 vermachte die Witwe das umfangreiche Werk ihres spanischstämmigen Mannes ebenfalls dem Musée Goya.

▸ Karte S. 184

■ Salle des États Diocésains

Bislang ist der größte Teil des zweiten Stockwerks den Werken spanischer Meister wie Goya, Velásquez, Murillo, Ribero, Miró oder Dalí vorbehalten. Im ersten Raum, dem Diözesan-Saal, bekommt man einen Eindruck von der Ausstattung des Bischofspalastes. Unter der Decke verläuft ein Fries heraldischer Wappen früherer Bischöfe, der schöne Kamin aus rotem Caunes-Minervois-Marmor gab dem Raum Behaglichkeit, ebenso wie die flämischen Tapisserien mit Szenen von Alexander dem Großen.

■ Salle des Primitifs

Im angrenzenden kleineren Raum ist spanische Kunst des 14. und 15. Jahr-

Das Goya-Museum von Castres ist im Rathaus untergebracht

hunderts ausgestellt. Darunter die »Geißelung Christi«, die Luis Borassa (1360–1426) zugeschrieben wird. Bemerkenswert ist die Darstellung von Dreidimensionalität durch die damals noch weitestgehend unbekannte Zentralperspektive. Decke und Wände laufen auf einen imaginären zentralen Punkt zusammen und vermitteln dadurch den Eindruck von Raumtiefe, der Boden hingegen ist noch völlig zweidimensional und erinnert an ein maurisches Mosaikmuster.

Das Bild »Johannes Evangelista auf Patmos« war Teil eines Altarretabels, das sich im Besitz der Thyssen-Stiftung in Lugano befindet. Der Evangelist schreibt an einem perspektivisch noch nicht stimmigem Pult an der Offenbarung. Bestientiere und die roten Farbakzente scheinen eine Vorschau auf die Apokalypse zu sein. Dieser Seitenflügel ist ebenfalls nicht signiert, wie zu der Zeit üblich, wird aber Juan Mates (1370–1431) zugeschrieben, der in Barcelona gearbeitet hat.

Vom andalusischen Maler Alejo Fernandez stammt die »Anbetung der Heiligen drei Könige«, das Anfang des 16. Jahrhunderts entstand. Der Maler beherrscht die perspektivische Darstellung, wie man an den Mauern der Bögen erkennt, und spielt mit der Dreidimensionalität, indem er dem Betrachter einen Blick in eine Hügellandschaft gewährt. Dabei lässt er die Farben immer blasser werden, je weiter der Hintergrund entfernt ist. 50 Jahre nach der italienischen Renaissance ist diese auch in der spanischen Malerei angekommen.

Salle Marcel Briguiboul

Der Maler Briguiboul nahm regelmäßig an den Salons in Paris teil und gewann immerhin einmal eine Bronzemedaille. Er reiste viel, nach Nordafrika, nach Italien, vor allem aber nach Spanien. 1881 kaufte er drei große Werke von Goya, die heute das Herzstück des Museums bilden. Bilder, die er selbst malte sind in diesem kleinen Eckzimmer ausgestellt.

Salle Valdés Leal

Juan de Valdés Leal gehörte zu den bestverdienenden Malern seiner Zeit. 1622 in Sevilla zur Welt gekommen, wird er seiner andalusischen Heimat zeitlebens treu bleiben. Seine Hauptauftraggeber waren Kleriker, weshalb er fast ausschließlich religiöse Motive malte. Das große Bild rechts zeigt »Christus, der von Engeln bedient wird«, nachdem er 40 Tage in der Wüste gefastet hat. An der gegenüberliegenden Wand der »Kopf der heiligen Katharina von Alexandria«.

Salle Philipp IV.

Das 17. Jahrhundert, die Zeit der Barockmalerei, wird gerne als Goldenes Zeitalter der spanischen Malerei bezeichnet. Die beiden wichtigsten Könige dieser Zeit waren Philipp III. und sein Sohn Philipp IV. Ersterer wurde von Juan Pantoja de la Cruz (1553–1608) porträtiert, abgebildet als Großmeister des Ordens vom Goldenen Vlies, der 1429 vom Herzog von Burgund gegründet worden war. Durch die Heirat von Maximilian von Habsburg mit Maria von Burgund war sowohl Spanien wie der Orden unter die Oberhoheit des Hauses Habsburg gekommen. Auf dem »Portrait von Philipp III.« trägt er die Ordenskette mit dem Widder um den Hals.

Das »Portrait von Philipp IV.« zeigt den spanischen König im Jagdkostüm. Ein fast identisches Bild hängt im Prado in Madrid, gemalt von Diego Velásquez (1599–1660). Da das Werk in Castres, das um 1636 entstand, nicht signiert ist, wird es als Replik bezeichnet, womöglich gemalt von einem Gesellen in der Werkstatt des Hofmalers. Doch selbst die vorsichtigsten Kunsthistoriker sind sich sicher, dass Velásquez selbst Hand angelegt haben muss, zu groß ist die Qualität. Im Unterschied zu dem Bild im Prado, das ihm sicher zuzuschreiben ist, trägt der König auf dem Castraiser Porträt seinen Hut in der Hand statt auf dem Kopf.

Ein weiterer Maler, der den Ruf vom Goldenen Zeitalter begründete, war Bartolomé Esteban Murillo (1618–1682). Seinen Durchbruch hatte der andalusische Maler, als er in seiner Heimatstadt Sevilla den Kreuzgang des Franziskanerklosters mit elf Bildern ausstatten durfte. Fortan hatte er gut gefüllte Auftragsbücher, vor allem für religiöse Motive. Besonders großen Erfolg hatte er mit seinen Marienbildnissen. Die »Rosenkranzmadonna« zeigt die Könnerschaft Murillos, der Maria den für ihn typischen weichen, zarten Gesichtsausdruck verlieh und es schafft, dass die Seide des blauen Gewandes fast beim Betrachten knistert.

Salle Cano

Benannt wurde der Raum nach Alonso Cano (1601–1667), der als Begründer der granadinischen Schule der Malerei gilt. Er lernte im Atelier von Francisco Pacheco del Río, wo auch Velásquez in die Lehre ging. Dank des berühmteren Kommilitonen trat auch Cano in die Dienste des Königs ein. 1660 bekam er einen Auftrag aus seiner Heimatstadt Granada zur Ausstattung einer Kirche mit sechs Bildern aus dem Leben Mariens. Zwei davon, die »Verkündigung« und die »Heimsuchung« hängen in diesem Raum.

Salle Goya

Nachdem man den Saal der Tapisserien durchquert hat, erreicht man das Herzstück des Museums, darunter das außergewöhnlich große Bild Goyas, das die »Versammlung der philippinischen Gesellschaft« zeigt. Die philippinische Gesellschaft wurde 1785 als königliche Handelsgesellschaft gegründet, um den Anbau und den Export von Zucker, Kaffee, Indigo und Pfeffer in der spanischen Kolonie der Philippinen zu fördern. Der König und seine engsten Vertrauten sitzen wie Richter und Schöffen bei einer Gerichtsverhandlung aufgereiht, die ovalen Lehnen umgeben die Köpfe wie Bilderrahmen und verstärken den Eindruck von Steifheit und einer fast bleiernen Unbeweglichkeit. Die Mitglieder der Gesellschaft zu beiden Seiten dösen, gähnen oder tun sich wichtig, doch auch sie sind nur ein Rahmen für die große Leere im Zentrum.

Das »Selbstbildnis mit Brille« und das »Portrait von Francisco del Mazo«, das Briguiboul ebenfalls von der Reise 1881 mitbrachte, zeugen von Goyas Fähigkeiten als Porträtmaler, der perfekt Gesichtsausdrücke wiedergeben konnte und ihm den Rang eines Hofmalers eingebracht hatte.

Des Weiteren sind im Raum Bilder des Malers Vicente López y Portaña (1772–1850) zu sehen, der ein großer Bewunderer Goyas war, ihn auch porträtiert hat. Unter König Karl IV. avancierte er zum Hofmaler. Unter anderem malte er die »Kinder des Grafen Casa Flores«.

Salle des Caprice

1797 schuf Goya den Zyklus Los Caprichos, übersetzt »Die Launen«, die er auf dem freien Markt verkaufen wollte. Thematisch griff der Hofmaler damit erstmals soziale Probleme der damaligen Zeit auf. Prostitution, Armut, Aberglaube, Standesdünkel und immer wieder den Missbrauch klerikaler Macht durch die Inquisition. Die 80 Blätter, die er in einer Mischung aus Aquatinta und traditioneller Radiertechnik anfertigte,

▲ Karte S. 184

wurden in geringer Auflage von nur 270 Stück gedruckt. Als sie zwei Jahre später erschienen, wurden sie bereits nach zwei Tagen, nur 27 Blätter waren bis dahin verkauft, wieder aus dem Verkauf genommen, aus Furcht der Kunsthändler vor Repressalien. »Durchtränkt von erotischer Atmosphäre und beißender Satire«, hieß es über die Darstellungen, die die Brutalität des Machterhalts von Adel und Klerus schonungslos offenbarten.

»Die Schrecken des Krieges« ist der Titel einer weiteren Grafikserie Goyas, die er unter dem Eindruck des Bürgerkriegs auf 82 Platten geschaffen hat. Sie entstanden ab 1810, als ein Bruder Napoleons als Joseph I. auf dem spanischen Thron saß. Die Desastres de la Guerra, so der spanische Originaltitel, zeigen die Verbrechen gegen die Menschlichkeit auf beiden Seiten. Vergewaltigungen, Erschießungen, Massakrierungen, Leichenberge, Halbtote. Und immer wieder steht im Hintergrund der Klerus als Kriegstreiber. Dieser Zyklus wurde 1863 erstmals gedruckt. Die Blätter in Castres wurden fünf Jahre später gezogen.

Salles des Contemporains

Auf der anderen Seite des Innenhofes liegen die Säle mit spanischer Kunst des späten 19. und 20. Jahrhunderts, zugänglich durch den ersten Saal, Salle des États Diocésains. Zu den Prunkstücken dieser Abteilung gehört »Der Hof mit Orangenbäumen« des katalanischen Malers Santiago Rusiñol y Prats (1861–1931), neben Gaudí einer der herausragendsten Künstler des katalanischen Modernismus, wie die dortige Jugendstilbewegung genannt wird. Das Bild »Büste eines an Picasso schreibenden Mannes« ist aus dem Spätwerk Pablo Picassos (1881–1973). Zudem ist mit Joan Miró (1893–1983), »N° XXI Eau forte«, eine weitere Ikone spanischer Kunst des 20. Jahrhunderts vertreten.

Im Goya-Museum: Die Versammlung der phillipinischen Gesellschaft

Castres

Office de Tourisme, 81100 Castres, 2, place de la République, Tel. 0563626362; Mo–Sa 9.30–12.30, 14–18 Uhr, Feb.-Okt. So 14.30–16.30 Uhr. Juli/Aug. Mo-Sa 9.30–18.30, So 10.30–12, 14.30–17 Uhr. www.castres-tourisme.fr

Parking Q-Park Castres Berges, 18, Quai des Jacobins, Tiefgarage, max. 1,90 m Höhe. Tägl. 24 Std.

Parking Q-Park République, Place de l'Alsace-Lorraine, Tiefgarage, max. 1,95 m Höhe; Mo–Sa 7–21 Uhr.

Parking Buisson, 23, Boulevard Raymond Vittoz. 24/24, 7/7.

Gare SNCF, Avenue Albert 1er, Tel. 0563713700. Mehrere Züge der Regionallinie TER fahren täglich von Toulouse in eineinviertel Stunden direkt nach Castres, ca. 10 Euro. Nähere Auskünfte zu Verbindungen und Zeiten: www.ter.sncf.com/occitanie

Gare Routière, Avenue Albert 1er, Tel. 0563 512569; 6–19 Uhr außer So. Busverbindungen nach Puylaurens–Lavaur–Toulouse, Albi–Carmaux, Gaillac–Graulhet. Der Tarnbus Linie 703 verbindet Albi mit Castres, Linie 760 mit Toulouse, 765 mit Lavaur und Saint-Sulpice-la-Pointe und 704 mit Gaillac.
https://lio.laregion.fr
Von und nach Toulouse fährt zudem der Bahnbus 951.

Radio Taxi Castres, Tel. 0563599925, 24/24, 7/7.

Association de Taxis de Castres, Tel. 0581127127, 24/24, 7/7.

Eco Navette Aéroport Toulouse-Blagnac, Flughafen-Shuttle-Bus. Tel. 0567339323.

Grand Hôtel de Castres (€€), 11, rue de la Libération, Tel. 0563378220. Sehr gut gelegenes Vier-Sterne-Hotel mit eigenem Parkplatz und sehr großen, modernen Zimmern, die meisten mit Flussblick. Trotz der zentralen Lage sehr ruhig. www.grandhoteldecastres.com

Hôtel de l'Europe (€€), 5, rue Victor Hugo, Tel. 0563590033. Drei-Sterne-Hotel in einem schönen Stadthaus mitten in der Altstadt. Das alte Gemäuer wurde mit viel Charme und Liebe zum Detail restauriert, verfügt über geräumige, sehr individuell eingerichtete Zimmer. Sehr moderne Badezimmer. Hübscher kleiner Innenhof, gutes Frühstück. Sehr empfehlenswert.

Hôtel Renaissance de Castres (€€–€€€), 17, rue Victor Hugo, Tel. 0563593042. Drei-Sterne-Hotel in einem schönen Renaissancehaus mit sehr originellen und individuellen Zimmern in vier Kategorien, vom historischen Boudoir bis zum Leopardenprint ist alles dabei. Nette Innenhof-Bar, gutes Frühstücksbuffet.
www.hotel-renaissance.fr

Ibis Styles Castres (€€), 29, rue Jean Souterène, Tel. 0563354000. Modernes Drei-Sterne-Designhotel, 3 km außerhalb des Zentrums gelegen. Große Zimmer mit sehr sauberen Bädern, großer hoteleigener Parkplatz. Ideal für die Durchreise. www.accorhotels.com

B & B Castres Centre Gambetta (€€), 26, rue Gambetta, Tel. 0890649706. Zwei-Sterne-Hotel. Sauber, komfortabel, gut gelegen; ohne besonderen Charme, dafür mit eigener Tiefgarage.
www.hotel-bb.com

Domaine du Castelet (€€), Chemin du Castelet, Tel. 0563359627. Wunderschön gelegenes Landhotel mit fünf Gästezimmern, im französischen Landhausstil eingerichtet, davon zwei Suiten. Zusätzlich drei Ferienhäuschen. Abendessen für Gäste (Table d'hôte) und Frühstück wird in

▸ Karte S. 184

einem schönen Salon serviert, jeden So Abend gibt es Barbecue am Pool. 7 km westlich von Castres. www.lecastelet.fr

Domaine de la Vivarié (€€), 33, Chemin de la Vivarié, Tel. 0659521470. Charmantes Herrenhaus aus dem 17. Jahrhundert mit großem Garten in einem 5 ha großen Park, 5 km nördlich vom Zentrum. Vier Gästezimmer und eine Suite. Abendessen (Table d'hôte) auf Reservierung möglich. www.lavivarie.fr

Préau St-Jacques (€€), 3, rue de l'Église, Tel. 0563709630. Romantisches Gästehaus mit zwei Zimmern im Stadtzentrum, mit eigenem kleinen Garten. Frühstück muss selbst zubereitet werden, die Zutaten für ein französisches Frühstück außer frischen Brötchen und Croissants sind vorhanden (kein Käse, keine Wurst). Auch Abendessen kann hier zubereitet werden. www.preausaintjacques.fr

L'Albinque (€€), 11, avenue Augustin Malroux, Tel. 0563724268. Etwas nördlich des Zentrums gelegenes Gästehaus mit drei geräumigen Zimmern. Sehr schöne, neue Bäder. Garten mit Pool und Terrasse. An belebter Straße, aber dank der mehrfach verglasten Fenster dennoch ruhig. www.lalbinque-chambresdhotes.fr

Camping de Gourjade (€), Route de Roquecourbe, Tel. 0563593351. Platz mit Pool und Bar-Restaurant am Fluß Agout, Aquacenter Archipel direkt nebenan, Sportmöglichkeiten wie Golf, Minigolf, Bogenschießen in der Nähe. www.campingdegourjade.net

Bistrot Saveurs (€€-€€€€), 5, rue Ste-Foy, Tel. 0563501145; Mo-Fr 12-13.30, 19.30-21.15 Uhr. Ausgezeichnete moderne und kreative Küche in sehr schönem Ambiente, das die Handschrift eines Künstlers verrät. Mittagsmenü unter 20 €. Küchenchef Simon Scott hatte bereits einen Michelin-Stern.

La Part des Anges (€€-€€€), 5, Bd Raymond Vittoze, Tel. 0563516525. Nicht vom bescheidenen Äußeren abschrecken lassen. Hervorragendes Essen, modern und kreativ, in einem gemütlichen Gewölbekeller. Ein Kandidat für einen Michelin-Stern. www.lapartdesangescastres.fr

Ô Victoria (€€-€€€), 24, Place du 8 mai, Tel. 0563502753. Feinschmeckerbistro in einem alten Klosterkeller mit viel Charme oder auf der kleinen Terrasse. Klassische und moderne Gerichte, saisonal und mit regionalen Produkten, einfach gut! www.ovictoria.fr

Les Mets d'Adélaïde (€€€), 36, avenue Georges Alquier, Tel. 0563357842; Mi-So 12.15-13, Mi-Sa 19.30-21 Uhr. In einer ehemaligen Dorfschule, 5 km nordöstlich vom Zentrum. Moderne, innovative Küche, die den Gaumen jubeln lässt. Sehr schönes Ambiente und eine schöne Terrasse. Hier geht man gerne wieder zur Schule! www.lesmetsdadelaide.fr

Resto des Halles (€€-€€€), Place Pierre Fabre, Marché Couvert, Tel. 0563627070; Mo-Sa 12-14.30, Di-Sa 19-23 Uhr. In der Markthalle, wo schon der Großvater des Co-Eigentümers einen Metzgerstand hatte, betreiben seit zwei Jahrzehnten zwei Freunde eine urige, gemütliche Brasserie und sitzen an der Quelle der Zutaten. Einfache, ehrliche Gerichte von hervorragender Qualität. Fleischliebhaber kommen voll auf ihre Kosten.

B.Sushi (€-€€), 9, rue de la Libération, Tel. 0563355355; Di-Sa 11-13.30, 18-21.30 Uhr, Di-Fr günstiges Mittagsmenü. Ausgezeichnete japanische Küche in schlichtem, modernem Designlokal. Besonders empfehlenswert sind die Sushis: kreativ und große Auswahl. Sehr gutes Preis-Leistungs-Verhältnis. www.bsushi.fr

La Crêperie du Coin (€), 11, rue Gambetta, Tel. 0563705695; Mo-Sa 12-14 u. 19-23 Uhr. Von außen nichts Besonderes, aber innen gemütlich und wirklich gute

Crêpes und Galettes, großzügig belegt, für ein Essen, das den Geldbeutel schont.
Les Déjeuners de Louise (€), 16, rue Henri IV, Tel. 0563350301; Mo–Fr 9.30–14.30 Uhr. Bestens geeignet für einen schnellen, guten Mittagsimbiss. Mit Salatbar, Sandwiches und sehr guten Quiches.

Champs du Sud, 3, rue Beaujeu, Tel. 0563711893; Mo–Sa 8–18.30 Uhr. Gemütliches Café in einer kleinen Altstadtgasse mit wenigen Tischen im Außenbereich. Ideal für einen Mittagsimbiss mit Salat und Quiche und hausgemachten Desserts. Sehr gute Kaffee- und Tee-Auswahl.
Salon Le Miredames, 1, Place Roger Salengro, Tel. 0563713818; tgl. 7–22 Uhr. Teesalon, Café und Weinbar im Hotel Le Miredames. Schöne große Terrasse am Quai Miredames direkt am rechten Agout-Ufer, ideal für einen Five-o-clock-Tee. Schöne Auswahl an Kuchen.

Le Vintage, 4, rue Borrel, Tel. 076268 1015; Di–Fr 12–14, 18–22, Sa 18–22 Uhr. Modernes Ambiente in einem alten Ziegelsteingemäuer. Coole Weinbar, in der man auch etwas zu essen bekommt, abends Tapas, mittags Fleisch vom heißen Lavastein.
La Cave de Laurent, 15, Boulevard Dr Sicard, Tel. 0563511497. Eine gut sortierte Weinhandlung und Weinbar, gute Tapas; Weinbar Do–Sa 12–14, 18.45–21.30 Uhr, Weinhandlung Di–Mi 10–19, Do/Fr 10–21.30, Sa 9–21.30 Uhr. www.cavedelaurent.com
Chai Les Jumeaux, 11, rue Castelmoutou, Tel. 0563754328; Mi–Sa 11.30–14, 18.30–2, So 11–15 Uhr. Gemütliche Weinbar mit guter Atmosphäre, in der man gerne ein oder zwei Gläser Wein trinkt. Dazu gibt es abends sehr gute Tapas. Sonntags Brunch! Sehr gutes Preis-Leistungs-Verhältnis.
La Table du Sommelier, 6, place Pélisson, Tel. 0563822010; Di–Sa 12.15–13.30, 19.30–21.30 Uhr. Traditionelle französische Küche in einer hervorragend sortierten Weinbar mit über 200 verschiedenen Weinen. Menüs rund um verschiedene Weinthemen mit drei Weinen zu passenden Gerichten z.B. 33 €. www.latabledusommeliercastres.fr

▶ Karte S. 184

Irish Pub The Quay, 23, rue Frédéric Thomas, Tel. 0563719180; tgl. 16–2 Uhr. Kopie eines traditionellen irischen Pubs mit sehr guter Bier-, Whiskey- und Rumauswahl. Die eh schon gute Atmosphäre kocht über, wenn ein Rugby-Match von Castres Olympique übertragen wird.
Le Soft, 1, Passage Henri IV, Tel. 0563726720. Nachtclub; Do–So 00–5.30 Uhr, Fr meist Themenabende. 10 Euro.

Musée Goya, Hôtel de ville, Tel. 0563715930; seit 2020 wegen Renovierung geschlossen, Neueröffnung voraussichtlich im Frühjahr 2023.
Centre National et Musée Jean Jaurès, Place Pélisson, Tel. 0563624183; April–Juni, Sept. Di–Sa 9–12, 14–18 Uhr, Mai–Sept. zusätzlich So, Juli/Aug. auch Mo, Okt.–März Di–Sa 10–12, 14–17 Uhr, 1. Jan., 1. Mai u. 1. Nov. geschlossen. Eintritt 3 Euro, reduziert 1,50 Euro, frei bis 18 Jahre.

Notre-Dame de la Plate, jeder ersten Sonntag im Monat findet ein kostenloses Konzert statt, bei dem die 33 Glocken des Carillons gespielt werden, das seit 1843 in Betrieb ist.
Festival Les Extravadances, Tanzfestival. Jedes Jahr Anfang Juli wird in Castres an fast allen Ecken und Enden getanzt, von Hip-Hop über Flamenco bis Tango und klassischem Ballett ist alles vertreten. Parvis du théâtre, Place Jean-Jaurès, Cours de l'Hôtel de ville und Place du 8-Mai. Kostenlos.

128 Bike Avenue, 128, avenue Charles de Gaulle, Tel. 0563351040; Leihgebühr 20–100 Euro pro Tag.

Centre Équestre Castres Borde Basse, Tel. 0563350208. Reitausflüge 1 Stunde pro Person 32 Euro.
www.centrequestre.com

L'Archipel, 9, avenue Georges Pompidou, Tel. 0563625400. Freizeitbad mit Spaßrutschen am Parc de Gourjade; Juli/Aug. 9.30–20 Uhr, in den Schulferien 10–19, Di u. Do 10–21 Uhr, Rest des Jahres Mo u. Fr 12–19, Di u. Do 12–14 u. 16.30–21, Mi 10–19, Sa/So 9–18 Uhr. Eintritt Ende Juni–Aug. 5,50 Euro, ansonsten 4,50 Euro.
www.larchipel.fr

Bateau-promenade Coche d'eau Le Miredame, Ausflugsboot auf dem Agout, fährt bis zum Parc de Gourjade. Maison des associations, Place du 1er-Mai, Tel. 0563624175. Abfahrt/Embarcadère an der Pont Vieux an der Rue Milhau Ducommun, gegenüber vom Quai des Jacobins, Dauer 50 min; Mai/Juni u. Sept. 12, 14, 15 und 16 Uhr, 1.–14. Juli und 16.–31. Aug. 11, 12, 14, 15, 16 und 17 Uhr, 15. Juli–15. Aug. zusätzlich 18 Uhr. Tarif 4 Euro, Kinder von 4–17 Jahren 2 Euro, Familie 2 Erwachsene/2 Kinder 10 Euro. Tickets können auf dem Schiff gekauft werden.

Golf de Castres Gourjade, 9-Loch-Platz, Tel. 0563722706. ; 8.30–18 Uhr in der Nebensaison, 8.30–19.30 Uhr in der Hochsaison. Greenfee: 31 Euro pro Tag werktags, 36 Euro am Wochenende.
www.golf-castres.com

Pâtisserie Signovert, 5, rue Emile Zola; Di–Sa 8.15–12.15 Uhr, 14.15–19.15, So 8.15–12.15, Mo 14.15–19.15 Uhr. Verführerische Törtchen, Windbeutel, Macarons und v.a. Nougatine Castraise, eine Spezialität aus Mandelnougat mit Glasur. Die süßen Bonbons sehen wie kleine weiße Kieselsteine aus.

▸ **Wochenmärkte**

Place Jean Jaurès, **Wochenmarkt** Di, Do, Fr, Sa 7–13 Uhr.

Place Pierre Fabre, **Bio-Markt** jeden Do 16–19.30 Uhr.

La Halle Couverte de l'Albinque, place Pierre Fabre, Di–Do.

Weihnachtsmarkt mit einem Wald aus über 500 Weihnachtsbäumen. Drei Wochen vor Weihnachten. Places Jean-Jaurès und Pierre Fabre.

Tarn

Blick über den Jardin de l'Évêché

Francisco de Goya

Francisco José de Goya de Lucientes wurde am 30. März 1746 in Fuendetodos im Königreich Aragón geboren, studierte und arbeitete zunächst in Saragossa bevor er nach Madrid umzog und dort zum Hofmaler wurde. 1792 hatte ihn eine nicht genauer benannte Krankheit, von Syphilis und Bleivergiftung war die Rede, schwer erkranken lassen. Nachdem er halbwegs wieder genesen war, aber taub blieb, zog er sich von allen öffentlichen Ämtern zurück und vollzog eine Wende in seinem künstlerischen Schaffen. Statt Mitglieder der Königsfamilie und andere hochrangige Persönlichkeiten mit Repräsentationswunsch darzustellen, prangerte er den Narzissmus der Hofgesellschaft an. Zudem zog er sich immer mehr von seinen öffentlichen Ämtern zurück. Um sich einen neuen Markt und vor allem einen neuen Kundenkreis zu erschließen, schuf Goya nun Druckgrafiken, die er auf dem freien Markt zu verkaufen suchte, um sich von den Aufträgen des Hofes und der Hofschranzen unabhängig zu machen. Scharfsinnig nahm er in diesen Druckgrafiken die politischen und sozialen Missstände aufs Korn.

Nach der Französischen Revolution hatte der spanische Bourbonenkönig Karl IV., der nur ein Jahr zuvor den Thron bestiegen hatte, die Heilige Inquisition zu Hilfe gerufen, um seine Position als mächtiger und vor allem als von Gott legitimierter Monarch zu stärken. Auch deshalb schloss Karl sich zunächst der Allianz gegen die Franzosen an, verbündete sich dann aber mit Napoleon, gegen den Willen des Volkes. Er gewährte den napoleonischen Truppen den Durchzug durch Spanien, um Portugal zu erobern, zu zerschlagen und zwischen Frankreich und Spanien aufzuteilen.

Doch ab Anfang 1808 begannen Napoleons Männer strategisch wichtige Orte in Spanien zu besetzen. Karl IV. ahnte, was ihm blühte und so begann er, die Ver-

Aus dem Stierkampfzyklus Tauromaquia

legung seines Thrones nach Mexiko zu planen. Als diese Pläne im Volk bekannt wurden, eskalierte die Situation und unter dem Vorwand, einen Volksaufstand zu verhindern, marschierten die napoleonischen Truppen in Spanien ein und lösten damit erst recht einen Bürgerkrieg aus. Karl IV. floh und wurde zur Abdankung gezwungen. Napoleons Bruder Joseph Bonaparte wurde zum neuen König Spaniens proklamiert.

Los Capricios: Niemand erkennt den anderen

Der Bürgerkrieg wurde immer blutiger, da trotz größter Brutalität von Seiten der französischen Revolutionstruppen der Widerstand der Spanier nicht brach. Eine Vielzahl teils miteinander verfeindeter Gruppen organisierte sich in der Guerilla und agierten derart effektiv, dass Boten der Franzosen mit bis zu zweihundert Kavalleristen auf ihren Ritten geschützt werden mussten. Viele Guerillagruppen betätigten sich schon während des Kampfes auch als Räuberbanden und machten auch nach der Niederlage Napoleons und der Abdankung Josephs bis in die 1820er Jahre hinein das Land unsicher.

Gräueltaten während der napoleonischen Herrschaft und diesem spanischen Unabhängigkeitskrieg prangerte Goya in den Desastres de la Guerra an, die zwischen 1810 und 1814 entstanden und die in Castres zu sehen sind. Obwohl diese Serie keiner der Zeitgenossen zu Gesicht bekam, machten ihn seine sozialkritischen Töne und sein Umgang in liberalen Kreisen bei Hofe schließlich untragbar, zu liberal seine Geisteshaltung.

Aufgrund der Niederlage Napoleons im Spanischen Bürgerkrieg bot man im Dezember 1813 Karls Sohn Ferdinand VII. die Krone Spaniens an, woraufhin dieser im März des darauffolgenden Jahres nach Spanien zurückkehrte. Nach anfänglichem Jubel der Bevölkerung kam schlagartig die Ernüchterung: Ferdinand begann unverzüglich damit, die alte Ordnung des Absolutismus mit aller Macht, inklusive Folter und Inquisition, wiederherzustellen. Extremer als in irgendeinem anderen europäischen Land im Zeitalter der Restauration. Schließlich wurde die Situation für Francisco de Goya untragbar. Um politischen Verfolgungen zu entgehen, floh er schließlich nach Frankreich. Ab 1824 lebte Goya in Bordeaux, wo er am 16. April 1828 im Alter von 82 Jahren starb. 1901 wurden seine Gebeine nach Spanien überführt und seit 1919 ruht Goya in der Ermita de San Antonio de la Florida in Madrid. Eines Großteil seines Werks vermachte sein Sohn Xavier, das einzig überlebende Kind von 24, als Erbe der Stadt Castres. Neben den Zyklen »Los Caprichos« und »Desastres de la Guerra« auch die 40 Blätter »Tauromaquia«, die zwischen 1814 und 1816 entstanden.

Albi

Die schöne Rote am Tarn bietet schon aus der Ferne einen imposanten Anblick. Die herrliche Silhouette der Stadt wird von der Kathedrale Sainte-Cécile beherrscht, einer der größten Backsteinkirchen der Welt. Seit 2010 ist das Bischofsviertel von Albi in die Liste des UNESCO-Weltkulturerbes eingetragen. 1872 komponierte der Historiker Jules Rolland (1853–1896) eine Hymne auf seine Heimatstadt in okzitanischer Sprache, um der Schönheit Albis zu huldigen:

Alby! Salut! Citat antiquo!
Noun aymat, noun plé de musiauo!
Dous pays moun amour!
Pertout on pourtat ta banniero
Biertjo dé désounour!
Diguos-nous coussi ses tant bello
et tant fresquo dins tas coulous,
Alby! Seras dounc éternello
Amé ta courouno dé flours!

Albi! Heil dir! Antike Stadt!
Geliebter Name, voller Musik!
Süßes Land meiner Liebe,
überall trugen sie dein jungfräuliches Banner
voller Schande aus.
Sag uns, wie kannst du so schön sein
und so frisch in deinen Farben,
Albi! Du wirst ewiglich währen
mit deiner Krone aus Blumen!

Tatsächlich trägt Albi eine Art Blumenkrone, denn seit Jahren bekommt die Stadt beim Wettbewerb der blumengeschmückten Städte, Ville fleurie, die höchste Auszeichnung, nämlich vier Blumen, die stolz auf einem Schild unter dem Ortsschild prangen.

▸ Karte S. 199

Rund 50 000 Einwohner zählt die Hauptstadt des Départements Tarnheute, als Agglomeration sogar fast 80 000. Der Großteil der Albigeois, mehr als 80 Prozent, arbeitet im Dienstleistungssektor, woran auch der Tourismus einen großen Anteil hat. Der größte private Arbeitgeber der Stadt ist eine Fabrik, die Weinflaschen produziert, die Verrerie ouvrière d'Albi.

Stadtgeschichte

Die ältesten gefundenen Besiedlungsspuren aus dem Umland von Albi datieren aus der Bronzezeit. Im heutigen Stadtgebiet fand man im Viertel Castelviel im Westen der Stadt die Spuren einer Metallgießerei, in der die Kelten Kupfer und Eisen geschmolzen haben. Da die Gegend reich an Erzen und der Tarn ab Albi schiffbar ist, entwickelte sich hier früh ein Handelszentrum. Ein Oppidum der Kelten in Casteviel wurde 120 vor Christus von den Römern eingenommen und dem römischen Imperium einverleibt. Der Name der heutigen Stadt tauchte erstmals 406 auf, als die »Civitas albigensium« einen Bischof bekam. Erst im Mittelalter begann der Aufstieg Albis zu einem immer wichtiger werdenden Zentrum im Südwesten Frankreichs. Um das Jahr 1000 bemächtigte sich die mächtige Familie Trencavel des Territoriums. Innerhalb weniger Jahrzehnte stiegen die Trencavels zu einer Macht auf, die den Grafen von Toulouse kaum nachstanden. 1082 war Bernard Trencavel zum Vizegrafen von Albi, Nîmes, Razès, Béziers und Carcassonne geworden, der in der Folgezeit das Reich sogar bis zum Mittelmeer ausdehnte und sich der Vizegrafschaft Agde bemächtigte. Als er 1096 am Ersten Kreuzzaug teilnahm und während seiner Abwesenheit die Ländereien gut verwaltet und vor allem gesichert wissen wollte, setzte er getreue Vassallen als Vögte ein. Für

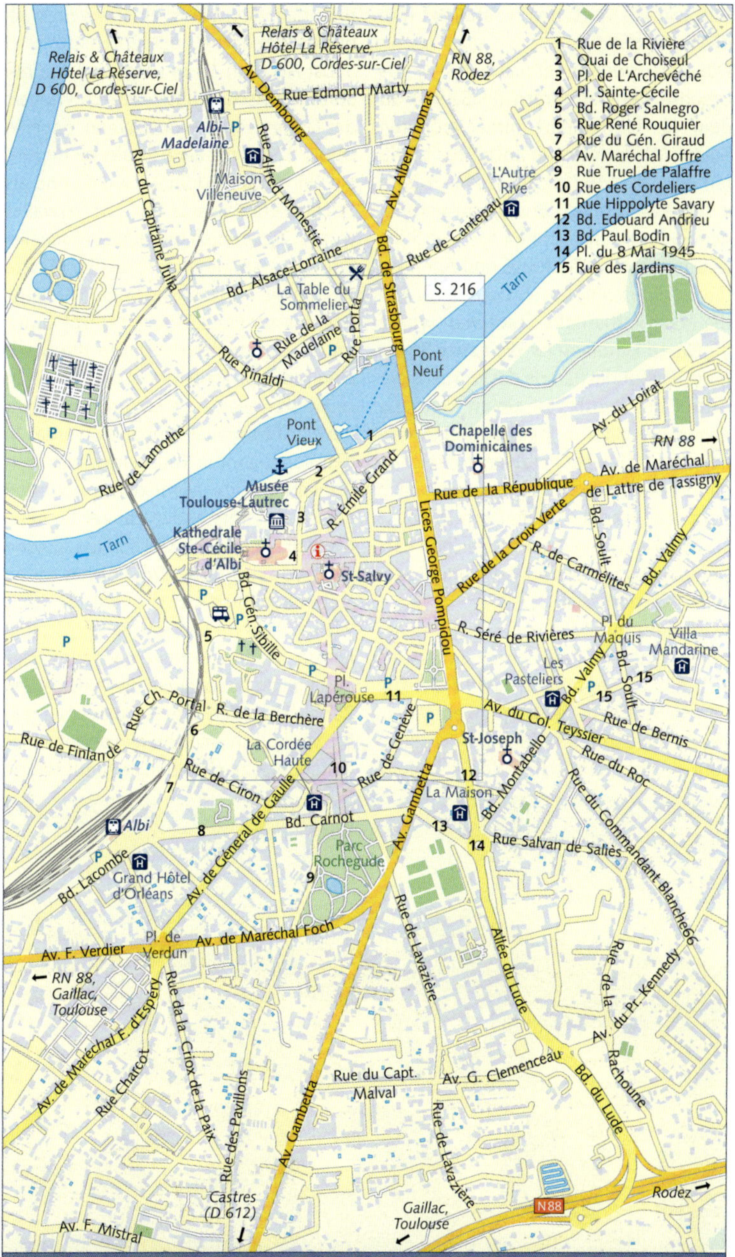

Albi: Übersicht

Albi war ein Vogt, der in Ambialet residierte, zuständig.
Die Verschwendungssucht des Klerus brachte den Katharern (→ S. 33) ab dem 12. Jahrhundert immer größeren Zulauf. Weder Vizegraf noch Vogt schritten ein, als 1167 Sicard Cellerier zum ersten katharischen Bischof ausgerufen wurde. Kurz danach riefen auch die Städte Carcassonne, Toulouse und Agen katharische Bischöfe aus. Da allerdings Albi die erste katharische Stadt war, wurde ihr Name Synonym für die ganze Bewegung. Da für die Barone des Nordens der Aufruf des Papstes zu einem Kreuzzug gegen die Häresie im Süden eine willkommene Gelegenheit war, die reichen Ländereien zu okkupieren, wurden nach dem Einlenken des Grafen von Toulouse stattdessen die fast ebenso reichen Ländereien des Vizegrafen Raymond Roger Trencavel zum Ziel.
Nach dem Massaker von Bézier und der Belagerung von Carcassonne unterwarf sich Albi im September 1209 freiwillig, um ebensolchem Gemetzel zu entgehen. Wie Carcassonne unterwarf sich auch Albi dem französischen König Ludwig VIII., nachdem dieser einen zweiten Albigenserkreuzzug angeführt hatte und dabei Avignon 1226 unterwarf. Da die Stadt inzwischen unter der Oberhoheit des Grafen von Toulouse stand, dauerte es bis 1271, bis auch Toulouse de jure ein Teil der Krondomäne wurde und als Teil der Sénéchaussée Toulouse verwaltet wurde. Zusammen mit den Seneschallaten Carcassonne und Beaucaire bildete sie nun die französische Region Languedoc, bis zur Französischen Revolution.
Im 14. Jahrhundert erlebte die Stadt eine radikale Transformation, als sie in sechs Stadtviertel geteilt und von einer neuen Stadtmauer umgeben wurde. In den sogenannten Faubourgs, also den Vorstädten, vor allem den im Norden gelegenen, entstanden zahlreiche neue Mühlen, aber auch Gerbereien an den Gestaden des Tarns. Zehn davon waren Getreidemühlen, der Großteil allerdings Walkmühlen zur Verdichtung von Stoffen aus der Montagne Noire oder zur Verfeinerung von Leder durch die Weißgerber. Zur gleichen Zeit kam Johannes Numeister, vermutlich ein Lehrling von Johannes Gutenberg, nach Albi. Die Stadt wurde

Blick über den Tarn mit dem Pont Vieux

▲ Karte S. 199

nach Paris und Lyon das dritte Zentrum des Buchdrucks in Frankreich. Weiteren Reichtum brachte die Pastelfärberei in der Renaissance, heute noch abzulesen an den vielen Hôtels particuliers in der Altstadt von Albi.

Mit dem Niedergang des Pastelhandels ging es auch mit Albi bergab. So weit, dass nach der Schaffung des Départements Tarn zunächst Castres Sitz der Präfektur wurde. Erst 1797 wurde Albi zum Sitz des Präfekten und der Verwaltungsbeamten. Castres war ihnen zu unsicher und aufmüpfig. Mit der Beamtenschaft kam wieder Leben in die Stadt und eine enorme Bautätigkeit setzte ein, schließlich wollte jeder angemessen residieren. Weiteren Aufschwung brachte die Anbindung an die Eisenbahn 1864 und die Industrialisierung des nahe gelegenen Carmaux, wo sich seit Mitte des Jahrhunderts die Kohleindustrie entwickelte. Während des Zweiten Weltkriegs errichtete das Vichy-Regime ein Sammellager für Ausländer in Albi, in das mehr und mehr Juden gebracht wurden und von hier aus in die Zwangsarbeit oder in die Konzentrationslager im Osten gebracht wurden. 1942 protestierte der damalige Bischof von Albi, Jean-Joseph Moussaron erstmals offen gegen die Judenverfolgung und landete am 12. Juni 1944 selbst in den Fängen der Gestapo. Dank der Befreiung von Albi am 19. August überlebte der Bischof sein mutiges Auftreten. Er hatte zahlreiche jüdische Flüchtlinge in kirchlichen Einrichtungen im ganzen Bistum versteckt.

In den letzten Jahrzehnten verfolgt die Stadt eine Politik der nachhaltigen Entwicklung und hat 2005 eine Agenda mit dem Ziel der ökolandwirtschaftlichen Selbstversorgung verabschiedet. Das zukunftsweisende Projekt, durch das die ganze Stadt aus urbaner und stadtnaher Ökolandwirtschaft, teilweise sogar in Permakultur, versorgt werden soll, ist 2014 angelaufen. Albi hat rund 1200 Hektar in und um die Stadt aufgekauft und an – meist junge – Landwirte und Gärtner verpachtet, wobei der ab dem dritten Jahr anfallende Pachtzins äußerst gering ist. Seit 2020 beziehen die Albigeois ihr Bio-Gemüse größtenteils lokal oder regional, das heißt aus maximal 60 Kilometer Entfernung. In Zusammenarbeit mit der Ingenieursschule École des mines d'Albi-Carmaux investiert die Stadt zudem in die Forschung und Entwicklung umweltfreundlicher Energien und sauberer Brennstoffe.

Kathedrale Sainte-Cécile

Ohne Zweifel war es das 13. Jahrhundert, in dem Albi im Zentrum des damaligen Weltgeschehens stand. Die Ereignisse rund um den Albigenserkreuzzug hinterließen Zeugnisse in der Stadt, die bis heute weithin sichtbar sind, wie die Kathedrale. Kaum war die Tinte auf dem Vertrag von Paris getrocknet, begann die katholische Kirche ihre Autorität im Land der Katharer wieder herzustellen. Schon weil Albi der erste katharische Bischofssitz war, galt es aus Prestigegründen just hier die ganze Macht zu zeigen. Kurz nachdem der hochdekorierte Bernard de Castanet (1240–1317), Kaplan von Papst Gregor X., päpstlicher Gesandter und oberster Richter des apostolischen Appellationsgerichts, zum neuen Bischof von Albi und Vize-Inquisitor von Frankreich ernannt worden war, legte er am Marienhimmelfahrtstag des Jahres 1282 den Grundstein zum Bau der neuen Kathedrale. Eine Festung des Glaubens und eine in Architektur umgesetzte Botschaft. Eine Art Bibel in Stein mit der deutlichen Aussage wo und vor allem bei wem die Macht liegt. 40 Meter hohe Mauern aus Backstein, streng und massiv, lassen daran keinen Zweifel aufkommen.

Das untere Portal der Kathedrale St-Cécile

Die Strebepfeiler, die das Gewölbe stützen müssen, sind als halbrunde Türme am Mauerwerk angebracht, die den Charakter einer Festung noch unterstreichen. Die Fenster zwischen den Pfeilern beginnen erst in 20 Metern Höhe und mindern den Eindruck von Strenge in keiner Weise. Selbst der Zugang zum Haupteingang auf der Südseite erinnert mit seinen Zinnen eher an ein Burgtor denn an einen Kirchenzugang. Gleiches gilt für den massiven Glockenturm, der von vier soliden Türmen getragen wird und wie der Donjon einer Burg wirkt. Zumindest bis auf etwa 50 Meter Höhe, denn die letzten drei Absätze, die ihn zu einer Gesamthöhe von 78 Meter bringen, wurden erst ab 1485 errichtet. Der damalige Bischof Louis d'Amboise brachte einen Hauch Leichtigkeit und Verspieltheit an das strenge Äußere der Kathedrale. Dies ist nicht nur am Turm zu sehen, sondern auch am Portalvorbau, der erst um 1535 angefügt wurde. Auch die unteren Fensteröffnungen in der Apsis datieren aus der Zeit von Louis d'Amboise. Der hellere Backstein, oberhalb der hohen, schmalen Fenster, resultiert von einer Restaurierung der Kirche Mitte des 19. Jahrhunderts. César Daly, der Restaurator, ließ die Kathedrale mit einem sieben Meter hohen Aufbau mit Wehrgang oben und weißen Wasserspeiern unten einfassen, als die Bedachung erneuert werden musste. Vorher ruhte das Gewicht des Dachs zu sehr auf den Fenstern und auf den Gewölbezwickeln, daher bedurfte es dieser statischen Entlastung. Am helleren Backstein lässt sich die Änderung gut vom ursprünglichen Bau mit dem dunkleren Mauerwerk unterscheiden.

▶ Karte S. 199

■ Südportale

Nachdem der Kathedralbau nach exakt 101 Jahren fertiggestellt war, begann der Architekt und Steinmetz Dominique de Florence mit der Gestaltung des **unteren Portals**. Der Backsteinturm mit den Zinnen ist ein Überrest der alten Stadtmauer und diente vorher als Gefängnis. Das durchbrochene Tympanon war die erste filigrane Verspieltheit am gesamten Bau. Drei Statuen erheben sich vor dem spätgotischen Maßwerk. In der Mitte die Patronin der Kathedrale, die heilige Cäcilia, die Schutzpatronin der Musik. Flankiert wird sie von der heiligen Maria Magdalena und dem heiligen Dominikus, dem Namensvetter des Architekten. Die Figuren, die einstmals in den Nischen unter den Archivolten standen, wurden ein Opfer der Revolution. Nur die Statue des heiligen Johannes links konnte der Zerstörungswut der Bilderstürmer entgehen.

50 Stufen führen durch das untere Portal hoch zum **Südeingang**, der von einem prachtvollen **Portalvorbau** in den Schatten gestellt wird. Am Übergang der Spätgotik zur Renaissance geschaffen,

legt er sich wie ein Baldachin über den Kirchenbesucher. Spätgotisches Flamboyant-Maßwerk in Renaissancebögen, die stützenden Ecktürmchen von Krabben besetzten Fialen schmücken alle drei Seiten des Vorbaus, der wirkt, als sei er aus Stein geklöppelt. Das eigentliche Portal wurde erst im 19. Jahrhundert bei der Restaurierung unter César Daly wieder hergestellt, ohne ihm aber seine Seele wieder zu geben.

Deckengewölbe

So massiv und abwehrend, fast schon abschreckend, die Kathedrale von außen wirkt, so einladend, bunt und leicht wirkt sie von innen. Der Kontrast könnte größer kaum sein. Fast jeder Quadratzentimeter der sechs Meter dicken Mauern ist in leuchtenden Farben, vor allem Blau, bemalt. Nachdem der Rohbau stand, stagnierten die Arbeiten an der Kathedrale für mehrere Jahrzehnte aufgrund von Pestepidemien und dem Hundertjährigen Krieg. Erst unter Bischof Louis I. von Amboise wurde das Projekt wieder vorangetrieben. Am 23. April 1480 weihte er die Kathedrale, doch die Innenausstattung ließ noch zu wünschen übrig. Dank des aufblühenden Pastelhandels waren auch die entsprechenden finanziellen Mittel nun wieder vorhanden. Nach seinem Tod 1503 übernahm sein Neffe das Werk, sowohl als Bischof, als auch als Bauherr. Louis II. d'Amboise engagierte 1509 Maler aus der Lombardei und der Emilia-Romagna, vor allem aus Bologna, das für seine meisterhaften Dekorateure bekannt war. Neun verschiedene Signaturen konnte man bei Restaurierungen entdecken. Innerhalb der Rekordzeit von nur drei Jahren schufen die Maler das **größte Fresko der Welt**, indem sie die zwölf Joche des Gewölbes, das aus je vier dreieckigen Feldern besteht, mit biblischen Geschichten frisch (italienisch fresco) in den Putz malten.

Man betritt die Kathedrale auf Höhe des **sechsten Jochs**, in dem neben Heiligen wie dem Ludwig IX., Methusalem und

Das Deckengewölbe erstrahlt in Blautönen

Tobias auch Louis I d'Amboise abgebildet ist. Im **siebten Joch**, also rechts davon, zeigen die zwei Hauptfelder zum einen die Verkündigung, zum anderen die Sainte-Cécile mit ihrem Mann Valerianus, mit dem sie eine Josefsehe führte. In **Joch vier** wird die Verklärung Christi dargestellt: Jesus nahm die Jünger Petrus, Jakobus und Johannes beiseite und führte sie auf einen Berg, er »stieg mit ihnen hinauf, um zu beten. Und während er betete, verwandelte sich das Aussehen seines Gesichts und sein Gewand wurde leuchtend weiß« (Lk 9, 28–29). Kopfüber dazu folgt die Erscheinung des auferstandenen Christus vor den Jüngern am Osterabend. Die Szene spielt in einem Saal mit goldener Balustrade mit Christus in der Mitte, der die Hand des ungläubigen Thomas nimmt und an seine Seitenwunde legt (Joh 20, 19–29). In den beiden äußeren Dreiecken sind in je 30 Medaillons Heilige äußerst dekorativ gruppiert.

Das Jüngste Gericht

An den Innenflächen der beiden großen Türme, die den Glockenturm stützen, befindet sich eine äußerst detailreiche Darstellung des Jüngsten Gerichts, das um 1495 entstand. »Wenn der Menschensohn in seiner Herrlichkeit kommt und alle Engel mit ihm, dann wird er sich auf den Thron seiner Herrlichkeit setzen« (Mt 25, 31). Die Engel erscheinen hier unter der Orgelempore. Christus als Weltenrichter auf seinem Thron musste im 17. Jahrhundert einem großen Türbogen zu einer Kapelle, der Chapelle St-Clair, weichen, ebenso wie der heilige Michael mit seiner Waage.

Links unter dem weißen Spruchband beiderseits der Arkade sieht man, wie sich die Toten aus ihren Gräbern erheben. Links schön geordnet und gesittet mit aufgeschlagenen Büchern, in denen ihre Taten eingeschrieben sind, schreiten sie zur Mitte hin. »Et vidi mortuosmagnus et pusillos stantes in conspectu throni et libri aperti sunt et alius liber apertus est«, steht auf dem weißen Band. »Und ich sah die Toten, große und kleine, stehen vor dem Thron und Bücher wurden aufgetan und ein anderes Buch ward aufgetan«, wie in der Offenbarung des Johannes in Kapitel 20, Vers 12 zu lesen ist. Rechts des Bogens wird der Vers weiter zitiert: »Ex his quae scripta erant in libris secundum opera ipsorum – und die Toten wurden gerichtet nach der Schrift in den Büchern, nach ihren Werken«. Während die Auserwählten zur Rechten (links vom Betrachter) des nicht mehr vorhandenen Christus in den Himmel über dem Band aufsteigen dürfen, erwartet diejenigen zu seiner Linken (rechts vom Betrachter), Übles, wie das darüber flatternde Band ankündigt: »[Geht weg von mir, ihr Verfluchten,] in das ewige Feuer, das für den Teufel und seine Engel bestimmt ist«. Dunkle Wolken türmen sich hier auf, während die Auserwählten unter dem Schutz der Apostel mit ihren goldenen Nimben im Himmel sitzen dürfen. Unter ihnen in vorderster Reihe ein Papst, ein Kardinal, ein Bischof, dahinter ein König, eine Königin, Mönche verschiedener Orden, eine Ordensschwester.

Direkt auf Augenhöhe des Betrachters unten werden die Qualen je nach begangener Todsünde sehr genau illustriert. Die Hochmütigen werden auf Räder gebunden, links außen. Daneben werden die Neider mit einem makabren Bad in einem eisigen Fluss bestraft. Die Jähzornigen werden in einer obskuren Schlachterei zerhackt. Rechts des Torbogens geht es weiter mit den Geizigen, die in Fässer mit flüssigem Metall getaucht werden. Die Maßlosen werden zur Strafe für ihre Völlerei mit besonderen, höllischen Le-

▸ Karte S. 199

Das Jüngste Gericht

ckerbissen gemästet. Ganz rechts außen werden die Wollüstigen in einem flammenden Brunnen auf kleiner Flamme geröstet. Wegen des unsinnigen Mauerdurchbruchs fehlt in der Mitte die Bestrafung der Faulen.

Die breiten Streifen unten, im Wechsel goldgelb und rot, entsprechen den Wappenfarben des Bischofs Louis d'Amboise, der wohl gleich zu Beginn seines Episkopats das große, 18 Meter breite und 15 Meter hohe, Fresko in Auftrag gegeben hat. Nach sechs Jahren dürfte es zur feierlichen Weihe fertig gewesen sein. Wer der Meister war, der das Jüngste Gericht geschaffen hat, ist nicht bekannt, manche vermuten Hieronymus Bosch dahinter, sicher ist nur, es war ein wahrer Meister!

■ Lettner

Ein nicht minder beeindruckendes Meisterwerk ist der Lettner. Ein Meisterwerk der Steinmetzkunst, das in seiner Feinheit unübertroffen ist. Die Tribüne, von der ein Vorleser aus der Bibel rezitierte, war zugleich die Trennung des Laienbereiches im Langhaus vom Chor, der den Klerikern vorbehalten war. Bis ins 18. Jahrhundert hatten fast alle Kirchen und Kathedralen solche Lettner, bevor sie meist bewusst zerstört wurden, um mehr Licht ins Innere zu lassen. Der Kalkstein wirkt wie feinste Spitze und die abgehängten Schlusssteine des Baldachingewölbes scheinen den Gesetzen der Schwerkraft zu trotzen. Die Stützpfeiler der Tribüne sind mit Nischen versehen, in denen Statuen aufgestellt waren. Nur Adam und Eva in Pfeilern des mittleren Bogens sind der Zerstörung entgangen, sowie Maria und Johannes am oberen Abschluss, ebenso der zentrale Christus am Kreuz. Durch das linke Portal gelangt man in den Chorumgang.

■ Chorumgang

Die steinernen Chorschranken, die den Blick ins Allerheiligste verhindern, sind mit herrlichen Statuen aus polychrom bemaltem Stein dekoriert, die Figuren aus dem Alten Testament zeigen. Etwa auf

Höhe der Kasse steht am vierten Pfeiler die Königin Esther, die anmutige Gattin des Perserkönigs Xerxes, die um Erbarmen für ihr Volk bittet. Es folgen der blinde Tobias, König Salomon, Baruch, der Schreiber des Propheten Jeremia, der junge, bartlose Prophet Habakuk, Jonathan, der Sohn des ersten Königs der Israeliten und bester Freund von David. Hesekiel, einer der vier großen Propheten steht am Pfeiler des nördlichen Choreingangs. Es folgen mit Maleachi, Joel, Amos und Sacharja Propheten aus dem Zwölfprophetenbuch des Tanach, der jüdischen Bibel.

Mit König David und Jakob beginnt die Chorrundung, in deren Zentrum der Hohepriester Simeon steht, einer der Söhne Jakobs und damit Stammvater eines der zwölf Stämme Israels. Er blickt direkt in die zentrale Apsiskapelle, die Chapelle Saint-Sacrement.

Der schlichte, moderne Altar, ein Kunstwerk des Bildhauers und Goldschmieds Goudji, wurde 526 Jahre nach der ersten Kirchenweihe von Monseigneur Jean Legrez, dem Erzbischof von Albi, am 23. April 2016 geweiht. In ihm sind Reliquien, unter anderem von Papst Johannes Paul II., eingelassen.

Nach Zacharias folgen mit dem greisen Propheten Jeremias und dem schmerzvoll bewegten Jesaja zwei der ausdrucksstärksten Statuen. Hosea, Zefanja und Micha, weitere kleine Propheten des Tanach, beschließen die Reihe der Figuren an der Chorwand. Nach dem Eingang ins Innere des Chores folgen Daniel, Haggai und Obadja sowie eine nicht zuzuordnende Figur und Hiob. Der nachfolgenden Judith sollte man wieder einen intensiveren Blick widmen. Die gottesfürchtige Witwe Judith, aufs Prächtigste gekleidet, ersinnt gerade den Plan, wie sie das Volk der Israeliten vor den Assyrern retten wird, indem sie dem General Holofernes das Haupt abschlagen wird. Das modische Gewand sowie ihre Haartracht verrät die Entstehungszeit der Figuren im ausgehenden 15. Jahrhundert. Zwischen den Figuren des Esra und des Joschija komplettieren Jona und Nahum die Liste der zwölf kleinen Propheten.

Chorinneres

Steht der Chorumgang für das Alte Testament, ist der Große Chor das versinnbildlichte Neue Testament. Das Deckenfresko des Langhauses setzt sich hier fort und wird zur Verherrlichung der Jungfrau Ma-

Der Lettner - ein Meisterwerk der Gotik

Karte S. 199

ria genutzt. Der Krönung Mariens steht das Gleichnis der zwölf klugen und törichten Jungfrauen gegenüber. Eine Marmorplatte des 19. Jahrhunderts ersetzt einen Hochaltar, den Louis d'Amboise bei einem Pariser Goldschmied bestellt hatte und der in der Französischen Revolution eingeschmolzen wurde. Hinter dem Altar steht die Maria mit dem Christuskind auf der Innenseite des gleichen Pfeilers, an dem außen Simeon steht, an den sie Jesus zur Beschneidung im Tempel übergeben hat. Zu ihren Seiten stehen Paulus und rechts Johannes der Täufer, dann schließen sich beiderseits die zwölf Apostel an. Die Spruchbänder, die sie in den Händen halten, tragen jeweils einen der zwölf Artikel des Glaubensbekenntnisses. Es beginnt beim heiligen Petrus rechts neben Johannes dem Täufer. Seinem »Ich glaube an den einen Gott, den Vater, den Allmächtigen«, steht auf der Seite des Chorumgangs der alte Jeremia im Rücken gegenüber, der ein Spruchband mit der Prophezeiung »Ihr werdet den Vater preisen, der Himmel und Erde erschaffen hat«. Diese Art von Dialog könnte man zwischen allen inneren und äußeren Figuren herstellen, was zeigt, dass der Auftraggeber Louis d'Amboise sich ein ikonologisch ausgefeiltes Konzept erdacht hat, als er ab 1474 das Werk zur Fertigstellung der Kathedrale übernommen hat. Das Glaubensbekenntnis springt von Petrus nach links hinüber, wo der heilige Andreas neben Paulus steht, dann wieder hinüber zu Jakobus dem Jüngeren. Ihm gegenüber Johannes links, rechts Jakobus der Ältere, Thomas links, Matthäus rechts, Bartholomäus, Philippus, Simon und jeweils zur anderen Seite der Choreingänge Judas und Matthias.

Die Apostel erscheinen noch einmal im Deckenfresko, in den Dreiecken der Apsis. Zentral in der Decke des Chores

Die Kathedrale beherbergt eine der bedeutendsten französischen Barockorgeln

thront der wiedergekehrte Christus als Weltenrichter in einer von Engeln umgebenen Mandorla, die von goldenen Medaillons umgeben ist. Diese zeigen die vier Evangelistensymbole: den Adler für Johannes, den Markuslöwen, den Stier für Lukas und den Engel für Matthäus. Im westlichen Teil des Großen Chores blieben die Kathedra, der Bischofsstuhl, und das 120-sitzige Chorgestühl erhalten. An der Kathedra ist in einem Wirrwarr aus kleinen Tieren und Statuetten das Wappen derer von Amboise angebracht. Im Deckengemälde des Jochs oberhalb des Bischofsstuhls sind die vier Kardinalstugenden Glaube, Nächstenliebe, Hoffnung und Demut in Gestalt von vier weiblichen Figuren in steinernen Nischen abgebildet.

Oberhalb des eichenen Chorgestühls bilden 70 kleine Engel einen Reigen als steinerne Chorknaben. Auf der Chorseite des Lettners scheint die heilige Cäcilia, Schutzpatronin der Kirche und gleichzeitig Schutzherrin der Kirchenmusik, den stummen Chor der Engel zu leiten. In ihrer linken Hand hält sie als typisches Attribut eine Orgel, in der rechten eine Palmette zum Zeichen ihres Martyriums.

Das Palais de la Berbie

■ Trésor

In den zwei Sälen der Schatzkammer oberhalb der Sakristei werden liturgische Geräte, Prozessionskreuze und Reliquienbehältnisse vom 13. bis zum 19. Jahrhundert aufbewahrt. Darunter Hostienschalen, Kelche, Ziborien und Weihrauchgefäße. Ältestes Stück ist ein Bischofsstab, den möglicherweise Bernard de Castanet schon benutzte. Ein Bischofsring aus Gold und Saphiren sowie der Reliquienschrein der heiligen Ursula stammen aus dem 14. Jahrhundert. Ein großer Mehrflügelaltar (Polyptychon), stammt aus dem Jahr 1345 und wird dem Meister von Lavagnola aus dem ligurischen Savona zugeschrieben.

■ Die große Orgel

Das Instrument ist eine der größten und bedeutendsten französischen Barockorgeln. Regelmäßig werden Konzerte gegeben, zumal nach einer vorbildlichen Restaurierung ab 1977.

Die Orgel wurde Mitte der 1730er Jahre von Christophe Moucherel mit 43 Registern auf vier Manualen erbaut. Später wurde sie um ein weiteres Manual auf 55 Register erweitert. Berühmt wurde sie durch den neunteiligen Orgelprospekt, den größten historischen Prospekt weltweit.

Palais de la Berbie

Der mächtige Bischofspalast, der seinen Namen vom okzitanischen Wort Bisbia für Bischofssitz ableitet, ist eine ähnlich gewaltige Festung wie die Kathedrale. Der erste Bischof nach Beendigung des Albigenserkreuzzuges Durand de Beaucaire (1228–1254) befahl die Errichtung des Haupttraktes und eines separaten Festungsturms, das die wiedererlangte Autorität der katholischen Kirche manifestieren sollte. Der Haupttrakt ragt rechts, hinter dem Office du Tourisme auf, der Turm ist nur von der Nordseite aus zu sehen, an der auch der malerische Bischofsgarten liegt. Sein Nachfolger Bernard de Combret (1254–1271) ließ die beiden Gebäude durch eine Zwischenfassade verbinden. Schließlich wurden unter seinem Episkopat weitere Trakte angefügt, so dass eine Festung um einen Innenhof entstand. Unter Bernard de Castanet wurden die Arbeiten mit der Errichtung des Donjons links vom Zugang abgeschlossen. Der ehemalige Vize-Inquisitor würde sich vermutlich im Grab drehen, wüsste er, dass in »seinem« Palast seit 1922 die zum Teil recht frivolen Werke von Henri de Toulouse-Lautrec ausgestellt werden.

Wie schon an der Kathedrale gehen auch am Bischofspalast die verspielteren Elemente auf Bischof Ludwig I. von Amboise zurück. Ihm ist die Ostfassade entlang der Straße zu verdanken, die eher an einen Renaissance-Palast als an eine Festung denken lässt, und auch dem Innenhof verlieh er sein heutiges Aussehen. Außerdem ist er es, der einen ersten Garten anlegen lässt, die seine Nachfolger im 17. Jahrhundert in einen französischen Barockgarten verwandeln lassen.

Nach dem Gesetz zur Trennung von Kirche und Staat, das 1905 vom damaligen Ministerpräsidenten Émile Combes erlassen wurde, kam der Palais de la Berbie in den Besitz des Départements Tarn. Es wurde der Stadt Albi überlassen, unter der Bedingung, dass ein Kunstmuseum eingerichtet wird. Das zunächst im Rathaus untergebrachte Museum alter Kunstwerke und archäologischer Funde zog daraufhin in den ehemaligen Bischofspalast um. Vermutlich könnte man die Besucherzahl an einer Hand abzählen, hätten nicht die Eltern von Henri de Toulouse-Lautrec dem Museum die Werke ihres Sohnes überlassen.

EXTRA

Tragisches Genie – Henri de Toulouse-Lautrec

Am 24. November 1864 wurde Henri Marie Raymond de Toulouse-Lautrec-Monfa in Albi geboren. Seine Eltern Alphonse und Adèle stammten als Cousin und Cousine ersten Grades aus dem alten Adelsgeschlecht der Grafen von Toulouse und konnten ihre Ahnentafel bis auf Karl den Großen zurückführen. Doch durch die nahe Verwandtschaft der Eltern, beider Mütter waren Schwestern, litt Henri an einer Erbkrankheit, die für seine brüchigen Knochen verantwortlich war. Er sich als Kind kurz nacheinander beide Beine, wodurch er kleinwüchsig blieb. Wegen seiner schwächlichen Gesundheit bekam der 1,52 Meter große Grafensohn in Sanatorien Privatunterricht und zeigte schon früh sein Talent fürs Malen. Der taubstumme Tiermaler René Princeteau, ein Freund seines Vaters, führte Henri während mehrerer Aufenthalte in Paris in elementare Grundlagen der Malerei ein. Graf Alphonse war ein Draufgänger und Reiter. Als Jugendlicher malte Henri daher immer wieder Jagdszenen und Pferde, da er die Leidenschaft des Vaters nicht durch gemeinsame Aktivitäten teilen konnte. Obwohl die Eltern, vor allem der Vater, nicht begeistert waren von der Idee des Sohnes Maler zu werden, unterstützen sie ihn doch. Der Vater sprach mit befreundeten Malern, die Henri für ein akademisches Studium der Malerei empfahlen.

Dr. Gabriel Tapié de Céleyran, Toulouse-Lautrecs Cousin, 1894

1882 trat Toulouse-Lautrec in das Atelier von Léon Bonnat in Paris ein. Nachdem Bonnat als Professor an die Kunsthochschule berufen wurde, wechselte Henri ins Atelier von Fernand Cormon, wo er unter anderem Vincent van Gogh und Emile Bernard kennenlernte. Gemeinsam besuchten sie unter anderem Ausstellungen von Edgar Degas, Edouard Manet und Auguste Renoir. Doch seine wichtigsten Bezugspersonen und vielleicht einzigen wirklichen Freunde waren sein Cousin Gabriel Tapié de Céleyran und Maurice Joyant, den er von der Kunsthochschule kannte.

Ab Mitte der 1880er Jahre tauchte Toulouse-Lautrec ins Bohème-Leben am Montmartre ein und wurde Stammgast in den Amüsierlokalen und Revuen. Durch seine körperliche Behinderung wurde er eine Art Maskottchen der Damen vom horizontalen Gewerbe. Sie stören sich nicht daran, wenn er sie, in einer Ecke sitzend, beobachtet und zeichnet, wenn sie sich für das abendliche Geschäft zurechtmachen. Toulouse-

Lautrec malte sie ohne Voyeurismus oder Satire, sondern als scharfer Beobachter. Durch Reduzierung auf das Wesentliche in Form und Farbe bringt er Charakter und Situation messerscharf zu Papier. Und damit hatte er die beste Voraussetzung, um Werbeplakate zu entwerfen, für die er später zu Weltruf gelangen sollte. Dank seines Freundes Joyant, der ihm Ausstellungen ermöglichte, war er kein Unbekannter mehr in der Kunstszene. Joyant war nach dem Nervenzusammenbruch von Theo van Gogh, den dieser nach dem Selbstmord des Bruders erlitten hatte, zum Direktor der Kunstgalerie Goupil aufgestiegen. Aufträge für Plakate bekam er unter anderem vom Sänger Aristide Bruant, der sein eigenes Café-concert eröffnet hatte.

Porträt der Sängerin und Schauspielerin Yvette Guilbert, 1894

Die neue Attraktion unter den Amüsierlokalen wurde aber 1889 das Moulin Rouge mit seinen Lichtern, Tänzerinnen, Sängerinnen und Sängern. Hier traten die berühmtesten Stars ihrer Zeit auf. Für Henri Toulouse-Lautrec wurde die glitzernde rote Mühle ein unerschöpflicher Quell der Inspiration. Und auch die Chefs des Moulin Rouge gaben bei ihm Werbeplakate in Auftrag.

Mit seinen Bildern spiegelte Henri Toulouse-Lautrec das Leben der Belle Époque wider. Berühmt wurden aber vor allem seine großflächigen Farblithografien. Über 350 Werke in dieser Steindrucktechnik sind in rund zehn Jahren entstanden. Außerdem brachten sie ihm dringend benötigtes Geld, das er immer penibel eintrieb. Aufgrund seiner Krankheit und seiner Einsamkeit als zwergenhafter Sonderling wandte er sich immer häufiger dem Alkohol zu, was 1898 zum ersten Mal zu einem Delirium tremens führte. Auch eine Entziehungskur konnte ihn nicht von seiner Alkoholsucht heilen. Am 9. September 1901 starb er mit nur 36 Jahren durch Suff und Syphilis in den Armen der Mutter auf dem elterlichen Schloss Malromé bei Bordeaux. Die Mutter war es auch, die seiner Geburtsstadt Albi den Nachlass des Sohnes – mehr als 1000 Werke – vermachte.

Bertrand Lorquin, Konservator am Pariser Musée Maillol, sagte in einem Interview anlässlich des 150. Geburtstages Toulouse-Lautrecs: »Es gab bei Lautrec eine Lebenskraft, die mir besonders ausgeprägt gewesen zu sein scheint. Wie hätte er sonst solche lebensbejahenden und avantgardistischen Werke erschaffen können, wenn er nicht diesen Appetit nach Leben und Vergnügungen gehabt hätte, den seine Kunst widerspiegelt?«

Musée Toulouse-Lautrec

Nachdem Henri de Toulouse-Lautrec-Monfa am 9. September 1901 auf dem gräflichen Schloss Malromé bei Bordeaux gestorben war, bemühten sich Graf Alphonse und vor allem seine Mutter Gräfin Adèle um eine angemessene Würdigung des Werkes ihres Sohnes. Sie boten den Nachlass aus seinem Atelier, gemäß dem letzten Willen des Sohnes, den Pariser Museen an. Nach zum Teil abschätzigen und abschlägigen Bescheiden, setzten sich die Eltern mit der Stadt Albi in Verbindung, die ja immerhin die Geburtsstadt des Malers war. Gabriel die Tapié de Céleyran, Vetter und langjähriger Freund Henris, unterstützte seinen Onkel und seine Tante bei dem Vorhaben. Die Stadtväter von Albi reagierten mit dem gebührenden Respekt und versprachen eine angemessene Unterbringung des Vermächtnisses. Nachdem der Bischofspalast entsprechend um- und ausgebaut worden war, fand am 30. Juli 1922 die feierliche Eröffnung im Beisein der Gräfin statt. 2012 wurde das Museum grundlegend renoviert und dem Werk Toulouse-Lautrecs noch mehr Raum gewährt.

Man betritt das Museum durch den Innenhof. Jedwedes Gepäck, auch Handtaschen müssen in Gepäckfächern verschlossen werden. Der erste Teil der Ausstellung mit Toulouse-Lautrecs Werken befindet sich im Erdgeschoss in den mittelalterlichen Räumen, in denen sich ehemals die Inquisition und das Gefängnis befunden haben. Im Obergeschoss sind die berühmtesten Werke aus der Pariser Zeit ausgestellt und ein neuer Saal gehört den Plakaten.

■ Erdgeschoss – Frühwerk

Der erste Raum, durch Stellwände unterteilt, zeigt zunächst Porträts und Selbstbildnisse Toulouse-Lautrecs. Das Bildnis »Henri de Toulouse-Lautrec in Villeneuve-sur-Yonne« von Edouard Vuillard zeigt ihn in all seiner verwachsenen, skurrilen Erscheinung. Doch noch wesentlich scho-

Eingang zum Musée Toulouse-Lautrec

▲ Karte S. 199

nungsloser zeichnet Toulouse-Lautrec sich selbst, wie seine Skizzen zeigen. So als wollte er Spöttern damit schon im Vorfeld den Wind aus den Segeln nehmen. Durch seine Krankheit und seine Knochenbrüche musste er Freizeitbeschäftigungen im Freien aufgeben und auch den Traum vom Reiten begraben, das einzige Hobby, das ihn mit seinem draufgängerischen Vater verband. An der Wand rechts hängt ein Bild des 18-jährigen, das seinen Vater »Graf Alphonse de Toulouse-Lautrec« im Kostüm eines Tscherkessen mit einem Falken auf dem Arm auf einem Pferd reitend zeigt. Die Leichtigkeit des trabenden Pferdes und des sichtlichen Vergnügens, das der Vater bei seinem Jagdausflug hat, strahlt eine gewisse Nostalgie über die verlorenen Träume aus. Zwei Jahre früher hatte Toulouse-Lautrec bereits das an der gegenüberliegenden Wand hängende Bild gemalt, einen »Artilleristen, der sein Pferd sattelt«. Bei beiden Pferdedarstellungen zeigt sich bereits, wie es ihm gelingt mit wenigen Pinselstrichen das Wesentliche einzufangen.

Die Bilder im hinteren Teil des Raums zeigen die Fortschritte, die Toulouse-Lautrec während seiner Studienjahre in den Ateliers von Bonnat und Corman auf technischem Gebiet und im klassischen Bildaufbau gemacht hat. Ein paar Stufen führen ein halbes Geschoss tiefer, wo vor allem zwei große Porträts auffallen, die seine zwei besten Freunde zeigen. Rechts seinen Cousin »Doktor Tapié de Céleyran«, der gerne als Dandy mit Kneifer und Zylinder auftrat. Auch in der Wiedergabe seines Freundes und Vetters ist er schonungslos. Haargenau gibt es dessen hängende Schultern und seinen stets schlurfenden Gang wieder. Schräg links ist »Maurice Joyant«, sein Freund und Mentor, zu sehen. Wie ein Fels in der Landschaft steht der als Jäger am Strand in der Somme-Bucht. Als der Fels, der Joyant auch persönlich für Toulouse-Lautrec war. Das Bild entstand 1900 während einer gemeinsamen Reise in die Picardie. Nach Eröffnung übergab es Joyant dem Museum aus seiner persönlichen Sammlung.

An der hinteren Wand geben einige Gemälde einen Einblick in das persönliche Umfeld der Grafenfamilie. Die Dihaus, entfernte Verwandte, organisierten ein Treffen mit Edgar Degas, der ebenfalls aus adliger Familie – de Gas – stammte, und für den Henri eine große Bewunderung hegte, die allerdings nicht auf Gegenseitigkeit beruhte. Auf dem Bild von »Mademoiselle Dihau am Klavier« erkennt man im Hintergrund Werke Degas an der Bilderwand. Rechts fällt der Blick auf eine weiße Partiturseite, die er nach dem Prinzip der japanischen Bildflächengestaltung auf Holzschnitten, das großen Einfluss auf die Impressionisten hatte, einsetzt. Seine Bewunderung und Nähe zu dem Impressionisten zeigt sich auch am Bild von »Monsieur Desiré Dihau«, den er in den Garten von Père Forest auf dem Montmartre platziert und den Hintergrund in scheinbar misstönigen Farben verfremdet. Die Mutter »Gräfin Adèle de Toulouse-Lautrec« zeigt er vor der Kaffeetasse ihres Frühstücks sitzend. Natürlich in untadeliger Haltung, die die adlige Herkunft verrät.

Links vom Gemälde Maurice Joyants geht es in einen angrenzenden Raum, in dem uns Toulouse-Lautrec einen Blick hinter die Kulissen und die glitzernden Fassaden des Rotlichtmilieus im Paris der Belle Époque gewährt. Das großformatige Bild »Im Salon der rue des Moulins« gibt einen Einblick, wie sich die Damen vom horizontalen Gewerbe ohne Kundschaft geben. Obwohl der Salon des Bordells durch die üppigen Samtkanapees einen gewissen Luxus ausstrahlt, sind die Frauen in keinster Weise lasziv oder aufreizend. Im Gegenteil, auch hier zeigt sich Toulouse-Lautrecs Gabe zur nüchternen Betrachtung und Wiedergabe ohne persönliche Wertung. Müdigkeit und eine gewisse Desillusioniertheit spricht aus den Augen der Prostituierten.

Mehrere Darstellungen von Freudenmädchen in diesem Raum sind wie flüchtige Momentaufnahmen, Schnappschüsse aus den Garderoben, in denen sie sich auf die Arbeit vorbereiten, wie beim Bild »Frau beim Anziehen eines Strumpfes«. Intim, aber nicht voyeuristisch hält Toulouse-Lautrec die Szene, die Bewegung fest. Etwas völlig neuartiges in der Kunst. Aktmalerei hieß vor Henri Toulouse-Lautrec, dass die Modelle kunstvoll arrangiert, drapiert und in Szene gesetzt werden. Er gibt einfach nur den Moment wieder und durch die Verwendung von Ölkreide auf Karton unterstreicht er diesen flüchtigen Charakter.

■ Obergeschoss – Moulin Rouge und Caf'concs

Zu den absoluten Stars in den Cafés-concert, kurz auch Caf'conc genannt, gehörte Aristide Bruant (1851–1925), Sänger und Komponist, der 1885 sein eigenes Lokal eröffnete, das Mirliton. Bruant trat aber auch in Caf'concs wie dem El Dorado und dem Ambassadeurs auf, das wohl das wichtigste Varietétheater in Paris, wenn nicht in ganz Europa war. Schwarzer Mantel, schwarzer Schlapphut und roter Schal waren seine Markenzeichen. Die Skizzen an den Wänden dienten als Vorlagen für insgesamt vier Plakate, die Henri Toulouse-Lautrec mit Bruant machte.

Als 1889 das Moulin Rouge seine Pforten eröffnete, waren alle fasziniert. Noch nie gab es solch einen Luxus in einem Amüsierlokal. Die unzähligen Lichter, so viele Spiegel, die große Bühne, alles war damals neu und wegweisend. Und nur die absoluten Topstars traten hier auf. Dazu gehörten vor allem Valentin, der Knochenlose, und die Tänzerin Louise Weber (1866–1929), die nur La Goulue, die Gefräßige, genannt wurde, beide vorher schon Stars in der Moulin de la Galette. Valentin mit seiner markanten, schlaksigen Silhouette, der sich in fast groteske Haltungen verbiegen konnte, ist auf den Entwürfen wie auf dem Plakat, das 1891 die Besitzer des Moulin Rouge, Joseph Oller und Charles Zidler, in Auftrag gaben, unnachahmlich getroffen. Ebenso wie die im Licht der Scheinwerfer stehende La Goulue, die Cancan-Tänzerin mit dem bauschigen Unterrock und ihrem charakteristischen Haarknoten. Die Zuschauer sind durch das enorme Licht nur als schwarze Schemen am Rande des Geschehens wahrzunehmen. Mit diesem Plakat wurde Toulouse-Lautrec einem breiten Publikum bekannt und er wurde zum gefragten Plakatmaler.

Ein weiterer Topstar der Szene war Yvette Guilbert (1867–1944). 1890 sah Toulouse-Lautrec die Sängerin mit der eigenwillig schrillen Stimme erstmals im Divan Japonais. Immer schon von Rothaarigen fasziniert, ist er auch von der Sängerin in den Bann gezogen. Neben ihren roten Haaren, waren grüne Kleider und schwarze Handschuhe ihr Markenzeichen. Drei Jahre nach dem ersten Aufeinandertreffen bekommt Henri den Auftrag zu einem Plakat für die Wiedereröffnung des Divan Japonais, für das er diverse Studien anfertigt, die hier zu sehen sind. 1895 bestellt die Künstlerin bei Toulouse-Lautrec eine Email-Plakette für sich. Das einzige Keramikwerk, das er je hergestellt hat, zeigt die absolute Reduktion aufs Wesentliche: ihren schwarzen Handschuh. In ihrem weiblichen Stolz verletzt, verweigerte sie die Abnahme

▶ Karte S. 199

Au Salon de la rue des Moulins, 1894

sowie eine Plakatwerbung von ihm für die folgende Saison.

Nachfolgerin der Goulue als Tanzstar wurde Jane Avril (1868–1943). Zunächst brillierte sie im Jardin de Paris, dann in der Moulin de la Galette, wo Toulouse-Lautrec sie 1892/93 erstmals traf, dann in der Roten Mühle. Dort wo 'die Gefräßige« wild und verrucht war, begeisterte die Autodidaktin Avril mit Anmut und Eleganz. Nie trat sie ohne Kopfbedeckung auf. Neben dem Moulin Rouge tanzte sie auch im neuen Cabaret Le Chat Noir und im Divan Japonais, wo sie Toulouse-Lautrec im schwarzen Kleid und extravagantem Hut mondän an der Bar sitzend verewigt hat. Neben ihr nimmt der Schriftsteller und Musikkritiker Edouard Dujardin ebenfalls die Rolle eines Zuschauers ein und man erkennt sogar, welcher Star soeben auftritt, auch wenn der Kopf fehlt. Yvette Guilbert ist wieder einmal nur an ihren Handschuhen zu identifizieren.

Etwa zur selben Zeit entstanden die Studien von einem weiteren weiblichen Tanzstar. Die gebürtige Amerikanerin Loïe Fuller (1862–1928) entzückte das Publikum im Folies-Bergères mit ihren ausdrucksvollen Tänzen. Die hier präsentierte Studie, mit Ölkreide auf Karton gemalt, entstand in Vorbereitung auf eine georderte Lithographie des Varietétheaters an den Champs-Elysées.

Der alternde Schauspieler und Komiker Caudieux bestellte bei Henri Toulouse-Lautrec ein Werbeplakat. Der Entwurf dazu, den Albi besitzt, zeigt den wohlbeleibten Kabarettsänger im Frack und Querbinder und gibt schonungslos sein stark geschminktes Gesicht wieder, mit dem Caudieux versuchte sein Alter und

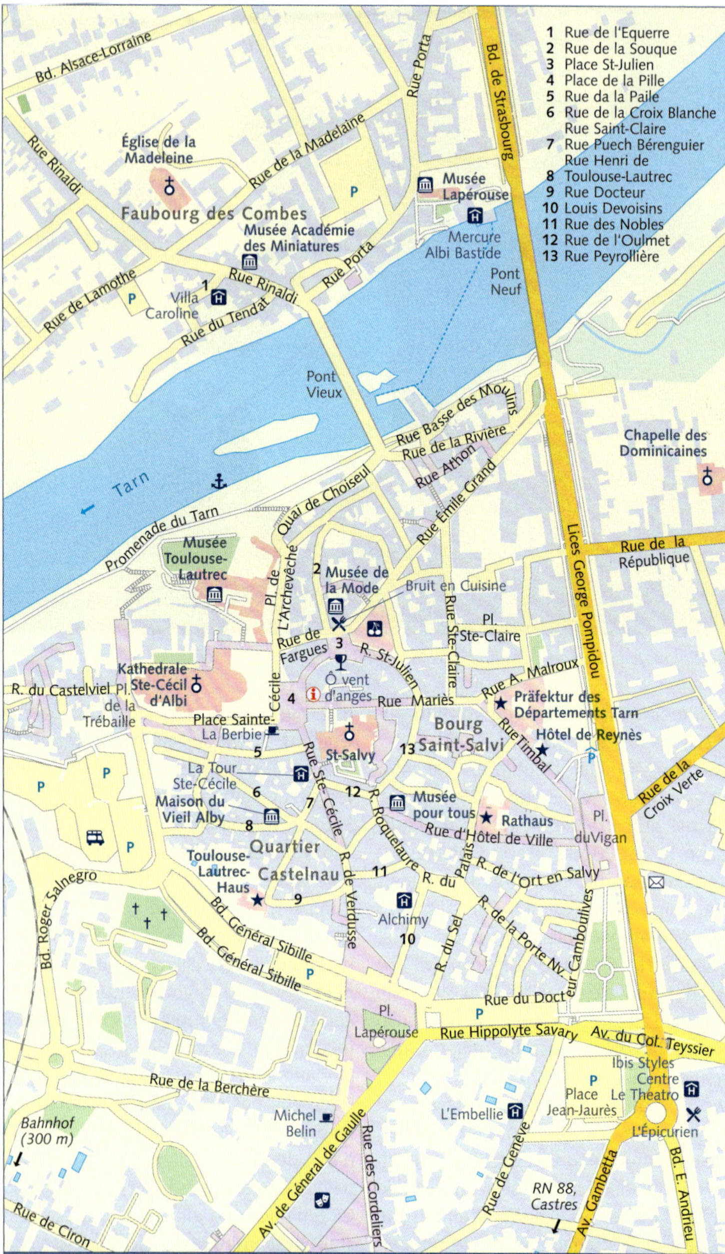

Albi: Zentrum

die Spuren seines ausschweifenden Lebens zu kaschieren.
Im angrenzenden Raum hängt in zentraler Position Toulouse-Lautrecs letztes Gemälde, das 1901 entstand. »Ein Examen an der medizinischen Fakultät« zeigt wohl schon allein durch seine dunkle Farbgebung die Sorgen, die Henri wegen seines Gesundheitszustandes hatte. Kurz nach Entstehung des Bildes hatte er tatsächlich einen erneuten epileptischen Anfall, ausgelöst durch seinen jahrelangen Alkoholmissbrauch. Daraufhin reiste er nach Bordeaux, wo er wenige Monate später auf Schloss Malromé starb.

Obergeschoss – Plakate

Über eine lange Galerie führt die Lautrec-Ausstellung zum Raum mit seinen Plakaten. Neben den Cabarets, Caf'concs und Varietétheatern zählten auch Firmen wie der britische Fahrradzubehörfabrikant Simpson zu Toulouse-Lautrecs Auftraggebern. Wie bei einer modernen Werbekampagne zeigt er die Radfahrstars damaliger Zeit, die mit Fahrradketten der Firma Simpson unterwegs waren. Der Langstreckenfahrer Constant Huret, Spitzname »Der Bäcker«, radelt hinter einem Gladiator-Tandem her, auf dem in zweiter Position Lisette Marton, die 1896, im Jahr als das Plakat entstand, Weltmeisterin geworden war.
Zwei Jahre vorher arbeitete Toulouse-Lautrec bereits für eine Londoner Firma, die Konfetti herstellte. Um das leichte, flatternde Konfetti darzustellen hat er eine neuartige Technik entwickelt. Das damals übliche Druckverfahren war die Lithographie. Dabei wird das zu druckende Motiv seitenverkehrt mit Fettkreide oder -tinte direkt auf eine eben geschliffene Steinplatte gezeichnet, die anschließend mit Ätzflüssigkeit behandelt wird. An den Stellen, wo sich keine Zeichnung befindet, dringt die Flüssigkeit in die Poren des Steins ein, nur an den gezeichneten Linien bleibt beim Aufwalzen der Druckerschwärze die Farbe haften. Der restliche, mit Ätzflüssigkeit behandelte Bereich stößt sie jedoch ab. Für das Konfetti benutzte Toulouse-Lautrec einen Urushi genannten Naturlack, den er mit dem Pinsel aufgesprüht hat. Die Inspiration dazu bekam er durch die japanische Lackkunst.
Die »Reine de Joie« (1892) war ein Plakat, das Werbung für einen Roman dieses Titels von Victor Joze bewarb. Die »Revue Blanche« war eine Literaturzeitschrift, die alle zwei Monate erschien. Die drei Gebrüder Natanson waren die Herausgeber und Thaddäus Natansons Frau Misia Sert stand nicht nur für mehrere Umschlagbilder Modell, sondern auch für das Werbeplakat, das Toulouse-Lautrec für das Magazin 1895 fertigte.

Altstadt

Rund um die zentrale Place Sainte-Cécile mit der Kathedrale und dem Bischofspalast gruppieren sich die alten Viertel von Albi. Das heute moderne **Wohnviertel Castelviel** im Westen ist die Wiege der Stadt, da hier die ältesten Spuren der Besiedlung gefunden wurden und sich hier das kleine keltische Oppidum befand. Im südlichen **Quartier Castelnau** entwickelte sich die Neustadt (im 12. Jahrhundert!), in dem heute noch viele schöne alte Fachwerkhäuser und Stadtpaläste stehen, unter anderem das **Hôtel du Bosc**, das **Geburtshaus von Henri de Toulouse-Lautrec**. Die **Bourg Saint-Salvi** entstand ab dem 10. Jahrhundert als Bürgerstadt der Handwerker und Händler im Osten der Kathedrale und hat sich ebenfalls zahlreiche alte Häuser und viel Charme bewahrt. Auf der Nordseite des Tarn entwickelte sich ab

Im Garten des Bischofspalasts

dem 11. Jahrhundert die Vorstadt der Schluchten, **Faubourg des Combes**, die über die alte Brücke Pont Vieux an die Stadt angeschlossen war. Mit der Verlegung der Präfektur nach Albi entwickelte sich Ende des 18. Jahrhunderts die ehemalige **Vorstadt Vigan** zum neuen In-Viertel mit Theater, Post, öffentlichen Einrichtungen und Cafés.

■ Quartier Castelnau

Folgt man der Rue Ste-Cécile vom Kathedralvorplatz aus nach Süden, biegt als zweite Straße nach rechts die Rue St-Clair ab. Hier erhebt sich rechts, fast am Ende der Straße, das **Stadtpalais** von Raymond Séré, eines reichen Textilhändlers und Bankiers. Es entstand im 16. Jahrhundert im Stil der Renaissance. In den folgenden Jahrhunderten wurden kleine Veränderungen vorgenommen, zumal, als die Familie im 17. Jahrhundert dank der Fürsprache der Tolosaner Capitouls in den Adelsstand erhoben wurde. Den Hof des **Hôtels Séré-de-Rivières**, wie die Familie nun hieß, betritt man durch ein Tor, das mit schlichten Pilastern geschmückt ist, das allerdings meist verschlossen ist. Rechts ist ein Schild angebracht, das an den Augenarzt Pierre Amalric erinnert, der bis zu seinem Tod 1999 Mitglied der nationalen Medizin-Akademie war und mit dem höchsten französischen Verdienstorden, der Légion d'honneur (Ehrenlegion), ausgezeichnet wurde. Hat man Glück und das Tor steht offen, sticht im Hof besonders das charmante Treppentürmchen nach Toulouser Vorbild ins Auge. Durch die Umbauten im 18. Jahrhundert bekam das Gebäude neue, größere Fenster und ein klassizistisches Aussehen.

▸ Karte S. 216

An der Kreuzung der Straße, die im weiteren Verlauf zur Rue Henri de Toulouse-Lautrec wird, mit der Rue du Plancat steht rechter Hand an der Rue de la Croix-Blanche das **Maison du Vieil Alby**. Das typische Fachwerkhaus, dessen älteste Teile auf das 12. Jahrhundert zurückgehen, hatte wie alle Häuser der Zeit im Erdgeschoss den Obrador genannten Verkaufs- oder Ausstellungsraum, in dem die Kundschaft empfangen wurde. In der ersten Etage waren die Wohnräume und oben entweder der Speicher oder wie in diesem Falle der Trockenboden, der Soleillou, der von außen wie ein Balkon wirkt. Die lokale Denkmalschutzorganisation Association pour la Sauvegarde du Vieil Alby hat 1970 das alte Haus restauriert und organisiert im Inneren temporäre Ausstellungen.

Auch im weiteren Verlauf der Rue de la Croix-Blanche gibt es noch etliche alte Fachwerkhäuser. Besonders sehenswert ist die **alte Schmiede** in Hausnummer neun.

Kehrt man wieder zur Kreuzung zurück und folgt der Rue Henri de Toulouse-Lautrec erreicht man das Geburtshaus des Malers, das **Hôtel du Bosc**, rechts in der Ecke, in der die Straße eine 90-Grad-

Biegung macht. Im Haus rechts davor wohnte im 18. Jahrhundert der Seefahrer, Weltumsegler und Geograph Jean-François de Lapérouse.

Collégiale Saint-Salvi

Über die belebte Fußgängerstraße Rue Ste-Cécile geht es wieder zurück Richtung Kathedrale. Biegt man gleich am Platz in die erste Straße rechts, die Rue Mariès, ein, steht man nach wenigen Schritten vor den Treppen, die zur **Stiftskirche Saint-Salvi** rechts hoch führen. Der Namenspatron war selbst Bischof von Albi im 6. Jahrhundert. Fünf Jahrhunderte später begann man mit dem Bau einer neuer Kirche an dieser Stelle, auf den Fundamenten eines karolingischen Vorgängerbaus. Der Albigenserkreuzzug unterbrach jedoch die Bauarbeiten. Als sie im 13. Jahrhundert wieder aufgenommen werden, wird nun gotisch weitergebaut. Man betritt die Kirche von der Nordseite her. Das ehemals romanische Portal wurde im 18. Jahrhundert klassizistisch erneuert, nur die Archivolten und zwei Kapitelle blieben erhalten. Die ersten vier Joche des Langhauses sind ebenfalls noch romanisch, inklusive der Kapitelle aus dem 12. Jahrhundert. Der Chor sowie die anderen Joche sind im spätgotischen Stil errichtet worden.

Vom **Kreuzgang** auf der Südseite blieb lediglich der romanische Ostflügel erhalten. Doch selbst diese Reste versprühen durch ihre romanischen Doppelsäulen, auf die gotische Kapitelle gesetzt wurden, einen malerischen Charme. Vor allem weil der Cloître zu einem **Garten mit Kräutern und medizinischen Heilpflanzen** geworden ist, der zu einem Stadtverschönerungsprojekt der Stadt Albi gehört. Fünf Gemüsegärten wurden dabei angelegt, in denen sich jedermann bedienen darf. Die anderen befinden sich in Wohnvierteln außerhalb des Zentrums, beispielsweise in Caussel und in Cantepau.

Bourg Saint-Salvi

Zum Kreuzgang gelangt man auch über die Place du Cloître St-Salvy, die an der Ostseite der Kirche beginnt. Ein malerisches Ensemble mittelalterlicher Häuser

Kreuzgang der Stiftskirche Saint-Salvi

In der Markthalle

rahmt den Platz und über eine kleine Passage mit einigen Treppenstufen führt der Weg in den Kreuzgang. Über die Passage Saint-Salvy wird der Platz zudem mit der Rue Peyrolière verbunden. Biegt man von dieser links in die Rue Roquelaure ein, erreicht man an der Ecke zur Rue de l'Hôtel de ville das **Hôtel de Saunal.** Im 16. Jahrhundert wurde das Renaissance-Palais für einen Pastelhändler namens Simon Saunal erbaut. Auffälligstes und weithin sichtbares Merkmal ist der große Rundturm, den man sieht, wenn man ein Stück in die Rue de Saunal hineingeht und zurückblickt. Im Turm des Hôtel de Saunal ist das **Musée pour tous** untergebracht. Dieses »Museum für alle« entstand auf Privatinitiative des Malers Raphaël Cordoba, der seit über 25 Jahren Bilder großer Meister vom 14. bis zum 20. Jahrhundert sammelt. Von Dürer über Brueghel, Dalí, Ingres bis hin zu Leonardo da Vinci ist jeder große Name vertreten. Die Tochter des Sammlers, Catherine Cordoba, öffnet gerne die Türen und führt durch die Sammlung, allerdings nur auf Reservierung.

▲ Karte S. 216

Anschließend folgt man der Rue de l'Hôtel de ville, die mit weiteren hübschen alten Backsteinhäusern gesäumt ist, und biegt dann links in die Rue des Pénitents ein. Linker Hand liegt das **Rathaus**, am Ende der Gasse stößt man auf die **Präfektur des Départements Tarn**. Rechts daneben steht das **Hôtel de Reynès**, in dem der Conseil Général du Tarn untergebracht ist, ein ehemaliges Kaufmannspalais einer Tuch- und Pastelhändlerfamilie dieses Namens. Dank der öffentlichen Nutzung kann der Hof des eindrucksvollen Renaissance-Palais auch meist betreten werden. Die Verwendung von weißem Kalkstein zum üblichen Backstein zeigt den immensen Reichtum der Familie Reynès. Büsten des zur Bauzeit regierenden Königs Franz I. und seiner Gattin Eleonore verleihen ihm sogar einen königlichen Touch.

Folgt man der Rue Timbal in südöstliche Richtung gelangt man zur **Place du Vigan** und dem gleichnamigen Viertel, das sich im 19. Jahrhundert entwickelt hat. Geht man stattdessen in die Gegenrichtung an der Seitenfassade der Präfek-

tur entlang, stößt man an der nächsten Kreuzung auf die Rue Mariès und kann den Kreis wieder schließen und zur Kathedrale zurückkehren.
Biegt man in der Rue Mariès stattdessen die zweite Straße rechts in die Rue Saint-Julien ein, erreicht man die **Markthalle**. Der Haupteingang des mit Mustern aus verschiedenfarbigen Backsteinen dekorierten Gebäudes von 1903 befindet sich in der Rue Émile Grand. Jeden Vormittag außer Montag kann man die Markthalle mit der für die Zeit typischen Gusseisenstruktur auch innen besuchen. Unter der Halle befindet sich eine Tiefgarage.
Über die Rue St-Étienne und die Rue de la Grand Côté kann man bis hinunter zum Tarn-Ufer gelangen und über die Vieux Pont ins Viertel Faubourg des Combes gelangen. Nimmt man stattdessen die Rue de Fargues gelangt man wieder zur Place Ste-Cécile.

Faubourg des Combes

Die 150 Meter lange Alte Brücke, der **Pont Vieux**, verbindet seit Mitte des 11. Jahrhunderts die Vorstadt mit der ummauerten Stadt Albi. Hunderte von Wassermühlen standen im Mittelalter entlang des Tarn, die meisten davon als Walkmühlen, in denen die Wollstoffe aus der Montagne Noire zu Tuchen weiterverarbeitet wurden. Durch die Weiterverarbeitung von Färberwaid wuchs die Zahl noch weiter an und im 16. Jahrhundert waren es über 800 Mühlen, die von der Wasserkraft des Tarns profitierten. In einer dieser Mühlen ist seit 1988 das **Musée Lapérouse** eingerichtet, das den Expeditionen des in der Nähe von Albi 1741 geborenen Jean-François de Galaup de Lapérouse gedenkt. Anders als andere große Entdecker seiner Zeit nahm er neuentdeckte Gebiete nicht in Besitz, sondern erfasste sie wissenschaftlich als Geograph. Auf seiner zweiten Expeditionsreise startete er von der Botany Bay in Australien in Richtung Nordost. und geriet in einen tropischen Sturm. Erst 2005 wurden die Wracks der beiden Fregatten Boussole und Astrolabe vor der Salomonen-Insel Vanikoro entdeckt. Der kleine Platz zu dem sich das Museum öffnet wurde nach dem letzten Aufenthaltsort Lapérouses benannt, **Square Botany Bay**. Von hier aus hat man eine herrliche Sicht auf den Pont Vieux, den Tarn und vor allem auf die Bischofsstadt.

Blick auf das Stadtviertel Faubourg des Combes

Albi

Office de Tourisme, 81000 Albi, Office de Tourisme Cathédrale, Palais de la Berbie, place Sainte-Cécile, Tel. 0563363600. Zweigstelle: Place Lapérouse, im Grand Théâtre; April–Juni 9–12.30, 14–18.30, So 10–12.30, 14–18 Uhr, Juli–Sept. 9–19, So 10–12.30, 14–18.30 Uhr, Okt.–März 9–12.30, 14–18, So 10–12.30, 14–17 Uhr. www.albi-tourisme.com

Parking Albi Marché Couvert, 54, rue Émile Grand. Tiefgarage, max. 1,90 m, 24/24, 7/7.

Parking Albi Vigan, 9–11, Lices Jean Moulin. Tiefgarage, max. 1,90 m, 24/24, 7/7.

Parking Albi Jean-Jaurès, 4, avenue Gambetta. Tiefgarage und Oberfläche, max. 1,90 m, 24/24, 7/7.

Parking Centre Historique Les Cordeliers, 1, rue de Septfonds. Parkhaus, max. 1,95 m, 24/24, 7/7.

Parking Place Lapérouse, großer Parkplatz auf der Place Lapérouse, im Rücken der Statue des Admirals und Entdeckers.

Parking Cathédrale, 2–6, rue du Théron. Hat auch 9 Stellplätze für Wohnmobile.

Kostenlose Parkplätze an der Allée du Lude, an der Markthalle Halle du Casteviel sowie der Parking Bondidou am Boulevard Général Sibille.

Direktverbindungen nach Albi per Bahn gibt es ab Toulouse, Montauban, Rodez und Gaillac. Nähere Auskünfte zu Verbindungen und Zeiten: www.ter.sncf.com/occitanie

Gare Routière, Place Jean Jaurès.

Buslinie 703 der Gesellschaft Tarnbus verbindet Albi mit Castres, Linie 712 mit Gaillac, Linie 702 mit Saint-Sulpice-la-Pointe über Gaillac, Linie 705 mit Lavaur, Linie Linie 708 mit Ambialet, Linie 701 mit Carmaux und Linie 707 mit Cordes-sur-Ciel. Der Bahnbus Linie 922 fährt nach Rodez und Linie 921 nach Montauban.

Albi Taxi Radio, Tel. 0612994246.

Accueil Taxi, Tel. 0563472040.

Taxi Albigeois, Tel. 0607568897.

Relais & Châteaux Hôtel La Réserve (€€€€€), 81, Route de Cordes, Tel. 0563608080. Luxuriöses Fünf-Sterne-Hotel in einem ehemaligen Adelssitz direkt am Tarn, inmitten eines großen Parks gelegen, mit großer Terrasse und Pool. Ein kleines Paradies, das keine Wünsche offen lässt. Tolle Lage, tolle Zimmer, tolles Essen, tolles Personal und eine entspannte Atmosphäre. Nur der Preis ist leider nicht ganz so entspannt. Nördlich des Stadtzentrums. www.lareservealbi.com

Alchimy (€€€–€€€€), 10–12, Place du Palais, Tel. 0563761818. Sehr stilvolles, komfortables Vier-Sterne-Hotel in ausgezeichneter Lage inmitten der Altstadt. Sehr schöne, elegante Zimmer und moderne Bäder. Eine Brasserie mit Terrasse (s.u.) sowie eine hoteleigene Garage runden das Gesamtpaket ab. www.alchimyalbi.fr

Mercure Albi Bastide (€€–€€€), 41bis, rue Porta, Tel. 0563476666. Toll gelegenes Vier-Sterne-Hotel in einer alten Wassermühle direkt am Tarn. Viele Zimmer haben direkten Blick auf Altstadt und Kathedrale, sind modern und gemütlich, aber etwas klein. Ausgezeichnetes Frühstücksbuffet, kostenlose Parkplätze. www.accorhotels.com

Ibis Styles Centre Le Theatro (€€€), 48, Place Jean-Jaurès, Tel. 0563432020. Modernes Drei-Sterne-Hotel mit komfortablen Zimmern am Übergang von Altstadt und modernem Zentrum. Reichliches Frühstücksbuffet. Mit Wellness- und Spa-Center. www.accorhotels.com

Grand Hôtel d'Orléans (€€), 1, Place Stalingrad, Tel. 0563541656. Drei-Sterne-Hotel in Bahnhofsnähe. Einfache, aber saubere Zimmer, kleiner Garten mit Pool. Kostenlose Parkplätze in der Nähe. Fitnesscenter. Sehr gutes Frühstück. www.hotel-orleans-albi.com

Hôtel Les Pasteliers (€€), 3, rue Honoré de Balzac, Tel. 0563542651. Reizendes Zwei-Sterne-Hotel, sehr geschmackvoll und liebevoll eingerichtet. Am Rande der Altstadt ruhig gelegen, mit guten Parkmöglichkeiten. Nur die Zimmer sind etwas klein, dafür hat es aber ein unschlagbares Preis-Leistungs-Verhältnis, auch was das Frühstück anbelangt.
www.hotelsalbi.com

La Tour Ste-Cécile (€€€), 14bis, rue Ste-Cécile, Tel. 0612730896. Äußerst zentral gelegen, im Obergeschoss des Renaissance-Palais' Hôtels Séré-de-Rivières. Vier Zimmer, alle mit Aussicht auf die Kathedrale, mit Backsteinwänden und sehr charmant eingerichtet. Besser geht's kaum!
www.toursaintececile.com

L'Autre Rive (€€€), 60, rue Cantepau, Tel. 0675470151. Fünf sehr geschmackvolle Gästezimmer mit Boutiquehotel-Charakter in einer Stadtvilla auf der nördlichen Tarnseite mit großem Garten und Pool. Sauna, Fitnessraum. Leckeres Frühstück. 10 Min. Fußweg vom Zentrum.
www.lautrerives.com

Maison Villeneuve (€€), 53, rue Alfred Monestié, Tel. 0563605954. Zwei stylische, moderne Gästezimmer in einem Haus in der Faubourg des Combes. Eines der Zimmer ist eine Familiensuite (4–5 Pers.). Fahrräder stehen kostenlos zur Verfügung.
http://albimaisonvilleneuve.free.fr

L'Embellie (€€–€€€), 14, place Jean-Jaurès, Tel. 0608321059. Ein Gästezimmer und eine Suite mit zwei separaten Schlafzimmern, die sehr großzügig geschnitten sind. Modern und geschmackvoll ausgestattet, recht zentral gelegen. Garten mit Pool vorhanden. In der Hochsaison zwei Nächte Mindestaufenthalt.
www.lembellie-albi.com

Villa Caroline (€€–€€€), 16, rue de l'Equerre, Tel. 0783952270. Charmante Villa in der Faubourg des Combes mit drei großzügigen Zimmern, die mit viel Geschmack im französischen Landhausstil eingerichtet sind. Zwei Zimmer als Familienzimmer mit zwei separaten Schlafzimmern. Mindestaufenthalt zwei Nächte. Frühstück auf der Terrasse mit Blick auf die Altstadt.
www.villacaroline-albi.com

Villa Mandarine (€€), 31, rue des Jardins, Tel. 0563472224. Zwei Gästezimmer in einer schönen Villa in einer ruhigen Wohngegend, 15 Min. von der Kathedrale entfernt. Mit einem schönen mediterranen Garten mit großem Pool. Charmant eingerichtet. Zudem gibt es ein 40 Quadratmeter großes Ferienhäuschen mit Küche, Salon und ein Schlafzimmer für zwei Personen.
http://villamandarine.free.fr

La Maison (€€), 40, Boulevard Andrieu, Tel. 0563381735. Eine Viertelstunde zu Fuß vom Zentrum entfernt in einem hübschen Bürgerhaus, dem man anmerkt, dass die Besitzerin Kunst studierte und die drei Gästezimmer entsprechend eingerichtet hat.

▸ Hostel

La Cordée Haute (€), 20, Place Edmond Canet, Tel. 0783825948. Zwischen Bahnhof und Altstadt gelegenes Hostel mit Dreibett- und Vierbettzimmern sowie einem Schlafsaal mit sechs Betten. Mit viel Holz und geschickt angelegten Nischen sehr gemütlich und modern eingerichtet. Außenbereich mit Garten und Sonnenterrasse, Gemeinschaftsküche, Gemeinschaftslounge sowie Businesscenter.
www.lescordeesliees.com

Albirondack Camping Lodge & Spa, 31, Allée de la Piscine, Tel. 0563603706. Sehr schöner Platz, an dem man auch Chalets und Baumhäuser zum Übernachten anmieten kann. Mit Pool, Jacuzzi, Sauna und Hamam. www.albirondack.fr

Alchimy (€–€€), 10–12, Place du Palais (im gleichnamigen Hotel), Tel. 0563761818; tgl. 12–14, 19–23 Uhr. Ausgezeichnete Küche in festlichem Art-Déco-Rahmen einer Brasserie. Unsterbliche Klassiker und kreative Küche mit saisonalen Produkten. www.alchimyalbi.fr

La Table du Sommelier (€€–€€€), 20, rue Porta, Tel. 0563462010; Di–Sa 8–22 Uhr. Sympathisches Bistro mit hervorragendem Essen und ausgezeichneter Weinkarte. Großzügige Portionen, moderne, kreative wie klassische Gerichte.
www.latabledusommelier.com

Bruit en Cuisine (€€), 22, rue de la Souque, Tel. 0563367031; Di–Sa 12–14, 19.30–22 Uhr. Sehr gute traditionelle Marktküche im Herzen der Stadt. Mit Terrasse, von der man einen Blick auf die Kathedrale hat.
www.bruitencuisine.fr

L'Épicurien (€€–€€€), 42, Place Jean-Jaurès, Tel. 0563531070; Di–Sa 12–14, 20–22 Uhr. Moderne Brasserie mit klassischen Gerichten in bester Qualität.
www.restaurantlepicurien.com

Carré Sud (€–€€), 283, Rue Teyssier, Tel. 0563387554; Di, Mi 9–15.30, Do, Fr 9–1, Sa 17–1, So 10–15.30 Uhr. Spanische Küche, v.a. Fisch- und Meeresfrüchtespezialitäten. Enstspanntes Ambiente am Tennisplatz, mit Terrasse. Sehr empfehlenswert, wenn auch nicht sonderlich zentral gelegen.

Michel Belin, 8, place Lapérouse, Tel. 0563541559; Di–Sa 8–19, So 8–12.30 Uhr. Patisserie und Chocolaterie mit angeschlossenem Café. Egal ob Törtchen, Macarons, Schokokreationen oder im Sommer hausgemachtes Eis: alles ist empfehlenswert! Weitere Filialen, aber ohne Salon de thé in der Rue Docteur Camboulives 4, der Avenue Gambetta 233 und der Avenue François Verdier.
www.michelbelin.com

Giovanni Gelateria, 7, rue Timbal, Tel. 0563548350. Exzellentes italienisches Eis, wenige Sitzplätze vor der Tür, aber das Eis schmeckt auch in der Waffel im Gehen. In der Nähe des Hôtel de Reynès.

La Berbie, 17, place de la Cathédrale, Tel. 0563541386; tgl. 9.30–19 Uhr. Restaurant und Teesalon in einem. Das Beste ist die tolle Lage mit Blick auf die Kathedrale.

Ô vent d'anges, 9, place St-Julien, Tel. 0581026233; Di–Sa 10–2 Uhr, So 10–1 Uhr. Schöne Weinbar und der beste Ort, um sich durch die Weine des Südwestens zu probieren und dabei Häppchen mit regionalen Spezialitäten zu schnabulieren.

La Clef des Vins, 9ter, place Lapérouse, Tel. 0563768351; Di–Sa 10–19 Uhr. Sehr gut sortierte Weinhandlung mit kompetenter Beratung. Regelmäßig finden Weinseminare statt, allerdings nur in französischer Sprache.
www.clefdesvins.fr

L'EstaBar, 12, avenue François Verdier, Tel. 0563382903; tgl. 21–2 Uhr. Bar mit Live-Musik, in der auch italienische Speisen und Tapas serviert werden.
www.lestabar.com

Cotton Club, 1, rue Croix Verte, Tel. 0563386453; Do–Sa 23.30–6 Uhr. Nachtclub und Diskothek im Zentrum, in dem – fast – jeder Musikgeschmack bedient wird.

La Villa 41, 41, rue de Bourdes, Tel. 0563800732; tgl. 19–2 Uhr. Nachtclub im Industriegebiet an der Peripherie, in dem häufig Themenabende veranstaltet werden.

O'Sully'S, 44, place Jean Jaurès, Tel. 0563434612; Mo–Fr 8–1, Sa/So 14–1 Uhr. Gemütlicher Irish-Pub, wie er im Buche steht. Oft Live-Musik und der beste Ort, um ein Rugby- oder Fußballspiel zu verfolgen.
www.osullysalbi.fr

Cactus Bar, 10, avenue Gambetta, Tel. 0563764408; tgl. 17–2 Uhr. Völlig unprätentiöse Bar, in der man keine schicken Cocktails schlürft, sondern bodenständig Bier oder Wein trinkt. Das Publikum ist eher in gesetzterem Alter jenseits der 30.

Cathédrale Sainte-Cécile; Nov.–April 9–13.15, 14–18.30 Uhr, Mai–Okt.

9–18.30 Uhr. Messen: Do, Fr, Sa 9, So 11 Uhr, Besichtigung des Chors (inkl. Audioguide) 5 Euro, Trésor 2 Euro, Kombi-Ticket 6 Euro.

Musée Toulouse-Lautrec, Place Ste-Cécile, Tel. 0563494870; Nov.–März Mi–Mo 10–12, 14–17.30 Uhr, April, Mai, Okt. tgl. 10–12, 14–18 Uhr, Juni tgl. 9–12, 14–18 Uhr, Juli–Sept. tgl. 9–18 Uhr, 1. Jan., 1. Mai, 1. Nov., 25. Dez. geschlossen. Eintritt 10 Euro, Kinder bis 13 Jahre frei, Familienticket 21 Euro. Audioguides (auch in Deutsch) 4 Euro. Fotos ohne Blitz und Stativ sind neuerdings erlaubt.
www.musee-toulouse-lautrec.com

Maison du Vieil Alby (historisches Fachwerkhaus mit wechselnden Ausstellungen), 1, rue de la Croix-Blanche, Tel. 0563549638; April–Juni, Sept. Mo–Sa 14–17.30 Uhr, Juli/Aug. Mo–Sa 14–18 Uhr, Okt.–März Mo–Sa 14–17 Uhr. Eintritt 2 Euro, frei bis 18 Jahre.

Collégiale Saint-Salvi (Kirche und Kreuzgang mit Gärten); Mo–Mi 8.30–12, Do–Sa 10–12 Uhr, tgl. 14–17 Uhr, Juni–Sept. 14–18 Uhr, Kreuzgang tgl. von 7–20 Uhr geöffnet.

Musée pour tous (Privatsammlung mit Gemälden großer Meister), 38, rue de l'Hôtel de ville, Tel. 0781076753. Besichtigungen nach vorheriger Reservierung. 10, 11, 14, 15, 16 und 17 Uhr. Eintritt 5 Euro, reduziert 3,50 Euro, Kinder unter 6 Jahren frei.

Hôtel de Reynès (Renaissance-Palais), 14, rue Timbal, Tel. 0563773210; Okt.–März Di–Fr 14–17, Sa 10–12, 14–17.30 Uhr, Mai/Juni, Sept. Mo–Sa 10–12, 14–18.30 Uhr, Juli/Aug. Mo–Sa 10–13, 14–19, So 10–12.30, 14–17.30 Uhr, feiertags geschlossen.

Musée Lapérouse (Expeditionsmuseum), 41, rue Porta, Tel. 0563491555; Juli–Sept. 9–12.30, 14–18.30 Uhr, Nov.–Feb. 10–12, 14–17.30 Uhr, So nur nachmittags, restliche Monate 9–12, 14–18 Uhr, Mo geschlossen außer Juli/Aug., 1. Jan., 1. Mai, 1. Nov., 25. Dez. geschlossen. Eintritt 4 Euro, reduziert 3 Euro, frei für Kinder bis 12 Jahre.

Le LAIT-Centre d'Art Contemporain, 28. rue Rochegude, Tel. 0963039884; Mi–So 13–18 Uhr. Temporäre Ausstellungen zeitgenössischer Kunst, freier Eintritt.
www.centredartlelait.com

Musée Académie des Miniatures, 16, rue Rinaldi, Tel. 0563790098; April–Okt. Di–So 10–19 Uhr, Nov.–März Di–So 10–18 Uhr, Jan. geschlossen. Eintritt 5 Euro, reduziert 3,50 Euro, Kinder bis 6 Jahre frei. Jeden So 10–16 Uhr Brunch mit Märchenstunde für Kinder (in frz. Sprache), 15 Euro, 8 Euro für Kinder bis 10 Jahre. Das Museum zeigt 66 kunstvolle, detailreiche Puppenstuben aus der privaten Sammlung der Tarnaiser Künstlerin Annie Jaurès in einem Anwesen aus dem 17. Jahrhundert. Es gibt auch einen sehr hübschen Teesalon mit Terrasse.

Musée de la Mode, 17, rue de la Souque, Tel. 0563431590; April–Dez. Di–So 9.30–12, 14.30–18 Uhr; 6 Euro, reduziert 4 Euro, Kinder bis 8 Jahre frei. Im ehemaligen Annonciaden-Konvent organisiert die Sammlerin Dominique Miraille wechselnde Ausstellungen zum Thema Mode.
www.musee-mode.com

Musée-mine départemental, 20, avenue Saint-Sernin, Cagnac-les-Mines, Tel. 056 3539170; Mai/Juni, Sept./Okt. tgl. 10–12, 14–18 Uhr, Juli/Aug. tgl. 10–12.30, 13.30–19 Uhr, Mitte Feb.–April, Nov.–Weihnachten Di–So 10–12, 14–17 Uhr. Eintritt 7 €, Kinder (5–18 Jahre) 4 Euro. 1991 eröffnete im Minengebiet von Carmaux in der ehemaligen Mine von Cagnac die Museumsmine. Sechs ehemalige Minenarbeiter haben maßgeblich an dem Projekt mitgewirkt. Neben zwei klassischen Museumssälen mit Fotos an Wänden und in Vitrinen sowie einem informativen Film gibt es auch 350 Meter unterirdische Galerien zu besichtigen. Die rekonstruierten Gänge geben einen detaillierten Einblick in die Arbeit der Kumpel. Im Jardin des machines sind die großen technischen Geräte ausgestellt, mit denen die Grubenarbeiter und die Kohle befördert wurden.
https://musees.tarn.fr

Les Vélos de Fredo, 1, Place Saint-Julien, Tel. 0563541617; Di–Sa 10–19, Mo 14–19 Uhr, Juli/Aug. auch So 10–13 Uhr. 1 Std. 5 Euro, ½ Tag 15 Euro, 1 Tag 20 Euro. www.trainig-boutique.fr

Les Ecuries d'Arche, lieu dit La Guimerie, Le Garric, Tel. 0684761911; Mo–Sa 8–19 Uhr. 10 km nördlich von Albi gelegenes Reitsportzentrum. Ausritte müssen 24 h vorher reserviert werden. 1 Std. 25 Euro, 2 Std. 40 Euro, Themenausritte mit Picknick 65 Euro.
www.lesecuriesdarche.com

Espace aquatique Atlantis, Route de Cordes, Tel. 0563760609; Juli/Aug. 10–20 Uhr, Sept.–Juni Mo, Mi, Do 11–20, Di, Fr 11–21 Uhr, Sa 11–18 Uhr, So 9.30–18 Uhr. Eintritt 6,10 Euro, ermäßigt 4,30 Euro. Mit Zugang zu Sauna, Hamam, Fitnessräumen 12,30 Euro bzw. 8,60 Euro. Zufahrt mit Bus Linie A 1. Ein großes Erlebnisbad im Norden der Stadt mit zwei großen Becken im Hallenbad und einem großen Außenbereich, der von Juni bis September geöffnet ist, mit Wasserrutschen, Sandstrand und vielen Animationen wie Badminton, Tischtennis, Hüpfburg.
https://atlantis.grand-albigeois.fr

Albi Croisière, Quai Choiseul, Tel. 0563435963. Ausflugstouren auf dem Tarn. Die klassische Tour mit den schönsten Blicken auf Albi dauert 30–45 min; 7,50 Euro, Kinder ab 3 Jahren 5 Euro. Zwei längere Touren werden ebenfalls angeboten. www.albi-croisieres.com

Canoë Kayak Lo Capial, chemin de la Plage, Saint-Juéry, Tel. 0563451949; Juli u. Aug. 9–18 Uhr, im Juni und Sept. auf Reservierung. Kanu- und Kajakverleih 12 km östl. von Albi. Kajak 1 Std. 10 Euro, 2-Mann-Kanu 12 Euro. Touren mit Transport, ca. 2 Std. 14 Euro, 3 Std. 17 Euro, 5-6 Std. 20 Euro. www.locapial.org

Chocolaterie Yves Thuriès, 37, rue Mariès, Tel. 0563544760; Mo–Fr 10–12, 14.30–19, Sa 10–11.45, 14.30–19 Uhr. Wer einmal eine Praline von Yves Thuriès auf der Zunge zergehen ließ, weiß, warum er schon zweimal als »Meilleur Ouvrier de France', als bester Handwerker Frankreichs, ausgezeichnet wurde.
www.yvesthuries.com

Patisserie St-Honoré, 8, rue St-Julien, Tel. 0563382225; Di–Sa 8.30–19, So 8–12.30 Uhr. Als der Laden noch Serge Hérail gehörte, kreierte der Konditor anlässlich des Todes von Henri Toulouse-Lautrec eine Bananen-Karamell-Torte mit Schokomousse, die als Gâteau Lautrec verkauft wurde. Inzwischen gehört die Patisserie Philippe Benetot, der seine eigenen Kreationen hat, darunter 24 Schokoladensorten, herrliche Törtchen wie Paris-Brest oder Blätterteigschnitten. V.a. aber hat er 14 köstliche Eissorten, die man unbedingt kosten muss!

Les Toiles de la Montagne Noire, 21, rue de Verdusse, Tel. 0563412934; tgl. 10–19 Uhr. Stoffe aus lokaler Produktion von exzellenter Qualität, die völlig ohne Chemie hergestellt und zu Decken oder Tischwäsche wie Servietten und Küchentücher verarbeitet werden.
www.lestoilesdelamontagnenoire.com

L'Artisan Pastellier, 5, rue Puech Berenguier, Tel. 0567876175; Di–Sa 10–12, 14–19, Mo 14–19 Uhr. Künstlerbedarf und schöne Souvenirs auf Basis von Pastel. https://artisanpastellier.com

Graine de Pastel, 38, rue Mariès, Tel. 0563542091; Mo–Sa 10–13.30, 14–19 Uhr. Naturkosmetik, hergestellt aus dem Öl, das aus dem Färberwaid gewonnen wird. www.grainedepastel.com

Halle du Marché Couvert, rue Émile Grand; Di–So 7–14 Uhr. Sa zusätzlich Wochenmarkt vor der Halle. Markthalle für den Lebensmitteleinkauf.

Das Deckengewölbe der Kathedrale St-Cécile

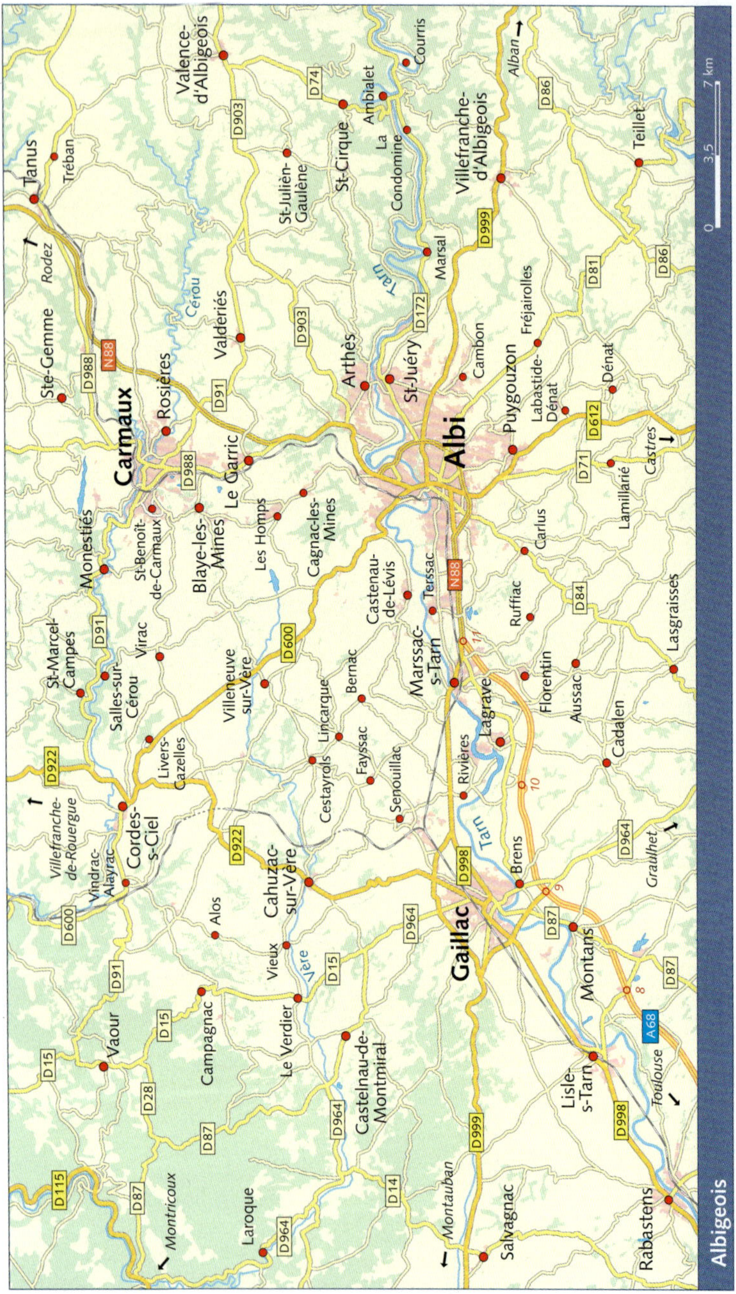
Albigeois
Albi
Carmaux
Gaillac
Tanus
Tréban
Ste-Gemme
Rodez
Valence-d'Albigeois
Rosières
Valdériés
Cérou
St-Julièn-Gaulène
St-Cirque
Ambialet
Courris
La Condomine
Villefranche-d'Albigeois
Alban
Teillet
Marsal
Tarn
Arthès
St-Juéry
Cambon
Fréjairolles
Puygouzon
Labastide-Dénat
Dénat
Castres
Lamillarié
Carlus
Le Garric
Blaye-les-Mines
St-Benoît-de-Carmaux
Monestiés
Les Homps
Cagnac-les-Mines
Castenau-de-Lévis
Terssac
Marssac-s-Tarn
Ruffiac
Florentin
Aussac
Lasgraisses
Cadalen
St-Marcel-Campes
Salles-sur-Cérou
Virac
Villeneuve sur-Vère
Livers-Cazelles
Lincarque
Bernac
Fayssac
Cestayrols
Senouillac
Lagrave
Rivières
Brens
Graulhet
Cordes-s-Ciel
Villefranche-de-Rouergue
Vindrac-Alayrac
Cahuzac-sur-Vère
Alos
Vieux
Vère
Montans
Le Verdier
Campagnac
Vaour
Castelnau-de-Montmiral
Lisle-s-Tarn
Toulouse
Rabastens
Salvagnac
Montauban
Laroque
Montricoux
D988
N88
D91
D903
D74
D172
D999
D86
D81
D612
D71
D84
D600
D922
D998
D964
D15
D87
D28
D115
D14
A68
0
3,5
7 km

Das Albigeois

Nicht nur die Stadt Albi selbst ist eine Reise wert, sondern auch das Umland lohnt einen Besuch. Vor allem die mittelalterliche Bastide Cordes-sur-Ciel zieht seit langem Künstler und Touristen gleichermaßen an. 2014 wurde der Ort hoch oben »über dem Himmel« zu Frankreichs beliebtestem Dorf gewählt und zählt mit mittelalterlichem Charme und reichem historischem Erbe zu den reizvollsten Sehenswürdigkeiten. Nordwestlich von Albi erstreckt sich zwischen den Flüssen Cérou und Aveyron sich die Landschaft des Ségala. Der Name leitet sich vom okzitanischen Wort für Roggen ab und meint die von Puech, also von sanften Hügeln und Ebenen geprägte Landschaft, die von den Flüsschen Viaur und Zère durchzogen wird. Der Anbau von Roggen wurde inzwischen größtenteils von der Rinderzucht abgelöst. Aus dem Ségala, genauer gesagt aus Salles, kam der Stein, aus dem die schönen gotischen Häuser von Cordes gebaut wurden. Gut ausgewiesene Wanderwege führen abseits der Touristenpfade durch das Ségala zu hübschen Dörfern und durch malerische Täler.

Lisle-sur-Tarn

Auf halbem Weg zwischen Albi und Toulouse gab es bereits im frühen Mittelalter ein befestigtes Dorf, das an der *via tolosana* lag. Nach dem Ende des Albigenserkreuzzuges musste der unterlegene Graf von Toulouse, dem auch dieser Ort namens Montaigut gehörte, gemäß des Vertrages von Meaux 1229 die Mauern schleifen lassen. Die Bewohner von Montaigut ließen sich daraufhin in der Nähe des Castels de Belbézé nieder und gründeten mit der Erlaubnis von Graf Raymond VII. von Toulouse eine Bastide. Die neue Siedlung wurde wieder mit Mauern befestigt und durch Gräben gesichert. Durch ihre Lage zwischen Tarn und dem Bach Rabistau nannten die Bewohner ihren neuen Ort La Yla, auf Okzitanisch die Insel oder auf Französisch L'Isle. Die Insel am Tarn.

1249 tauchte der Name der Ortes erstmals in einer Steuerakte auf. Damals bekamen die Lislois, wie die Bewohner genannt werden, diverse Privilegien, sie durften Mühlen bauen, eine Fähre betreiben, Wegezölle kassieren, Zölle auf alle Waren, die zu Lande und zu Wasser transportiert wurden, verlangen, Messen und Märkte abhalten. Kurzum, aus Lisle wurde eine prosperierende kleine Stadt, die von vier Konsuln geführt wurde, die alljährlich am ersten Augustsonntag neu gewählt wurden. Zudem hatte der Ort eine eigene Gerichtsbarkeit mit einem Vogt und einem Notar. Allerdings mussten die Einwohner dafür jährlich 50 Livres zahlen, was nach heutigem Geldwert etwa 20 000 Euro entspricht. Ein geringer Preis für so viel Eigenständigkeit. Nach dem Anschluss der Grafschaft Toulouse an Frankreich bestätigten die französischen Könige mehrfach diese Privilegien. Im Laufe der Zeit wurde durch das stetige Wachstum des Ortes die Stadtverwaltung erweitert. Zusätzlich zu den Konsuln gab es einen zwölfköpfigen Stadtrat und 48 Beamte, die mit nichts anderem beschäftigt waren, als Zölle und Steuern einzunehmen.

Erst der Ausbruch einer Pestepidemie 1374 und der Hundertjährige Krieg setzten dieser glücklichen Blütezeit ein vorübergehendes Ende. Im 15. Jahrhundert erholte man sich wieder von den dunklen Jahren. Man exportierte Wein über Tarn und Garonne nach Bordeaux und sogar nach England, transportierte Lederwaren und die begehrten blauen

In Lisle-sur-Tarn

Stoffe aus dem nahen Pays de Cocagne bescherten auch den Lislois reichlich Einnahmen.

■ Place Paul Saissac

Der zentrale Platz der alten Bastide darf sich mit seinen 4425 Quadratmetern zu recht größter Arkadenplatz Südfrankreichs nennen. In der Mitte des Platzes steht die **Fontaine de Griffoul**, die Mitte des 13. Jahrhunderts von Gräfin Johanna, der Tochter Raymonds VII., und ihrem Gatten Alphonse de Poitiers gestiftet wurde. Die ältesten der umstehenden Häuser stammen aus dem 16. Jahrhundert und haben noch sichtbares Fachwerk. Die Häuser aus dem 17. und 18. Jahrhundert sind bereits durchgängig aus Backstein. Fast alle der dreistöckigen Gebäude ruhen auf **Arkaden**· unter denen heute Stühle der Cafés und Restaurants stehen, in früheren Jahrhunderten die Handwerker ihre Auslagen präsentierten. Einzig das **Rathaus** an der Südostseite des Platzes, das um 1800 als Stadthaus für eine reiche Kaufmannsfamilie namens Boisset erbaut wurde, sticht aus dem Gesamtensemble heraus, da es nur zweigeschossig ist. Schräg gegenüber an der Südseite wurde im Haus mit der Nummer 13 das **Musée Art du Chocolat** eingerichtet. Hier wird gezeigt, wie Schokolade gemacht wird und welche Kunstwerke man aus ihr machen kann. Meisterchocolatiers und Bildhauer arbeiteten Hand in Hand um die süßen Œuvres, darunter eine Kopie des Griffoul-Brunnens oder ein lebensgroßer Jakobspilger, zu gestalten. Im Café des Museums kann man kleinere Schokokunstwerke vernaschen, heiße Schokolade trinken oder im Sommer Eis essen.

Wenn nicht gerade der **Wochenmarkt** am Sonntagvormittag auf dem Platz stattfindet, kann man rund um die Place Paul Saissac parken.

Durch einen Durchgang an der Ecke neben dem Rathaus gelangt man in die Rue Raymond Lafage und dann in die Rue de l'Église, in der sich die **Kirche Notre-Dame-de-la-Jonquière** aus dem 13. Jahrhundert befindet. Die Hauptkirche des viereinhalbtausend Einwohner zählenden Städtchens hat einen massigen Portalturm, der oben von einem zweistöckigen, oktogonalen Aufsatz bekrönt ist, der den Vierungsturm der Basilika Saint-Sernin in Toulouse kopiert.

Lisle-sur-Tarn

Domaine de Menerque (€€), 112, chemin de la Route Basse, Tel. 0619255611. Schönes B & B im Anwesen eines Winzers von 1850. Das deutsch-französische Ehepaar Sonia und Dirk Hachmann vermietet drei geräumige Zimmer und bietet auf Wunsch Abendessen an. Herrlicher Garten und großer Pool. Die Domaine liegt etwa 5 km nordöstlich von Lisle-sur-Tarn. www.menerque.fr

Musée Art du Chocolat, 13, place Paul Saissac, Tel. 0563336979; Juni, Sept. Di-So 10–12.30, 14–19 Uhr, Juli/Aug. tgl., Okt.–Mai Di–So 10–12.30, 14–18 Uhr. Eintritt frei. www.chocolat-tarn.fr

▶ Karte S. 231

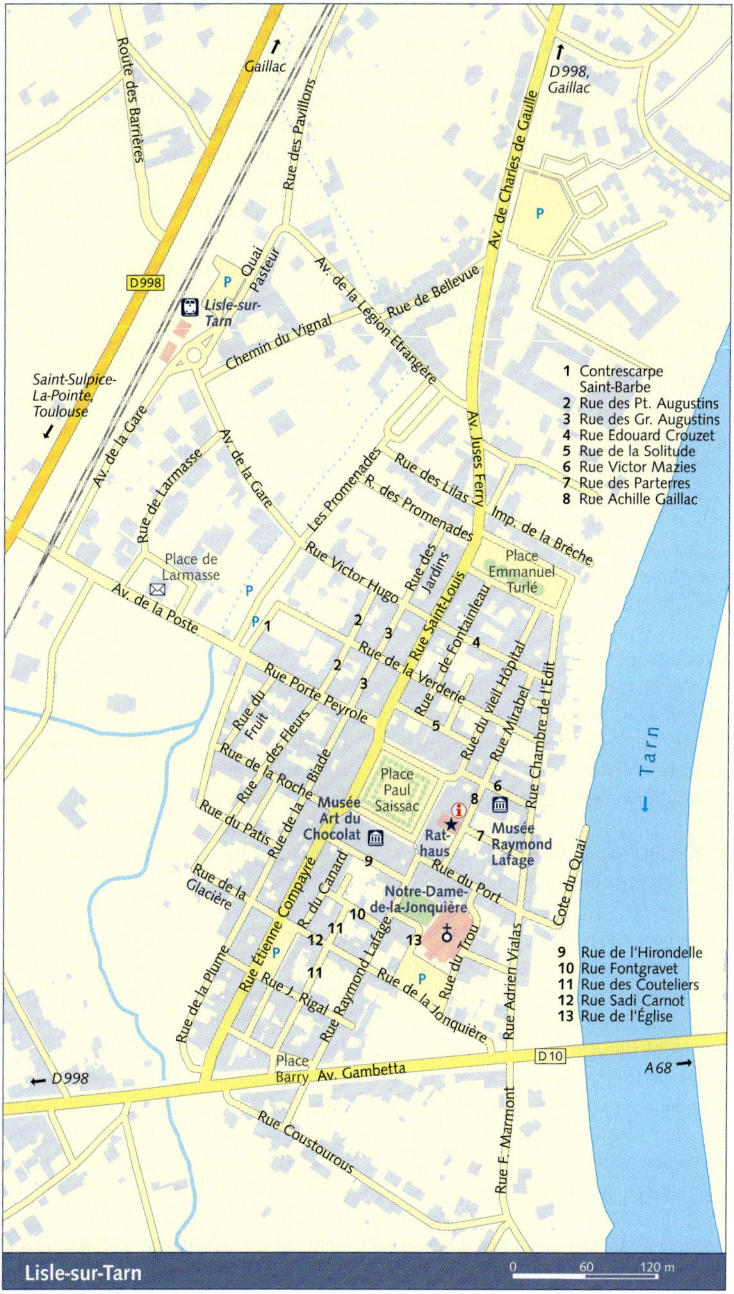

Lisle-sur-Tarn

Gaillac

Die kleine Schwester von Albi, so wird Gaillac auch genannt, da es wie die große Schwester am Tarn liegt und ebenso von einem monumentalen Backsteinbau überragt wird. In Gaillac ist dies die ehemalige Abtei Saint-Michel, deren Gründung überhaupt erst die Entwicklung eines Ortes bewirkt hat. Dank der Abtei entging Gaillac weitestgehend den Zerstörungen während des Albigenserkreuzzuges und wuchs und gedieh nach der Angliederung der Grafschaft Toulouse, zu der Gaillac territorial gehörte, an Frankreich. Zum wachsenden Wohlstand von Gaillac hat der Anbau von Pastel und Wein maßgeblich beigetragen. Dank des Baus der Autobahn A68, die 1992 zwischen Albi und Toulouse eröffnet wurde und an Gaillac vorbeiführt, ist aus der Stadt ein Vorort von Toulouse geworden und die Einwohnerzahl um die Hälfte auf über 15 000 Einwohner angewachsen. Wirtschaftlich gesehen ist Gaillac vor allem ein Weinbauort mit einem 3700 Hektar großen AOC-Anbaugebiet. Durch diese agrarische Prägung hat die Stadt eine hübsche Altstadt mit etlichen historischen Bauwerken bewahrt.

■ Abbaye Saint-Michel

Urkundlich ist die Abtei Saint-Michel seit 966 belegt, als Raymond I., Graf von Rouergue, Quercy und Albi, eine Abtei Sancti Michaelis de Gaillaco in seinem Testament bedachte. Sechs Jahre später findet sie Erwähnung, als der Bischof von Albi die Kirche der Benediktinerabtei weihte. Anfangs stand sie unter dem Einfluss von Moissac, 1079 wurde sie dem Kloster La Chaise-Dieu in der Auvergne unterstellt. Nachdem Gaillac französisch geworden war, erneuerte man die Abteikirche partiell im neuen gotischen Stil. Der Niedergang der Abtei setzte bereits im 14. Jahrhundert ein, als der Hundertjährige Krieg im Südwesten den Handel auf dem Tarn stoppte. Zudem wurde Gaillac mehrfach von der Schwarzen Pest getroffen und verlor mehr als die Hälfte seiner Bevölkerung. Auch in den Religionskriegen spielte die Abtei eine unrühmliche Rolle. In Folge der Bartholomäusnacht 1572 wurden mehrere hundert Protestanten durch die Fenster der Abtei in den Tarn geworfen und dort von den Fährleuten ertränkt oder erschlagen.

Von außen sieht man der ehemaligen Abteikirche noch ihr romanisches Erbe an. Das Portal hat noch seine rundbogigen Archivolten über dem Eingang, der Glockenturm in seiner Massivität ist ebenfalls noch aus dem 12. Jahrhundert. Doch im Inneren ist die Abteikirche ein schönes Beispiel der Backsteingotik im Südwesten, mit dem die katholische Kirche ihren Machtanspruch nach dem Albigenserkreuzzug manifestierte. Sie birgt eine schöne polychrome Holzfigur der Madonna mit Kind aus dem 14. Jahrhundert. In den Abteigebäuden wurde ein **Museum zur Stadtgeschichte und Volkskunst** eingerichtet, das unter anderem ein Mosaik einer römischen Villa, Kapitelle aus dem 13. Jahrhundert, sakrale Kunst der Abtei sowie altes Handwerkszeug zeigt.

■ Stadtzentrum

Der Hauptplatz der Stadt, die Place du Griffoul, wird beherrscht von der **Markthalle** aus den 1840er Jahren und dem daran angrenzenden Fachwerkhaus aus dem 14. Jahrhundert mit seinen beiden Türmen. Jeden Dienstag-, Freitag- und Sonntagvormittag wird auf dem Platz und in der Halle Wochenmarkt abgehalten.

Folgt man der Rue du Colonel Vendôme rechts vorbei an der Markthalle und biegt rechts in die Rue Peyrac ein, dann trifft man an der Ecke zur Rue Élie Rossignol

▸ Karte S. 233

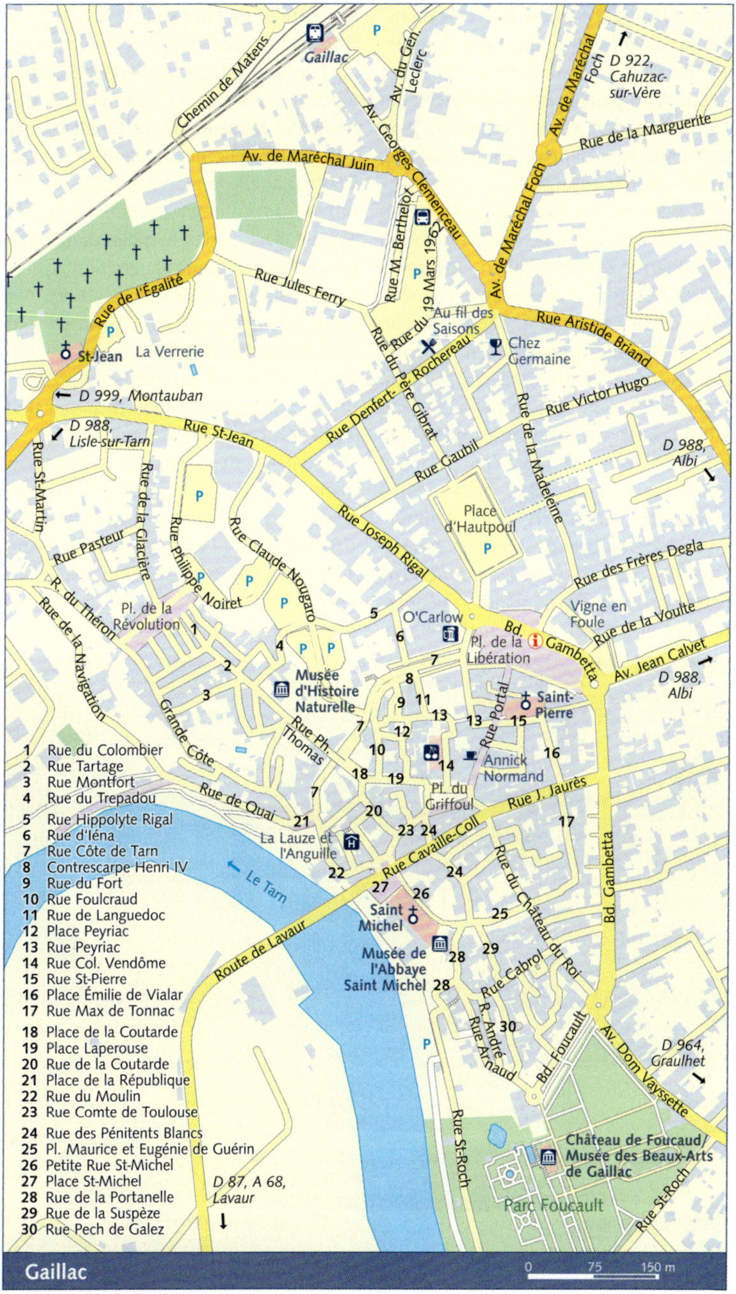
Gaillac
Chemin de Matens
Av. du Gén. Leclerc
Av. Georges Clemenceau
Av. de Maréchal Foch
D 922, Cahuzac-sur-Vère
Rue de la Marguerite
Av. de Maréchal Juin
Rue M. Berthelot
Rue du 19 Mars 1962
Rue Jules Ferry
Rue de l'Égalité
St-Jean
La Verrerie
Au fil des Saisons
Chez Germaine
Rue Aristide Briand
Rue du Père Gibrat
Rue Denfert-Rochereau
D 999, Montauban
D 988, Lisle-sur-Tarn
Rue St-Jean
Rue Victor Hugo
Rue Gaubil
Rue de la Madeleine
D 988, Albi
Rue St-Martin
Rue de la Glacière
Rue Philippe Noiret
Rue Claude Nougaro
Rue Joseph Rigal
Place d'Hautpoul
Rue Pasteur
R. du Théron
Rue de la Navigation
Pl. de la Révolution
Rue des Frères Degla
Vigne en Foule
Rue de la Voulte
O'Carlow
Bd. Gambetta
Pl. de la Libération
Av. Jean Calvet
D 988, Albi
Musée d'Histoire Naturelle
Saint-Pierre
Rue Portal
Rue Ph. Thomas
Grande Côte
Annick Normand
Pl. du Griffoul
Rue J. Jaurès
Rue de Quai
La Lauze et l'Anguille
Rue Cavaille-Coll
Le Tarn
Saint Michel
Rue du Château du Roi
Bd. Gambetta
Route de Lavaur
Musée de l'Abbaye Saint Michel
Rue Cabrol
R. André
Rue Arnaud
Bd. Foucault
Av. Dom Vayssette
D 964, Graulhet
Rue St-Roch
Château de Foucaud/ Musée des Beaux-Arts de Gaillac
Parc Foucault
D 87, A 68, Lavaur
1 Rue du Colombier
2 Rue Tartage
3 Rue Montfort
4 Rue du Trepadou
5 Rue Hippolyte Rigal
6 Rue d'Iéna
7 Rue Côte de Tarn
8 Contrescarpe Henri IV
9 Rue du Fort
10 Rue Foulcraud
11 Rue de Languedoc
12 Place Peyriac
13 Rue Peyriac
14 Rue Col. Vendôme
15 Rue St-Pierre
16 Place Émilie de Vialar
17 Rue Max de Tonnac
18 Place de la Coutarde
19 Place Laperouse
20 Rue de la Coutarde
21 Place de la République
22 Rue du Moulin
23 Rue Comte de Toulouse
24 Rue des Pénitents Blancs
25 Pl. Maurice et Eugénie de Guérin
26 Petite Rue St-Michel
27 Place St-Michel
28 Rue de la Portanelle
29 Rue de la Suspèze
30 Rue Pech de Galez
Gaillac
0 75 150 m

Tarn

auf das Stadtpalais **Hôtel Pierre de Brens**, das vor allem aus einem beeindruckenden Backsteinturm mit einem hübschen Treppentürmchen zu bestehen scheint. Im 14. Jahrhundert erbaut, erfuhr es zwei Jahrhunderte später eine Modernisierung im Stil der Renaissance.

Folgt man der Rue Élie Rossignol bis zum Ende, erhebt sich links die **Pfarrkirche Saint-Pierre**. Bereits in alten Dokumenten zur Abteikirche fand auch eine Kirche Saint-Pierre Erwähnung. Diese alte Kirche wurde 1271, gleich nach dem Anschluss an Frankreich, erneuert. Mit dem Bau des Glockenturm an der Westseite 1499 fanden die Arbeiten einen vorläufigen Abschluss. Nach der Französischen Revolution war der Chor halb zerstört und wurde neogotisch im 19. Jahrhundert wiederaufgebaut. Mehrere Altarretabeln aus dem 17. und 18. Jahrhundert überstanden die Revolutionswirren unbeschadet und zieren die Seitenkapellen.

■ Château de Foucaud

Das Schloss und der Park von Jacques de Foucaud bildet ein herrschaftliches Ensemble aus dem 17. Jahrhundert, das heute das **Museum der Schönen Künste** von Gaillac beherbergt. Der Bauherr war Ratsherr am Parlament von Toulouse, der um 1650 zusammen mit seinem Bruder Arnaud dieses Gelände südlich außerhalb der damaligen Stadtmauern von Gaillac erwarb. Jean Pierre, Baron von Brens, der Sohn Arnauds, erbte das Anwesen und überließ es dem Grafen von Huteau, der es 1722 um das Doppelte vergrößerte und den Park mit seinen Brunnen und Terrassen hin zum Tarn anlegen ließ.

Das Musée des Beaux-Arts zeigt vor allem Werke von Malern der Region, darunter Henri Loubat (1855–1926), Charles Escot (1934–1902), Raymond Tournon (1870–1919) und vor allem Firmin Salabert (1811–1895), einem Ingres-Schüler.

Das Château de Foucaud

▶ Karte S. 233

Gaillac

Office de Tourisme, 81600 Gaillac, Place de la libération, Tel. 0805400828; April-Juni, Sept. tgl. 10–12.30, 14–18 Uhr, Juli/Aug. 10–13, 14–19 Uhr, Okt.-März Mi-So 10–12, 14–17 Uhr.
www.tourisme-vignoble-bastides.com

Gare SNCF, avenue de la Gare, Tel. 0563570023.
Gaillac liegt an der Strecke Toulouse–Brive-la-Gaillarde und ist daher auch mit Saint-Sulpice-la-Pointe, Villefranche-de-Rouergue, Capdenac und Figeac verbunden.
www.ter.sncf.com/occitanie

Der **Busbahnhof** befindet sich in der Nähe des Bahnhofs am Parking de la Clavelle-Vendôme in der Rue Marcelin Berthelot. Die Tarnbusse verbinden Gaillac mit Albi und Saint-Sulpice-la-Pointe (Linie 702), mit Castres über Lautrec (Linie 704), mit Lavaur (Linie 710) und direkt mit Albi per Linie 712. Zudem gibt es vier innerstädtische Buslinien, mit denen man u.a. den Bahnhof oder das Kunstmuseum im Parc Foucaud über den Knotenpunkt Place de la Libération erreichen kann.

Funny Taxi, Tel. 0699217724. 7/7 Tag und Nacht.
Flughafen-Taxi nach Toulouse-Blagnac, Tel. 0561424400.
Navette Aéroport Blagnac, Tel. 0534508900. Flughafen-Shuttle nach Toulouse.

Château de Salettes (€€€–€€€€), Lieu-dit Salettes, Cahuzac-sur-Vère, Tel. 0563336060. Vier-Sterne-Hotel im Herzen der Weinberge, 10 km nördlich von Gaillac, das in einem Schloss mit langer Geschichte eingerichtet wurde. Komfortable, große Zimmer ohne Schnickschnack, geradlinig und edel. Pool, Sauna, Jacuzzi, Spa, es fehlt an nichts, und das Restaurant (s.u.) ist hervorragend!
www.chateaudesalettes.com
The Originals Château de Tauziès (€€–€€€), 1850, route de Cordes, Tel. 0563412680. Sehr geschmackvolles, charmantes Vier-Sterne-Hotel 6 km nördlich von Gaillac inmitten eines großen Parks, umgeben von Weinbergen. Sehr große Zimmer, die chic und stilvoll eingerichtet sind. Auch getrennte Betten sind verfügbar. Ausgezeichnetes Preis-Leistungs-Verhältnis.
www.chateaudetauzies.com
La Verrerie (€€–€€€), 1, rue de l'Égalité, Tel. 0563573277. Drei-Sterne-Hotel in einer ehemaligen Glasmanufaktur zentral mitten in der Stadt mit Pool, Jacuzzi und Bambusgarten. Zimmer sind recht klein, aber die Lage, der Außenbereich und das Restaurant wiegen dies auf.
www.laverrerie81.com

La Lauze et l'Anguille (€€), 1, rue de la lauze, Tel. 0607866979. Ein gemütliches und charmantes Gästezimmer in einem Fachwerkhaus des 13. Jahrhunderts.
lalauzeetlanguille.wordpress.com
Domaine de Perches (€€€–€€€€), 2083, route de Laborie, Tel. 0563565824. Idyllisch gelegenes Landhaus, ruhig und mit Blick auf die Weinberge, 7 km nordwestlich von Gaillac. Haus wie Zimmer sind sehr stilvoll im Landhausstil eingerichtet und sorgen für ein perfektes Ambiente mit einem Touch Luxus. Zum Anwesen gehören ein Tennisplatz, Pool und Garten. Das erlesene Vier-Gänge-Menü, das die Hausherrin auf Reservierung zubereitet, trägt ein Übriges dazu bei, dass man hier nie wieder weg will!
www.domainedeperches.com

Camping Le Soleil des Bastides, Route de Cordes, Cahuzac-sur-Vère, Tel. 0563339194. Der schöne Drei-Sterne-Platz 12 km nördlich von Gaillac bie-

tet nicht nur Stellplätze für Wohnmobile, Wohnwagen und Zelte, sondern hat auch kleine Holzbungalows im Stil finnischer Kotas, Mobil-Homes, Safari-Lodges, Glamping-Zelte. Moderne und saubere Sanitärinstallationen, ein Restaurant, Pool, Tennisplatz, Spielplatz, Boule-Platz.
www.camping-le-soleil-des-bastides.fr

Vigne en Foule (€€), 80, Place de la Libération, Tel. 0563417908; Di–Sa 12–14, 19.30–22 Uhr, Weinbar Di–Sa 10–0 Uhr. Unprätentiöses Restaurant mit hervorragender Küche, in der alte Klassiker neu interpretiert werden. Zugleich auch Weinbar, daher ausgezeichnete Weinauswahl. Hübscher Außenbereich.
www.vigneenfoule.fr

La Verrerie (€€), 1, rue de l'Égalité, Tel. 0563573277; tgl. 12–14, Mo–Sa 19–21 Uhr. Kreative, leichte Küche im sehr geschmackvoll eingerichteten Restaurant des Hotels gleichen Namens. Sehr schöne Terrasse.
www.laverrerie81.com

Au fil des Saisons (€€), 55, rue Denfert Rochereau, Tel. 0563427603; tgl. 12–14.30, 19–22 Uhr. Frische Marktküche in einem sehr netten Lokal mit schönem Außenbereich. Ausschließlich Weine aus der Region. Sehr gut!
www.aufildessaisons-gaillac.com

Château de Salettes (€€€–€€€€), Lieu-dit Salettes, Cahuzac-sur-Vère, Tel. 0563336060; Mai–Sept. Di–So, Okt.–April Mi–Sa, jeweils 12–13, 19.30–21 Uhr. Exzellente Küche auf dem Schlosshotel mit eigenem Weingut. Schöner Außenbereich im Innenhof, innen altes Gemäuer mit moderner Einrichtung.
www.chateaudesalettes.com

Annick Normand, 34, rue Portal, Tel. 0563576901; Juli/Aug. Di–Sa 8.30–19, So 9–13 Uhr, Sept.–Juni Mi–Sa 8.30–19, So 9–13 Uhr. Im Sommer gibt es auch hausgemachtes Eis, ganzjährig leckere Kuchen und Törtchen.

Chez Germaine, 91, rue de la Madeleine, Tel. 0563346199; Di–Fr 12–13.30, Mi/Do 19–22, Fr/Sa 19–22.30 Uhr. Wein und okzitanische »Tapas« – Tastous.

O'Carlow, 32, Place de la Libération, Tel. 0563574133; Mo–Sa 7–2, So 18–2 Uhr. Typischer Irish Pub mitten im Zentrum, besonders stimmungsvoll bei Übertragung von Rugbyspielen, Live-Konzerten und Karaoke-Abenden. Man kann nicht nur Guinness oder andere Biersorten und Whiskeys genießen, es gibt sogar Frühstück und kleine Snacks für zwischendurch.

Musée de l'Abbaye Saint-Michel (Stadtgeschichte und Volkskunst), Place Saint-Michel, Tel. 0563571465; April–Sept. tgl. 10–12, 14–18 Uhr, Okt.–März Mi–So 10–12, 14–17 Uhr. Eintritt 2,50 Euro, reduziert 1,50 Euro.

Musée des Beaux-Arts (Kunstmuseum), Avenue Domaine Vayssette, Tel. 0563571825; April–Okt. Mi–Mo 10–12, 14–18 Uhr, Nov.–März Fr–So 10–12, 14–18 Uhr. Eintritt 2,50 Euro, reduziert 1,50 Euro.
www.ville-gaillac.fr/culture/musee-des-beaux-arts

Jedes Jahr am ersten Augustwochenende findet von Freitag bis Sonntag das **Weinfest** von Gaillac im Parc Foucaud statt, bei dem alle Winzer des AOC-Gebietes mit Ständen vertreten sind. Eintritt 5–8 Euro, ein Glas Wein 3 Euro.

Location de vélo Oxygen – Serge Botta, 98, rue Joseph Rigal, Tel. 0563576367; Di–Sa 9–12, 14–19 Uhr. Fahrradverleih

▸Karte S. 233

tage- oder wochenweise, auch E-Bikes, Kinderfahrräder und Mountainbikes. www.moto-scooter-velo-gaillac.fr

Centre nautique – Piscine de Graulhet, Allée de Prien am Chiemsee, Graulhet, Tel. 0563345924. 20 km südlich von Gaillac. Hallen- und Freibad mit olympischem Schwimmbecken, Planschbecken, Spielschwimmbecken, Balneotherapiebereich und Picknickbereich.

Jeden Freitag 8–13 Uhr **Wochenmarkt** von der Place du Griffoul über die Place de la Libération bis zur Place de Hauptpoul. Zusätzlich kleiner **Sonntagsmarkt** 8–13 Uhr auf der Place du Griffoul.

▸ **Lederwaren**

Im 20 km südlich liegenden **Graulhet** werden seit 1000 Jahren Häute gegerbt und zu feinen Lederwaren verarbeitet. Mehrere Ateliers beliefern die größten Designerlabels für Handtaschen oder Gürtel. Baxo z.B., die eine Eigenmarke unter dem Namen Cordiz als Online-Boutique betreibt, fertigt für Jean-Paul Gaultier, Chloé. Insgesamt gibt es 80 Unternehmen mit insgesamt 650 Angestellten, die sich mit der Herstellung und Verarbeitung von Leder beschäftigen.

Cuirforever Daniel N, 66ter Chemin de Matens, Gaillac, Tel. 0617142009; Mo–Sa 10–18.30 Uhr. Boutique in Gaillac, in der Designer Daniel N. Graulhet-Leder zu zeitlosen, stylischen Taschen, Geldbörsen, Brieftaschen und Gürteln verarbeitet. www.cuirforever.com

Ma Besace, 34, Place de la Libération, Graulhet, Tel. 0563413116; Di–Sa 9–12, 14.30–19 Uhr. Taschen, Rucksäcke, Maroquinerie verschiedener Hersteller, u.a Frandi, die auch für frz. und ital. Luxuslabels fertigen.

Chez Rose-Marie Marcel, 15, rue Verdaussou, Graulhet, Tel. 0563348590; Di–So 9–12, Di–Sa 14–19 Uhr. Boutique für Ledermode und Accessoires.

La Rue des Artisans, 9, rue Arago, Graulhet, Tel. 0563575702; Mo–Fr 9–18.30 Uhr. Hochwertige Lederwaren eines lokalen Herstellers.

Maroquinerie Philippe Serres, Lieu-dit Le Pigné, Plaine de Recourdies, Briatexte, Tel. 0563582851; Mo–Sa 9–12, Mo–Fr 14–18 Uhr. Kleines Familienunternehmen, in dessen Showroom auch Privatkunden shoppen können. Taschen, Computertaschen, Brieftaschen in schlichtem, geradlinigem Design. www.philippe-serres.com

Eingang zur Markthalle von Gaillac an der Place Griffoul

AOC und das ABC des französischen Weines

AOC (Appellation d'origine contrôlée) bedeutet für einen Wein, aber auch für andere Lebensmittel wie Käse, Geflügel oder Olivenöl, dass die Produkte aus einem genau definierten geographischen Raum stammen und nach traditionellen Methoden hergestellt sein müssen. Dieses Schutzsiegel der »kontrollierten Herkunftsbezeichnung« legt Qualitätsstandards fest, die gleichmäßig erbracht werden müssen und durch eine staatliche Kontrollkommission streng überwacht werden. Die »Appellation d'origine contrôlée« steht in Frankreich für höchste Qualität. Liegt aber ein Weinberg auch nur einen Meter außerhalb des genau umrissenen Territoriums, darf der Wein von dort sich nicht mehr als AOC-Wein bezeichnen, egal wie gut er auch ist. Das zweithöchste Qualitätslabel IGP (Indication Géographique Protégée) bedeutet schon, dass es sich nur um Landwein statt Qualitätswein handelt. Erfüllt ein Weinberg weder die Kriterien für AOC noch für IGP, darf er sich nur Tafelwein nennen oder Vin de France oder Vin de Pays. Für den potentiellen Konsumenten sagt dies vor allem aus, dass der Wein aus Frankreich kommt. Ob ihm aber ein Qualitätswein oder ein Landwein besser schmeckt als ein Tafelwein, erfährt er nur durch Verkostung.

Der willige, aber noch unwissende Weintrinker weiß erst nach Konsultation einschlägiger Literatur, dass der Gaillac-Winzer für seinen Rotwein von den beiden charakteristischen Rebsorten Duras und Fer Servadou mindestens 40 Prozent verwenden muss, von keiner weniger als zehn Prozent, da dies zu den AOC-Kriterien des Gaillac-Gebiets gehört. Für die Weißweine muss er die im Gebiet traditionellen Sorten Len de l'El und Mauzac verwenden. Zudem ist der Ertrag bei roten Rebsorten auf 55 Hektoliter pro Hektar, bei weißen auf 60 Hektoliter begrenzt.

Über den Wein ohne Kennzeichnung AOC weiß der Kunde nur, welche Farbe er hat und dass er aus Frankreich kommt. Hat der Wein immerhin das IGP-Siegel kann er wenigstens noch sagen aus welcher Gegend. In IGP-Gebieten liefern die Winzer oft ihre Trauben bei Kooperativen ab, während ein AOC-Winzer in der Regel den Wein selbst ausbaut, reifen lässt, abfüllt und vermarktet.

Was Etiketten verraten

Meist fällt der erste Blick auf den Namen. Mag er sich auch noch so blumig, noch so nobel anhören, er verrät am wenigsten über den Inhalt. Darunter beginnt es interessant zu werden, denn es folgt das Gebiet, aus dem der Wein kommt, einschließlich der Klassifizierung und schließlich der Jahrgang. Also beispielsweise Gaillac und darunter Appellation Gaillac Controllé 2019. Links unten stehen immer die Angaben zum Alkoholgehalt, rechts unten die abgefüllte Menge. Meist ganz unten auf dem Etikett steht, wer den Wein wo abgefüllt hat. Ist dort zu lesen Mise en bouteille ... par le propriétaire/au château/au domaine oder gar der Name des Winzers, gefolgt von der Adresse beziehungsweise dem Ort, ist dies ein gutes Zeichen, denn wer seinen Namen oder sein Weingut nennt, ist normalerweise stolz auf sein Produkt. Steht dort Mise en bouteille par la coopérative/les vignerons de oder nur der Name des Départements ist erst einmal Vorsicht geboten, da damit die Wahrscheinlichkeit, dass Wein gepanscht ist, deutlich höher ist. Deshalb als Tipp: Schauen Sie immer ins Kleingedruckte!

Castelnau-de-Montmiral

Das hübsche Mittelalterdorf verdankt seine Entstehung dem Beschluss des Grafen Raymond VII., auf einem Felssporn über dem Tal der Vère eine Bastide zu gründen. Das Castellum Novum Montis Mirabilis, wie ihr Name lautete, entstand gleichzeitig mit der Festung in Cordes, also ab 1222. Während des Hundertjährigen Krieges wurde »Neuburg am bewundernswerten Berg«, wie man den Namen übersetzen könnte, von den Engländern unter Führung des Schwarzen Prinzen besetzt, später kam es unter die Herrschaft des Grafen von Armagnac. Als während des 15. Jahrhunderts Gaillac den calvinistischen Ideen sehr aufgeschlossen gegenüber war, blieb Castelnau-de-Montmiral ein Hort des Katholizismus und nahm etliche geflohene Katholiken in seinen Mauern auf. Von den Religionskriegen blieb das Dorf aber weitestgehend verschont und die alte Bausubstanz blieb unbeschädigt erhalten. Dank seines zentralen Platzes mit den Arkaden und den gut erhaltenen Fachwerkhäusern, zählt Castelnau-de-Montmiral zu den »schönsten Dörfern Frankreichs«. Das Dorf mit seinen gut 1000 Einwohnern lebt in erster Linie vom Tourismus und vom Weinbau im Umland.

Befestigungen

Von den ehemals sechs Stadttoren blieb nur die **Porte des Garrics** im Osten des Bastide im Originalzustand des 13. Jahrhunderts erhalten. Betritt man die ehemalige Festungsstadt durch diesen massiven Turm stößt man sogleich auf eine Hausmauer, so dass potentiellen Eindringlingen ein schnelles Vorankommen erschwert wurde. Der Westen der Bastide wurde durch eine Burg zusätzlich befestigt, die allerdings wegen ihres schlechten Erhaltungszustandes 1819 vollständig abgerissen wurde.

Place des Arcades

Der zentrale Platz, die Place des Arcades, ist einer der kleinsten in Okzitanien, aber einer der schönsten. Die zwei- und dreigeschossigen **Fachwerkhäuser** werden von Arkaden getragen, die sowohl bei Regen wie gegen Sonne Schutz boten und bieten. Bereits im Mittelalter waren rund um den Platz kleine Hand-

An der Place des Arcades in Castelnau-de-Montmiral

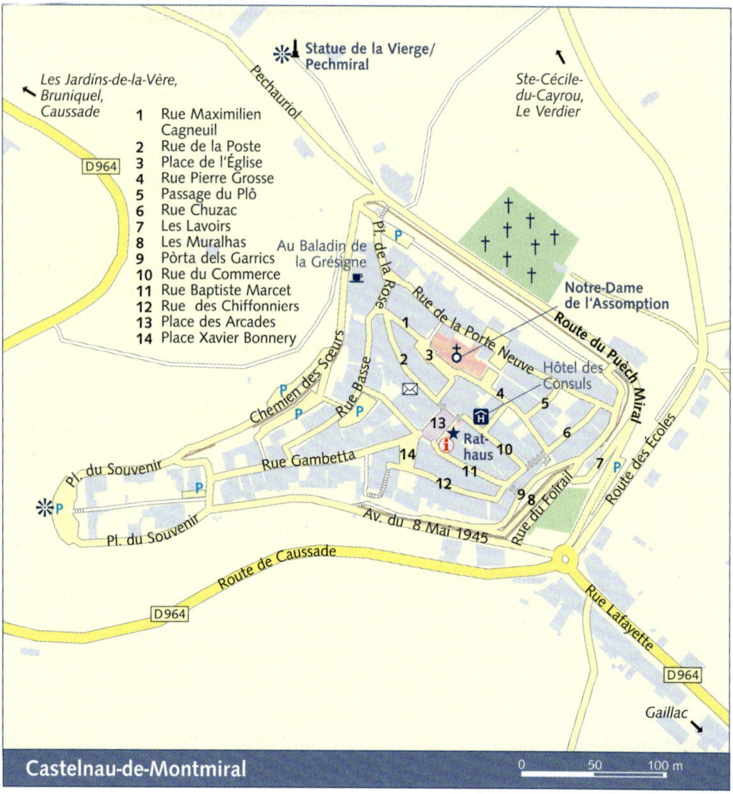

werkerbetriebe und Händler ansässig. Während die meisten Häuser rund um den Platz noch auf das 13. Jahrhundert zurückgehen, datiert das große Steinhaus ohne Fachwerk, das heute das Hôtel des Consuls und das Restaurant Le Ménagier beherbergt, aus dem 17. Jahrhundert. Auch das **Rathaus** ist ein späterer Bau, ebenso der achteckige **Brunnen Fontaine des Cannelles**, der die Jahreszahl 1597 trägt.

Am Stützpfeiler des Hauses, in der sich heute eine Patisserie befindet, links vom Durchgang zur Rue de la Poste, wurden früher Schlachttiere angebunden, damit die Dorfbewohner sie in Augenschein nehmen konnten. Auch Diebe, Ehebrecherinnen und zänkische Weiber wurden hier im Mittelalter an den Pranger, Pilori auf Französisch, gestellt.

Église Notre-Dame-de-l'Assomption

Geht man an der Ecke der Place des Arcades und der Rue de la Poste durch die schmale Gasse rechts, erreicht man in der Parallelstraße Rue Maximilien Cagnieul die Kirche Notre-Dame-de-l'Assomption. In der Marien-Himmelfahrtskirche, einem einschiffigen gotischen Bau, der im 15. und 16. Jahrhundert sein heutiges Aussehen erhalten hat, wird ein kostbares **Reliquienkreuz** aufbewahrt, das im frühen 14. Jahrhundert im Auftrag des Grafen von Armagnac angefertigt wurde und als Glanzstück südfranzösischer Goldschmiedekunst gilt. Der zentrale Cabochon enthält einen Splitter vom wahren Kreuz Christi, zudem birgt es zwölf kleine Seidensäckchen mit winzigen Reliquien der zwölf Apostel. Das Kreuz, das im Kern aus Holz besteht, ist von filigran verziertem vergoldetem Silberblech bedeckt und war mit 354 Edelsteinen und Halbedelsteinen besetzt, von denen 144 im Laufe der Jahrhunderte verschwunden sind. Vermutlich wurde es von einem Goldschmied in Toulouse gefertigt. Das Kreuz wird in der Schatzkammer der Kirche hinter in einer Vitrine aufbewahrt. Im Chor der Kirche steht ein **Altar aus dem 17. Jahrhundert**, der ursprünglich im Zisterzienserkloster Candeil stand, das in der Revolution zerstört wurde. Zudem gibt es zwei polychrome **Statuen aus dem 15. Jahrhundert**: einen Christus als Schmerzensmann und eine Pietà.

Castelnau-de-Montmiral

Office de Tourisme, 81140 Castelnau-de-Montmiral, Place des Arcades, Tel. 080 5400828; Mai/Juni, Sept. tgl. 10–12.30, 14–18 Uhr, Juli/Aug. 10–13, 14–18.30 Uhr, April, Okt. tgl. 10–12, 14–17 Uhr, Nov.–März Di 10–12 Uhr, So 14–17 Uhr.

Hôtel des Consuls (€€), Place des Arcades, Tel. 0563331744. Charmantes Drei-Sterne-Hotel in einem mittelalterlichen Fachwerkhaus mit vielen originalen Details wie alten Deckenbalken und Kaminen. Zimmer im Landhausstil, die zum Charme des Hauses passen. Kleiner Pool auf der Terrasse. Zweibettzimmer verfügbar, kontinentales Frühstücksbuffet. www.hoteldesconsuls.fr

Le Menagier (€€€), Place des Arcades, Tel. 0563420835; Do–So 12–13.30, 19–20.30 Uhr. Küche auf Sterneniveau. Küchenchef Gérard Garrigues, ehemaliger Sternekoch im Ruhestand, legt größten Wert auf die Qualität seiner Produkte und kocht saisonal und regional. Allergrößte Gaumenfreuden sind garantiert, das Restaurant unter Arkaden ist edel und gemütlich zugleich. www.lemenagier.com

Le Jardin de Lys (€€). Rue des Consuls, Puycelsi, Tel. 0563602355; Mi–So 10–22.30 Uhr. Zauberhaftes Gasthaus in einem pittoresken Dorf mit herrlichem Blick von der Terrasse. Regionale, schmackhafte Gerichte. www.lejardindeslys-puycelci.fr

Au Baladin de la Grésigne, Place de la Rose, Tel. 0563427899; April–Juni So, Di, Mi 9.30–19, Mo 13.30–19, Fr/Sa 9.30–20.15 Uhr, Juli/Aug. tgl. 10–20.15 Uhr, Sept./Okt. Di–So 9.30–18.30, Mo 13.30–18.30 Uhr. Rest des Jahres geschlossen. Wunderbares Café in einer Buchhandlung mit Aussichtsterrasse, in dem man auch Kleinigkeiten wie Salate essen kann.

Festival Les Musicales de Montmiral. Jedes Jahr am dritten Juliwochenende mit unterschiedlichen musikalischen Ausrichtungen an den drei Tagen.

Base de loisir de Vère Grésigne, Pont Lèbre, Tel. 0563331600. Eintritt Wasserbereich 3,70 Euro, Kinder von 3–12 Jahren 3,20 Euro. 20 ha großer Freizeitpark mit überwachtem Badebereich, 3 km westlich. Kostenpflichtiger Kanu- und Kajakverleih, Tretboote, Minigolf, Tennis. Frei zugänglicher Bereich mit Volleyballfeldern, Fußballplatz, Tischtennis, Spielplatz sowie Picknickplatz mit Barbecue-Einrichtung. Auch Zeltplätze und Stellplätze für Wohnmobile können angemietet werden. https://base-de-loisirs-vere-gresigne.fr

Jeden Dienstag 8–12.30 Uhr **Wochenmarkt** auf der Place des Arcades.

Cordes-sur-Ciel

»In Cordes ist alles schön, selbst das Bedauern«, sagte Albert Camus, der in den 1950er Jahren im Ort lebte. Spektakulär liegt das Dorf auf einem Hügel 110 Meter oberhalb des Cérou-Tals, wahrlich über dem Himmel, wie es der Namenszusatz impliziert. Der Name Cordes leitet sich vermutlich von der spanischen Stadt Cordoba ab, von wo eine spezielle Art von besonders hochwertigem Pferdeleder eingeführt wurde. Dieses Cordovan-Leder wurde auch in den Gerbereien am Ufer des Cérous bei Cordes im Mittelalter hergestellt.

1222 wurde auf dem Gipfel des Puech de Mordagne auf Befehl von Graf Raymond VII. von Toulouse eine Bastide errichtet, die als die »Mutter aller Bastiden« gilt. Der Albigenserkrieg war in vollem Gange, als der Befehl zum Bau der Bastide kam, als Reaktion auf die Zerstörung der Festung Saint-Marcel durch das Kreuzfahrerheer. Um den Ort schnellstmöglich zu besiedeln und damit wehrhaft zu machen, wurde den Siedlungswilligen eine Reihe von Privilegien gewährt. So mussten die Einwohner von Cordes keine Steuern oder Wegegeld bezahlen und durften in den Wäldern jagen, was ansonsten nur dem Adel vorbehalten war. Dadurch wurde die neue Festungsstadt allerdings schnell zu einer bevorzugten Zuflucht für verfolgte Katharer, was Cordes erst recht zu einem Angriffsziel machte.

Nach dem Ende des Albigenserkreuzzuges schlug denn auch die Inquisition in Cordes besonders hart zu. Dennoch erlebte die Stadt in diesen Jahrzehnten einen wirtschaftlichen Aufschwung. Da die Grafschaft Toulouse gemäß des Vertrages von Paris zunächst an die Tochter Raymonds VII., Jeanne fiel, die Alphonse von Poitiers, den Bruder des Königs heiraten musste, verwaltete dieser de facto das Territorium im Namen des Königs. Um jedoch die Bevölkerung von Toulouse nicht zu sehr in Unmut zu versetzen, siedelte Alphonse de Poitiers die

Spektakuläre Lage: Cordes-sur-Ciel

▲ Karte S. 244

königlichen Beamten in Cordes an, was der Oberstadt ihr herrschaftliches Aussehen verlieh. Der Reichtum durch Pastel brachte Cordes auch in den Jahren, als die Beamten längst abgezogen worden waren, Wohlstand. Die gotischen Häuser aus dem 13. und 14. Jahrhundert bescherten Cordes den Beinamen »Stadt der hundert Spitzbögen«.

Erst im 19. Jahrhundert fiel der Ort in einen Dornröschenschlaf, aus dem ihn der Tourismus nach dem Zweiten Weltkrieg wieder erweckte. 1947 erfand die Schriftstellerin Jeanne Ramel-Cals den Namenszusatz sur-Ciel, erst 1993 wurde er offiziell dem Ortsnamen angefügt. Bei der dritten Auflage der Sendung »Le village préféré des français« auf France 2 gewann 2014 Cordes-sur-Ciel für die Region Midi-Pyrénées den Titel des bevorzugten Dorfes der Franzosen.

Um bequem in den »Himmel« zu gelangen, hat der Ort eine **Touristenbahn** eingerichtet, die zwischen Mai und September von der Place de la Bouteillerie in der Unterstadt abfährt, gleich neben einem Parkplatz. Selbst die Einheimischen benutzen die kleine Bimmelbahn, um mit ihr den schweißtreibenden Aufstieg zu umgehen.

Remparts und Stadttore

Zu Beginn war Cordes von einem doppelten Mauerring umgeben, der die Bastide Raymonds von Toulouse schützte. Zwei große Stadttore führten durch die inneren Wehrmauern in die Bastide: die **Porte de Rous** im Osten und die **Porte des Ormeaux** im Westen. Die Porte de Rous wird auch als Portail Paint, als bemaltes Portal, bezeichnet, da früher eine Muttergottes auf die Wand aufgemalt war. Im westlichen Pendant, der Porte des Ormeaux ist ein kleines **Heimatmuseum** eingerichtet, das Objekte aus Cordes und der näheren Umgebung präsentiert. Der zweite Mauerring wurde durch die **Porte du Planol** und die **Porte de la Jane** bewehrt. An diesem letztgenannten Tor ist die obere Haltestelle des Touristenbähnchens.

Ende des 13., Anfang 14. Jahrhunderts wurde im gleichen Zirkel noch eine dritte Mauer gebaut, da sich die reichen Bewohner vor Plünderern schützen wollten. Der **Barbacane-Turm** bei der Porte du Planol ist der mächtigste Teil dieser Befestigung. Da die prosperierende Stadt mehr und mehr wuchs und in ihrer Blütezeit auf über 5000 Einwohner angewachsen war, entstand im 16. Jahrhundert die vierte und letzte Mauer, in der die **Tour de l'Horloge** als Eingang von der Ostseite diente. Durch diese Erweiterung wurden die ehemaligen Faubourgs Barri d'Al Rousse, Bouisset, Notre-Dame und Formiguier in die Stadt aufgenommen. Die Unterstadt Faubourg de la Boutellerie erhielt bereits im 14. Jahrhundert eine eigene Mauer.

Maison du Grand Écuyer

Betritt man die Bastide durch die westliche Porte des Ormeaux, gabelt sich die Kopfsteinpflasterstraße. An der rechten, der Grand Rue Raymond VII liegen einige der schönsten gotischen Häuser des Städtchens. Das »Haus des Oberstallmeisters« (Nr. 79) wurde im 14. Jahrhundert erbaut. Seinen Namen verdankt es einer Legende, die besagt, dass der Graf von Toulouse zur Jagd nach Cordes gekommen sei und mit seinen Jägern, Falknern und Rittmeistern im Ort während dieser Jagdausflüge genächtigt habe. Doch tatsächlich gab es schon längstens keine Grafschaft Toulouse mehr, als das Haus gebaut wurde. Stattdessen dürfte das Haus mit den fünf spitzbogigen Arkaden im Erdgeschoss einem reichen Händler gehört haben. Zahlreiche Tiere, darunter auch ein Pferd, aber auch Lö-

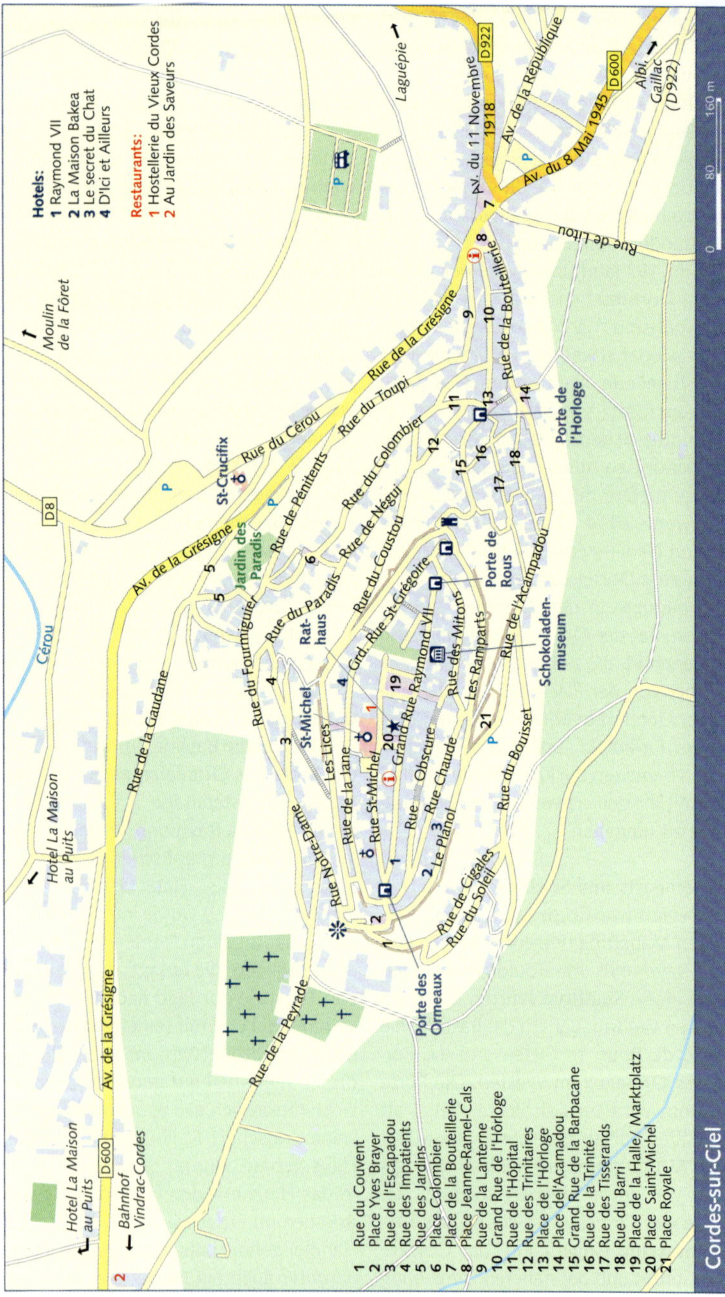
Cordes-sur-Ciel
Hotels:
1 Raymond VII
2 La Maison Bakea
3 Le secret du Chat
4 D'Ici et Ailleurs
Restaurants:
1 Hostellerie du Vieux Cordes
2 Au Jardin des Saveurs
1 Rue du Couvent
2 Place Yves Brayer
3 Rue de l'Escapadou
4 Rue des Impatients
5 Rue des Jardins
6 Place Colombier
7 Place de la Bouteillerie
8 Place Jeanne-Ramel-Cals
9 Rue de la Lanterne
10 Grand Rue de l'Hôrloge
11 Rue de l'Hôpital
12 Rue des Trinitaires
13 Place de l'Hôrloge
14 Place del'Acamadou
15 Grand Rue de la Barbacane
16 Rue de la Trinité
17 Rue des Tisserands
18 Rue du Barri
19 Place de la Halle/ Marktplatz
20 Place Saint-Michel
21 Place Royale
Hotel La Maison au Puits
Bahnhof Vindrac-Cordes
Moulin de la Fôret
Laguépie
Albi, Gaillac (D922)
Cérou
D600
D8
D922
Av. de la Grésigne
Rue de la Grésigne
Rue du Cérou
Rue du Toupi
Rue de la Gaudane
Rue de la Peyrade
Rue Notre-Dame
Rue du Fourmiguier
Rue du Paradis
Rue de Pénitents
Rue du Colombier
Rue de Négui
Rue du Coustou
Grd. Rue St-Grégoire
Grand Rue Raymond VII
Rue des Mitons
Les Remparts
Rue de l'Acampadou
Rue du Bouisset
Rue Chaude
Rue Obscure
Le Planol
Rue de Cigales
Rue du Soleil
Rue St-Michel
Rue de la Jane
Les Lices
Rue de la Bouteillerie
Rue de Liton
Av. du 11 Novembre 1918
Av. de la République
Av. du 8 Mai 1945
St-Crucifix
Jardin des Paradis
Rathaus
St-Michel
Porte des Ormeaux
Porte de Rous
Porte de l'Horloge
Schokoladen-museum
0 80 160 m

wen, Hasen, Hunde bevölkern die Konsolsteine an den Gesimsen, ebenso wie ein Dudelsackspieler und ein Geiger. Neben den Fenstern des ersten und zweiten Obergeschosses fallen eiserne Ringe auf, durch die einstmals Holzstangen geschoben wurden, an denen Banner befestigt waren. An Feiertagen oder bei hohem Besuch wurde so Flagge gezeigt.

Maison Gaugiran

Das Haus der Familie Gaugiran (38–42, Grand Rue Raymond VII) gehört zusammen mit dem Maison Fonpeyrouse und dem der Familie Carrié-Boyer zu den ältesten Häusern von Cordes. Wie fast alle Häuser hat es im Erdgeschoss große Spitzbogenarkaden, hinter denen sich der Verkaufsraum oder das Handwerksatelier befand. In der ersten Etage befanden sich die Wohnräume und im zweiten Stock war das Lager. Die Fenster bestehen noch aus schlichten Lanzettfenstern, die zu Zwillingsfenstern zusammengefasst sind. Das Fehlen von Maßwerk lässt den Schluss zu, dass das Haus aus dem 13. Jahrhundert stammt, da sich an Profangebäuden diese filigranen, steinernen Fensterverzierungen erst im 14. Jahrhundert durchsetzten. 2008 kaufte die Gemeinde das Maison Gaugiran und nach einer jahrelangen Restaurierung zog das **Fremdenverkehrsamt** in das altehrwürdige Gemäuer.

Maison du Grand Veneur

Besonders prächtig ist das »Haus des Oberjägermeisters«. Im Unterschied zu anderen gotischen Häusern verfügt dieses Haus über vier statt drei Stockwerke. Auch das Maison du Grand Veneur (65, Grand Rue Raymond VII) wird in die Legende der gräflichen Jagd einbezogen, da es an den Mauern in der zweiten Etage ein herrliches Fries mit Jagdszenen aufweist. Selbst die kleinen Kapitelle der Fenster sind wunderbar skulpiert. Gotisches Maßwerk verleiht den immer paarweise gruppierten Fenstern eine gewisse Eleganz und sehr viel Opulenz. Im Erdgeschoss verweisen die vier großen Arkaden auf eine Gebäudenutzung durch einen reichen Kaufmann, der das Haus im 14. Jahrhundert erbauen ließ.

Maison Fompeyrouse

Schräg gegenüber erhebt sich das älteste Haus von Cordes, das Maison Fompeyrouse aus dem 13. Jahrhundert (34, Grand Rue Raymond VII). Wie das Maison Gaugiran ist auch die Fassade dieses Hauses noch relativ schlicht, allerdings von imponierender Größe. Sechs Arkaden öffnen sich zur Straße, die Doppelfenster der oberen Etage sind von schlanken Säulen gestützt, die fein reliefierte Kapitelle mit floralen Motiven tragen.

Markthalle und Brunnen

Hinter dem Maison Fompeyrouse öffnet sich der Marktplatz auf dem 24 achteckige Pfeiler ein Dach tragen und den Platz zur Markthalle machen. Früher war dieser Platz dem Stoff- und Lederhandel

Am Marktplatz von Cordes-sur-Ciel

vorbehalten, was das Dach erforderlich machte. Die Pfeiler stammen noch aus dem 14. Jahrhundert, das Dach wurde im 19. Jahrhundert erneuert. Heute dient die Markthalle als Terrasse für die vielen Cafés und Restaurants rund um den Platz.

Dazwischen steht der alte Brunnen, der die Cordais im Belagerungsfalle mit frischem Wasser aus 113,47 Meter Tiefe versorgen sollte. Eine Marmortafel an dem Pfeiler erinnert daran, dass drei Inquisitoren in den Brunnen geworfen wurden. Diesen Mord bezweifeln Historiker allerdings. Von der benachbarten Terrasse de la Bride hat man einen weiten Blick ins Cérou-Tal.

Maison du Grand Fauconnier

Das »Haus des Oberfalkners« aus dem frühen 14. Jahrhundert dient heute gleichermaßen als Rathaus wie auch als **Museum für moderne und zeitgenössische Kunst** (39, Grand Rue Raymond VII). Es profitierte als erstes Gebäude von den Restaurierungsarbeiten, die auf Veranlassung von Prosper Mérimée in die Wege geleitet wurden. Wie fast alle Häuser von Cordes wurde es aus Buntsandstein aus Salles erbaut. Jeweils drei Fenster, die aus doppelten Lanzettfenstern mit einer fünfblättrigen Fensterrose bestehen, sind in der ersten Etage zusammengefasst, im dritten Geschoss sind es zwei Fenster. Überwiegend Hunde über den Fenstern des zweiten Geschosses und Vögel im obersten Stockwerk beleben die Fassade, dazwischen mischen sich aber auch ein Wildschwein, Schaf und Ziege, ja sogar ein Reh. Da auch am »Oberfalknerhaus« die Anzeichen für die Nutzung als Händlerhaus sprechen, dürften die Tierdarstellungen eher ein Hinweis auf das Jagdprivileg der Cordais sein.

Im Museum sind dank der Sammlung André Verdet alle namhaften Künstler der klassischen Moderne vertreten: Picasso, Miró, Léger, Klee, Cocteau und viele mehr. Der Maler und Konservator des Monet-Museums in Paris Yves Brayer (1907–1990) zog 1940 nach Cordes und kam jedes Jahr im Herbst hierher zurück, um zu malen. Er hinterließ seiner Wahlheimat ebenfalls mehrere Werke, die zur ständigen Sammlung gehören. Darüber hinaus werden alljährlich Sonderausstellungen zeitgenössischer Künstler organisiert.

▶ Karte S. 244

Maison Prunet

Direkt links an das Maison du Grand Fauconnier schließt das nächste schöne gotische Haus an. Die Säulchen der dreifach gruppierten Fenster tragen kleine Kapitelle, die mit floralen Moriven und Tierköpfen geschmückt sind. Dort wo die Bögen auf den Kämpfern zusammenstoßen tauchen kleine Menschenköpfe, Affen und Hunde auf. 1988 kaufte Yves Thuriès, zweimaliger »Bester Handwerker Frankreichs«, Meilleur Ouvrier de France, das Maison Prunet und eröffnete ein Jahr später sein **Zucker- und Schokoladenmuseum**, nachdem er zunächst sein »Laboratorium« eingerichtet hatte. Mit dem **Maison Carrié-Boyer** folgt unmittelbar danach ein weiteres herrschaftliches Haus, das noch kein Maßwerk an den spitzbogigen Fenstern hat. Es gehört zu den ältesten Häusern des Ortes, der aus der zweiten Hälfte des 13. Jahrhunderts datiert.

Verlässt man den Kern der Bastide durch die **Porte de Rous** im Osten, liegt dahinter das **Maison de Gorsse** aus dem späten 15. Jahrhundert. Die rechteckigen Fenster mit den Fensterkreuzen belegen, dass der neue Stil der Renaissance frühzeitig nach Cordes gekommen war. Auf dem Weg bergab passiert man nach und nach die weiteren Befestigungsringe. Zunächst die **Porte du Planol** oder auch Por-

An Restaurants ist wie überall in Frankreich kein Mangel

te du Vainqueur genannt. Mit der **Porte de l'Horloge** ist der vierte und äußerste Mauerring durchschritten. Rechts hinter dem Uhrturm befindet sich die **Escalier du Pater Noster**, eine Treppe mit 52 Stufen, genau so viele, wie das Vaterunser im Lateinischen an Worten hat.

Église Saint-Michel

Die Kirche Saint-Michel wurde im ausgehenden 13. Jahrhundert gebaut und erfuhr im 15. Jahrhundert größere Umbauten zur Erweiterung, da die alte Kirche zu klein geworden war. Sie bekam ein neues Schiff und wurde so weit nach Westen verlängert wie es möglich war, weshalb die Fassade merkwürdig an den Glockenturm geklebt scheint. Auch eine Fensterrose in der Westwand entstand in dieser Zeit. Im 19. Jahrhundert bekam sie ihr Aussehen im Inneren. Wände und Decken wurden nach dem Vorbild der Kathedrale in Albi bemalt, neue Fenster wurden eingezogen, da die alten durch einen Hagelschaden größtenteils zerstört waren. Aus der Kathedrale Notre-Dame de Paris bekam man die alte ausrangierte Chororgel, aus kleineren Kirchen der Umgebung liturgisches Gerät.

Le Jardin des Paradis

In der Unterstadt kann man noch einen kleinen Abstecher ins Paradies unternehmen. 1998 haben die renommierten Landschaftsarchitekten Eric Ossart und Arnaud Maurières den Jardin des Paradis angelegt. Ein exotischer Garten mit Seerosenteich, persischem Pavillon, einem Gemüsegarten und einem kleinen Café, der zum Flanieren einlädt.

Cordes-sur-Ciel

Office de Tourisme, 81170 Cordes-sur-Ciel, Maison Gaugiran, 38–42, Grand Rue Raymond VII, Tel. 0563560052; Mo–Sa 10.30–12.30, 14–18, So 14–17 Uhr, Juli/Aug. 9.30–13, 14–18.30 Uhr, Nov.–März Mo–Sa 10.30–12.30, 14–16 Uhr. www.cordessurciel.fr

Busse von Tarnbus Linie 707 verbinden Cordes mit Albi.

Hôtel La Métairie (€€), Château de Laborde, Tel. 0563563563. Stilvolles Drei-Sterne-Hotel in einem 3 ha großen Schlosspark mit französischen Gärten, 3 km nordöstlich von Cordes. Große, helle Zimmer, auch Zweibettzimmer, mit moderner Ausstattung. Spa-Bereich mit Pool, Jacuzzi, Sauna und Fitnessraum in der ehemaligen Orangerie. Fahrradverleih. Kontinentales Frühstücksbuffet. Im Schloss selbst gibt es fünf Gästezimmer, in der ehemaligen Seidenraupenzucht (Magnanerie) ein Restaurant. www.la-metairie.com

Hôtel Raymond VII (€€), 19, Grand Rue Raymond VII, Tel. 0563600280. Kleines, charmantes Zwei-Sterne-Hotel in einem der schönen gotischen Häuser in der historischen Altstadt. Klein, großer Luxus in den Zimmern, aber dafür viel Charme und tolle Ausblicke. Französisches Frühstück. www.raymond7.fr

La Maison Bakea (€€€), 26, Le Planol, Tel. 0563562224. Mittelalterlicher Charme und moderner Luxus sind in diesem Gästehaus mit zwei Zimmern und drei Suiten am Rande der Altstadt vereint. Gegen Vorbestellung kann man auch im Haus dinieren, morgens wird kontinentales Frühstück serviert, bei schönem Wetter auf der Terrasse mit Traumausblicken. Schöner kann man in Cordes nicht wohnen! www.maisonbakea.fr

Le Secret du Chat (€€€), 16, Le Planol, Tel. 0563532673. Schönes altes Gemäuer mit schönen, individuell eingerichteten Zimmern im Landhausstil und hypermodernen Bädern. Die Gastgeber Marie und Alain haben die ehemaligen Spitzenmanufaktur in ein reizendes, originelles Gästehaus mit einem Zimmer und vier Suiten umgewandelt und bewirten die Gäste mit viel Herzlichkeit. Elektrofahrradverleih, Weinproben, Massagen und Abendessen sind möglich. Kleine Gartenterrasse mit Blick ins Tal. Kontinentales Frühstück. Sehr empfehlenswerte Pension. www.chambres-cordes-tarn-charme-lesecretduchat.com

D'Ici et Ailleurs (€€–€€€), 7, rue du Tuadou, Tel. 0676684392. Die Frühstückspension im ehemaligen Gardehaus des Nordtors offeriert drei sehr große Doppelzimmer und ein kleines Einzelzimmer, die sehr geschmackvoll eingerichtet sind. Das Haus aus dem 13. Jahrhundert hat viele historische Details und eine Terrasse mit Blick auf das Cérou-Tal. Sehr gutes kontinentales Frühstück. www.dicietdailleurs-cordes-tarn-chambresdhotes.com

La Maison au Puits (€€), 20, rue Gargaridès, Tel. 0563602305. Kleines Bed & Breakfast mit viel Flair und herzlichen Gastgebern, das gut 1 km außerhalb des Dorfes im Tal des Cérou liegt. Drei Zimmer und zwei Familienzimmer sind in dem charmanten Haus aus dem 18. Jahrhundert untergebracht. Hausherr Nico kocht auf Wunsch und serviert hervorragende Abendessen. Kontinentales Frühstück.

Aurifat (€€), Route de Saint-Jean, lieu-dit Le Bouisset, Tel. 0563584543. Am Fuße von Cordes mitten in der Natur gelegenes Gästehaus mit fünf komfortablen Zimmern in einem hübschen Fachwerkhaus mit großem Garten und Pool. Ausgezeichnetes Frühstück und sehr nette holländische Gastgeber. info@aurifat.eu

Le Cayrols (€€€), Lieu-dit Le Cayrols, Livers-Cazelles, Tel. 0563562246. Vier elegante Gästezimmer in modernem, puristischem Design, sowie eine Familiensuite in einem schönen Landhaus mit Garten und Pool. 5 km östlich von Cordes gelegen. Sehr gutes Restaurant! www.lecayrols.com

Château de Laborde (€€€), Tel. 0675228514. Fünf große Gästezimmer, passend im Stil des Schlosses von 1871 eingerichtet. Zum großen Anwesen 2 km nördlich von Cordes-sur-Ciel gehören auch ein Drei-Sterne-Hotel (s.o.), ein Restaurant sowie die ehemalige Orangerie mit Swimmingpool, Spa und Fitnessraum. www.chateaudelaborde.com

▶ Karte S. 244

La Bastide de Cordes (€€€), Le Bourg, Vindrac-Alayrac, Tel. 0563539126 oder 0674398007. Mittelalterliches Anwesen mit Charme und Charakter, das mit viel Liebe zum Detail zu einem eleganten Gästehaus mit fünf Zimmern, darunter zwei Familiensuiten, umgewandelt wurde. Großer Garten mit Terrasse. Kontinentales Frühstück. 4 km von Cordes-sur-Ciel entfernt.
www.bastide-de-cordes.com

Domaine du Garissou (€), Les Cabanne, Tel. 9563562714. Kleiner Campingplatz mit nur 29 Stellplätzen und tollem Blick auf Cordes.

Camping Le Moulin de Julien (€), Livers Cazelles, Tel. 0563561110. Ruhiger, schattiger Platz mit zwei Pools, Wasserrutschbahn und Minigolf. Historische Gebäude wie der Taubenturm oder die Mühle sind originell in den Platz einbezogen und beherbergen z.B. die modernen Sanitärinstallationen.
www.campingmoulindejulien.com

Hostellerie du Vieux Cordes (€€€), 21, rue Saint-Michel, Tel. 0563537920; April-Juni, Sept. Di–So 12–14, Di–Sa 19.30–21 Uhr, Juli/Aug. tgl. 12–14, 19.30–21 Uhr, Okt.–März Mi–Sa 19.30–21 Uhr, Fr–So 12–14 Uhr. Moderne meets Mittelalter in diesem ehemaligen Kloster. Küchenchef Frédéric Humedes hat bei Yves Thuriès gelernt und schickt sich an, seinen ersten Stern zu erkochen, seit er 2018 das Restaurant übernommen hat.
www.hotelcordes.fr

Au Jardin des Saveurs (€€€), 1, promenade de l'Autan, Tel. 0608148180; Do–Di 12–13.30, Do–Mo 19.30–21 Uhr. Elegantes, gehobenes Restaurant mit kreativ-traditioneller Küche.
www.au-jardin-des-saveurs.com

L'Escuelle des Chevaliers (€€), 87, Grand Rue Raymond VII, Tel. 0563531440; Freitagabend bis Sonntagmittag, 12–13.45 Uhr, 19.30–20.45 Uhr. Eine kulinarische Reise ins Mittelalter mit einem Drei-Gänge-Menü mit jeweils drei Gerichten zur Auswahl, basierend auf alten Rezepten und daher ungewohnten Aromen. Nur 20 Plätze, daher ist eine Reservierung dringend empfohlen. Essen wie im Mittelalter in entsprechendem Ambiente!
www.lescuelledeschevaliers.fr

Le Cayrols (€€–€€€), Lieu-dit Le Cayrols, Livers-Cazelles, Tel. 0563562246; April-Sept. Mi–So 12–14, tgl. 19.30–22 Uhr. Ausgezeichnetes Restaurant mit schönem Außenbereich unter einer Pergola. Innovative Küche mit saisonalen und regionalen Produkten. Kleine, aber feine Karte.
www.lecayrols.com

Manufacture Gourmande, 3, rue Fontournies, Tel. 0634410100. Patisserie der Extraklasse, die Kekse, Pralinen, Törtchen führt und mittags auch Tagesgerichte anbietet.

Musée d'Art Moderne et Contemporain (Museum zeitgenössischer Kunst), 37, Grand Rue Raymond VII, Tel. 0563561479. Mitte März–Mitte Nov. Mi–Mo 10.30–12.30, 14–18 Uhr. Eintritt 4 Euro, reduziert 2 Euro, frei für Kinder bis 14 Jahre.
www.mamc.cordessurciel.fr

Musée Charles Portal (Stadtgeschichte), Porte des Ormeaux, Tel. 0768095174; Juni–Aug. Mi–Mo 14–18 Uhr, Mai, Sept./Okt. Fr–So 14.30–18 Uhr. Eintritt 3 Euro, reduziert 2 Euro.
https://museecharlesportal.fr

Le Musée des Arts du Sucre et du Chocolat (Schokoloadenmuseum), 33, Grand Rue Raymond VII, Tel. 0563560240; April-Sept. tgl. 10–19 Uhr, Okt.–März 10–12.30, 13.30–18.30 Uhr, 14. Juli.–15. Aug. 9.30–19.30 Uhr. Eintritt mit Verkostung 5,50 Euro, Kinder (6–14 Jahre) 4,50 Euro.
www.yvesthuries.com

Le Jardin des Paradis, 2bis, rue des Jardins, Tel. 0767830967; Mai, Juni, Sept. Sa/So 11–18 Uhr, Juli/Aug. Mi–So 10–19, Di 14–19 Uhr. Eintritt 3 Euro, Kinder unter 8 Jahren frei.
www.jardindesparadis.jimdo.com

Musique sur Ciel ist jedes Jahr eine Woche Ende Juli einem anderen Land und seiner klassischen Musik gewidmet. 2019 war es Deutschland. Junge Solisten spielen Kammermusik an verschiedenen Plätzen, jeden Abend Konzerte in der Kirche Saint-Michel.
www.festivalcordessurciel.com

Beim **Fête mediévale du Grand-Fauconnier**, dem Mittelalterfest jedes Jahr am 13. und 14. Juli, verwandelt sich Cordes wieder in die mittelalterliche Bastide. Troubadoure, Feuerschlucker, Falkner, Ritter, Musiker – alle ziehen in historischen Kostümen durch die Gassen und lassen das Mittelalter lebendig werden.

Happy Cycles Station 81, Virac, Jérémy Faugère, Tel. 0638661357. Bringt die Fahrräder zu jedem gewünschten Ort in und um Albi. Hollandräder, Mountainbikes und Kinderfahrräder. Ab drei Tagen kostenlose Lieferung. 7/7.

Mathera Pastel, 20, rue Saint-Michel, Tel. 0563560155. Alles rund ums Färberwaid. Der nette ältere Besitzer weiß alles über Pastel und seine medizinisch-kosmetische Wirkung.

Manufacture Gourmande, 3, rue Fontournies, Tel. 0634410100. Neben der lokalen Spezialität, den Croquants de Cordes (Mandelkekse), gibt es auch unwiderstehlich leckere Schokoperlen mit Kakao oder Butterkekse mit verschiedenen Geschmacksrichtungen.

L'Échoppe du Tourneur, 12, Grand Rue de l'Horloge, Tel. 0563562746; Juli/Aug. tgl. 11–19 Uhr, ansonsten Sa 11–19 Uhr. Tischlermeister, der kunstvolle Dosen, Kisten, Salatschüsseln, Lampenfüße etc. drechselt.

Stanko Kristic, 10, Place de la Bouteillerie, Tel. 0563561363; tgl. 10–19 Uhr auf Reservierung. Kunstgalerie des international renommierten Mosaikkünstlers aus dem ehemaligen Jugoslawien, der kunstvolle Skulpturen erschafft.
www.stankokristic.com

Wochenmarkt am Samstagvormittag auf der Place de la Bouteillerie, Mitte Dez.–Mitte Feb. findet zusätzlich der Trüffelmarkt statt.

Monestiés

Karte S. 228

Der Name des Dorfes, das – wie die beiden vorher beschriebenen – zu den »schönsten Dörfern Frankreichs« gehört, leitet sich vom lateinischen Monasterium ab, da der Frankenkönig Ludwig IV. das Gebiet im 10. Jahrhundert dem Kloster Saint-Salvy in Albi zum Lehen gab. Nach dem Albigenserkreuzzug bekamen es die Bischöfe von Albi. Um Jakobspilger aufzunehmen, wurde außerhalb des Dorfes eine Herberge errichtet. Kommt man aus Richtung Süden, folgt man der Hauptstraße, die anstelle der ehemaligen Stadtmauer um den Dorfkern führt, nach rechts. Am Griffoul-Brunnen aus dem 17. Jahrhundert geht es links ins Ortszentrum und rechts in die Straße Le Barry, dort erreicht man 100 Meter weiter die Chapelle Saint-Jacques, in der eine mehrteilige Figurengruppe aus Stein beachtenswert ist.

Chapelle Saint-Jacques

Die 20 Figuren repräsentieren drei Etappen der Passion Christi mit der Grablegung im Zentrum, darüber eine Pietà mit acht polychromen Figuren und der Kreuzigung darüber. Zu den Zeugen der Grablegung, die vollplastisch zu beiden Seiten des Sarkophags stehen, gehört als erster der linken Gruppe Louis d'Amboise, Bischof von Albi und Auftraggeber dieses Meisterwerks, der einen Zipfel des Grabtuchs in Händen hält. Ihm folgen Joseph von Arimathäa, der heilige Jakobus, der heilige Johannes, der die Dornenkrone hält, und ganz außen »die andere Maria«, die zusammen mit Maria Magdalena gemäß des Matthäus-Evangeliums das Grab Christi nach der Auferstehung leer fanden. Auf der rechten Seite stehen Nikodemus, Maria im blauen Himmelsgewand und drei weitere Frauen, darunter Maria Magdalena sowie vermutlich Maria Jakobäa und Maria Salome.

Die hohe Qualität der Ausführung, die Ausdrucksstärke der Gesichter, sowie der Stil am Übergang der Gotik zur Renaissance sind deutliche Beweise für den Auftraggeber. Ludwig von Amboise, der zwischen 1474 und 1502 Bischof in Albi war, hatte die Figuren aus Kalkstein zur Ausstattung der Schlosskapelle des Châteaus de Combefa in Auftrag gegeben, die am 23. März 1490 geweiht wurde. Nachdem der Erzbischof Choiseul 1761 den Abriss des Schlosses beauftragt hatte, erwies sich die Figurengruppe als zu schwer für einen längeren Transport, weshalb sie im drei Kilometer entfernten Monestiés landete.

Figuren in der Chapelle Saint-Jacques

Tarn

Monestiés

Point d'accueil touristique, 81640 Monestiés, 14, Place de la Mairie, Tel. 0563761917; Mitte Mai–Mitte Sept. tgl. 10–12 u. 14–17 Uhr.
www.monesties.fr

La Tour de Ciron (€€), 32, avenue Bouloc, Carmaux, Tel. 0563804039. Kleines, komfortables Drei-Sterne-Hotel in einem Herrenhaus aus der Mitte des 19. Jahrhunderts mit einem Feinschmecker-Restaurant (s.u.). Große Zimmer mit nostalgischem Flair. 7 km südöstlich in Carmaux.
www.leboeufmarin.fr

Le Clos Pastel (€€), Lieu-dit Lasserre, Virac, Tel. 0563539845. Ruhig und idyllisch gelegenes Gästehaus mit vier Zimmern, davon eine Suite, die alle mit viel Stil und ohne Chichi eingerichtet sind. Pool und Jacuzzi im 2 ha großen Park. Hausherrin Corine Dubois hält Näh-Workshops, organisiert auf Wunsch und Voranmeldung Massagen, bietet Abendessen mit Produkten aus dem eigenen Gemüsegarten und lokalen Produkten an. Auf Wunsch kann am Wochenende Brunch eingenommen werden. Frühstück mit selbstgemachten Pfannkuchen und Waffeln, sowie Eiern vom Hof. 8 km südwestlich von Monestiés.
www.leclospastel.fr

L'Auberge Occitane (€–€€), Boulevard Lices de l'Est, Tel. 0563807341; April–Juni, Sept.–Nov. tgl. 10–14, Fr/Sa 19.30–21.30 Uhr, Juli/Aug. tgl. 10–2 Uhr. Einfache ländlich-rustikale Küche in einer ehemaligen Poststation mit viel Charme, schöne Terrasse mit einer von Glyzinien überwach-

Blick von der Stadtmauer in Cordes-sur-Ciel

sener Pergola. Direkt an der Kreuzung mit dem Brunnen.
Le **Bœuf Marin** (€€–€€€), 32, avenue Bouloc, Carmaux, Tel. 0563804039; Sept.–Juni tgl. 12–14, Mo–Sa 19–21.30 Uhr, Juli/Aug. tgl. 12–14, 19–21.30 Uhr. Köstliche, einfallsreiche Gerichte mit lokalen Produkten, die Küchenchef Éric Tubeuf mit viel Raffinesse zaubert.
www.leboeufmarin.fr

Eine der vielen Wanderungen, zu denen das Fremdenverkehrsamt in Carmaux kleine Broschüren mit detaillierten Karten bereithält, ist der **Circuit de la Vallée de la Zère**, der durch das Tal der Zère zwischen den Orten Salles und Monestiés als Rundwanderweg angelegt ist (Markierung mit gelben Streifen, gelbes Kreuz bedeutet: dieser Weg ist falsch). Von Salles geht es zunächst südlich bis nach La Coste und von dort wieder nach Norden bis Monestiés. Hinter Monestiés hält man sich an die rot-weißen Streifen des Fernwanderweges GR 36, der dem Cérou rund sechs Kilometer parallel zur D91 auf dem Weg der alten Bahnstrecke bis zurück nach Salles folgt. Insgesamt legt man auf diesem Rundweg 15 Kilometer zurück und muss rund vier Stunden rechnen. Macht man für eine Stärkung einen Abstecher in den Ortskern von Monestiés, dauert es entsprechend länger.
Die Broschüre ist auch online erhältlich unter: en.tourisme-tarn-carmaux.fr (Menüpunkt: I move)

Ambialet

»450 Ambialétois, eine Million Steine und 1001 Gründe um hierher zu kommen«, lautet die Devise des Dorfes. Ob es wirklich so viele sind, kann bezweifelt werden, aber allein aufgrund seiner ungewöhnlichen Lage ist Ambialet auf jeden Fall einen Abstecher wert. Der Tarn hat sich im Laufe der Jahrmillionen seinen Weg durch die überwiegend kalkigen Böden gegraben. Um einen Schieferblock zu umgehen, machte er 20 Kilometer östlich von Albi eine drei Kilometer lange Schleife und formte dadurch eine Halbinsel mit einer Landbrücke von nur etwa 30 Metern Breite. Sowohl auf der Schiefer-Halbinsel, als auch auf dem Isthmus, also der Landenge, und an beiden Uferseiten erstreckt sich das pittoreske Dorf.
Schon Kelten und Römer hinterließen hier ihre Spuren. Im Mittelalter war der ungewöhnliche Ort Sitz der Vizegrafen Trencavel. Auf einem steilen Felsen südlich des Isthmus erheben sich noch heute die Ruinen der **Burg Saint-Raphaël**, die während des Albigenserkreuzzuges von Simon de Montfort eingenommen wurde. Ein gut viertelstündiger Anstieg – mit Wanderschuhen! – führt etwa 100 Meter hinter dem Hotel La Parenthèse an der Straße nach Albi (D 172) hoch zu den Ruinen, von wo aus sich ein grandioser Blick über den Ort, eingerahmt vom Tarn, bietet.
Auf dem Isthmus liegt die **Kirche Notre-Dame de la Capelle**, die im 15. Jahrhundert an der Stelle der alten Burgkapelle errichtet wurde. Ein gut begehbarer Weg vor dem Hotel La Parenthèse führt zur Kirche, die heutzutage oberhalb eines Tunnels thront. Die Straße vor dem Tunnel nordwärts in Richtung »Le Prieuré« führt nicht nur zu Parkplätzen auf der Halbinsel, sondern auch zur davor liegenden **Centrale hydroélectrique**, dem Wasserkraftwerk des französischen Energiekonzerns EDF. 1920 wurde das Werk in Betrieb genommen, an der Stelle einer ehemaligen Wassermühle.

■ Kapelle Notre-Dame de l'Auder

Auf dem höchsten Punkt der Halbinsel wurde schon sehr früh ein Kloster zu Eh-

Entzückende Lage: Ambialet

ren der Jungfrau Maria errichtet. 1057 übergaben es die Vizegrafen an die bedeutende Benediktinerabtei Saint-Victor de Marseille. Diese entsandten Mitbrüder nach Ambialet, die dieses Kloster als Priorei verwalteten. Im 15. Jahrhundert wechselte es erneut den Besitzer und kam unter die Autorität des Domkapitels von Montpellier. Während der Religionskriege zogen die letzten Mönche ab und nach der Revolution kam die Priorei in den Besitz der Gemeinde. Nur im Juli und August ist die Anlage im Rahmen von geführten Besichtigungen zu besuchen. Die benachbarte Kapelle Notre-Dame de l'Auder ist hingegen frei zugänglich. Nachdem die Benediktiner aus Marseille das Kloster von Ambialet übernommen hatten, wurde diese romanische Kirche gebaut. Nach der Aufgabe im 16. Jahrhundert führte die Kapelle ein tristes Dasein, bis im 18. Jahrhundert wieder Leben hierher kam und die kleine romanische Kirche restauriert wurde. Als besonderes Schmuckstück zog eine Marienstatue ein, die die Revolution, versteckt auf einem Bauernhof, überlebte. Auf dem Weg zur Kirche steht der Baum »Auder«, der der Kapelle den Beinamen gegeben hat. Der Legende zufolge soll er ein Mitbringsel eines Kreuzfahrers aus dem Heiligen Land sein. Botanisch handelt es sich um eine breitblättrige Steinlinde, einen hartholzigen Strauch aus der Familie der Ölbaumgewächse, dessen Heimat tatsächlich in Vorderasien liegt.

▲ Karte S. 228

Am Tarn-Ufer unterhalb der Ausfallstraße nach Albi liegt mit der **Saint-Pierre de La Condomine** eine weitere Kirche mit einem bemerkenswerten romanischen Glockenturm. Hinter der Kirche direkt am Fluss gibt es einen hübschen Picknickplatz mit mehreren Tischen und Bänken sowie Schatten spendenden Bäume.

Ambialet

Office de Tourisme Vallée du Tarn, 81430 Ambialet, 149, route de Villefranche, Mairie, Tel. 0563553914; Juli/Aug. 10–13, 15–18 Uhr.
www.valleedutarn-tourisme.com

Die Linie 708 der Tarnbus-Gesellschaft verbindet Ambialet mit Albi.

Hôtel-Restaurant du Pont Logis (€€), La Moulinquié, Saint-Cirgue, Tel. 0563 553207. Drei-Sterne-Hotel am Tarn mit zum Teil neu renovierten Zimmern (Chambres supérieures) und einer neuen Suite mit Blick auf die Prieuré. Die älteren Zimmer sind von altbackenem Charme. Fahrräder werden kostenlos zur Verfügung gestellt. Pool und Sonnenterrasse, Kajakverleih. Sehr gutes Restaurant (s.u.)!
www.hotel-du-pont.com

L'Auberg-Inn (€€), 18, rue de la Condomine, Tel. 0563550245. Zwei einfache, aber gemütliche, modern eingerichtete Zimmer und eine Suite in einem Steinhaus aus dem 17. Jahrhundert mit historischem Charme. Französisches Frühstück.
Auberg_inn@yahoo.fr

Hôtel-Restaurant du Pont Logis (€€–€€€), La Moulinquié, Tel. 0563553207; tgl. 12.15–14 u. 19.30–21 Uhr, in der Nebensaison bis 20.30 Uhr. Sehr gute ländlich-rustikale Küche mit frischen Produkten. Mit schöner Terrasse außen und gemütlichem Charme mit Kamin innen. Küchenchef Jean-Pierre Saysset hat viele regionale Spezialitäten auf der Karte.
www.hotel-du-pont.com

Domaine Vallée du Tarn, Hameau des Vignes, lieu-dit Roxis, Saint-Cirgue, Tel. 0563455682. Schön gelegener Platz mit kleinem Supermarkt, Pool, Fahrradverleih, Minigolf und Snackbar. Chalets und Mobil-Homes, aber auch Stellplätze für Wohnmobile.
www.vdtarn.fr

Café de la Presqu'île, 4, rue de la Presqu'île, Tel. 0563553220; April–Sept. tgl. 8–23 Uhr, Okt.–März Di–So 8.30–19 Uhr. Nettes Café mit Biergartencharakter, in dem man Snacks und Kleinigkeiten essen kann.

Le Prieuré d'Ambialet, Tel. 0563553914; Juli/Aug. Mi 10.30–12 Uhr, Eintritt/Führung 5 Euro, unter 18 Jahren frei.
Notre-Dame de l'Auder, Tel. 0563553914; tgl. 9–19 Uhr.
Saint-Pierre de La Condomine, nur Juli/Aug.
Centrale hydroélectrique, Ville basse, Tel. 0563459101; Juli/Aug. Di und Do 11 Uhr Besichtigungen möglich.

Base de Canoë Kayak Ambialet, am Tarn unterhalb des des Hotels Pont Logis, Tel. 0563553698 oder 0638805705; Juli/Aug. tgl. 9–18 Uhr, Juni, Sept. am Wochenende auf Reservierung. Single 12 Euro für 1½ Std., Doppelboot 24 Euro. 2 Std. mit Abholung in Roc-Blanc 15 bzw. 30 Euro.
www.cdck81.com

Wochenmarkt Juli/Aug. immer mittwochs.

»Es gibt vier große Teufel, die die Welt regieren: Der Herr Papst ist der Oberteufel; ich nenne ihn Satan. Der Herr König von Frankreich ist der zweite Teufel; der Bischof von Pamiers der dritte; und der vierte Teufel ist der Herr Inquisitor in Carcassonne.«

Guilhem Bélibaste, der letzte bekannte katharische »Vollkommene«, der 1321 auf dem Scheiterhaufen in Villerouge-Termenès verbrannt wurde, und der dabei prophezeite: »Nach siebenhundert Jahren wird der Lorbeer wieder grün werden...«

aus: *Emmanuel Leroy Ladurie, Montaillou – Ein Dorf vor dem Inquisitor, Berlin, 2000.*

Die Cité von Carcassonne

AUDE

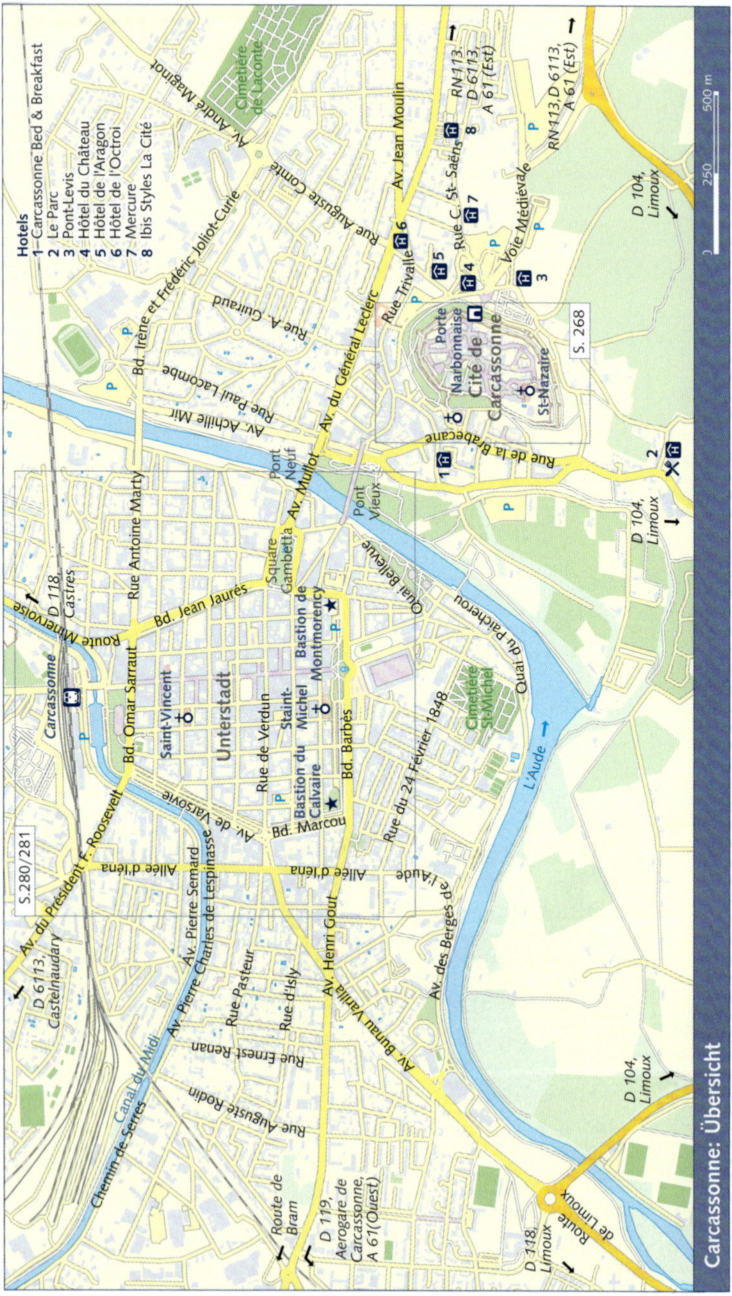
Carcassonne: Übersicht
Hotels
1 Carcassonne Bed & Breakfast
2 Le Parc
3 Pont-Levis
4 Hôtel du Château
5 Hôtel de l'Aragon
6 Hôtel de l'Octroi
7 Mercure
8 Ibis Styles La Cité
S.280/281
S. 268
Unterstadt
Cité de Carcassonne
Porte Narbonnaise
St-Nazaire
Saint-Vincent
Staint-Michel
Bastion du Calvaire
Bastion de Montmorency
Square Gambetta
Pont Neuf
Pont Vieux
Cimetière de Laconte
Cimetière St-Michel
L'Aude
Canal du Midi
Carcassonne
Av. du Président F. Roosevelt
Route Minervoise
Bd. Omar Sarraut
Bd. Jean Jaurès
Rue Antoine Marty
Av. André Maginot
Bd. Irène et Frédéric Joliot-Curie
Rue Auguste Comte
Rue A. Guiraud
Rue Paul Lacombe
Av. Achille Mir
Av. du Général Leclerc
Av. Jean Moulin
Rue Trivalle
Rue C. St-Saëns
Voie Médiévale
Rue de la Barbecane
Quai Bellevue
Quai du Paicherou
Rue du 24 Février 1848
Av. des Berges de l'Aude
Av. Bunau Varilla
Av. Henri Gout
Allée d'Iéna
Bd. Marcou
Bd. Barbès
Rue de Verdun
Av. de Varsovie
Av. Pierre Semard
Av. Pierre Charles de Lespinasse
Rue Pasteur
Rue d'Isly
Rue Ernest Renan
Rue Auguste Rodin
Chemin de Serres
Route de Bram
Route de Limoux
Av. Mullot
D 6113, Castelnaudary
D 118 Castres
D 119, Aerogare de Carcassonne, A 61 (Ouest)
D 118, Limoux
D 104, Limoux
RN 113, D 6113, A 61 (Est)
RN113, D 6113, A 61 (Est)
0 250 500 m

Carcassonne

»Carcassonne ist bewegend, ohne jeden Zweifel, und der Reisende muss zugeben, dass es etwas Besseres nicht geben kann«, schrieb der amerikanische Schriftsteller Henry James 1885. In der Tat! Eine Kulisse, als sei sie einem Historienfilm entsprungen, nicht mehr und vor allem nicht weniger ist Carcassonne. Eine der größten Festungsanlagen Europas, die vergessen macht, dass die Stadt auch ein Hier und Heute hat. Hauptstadt des Départements Aude, Sitz des Gemeindeverbundes Carcassonne Agglo mit mehr als 105 000 Einwohnern, Gemeinde mit rund 46000 Einwohnern. Und UNESCO-Weltkulturerbe seit 1997 – dank der Cité, der mittelalterlichen Oberstadt. 150 Einwohner, 560 000 zahlende Besucher in der Burg, und geschätzte zwei bis vier Millionen Gäste pro Jahr in der Cité. Das Alltagsleben der Carcassonnais, wie man die Einwohner nennt, spielt sich im Wesentlichen in der Unterstadt ab, das touristische in der Oberstadt.

Die Stadt liegt an strategisch günstiger Stelle im fruchtbaren Tal der Aude. Im Norden die Montagne Noire, im Südosten die Pyrenäenvorkette der Corbières und im Westen die fruchtbare Ebene des Lauragais. Diese Naturregion wird in Anlehnung an die Stadt Carcassès genannt. Im 17. Jahrhundert bekam Carcassonne durch den Canal du Midi einen weiteren Standortvorteil. Die Unterstadt liegt zwischen Aude und Canal du Midi, die Oberstadt auf einem natürlichen Bergplateau, einem Ausläufer der Montagne Noire, 150 Meter über dem Flussniveau.

Stadtgeschichte

Die ersten Spuren von Besiedlung gehen auf das 6. vorchristliche Jahrhundert zurück. In der »Naturalis historia« von Plinius dem Älteren taucht der Ort als Carcasum Volcarum Tectosagum auf, was bezeugt, dass das keltische Oppidum wie Toulouse vom Keltenstamm der Volcae Tectosages bewohnt wurde. Wie alle keltischen Oppida lag es auf einer Anhöhe, sprich an der Stelle der Cité. Der Name dürfte auf die keltischen Worte kar für Stein und kass für Eiche zurückgehen. Ausgrabungen beweisen, dass das Carcassonne der Kelten ein wichtiger Handelsplatz gewesen sein muss. Durch das Tal, das heute von der A61 durchschnitten wird, kamen Waren über das griechische Emporion Agathé, das heutige Agde, aus dem gesamten Mittelmeerraum nach Carcaso, wie die Stadt in der Antike kurz hieß.

Umgekehrt waren keltische Erzeugnisse wie Wein und Bronzegefäße nachgefragt. Wie Plinius weiter berichtete, sollen in Rom gallische Frauenkleider hoch begehrt gewesen sein. Woran sich ja in den letzten 2000 Jahren nichts geändert hat!

■ Der Schatz der Westgoten

Im Jahre 118 vor Christus nahmen die Römer die Keltensiedlung ein und machten sie als Colonia Iulia Carcaso zum Teil der gallischen Provinz Narbonensis. Doch verlor sie im Gegensatz zu Tolosa, also Toulouse, immens an Bedeutung. Erst im ausgehenden 5. Jahrhundert rückte Carcassonne wieder in den Blickpunkt. Als Teil des Tolosanischen Reiches der Westgoten wurde es zu einem der Hauptangriffsziele der Franken. Vielleicht auch wegen des legendären Goldschatzes, von dem Gregor von Tours (538–594) berichtet. Bei der Plünderung Roms unter dem westgotischen Anführer Alarich sollen sie den Leuchter König Salomons, kostbare, mit Edelsteinen geschmückte Vasen und

Zauberhaft: Carcassonne

viele andere Schätze geraubt haben und zum Schutz vor den Franken in einem großen Brunnen versteckt haben. Noch im 19. Jahrhundert glaubte man an diesen Schatz und gründete einen Verein, der die Brunnen der Stadt trockenlegte. Gefunden wurde allerdings nichts.

Obwohl das Tolosanische Reich nach der verlorenen Schlacht von Vouillé zerschlagen worden war, konnten sich die Westgoten in Carcassonne bis ins 8. Jahrhundert halten. Dadurch wurde Carcassonne zum Angriffsziel der Araber. Kaum hatten sie unter Führung des maurischen Feldherren Tariq ibn Ziyad im Jahre 711 die Meerenge von Gibraltar überwunden, hatten sie die Iberische Halbinsel innerhalb von nur acht Jahren durchquert und das Westgotenreich vernichtend geschlagen.

Im Jahre 725 umzingelte das arabische Heer unter Anbasa ibn Suhaim al-Kalbi, Statthalter über Al-Andalous, die Stadt und konnte sie nach langer Belagerung einnehmen. Aus Carcassonne wurde Karkashuna – allerdings für nur 34 Jahre. Pippin der Kurze vertrieb die Mauren und sein Sohn Karl der Große machte die Stadt endgültig zu einem Teil des Fränkischen Reiches. Carcassonne und das Carcassès übergab er einem gewissen Bello zum Lehen, der aus der Stadt die Hauptstadt einer Grafschaft Carcassonne machte.

▸ Karte S. 258

Grafen und Vizegrafen

1082 rief sich Bernard Trencavel, Vizegraf von Albi, Nîmes, Razès und Béziers, zum Vizegrafen von Carcassonne aus und beendete die Herrschaft vorheriger Dynastien, über die kaum etwas bekannt ist, außer dass sie Nachkommen des Bello waren. Die Herren von 40 kleineren Dörfern im Carcassès rebellierten gegen den neuen Vizegrafen. Bernard Trencavel entzog ihnen ihre Lehnsgüter und ersetzte sie durch treue, loyale Vasallen und sicherte damit endgültig die Macht der Trencavels, die ihr Reich sogar bis zum Mittelmeer ausdehnten und ihrem Reich die Vizegrafschaft Agde einverleibten. Damit waren die Trencavels fast ebenso mächtig geworden wie die Grafen von Toulouse.

Vizegraf Bernard I. nahm 1096 am Ersten Kreuzzug teil, wo er vier Jahre blieb. 1118 kämpfte er noch einmal gegen die Araber, allerdings in der Spanischen Mark, einem von Karl dem Großen geschaffenen Grenzland beiderseits der Pyrenäen, das unter Oberhoheit der Grafen von Barcelona stand. Da zu dieser Spanischen Mark auch die Grafschaft Razès gehörte, ein Gebiet um die Stadt Limoux (→ S. 334), die seit 1062 zum Lehen der Trencavels gehörte, musste Bernard Trencavel seinem Lehnsherrn im Kampf zur Seite stehen. Um in der Zeit seiner Abwesenheit die anderen Ländereien wie Carcassonne gut verwaltet und vor allem gesichert zu wissen, setzte er getreue Vasallen als Vögte ein, die für ihren Burglehensdienst Güter und diverse Privilegien bekamen. Im Falle von Carcassonne waren dies 16 Landvögte, die mit ihren Leuten jeweils in einem Haus in der Stadt wohnen und jeweils ein oder zwei Türme sichern mussten.

Carcassonne im 12. Jahrhundert

Die Vizegrafen von Carcassonne waren extrem reich geworden. Sie zogen Steuern und Straßenzölle ein, bezogen Geld aus Mühlen sowie Backöfen und hatten das Monopol auf die Salzsteuer. Auch die Stadt selbst profitierte vom Reichtum der Trencavels. Zweimal im Jahr durfte sie Jahrmarkt, also Messen, abhalten, und bot dabei Wolltuche, Häute und Leder an, sowie Messer und Scheren für die Schafschur. Man aß üppig in dieser Zeit, gepökeltes Schweinefleisch und Rindfleisch, die Notare und Juristen bekamen sogar oft als Sonderzuwendung Kapaune oder Gänse. An den zahllosen kirchlichen Feiertagen gab es Fisch aus der Aude. Mit anderen Worten, in Carcassonne nagte man nicht am Hungertuch. Auch die einfachen Leute nicht. Ein »armer« Schreiner verdiente damals acht Deniers am Tag, wofür er sich zum Beispiel zwei Eintöpfe pro Tag oder aber zwei Fischpasteten leisten konnte.

Die Oberhand in der Verwaltung der drei- bis viertausend Einwohner zählenden Stadt, hatte der Stadtvogt, Viguier, von Carcassonne, dem zwölf Unter-Viguiers unterstanden, die jedes Jahr neu gewählt wurden. Der Viguier war zuständig für die juristischen Angelegenheiten, die Unter-Viguiers für die Gemeindeangelegenheiten.

Der zweite wichtige Mann der Stadt war der Bischof. Seit 533 war Carcassonne nachweislich Bischofsstadt. Am 11. Juni 1096 hatte Papst Urban II. eine neue Kathedrale eingeweiht, die durch den Wohlstand seiner Bürger mit kostbaren Glasfenstern, Heiligenfiguren und mehr ausgestattet werden konnte. Bischof im 12. Jahrhundert war ein gewisser Berenger, über den Papst Innozenz III. sagte, er habe »Geld als Gott und eine Geldbörse an Stelle eines Herzens«. Die Verschwendungssucht des örtlichen Klerus brachte den Katharern (→ S. 33) immer größeren Zulauf. Die weltlichen Herren von Carcassonne schritten auch nicht ein, als 1167 Guiraud Mercier zum katharischen Bischof ausgerufen wurde. Im Gegenteil: die Vizegrafen von Carcassonne freuten sich über die Schwächung des katholischen Bischofs, der an ihrer Statt den Zehnt eingezogen hatte. Die Trencavels gewährten den Katharern, die andernorts zum Teil vehement verfolgt wurden, Asyl und machten sogar einen Katharer zum Seneschall, dem höchsten gräflichen Beamten, der zudem militärischer Oberbefehlshaber war. Geschätzt waren Ende des Jahrhunderts etwa 220 Einwohner Carcassonnes Katharer.

Weshalb aber ein Kreuzzug gegen so wenige, mag man sich nun fragen. Nun, es ging dem Kreuzzugsheer um Simon de Montfort ja in erster Linie um Gebietsgewinne im reichen Süden und die Aufforderung des Papstes gegen die Häresie vor allem im Land des Grafen von Toulouse vorzugehen, bot einen willkommenen Vorwand. Nun lenkte aber Raymond VI. von Toulouse in letzter Sekunde ein (→ S. 37). Wer sollte jetzt, wo das Heer schon da war, bekämpft werden? Die Barone, die sich dem Kreuzfahrerzug angeschlossen hatten, wollten Beute! Wenn schon nicht die Grafschaft Toulouse die ersehnte fette Beute werden konnte, dann eben die fast ebenso reichen Ländereien des Vizegrafen Raymond Roger Trencavel. Auch Béziers gehörte zu dessen Besitz und die Stadt lag praktischerweise vor den Kreuzfahrern.

Am 22. Juli 1209 veranstalteten die Barone aus dem Norden ein Massaker in der Stadt im heutigen Département Hérault. Auf die Frage der Kreuzfahrer an den päpstlichen Legaten Arnaud Amaury, wie sie denn Katharer von Katholiken unterscheiden könnten, antwortete dieser: »Tötet sie alle! Gott wird die Seinen schon erkennen.« Insgesamt 20 000 Menschen wurden in Béziers niedergemetzelt. Und dann ging es gegen Carcassonne, wo man sich noch viel reichere Beute versprach.

Albigenserkreuzzug

Am 1. August 1209 begann Simon de Montfort mit der Belagerung von Carcassonne. Zwei Wochen später lieferte sich Raymond Roger ihm aus, um die Einwohner der Stadt zu retten, da die Vorräte aufgebraucht waren. De Montfort übernahm alle Güter der Trencavels und ließ Raymond Roger in den Kerker werfen. Dessen Sohn, der übrigens einen Katharer als Paten hatte, war noch ein Kind, konnte also keinen Widerstand leisten. Für Simon de Montfort war Carcassonne der ideale Ort, um sein Hauptquartier aufzuschlagen, um doch noch die benachbarte Grafschaft Toulouse anzugreifen. Als er in die Stadt eindringen konnte, mochte er große Augen gemacht haben, denn der Großteil ihrer Bewohner war durch unterirdische Gänge entkommen. Von den verbliebenen 500 Menschen, hauptsächlich Greise und Kranke, durften 100 die Stadt »nackt, nur mit ihren Sünden beladen« verlassen, die anderen wurden gehängt oder verbrannt.

Bei der Belagerung von Toulouse starb Simon de Montfort am 25. Juli 1218 und sein Sohn Amaury trat die Nachfolge an. Doch es mangelte ihm bald schon an Kreuzrittern, eroberte Städte gingen wieder verloren und in Graf Raymond VII. von Toulouse und dem Grafen Roger Bernard II. von Foix hatte er zwei mächtige Gegner. Als Amaury dann auch noch völlig pleite war, gab er Carcassonne am 15. Januar 1223 auf. Der mittlerweile 17-jährige Sohn von Raymond Roger Trencavel erklärte sich zum Vizegrafen von Carcassonne. Amaury de Montfort trat derweil all seine Rechte an den neuen französischen König Ludwig VIII. ab, der erst im August den Thron bestiegen hatte.

Der König veranlasste, dass der ebenfalls recht neue Papst Honorius III. Raymond von Toulouse und »seine Komplizen«, also auch Raymond Trencavel, exkommuniziert wurden und begann quasi einen zweiten Albigenserkreuzzug, den er selbst anführte. Carcassonne war kriegsmüde und ergab sich dem französischen König durch Übergabe der Stadtschlüssel, als dieser noch in Avignon weilte. Der Vizegraf flüchtete nach Aragon und organisierte von dort einen Rückeroberungsversuch 1240, der aber scheiterte. Carcassonne war endgültig französisch geworden.

▸ Karte S. 258

Carcassonne war eine wehrhafte Festung

EXTRA

Carcassonne – eine Ballade

Simon mit seiner ganzen Heeresmacht
Belagert Carcassonne Tag und Nacht.
Drin schützt Roger sein Volk und lenkt den Streit;
Die Männer sind zu jedem Tod bereit.
Der Frauen manche schnitt ihr schönes Haar,
Und gerne bringt sie es zum Opfer dar,
Froh, daß sie kann mit ihrer Zierde nützen,
Flicht sie die Bogensehne draus dem Schützen;
Die Kinder zitternd ihre Hände falten
Und beten zu den Mauern, daß sie halten.

O daß sie hielten! draußen aber stürmen
Beschwingte Felsen von den Schleuderthürmen;
Schon brechen hier und dort die Quaderstücke,
Den Feinden lacht die offne Mauerlücke.
Ingrimmig in die Mauern schlägt »die Katze«
Mit Eisenkrallen ihre Eichentatze;
Sie schlägt die Takte zu den frommen Sängen,
Womit die Priester helfen ihren Streitern,
Die sie wie weiches Öl ins Feuer sprengen;
Simon gebeut den Sturm, man stellt die Leitern.

Hinan! sie klettern hastig und verwegen,
Und Andre stürzen von den höchsten Sprossen
Den Klimmenden entgegen schon, erschossen,
Es fällt ohn' Unterlaß ein Leichenregen.
Die Krieger mengen sich im Steigen, Fallen,
Wie eines Springquells Auf- und Niederwallen.

Graf Simon lenkt mit donnernden Geboten
Den Sturm: »hinan! erschreckt nicht vor den Todten;
Sie fraßen viel vorweg euch von den Pfeilen,
Mit ihnen müßt ihr nicht die Beute theilen;
Im Namen Jesu Christi, drauf und drein!«
Die Schwärme stürmen durch das Mauerloch,
Das von der Katze schütterndem Gepoch
Aufklafft, die Stücke brechen Stein auf Stein.

Doch bricht kein Stück von jenem Heldenherzen,
Das, groß genährt von seines Volkes Schmerzen,
Das Leid und Schicksal all der Seinen trägt;
Seht ihr Roger den Helden, wie er schlägt!
Dort an dem Thurm, drauf seine Fahne weht,
Vicomte Roger mit breitem Schwerte mäht
Wie Halme die bekreuzten Männer nieder;
Nie grüßt, wer ihn nicht flieht, die Heimath wieder.

An seiner Seite ficht Graf Foix, der kecke,
Und ihm zu Füßen wächst die Leichenstrecke;
Und die von ihren scharfen Klingen starben,
Läßt Foix mit Schnüren binden jetzt in Garben;
Dem Grafen Simon stürzen sie zu Füßen,
Für jenen Rosenkranz ein Gegengrüßen.
Nachdem er hundert Herzen Halt geboten,
Ist nun auch Foix gesunken zu den Todten.

Im Sturm hat Simon jetzt den Wall erklettert,
Und manchen Feind sich aus der Bahn geschmettert,
Indem er durch zu jener Stelle bricht,
Wo Held Roger die hellen Wunder ficht.
Die Besten sind zu jenem Ort gedrungen,
Und heißer ward auf Erden nie gerungen.

Die Sage spricht: dort ballte das Verderben
Im Kampfe sich, dort war so dichtes Sterben,
Daß irr die Seelen, die von dannen wallten,
Im wilden Kampfgewühl zusammenprallten,
Und dann, noch krank von ihres Hasses Toben,
Mit Grauen weithin auseinander stoben.

Wie Liebeslust, wenn schon ihr Drang gebüßt,
Nachschwelgend noch mit trunknen Lippen küßt,
So zückt, nicht satt von ihrem Todesstreiche,
Die Hasseslust den Stahl noch auf die Leiche.
»Hinab!« so schallt nun Simons mächt'ge Stimme,
Er weicht dem Schwert Rogers mit Scham und Grimme;
Die überwundnen Kreuzeskrieger jagen
Hinab, zurück, der Sturm ist abgeschlagen.

Nikolaus Lenau, aus: Die Albigenser, 1842

In der Altstadt von Carcassonne

Grenzfeste und der Niedergang

In der Folgezeit wurde Carcassonne zu einer Grenzfeste ausgebaut. Ein Streit zwischen dem französischen König, inzwischen Ludwig IX., und dem Königreich Aragón, das aus der Spanischen Mark entstanden war, endete 1258 mit dem Vertrag von Corbeil, in dem der französische König auf die Grafschaften Roussillon und Barcelona verzichtete, der König von Aragón dafür seine Erbansprüche auf die Grafschaften Toulouse und Provence aufgab. Damit war die südliche Mittelgebirgskette der Corbières zur Grenze geworden und Carcassonnes Lage umso wertvoller. 200 Mann bewachten die Stadt am Tag, nachts hielten 34 Mann Nachtwache.

Als im 15. Jahrhundert die »große Donnerbüchse aus Metall« aufkommt und sich schnell verbreitet und diese neue Pulverartillerie die alten Belagerungsmaschinen ablöst, spielt die Lage keine Rolle mehr und die Stadt verliert schnell an Bedeutung. Endgültig sinnlos wurde die Grenzfeste Carcassonne 1659, als mit Schließung des Pyrenäenfriedens die Pyrenäenhauptkette zur neuen Grenze zwischen Frankreich und Spanien wird. Im 18. Jahrhundert war die Cité nur noch ein Armenviertel, während die Unterstadt durch Tuch- und Weinhandel reich geworden war. Am Vorabend der Französischen Revolution hausen nur noch wenige Beamte und Militärs in der maroden Oberstadt und aus der Burg war das Gefängnis geworden. Die Cité wurde nach der Revolution zum Steinbruch – per Dekret freigegeben zum Ausschlachten.

Restaurierung und Re-Restaurierung

Dem aus Carcassonne stammenden Gelehrten Jean-Philippe Cros-Mayrevielle ist es zu verdanken, dass Carcassonne doch

▶ Karte S. 258

noch vor dem Totalabriss bewahrt wurde, indem er sich an Prosper Merimée, seit 1834 oberster Denkmalschützer Frankreichs als Inspecteur des Monuments historiques, wandte. Der setzte die Cité von Carcassonne auf die Denkmalschutzliste und ab 1844 begann der Architekt Eugène Viollet-le-Duc mit der Restaurierung. »Ein Gebäude zu restaurieren, heißt nicht, es zu erhalten, zu reparieren oder wieder aufzubauen. Es bedeutet, es in einen vollständigen Zustand zu versetzen, der so vielleicht zu keinem Zeitpunkt je existiert haben mag«, schrieb Viollet-le-Duc selbst. Dementsprechend ließ er eine gewisse künstlerische Freiheit walten, die ihm Denkmalschützer späterer Generationen zum Vorwurf machen. Deshalb begann man in den 1960er Jahren, die Cité wieder in den historischen Zustand zu versetzen, indem vor allem die Türme der Festungsmauer wieder ihre ursprünglichen Ziegeldächer bekommen sollten. Doch da man feststellte, dass die Türme der gallorömischen Mauer tatsächlich mit Schiefer aus den Montagne Noire gedeckt waren, entschied man, einen Teil der Ziegel aus Schiefer und einen Teil aus roten Dachziegeln zu lassen, um die 1500-jährige Geschichte auch durch den Wechsel des Baumaterials zu dokumentieren.

Die Cité

Die vermutlich prächtigste Festungsanlage, die man heute noch in Europa bewundern kann, ist eine wahre Anthologie aus Stein. Drei Kilometer zinnenbewehrte Festungsmauern, 52 Türme, zwei monumentale Tore, Barbakane, die Burg und die Basilika schaffen ein Ambiente von Mittelalter pur. Deswegen war die Cité auch schon häufiger Filmkulisse für Mantel- und Degenfilme. Zu den international bekanntesten gehört sicherlich »Robin Hood – König der Diebe« von 1991 mit Kevin Costner, in dem Carcassonne als Außenansicht von Nottingham Castle diente.

Der Hauptzugang in die Oberstadt ist für die meisten das **Narbonnaiser Tor**. Vor einigen Jahren wurde etwas außerhalb ein neuer **großer Parkplatz** angelegt, von dem aus ein Shuttle-Bus, Navette auf Französisch, zur Place du Prado vor der Porte Narbonnaise fährt. Die **Zug-**

Blicl von der Festung auf die Neustadt von Carcassonne

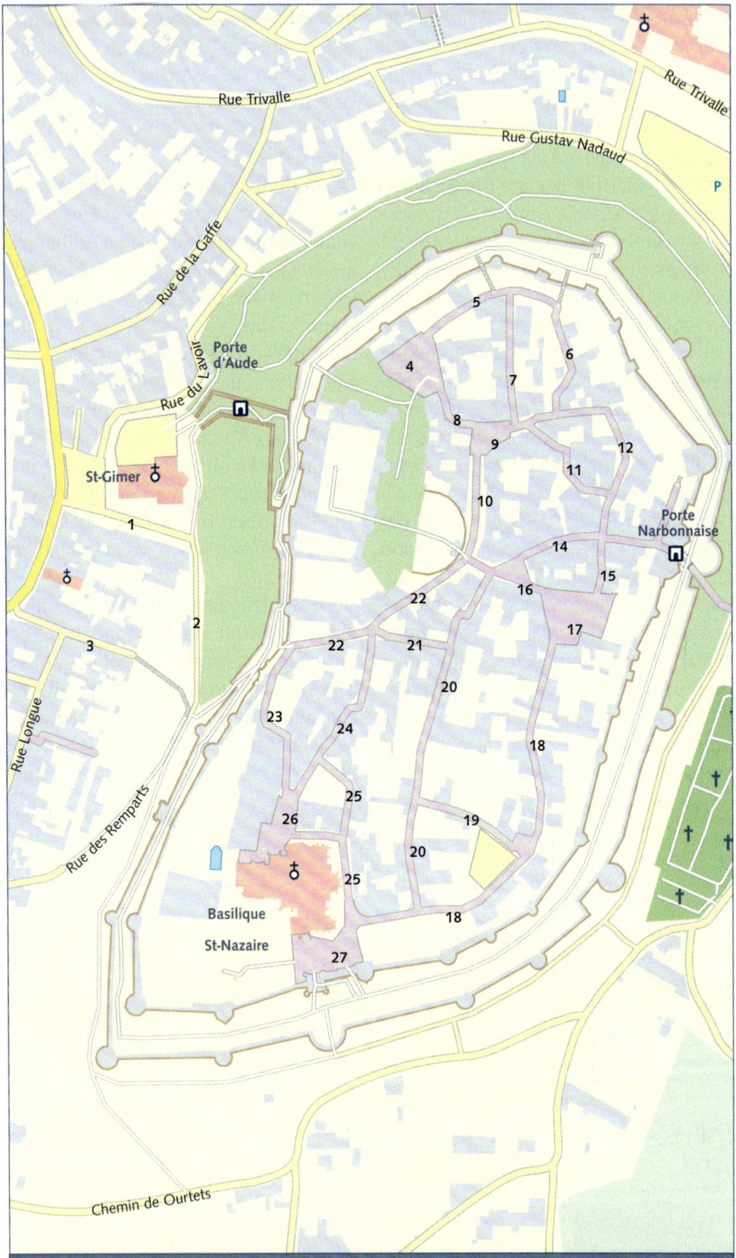

Carcassonne: Cité

brücke über den Graben ist eine Ergänzung Viollet-le-Ducs, ursprünglich gab es nur den Graben und darüber einen Holzsteg. Für die Sicherung des Tores waren das Torhaus, die Barbakane und die Türme der Porte Narbonnaise im zweiten Mauerring zuständig.

Dame Carcas

Rechts vor der nicht originalen Zugbrücke erinnert die monumentale weibliche Büste an die Legende der Dame Carcas. Sie soll die Frau des letzten maurischen Königs Ballak gewesen sein und nach dem Tode des Gatten die Herrschaft über Karkashuna übernommen haben, das, der Legende zufolge, bereits seit fünf Jahren von Karl dem Großen belagert wurde. Die letzten tapferen Mauren litten Hunger und waren stark dezimiert. Um den Anschein einer immer noch zahlenmäßig großen Schar von Verteidigern zu erwecken, ließ die Dame Carcas Strohpuppen auf den Festungsmauern aufstellen, die mit den Uniformen der Verstorbenen bekleidet wurden. Die einzigen Nahrungsmittel, die den Belagerten noch blieben, waren ein Ferkel und ein Scheffel Weizen. Da verfütterte die gewiefte Dame Carcas das restliche Getreide an das Schweinchen, um es zu mästen und warf es über die Brüstung. Als es auf den Boden aufschlug, platzte der Bauch und das Getreide quoll heraus. Den Belagerern musste es erscheinen, als hätten die Belagerten noch immer Getreide im Überfluss. Als der Kaiser alles für den Abzug vorbereitet hatte, rief ihn die Dame Carcas zurück, um Frieden zu schließen. Dazu ließ sie Trompeten und Siegesglocken erschallen. Carcas sonne! – Carcas läutet!

Mauern und Zwinger

Die **äußere Mauer** entstand bereits unter König Ludwig IX. beziehungsweise unter seiner Mutter Blanca von Kastilien, die als Regentin nach dem Tod von Ludwig VIII. den Vertrag von Paris aushandelte, mit dem der Albigenserkreuzzug 1229 offiziell beendet wurde. Sie ist über 1600 Meter lang und hat 14 Türme, drei Barbakane und zwei Echauguetten, auch Horchhäuschen genannt. Gebaut wurde sie aus Bossen, das heißt aus bearbeiteten, deutlich voneinander abgehobenen Steinquadern, bis auf eine Höhe von zehn bis zwölf Metern. Diese Zwingmauer hatte die Funktion, den Feind auf Distanz zu halten und die innere, eigentliche Stadtmauer vor den Geschossen aus Wurfmaschinen zu schützen. Die meisten der **14 Türme** sind nach innen offen, um sie für die Belagerten möglichst schnell zugänglich zu machen. Doch daneben gibt es auch kreisrunde, hohe Türme wie die Tour de la Vade, die sich zu unabhängigen Bollwerken umfunktionieren ließen. Sollte also ein Angreifer die erste Mauer durchbrochen haben und im freien Areal zwischen beiden Mauern, dem Zwinger, befinden, konnte man ihm von diesen Bollwerk-Türmen aus in den Rücken fallen, während sie gleichzeitig von der inneren Mauer aus beschossen wurden. An drei der vier Tore dienen **Barbakane** als zusätzliche Sicherung. Nur an der Porte d'Aude ist keine dieser Basteien im Mauerbereich zu finden, stattdessen wurde das Tor durch eine Kombination von Umleitungen, Schikanen, und abschüssigen Geländeteilen geschützt. Die Barbakane des Tores befand sich unten am Ufer der Aude.

Der zweite, **innere Mauerring** misst 1200 Meter Länge mit 26 Türmen. Im Wesentlichen folgt diese Ringmauer dem Verlauf der antiken Mauer, die das römische Carcaso umgab, die wiederum anstelle der gallischen Holzpalisadenbefestigung entstanden war, weshalb man von einer gallorömischen Mauer spricht. Diese gallorömische Mauer wurde unter dem Sohn beziehungsweise Enkel von Ludwig IX. in großen Teilen erneuert, als Carcassonne zur Grenzfeste ausgebaut wurde. Vor allem während der Herrschaft Philipps III. (1270–1285) bekam die innere Mauer ihr heutiges Gesicht. Vier Tore führen durch diesen Mauerring in die Oberstadt: die Porte Saint-Nazaire, die Porte d'Aude, die Porte de Rodez und die Porte Narbonnaise. Der Zugang auf die Remparts ist allerdings ausschließlich durch die Burg möglich, aber man kann einen Rundgang von gut einem Kilometer zwischen beiden Mauern durch den Zwinger unternehmen.

▲ Karte S. 268

■ Porte Narbonnaise

Der Porte Narbonnaise ihren mit zwei flankierenden Türmen, sind ein kleiner zinnenbewehrter Torbau und eine Barbakane vorgelagert. Gebaut wurde das Tor zwischen 1280 und 1287, als unter den Königen Philipp III. und seinem Sohn Philipp IV. der massive Ausbau zur Grenzfeste erfolgte. Der größte Teil des angrenzenden inneren Mauerrings entstand im Rahmen dieser Befestigung, doch an einigen Stellen wurde das damals immer noch intakte Mauerwerk aus Römerzeiten integriert.

Die **Barbakane Saint-Louis**, rechts von der Brücke, diente als Bastion, in der die Katapulte, später die Kanonen, aufgestellt waren, um mögliche Angreifer so weit wie möglich von der Schwachstelle Tor fern zu halten. Noch heute liegen hier einige Katapultkugeln, wie sie im Mittelalter verwendet wurden. Die Kugeln wogen zwischen 41 und 97 Kilogramm und flogen bis zu 200 Meter weit, je nach Größe und Katapult. Die mittelalterlichen Schleudern waren sogar relativ treffsicher, wie Experimente bewiesen. Weniger als drei Meter Abweichung zwischen den Schüssen ergaben die Versuche.

Die Porte Narbonnaise mit der Dame Carcas

Die innere Porte Narbonnaise schmückt eine kleine Nische zwischen den beiden Türmen, in der sich eine Marienstatue als Beschützerin der Altstadt befindet. Gleich hinter dem Tor beginnt die **Rue Cros-Mayrevielle** als Hauptstraße mit vielen touristischen Geschäften. Folgt man ihr bis zum Ende, landet man fast direkt vor der Burg. Biegt man die erste Gasse nach links in die **Rue St-Sernin** ab, landet man auf einem hübschen schattigen Platz, an dem Restaurant neben Restaurant liegt. Biegt man stattdessen nach rechts ab und folgt der längeren **Rue du Grand Puits** landet man am Namensgeber der Straße, dem **Großen Brunnen**. Er ist der größte von 22 Brunnen in der Cité und der, in dem die Schatzsucher seit Jahrhunderten nach dem legendären Schatz der Westgoten suchen. Gefunden hat man ihn bislang nicht!

■ Gallorömische Mauer und Türme

Geht man vor dem Teil des Narbonne-Tores mit den Doppeltürmen nach rechts in den **unteren Zwinger** – Lices basses – passiert man zunächst den mächtigen **Tour du Treseau**. Am folgenden **Tour du Moulin du Connétable** sind noch Reste aus gallorömischer Zeit zu erkennen, hinter der Porte du Rodez sind mit dem **Samson-Turm** und dem der **Avarmühle** sogar noch zwei komplette Türme aus dem 4. Jahrhundert zu sehen.

Damals wurden zur Verteidigung noch Speere aus den Fenstern geschleudert, die natürlich eine viel geringere Reichweite hatten, als die Katapulte des Mittelalters. Deshalb wurden die Türme auch in einem geringeren Abstand zueinander errichtet. Rund 30 Meter oder, anders gerechnet, 100 römische Fuß liegen normalerweise zwischen den alten Türmen. Um auch jeden Winkel abdecken zu können, wurde aus topographischen Gründen an manchen Stellen der Abstand halbiert.

Die Mauern der Türme sind je nach Höhe zwischen 2,20 Meter und 3,90 Meter dick. Der Mauerverbund besteht wie bei allen Mauerstücken aus dieser Zeit aus kleinen Bruchsteinen, die von einem praktisch unverwüstlichen Mörtel zusammengehalten werden und von roten Ziegelsteinreihen durchzogen sind, an denen man die Höhe eines Tageswerkes ablesen kann. Bis zur ersten Etage auf Höhe des Wehrgangs sind die außen runden, innen quadratischen Türme vollständig aufgeschüttet, ins oberste Stockwerk gelangte man über eine Leiter. Auch die Zwischenräume zwischen rundem Grundriss und eckigem Inneren sind mit Bruchsteinen aufgefüllt.

Insgesamt 30 Türme und vier Tore hat der innere Mauerring. Eines des vier Tore ist die schlichte **Porte du Rodez**, links der beiden Türme, die in eine eher ruhige Ecke der Cité führt. Auch im **oberen Zwinger**, zu dem man gelangt, wenn man vor der Porte Narbonnaise nach links abbiegt, sind noch Reste der gallorömischen Mauer zu sehen wie am gleich am ersten Turm, der **Tour Saint-Sernin**, als auch am darauffolgenden **Turm Trauquet**. Folgt man den Lices hautes weiter, erreicht man die **Porte Saint-Nazaire**, hinter der sich die ehemalige Kathedrale gleichen Namens erhebt.

Basilika Saint-Nazaire

Bereits zur Zeit der Westgoten erhob sich hier eine erste Bischofskirche, die zur Zeit der Karolinger durch einen Neubau ersetzt wurde. Als Papst Urban II. im Jahre 1096 auf dem Weg von Toulouse nach Rom Zwischenhalt in Carcassonne machte, segnete er die Steine, die für den neuen Bau einer romanischen Kirche bestimmt waren. Mit diesen Steinen wurde das Langhaus der Basilika Saint-Nazaire et Saint-Celse, wie die Kirche vollständig heißt, erbaut. Der Hauptheilige, dem die Basilika geweiht ist, Nazarius war ein römischer Soldat, der infolge der diokletianischen Christenverfolgung wohl um 304 den Märtyrertod starb. Einer seiner Schüler war

Die Basilika Saint-Nazaire

Karte S. 268

der heilige Celsus, der mit seinem Lehrmeister in Gallien wirkte und mit ihm gemeinsam hingerichtet wurde.

Baugeschichte

Das Langhaus des romanischen Neubaus dürfte Mitte oder Ende des 12. Jahrhunderts vollendet gewesen sein. Man baute bereits am Querhaus und der Apsis, als der Albigenserkreuzzug den Bauarbeiten ein jähes Ende gebot. Nach dem Anschluss der Vizegrafschaft Carcassonne an die französische Krone wurde der unvollendete Chor und die Querschiffe stante pedes abgerissen und durch einen Neubau im Stil des französischen Königs ersetzt, also im Stil der Gotik. Jeder sollte sehen, wer nun das Sagen hatte! Vermutlich hatte man ursprünglich den Plan gehabt, die ganze Kathedrale zu gotisieren, doch der Ausbruch des Hundertjährigen Krieges und die Religionskriege im 16. Jahrhundert verhinderten dessen Ausführung. Da sich die Oberstadt durch den Bedeutungsverlust als Grenzfeste mehr und mehr entvölkerte, wurde 1801 im Rahmen des Konkordats zwischen Napoleon I. und Papst Pius VII. der Sitz des Bistums Carcassonne in die Unterstadt verlegt. Bei der Restaurierung dachte Viollet-le-Duc fälschlicherweise, dass es sich bei dem Bau um einen Teil einer westgotischen Mauer handele, so sehr war das Kirchengebäude inzwischen heruntergekommen, und deshalb ließ er den Turm der Kirche, den er für einen Festungsturm hielt, mit Zinnen versehen.

Kircheninneres

Beim Betreten des Innenraums fällt der Unterschied zwischen **romanischem Langhaus** und **gotischem Chor** deutlich ins Auge. Die sechs Joche des romanischen Baus sind mit einem angespitztem Tonnengewölbe überdeckt, der lichtdurchflutete Chor hingegen mit einem Kreuzrippengewölbe. Beim Bau des Chors hat sich der Architekt an der gerade 40 Jahre vorher entstandenen Sainte-Chapelle in Paris orientiert.

Die **Fenster** des Chors und der Apsiskapellen haben noch die originale Verglasung aus dem 13. bis 15. Jahrhundert. Am Scheitelpunkt sind in 16 Medaillons Szenen aus dem Leben und der Passion Christi zu sehen, das Fenster rechts daneben zeigt Maria im Tempel, beide aus dem 13. Jahrhundert. Anschließend das Fenster mit Szenen aus dem Leben der Heiligen Nazarius und Celsus, das aus dem 14. Jahrhundert stammt. Auch links vom zentralen Chorfenster sind noch einmal die beiden Schutzpatrone der Kirche dargestellt, im Anschluss daran Szenen aus dem Leben von Petrus und Paulus. Auch die beiden **Fensterrosen der Querschiffarme** datieren aus der Zeit Ende des 13., Anfang des 14. Jahrhunderts und ranken sich im Norden um die Jungfrau Maria, die ihr Kind zeigt und im Süden um Christus in seiner Herrlichkeit.

In der **Notre-Dame-Kapelle** sind zwei weitere Meisterwerke mittelalterlicher Glasmalerei zu bewundern. Die Wurzel Jesse als Stammbaum Christi und der Lebensbaum, in dessen Zweige die Tugenden eingeschrieben sind. Im Gewölbe des Chores kann man noch die Reste alter Bemalung sehen, die ein Jüngstes Gericht zeigt.

Zudem sehenswert sind die 22 großen, in den Stein der Chor-Pfeiler gehauenen **Statuen**, die unter anderem die zwölf Apostel, Maria, Christus und örtliche Heilige wie den heiligen Gimer zeigen. Im nördlichen Querhaus ist eine Steinplatte, der sogenannte **Belagerungsstein**, ausgestellt, die ein Relief ziert, auf dem eindrucksvolle Szenen einer Belagerung abgebildet sind, möglicherweise die Belagerung während des Albigenserkreuzzuges. In den **Seitenkapellen** befinden sich

Fensterrose im Inneren der Kathedrale

Bischofsgräber, darunter, in der letzten Kapelle des nördliche Seitenschiffs, das des Bischofs Pierre de Rochefort unter dem der gotische Bau errichtet und der Chor neu geweiht wurde.

Château Comtal

Über die Rue Saint-Louis erreicht man nach nur wenigen hundert Metern die ehemalige Burg der Vizegrafen von Carcassonne, die nach dem Albigenserkreuzzug zum Sitz des Seneschalls des französischen Königs wurde, der die neu hinzu gewonnenen Territorien im Süden von hier aus verwaltete. Hat man die Kassenhäuschen passiert, gelangt man zunächst in den **Ehrenhof**. Umgeben wird der Hof von Gebäudeteilen des 11. Jahrhunderts: dem **Wohntrakt** (palatium) links, den **Küchen** (cocinas) sowie den **Ställen** (mareschalcia). In der Verlängerung der eigentlichen Burg, zu zwei Seiten eines Donjons, gab es zudem seit dem 12. Jahrhundert eine Marienkapelle, die in der Französischen Revolution zerstört wurde. Markierungen im Boden zeigen deren Umrisse.

Das heutige Aussehen hat der Ehrenhof allerdings im Wesentlichen im 13. Jahrhundert bekommen, als er vom gräflichen Feudalsitz zum königlichen Verwaltungssitz wurde. Seither schützte eine sogenannte Mantelmauer die Kernburg. Möglicherweise fürchtete der Seneschall nicht nur Angriffe von außen, sondern auch aus der Stadt. Mit dem Niedergang der Cité kam auch der Umzug der Seneschalle in die Unterstadt. Aus der Burg wurde das Gefängnis mit drei Insassen bei Ausbruch der Französischen Revolution. Ein Kleriker, ein Schürzenjäger und ein junger Mann, der seine Mutter beleidigt und ihr das Geld gestohlen hatte, um es im Wirtshaus zu versaufen. Nach der Revolution wurde aus der Burg eine Kaserne, dann, während des Ersten Weltkriegs ein Gefangenenlager für 300 deutsche Offiziere und während der deutschen Besatzungszeit das Hauptquartier der Deutschen Wehrmacht.

Rundgang

Über eine breite Treppe führt der Weg in die **zweite Etage des Wohntraktes**, wo der Rundgang durch die Ausstellungsräume mit einem elfminütigen Film über die Cité in der Salle Viollet-le-Duc beginnt. Im angrenzenden Raum gibt ein Modell im Maßstab 1:100 einen Überblick über die gesamte Oberstadt, das der Carcassonnaiser Künstler Louis Lacombe (1856–1933) in 40 Jahren erstellt hat. Im weiteren Verlauf des Rundgangs, der mit »Sens de la visite« ausgeschildert ist, durchquert man zunächst den **Guet-Turm** und erreicht dann die **Kurtine**, einen Wall, der die gesamte Südseite einnahm und Teil der Mantelmauer war. Von hier aus sollte die im 13. Jahrhundert neue Grenze zu Spanien überwacht werden.

Auf der **Ostseite** des Walls sieht man beim Durchqueren der Doppeltürme oberhalb des Eingangs zur Burg das massive Fallgatter aus Holz und Eisen, das binnen Sekunden den Zugang abriegeln konnte. Am nächsten Turm, **Tour des casernes**, bot ein Maschikuli, ein hervorkragender Wehrgang aus Holz, die Möglichkeit potentielle Eindringlinge durch die Schlitze im Boden mit Steinen zu bewerfen. Pech oder heißes Öl, wie so oft kolportiert, waren viel zu teuer, dennoch nennt man die Maschikulis auch Pechnasen. Durch die Schießscharten wurden die Feinde zudem von den Bogenschützen beschossen. Von der Kurtine auf der Nordseite mit dem Degré-Turm aus hatte man einen Überblick auf mögliche Angreifer aus Richtung der Montagne Noire.

Im Innenhof der Burg

Musée lapidaire

Anschließend geht es im ersten Stockwerk in den Museumsbereich, Musée lapidaire, in dem alle steinernen Reste der Burg und der Cité von künstlerischem Wert ausgestellt sind. Im **Pierre-Embry-Saal** sind dies zum Beispiel **Modillons**, verzierte Konsolträger, aus dem 13. Jahrhundert, die Männer und Frauen aus Carcassonne dieser Zeit zeigen. Handwerker oder Händler ließen sich ihre Konterfeis und die der Gattinnen als Zierelement am Haus anbringen. Im nachfolgenden Raum ist vor allem eine **Liegefigur eines Ritters** aus dem 13. Jahrhundert bemerkenswert. Die Rüstung mit Kettenhemd, Helmbrünne und Maschenkappe entspricht der typischen Ausrüstung eines Recken zur Zeit des Albigenserkreuzzuges. Zudem trägt er auf dem ärmellosen Überwurf, Surcot genannt, seine Wappen. Ein Löwe zu seinen Füßen symbolisiert seinen Mut, das Schwert, das an seiner rechten Seite hängt, beweist, dass er nicht im Kampf gestorben ist. Steckt das Schwert nicht in der Scheide, sondern liegt es auf dem Körper, wäre dies das Zeichen dafür, dass ein Ritter in der Schlacht gefallen ist.

Der nächste Raum, mit einem wunderbaren Gewölbe, war die **Camera rotunda**, einst der Hauptraum im Palas. Hier hielten die Vizegrafen ihre Treffen mit Vasallen ab, hier unterzeichneten sie wichtige Urkunden und hier wurden die Feste auf der Burg gefeiert. Troubadoure und Jongleure unterhielten damals den Burgherrn und seine Gäste, wie die **Wandmalereien** zeigen, die 1926 unter einer dicken Kalkputzschicht entdeckt wurden. Die Hauptszene zeigt eine Schlacht zwischen Kreuzrittern und Sarazenen. Möglicherweise wollte der Burgherr Raymond I., in dessen Zeit der Donjon entstand, damit an seinen Großvater Bernard Trencavel erinnern, der selbst an solchen Schlachten teilgenommen hatte.

In der angrenzenden **Salle romane** sticht ein rituelles Waschbecken besonders heraus. Gefertigt aus weißem Marmor, stand es wohl ursprünglich im Zentrum eines Klosterkreuzgangs. Das Wasser

▶ Karte S. 268

floss aus den zwölf kleinen Köpfen, Mascarons, die mal menschliches Antlitz haben, mal Löwenköpfe sind. An den Saal mit Steinkunst der Romanik schließt der **Raum mit römischen Fundstücken** an. Darunter eine Grabstele eines römischen Legionärs namens Caius Julius Niger, der aus Carcassonne stammte, und der in Mainz um das Jahr 40 nach Christus gestorben ist. Die Inschrift erzählt, dass er Sohn eines Caius von Stamme der Volker war, 17 Jahre in der Zweiten Legion des Augustus gedient hat und im Alter von 45 Jahren am Rhein gestorben ist. Das Original wurde im Rathaus von Bretzenheim bei Bad Kreuznach gefunden.

Remparts

Auf die gallorömische, nördliche Stadtmauer gelangt man vom Ehrenhof aus. Über den Cour du Midi gelangt man auf die **westlichen Remparts**. Allerdings empfiehlt sich vorher der Besuch im Inneren der Burg. Der erste Turm, den man hinter dem Cour du Midi erreicht, ist der **Justizturm**, der früher auch Inquisitionsturm genannt wurde. Vom 13. Jahrhundert bis zur Revolution wurde hier Kirchengericht unter dem Vorsitz des Bischofs gehalten und alle Akten der Ketzerprozesse in der Region Languedoc, wie Okzitanien nach dem Anschluss an die Krondomäne genannt wurde, gelagert.

Wie im Eingangsbereich der Burg selbst war auch die nachfolgende **Porte d'Aude** durch ein Maschikuli verteidigt worden. Die Porte d'Aude war der wichtigste Zugang, um von der Unterstadt in die Cité zu gelangen. Der **Bischofsturm**, Tour de l'Evêque, ist einer von nur zwei Türmen auf eckigem Grundriss. Außerdem ist er das einzige Gebäude, das an beide Mauerringe angebunden ist. Seine unmittelbare Nähe zum ehemaligen Bischofspalast, gab ihm seinen Namen. Man kann der westlichen Wehrmauer bis zum Torturm an der Porte Saint-Nazaire folgen und hat dabei immer wieder Blicke auf die Basilika Saint-Nazaire. An der Stelle, an der sich einst der Bischofsgarten befand, entstand 1908 das **Théâtre Jean Deschamps**. Ein Open-Air-Theater, in dem in den Sommermonaten das Festival de la Cité stattfindet, das der Schauspieler und Regisseur Deschamps 1957 ins Leben gerufen hat.

Auf der **nördlichen Wehrmauer**, in der noch Reste der gallorömischen Mauer inklusive der beiden ältesten Türme zu sehen sind, kann man bis zum **Tréseau-Turm** gehen. Den Namen hat der Turm seiner Funktion im Dienste des königlichen Schatzamtes, Trésor auf französisch, zu verdanken. Wegen seiner Position an einer Schwachstelle, war er besonders mächtig und imposant gebaut worden. Auf der Seite der Cité ist er flach, oben mit einem getreppten Giebel, auf der Zwingerseite ist er rund. Um diese Rundung führte eigentlich der Wehrgang herum. Die provisorische Holztreppe in die erste Etage des Schatzturms entstand

Im Lapidarium der Burg

als Ausgang, ist allerdings seit geraumer Zeit nicht mehr geöffnet.

Die Mauern wurden rund um die Uhr bewacht, 200 Mann waren dafür im Einsatz. Allein 34 mussten Nachtwache halten, das hieß im Winter, wenn die Nächte länger sind, 12 Runden auf der Stadtmauer, im Sommer acht Runden. Heutzutage ist keine vollständige Runde mehr möglich.

Unterstadt

Nachdem der französische König die Macht über Carcassonne übernommen hatte, entstand kurze Zeit später am linken Ufer der Aude die **Bastide Saint-Louis**, wie heute noch der alte Teil von Carcassonnes Unterstadt genannt wird. Ab 1355 wurde eine Befestigungsmauer von 2800 Meter Länge gebaut. Abgehend von einem zentralen Platz, der heutigen **Place Carnot**, wurden die Straßen des etwa einen halben Hektar großen Areals im Schachbrettmuster geradlinig unterteilt. 1778 fasste der Stadtrat den Beschluss, die alten Mauern, die Stadttore, die Gräben und Türme abzureißen. Von den vier Stadttoren blieb nur die Porte des Jacobins im Süden der Bastide Saint-Louis vom Abriss verschont. Die Gräben wurden aufgeschüttet und sind nur noch am Verlauf der Ringstraße, bestehend aus den Boulevards Jean Jaurès, Omer Sarraut, Varsovie, Marcou und Barbès, nachzuvollziehen.

Der Aufschwung der Unterstadt kam mit dem Niedergang der Cité im 17. Jahrhundert. Durch die Anbindung an den Canal du Midi (→ S. 309), der anfangs an der Stadt vorbei ging, kam noch einmal ein rasanter Wirtschaftsaufschwung ab 1810. Als die Eisenbahn den Kanal als wichtigsten Transportweg ablöste, wurde der Bahnhof kurzerhand direkt am Canal du Midi errichtet.

▸ Karte S. 280

■ Square Gambetta

Östlich der Bastide Saint-Louis entstand mit dem Square Gambetta Mitte des 19. Jahrhunderts ein großer Platz, baumbestanden, mit Musikpavillon und mit einem Garten. Im März 1944 wurde dieses Gartenidyll durch die deutsche Wehrmacht zerstört. Nur die beiden seitlichen Platanenalleen überlebten die Zerstörung. Fast unmittelbar nach der Befreiung von Carcassonne am 22. August 1944 begann man mit der Planung zur Wiederherstellung. Vier Jahre späte feierte der Square seine Wiedereröffnung, allerdings deutlich nüchterner als früher. Erst 2015 wurde der Platz wieder zu einem kleinen Gartenparadies mit Rosenbeeten, Wasserbecken, einem Karussell und einem Kiosk.

■ Musée des Beaux-Arts

Im ehemaligen Präsidialpalais wurde 1838 das städtische Kunstmuseum untergebracht. Ein Großteil der Gemäldesammlung stammt aus privaten Kollektionen. In zehn Räumen wird Kunst des 16. Jahrhunderts bis hin zu zeitgenössischer Kunst präsentiert. Ein elfter Raum ist temporären Sonderausstellungen vorbehalten.

Saal 1 ist den **Gemälden des 16. und 17. Jahrhunderts** aus Frankreich, Italien und Spanien gewidmet. Besonders bemerkenswert ist das »Portrait einer Hofdame« von Pierre Mignard, der einer der bedeutendsten Porträtmaler seiner Zeit war. Joseph Parrocel war hingegen der Schlachtenmaler schlechthin, wie die beiden Bilder mit Szenen aus dem Türkenkrieg 1688 mit dem Titel »Combat de chrétiens et de turcs« zeigen. Ein typisches Werk des Manierismus ist »Akis und Galateia« von François Perrier, das die Nymphe Galateia im blauen Gewand zeigt und rechts den Hirtenjungen Akis mit der Panflöte, auf den der Pfeil

Amors zielt. Eines der Meisterwerke des Raums ist »Tränen des heiligen Petrus« vom Spanier José de Ribera.

Saal 2 beherbergt **Malerei des 18. Jahrhunderts**. Eines der fünf Werke von Nicolas Bertin zeigt ebenfalls diese sehr beliebte Liebesgeschichte aus der griechischen Mythologie. Hyacinthe Rigaud war der wichtigste Porträtmaler der Zeit des Ancien Régime, also der Zeit nach dem Wiener Kongress 1815 und der Julirevolution von 1830, als nach dem Fall von Kaiser Napoleon die alte Herrschaft der Bourbonen wiederhergestellt worden war. Wegen seiner beispielhaften Wiedergabe von Stoffen, insbesondere von Samt und Seide, wurde er allseits geschätzt. Doch gerade seine bürgerlichen Porträts zeigen, dass er es auch verstand, den Charakter seiner Auftraggeber und Modelle zu erfassen und auf Leinwand zu bannen. Wie im Falle der Brüder Guillaume und François Castanier, die sich 1718 von Rigaud porträtieren ließen. Der jüngere François wurde der »reichste Freche Frankreichs« genannt, wegen seiner genialen Fähigkeiten als Bankier und als Direktor der französischen Ostindienkompanie. Mit einem geschätzten Vermögen von 20 Millionen Pfund konnte er sich die stolzen Preise Rigauds in Höhe von 600 Pfund oder umgerechnet 10 000 Euro pro Bild aus der Portokasse leisten.

Einer der bekanntesten Maler Frankreichs des Frühklassizismus war der aus Carcassonne stammende Maler **Jacques Gamelin** (1738–1803), dem der **Saal 3** gewidmet ist. Seine Werke haben vor allem religiöse und mythologische Sujets wie »Kleobis und Biton« oder »Christus wirft die Händler aus dem Tempel«.

Der **Raum 4** gilt dem berühmtesten Sohn der Stadt **Fabre d'Eglantine**, der 1750 als Philippe-François-Nazaire Fabre zur Welt kam. Der Carcassonnaiser Dichter, Schauspieler und Revolutionär hat nach der Französischen Revolution den Kalender umgekrempelt und neue Monats- und Tagesnamen dafür erdacht.

Die folgenden beiden **Säle 5 und 6** sind der **Französischen Malerei des 19. Jahrhunderts** gewidmet. Fernand Cormon, hier mit dem »Portrait von Madame

Das Kunstmuseum von Carcassone

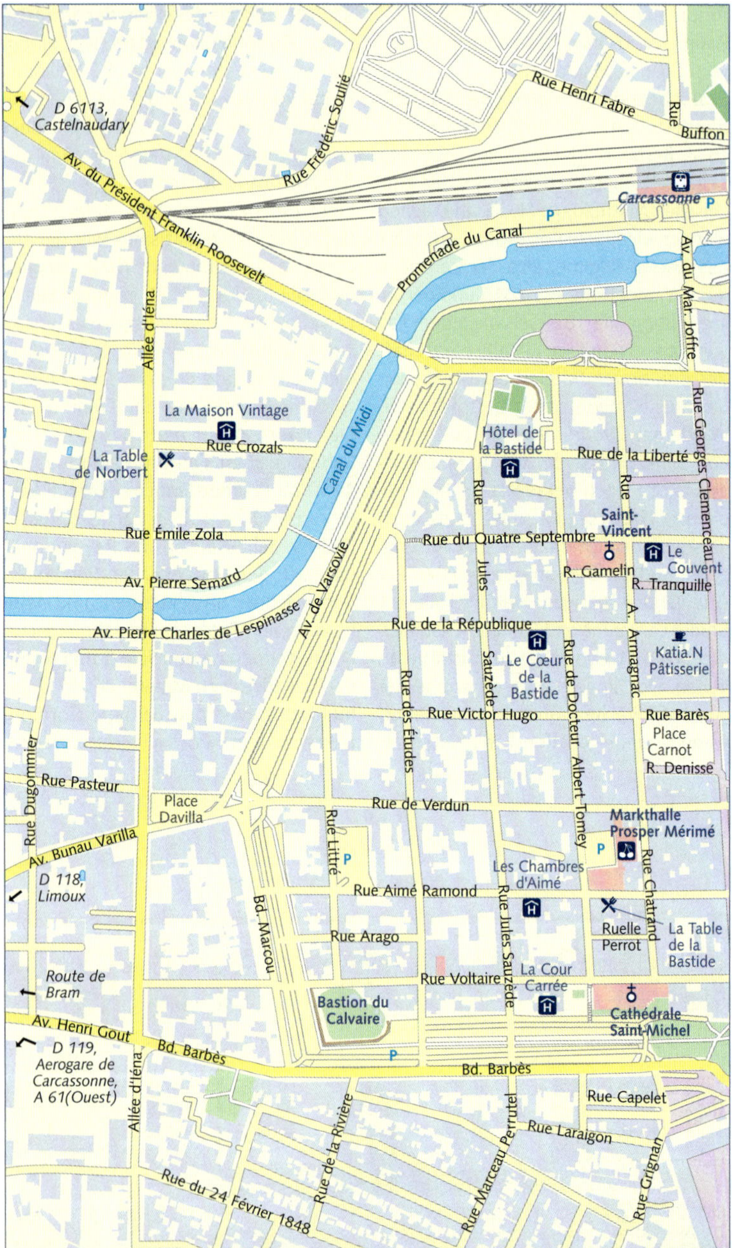

Carcassonne: Unterstadt

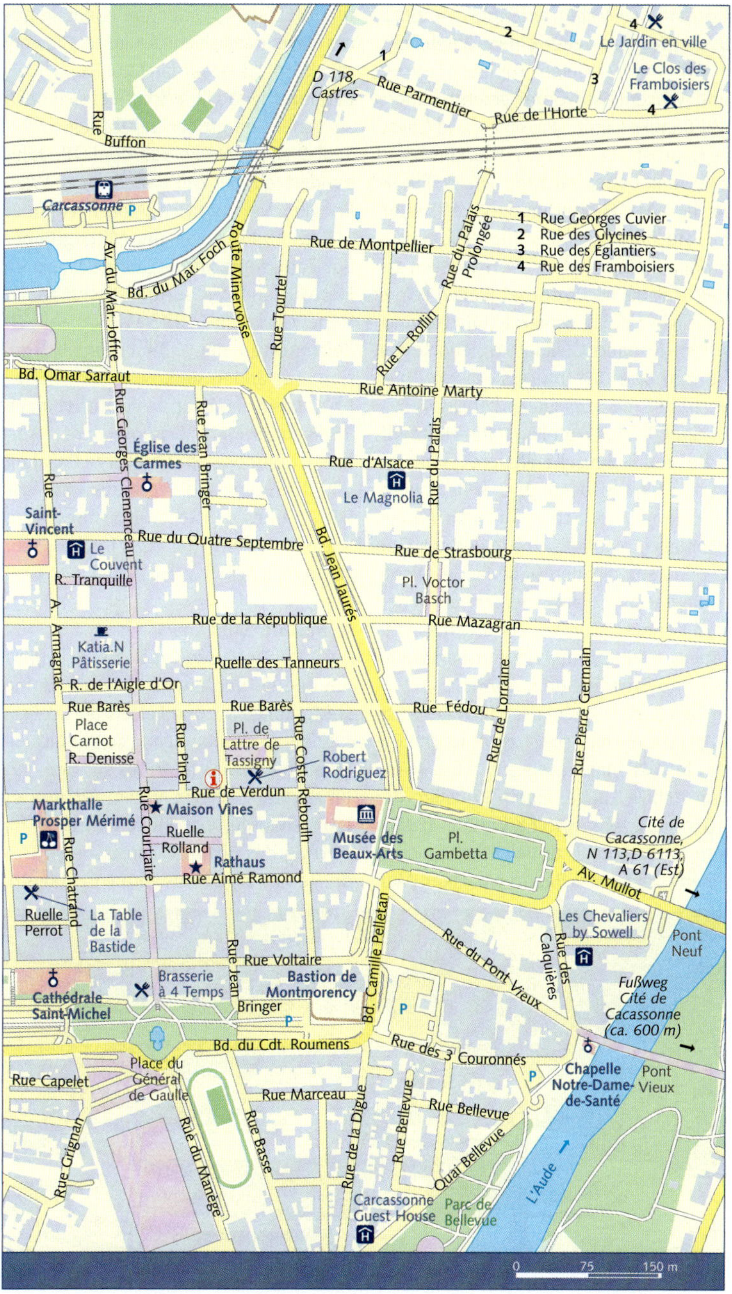
Le Jardin en ville
Le Clos des Framboisiers
D 118, Castres
Rue Parmentier
Rue de l'Horte
Rue Buffon
Carcassonne
1 Rue Georges Cuvier
2 Rue des Glycines
3 Rue des Églantiers
4 Rue des Framboisiers
Rue de Montpellier
Rue du Palais Prolongée
Bd. du Mar. Foch
Route Minervoise
Av. du Mar. Joffre
Rue Tourtel
Rue L. Rollin
Bd. Omar Sarraut
Rue Antoine Marty
Rue Georges Clemenceau
Rue Jean Bringer
Église des Carmes
Rue d'Alsace
Le Magnolia
Rue du Palais
Saint-Vincent
Le Couvent
Rue du Quatre Septembre
Rue de Strasbourg
R. Tranquille
Pl. Voctor Basch
Rue de la République
Rue Mazagran
Bd. Jean Jaurès
Katia.N Pâtisserie
Ruelle des Tanneurs
R. de l'Aigle d'Or
A. Armagnac
Rue Barès
Rue Fédou
Place Carnot
R. Denisse
Rue Pinel
Pl. de Lattre de Tassigny
Rue Coste Reboulh
Robert Rodriguez
Rue de Lorraine
Rue Pierre Germain
Rue de Verdun
Markthalle Prosper Mérimé
Maison Vines
Ruelle Rolland
Musée des Beaux-Arts
Pl. Gambetta
Cité de Cacassonne, N 113, D 6113, A 61 (Est)
Rathaus
Rue Aimé Ramond
Av. Mullot
Rue Courtjaire
Rue Chatrand
Ruelle Perrot
La Table de la Bastide
Les Chevaliers by Sowell
Pont Neuf
Rue du Pont Vieux
Rue des Calquières
Bd. Camille Pelletan
Rue Voltaire
Brasserie à 4 Temps
Bastion de Montmorency
Rue Jean Bringer
Cathédrale Saint-Michel
Fußweg Cité de Cacassonne (ca. 600 m)
Bd. du Cdt. Roumens
Rue des 3 Couronnés
Rue Capelet
Place du Général de Gaulle
Chapelle Notre-Dame-de-Santé
Pont Vieux
Rue Marceau
Rue Bellevue
Rue Grignan
Rue du Manège
Rue Basse
Rue de la Digue
Quai Bellevue
L'Aude
Carcassonne Guest House
Parc de Bellevue
0 75 150 m

Aude

Corman« vertreten, erlangte vor allem Bedeutung als Leiter eines Malateliers, in dem unter anderem Toulouse-Lautrec und Vincent van Gogh gelernt haben. Mit Camille Corot, »Paysage«, und Gustave Courbet ,»Les Rochers d'Ornans«, sind zwei der bedeutendsten Maler Frankreichs des 19. Jahrhunderts vertreten, die auf die Maler des Impressionismus großen Einfluss hatten. Corot wegen seines Malstils und Courbet wegen seiner eher wie zufällig wirkenden Bildkomposition. Armand Guillaumin gehörte zur Kerngruppe der Impressionisten, hier vertreten mit »Les Lavandières«.

In **Saal 7**, der Abteilung für **Holländische und Flämische Malerei**, sind folgende Werke besonders sehenswert: »Madame van Schuman« von Paulus Moreelse, einem Porträtmaler des Goldenen Zeitalters der Niederlande, Nicasius Bernaerts »Schlacht zwischen Hunden und Katzen«, Cornelis Gijsbrechts »Stillleben« und »Landschaft mit Personen« von Jan Brueghel dem Älteren.

In **Saal 8**, dem Raum der Kunst des Post-Impressionismus, sind hauptsächlich **Bilder lokaler Maler** ausgestellt. Das Werk von Achille Laugé, einem Künstler, der 1861 in Arzens, zwölf Kilometer östlich von Carcassonne, zur Welt kam, nimmt einen Großteil des Raums ein. Henri Martin (1860–1943) stammte ebenfalls aus der Nähe, nämlich aus Toulouse. Obwohl sein Werk als Neo-Impressionist nicht als bahnbrechend gilt, erfreute er sich doch zu seiner Zeit großer Beliebtheit.

Saal 9 zeigt **Werke aus dem 20. Jahrhundert**, aus der Zeit zwischen den Weltkriegen. Vertreten ist Albert Marquet (1875–1947), einer der Mitbegründer des Fauvismus, mit »Quai de Conti im Herbst« und der surrealistische Maler René Magritte (1898–1967) mit elf Zeichnungen, die 1939 als Buchillustration entstanden sind.

Im **letzten Saal** fand die **Kunst nach 1945** ihren Platz. Darunter eine »Abstrakte Komposition« von Serge Poliakoff von 1969 und ein Werk aus der Serie DB 219 des deutschen Künstlers Peter Klasen mit dem Titel »Très fragile«, sehr zerbrechlich.

■ Bastide Saint-Louis

Rechts vom Musée des Beaux-Arts führt die Rue de Verdun ins Herz der Unterstadt. Einige schöne Hôtels particuliers sind bei einem Rundgang zu entdecken. So auch das **Maison Vines** aus dem 17. Jahrhundert. Pierre Vines, für den es erbaut wurde, war Steuereintreiber im Auftrag des Bistums Carcassonne. Das dreigeschossige Haus wird von Etage zu

An der Place Carnot

▲ Karte S. 280

Etage nach oben immer etwas schmaler. Das oberste Stockwerk diente als Kornspeicher. Darüber sorgen zwei identische Wasserspeier für den Ablauf des Regenwassers, einer davon an der Ecke Rue de Verdun und Rue Courtejaire.

Gegenüber führt die Rue Courtejaire zur **Place Carnot**, auf der drei Mal pro Woche Markt stattfindet. Vor allem am Samstag ist der Platz sehr belebt und nach dem Einkauf füllen sich die umliegenden Cafés. In der Platzmitte plätschert der **Neptunbrunnen** aus dem 18. Jahrhundert.

Kehrt man über die Rue Chartrand wieder zur Rue Verdun zurück, passiert man linker Hand die **ehemalige Kornhalle**, heute Sitz der Mediathek. Dahinter, am Eggenfeldener Platz, benannt nach der niederbayrischen Partnerstadt, liegt die **Markthalle Prosper Mérimée**. Auf dem Platz stand früher der Pranger und an der Stelle der Markthalle der kirchliche Gerichtshof sowie eine Kapelle.

Hôtels particuliers

Mit der Nummer 73, rue de Verdun hat man das Stadtpalais **Hôtel Roux d'Alzonne** erreicht. Die ältesten Teile des Gebäudes gehen auf das späte Mittelalter zurück, es bekam aber sein Äußeres hauptsächlich in der zweiten Hälfte des 18. Jahrhunderts, als ein Tuchhändler das Haus kaufte. Nach der Revolution wurde es zu einem Mädchenpensionat und 1921 zur ersten öffentlichen Mädchenschule, dem Collège André Chenier.

An der Kreuzzug mit der Rue des Études befinden sich in Nummer 81 das **Hôtel Bourlat** und in Nummer 87 das **Hôtel Beseaucèle**, beides Stadtpalais, die von reichen Tuchhändlern erbaut wurden.

Geht man links durch die dazwischen liegende Rue des Études bis zur ehemaligen Jesuitenkapelle, erreicht man die Rue Aimé Ramond. Im Haus mit der Nummer 70 wohnten die **Seneschalle**, nachdem sie die Cité verlassen hatten. Das Haus stammt noch aus dem 14. Jahrhundert, gut abzulesen an den gotischen Doppelfenstern und dem spitzbogigen Portal. Als eines der wenigen war es einem Brand, der von den Engländern während des Hundertjährigen Kriegs gelegt wurde, entgangen.

Rechts durch die Rue du Dr Albert Tomey geht es zur Kathedrale Saint-Michel. Östlich der Kathedrale, an der Place Charles de Gaulle, steht das **einzige erhaltene Stück Stadtmauer** der Bastide, rechts an die **Porte des Jacobins** anschließend. Das Stadttor selbst hat im 18. Jahrhundert sein heutiges Aussehen bekommen.

Durch die Rue Courtejaire kehrt man zur Rue Aimé Ramond zurück und entdeckt am Haus mit der Nummer 32 ein weiteres Zeichen, welchen Reichtum Carcassonnaiser Tuchhändler im 18. Jahrhundert erworben hatten. Heute ist das Haus mit der prunkvollen und reich dekorierten Fassade, das für den Textilhändler Cavailhès erbaut wurde, das **Rathaus** von Carcassonne.

Kathedrale Saint-Michel

Von 1261 bis 1283 wurde sie als einfache Stadtpfarrkirche gebaut und erst durch den Niedergang der Cité 1803 zur Kathedrale erhoben. Die nüchterne Fassade hat nur ein einziges Zierelement, nämlich die Fensterrose mit einem Durchmesser von acht Metern. Ihre einfache Innenausstattung, ebenso wie ihre Lage abseits des Zentrums der Bastide erklärt sich durch ihre Geschichte als einfache Pfarrkirche, zudem richtete ein Brand 1849 zusätzlichen Schaden an. Da Viollet-le-Duc zu diesem Zeitpunkt gerade mit der Restaurierung der Cité beschäftigt war, hat er sich auch der Michaelskirche erbarmt.

Carcassonne

Office de Tourisme, 11000 Carcassonne, 28, rue du Verdun, Tel. 0468102430; Mo–Sa 9.30–18.30, So 10–13 Uhr, Juli/Aug. tgl. 9.30–19.30 Uhr, Okt.–März Mo–Sa 9.30–17.30 Uhr. Zweigstelle: OT de la Cité, Porte Narbonnaise, Tel. 0468102436.
www.tourisme-carcassonne.fr
www.tourismus-carcassonne.de

Etwa stündlich fahren **Regionalzüge** (TER) direkt von Toulouse nach Carcassonne, mit gut einer Stunde Fahrzeit für 16,50 Euro. Vier **TGVs** schaffen die Strecke in einer Dreiviertelstunde zu etwas höherem Preis (20 Euro). Alle 2 Std. Verbindung mit Castelnaudary. Nähere Auskünfte zu Verbindungen und Zeiten:
www.ter.sncf.com/occitanie

Busse der Gesellschaft Keolisaude fahren von Narbonne, Limoux oder Fanjeaux aus nach Carcassonne. Linie 948 von Transdev sowie ein Bahnbus kommen je einmal täglich aus Toulouse.

Taxi stand, Tel. 0468715050.
Call Taxi 11, Tel. 0666882121.
Audline Taxi, Tel. 0614030386.
Taxi du Carcassès, Tel. 0468797688.

Hôtel de la Cité & Spa Mgallery (€€€€€), Place Auguste Pierre Pont, Tel. 0468719871. Das einzigartige Fünf-Sterne-Boutique-Hotel im neogotischen Stil hat 47 luxuriöse Zimmer und 13 Suiten und liegt traumhaft schön in der Cité an der Stadtmauer. Neben fantastischen Ausblicken auf das Aude-Tal und die Burg bietet das Hotel ein exquisites Gourmet-Restaurant, Pool, Spa- und Wellnesscenter, aufmerksamen Service und jeden erdenklichen Komfort. Privatparkplätze gegen Aufpreis außerhalb der Cité, inkl. Transfers.
https://sofitel.accor.com

Le Domaine d'Auriac (€€€€€), Route de St-Hilaire, Tel. 0468257222. Luxuriöses Fünf-Sterne-Hotel 3 km südwestlich der Cité, das zur Relais & Châteaux-Kette gehört. In einem hochherrschaftlichen Manoir, umgeben von einem wunderschönen Park. Nobler Landhausstil sorgt für gediegenes Ambiente. Das aufmerksame Personal und das exquisite Essen im Sternerestaurant machen das Glück perfekt. Pool, Tennisplatz, Golfplatz. Kostenlose Parkplätze.
www.domaine-d-auriac.fr

Hôtel Pont-Levis – Franck Putelat (€€€€–€€€€€), 40, chemin des Anglais, Tel. 0468720808. Hervorragendes Vier-Sterne-Hotel an der Stadtmauer, nur 50 m von der Porte Narbonnaise entfernt. Die zwölf neu renovierten, modernen Zimmer und Suiten in dem Designerhotel, das 2016 der Zwei-Sterne-Koch Franck Putelat übernommen hat, sind ebenso chic wie komfortabel und haben das gewisse Etwas. Großer Außenbereich mit Pool. Privatparkplätze gegen Aufpreis.
www.pontlevishotel.com

Hôtel Le Parc – Franck Putelat (€€€€–€€€€€), 80, chemin des Anglais, Tel. 0468718080. Ausgezeichnetes Vier-Sterne-Hotel mit sieben Zimmern und Suiten, die alle unterschiedlich und individuell, aber gleichermaßen luxuriös ausgestattet sind. Auch Zimmer mit getrennten Betten. Das Zwei-Sterne-Restaurant von Franck Putelat rundet das Vergnügen ab. Exzellentes Frühstück. Kostenlose Privatparkplätze. Charme, Atmosphäre, Service, Qualität der Küche und der Zimmer – hier stimmt einfach alles!
www.franckputelat.com

Best Western Hôtel le Donjon (€€€–€€€€), 2, rue du Comte Roger, Tel. 0468112300. Das charmante Vier-Sterne-Hotel ist dank des Gartens ein Hafen der Ruhe inmitten der vielbesuchten mittelalterlichen Cité. Die 61 klimatisierten Zimmer sind auf drei Häuser verteilt und individuell eingerichtet, etwas klein, aber fein. Privatparkplätze außerhalb der Cité mit Shuttle-Service außerhalb der Cité gegen Aufpreis.
www.bestwestern.com

Hôtel du Château & Spa – Les Collectionneurs (€€€€–€€€€€), 2, rue Camille Saint Saëns, Tel. 0468113838. Sehr schönes Vier-Sterne-Hotel vor den Toren der Cité mit einem wunderbaren Spa-Bereich mit Innenpool, Whirlpool und Hamam, zudem ein Außenpool im Garten. 14 stylische Zimmer in drei Kategorien, drei Suiten. www.hotelduchateau.net

Mercure Carcassonne (€€–€€€), 18, rue Camille Saint-Saëns, Tel. 0468119282. Sehr gut gelegenes Vier-Sterne-Hotel, das nur wenige Schritte außerhalb der Cité liegt. Moderne, klimatisierte Zimmer und Bäder, ein schöner Garten mit Pool und kostenlose Parkplätze. 80 Zimmer in drei Kategorien, auch Zweibettzimmer. www.accor.com

Hôtel Les Chevaliers by Sowell (€€€), 2 bis, rue des Calquières, Tel. 0430340122. Hervorragend gelegenes Vier-Sterne-Hotel an der Aude mit grandiosem Blick auf die Cité und den Fluss. 90 renovierte, klimatisierte Zimmer auf drei Etagen in acht Kategorien, modern, geschmackvoll und gemütlich eingerichtet. Auch Zweibettzimmer. Reichhaltiges Frühstücksbuffet und angenehmes Terrassenrestaurant »Le Troubadour«. www.soleilvacances.com

Château de Palaja (€€€–€€€€), 7, Barri del Castel, Palaja, Tel. 0663698832. Charmantes Drei-Sterne-Hotel mit historischem Flair auf einem Anwesen aus dem 18. Jahrhundert in einem großen Park, 5 km südlich der Cité. Die vielen originalen Details verleihen den zwölf geräumigen Zimmern und Suiten Flair und eine gemütliche Atmosphäre, moderne Technik wie Klimaanlagen sorgt für Komfort. Auch Zweibettzimmer. In den ehemaligen Stallungen wurde ein bistronomisches Restaurant eingerichtet, in dem mehrere Menüs auf vorherige Reservierung kredenzt werden. Zudem werden im Garten des Châteaus Snacks serviert. Hervorragendes Frühstück mit vielen lokalen Produkten. Außenpool, Sauna, Fitnessraum und kostenlose Parkplätze. Die aus Belgien stammenden Besitzer Cathy und Eric sprechen auch Deutsch. www.chateau-palaja.fr

Ibis Styles La Cité (€€–€€€), 2, rue Darius Milhaud, Tel. 0468264569. Nur wenige Meter außerhalb der Cité gelegenes Drei-Sterne-Hotel mit schönen, modernen Zimmern. So nüchtern das Haus von außen auch wirkt, innen ist es farbenfroh und originell eingerichtet. Pool, kostenlose Privatparkplätze. Auch Zimmer mit separaten Betten. www.accor.com

Hôtel du Pont Vieux (€€–€€€), 32, rue Trivalle, Tel. 0468252499. Charmantes und gemütliches Drei-Sterne-Hotel mit 19 klimatisierten Zimmern in einem liebevoll renovierten Gemäuer aus dem 17. Jahrhundert. Schöner Garten und Terrasse mit Aussicht auf die Cité. Garagenparkplatz auf Reservierung und gegen Aufpreis, kostenlose öffentliche Parkplätze in der Nähe. Auf Wunsch kann man sich Picknickkörbe für Ausflüge packen lassen. www.hotelpontvieux.com

Hôtel La Bastide Saint-Martin (€€€), Avenue de St-Martin, Tel. 0468474441. Wunderschönes Drei-Sterne-Hotel vor den Toren von Carcassonne in rund 5 km Entfernung. Auf dem idyllischen Landgut im südfranzösischen Stil, eingebettet in einen großen Park, mit eleganten Außenanlagen, in dem sich Pool und Terrasse befinden, stehen 15 Zimmer in fünf Kategorien zur Verfügung, darunter auch Zweibettzimmer. Kostenlose Privatparkplätze. www.hotelbastidesaintmartin.com

Hôtel Octroi (€€–€€€), 143, rue Trivalle, Tel. 0468252908. Schickes Drei-Sterne-Hotel mit 21 klimatisierten und schallisolierten Zimmern und Suiten mit moderner Ausstattung und stylischem Ambiente. Terrasse mit beheiztem Pool und Jacuzzi. In fußläufiger Entfernung zur Cité. Kostenpflichtiger Privatparkplatz. www.hoteloctroi.com

Hôtel de l'Aragon (€€€), 15, montée Combeleran, Tel. 0468471631. Ausgezeichnet gelegenes Drei-Sterne-Hotel mit Pool. Die 33 Zimmer in sechs Kategorien, auch mit getrennten Betten, sind individuell modern

und mit klassischem Touch eingerichtet und verfügen über neu renovierte Bäder. Kostenlose Privatparkplätze.
www.hotelaragon.fr

Hôtel de la Bastide (€€), 81, rue de la Liberté, Tel. 0468719689. Familiäres Zwei-Sterne-Hotel mit 28 klimatisierten Zimmern in der Unterstadt, in unmittelbarer Nähe zum Canal du Midi gelegen. Die Zimmer in sechs Kategorien – vom EZ bis zum Vier-Personen-Zimmer – sind sauber, modern und geschmackvoll eingerichtet. Öffentlicher, kostenfreier Parkplatz in der Nähe, ebenso der Bahnhof.
www.hoteldelabastide.fr

La Cour Carrée (€€–€€€), 18, boulevard Barbès, Tel. 0616965842. Sehr empfehlenswertes B & B mit fünf stilvollen Gästezimmern. Elegante Einrichtung, moderner Komfort mit großen, frisch renovierten Bädern. Reichhaltiges Frühstück und auf Vorbestellung Abendessen (€€), Kostenfreier Parkplatz. Exzellentes Preis-Leistungs-Verhältnis.
www.la-cour-carree.com

Les Chambres d'Aimé (€€€), 69, rue Aimé Ramond, Tel. 0969809852. Fünf sehr große, klimatisierte, stilvolle Gästezimmer in der zweiten Etage eines schön restaurierten Stadthauses aus dem 19. Jahrhundert. So schön wie der Innenbereich ist auch der Garten mit Pool. Im Herzen der Bastide von Carcassonne in Nähe der Kathedrale gelegen.
www.leschambresdaime.com

Carcassonne Guest House (€€€), 11, quai Bellevue, Tel. 0634219051. Sehr hübsches B & B mit drei sehr geräumigen, klimatisierten Zimmern, das nahe des Flusses gelegen ist. Sowohl die Cité wie die Unterstadt sind in fußläufiger Entfernung. Von der Dachterrasse aus genießt man einen herrlichen Blick auf die Burg. Kostenlose Parkplätze.
www.carcassonneguesthouse.com

Carcassonne Bed & Breakfast (€€–€€€), 12, rue Fernand Merlane, Tel. 0677810824. Charmantes und sehr individuelles Gästehaus in einem liebevoll restaurierten Häuschen mit kleinem Gartenparadies. Die fünf Zimmer sind ein romantischer Traum mit opulenter Ausstattung – nichts für Liebhaber puristischen Chics. Sehr gute Lage in Nähe der Cité. Kostenloser Privatparkplatz.
www.carcassonnebandb.com

Le Cœur de la Bastide (€€€), 53, rue de la République, Tel. 0676826872. Zwei elegante Zimmer, die mit Charme und Geschmack eingerichtet wurden und mit modernem Komfort wie Klimaanlagen ausgestattet sind.
www.lecoeurdelabastide.com

La Maison Vintage (€€€), 14, rue Crozals, Tel. 0950248413. Am Canal du Midi gelegenes, außergewöhnliches Gästehaus, das durch seine Einrichtung wie ein modernes Street Art Museum wirkt. Die fünf klimatisierten Zimmer, die der Künstler Marc Curial gestaltete, sind eine Hommage an die 1970er und 1980er Jahre und mit Objekten und Kunst von Designern wie Philippe Starck, Mies van der Rohe und Cédric Tanguy ausgestattet. Abgeschlossener Privatparkplatz gegen Aufpreis, freie Parkplätze entlang der Straße in dem ruhigen Wohnviertel reichlich vorhanden.
www.lamaisonvintage.com

Péniche Mirage (€€€€–€€€€€), Ecluse d'Herminis, 28, rue du Canal, Tel. 0688119475. Die ausgefallenste Übernachtungsmöglichkeit in Carcassonne: in einer Kabine auf einem ehemaligen Lastkahn auf dem Canal du Midi! Drei Kabinen, voller Charme und mit eigenen Bädern, auch mit getrennten Betten buchbar. Jacuzzi und Fahrradverleih, auch sechstägige Touren auch dem Canal du Midi buchbar. 8 km westlich vom Stadtzentrum.
www.mirage-hotes.fr

Le Magnolia (€€–€€€), 59, rue d'Alsace, Tel. 0768678994. Die Gastgeber Amandine und Arnaud offerieren in ihrem Stadthaus vier große, stilvolle Gästezimmer, die wie das ganze Haus modern und zeitgemäß eingerichtet sind. Schöner Garten mit schattigen Sitzmöglichkeiten.
www.le-magnolia.com

Chambre indépendante à Carcassonne (€€), 67, rue Barbacane, Tel. 0668430242. Charmantes, klimatisiertes Zimmer als B & B nahe der Cité mit kleiner privater Terrasse. Äußerst zuvorkommende Gastgeber, die ihre private Garage zur Verfügung stellen. Super Preis-Leistungs-Verhältnis.

L'Antre d'eux (€€€), 4, chemin de Lagal, Montlegun, Tel. 0633608741. Neues B & B, das die Gastgeber Nathalie und Christophe Fantuzzo erst im Sommer 2020 in einem Landhaus 4 km südöstlich von Carcassonne eröffnet haben; vier sehr stilvolle und mit originellen Details eingerichtete Gästezimmer. Wunderbarer Außenbereich mit großem Pool. Reichhaltiges Frühstück mit selbstgebackenen Kuchen. Kostenloser Privatparkplatz. Sehr gutes Preis-Leistungs-Verhältnis.
https://lantredeuxcarcasso.wixsite.com/monsite

Aux Anges Gardiens (€€–€€€), 2, rue du Barry, Villalbe, Tel. 0664907013. Fünf große Gästezimmer mit romantischem Flair auf einem schönen Anwesen 5 km südwestlich von Carcassonne. Die Gastgeberin Patricia Le Du serviert liebevoll zubereitetes Frühstück mit selbstgebackenen Kuchen und Pfannkuchen, hausgemachten Marmeladen und frischem Obstsalat. Herrlicher Außenbereich mit Terrasse, Pool und Sonnenliegen. Kostenfreie Privatparkplätze. In der Hochsaison Juli/Aug. Mindestaufenthalt zwei Nächte. Ein Ort zum Wohlfühlen!
www.auxangesgardiens.com

Dochavert B & B (€€), 40, chemin de la Porte de Fer, Ste.Croix, Tel. 0671961463. Inmitten der Weinberge werden auf einem alten Weingut mit spektakulärem Blick auf die Cité drei geräumige, moderne Gästezimmer vermietet. Alle Räume sind klimatisiert, haben eine eigene Terrasse und sind farbenfroh und sehr individuell designt. Großer Außenbereich mit mehreren Gärten, großem Pool und Picknickareal. Reichhaltiges Frühstück, zu dem auch Wurst und Käse gereicht werden.
www.dochavert.com

► **Jugendherbergen**

Le Couvent (€–€€), 31, rue du 4 septembre, Tel. 0468475025. Hostel in einem ehemaligen Kloster aus dem 17. Jahrhundert, das sehr geschmackvoll und stylisch renoviert wurde. Moderne und gepflegte Zimmer mit 60 Schlafstätten, verteilt auf Kategorien vom Bett im Acht-Betten-Saal bis zum privaten DZ. Dachterrasse mit Tapas-Restaurant und Weinbar. Im Herzen der Bastide in der Unterstadt gelegen.
www.au-couvent.fr

Auberge de Jeunesse (€), Rue du Vicomte Trencavel, Tel. 0468252316. Mitten in der Cité gelegene Jugendherberge mit 120 Betten. Hübscher Innenhof. Speisesaal, Küchennutzung, Bar, Bibliothek, Fahrradstellplätze. www.hifrance.org

Camping de la Cité (€), Chemin Bernard Délicieux, Tel. 0468100100; April–Okt. Vier-Sterne-Platz zu Füßen der Cité, in Nähe des Flusses Aude. 156 Stellplätze, davon 38 für Wohnwagen/Wohnmobile auf 7 ha. Auch Mobilheime sind anzumieten. Großer Pool mit Wasserrutschen, Hüpfburg, Spa mit Sauna und Whirlpool, Sportplatz, Tischtennis, Boule, Grill- und Picknickplatz. Snackbar.
www.campingcitecarcassonne.com

Camping Das Pinhiers (€), Chemin du Pont Neuf, Villemoustaussou, Tel. 0468478190; April–Nov. Familiärer Drei-Sterne-Platz mit 72 überwiegend schattigen Stellplätzen auf 2,5 ha, dazu 17 Mobilheime. Brotdepot, Snackbar Juni–Aug., Außenpool Juni–Sept.
www.camping-carcassonne.net

Camping à l'Ombre des Oliviers (€), Avenue du Stade, Cazilhac, Tel. 0468796508. Drei-Sterne-Platz mit benachbartem Reiterhof. 50 Stellplätze und 13 Holz-Chalets auf 2,5 ha. Pool, Tennisplatz, Tischtennis, Boule, Trampolin, Spiel- und Sportplatz.
www.alombredesoliviers.com

La Table de Franck Putelat (€€€€–€€€€€), 80, chemin des Anglais, im Hôtel Le Parc,

Tel. 0468718080; Di–Sa ab 12 Uhr, abends ab 19 Uhr. Kreativität, technisches Know-how und hervorragende Produkte verhalfen Küchenchef Franck Putelat verdientermaßen zu zwei Michelin-Sternen. Die subtilen, teils originellen Kreationen genießt man entweder im modernen, schicken Restaurant oder – noch schöner – auf der Terrasse. www.franckputelat.com

La Barbacane (€€€–€€€€€), Place Auguste-Pierre-Pont, Tel. 0468719871; tgl. 12.30–13.30, 19.30–21.15 Uhr. Die exquisite Küche im Restaurant des Hotels de la Cité, die traditionelle Gerichte raffiniert neu interpretiert, wurde unter der Führung von Küchenchef Jérôme Ryon, ehemals Putelats rechte Hand, mit einem Michelin-Stern belohnt. Der festliche, neogotische Rahmen sorgt für das passende, klassische Ambiente. www.cite-hotels.com

Restaurant Bernard Rigaudis – Domaine d'Auriac (€€€€), Route de St-Hilaire, Tel. 0468257222; Di–Sa 12–13.45, 20–21.15 Uhr. Produkte von ausgesuchter Qualität, unverkennbare Finesse, auf den Punkt gebrachter Geschmack – so lobt der Michelin-Kommissar die Küche des Hotelrestaurants, in der Chef Philippe Deschamps das Zepter schwingt, und zeichnete sie mit einem Stern aus. www.domaine-d-auriac.fr

Comte Roger (€€–€€€), 14, rue St-Louis, Tel. 0468119340; Di–So 12–13.30, Di–Sa 19–21.30 Uhr. Die Spezialität des Hauses ist das berühmte Cassoulet, das dank Küchenchef Pierre Mesa Leichtigkeit und Eleganz bekommt. Wie auch alle anderen Gerichte in dem stilvollen Restaurant mit schönem Innenhof. Ausgezeichnete Adresse im Herzen der Cité! www.comteroger.com

Robert Rodriguez (€€€€–€€€€€), 39, rue Coste-Reboulh, Tel. 0468473780; Di–Sa 12–14.30, 19–22 Uhr. Gemütlich, unprätentiös – so wie das Bistro ist auch der eigenwillige Chef und seine Küche einfach nur köstlich. Ein absolutes Muss! www.restaurantrobertrodriguez.com

Brasserie à 4 Temps (€€–€€€), 2, boulevard Barbès, Tel. 0468114444; tgl. 7–23 Uhr. Die exzellente Küche von Zwei-Sterne-Koch Franck Putelat für den kleinen Geldbeutel. Vom Frühstück bis zum späten Abendessen kann man klassische Gerichte in neuer, moderner Interpretation genießen. Schönes, zeitgenössisches Ambiente sowohl innen wie auf der schattigen Terrasse. Wegen des ausgezeichneten Preis-Leistungs-Verhältnisses ist eine Reservierung angeraten. www.brasserie4temps.com

La Table d'Alaïs (€€–€€€), 32, rue du Plô, Tel. 0468716063; Do–Di 12–13.30, 19.15–21 Uhr. Kleines Juwel in der Altstadt, das sowohl bei der Einrichtung wie auch bei den Gerichten Tradition und Moderne vereint. Schöne Terrasse im Hof. www.latabledalais.fr

La Marquière (€€€), 13, rue St-Jean, Tel. 0468715200; Fr–Di 12–13, 19.20–20.30 Uhr. Gemütliches, gediegenes Ambiente mit rustikalem Touch und ehrliche, einfache und einfach wohlschmeckende Küche ohne Chichi, für die gebotene Qualität korrekte Preise. In der Cité, wo die Quantität der Lokale die Qualität bei Weitem übersteigt, eine rühmliche Ausnahme. www.lamarquiere.com

Le Jardin en ville (€€), 5, rue des Framboisiers, Tel. 0468478091; Di–Sa 12–14, 19–23.30 Uhr. Restaurant, Boutique, Trödelladen, Weinbar und Feinkosthändler in einem. In dem Multi-Funktions-Lokal genießt man klassische Brasserie-Gerichte oder Tapas zu einem Glas Wein in einem originellen und witzigen Dekor, umgeben von Kunst, Kunsthandwerk und Trödel. Gemütliche, ungezwungene Atmosphäre. www.lejardinenville.fr

Le Cathare (€–€€), 1, ruelle des Tanneurs/53, rue Jean Bringer, Tel. 0468133 272; Di–Sa 12–14, 19.30–21 Uhr. In einem ehemaligen Kreuzgang aus dem 13. Jahrhundert werden v.a. Grillspezialitäten serviert. Uriges Restaurant in altem Gemäuer mit hervorragendem Preis-Leistungs-Verhältnis v.a. bei den Mittagsmenüs.

La Table de la Bastide (€€€), 55, rue Aimé Ramond, Tel. 0430345199; Di–Sa 12–14, 19–22 Uhr. Schlicht und modern eingerichtetes Restaurant in einem alten Gewölbe in der Bastide, in dem kreative Kompositionen kreiert werden. Wer sich auf ausgefallene Zusammenstellungen wie Pilzstreusel zum Nachtisch einlässt, wird von den neuartigen Aromen begeistert sein!

Le Clos des Framboisiers (€€€), 8, rue des Framboisiers, Tel. 0468474117; tgl. 19.30–21.30 Uhr. Kreative Küche in kreativem Dekor, die man im Sommer auch auf der schönen Terrasse neben dem Pool genießen kann.

La Table de Norbert (€–€€), 74, allée d'Iéna, Tel. 0468478760; Di–Fr 12–14, Mo–Sa 19.30–22 Uhr. Liebhaber von – gegrilltem – Fleisch kommen hier voll auf ihre Kosten. Gemütliches Ambiente, ungezwungene Atmosphäre.

Katia.N Pâtisserie, 33, rue de la République, Tel. 0434421598; Di, Do–Sa 10.30–18.30 Uhr. Kaffee- und Teehaus mit etwas nüchterner, kühler Atmosphäre, aber die hausgemachten Kuchen und Gebäckstückchen entschädigen reichlich dafür.

Le Bar à Vins de la Cité, 6, rue du Plô, Tel. 0468473838; tgl. 11–2 Uhr. Gemütliche Weinbar mit einem großen Außenbereich, der an einen Biergarten erinnert. Schöne Auswahl an Weinen auch glasweise. Käse- und Wurstplatten, Sandwiches für den kleinen Hunger zwischendurch.

Château Comtal, 1, rue Viollet-le-Duc, Carcassonne; Okt.–März 9.30–17 Uhr, April–Sept. 10–18.30 Uhr, 1. Jan., 1. Mai, 1. Nov., 11. Nov. u. 25. Dez. geschlossen. Eintritt 9 Euro, reduziert 7 Euro, frei für Kinder und Jugendliche bis 16 Jahre. Audioguides in deutsch erhältlich (3 Euro). www.remparts-carcassonne.fr

Bereits im Juni startet das **Festival von Carcassonne** mit einem bunten Programm, bestehend aus Theater, Oper, Tanz, klassischen Konzerten, aber auch Zirkus und Ritterspielen. Die größten Stars Frankreichs kommen zu dem dreiwöchigen Festival, rund 120 Konzerte werden gegeben, mehr als die Hälfte davon kostenlos.

Höhepunkt im Festkalender der Stadt ist das grandiose, legendäre **Feuerwerk** über der Cité zum Nationalfeiertag am 14. Juli, ab 22.30 Uhr.

Während der Hauptferienzeit finden zwischen Mitte Juli und Ende August zahlreiche **Ritterturniere** und **Mittelalterfeste** statt, meist drei bis vier Vorstellungen pro Tag. Das genaue Programm unter: www.tourismus-carcassonne.de

Ende August bis Anfang September findet die **Feria de Carcassonne** statt, bei der Musikgruppen verschiedenster Stilrichtungen auftreten, von Tango und Salsa, okzitanischer Folklore bis zu Mittelaltergruppen mit Spielmannszügen.

Alter Ride, 1, rue Courtejaire, Tel. 0667169910; tgl. 10–12.30, 14–19 Uhr. Fahrradverleih, auch für E-Bikes, Mountainbikes, Kinderräder und Zubehör wie Helme und Anhänger.
www.alter-ride.fr

Base de loisir Raymond Chésa, Lac de la Cavayère, route de la Cavayère. Der Baggersee 10 km südöstlich der Stadt, in der Nähe von Palaja, ist auch als Carcassonne Plage bekannt. See und Freizeitpark erstrecken sich über 40 ha; mehrere Picknickplätze, Tretbootverleih, Volleyball-Plätze und ein Waldkletterweg. Im Südteil des Sees gibt es einen überwachten Badestrand.

Aquaviva, im Freizeitpark Raymond Chésa, Tel. 0781914912; Juni–Aug. tgl. 11–19 Uhr. Erlebnisbad mit zahlreichen Wasseraktivitäten wie Rutschen, Wasserhüpfburgen und Sprungtürmen.

Carcassonne Croisières, Port de Carcassonne, Bahnhofsseite, Tel. 0468716126; April–Okt. Mehrere Bootstouren unterschiedlicher Dauer auf dem Canal du Midi, ab 8,50 Euro, Kinder von 3–12 Jahren ab 6,50 Euro.
www.carcassonne-navigationcroisiere.com

Les Canalous, 15, quai Riquet, Tel. 0468718895. Lokale Basis des Hausbootvermieters (→ S. 345).

Golf de la Domaine d'Auriac, Route de St-Hilaire, Tel. 0468257222. Abwechslungsreicher 18-Loch-Platz, der 1988 von Jean-Pierre Basurco auf 5800 m als Par-71-Kurs angelegt wurde. Greenfee April–Okt. 52 Euro/93 Euro für 2 Pers., Nov.–März 44/83 Euro.
www.domaine-d-auriac.fr/golf

La Ferme, 55, rue de Verdun, Tel. 0468250215; Di–Sa 8–12.30, 15–19.30 Uhr. Delikatessenladen mit regionalen Spezialitäten und Wein, sowie Tee und Kaffee, im Obergeschoss geschmackvolle Tischwäsche, Geschirr und Dekoration.
www.boutiquelaferme.fr

Thé à la Cité, 4, place du Grand Puits, Tel. 0468253510; tgl. 10–19 Uhr. Hervorragende Teeauswahl und Teegeschirr aus aller Welt. Auch hübsche Souvenirs wie kandierte Veilchen.

La Compagnie française Cathala, 65, rue de Verdun, Tel. 0468250357; Di–Sa 9–12.30, 14–19 Uhr. Haus- und Tischwäsche in einem wunderschönen nostalgischen Geschäft. Die Schneider erfüllen jeden Wunsch.

Jeden Di, Do, Sa findet auf der Place Carnot **Wochenmarkt** statt, am schönsten und größten ist der Markt am Samstag.

Centre hospitalier, 100, chemin de la Madeleine, Tel. 0468252525.
ch-carcassonne.fr

Restaurant an der Rue du Grand Puits in der Cité von Carcassonne

Montagne Noire

Zwischen Carcassonne und Mazamet erheben sich die dunklen Berge des »Schwarzen Gebirges«. Das etwa 25 Kilometer breite und 35 Kilometer lange Bergmassiv hat im Pic de Nore mit 1211 Metern seine höchste Erhebung. Das Cabardès ist eine Naturregion zu der elf Gemeinden gehören, die sich an den Hängen der Montagne Noire befinden. Im Osten wird das Cabardès durch das Minervois und im Westen durch das Lauragais begrenzt. Das Minervois, benannt nach dem Dorf Minerve, ist eine der wichtigsten Weinbauregionen Okzitaniens. Zudem kam und kommt eines der edelsten Baumaterialien, der rote Marmor von Caunes, aus der Region.

Cabardès

Der Name Carbardès stand für eine der 16 Vogteien der Vizegrafschaft Carcassonne, weshalb die Region das Schicksal Carcassonnes (→ S. 259) teilte. Nach Beendigung des Albigenserkreuzzuges reorganisierte der Seneschall des Languedocs die Ländereien und vergrößerte die Vogtei um mehr als das Doppelte. 34 Gemeinden gehörten bis zur Französischen Revolution zu dem Gebiet. Auf einer Fahrt durch die verschlafenen, malerischen Dörfer des Cabardès kann man zahlreiche Burgen und Burgruinen sehen, die noch heute beredtes Zeugnis dieser Feudalzeiten geben, auch wenn die Anlagen alle mehr oder weniger ein Opfer des Albigenserkreuzzugs wurden. Diese Handvoll an Dörfern, die jeweils kaum 100 Einwohner zählen, können zwar nicht mit überragenden Sehenswürdigkeiten aufwarten, sind aber rührend und besonders reizend durch ihren ländlichen, verschlafenen Charme. Wie an einer Perlenschnur aufgezogen, reihen sie sich auf dem Weg von Saissac bis zum Pic de Nore.

■ Châteaux de Lastours

Die Châteaux de Lastours bestehen aus vier Burgruinen oberhalb des Flusses Orbiel an den Südhängen der Montagne Noire beim Dorf Lastours. Die Familie de Cabaret, Vasallen der Vizegrafen von Carcassonne, hatte hier ihren Sitz. Das Ensemble besteht aus den Burgen Cabaret, Surdespine und Querdinheux sowie aus dem Turm Régine.

Cabaret im Norden war die bedeutendste Burg der vier, bestehend aus einem Bergfried, einem Wohntrakt und einer Kurtine, die das gesamte Gemäuer umschloss. Über eine Wendeltreppe ist der Donjon zugänglich und bietet die beste Aussicht über die drei anderen Festungsbauten. Als Stammsitz der Familie Cabaret entstand diese Burg bereits im 11. Jahrhundert.

Die **Burg Surdespine** wird überragt von einem eckigen Turm und hatte ebenfalls einen separaten Wohnbereich Sie ist am wenigsten gut erhalten und entstand etwa 100 Jahre nach der Hauptburg.

Die **Burg Quertinheux** wurde als dritte Burg im 12. Jahrhundert auf einer gesonderten Felsspitze erbaut. Sie hat noch einen Rundturm mit seitlicher Wendeltreppe, der nach 1260 zur Vorlage für den königlichen Turm, den **Tour Régine**, wurde. Wie der Name schon verrät, wurde er erst unter französischer Königsherrschaft errichtet und sollte wohl den Sieg des Katholizismus und der Krone demonstrieren. Zu Beginn des 13. Jahrhundert teilte sich Pierre Roger de Cabaret die Herrschaft über die drei Burgen mit seinem Bruder Jourdain und machte aus ihnen ein Zentrum der Katharerbewegung. Nach der Einnahme von Carcassonne wurde die Burg Cabaret zur Zuflucht für den katharischen Bischof. Es gelang den Brüdern sogar, das Kreuzfahrerheer unter Simon der Montfort abzuwehren. Doch 1211

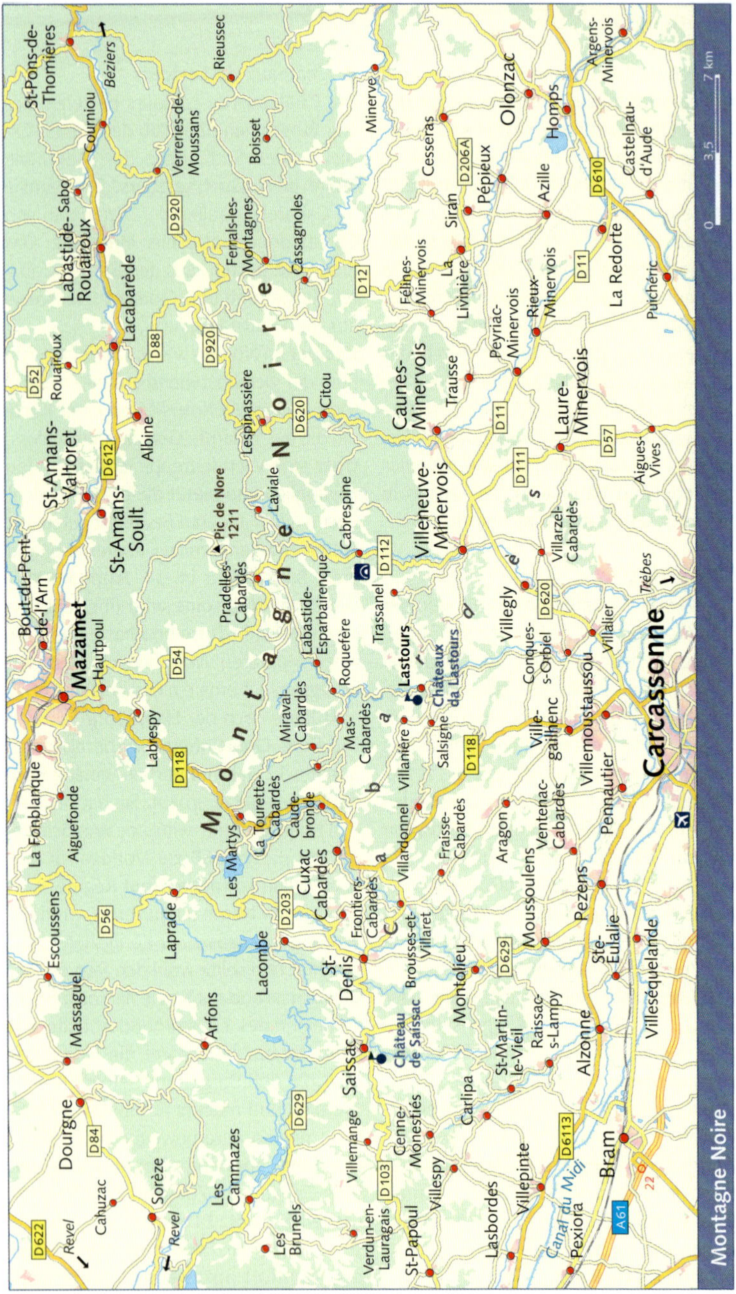
Montagne Noire
Mazamet
Carcassonne
St-Pons-de-Thomières
Courniou
Béziers
Rieussec
Verreries-de-Moussans
Boisset
Minerve
Cesseras
Olonzac
Homps
Argens-Minervois
Castelnau-d'Aude
Labastide-Rouairoux
Sabo
Lacabarède
Ferrals-les-Montagnes
Cassagnoles
Félines-Minervois
La Livinière
Siran
Pépieux
Azille
La Redorte
Puichéric
Rieux-Minervois
Peyriac-Minervois
Rouairoux
Trausse
Caunes-Minervois
Citou
Lespinassière
Laure-Minervois
Aigues-Vives
St-Amans-Valtoret
Albine
St-Amans-Soult
Pic de Nore 1211
Laviale
Cabrespine
Villeneuve-Minervois
Villarzel-Cabardès
Trèbes
Bout-du-Pont-de-l'Arn
Hautpoul
Pradelles-Cabardès
Labastide-Esparbairenque
Trassanel
Villegly
Conques-s-Orbiel
Villalier
Lastours
Châteaux de Lastours
Roquefère
Labrespy
Miraval-Cabardès
Mas-Cabardès
Salsigne
Villanière
Ville-gailhenc
Villemoustaussou
La Fonblanque
Aiguefonde
Les Martys
La Tourette-Cabardès
Caudebronde
Villardonnel
Fraisse-Cabardès
Aragon
Ventenac-Cabardès
Pennautier
Escoussens
Laprade
Cuxac Cabardès
Frontiers-Cabardès
Moussoulens
Pezens
Lacombe
St-Denis
Brousses-et-Villaret
Montolieu
Ste-Eulalie
Villesèquelande
Massaguel
Arfons
Saissac
Château de Saissac
St-Martin-le-Vieil
Raissac-s-Lampy
Alzonne
Dourgne
Cahuzac
Sorèze
Revel
Les Cammazes
Les Brunels
Villemange
Cenne-Monestiés
Carlipa
Verdun-en-Lauragais
St-Papoul
Villespy
Lasbordes
Villepinte
Bram
Pexiora
Canal du Midi
22
D622
D84
D629
D103
D6113
A61
D56
D203
D118
D54
D612
D52
D88
D920
D620
D12
D112
D206A
D11
D111
D57
D610
0 3,5 7 km

wurden die Burgen der Cabarets erneut belagert und dieses Mal erfolgreich. Pierre Roger konnte aber günstige Bedingungen aushandeln und tauschte die Burgen von Lastours gegen Ländereien bei Béziers. Nachdem der Sohn Simons de Montfort, Amaury, gescheitert war und sämtliche Rechte an König Ludwig VIII. abgetreten hatte, konnte Pierre Roger Lastours sogar wieder in Besitz nehmen. Ab 1227 belagerte Humbert de Beaujeu im Auftrag des französischen Königs erneut die Burgen - zwei Jahre lang. Schließlich musste Pierre Roger de Cabaret kapitulieren und das Gebiet der Vogtei fiel der Krone zu. Über 40 Höhlen wurden in den Hügeln rund um die Burgruinen entdeckt. Die Legende besagt, dass diese durch Geheimgänge mit Carcassonne, immerhin 18 Kilometer entfernt, verbunden waren und die mysteriöse Flucht der Carcassonnais (→ S. 262) durch dieses Höhlensystem erfolgte. Eindrucksvoller als die Ruinen selbst ist der Blick auf die vier Burgen. Vom Dorf Lastours aus führt die **Route de Belvédère** (D701) zu einem Aussichtspunkt etwa zwei Kilometer nach Westen.

Château de Saissac

Auch Saissac war eine bedeutende Katharerhochburg und obwohl die vermutlich unbekannteste ist, ist sie doch gleichzeitig die älteste, wie eine Untersuchung mit der Radiokarbonmethode ergeben hat. Um 900 bereits gegründet, gehört sie damit zu den ersten steinernen Burgen Frankreichs. 960 wird sie erstmals erwähnt, als Besitz der Grafen von Toulouse. Im 11. Jahrhundert kam sie in den Besitz der Trencavels und diese übergaben sie als Lehen den Saissacs. Bertrand de Saissac wurde 1193 zum Erzieher des späteren Vizegrafen Roger Raymond und machte diesen wohl empfänglich für das katharische Gedankengut (→ S. 33). Schon zu Beginn der Belagerung

Das Château de Saissac

von Carcassonne ergab sich der Seigneur von Saissac dem Kreuzfahrerheer und das Territorium wurde zwischen ihm und Bouchard de Marly, einem engen Gefolgsmann Simon de Montforts, geteilt. Nach dem Ende des Albigenserkreuzzugs entwickelte sich das Dorf zu Füßen der Burg.
1518 kam die Burg in den Besitz einer reichen Familie von Pastelhändlern und diese Familie de Bernuy machte aus dem Gemäuer ein komfortables Renaissance-Schloss. Später wechselte es noch mehrfach den Besitzer, wurde zwischenzeitlich sogar zum Sitz eines Markgrafen de Luynes. Mit der Französischen Revolution wurde das Schloss konfisziert und als Steinbruch verkauft. Anfang des 20. Jahrhunderts erwarb der Schriftsteller und Cineast Henri Dupuy Mazel die Burgruine und richtete sich im Corps du logis wohnlich ein. Bei Restaurierungsarbeiten wurde 1979 der »Schatz von Saissac« gefunden - 2000 Münzen, sogenannte Deniers, aus dem 13. Jahrhundert. Nach Mazels Tod verkauften dessen Erben der Gemeinde Saissac das

Die Burgruinen von Lastours

Schloss zum symbolischen Preis von einem Franc und diese begann eine sechsjährige Restaurierung.
Der Donjon, der wie ein hohler Zahn wirkt, stammt aus dem späten 13. Jahrhundert, nachdem Saissac an die Krone gefallen war. Der Wohntrakt verdankt sein Aussehen den Umbauten in der Renaissance durch die Familie de Bernuy und beherbergt heute ein **Museum** mit zwei Sälen, in denen der **Schatz von Saissac** und eine Ausstellung zum Thema Geld im Mittelalter untergebracht ist. Anhand von Schautafeln wird auch die Kaufkraft dieser Münzen erläutert, was einen interessanten Blick ins Alltagsleben des Mittelalters ermöglicht.

Fontiers-Cabardès

Im 450-Einwohner-Dorf Fontiers-Cabardès wohnte Pierre-Paul Riquet, als er seiner Arbeit als Steuereinnehmer nachging. Sein Quartier war die ehemalige Burg, die einer Modernisierung in der Renaissance unterzogen worden war. Heute ist nur noch die **Tour de l'Horloge**, der 18 Meter hohe Uhrturm aus dem 16. Jahrhundert, trauriges Überbleibsel dieses Baus, der ein Opfer der Französischen Revolution wurde.

Lacombe

Fünf Kilometer nördlich von Fontiers liegt Lacombe. Dort beginnt die sogenannte **Prise d'Alzeau**, bei der dem Bach Alzeau ein Teil des Wassers abgeleitet wird, um es über den **Kanal Rigole de la Montagne** dem Canal du Midi zuzuführen. Ein hübscher **Wanderweg** von drei Kilometern Länge (einfach Wegstrecke) führt entlang dieses Kanals durch den Wald. Das Auto kann man hinter der Kirche in Lacombe parken oder am Restaurant La Prise d'Alzeau an der D 353, wodurch sich der Weg um 500 Meter verkürzt. Links vor dem Lokal beginnt der Weg, am Weiler Les Cabanelles, wo sich auch ein Parkplatz befindet, endet der Waldweg nach etwa einer halben Stunde. Der Weg lässt sich problemlos auch verlängern, sogar bis Saissac, oder auch verkürzen. Egal, wie weit man geht, man muss auf jeden Fall auf dem gleichen Weg zurück.

▶ Karte S. 292

Cuxac-Cabardès

Cuxac-Cabardès zählt als größtes Dorf im Cabardès immerhin 900 Einwohner. Der stolze und wehrhafte Glockenturm seiner Kirche Sainte-Cécile ist charakteristisch für die Dorfkirchen des Cabardès. Im Norden der Gemeinde liegt der Lac de Laprade, inmitten eines Waldes gelegen, und wunderbar geeignet für einen kleinen Badeabstecher oder eine Wanderung rund um den See.

La Tourette-Cabardès

Für ein 21-Seelen-Dorf hat La Tourette-Cabardès eine mächtig beeindruckende Kirche zu bieten. Die **Kirche Sainte-Anne** entstand im 17. Jahrhundert auf den Resten der alten Burg und bezog zwei Wehrtürme sowie die Burgkapelle in den Bau mit ein, wodurch sie ihr wehrhaftes Äußeres bekam. Der Glockenturm auf Basis eines Burgturms erhielt einen oktogonalen Aufbau, der mit Steinplatten, Lauzes genannt, gedeckt wurde. Wegen eines Gewichts von bis zu 500 Kilo pro Quadratmeter braucht ein Lauzes-Dach ein massives und stark geneigtes Gebälk zur Lastverteilung sowie ein haltbares Mauerwerk, das der Turm bot. Die Haltbarkeit von Lauzes, mit rund 400 Jahren, half, dass die Kirche bis heute von weiteren Arbeiten am Dach verschont blieb. Der zweite, halbrunde Turm wurde zum Chor der Dorfkirche umgestaltet. Auch die Innenausstattung, wie ein polychromes Holzretabel in der Seitenkapelle und das Altarbild mit der heiligen Anna, stammt aus dem 17. Jahrhundert.

Miraval-Cabardès

Vor Umwandlung der Burgkapelle in die Dorfkirche diente die Kirchenruine **Saint-Pierre de Vals**, zwei Kilometer vom Dorf entfernt, als Gebetstätte für La Tourette und das Nachbardorf Miraval, das heute immerhin 43 Einwohner hat. Und eine eigene Kirche mit der **Notre-Dame-de-la-Lauze**. Immerhin die Apsis hat noch die namensgebende Steinbedeckung aufzuweisen.

Oberhalb des Dorfes verwittern die **Reste der ehemaligen Burg**, die während der Religionskriege zu einer Zuflucht für die Hugenotten geworden war. Die schon im Albigenserkreuzzug stark beschädigte Burg wurde daraufhin völlig zerstört. Heute erinnert ein Kruzifix an die Opfer religiöser Verfolgung an dieser Stätte.

Zu Füßen der Burgruine erinnert eine Gedenktafel auf Okzitanisch an den berühmtesten Sohn des Ortes: den **Troubadour Ramoun de Miraval**. Auf Französisch Raimon genannt, gehörte er zu den produktivsten Dichtern am Hofe der Grafen von Toulouse. Zu den zahlreichen, von ihm besungenen Damen zählte auch die Vizegräfin von Carcassonne und Ermengarda von Castres als »die Schöne des Albigeois«.

Mas-Cabardès

Das nächste Dorf Mas-Cabardès zählt stattliche 189 Einwohner. Der achteckige Glockenturm seiner **Kirche Saint-Étienne** erinnert an den von La Tourette und

Das Dorf Miraval-Cabardès

scheint mit seinen Fensterbögen aus dem 16. Jahrhundert Vorlage für den dortigen gewesen zu sein. Von der ehemaligen Burg blieben nur wenige Mauerreste übrig, dafür hat das Dorf noch einige sehr charmante **Fachwerkhäuser**. Das älteste Haus, auf dem Marktplatz, datiert von 1583.

Roquefère

Roquefère ist besonders an die Hänge der Montagne Noire geschmiegt. An der höchsten Stelle überragt das **Schloss** das Dörfchen. Vom 12. bis zum 20. Jahrhundert wohnten hier die Seigneurs von Roquefère, getreue Vasallen der Trencavels, die sie 1124 mit diesem Lehen belohnten. Erst 1902 war auch die letzte Seitenlinie der Familie Roquefère erloschen, die meisten Ländereien waren bereits vorher zum Erhalt des großen Kastens verkauft worden. Die Burg hat noch immer ihre Fundamente aus dem Mittelalter, doch ihr Äußeres resultiert vor allem aus den Umbauten im 17. Jahrhundert. 1975 kaufte der Schauspieler und Regisseur Jacques Sarthou das Schloss und bewohnte es bis zu seinem Tod 1999 mit seiner Frau Brigitte Deruy, einer 30 Jahre jüngeren Schauspielerin, die es zu einem Zentrum für Theater- und Konzertveranstaltungen umbauen ließ.

Pic de Nore

Auf dem Gemeindegebiet von Pradelles-Cabardès, einem 145-Seelen-Dorf um die Kirche Saint-Jean-Baptiste, liegt die höchste Erhebung der Montagne Noire, der Pic de Nore. Eine sanft gerundete Bergkuppe, die 1210 Meter misst und an der Fernsehantenne gut erkennbar ist. Die Flüsschen Arnette und Clamoux nehmen hier ihren Beginn. Trotz der relativ geringen Höhe ist das Klima auf dem Pic de Nore rau, vor allem windig, was ihm den Beinamen »der kleine Ventoux« eingebracht hat, in Anlehnung an den heiligen Berg der Provence. Bei gutem Wetter wird man mit einem tollen **Rundumblick** belohnt, bis zum Mittelmeer, den Corbières und den Pyrenäen. Seit den 1990er Jahren gibt es alljährlich ein Radrennen, das Critérium International, das über den Pic de Nore führt, dank des ehemaligen Radprofis Laurent Jalabert, der aus Mazamet stammt. 2018 war die Strecke auch erstmalig im Tour de France-Programm.

Cabardès

Hôtel-Restaurant La Bergerie (€€€), Allée Pech-Marie, Aragon, Tel. 0468261065. Vier-Sterne-Hotel mit Charme in ländlicher Idylle im Herzen der Weinberge des Cabardès. Acht klimatisierte, geräumige Zimmer mit geschmackvoller Einrichtung. Auch Zweibettzimmer. Nach Voranmeldung auch hervorragendes Abendessen (€€€), das Küchenchef Fabien Galibert eine Michelin-Empfehlung eingebracht hat. www.labergeriearagon.com

Domaine de Fount Estremiero (€€–€€€), 2, rue de Fount Estremiero, Castans, Tel. 0468471191. Ruhiges Gästehaus inmitten der Natur in einem schönen, alten Gemäuer. Gemütliches Ambiente durch Natursteinwände, viel Holz und alte Balken und modernem Design. Ein Zweibettzimmer, ein Familienzimmer für vier Personen, eine Suite mit zwei getrennten Zimmern, ein Sechsbettzimmer, eine voll ausgestattete Ferienwohnung mit separatem Zugang für bis zu sechs Personen. Schöner Außenbereich mit Pool und Sonnenterrasse. Spa mit Jacuzzi, Sauna, Hamam. Auf Wunsch Abendessen und Transfers zu Flughafen oder Bahnhof. Kostenlose Privatparkplätze. www.fountestremiero.com

Chez Providence (€€), 9, rue de la Piala, Cuxac-Cabardès, Tel. 0674178667. Herzlich geführtes B & B in einem typischen

▶ Karte S. 292

Steinhaus mit viel Charme und fünf liebevoll eingerichteten Zimmern. Auch Zweibettzimmer. Großer Garten und Terrasse mit Panoramablick. Hausherrin Christina serviert auf Wunsch und nach Voranmeldung Dîner und stellt Lunch-Pakete bereit. Zudem gibt es eine Ferienwohnung mit eigener Küche und einem Mindestaufenthalt von zwei Nächten. www.chezprovidence.com

Camping de Montolieu (€), 775, route de Carcassonne, Montolieu, Tel. 0468 769501. Kleiner, familiärer Drei-Sterne-Platz mit 47 Stellplätzen und 11 Ferienunterkünften auf 1 ha. Frisches Brot auf Vorbestellung am Vorabend, kleiner Laden mit lokalen Produkten, Kinderspielplatz, Tischtennis, Boule, Grillplatz. Im Juli/Aug. Bar. www.campingdemontolieu.com

Le Puits du Trésor (€€€€–€€€€€), 21, route des Quatre-Châteaux, Lastours, Tel. 0468775024. Das Sternerestaurant von Jean-Marc Boyer lohnt allein schon den Weg nach Lastours. Die etwas biedere Einrichtung täuscht, die Gerichte sind voller Finesse, ideenreich, perfekt zubereitet und farbenfroh angerichtet.
www.lepuitsdutresor.com

L'Ambrosia (€€–€€€), Carrefour La Madeleine, Route de Toulouse (D6113), Pezens, Tel. 0468249253. Trendige, moderne Küche mit vielen noblen Produkten wie Langusten, Wolfsbarsch, Kalbsbries, serviert in gepflegtem Rahmen.
www.ambrosia-pezens.com

Châteaux de Lastours, 22, Route des quatre Châteaux, Lastours, Tel. 0468775602; April–Okt. 10–18 Uhr, Juli/Aug. 9–20 Uhr, restliche Monate unregelmäßig, meist nur an den Wochenenden. Eintritt 8 Euro, Kinder bis 15 Jahre 3,50 Euro, unter 6 Jahren frei. Familientickets 12 bzw. 20 Euro. Unwegsames Gelände, gutes Schuhwerk ist unbedingt erforderlich! Belvédère 3 Euro, frei bis 15 Jahre.
www.chateauxdelastours.fr

Château de Saissac, 4, Place de la Mairie, Saissac, Tel. 0468244022; April–Juni, Sept. 10–18 Uhr, Juli/Aug. 9–20 Uhr, Okt.–Dez., Feb./März 10–17 Uhr, Jan. geschlossen. Eintritt 5 Euro, reduziert 3 Euro, Kinder unter 6 Jahren frei.
www.saissac.fr

Nicolas Dreux, Wanderführer, 3, rue Espinasse, Saissac, Tel. 0621634168. Wanderungen in der Region von leicht bis anspruchsvoll, entlang des Canal du Midi, in die Montagne Noire. Spricht auch Englisch.
www.guide-montagne-aude.fr

Gouffre de Cabrespine

Der Schlund von Cabrespine wird gerne auch Kristallkathedrale genannt, was wegen seiner Ausmaße, 80 Meter breit und 250 Meter tief, und der zum Teil sehr seltenen Kristalle nicht so anmaßend ist, wie es zunächst klingt. 2018 feierte man den 50. Jahrestag der Entdeckung der Höhle, die zehn Jahre später der Öffentlichkeit zugänglich gemacht wurde. Allerdings betraten auch durchaus früher schon Menschen dieses unterirdische Höhlensystem, denn Funde belegen, dass sich bereits in der Bronzezeit Menschen hier aufgehalten haben. Alte Schriften weisen darauf hin, dass sich die Müller von Villeneuve-Minervois und anderen flussabwärts liegenden Dörfern im Mai des Jahres 1570 zusammengeschlossen haben. Sie wollten einen Teil der an den Ort Gaougnas angrenzenden Wiese kaufen, in der Absicht das Bett des Flusses Clamoux umzuleiten. Auf diese Weise sollte verhindert werden, dass der Fluss in einem Strudel am Eingang der Höhle verschwand.

Entdeckung der Höhle

Im Zweiten Kaiserreich wurde diese »Reboul« genannte Flussschwinde verschlossen, da eine Straße zwischen Villeneuve und Cabrespine gebaut wurde. Diese Arbeiten glichen zwar das Verschwinden des Wassers aus, aber sie verhinderten nicht, dass der Fluss neue Passagen fand und in sein unterirdisches Bett zurückkehrte. Durch diese Arbeiten wurde der Eingang von Gaougnas ebenfalls blockiert und die Höhle geriet in Vergessenheit. Erst 1880 erinnerte ein dramatischer Vorfall die Menschen wieder an die Höhle: im Juni diesen Jahres war ein Einwohner der Gemeinde, Pierre Baleste, tödlich im »Barrenc«, einer weiteren Versickerungsstelle, verunglückt. Der Feldhüter des Dorfs holte die Leiche des Verunglückten aus dem Schacht. Auf diese Weise wurde er ungewollt zum ersten Speläologen, der in den zur Erdoberfläche hin offenen, etwa 150 Meter tiefen und ausgedehnten Saal eindrang. 1927 bekam man den Beweis, dass zwischen beiden Stellen eine Verbindung bestehen müsse, denn ein in die Barrenc-Schwinde geworfener Hund kam durch die Gaougnas-Höhle wieder zu seinem Herrchen zurück. Später wurde mit Hilfe von gefärbtem Wasser diese Verbindung überprüft und bestätigt. Es dauerte aber noch fast 40 Jahre bis auch die Menschen schafften, was dem Hund geglückt war, nämlich von der einen zur anderen Höhle eine Passage zu überwinden.

Geologie der Höhle

Bis heute ist der unterirdische Wasserlauf des Flusses Clamoux auf 17 Kilometer sondiert. Er hat mit 320 bis 350 Metern pro Sekunde auch heute noch eine recht hohe Fließgeschwindigkeit. In erdgeschichtlich früheren Zeiten, als sich die Clamoux noch nicht so viele parallele Wege gesucht hatte, war diese noch wesentlich höher. Dadurch erzeugte das wirbelnde Wasser eine Gravitationserosion, die die Säle der Höhlen auswusch.

Die pittoreske Kristallhöhle von Cabrespine

Karte S. 292

Mit abnehmender Fließgeschwindigkeit nahm die Flussschwinde die typische Form eines Pilzes an und durch die vielen Seitenwege des Flusses wurde der Druck auf die Decke entlastet, wodurch nicht alle Höhlensäle einstürzten.

Der Gouffre von Cabrespine ist Teil eines riesigen Karstmassivs, das sich aus schmalen Kalksteinstreifen aus dem Paläozoikum zusammensetzt. Die ältesten aus dem Silur, schwarze Kalkplatten und Kalkschiefer mit Einschlüssen wie Seelilien, sind rund 420 Millionen Jahre alt. Darüber abgelagert ist dolomitischer Kalkstein mit goldfarbener Patina aus dem Unterdevon vor etwa 390 Millionen Jahren. Es gab nur eine geringe Bildung von Tropfsteinen im Devon, stattdessen entstanden massive Kalkplatten, stufenförmig mit sehr vielen Tropfsteinausbildungen, die besser für den Durchfluss der kalkreichen Lösungen geeignet sind. An vielen Stellen hat das Wasser durch Druck und chemische Prozesse den Kalkstein in Marmor verwandelt.

Bemerkenswert sind einige Steinformationen aus Aragonit, einem Mineral aus der Gruppe der Carbonate und Nitrate mit prismatischen Kristallen. Ein Brückenweg führt gut erschlossen in den Höhlensaal zum unterirdischen Fluss und den Kristalldecken, eine zweite Brücke, aus Glas!, ermöglicht einen schwindelerregenden Blick in den Schlund.

Gouffre de Cabrespine

Gouffre Géant de Cabrespine, Tel. 0468261420; April–Juni, Sept./Okt. 10–12.30, 14–18.30 Uhr, Juli/Aug. 10–19 Uhr, geführte Besichtigungen zu jeder Stunde, Nov.–Jan. Fr–So 14–17.30 Uhr, Besichtigungen mit Audioguides. Eintritt 11,20 Euro, Jugendliche 9,50 Euro, Kinder unter 13 Jahren 6,90 Euro, frei bis 5 Jahre.
www.gouffre-de-cabrespine.com

Die Fußgängerbrücke von Hautpoul nach Mazamet

Mazamet

Auf der Nordseite der Montagne Noire liegt Mazamet. Die knapp 10 000 Einwohner zählende Kleinstadt ist seit Jahrhunderten für die Weißgerbereien bekannt. Im Maison Fuzier befindet sich das Fremdenverkehrsbüro sowie ein recht interessantes Museum über Geschichte und Religion der Katharer.

Hautpoul

Oberhalb der Stadt liegt Hautpoul, das sich seinen mittelalterlichen Charme bewahren konnte. Nachdem es fast vollständig entvölkert war, ziehen wieder mehr und mehr junge Leute, vor allem Kunsthandwerker hierher. Ruinen der ehemaligen Festung, ein alter Dorfbrunnen und ein Mittelaltergarten zählen zu den Hauptattraktionen des Dorfes. Die Ruinen der ehemaligen Kirche Saint-Sauveur, die auf einem weiteren Felsen stehen, wurden 2018 durch eine Fußgängerbrücke an Hautpoul angeschlossen. Immerhin etwa 70 Meter über dem Tal der Arnette. Die Ausblicke entschädigen für die schwindelerregende Passage.

Mazamet

Office du Tourisme, 7, place Georges Tournier, 81200 Mazamet, Tel. 0563612707; Juni, Sept. Mo 14–17.30, Di–Fr 9.30–12, 14–17.30, Sa 9.30–12.30 Uhr, Juli/Aug. Mo–Fr 9.30–12, 14–17.30, Sa 9.30–12.30 Uhr, Okt.–Mai Di–Fr 10–12, 14–17 Uhr.
www.tourisme-castresmazamet.com

Les Jardins de Mazamet (€€€), 6, rue Henri Gardet, Tel. 0563612697. Höchst stilvolles Gästehaus mit fünf äußerst geräumigen, klimatisierten Zimmern, die geschmackvoll und mit besonderem Esprit gestaltet sind. Zudem gibt es ein Ferienhäuschen mit zwei Schlafzimmern für bis zu 6 Personen. Abendessen nach vorheriger Reservierung. Fitnessraum, Wellnessbereich mit Sauna, Jacuzzi und Hamam, Garten mit Außenpool. Kostenfreie Privatparkplätze. www.jardinsdemazamet.fr

La Villa de Mazamet (€€€–€€€€), 4, rue Pasteur, Tel. 0563979033. Luxuriöses B & B mit vier hochwertig und komfortabel ausgestatteten Zimmern, eines davon mit getrennten Betten, und eine Suite. Weitläufiger Garten mit Pool, Spa mit Sauna, Jacuzzi und Massageliegen. An den Wochenenden Abendessen nach Reservierung, werktags Brotzeitplatten auf Wunsch, mittags Sandwiches. Reichhaltiges Frühstück; Mai–Okt. Mindestaufenthalt zwei Nächte.
www.villademazamet.com

La Hulotte (€€), Le Bousquet, Tel. 0684134893. Die wohl originellste Übernachtungsmöglichkeit ist ein historischer hölzerner Wohnwagen, der aus den Karpaten stammt und im großen Park eines privaten Anwesens steht. Für besonderen Luxus sorgt der kleine private Pool, zusätzliche Sitzmöglichkeiten außerhalb und – bei Regen – ein gläsernes Gartenhaus.
www.chambre-roulotte-tarn.fr

Camping Municipal La Lauze (€), Chemin de la Lauze, Tel. 0563612469; April–Sept. Drei-Sterne-Platz in der Nähe des Centre Commercials mit Supermärkten und in fußläufiger Entfernung zum Freibad mit Spa von Mazamet. 55 Stellplätze, davon 25 für Wohnmobile/-wagen und 5 Mobilheime auf 1,7 ha. Kleiner Lebensmittelladen mit Brotstation. Spiel- und Sportplätze.
www.camping-mazamet.com

Musée du Catharisme, Maison des Mémoires, rue des Casernes, Tel. 0563615656; Feb./März Di–Fr 14–17 Uhr, Juni, Sept./Okt. Mo–Fr 10–12, 14–17 Uhr, Juli/Aug. Mo–Fr 10–12, 14–17, So 14–17 Uhr. Eintritt 5 Euro, Kinder 2,50 Euro, unter 12 Jahren frei. Audioguides in frz. und engl. Sprache, Besichtigungsbroschüre in Deutsch.
www.museeducatharisme.fr

Base de Loisir du Lac des Montagnès, Tel. 0663612707. Der Lac des Montagnès ist ein künstlich angelegter, 25 ha großer See in 700 m Höhe mit einem überwachten Badestrand, Kinderspielplätzen, Toiletten, Klettergarten, Minigolfplatz, Wasserpark und Restaurationsmöglichkeiten am Südufer. Gut ausgewiesene Wanderwege, die teilweise auf dem Fernwanderweg GR 7 entlangführen. Am Nord- und Ostufer Stellplätze für Wohnmobile, sowie ein Steg für Angler.

Centre aquatique – Piscine de Mazamet, Avenue Charles de Gaulle, Tel. 0563613716. Hallen- und Freibad mit Flachwasserbecken, Sprudelbänken, Gegenstromanlage, Sonnenterrasse und Wellnessbereich mit Sauna und Dampfbad.
www.castres-mazamet.fr

▲ Karte S. 292

Minervois

Bereits seit der Antike wird an den letzten hügeligen Ausläufern im Süden der Montagne Noire Weinbau betrieben. Doch besiedelt ist die Gegend noch bedeutend länger, wie Funde aus prähistorischer Zeit belegen. Als Teil der Vizegrafschaft Carcassonne teilten die Dörfer die Geschicke der umliegenden Gebiete. Den Namen verdankt die Region dem Dörfchen Minerve, im Nachbardépartement Hérault gelegen, das zu den letzten Rückzugsorten der Katharer gehörte. Der Pagus Minerbensis, wie der Ort und seine Umgebung zu karolingischen Zeiten hieß, hat als Weinbaugebiet seit 1985 den AOC-Status, ist also ein Gebiet mit geschützter und kontrollierter Herkunftsgarantie, in dem auf etwa 4000 Hektar rund 175000 Hektoliter Wein, fast ausschließlich Rotwein, produziert wird. Grenache, Mourvèdre und Syrah sind die Hauptrebsorten, die von 300 bis 350 Sonnentagen in der Region profitieren und zu vollmundigen Weinen gekeltert werden.

Obwohl das Minervois keine großen Städte hat und historisch keine herausragende Rolle gespielt hat, gibt es doch einiges zu sehen, was sich gut in einem Tagesausflug von Carcassonne aus erkunden lässt. Zudem kann man fast in jedem Dorf Weingüter besuchen und den renommierten AOC-Wein der Region verkosten. Der südliche Teil des Minervois bildet die idyllische Kulisse für eine Hausbootfahrt auf dem Canal du Midi oder eine Radtour entlang der alten Treidelpfade.

Weinberg im Minervois

Trèbes

Die 5500 Einwohner große Gemeinde liegt nur zehn Kilometer von Carcassonne entfernt und markiert die südwestliche Grenze des Minervois. Die Silhouette des hübschen Örtchens an der Mündung des Orbiel in die Aude wird von der **Pfarrkirche Saint-Étienne** beherrscht. Sie wurde erstmals 1215 erwähnt, ihr heutiges Aussehen erhielt sie allerdings erst im 13. und 14. Jahrhundert. Da nach dem Massaker, das die Kreuzfahrer um Simon de Montfort in Béziers anrichteten, etliche Katharer nach Trèbes geflüchtet waren, hatten die Ritter aus dem Norden nachgesetzt und die kleine Stadt belagert, wobei die Kirche stark beschädigt wurde. Die 1253 eingeleiteten Baumaßnahmen zum Wiederaufbau wurden im gotischen Stil ausgeführt. Eine 1980 durchgeführte Renovierung des hölzernen Gewölbes brachte 320 bemalte Konsolen zutage. Die gesamte mittelalterliche Gesellschaft war auf den Holzstützen abgebildet worden. Wie man anhand des Stils feststellte, scheinen drei Künstler mit der Bemalung der Eichenkonsolen beauftragt worden zu sein. Entstanden sind die Malereien im 14. Jahrhundert.

Puichéric

Das Dorf, das 1200 Einwohner zählt, hat sich seinen mittelalterlichen Charme erhalten. Der Name verweist auf einen Theoderich, der auf dem Hügel, Puech, eine erste Burg errichtete und damit den Ort zum Podium Theodoroci werden ließ. Ob dieser Theoderich mit dem Westgotenkönig, der ab 418 das Tolosanische Reich beherrschte, identisch ist, ist pure Spekulation. Immerhin ergaben

Untersuchungen an der **Burgruine** des Dorfes, dass die ältesten Spuren aus dem 7. Jahrhundert stammen. Während des Hundertjährigen Kriegs wurde die Burg durch die Engländer zerstört und die Steine zum Bau der Häuser der Gegend benutzt.

La Redorte

In dem kleinen, idyllischen Ort gibt es ein Überlaufwehr, über das im Bedarfsfalle Hochwasser aus dem Canal du Midi über das Flüsschen Argent-Double in die Aude abgeleitet wird. Im Zentrum des Dorfes führt der **Pont-canal du Rivassel**, eine Art Aquädukt, den Canal du Midi über den Bach Naval. Der Ort entstand um ein Schloss, das im 18. Jahrhundert von der einflussreichen Familie d'Artois errichtet wurde und fünf Generationen in deren Besitz blieb, bevor es von einem Winzer erworben wurde, der das Gebäude in ein Luxushotel umbauen ließ. Die **Dorfkirche Saint-Pierre-aux-Liens** wurde erst Anfang des 20. Jahrhunderts im neoromanischen Stil erbaut.

Homps

Das kaum 600 Einwohner zählende Dorf wurde von Pierre-Paul Riquet zum drittgrößten Hafen am Canal du Midi ausgebaut, um die Weine des Minervois, aber auch der südlichen Corbières von hier zu verschiffen. Der Name des Ortes geht auf eine gallorömische Villa zurück, die einem Aldomus gehörte. Im Mittelalter unterhielt der Johanniterorden einen bedeutenden Stützpunkt in Homps. Die **Kapelle Saint-Michel** am Eingang des Friedhofs wurde im 11. Jahrhundert von diesem Ritterorden errichtet. Das Portal stammt allerdings aus dem 13. Jahrhundert und die gleichnamige Dorfkirche wurde erst im 19. Jahrhundert erbaut. Die **Hausbootverleiher** Le Boat und Les Canalous unterhalten Basen an der Schleuse des Ortes, die 146,4 Kilometer vom Startpunkt des Canals du Midi entfernt ist, als 51. Schleuse ab Toulouse.

Argens-Minervois

Das 350-Seelen-Dorf wurde erstmals im Jahr 881 als Villa Arsegii erwähnt. Um

Die Große Brücke von Minerve

▲ Karte S. 292

dieses Landgut herum entwickelte sich der kleine Ort, dessen enge Gassen noch immer mittelalterliches Flair vermitteln. Eine **Burg**, die auf das 14. Jahrhundert zurückgeht, beherrscht das Ortsbild. Von ihr hat man einen schönen Blick auf den Canal du Midi. Die gute Nachricht für Hausbootfahrer ist, dass hinter der Schleuse von Argens auf Kanalkilometer 152,3 bis zur Schleusentreppe Fonserannes 54 schleusenfreie Kilometer vor ihnen liegen.

■ Minerve

Das Dorf, in dem beim letzten Zensus gerade mal 112 Einwohner lebten, gehört wegen seines geschlossenen, mittelalterlichen Charakters zu den »schönsten Dörfern Frankreichs«. Zudem hat es eine außergewöhnliche Lage auf einem Felsen zwischen den Flüsschen Brian und Cesse und ist nur durch zwei Brücken mit der umliegenden Hochebene verbunden. Die 228 Meter lange Brücke **Pont Grand** überspannt den Canyon des Brian und ist bis zu 28 Meter hoch, der **Pont Petit** über die Cesse misst 126 Meter in der Länge und hat durchschnittlich eine Höhe von 15 Metern.

Ein Bummel durch das Labyrinth der engen Gassen des Dorfes führt unweigerlich zur **Kirche Saint-Étienne**, die bereits 456 geweiht wurde, wie der Altar aus weißem Marmor belegt. Die Kirche selbst in ihrer heutigen Form entstand im elften und 12. Jahrhundert im romanischen Stil. Die Altarplatte wurde 1932 bei Ausgrabungen entdeckt und trägt die Inschrift: RVSTCVSANNXXX EPTVS SVIFF, die belegt dass ein gewisser Rusticus im dritten Jahr als Bischof sie geweiht hat, was auf das oben genannte Jahr verweist.

Wer mit dem Rad entlang des Canals du Midi unterwegs ist oder eine Hausboottour unternimmt, sollte den Zwölf-Kilometer-Abstecher über die D 10 von Homps nach Minerve nicht scheuen, malerischer kann man sich ein okzitanisches Dorf kaum vorstellen.

■ Dolmen Lo Morrèl des Fades

Knapp zwei Kilometer nördlich des Ortskerns von Pépieux befindet sich auf einem mit Kiefern bewachsenen Hügel das größte megalithische Galeriegrab Südfrankreichs, der Dolmen Lo Morrèl des Fades. Er wurde zwischen 3500 bis 3000 vor Christus errichtet und wird in der Gegend auch als »Spielstein Rolands«, Palet de Roland, bezeichnet. Der Neffe Karls des Großen, der beim Feldzug gegen die Mauren die Nachhut geführt hatte und beim Rückzug in einen Hinterhalt geraten war, ist für seine herkulischen Kräfte berühmt. Er soll die Steinplatte, die das Grab bedeckt, von den Pyrenäen bis hierher geschleudert haben, um darunter begraben zu werden. Die Bewohner von Villeneuve-Minervois, die ebenfalls megalithische Dolmen in der Nähe haben, nennen allerdings ihren Dolmen »Vieil Homme« umgangssprachlich ebenfalls Palet de Roland.

Lo Morrèl des Fades misst insgesamt 24 Meter, die Hälfte davon nimmt die Galerie ein, die andere Hälfte zwei Grabkammern. Nur über der zentralen, drei Meter hohen Grabkammer ist noch ein Deckstein vorhanden, der aber genügt, um zu erkennen, weshalb in der Fachsprache das bretonische Wort für Steintisch Verwendung fand. Diese Steintische waren ursprünglich von Erdreich bedeckt worden, als Tumulus bezeichnet. Der hiesige Tumulus dürfte rund 35 Meter Durchmesser gehabt haben. Untersuchungen des Gesteins ergaben, dass sowohl die seitlichen Tragsteine, darunter ein neuneinhalb Tonnen schwerer Monolith, wie auch die über zehn Tonnen schwere Deckplatte über zwei Kilometer hierher transportiert werden mussten. Bei der Entdeckung des Dolmens Anfang des 20. Jahrhunderts war nur die abgekippte Deckenplatte sichtbar. Grabungen in den 1960er Jahren brachten unter anderem einen Nietendolch zu Tage, der im Museum von Olonzac aufbewahrt wird.

Azille und Vaissière

Die Gemeinde Azille ist heute vor allem ein Weinbauort, im Mittelalter war sie wegen der Qualität ihres Weizens berühmt. Funde einer Villa Rustica belegen, dass bereits die Römer die guten Böden um Azille schätzten. Die einschiffige **Pfarrkirche Saint-Julien-Sainte-Basilisse** aus dem 14. Jahrhundert beherbergt eine polychrom gefasste Marienstatue aus dieser Zeit. Die Madonna mit Kind gehört zu den besten gotischen Bildhauerarbeiten Südfrankreichs. Überragt wird die Kirche von einem mächtigen, 36 Meter hohen Glockenturm.

Zwischen Azille und Rieux-Minervois liegt in den Weinbergen beim Weiler Vaissière die hübsche frühromanische **Kapelle Saint-Étienne-de-Vaissière d'Azille**. Im 11. Jahrhundert gebaut, bekam sie im 12. Jahrhundert ihr romanisches Chorhaupt. Sechs Halbsäulen zieren und stützen die Apsisrundung beiderseits eines Fensters. Statt eines Glockenturms ragt über der Westfassade nur ein winziges Glockenmäuerchen auf.

Die Kirche von Rieux-Minervois

Karte S. 292

Rieux-Minervois

Die **Kirche Notre-Dame de l'Assomption** in Rieux ist eine der außergewöhnlichsten Kirchen im gesamten Südwesten, da es sich um einen Zentralbau handelt. Als wäre das nicht ungewöhnlich genug, hat sie aber keinen acht- oder sechzehneckigen Grundriss, sondern basiert innen auf einem Siebeneck und außen, um den Bau rund erscheinen zu lassen auf einem Vierzehneck. Eine weitere Besonderheit der eigenwilligen Mariä-Himmelfahrtskirche ist das Fehlen einer Apsis, es ist sogar unsicher, ob sie jemals geostet war, wie dies üblich war. Zahlenmystik in der Architektur und zudem bei einem Rundbau, lassen schnell den Verdacht aufkommen, dass der Templerorden als Auftraggeber hinter der Kirche stand. Doch für diese Theorie gibt es keine schriftlichen Belege. Von außen lässt sich der ungewöhnliche Grundriss des Heptagons nur noch am Glockenturm ablesen, an das später Kapellen angebaut wurden. Innen erkennt man, dass der Bau von vier gemauerten Pfeilern und drei Säulen getragen wird. Da durch die Zahl Sieben kein Stützenwechsel von rund und eckig möglich ist, stehen zwei eckige Pfeiler vor der heutigen Altarkapelle direkt zusammen. Dass man diese »Unbill« in Kauf genommen hat, veranlasst Kunsthistoriker anzunehmen, dass man der Sieben besondere Bedeutung zugeschrieben hat. Manche erklären die Zahl zu einer symbolhaften Umschreibung Mariens, andere sehen den Grund in der Apokalypse des Johannes, in der die Sieben eine wichtige Rolle spielt. Sieben Siegel werden geöffnet, sieben Schalen mit den sie-

Roter Marmor in der Abteikirche Saint-Pierre-Saint-Paul in Caunes

ben Plagen der Endzeit ausgeschüttet, bevor das Neue Himmlische Jerusalem erscheint. Sicher ist nur, dass man nichts gesichert weiß – darin liegt vielleicht der besondere Charme dieser kleinen Kirche. Schön reliefierte **romanische Kapitelle**, die unter anderem Maria in einer von Engeln getragenen Mandorla bei der Himmelfahrt zeigen, lohnen ebenfalls einen Blick.

Caunes-Minervois

Der kleine Ort entstand rund um eine **Benediktinerabtei**, die bereits 780 durch einen Mönch namens Anianus gegründet wurde und unter dem Schutz der karolingischen Herrscher stand. Günstigerweise machten die Mönche Ende des 10. Jahrhunderts einen Reliquienfund, der der Abtei bald schon einen größeren Strom an Pilgern brachte. Auch wenn es sich um eher unbekannte Märtyrer – Amandus, Lucius, Ausdaldus und Alexander – handelte, war der Reliquienkult im Mittelalter doch ausgeprägt genug, dass so mancher Pilger, der auf dem Weg nach Santiago de Compostela war, den Weg über Caunes einschlug. Das Geld aus diesem Tourismus des Mittelalters wurde im 12. Jahrhundert in den Bau einer neuen Kirche und zur Erneuerung der Abteigebäude investiert. Während des Albigenserkreuzzuges empfing die Abtei mehrfach päpstliche Gesandte und galt als Hort des festen Glaubens inmitten des Katharerlandes. Daher hat vermutlich der Erzbischof von Narbonne das sichere Caunes ausgewählt, um 1226 einige verurteilte Häretiker in diesem Ort auf den Scheiterhaufen bringen zu lassen. Darunter auch Pierre Isarn, den letzten katharischen Bischof des Carcassès. Durch die vielen Um- und Neubauten im Laufe der Jahrhunderte ist dem Westteil der **Abteikirche Saint-Pierre-Saint-Paul** kaum anzusehen, dass sie aus der Romanik stammt. Die Kirche hat noch nicht einmal mehr ein Westportal, sondern wird heute über ein nachträglich vorgesetzte Portal auf der Nordseite betreten.

Landschaft bei Caunes Minervois

Auch das Innere bietet keine architektonischen Schätze, sondern hat eine recht schlichte barocke Ausstattung. Erst das Chorhaupt offenbart, welch imposante romanische Kirche die Peters- und Paulskirche gewesen war. Die zentrale Apsis wird unten durch Halbsäulen verstärkt und verziert, darüber wirkt die Etage mit den Chorfenstern und den Blendarkaden fast zierlich. Die Verstärkung unten brauchte es wegen der Dachbedeckung mit Lauzes, flachen Kalksteinplatten. Die Mittelapsis wird von zwei Apsiden flankiert, an die beiderseits beeindruckende Türme anschließen. Der Südturm erinnert mit seinem Zinnenkranz an einen Bergfried, der die Kirche optisch zu einer Festung Gottes macht. Der Nordturm mit seinen drei Etagen doppelter Öffnungen dient als Glockenturm.

Sowohl an der Abtei wie auch an fast allen Häusern und Brunnen findet sich in Caunes-Minervois ein warmer, hellroter Marmor. Bereits seit der Antike wurde hier Stein gebrochen und seit dem 16. und 17. Jahrhundert gehörte roter Caunes-Marmor zu den gefragtesten Steinen überhaupt. Der Papst wollte ihn am Petersdom haben, Sonnenkönig Ludwig XIV. in Versailles und heute verbauen ihn die Scheichs am Persischen Golf in ihren Luxusvillen. Seit 2018 kann man im **Écomusée Marbre et Terroir** in einem stillgelegten Industriegebäude alles rund um das Thema erfahren und moderne Kunstwerke bewundern. Auch Führungen durch die Steinbrüche werden angeboten.

Minervois

Adonis La Redorte by Olydea (€€€€), Rue de la Pompe Neuve, 11700 La Redorte, Tel. 0468904143. Vier-Sterne-Hotel in einem prächtigen Anwesen des 18. Jahrhunderts. Das Schlosshotel wird nach Apartment-Konzept mit Frühstücksangebot vermietet. 22 Suiten und Villen, die alle mit einer kleinen Küchenzeile zur Selbstversorgung ausgestattet sind. Großer Pool, weitläufige Gartenanlage. Kostenloser Privatparkplatz.
www.adonis-laredorte.com

Hôtel d'Alibert (€€–€€€), rue St-Gênes, Caunes-Minervois, Tel. 0468780054. Der Hauch der Geschichte von fünf Jahrhunderten steckt in jedem Winkel dieses Renaissance-Hauses, das seit 1912 Hotel ist. Die acht geräumigen Zimmer des Drei-Sterne-Hotels vereinen historische Details und moderne, zeitgemäße Eleganz. Restauration für Hotelgäste mit Brunch am Wochenende, Five-o'clock tea werktags sowie Überraschungsdinners am Abend. Kostenlose Privatparkplätze. Einzigartig, mit Charme und Charakter!
www.hotel-dalibert.com

Le Minervois (€€€), 4, allée d'Occitanie, Caunes-Minervois, Tel. 0468792874. Modernes Drei-Sterne-Hotel mit 15 klimatisierten Zimmern, groß und chic. Auch Zweibettzimmer. Schöner Außenbereich mit Garten, Sonnenterrasse und Pool. Gutes Restaurant im Haus.
https://hotel-le-minervois.business.site

Château de Siran (€€€€), 1, avenue du Château, Siran, Tel. 0468915598. Wunderschönes Vier-Sterne-Schlosshotel inmitten der Weinbaugebietes des Minervois. Elf große, klimatisierte Zimmer, die alle un-

▶ Karte S. 292

terschiedlich, aber durchwegs geschmackvoll, elegant und hochwertig eingerichtet sind. Mit Gourmet-Restaurant (€€€), Mo-Sa ab 19.30 Uhr, nur mit Reservierung. Sehr gutes, reichhaltiges Frühstücksbuffet. Wunderschöner Garten, Pool, Tennisplatz, Spa-Bereich, in dem Massagen angeboten werden. Kostenlose Privatparkplätze. www.chateau-de-siran.com

Riverside Home Cottage (€€), 6, rue Lamartine, Trèbes, Tel. 0676589476. Ein Loft und eine Suite in einem urigen Haus mit Natursteinwänden. Mit viel persönlichem Charme eingerichtet. Die Gastgeberin Pierrette Boidron kümmert sich reizend um ihre Gäste und bereitet auf Wunsch und nach Voranmeldung auch Abendessen zu. Kostenloser Privatparkplatz. www.riverside-home-cottage.fr

La Maison des Palmiers (€€), 4, quai des Négociants, Homps, Tel. 0468325792. Direkt am Canal du Midi und inmitten eines herrlichen Garten steht das eindrucksvolle Herrenhaus, das in den 1860er Jahren für die Familie St-Exupéry erbaut wurde. In dieser historischen Villa werden fünf große Gästezimmer mit geschmackvollem Design vermietet, passend zum Charakter des Hauses, eines davon mit getrennten Betten. Sehr gutes Preis-Leistungs-Verhältnis. http://maisonpalmiers.com

Tour de St-Anne (€€), 1, allée Pol Lapeyre, Azille, Tel. 0468759862. Ehemaliges Weinhändlerhaus, das zu einem B & B mit zwei charmanten Zimmern umgebaut wurde, davon eines als Familienzimmer mit zwei Schlafräumen.
www.tour-de-saint-anne.com

Les Chambres des Dames (€€), 69, avenue Georges Clemenceau, Rieux-Minervois, Tel. 0468764667. Originelles Gästehaus mit individueller Einrichtung im Art-Déco-Stil, gewürzt mit einer Prise Bohème. Vier stilvolle und geräumige Gästezimmer, mit viel Liebe zum Detail gestaltet. Hübscher Garten, begrünter Patio, kostenloser Fahrradverleih. Abendessen auf Anfrage und Reservierung. www.leschambresdesdames.com

Chambres d'hôtes sous l'olivier (€€), 33, rue de la Montagne Noire, Trausse, Tel. 0468783211. Charmantes B & B in einem schönen, alten Winzerhaus, inmitten der Weinberge, mit einem herrlichen Garten mit Pool. Drei Gästezimmer, eines davon mit getrennten Betten. Kostenloser Privatparkplatz. www.chambres-hotes.fr

Villa Angel (€€-€€€), 15, avenue de la Montagne Noire, Caunes-Minervois, Tel. 0610589242. Frühstückspension mit Charme in einer geschmackvoll eingerichteten Villa. Hauseigenes Spa mit Sauna und Jacuzzi sowie Pool im schönen Garten. Fünf Gästezimmer und eine Ferienwohnung. Abendessen auf Vorbestellung. https://villa-angel.fr

La Cigaline (€-€€), 27, rue de la Brèche, Laure-Minervois, Tel. 0983380928. Zwei geschmackvolle Gästezimmer in einem B & B, das wesentlich mehr hält, als es von außen verspricht. TV-Lounge mit Kamin, Terrasse, Pool. www.chambres-hotes.fr

La Marbrerie (€€-€€€), 2, rue du Chasselas/avenue de l'argent double, Caunes-Minervois, Tel. 0468792874. Charmantes, pittoreskes Drei-Sterne-Hotel in einer ehemaligen Marmorwerkstatt, in der schon der edle Marmor für Schloss Versailles poliert wurde. Fünf Zimmer, davon drei Mehrbettzimmer oder -Suiten, die sehr individuell mit vielen historischen Elementen eingerichtet sind. Garten mit Pool und Terrassenrestaurant, in dem traditionelle Küche serviert wird. In der integrierten Boutique gibt es hübsche und praktische Souvenirs aus Marmor wie Nudelhölzer und Seifenspender, aber auch Wein aus dem Minervois und ganz Frankreich. www.la-marbrerie.fr

Camping de la Commanderie (€), 6, chemin de l'église, Rustiques, Tel. 0468786763; Apr.-Mitte Okt. Ruhiger Drei-Sterne-Platz 3 km nördlich von Trèbes mit 76 Stellplätzen. Pool, Spiel- und Sportplätze, Boule, Snackbar/Restaurant nur im Juli/Aug. www.campinglacommanderie.com

Camping Municipal Les Courtals (€), 5 bis, avenue du stade, Caunes-Minervois, Tel. 0468240477; Mitte März–Mitte Nov. Ordentlicher Platz mit etwas veralteten Sanitäranlagen mit 30 Stellplätzen. 1 Mobilheim. camping.lescourtals@hotmail.fr

Le Moulin de Trèbes (€€), 2, rue du Moulin, Trèbes, Tel. 0468789795; Di–Fr, So 12–14, Mo–Sa 19.30–22 Uhr. Reizende Location, die hervorragende Küche von Pascal Ledroit und die perfekte Lage am Canal du Midi sind die Zutaten für perfektes Essen, das man bei schönem Wetter auf der Terrasse mit Blick auf den Hafen einnehmen sollte. Die Spezialität des Hauses ist übrigens karamellisiertes Kalbsbries mit Sesam und Chicorée-Kompott. www.lemoulindetrebes.com

Bourdasso (€€€), Domaine de la Bourdasse, Pradelles-en-Val, Tel. 0468780831; Mi–Mo 12.30–14, 19.30–21 Uhr. Italienische Küche auf einem Biohof mit Büffelzucht und eigener Mozzarella-Produktion. Keine Pizzeria! 11 km südöstlich von Trèbes. Von der Terrasse genießt man den Blick über das Weinbaugebiet der Corbières. www.bourdasso.com

Restaurant L'Écluse (€€–€€€), 2, écluse d'Ognon, Olonzac, Tel. 0468753775; Do–Di 12–14.30, Do–Mo 19–22 Uhr. Sehr empfehlenswertes Lokal an der Schleuse mit Blick auf den Kanal von der Terrasse aus. Aber auch innen sehr geschmackvoll und gemütlich, und das Essen schmeckt drinnen wir draußen.

Relais Chantovent (€€–€€€), 17, Grand-Rue, Minerve, Tel. 0468911418; Do–Mo 12.15–14, Mo, Do–Sa 19.30–21 Uhr. Kleines Restaurant mit spektakulärer Aussicht auf das Tal des Brian, exzellente Küche. Chefin Sandra Bru serviert als Spezialität des Hauses gefüllte Kalbsmedaillon, das 20 Std. gegart wurde, nach einem Rezept der Großmutter – sollte man sich nicht entgehen lassen. Merci, Mamie! www.relaischantovent-minerve.fr

Musée archéologique d'Olonzac, 9, boulevard Pasteur, Olonzac, Tel. 0685527264; Di 14.30–17 Uhr. Kostenlos. Archäologische Fundstücke aus dem Minervois vom Paläolithikum bis zur Römerzeit werden in zwei Räumen präsentiert. www.musee-olonzac.fr

Écomusée Marbre et Terroir, 26, avenue du stade, Caunes-Minervois, Tel. 0468780944; Juni, Sept. Sa/So 14–18 Uhr, Juli/Aug. tgl. 14–18 Uhr. Eintritt 4 Euro, Kinder ab 6 Jahren 1 Euro. Führungen in den Steinbruch »Safari Marbre«, Tel. 0468763474 oder 0633807138, Mi 14 Uhr und So 9 Uhr. 6 Euro. Anmeldung erforderlich.

Eaurizon, 51, route Minervois, Puichéric, Tel. 0468499982. Rafting auf dem Aude, Kanu- und Kajakverleih, Stand-up-Paddeln. Verschieden lange Kajaktouren, ab 12 Euro. Auch organisierte Klettertouren und Höhlenerkundungen. www.eaurizon.eu

Le Boat, avenue Claude Bourrel, Homps, Tel. 0468912400. Lokale Basis des Hausbootverleihs für Touren auf dem Canal du Midi.

Les Canalous, Écluse de Homps, Tel. 0608818778. Lokale Basis des Hausbootvermieters.

Locaboat Holidays, Port Occitanie, Argens-Minervois, Tel. 0468270333. Lokale Basis der Hausbootagentur.

Ausführliche Informationen zum Hausbootverleih auf dem Canal de Midi in den Reisetipps von A bis Z auf → S. 345.

Fête de l'Olivier, Olivenfest in Bize-Minervois am letzten Julisonntag.

▶ Karte S. 292

Canal du Midi

Seit 1996 gehört der Canal du Midi, der einstmals »Königlicher Kanal im Languedoc« hieß, zum UNESCO-Weltkulturerbe. Er beginnt an der Doppelbrücke Ponts-Jumeaux in Toulouse und endet bei Sète. Durch die schiffbare Garonne verbindet der Kanal Atlantik und Mittelmeer und wird daher auch der »Canal des Deux-Mers«, der Kanal der zwei Meere, genannt. Seine Bedeutung als Wirtschaftsweg hat er durch den Bau der Eisenbahn und später der Autobahnen zwar längst verloren, doch für den Fremdenverkehr ist er nach wie vor bedeutend.

Der Höhenunterschied zwischen den Endpunkten des Canal du Midi und seinem Scheitel erfordert eine Vielzahl von Schleusen. Da später Modifikationen vorgenommen wurden, gibt es heute zwischen Toulouse und dem Mittelmeer auf den 240 Kilometern Länge des Kanals 63 Schleusen. Vor Einführung von Dampfmaschinen und Schiffsmotoren wurden die Kanalschiffe vom Ufer aus gezogen. Die alten Treidelpfade sind heute beliebte Fahrrad- und Wanderwege.

Wer die gesamte Strecke von Toulouse bis Sète mit dem Rad zurücklegen möchte, muss etwa zehn Tage für die Tour einplanen. Wer auf den Treidelpfaden immer entlang des Kanals fahren möchte, benötigt wegen der naturbelassenen Wege ein Trekkingrad oder Mountainbike. Große Streckenabschnitte sind aber als autofreie »Voies vertes« (Grüne Wege) erschlossen und können mit normalen Tourenrädern von der ganzen Familie, auch mit Kindern, bequem befahren werden. 42 000 Platanen spenden den Radfahrern, Wanderern und Spaziergängern Schatten. Noch. Denn viele davon sind vom sogenannten Platanenkrebs, der Massariakrankheit, befallen, die durch einen Pilz ausgelöst wird und zu einem verstärkten Abwurf der Äste führt.

Auch der Tourismus auf dem Wasser spielt eine nicht unbedeutende Rolle. In Zeiten vor Corona fuhren pro Jahr bis zu drei Millionen Besucher auf der vielleicht schönsten Wasserstraße Europas. Manche nur für eine Stunde, andere gemütlich in einem Hausboot für mehrere Tage

Am Beginn des Canal du Midi (rechts) in Toulouse

Canal du Midi

oder Wochen. Je nach Anbieter werden zwischen Ostern und Oktober verschiedene Routen und Abfahrtsorte für die Hausbootfahrten angeboten. Man kann problemlos Freizeitkapitän werden, ein Bootsführerschein wird nicht benötigt. Man bekommt üblicherweise eine etwa einstündige Einweisung, dann kann man losschippern.

Négra bei Montesquieu-Lauragais ist der westlichste Abfahrtsort für Hausboottouren, aber auch Port Lauragais, Castelnaudary, Bram, Carcassonne, Trèbes, Homps oder Argens sind mögliche Anmietstationen innerhalb des beschriebenen Gebiets. Der Großteil der von den Anbietern empfohlenen Routen ist auf eine Woche angelegt, die vielfach wieder an den Ausgangspunkt zurückführen. In dieser Zeit schafft man es beispielsweise von Négra nach Toulouse oder Carcassonne und zurück. Wer nur eine Schnuppertour unternehmen möchte, kann zum Beispiel an einem Wochenende von Bram nach Carcassonne und zurück schippern. Mit vier Nächten an Bord schafft man es von Homps nach Carcassonne und zurück. Einwegfahrten ermöglichen eine längere Strecke, allerdings muss man dafür Zuschläge für die

Rückführung des Bootes und die Kosten für einen Pkw-Transfer in Kauf nehmen. Nähere Informationen zur Organisation eines Hausbooturlaubs stehen in den Reisetipps von A bis Z auf → S. 345.

Geschichte des Kanals

Schon in der Antike verfolgte man den Plan für eine Wasserstraße das Mittelmeer mit dem Atlantik verbinden sollte. Die Römer begannen mit dem Bau eines 20 Kilometer langen Kanals, scheiterten dann aber an den zu großen Höhenunterschieden. Im Mittelalter und vor allem nach der Entdeckung Amerikas, die den Atlantikhäfen eine neue Bedeutung verlieh, bekam das Vorhaben eine neue Dringlichkeit. Immerhin würde sich dadurch der Seeweg vom Mittelmeer zum Atlantik von mehr als 3000 Kilometern auf etwa 500 Kilometer reduzieren. Die lange Seereise um die Iberische Halbinsel erforderte hochseetaugliche Schiffe, die zudem an der Straße von Gibraltar und der portugiesischen Küste Piraterie ausgesetzt waren.

Der Inspektor für die Salzsteuer im Languedoc, Pierre-Paul Riquet (1609–1680), der schon als junger Mann fasziniert von Kanälen war, fand schließlich die Lösung des Problems. Durch seine beruflichen Reisen in der Region lernte er die Gegend wie seine Westentasche kennen. In den Montagnes Noires fand er mehrere Quellen, die, zusammengefasst zu einem Stausee, helfen würden, die Hürde der Wasserscheide der Seuil de Naurouze zu überwinden. Nach jahrelanger Planung legte er 1662 Finanz- und Wirtschaftsminister Jean-Baptiste Colbert seine Pläne vor. Dieser genehmigte zwar den Bau, allerdings mit der Einschränkung, dass der Wasserfluss aus den Bergen zum Kanalscheitel bei Naurouze erst praktisch bewiesen werden müsse. Was bedeutete, dass Riquet auf eigene Kosten einen Probekanal bauen musste. Und tatsächlich: 1665 floss das erste Wasser.

Am 7. Oktober 1666 erließ König Ludwig XIV. das Edikt zum Bau eines Kanals zwischen den beiden Meeren. Damit konnte Riquet an die eigentliche Arbeit gehen. Zunächst wurde das Wasser aus der Montagne Noire, so umgeleitet, dass es über den Fluss Sor in ein Becken am Scheitelpunkt floss. In der Nähe seines Wohnortes Revel ließ Riquet das als Talsperre angelegte Becken von Saint-Ferréol bauen, in dem sieben Millionen Kubikmeter Wasser gestaut werden konnten, um in den trockenen Sommern zusätzliches Wasser in das Becken bei Naurouze leiten zu können. Ein Jahr nach Baubeginn begannen die Arbeiten am eigentlichen Kanal bei Toulouse. Ab Toulouse konnte die schiffbare Garonne den Weg zum Atlantik übernehmen. Innerhalb von weiteren vier Jahren konnte der Kanal nach Osten bis zum Seuil de Naurouze auf 52 Kilometer Länge fertiggestellt werden. Nun galt es, die Verbindung zum Mittelmeer herzustellen. Von beiden Seiten gleichzeitig baute man weiter, um über den Etang de Thau bei Sète den Kanal mit dem Mittelmeer zu verbinden. Die Fertigstellung und Inbetriebnahme im Mai 1681 erlebte Pierre-Paul Riquet nicht mehr. Das Kanalprojekt erbten seine Söhne, die das Bauende feiern konnten und auch von den Einnahmen profitierten. Je 40 Prozent der

▲ Karte S. 310

Hausboote auf dem Canal du Midi

Der Canal du Midi ist auch gut für Radtouren geeignet

Finanzierung hatten Staat und Provinz übernommen, ein Fünftel der Kosten musste von Riquet selbst aufgebracht werden. Er beschäftigte bis zu 12 000 Arbeiter, darunter auch Frauen, bezahlte sehr gut und setzte die Lohnzahlungen auch im Krankheitsfall und bei witterungsbedingtem Baustillstand fort. Nur durch die große Zahl an Beschäftigten und deren Eifer konnte innerhalb von nur 14 Jahren der alte Traum verwirklicht werden. Die Gesamtkosten schätzt man auf 15 bis 18 Millionen Livres, grob geschätzt würde dies etwa 500 Millionen Euro entsprechen. Bevor die Erben aber profitieren konnten, dauerte es geraume Zeit, da noch kostspielige Folgekosten anfielen und die erfolgreiche Beendigung des Kanals erst im März 1685 amtlich bestätigt wurde. Gemäß dem Vertrag mit dem Wirtschafts- und Finanzminister des Sonnenkönigs Colbert war der Canal Royale en Languedoc praktisch Eigentum der Familie Riquet und ging erst während der Französischen Revolution in Staatsbesitz über.

Lauragais

Der Canal du Midi durchquert heute auf seinem Weg von Toulouse nach Sète drei Départements, Haute-Garonne, Aude und Hérault. Historisch betrachtet führt der erste Teil, kurz hinter Toulouse, durch den südlichen Teil der alten Provinz Lauragais (→ S. 168, Pays de Cocagne). Die Region war als Kornkammer des Languedoc bekannt und ist noch heute von ausgedehnten Getreidefeldern geprägt. Unzählige Getreidemühlen, meist Windmühlen, waren einst über den Landstrich verstreut, einige wenige konnten in den letzten Jahren und Jahrzehnten gerettet werden. Seit der Canal du Midi seine wirtschaftliche Bedeutung verloren hat, dient das Wasser mittlerweile in den heißen Sommermonaten der Bewässerung der Felder, das Land ist deshalb durchzogen von kleinen Kanälen, den sogenannten Robines.

Das Getreide des Lauragais war bis ins frühe 20. Jahrhundert das Hauptprodukt, das auf dem Canal du Midi befördert wurde. Am Vorabend der Französischen

Revolution waren 250 Boote permanent auf dem Kanal unterwegs, am Vorabend des Ersten Weltkriegs waren es immerhin noch 124. Transportierten die kleineren Barken im 17. und 18. Jahrhundert rund 60 Tonnen, konnten die Kanalfrachter des 19. Jahrhunderts bereits doppelt so schwer beladen werden. Als Zugtiere wurden über 300 Pferde und 75 Maultiere auf den Treidelpfaden eingesetzt. Im Rekordjahr 1865 wurden mehr als 110 Millionen Tonnenkilometer Fracht und fast 100 000 Passagiere auf dem Canal du Midi befördert.

Mit dem Bau der Eisenbahn erlitt die Kanalschifffahrt zwar bereits im 19. Jahrhundert eine kurzzeitige Wachstumsdelle, doch der wahre Tiefschlag kam mit dem Ersten Weltkrieg, als die Frachtmengen auf 19 Millionen Tonnenkilometer zurückgingen. Für viele der kleinen Orte am Kanal brachen harte Zeiten an. Erst durch den Aufschwung der Metropole Toulouse wurden die Dörfer des Lauragais zu beliebten Wohnorten für Familien, die ruhig auf dem Land leben wollen und durch die gut ausgebaute Autobahn A61 dennoch schnell an ihren Arbeitsplatz kommen.

Montgiscard

Die kleine, 2000 Einwohner zählende Gemeinde im Département Haute-Garonne hat an der **Kirche Saint-André** eine der schönsten Glockenwände der Region, die in der zweiten Hälfte des 16. Jahrhunderts vom Tolosaner Baumeister Dominique Bachelier erbaut wurde. Auf dem Gemeindegebiet liegen mit der **Écluse de Montgirard**, der **Écluse d'Ayguesvives** und der **Écluse du Sanglier** drei Schleusen, die eine 25, die nächste 28 und die dritte 30 Kilometer vom Nullpunkt des Kanals an der Ponts-Jumeaux in Toulouse entfernt.

Auf Kilometer 33,3 befindet sich die Schleuse **Écluse de Négra**, an der der Tourenveranstalter Locaboat Holidays eine Station für Hausbootvermietung betreibt. Wer auf dem Kanal nach Toulouse möchte, sollte diesen Abfahrtshafen in Betracht ziehen (→ S. 345).

▶ Karte S. 310

Gardouch

Das typische Dorf in der flachen, nur leicht gewellten Landschaft des Lauragais hatte im Mittelalter strategische Bedeutung dank seines Hügels, dem Pech de Gardog, auf dem sich ein castrum befand. Der Name des Hügels wurde zum heutigen Ortsnamen deformiert. Während des Hundertjährigen Krieges wurde die Burg durch die Engländer unter der Führung des Schwarzen Prinzen, dem ältesten Sohn König Edwards III., zerstört.

Die hübsche **Dorfkirche Saint-Martin** von 1870 entstand an der Stelle der damals abgebrannten mittelalterlichen Kirche und ihres in den Religionskriegen zerstörten Nachfolgebaus. Der Glockenturm der neuen Kirche hat eine für die Gegend völlig untypische Form, die von Bauten aus dem französischen Jura inspiriert ist. Die **Schleuse von Gardouch** ist 39 Kilometer vom Beginn des Kanals entfernt. Eineinhalb Kilometer westlich befindet sich die **Écluse de Laval** mit zwei Schleusenkammern.

Villefranche-de-Lauragais

Das schöne Dorf mit rund 4500 Einwohnern wurde 1267 als Bastide im Auftrag Alphonse de Poitiers errichtet. Auf seinem Zerstörungszug durch das Lauragais brandschatzte der Schwarze Prinz den Ort 1355. Nach dem Hundertjährigen Krieg brachte der Anbau von Färberwaid einen Wiederaufschwung und machte das Dorf zu einem der reichsten Orte im Schlaraffenland (→ S. 168). Ein Wohlstand, der sich an vielen Häuserfassaden ablesen lässt.

Am Canal du Midi bei Montferrant

Das im wahrsten Sinne aber herausragende Gebäude des Dorfes ist die **Kirche Notre-Dame-de-l'Assomption**. Im Stile der Tolosaner Gotik wurde die Westfassade im 14. Jahrhundert um eine imposante Glockenwand verlängert, flankiert von zwei achteckigen Türmen. Bereits fünf Jahre vor Gründung der Bastide wurde mit dem Bau der Marien-Himmelfahrtskirche begonnen. Die Glocken in den sechs Spitzbogenöffnungen wurden allerdings erst im 16. Jahrhundert gegossen. Im Inneren befindet sich eine Statue von Jeanne de Toulouse, der Gattin von Alphonse de Poitiers, die als Stifterin der Kirche gilt. Die Figurengruppe Sainte-Trinité, die die Dreifaltigkeit repräsentiert, befand sich ursprünglich an der Fassade.

Zwei Kilometer vom Ortskern entfernt befindet sich die Schleuse **Écluse de Renneville**, 43 Kilometer von Toulouse entfernt.

Avignonet-Lauragais

Nur drei Kilometer sind es von der Écluse de Renneville bis zur ersten von zwei Schleusen in Avignonet-Lauragais. Die **Écluse d'Encassan** hat zwei Kammern, während die **Écluse d'Emborrel** eineinhalb Kilometer weiter nur eine Kammer hat. Der **Hafen Port-Lauragais**, von dem aus etliche Hausboottouren starten, befindet sich etwa drei Kilometer östlich des Zentrums.

Das Dorf wurde, wie die Nachbarorte auch, im Hundertjährigen Krieg geschleift und erst in der zweiten Hälfte des 14. Jahrhunderts wieder aufgebaut. Besonders lohnt sich ein Besuch der bereits um 1320 begonnenen **Kirche Notre-Dame-des-Miracles**. Die Kirche zeigt es an, dass sich der Ort an einer Art Grenze befindet. Nämlich der Grenze bei der Verwendung von Backstein zu der von Kalkstein. Die Westfassade wird von einem mächtigen, über 40 Meter hohen Glockenturm mit oktogonalem Aufsatz beherrscht, der erst um 1470 fertiggestellt wurde. Pest, Hunger und Krieg haben die Bauzeit in die Länge gezogen. Rechts flankiert den massiven Glockenturm ein graziler Treppenturm. Im Inneren erinnert ein Gemälde von 1631 an das Massaker, das am 28. Mai 1242 die Katharer – wohl im Auftrag des Grafen von Toulouse – an elf Mitgliedern des Inquisitionstribunals begingen. Zwei Jahre später wurden die auf die Burg Montségur (→ S. 329) geflüchteten Katharer auf dem Scheiterhaufen verbrannt.

An der Schwelle von Naurouze

▲ Karte S. 310

Hausbootverleihstation in Bram

Seuil de Naurouze

Keine zwei Kilometer hinter Port-Lauragais erreicht man die Schleuse **Écluse de l'Océan** auf Kilometer 51,6 und dahinter den höchsten Punkt des Kanals. Die Schwelle von Naurouze liegt auf 194 Meter Höhe und gehört zum 500-Seeln-Dorf **Montferrand**, das bereits im Département Aude liegt. Der Seuil de Naurouze bildete jahrhundertelang das scheinbar unüberwindbare Hindernis, das einen Kanal zwischen den Meeren unmöglich zu machen schien. Erst dank Riquets genialer Idee und des im Reservoir von Saint-Ferréol gestauten Wassers, damals Europas größtes Ingenieurbauwerk, ließ sich der Scheitelpunkt überwinden. 1825 ließen Riquets Erben am Seuil de Naurouze einen 20 Meter hohen **Obelisken** für ihren findigen Ahnen errichten, auf dem schlicht zu lesen steht: »À Pierre-Paul Riquet, Baron de Bonrepos, auteur du canal des Deux Mers en Languedoc« – für Pierre-Paul Riquet, Baron von Bonrepos, Schöpfer des Kanals zwischen den zwei Meeren im Languedoc.«

Mit der **Écluse de la Méditerranée**, der **Écluse du Roc**, der **Écluse de Laurens**, der **Écluse de la Domergue** und der **Écluse de la Planque** folgen die nächsten fünf Schleusen im Kilometerabstand. Ist man mit dem Hausboot unterwegs, hat man immerhin knapp fünf Kilometer Pause, bis man die **Écluses de Saint-Roch** und damit Castelnaudary erreicht hat. Thomas Jefferson, der dritte Präsident der Vereinigten Staaten, hat die Vierfach-Schleuse auf seiner Reise ins Midi 1787, bei dem er auch den Canal du Midi befuhr, in einem Brief in die Heimat erwähnt, überwindet sie doch beeindruckende zwölfeinhalb Höhenmeter.

Bram

Aufgrund der zentralen Lage zu Carcassonne (→ S. 259) und dem Pays Cathare (→ S. 325) haben viele Hausbootvermieter am Hafen des 3200-Einwohner-Ortes eine Dependance. Der Name des Dorfes geht auf den Namen Eburomagos zurück, den die hier siedelnden Tektosagen dem Ort gaben, abgeleitet von den gallischen Worten »eburo« für Eiben und »magos« für Ebene. Im Mittelalter wurde Bram zu einer Hochburg der Katharer und wurde deshalb 1210 nach dreitägiger Belagerung von Simon de Montfort eingenommen. 100 Ketzern wurden Nasen und Oberlippen abgeschnitten und die Augen ausgestochen, weil sie nicht zum katholischen Glauben konvertieren wollten. Einem einzigen Katharer ließ man ein Auge, damit er die Kreuzfahrer nach Lastours (→ S. 291), ihrem nächsten Angriffsziel führen konnte.

Im Herzen des kreisrunden Dorfes erhebt sich die **Kirche Saint-Julien-et-Saint-Basilisse**, der man durch viele Um- und Anbauten nicht ansieht, dass ihre ältesten Teile aus dem späten 13. Jahrhundert stammen.

Lauragais

Hôtel du Lauragais (€€), 15, rue de la République, Villefranche-de-Lauragais, Tel. 0561270076. Zentral gelegenes, sauberes Zwei-Sterne-Hotel mit ausgezeichnetem Restaurant, in dem man eines der besten Cassoulets der Region bekommt. 20 klimatisierte Zimmer, Aufzug und kostenloser Parkplatz vorhanden, gutes Frühstücksbuffet. www.hoteldulauragais.com

La Bastide de Négra (€€–€€€), Écluse de Négra, 7, route de Villenouvelle, Montesquieu-Lauragais, Tel. 0667846984. Herrliches altes Haus, nur 50 m von der Schleuse entfernt, mit vier charmanten Zimmern, davon ein Familienzimmer für 4 Personen mit zwei separaten Schlafräumen. Außerdem gibt es 20 m von Haus entfernt ein Ferienhäuschen für 4 Personen. Romantischer Garten mit Pool. Kostenloser Privatparkplatz. www.labastidenegra.com

La Masquière (€€), Écluse de Laval, Gardouch, Tel. 0660131837. Sehr gepflegtes Gästehaus mit vier geschmackvoll eingerichteten, klimatisierten Zimmern in unmittelbarer Nähe zum Canal du Midi. Großer Außenpool und Sonnenterrasse in einem weitläufigen Garten. Kostenloser Privatparkplatz. www.lamasquiere.com

Château de la Prade (€€€), D6113, Lieu-dit Prade-Ouest, Bram, Tel. 0468780399. Auf dem herrschaftlichen Anwesen in einem 3,7 ha großen Park mit Pool am Canal du Midi werden vier große, stilvolle Gästezimmer und zwei Ferienhäuschen vermietet. Im eleganten Speisesaal des Schlosses serviert man Di und Fr nach Voranmeldung auch Diner. Kostenloser Parkplatz. https://chateaulaprade.fr

Camping Les Peuplier (€), Ayguesvives, Tel. 0620913815. Kleiner, aber sehr hübscher Platz mit direktem Zugang zum Canal du Midi mit nur neun Stellplätzen. Ein kleiner Laden für das Nötigste ist vor Ort, ebenso Waschmaschinen und Trockner. Barbecue und Kinderspielplatz. www.camping-lespeupliers.fr

Camping Pujade (€–€€), D8, Alzonne, Tel. 0468769047. März–Dez. Kleiner, schön gelegener Campingplatz an einem Bauernhof mit 14 Stellplätzen. Auch Vermietung von Mobilheimen und Igluzelten. Verkauf lokaler und hofeigener Produkte im Hofladen. www.campingpujade.com

L'Estanquet (€€), Écluse de Gardouch, Tel. 0952893873; Di–So 8–23 Uhr. Reizendes Lokal, Restarant und Bar an der Schleuse. Idyllische Lage und wunderbar für ein Mittagessen geeignet.

L'Envie des Mets (€€–€€€), 2, rue de Marengo, Gardouch, Tel. 0561271946; Di–Sa 12–14, Do–Sa 19–22 Uhr. Erstaunlich – in dem verschlafenen Nest serviert der ambitionierte Küchenchef Sébastien Dufraisse exzellente kulinarische Kreationen zu höchst vernünftigen Preisen für das Gebotene. Unbedingt empfehlenswert.

La Camarétoise (€–€€), 28, avenue François Mitterrand, Villefranche-de-Lauragais, Tel. 0561451880; Di–Sa 12–14, 19–22 Uhr. Sehr gute Crêpes und Galettes in leider nicht ganz so idyllischer Lage in der Nähe zur Autobahn. Schöne Terrasse.

L'Ile aux oiseaux (€€–€€€), Port de Bram, Tel. 0468245366; Mi–Mo 12–14, 18.30–20.30 Uhr. Hervorragendes Fischrestaurant direkt am Canal du Midi mit urigem, anheimelnden Ambiente in lauschiger Lage. 20 km westlich von Carcassonne. Der Weg lohnt sich aber auf jeden Fall!

siehe auch → S. 345

Locaboat Holidays, Écluse de Négra, 10, route de Villenouvelle, Montesquieu-Lauragais, Tel. 0561813640. Basis des Hausbootvermieters für einwöchige Touren nach Toulouse, Montech und zurück oder eine Einwegtour bis Argens. Eine weite-

▸ Karte S. 310

re Basis gibt es am Port de Bram, Tel. 0468130238. Basis für ein Schnupperwochenende im Hausboot nach Carcassonne, für eine zweiwöchige Tour bis Agde und zurück und für Touren nach Argens. **Nicols**, Port-Lauragais Sud, Tel. 056280 1488. Niederlassung des Hausbootvermieters. Von hier aus kann man für ein Wochenende mit dem Hausboot bis Castelnaudary, für vier Tage nach Carcassonne oder für eine Woche nach Trèbes und jeweils zurück fahren.

Nailloux, lieu-dit Le Grill; Mo–Sa 10–19 Uhr. Das größte Outlet-Village Südfrankreichs mit 80 Factory- und Outlet-Geschäften, die wie ein wirkliches Dorf um zwei Straßen angeordnet sind. www.naillouxoutlet.com

Castelnaudary

Die mit 12 000 Einwohnern größte Stadt im Lauragais ist die Hauptstadt des wichtigsten Produkts der Region, der weißen Bohnen, der unverzichtbaren Hauptzutat des Cassoulets (→ S. 65). Hier dreht sich alles um den berühmten Eintopf. Die glorreichsten Zeiten erlebte Castelnaudary allerdings im 16. und 17. Jahrhundert, als Pastel (→ S. 172) zum gefragtesten Exportschlager der Lauragais geworden war.

■ Collègiale Saint-Michel

Imposantestes Gebäude der Stadt ist die Stiftskirche Saint-Michel, deren 50 Meter hoher Glockenturm die Silhouette bestimmt. Ein **Carillon** mit 35 Glocken und Glöckchen klingt vor allem sonntags über die Dächer der Stadt. Die Michaelskirche, die im 13. Jahrhundert in gotischem Stil entstand, wurde 1318 von Papst Johannes XXII. zur Stiftskirche erhoben. Chorherren siedelten sich an, am Vorabend der Revolution gehörten 32 dem Stift an. Das ehemals hölzerne Gewölbe der Kirche wurde ihr im Hundertjährigen Krieg zum Verhängnis. Fast gänzlich ausgebrannt, bekam die Kirche ein steinernes Gewölbe, von dem allerdings auch nur das erste Joch erhalten blieb, da die Kirche während der Religionskirche erneut ein Opfer eines Brandes wurde. Dem Pastelhandel war der erneute schnelle Wiederaufbau zu verdanken, ebenso wie die reiche **Innenausstattung**. Die Chorherren von Castelnaudary konnten es sich sogar leisten, in den 1770er Jahren den aus Gaillac stammenden Orgelbaumeister Jean-Pierre Cavaillé zu beauftragen. Dessen noch berühmterer Enkel Aristide Cavaillé-Coll vergrößerte die Orgel 1860.

Castelnaudary vom Grand Bassin aus gesehen

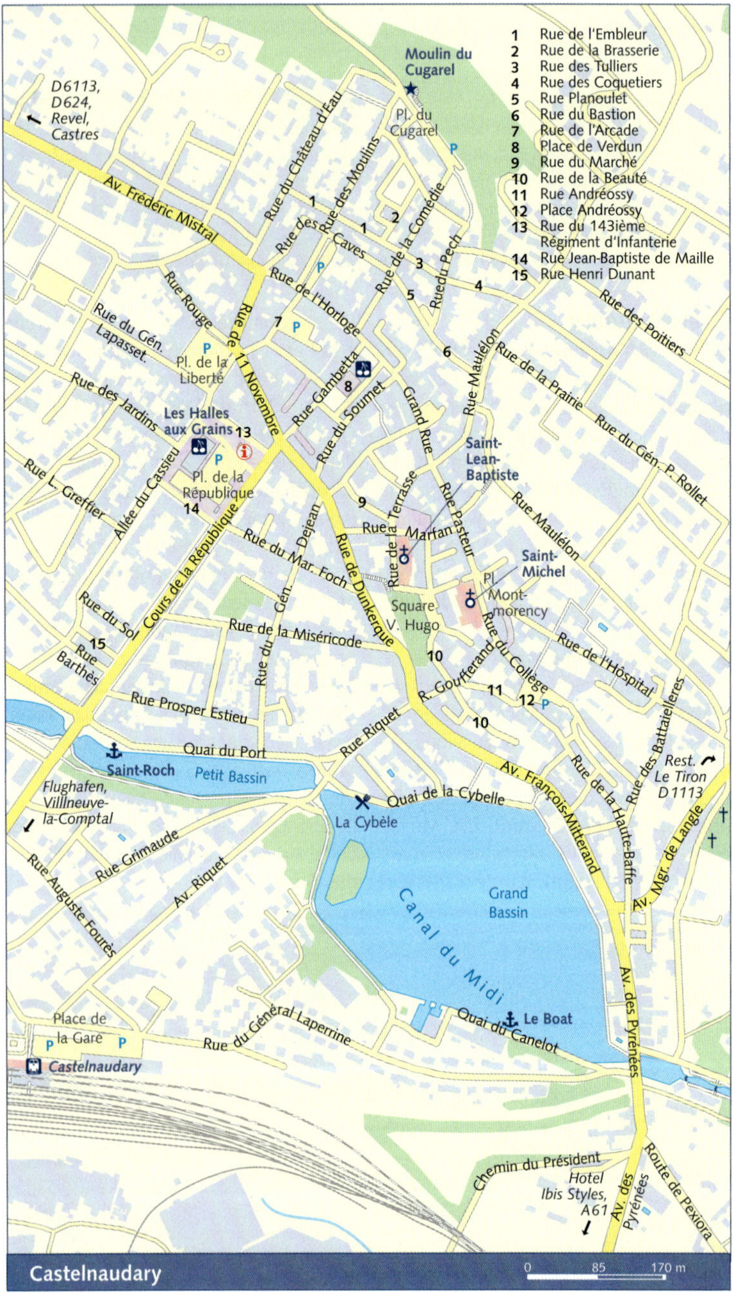
1 Rue de l'Embleur
2 Rue de la Brasserie
3 Rue des Tulliers
4 Rue des Coquetiers
5 Rue Planoulet
6 Rue du Bastion
7 Rue de l'Arcade
8 Place de Verdun
9 Rue du Marché
10 Rue de la Beauté
11 Rue Andréossy
12 Place Andréossy
13 Rue du 143ième Régiment d'Infanterie
14 Rue Jean-Baptiste de Maille
15 Rue Henri Dunant
Moulin du Cugarel
Pl. du Cugarel
D6113, D624, Revel, Castres
Av. Frédéric Mistral
Rue du Château d'Eau
Rue des Moulins
Rue des Caves
Rue de la Comédie
Rue du Pech
Rue de l'Horloge
Rue Rouge
Rue de 11 Novembre
Rue du Gén. Lapasset.
Pl. de la Liberté
Rue Gambetta
Rue du Soumet
Grand Rue
Rue Mauléon
Rue de la Prairie
Rue des Poitiers
Rue du Gén. P. Rollet
Rue des Jardins
Les Halles aux Grains
Pl. de la République
Saint-Lean-Baptiste
Rue L. Greffier
Allée du Cassieu
Rue de la Terrasse
Rue Marfan
Rue Pasteur
Rue Mauléon
Saint-Michel
Pl. Mont-morency
Cours de la République
Rue du Mar. Foch
Rue du Gén. Dejean
Rue de Dunkerque
Square V. Hugo
Rue du Collège
Rue de l'Hôpital
Rue du Sol
Rue Barthès
Rue de la Miséricode
R. Goufferand
Rue des Battaielleres
Rue Prosper Estieu
Rue Riquet
Rue de la Haute-Baffe
Quai du Port
Saint-Roch
Petit Bassin
Rest. Le Tiron D1113
Flughafen, Villneuve-la-Comptal
La Cybèle
Quai de la Cybelle
Av. François-Mitterand
Av. Mgr. de Langle
Rue Grimaude
Av. Riquet
Rue Auguste Fourès
Canal du Midi
Grand Bassin
Place de la Gare
Castelnaudary
Rue du Général Laperrine
Le Boat
Quai du Canelot
Av. des Pyrénées
Chemin du Président
Hotel Ibis Styles, A61
Route de Pexiora
Castelnaudary
0 85 170 m

Notre-Dame-de-Pitié

Mit der Kapelle Notre-Dame-de-Pitié verfügt Castelnaudary über ein kleines barockes Juwel. Der von außen unscheinbar wirkende Bau aus dem 16. Jahrhundert wurde im 18. Jahrhundert im Inneren fast vollständig mit meisterlich geschnitzten, vergoldeten **Holzvertäfelungen** verkleidet. Die Paneele zeigen die Ereignisse der Karwoche, angefangen vom Einzug Christi in Jerusalem bis zur Kreuzigung. Auch die Lambris im unteren Bereich sind durch Verwendung von roten Marmor aus Caunes-Minervois (→ S. 305) ungewöhnlich kostbar.

Moulin du Cugarel

Die am nördlichen Stadtrand gelegene Moulin du Cugarel ist die letzte von einst 32 solcher Windmühlen, die Castelnaudary im 17. Jahrhundert zählte. Die Getreidemühle war bis 1921 in Betrieb, wurde dann aber dem Verfall anheim gegeben.

Einer aufwändigen Restaurierung 1962 sei Dank, kann sie heute wieder drei Säcke Mehl pro Stunde mahlen, wie man bei Besichtigungen in den Sommermonaten erfährt. Ein Sack hieß 50 Kilo für Hafer- und Weizenmehl, 78 Kilo für Maismehl.

Castelnaudary

Office de Tourisme, place de la République, 11400 Castelnaudary, Tel. 0468230573; ganzjährig Mo–Fr 9.30–12, 14–17 Uhr bzw. April–Juni bis 18 Uhr, Juli–Sept. bis 18.30 Uhr, Okt.–Juni Sa 9–13 Uhr, Juli–Sept. Sa 9.30–12.30, 14–18.30 Uhr.
www.castelnaudary-tourisme.fr

Ibis Styles Castelnaudary (€€–€€€), 100, avenue Gérard Rouvière, Tel. 0448490102. Nagelneues Drei-Sterne-Hotel, erst 2021 eröffnet, das in seiner Deko voll auf Rugby setzt und Anleihen im englischen Stil nimmt. Originell. 69 klimatisierte und komfortable Zimmer, kleiner Pool, Fitnessraum, Bar, kostenloser Parkplatz, gutes, kontinentales Frühstücksbuffet.
www.accor.com

Le Tirou (€€€), 90, avenue Monseigneur-de-Langle, Tel. 0468941595. Schon von außen einladend wirkender Landgasthof, in dem man innen nicht enttäuscht wird. Exzellente Küche, 100 Prozent hausgemacht und mit besten Produkten, die meisten davon aus hofeigener Produktion. Unbedingt das Cassoulet probieren! Oder wenn es zu heiß dafür ist, im Hofladen, eingemacht im Glas, mitnehmen.
www.tirou.fr

Moulin du Cugarel, place du Cugarel, Association des Amis des Moulins en Lauragais, 12, avenue Riquet, Tel. 0468246073; Juli/Aug. Di–Sa 10–12.30, 15–18, So 10–13, Mo 15–18 Uhr, ansonsten nur auf Anfrage. Eintritt mit Führung 5 Euro.

Beim **Fête du Cassoulet** in der letzten Augustwoche gibt es Tanz und Musik, einen Blumenkorso und natürlich Bohneneintopf.

Bateau Saint-Roch, 20, quai du Port, Tel. 0662034940. Zweistündige Ausflugstouren auf dem Canal du Midi, jeden Tag zwischen Ostern und Oktober um 14.30 Uhr, im Juli/Aug. empfiehlt sich eine Reservierung. 13 Euro, Kinder 10 Euro. Im Juli/Aug. zusätzlich eine einstündige Tour um 17 Uhr, 8 bzw. 6 Euro. Auch Motorbootverleih, 45 Euro/Std.
https://saintroch11.com

Le Boat, Le Grand Bassin, quai du Canelot, Tel. 0468236227. Lokale Basis des Hausbootvermieters (→ S. 345).

Bohnen-Eintopf mit Bruderschaft

Gemäß einer Legende, die im 19. Jahrhundert durch den Schriftsteller Prosper Mérimée bekannt wurde, wurde das Cassoulet in Castelnaudary während des Hundertjährigen Krieges erfunden. Als die Engländer die Stadt belagerten, haben die eingeschlossenen Bewohner all ihre Vorräte zusammen getragen und zu einem gewaltigen Ragout gekocht, das die Kämpfer wieder zu Kräften kommen lassen sollte. Auf Basis von getrockneten weißen Bohnen der Gegend kochte man den Eintopf in einem irdenen Gefäß, das Cassole heißt und dem Gericht den Namen gab. Bis zum 18. Jahrhundert war es allerdings unter der okzitanischen Bezeichnung für Eintopf als Estouffet bekannt. Da die Bohnen erst 1528 durch einen italienischen Kanoniker nach Europa und durch Katharina von Medici nach Frankreich gebracht wurden, kann man die Geschichte um die Erfindung des Cassoulets getrost ins Reich der Legenden verweisen. Die erste schriftliche Erwähnung des Eintopfes fand sich übrigens 1654 im Le Viandier von Taillevent, einem der ältesten Kochbücher der Welt.

Um 1900 entbrannte ein Kampf zwischen den Städten Castelnaudary, Carcassonne und Toulouse um das einzig wahre Cassoulet. Ausgelöst wurde diese Debatte durch den Schriftsteller und späteren Literaturnobelpreisträger Anatole France, der schrieb: »man darf ein Cassoulet aus Castelnaudary nicht mit dem von Carcassonne verwechseln, bei dem es sich nur um eine Hammelkeule mit Bohnen handelt«. Der Gastro-Kritiker Edmond Richardin goss zusätzlich Öl ins Feuer, indem er das Cassoulet aus Toulouse als einzig wahres rühmte. Darüber geriet ganz in Vergessenheit, dass dieses nahrhafte, energiespendende Gericht in allen Dörfern und auf jedem Bauernhof in einer jeweils eigenen Weise zubereitet wurde und vermutlich heute noch wird. Die drei berühmt gewordenen Varianten bestehen wie alle in der Basis aus den weißen Bohnen, die aus dem Lauragais kommen. In Castelnaudary gibt es dazu Confit von der Gans, Schweinshaxe oder Schweineschulter, Bauchschwarte sowie Karotte, Lauch und Sellerie. In Toulouse besteht Cassoulet aus Entenconfit, Tolosaner Wurst, Schweinebauch, Karotten und Zwiebeln. Die Carcassonner Variante beinhaltet statt eines Confits Rot- oder Perlhuhn, die Wurst oder Bauchschwarte wird durch Hammel- oder Lammfleischstücke ersetzt. Die einstmals verwendeten dicken Bohnen oder Saubohnen wurden inzwischen durch eine Weiterzüchtung der im 16. Jahrhundert aus Südamerika eingeführten Gartenbohnen ersetzt, die Haricot lingot de Castelnaudary heißt.

Im Jahre 1909 hat sich Castelnaudary den Namen der Bohnen schützen lassen und nur unter Verwendung selbiger darf sich ein Bohneneintopf Cassoulet nennen. Verwendet der Koch Bohnen anderer Sorten muss er das Gericht Estouffet oder Mongetada, oder auch Mounjetado, nennen, nach dem okzitanischen Wort »mongeta« für die Bohne. Die Durchsetzung der Namensrechte war eine der ersten Aufgaben, die sich die Große Bruderschaft des Cassoulets von Castelnaudary, die 1901 gegründet wurde, stellte. Seit 1999 organisiert die Confrérie in der letzten Augustwoche den »Fête du Cassoulet«, bei dem von Mittwoch bis Sonntag jeden Abend verschiedene Musikgruppen auftreten, tagsüber Pétanque-Turniere ausgetragen werden und allabendlich von anderen Küchen und Köchen Menus rund ums Cassoulet angeboten werden.

Abbaye de Saint-Papoul

Acht Kilometer östlich von Castelnaudary erreicht man über die D 103 die ehemalige Benediktinerabtei Saint-Papoul. Bereits auf der Synode von Aachen 817, auf der wegweisende Regelungen für das Klosterleben im Frankenreich der Karolinger getroffen wurden, wurde das Kloster erwähnt.

Der Namenspatron Papoul war der Überlieferung zufolge ein Schüler des heiligen Saturninus von Toulouse, der ausgesandt wurde, um das Lauragais zu evangelisieren. Andererseits ist der einzige historisch belegte Papoul ein Einsiedlermönch des 5. oder 6. Jahrhunderts und damit schwerlich ein Schüler des im 3. Jahrhundert gemarterten Saint-Sernin.

Der Legende nach starb der heilige Papoul einen Märtyrertod, indem ihm der Schädel mit einem Schwert gespalten wurde. Er soll sich nach den Resten seines Kopfes gebückt haben und ihn drei Kilometer weit getragen haben, zu der Stelle, an der er begraben werden wollte und an der später das Kloster errichtet wurde. An der Stelle des Schwerthiebs entsprang daraufhin eine Quelle, zu der früher alljährlich an seinem Gedenktag am 3. November eine Prozession abgehalten wurde. Aus der Abteikirche Saint-Papoul wurde 1317 eine Bischofskirche, nachdem Papst Johannes XXII., der zweite Exilpapst, der in Avignon residierte, ein neues Bistum schuf. Bis zur Revolution hatten 34 Bischöfe ihren Sitz in der Kathedrale Saint-Papoul.

■ Abteikirche

Die ehemalige Abteikirche, die zumindest von außen ihren romanischen Stil erhalten hat, stammt zu einem großen Teil aus dem 12. Jahrhundert. Das Westportal zeigt noch immer die romanische Massigkeit durch einen imposanten Turm mit schlichtem rundbogigen Eingangstor. Im Inneren der Kirche zeigen sich die Spuren von Restaurierungen und Umbauten, die nach mehrfachen Plünderungen und Zerstörungen durch Hundertjährigen Krieg und Bildersturm durch Hugenotten nötig geworden waren. Gotische Gewölbe im

Die Abtei von Saint-Papoul

Daniel in der Löwengrube an einem Kapitell der Abteikirche von St-Papoul

Chor und barocke Malereien sowie vergoldete Schnitzarbeiten lenken von den romanischen Elementen, wie den massiven Gurtbögen, ab. Auf der Südseite ist in der Chapelle Saint-Papoul eine Statue des Heiligen zu sehen, der seine Schädeldecke in der Hand hält. Links davon in der Ecke steht sein Reliquienschrein.

Meister von Cabestany

Die weit herausgezogene Apsis hat, von außen betrachtet, eine gleichmäßige Gliederung durch Pilaster mit aufgesetzten Halbsäulen zwischen den Fenstern. Die Kapitelle der beiden zentralen Säulen werden dem Meister von Cabestany zugeschrieben. Die Kragsteine der Apsis und der beiden Apsidiolen, die die Dächer tragen, werden der Werkstatt des Meisters zugeordnet.

Der namentlich nicht bekannte Meister, der nach einem Ort bei Perpignan benannt wurde, an dem er ein Tympanon geschaffen hat, zeichnete sich durch technische Perfektion und Originalität aus.

Alle 121 ihm europaweit zugeschriebenen Skulpturen (→ S. 102) haben übereinstimmende Charakteristika wie dreieckige Gesichter mit niedriger Stirn, schräg gestellten, mandelförmigen Augen und einem kurzen, flachen Kinn. Die Augen sind durch Bohrlöcher zusätzlich betont. Besonders auffällig sind die übergroßen Hände und Füße der Hauptpersonen sowie deren faltenreiche Gewänder. Eben diese Merkmale zeigen auch die Figuren auf beiden Kapitellen, die jeweils eine Szene aus dem Buch Daniel zeigen. Links Daniel in der Löwengrube, rechts die Bestrafung der verleumderischen Babylonier, die Susanna beim Bade beobachteten und des Ehebruchs bezichtigten, nachdem sie die beiden Spanner abwies.

Kreuzgang

Der Kreuzgang des Klosters, um den alle wesentlichen Räume angeordnet waren, entstand im 13. und frühen 14. Jahrhundert. Doppelsäulen tragen die ebenfalls doppelt gearbeiteten Kapitelle. Das Repertoire der Motive reicht dabei von einfacheren Pflanzenornamenten über Tier- und Fabelwesendarstellungen bis hin zu biblischen Szenen wie der Anbetung der heiligen drei Könige.

Saint-Papoul

Domaine de la Capelle (€–€€€), 535, D 116, St-Martin-Lalande, Tel. 0468949190. Charmantes Anwesen mit vier sehr geschmackvollen Gästezimmern, drei Ferienwohnungen und einem schattigen kleinen Campingplatz mit 15 Stellplätzen. Auf Wunsch und Voranmeldung auch Abendessen (Table d'hôte) auf dem fast schon herrschaftlichen Bauernhof. www.domaine-la-capelle.fr

▸ Karte S. 310

Pays Cathare

Das Katharerland ist ein Begriff, der von der Tourismusindustrie der ehemaligen Region Languedoc-Roussillon 1991 als geschützte Marke eingetragen wurde. Diese Regionalbezeichnung umfasst insbesondere den Süden des Départements Aude, da sich in der Mittelgebirgslandschaft der Corbières besonders viele Burgen erheben, die in die Ereignisse rund um die Katharer involviert waren. Historisch betrachtet besteht dieses Gebiet aus den Grafschaften Razès und Quercorb. Sowohl der Name Quercorb wie auch Corbières leitet sich vom okzitanischen »corbe« für den Raben ab. Weinbau ist das prägende Element der Gegend und unter dem Begriff Corbières ist heutzutage in erster Linie die AOC-Weinbaugegend gemeint. Mit dem Blanquette und dem Crémant de Limoux hat sie sogar die älteste Schaumweinproduktion Frankreichs zu bieten. Die Region bietet mittelalterliche Dörfer, malerische Burgen in herrlicher Bergkulisse und viel dramatische Geschichte.

Geschichte der Grafschaft Razès

Der Name der Grafschaft Razès geht auf die Diözese Rhedesium zurück, deren Zentrum die westgotische Stadt Rhedae, das heutige Rennes-le-Château, war. Nach der verlorenen Schlacht von Vouillé gegen die Franken blieb dieses Gebiet Teil des Tolosanischen Reiches der Westgoten und war Teil der sieben verbliebenen Provinzen nördlich der Pyrenäen. Es wurde daher auch als westgotisches Septimanien bezeichnet.

Nach dem endgültigen Zusammenbruch des Westgotenreiches 719 durch die heranstürmenden Muslime geriet Razès zunächst unter deren Kontrolle, bis Karl der Große im Kampf gegen die Mauren die Spanische Mark als Pufferstaat schaffen konnte. Diese Spanische Mark bestand im Wesentlichen aus dem heutigen Katalonien, doch auch die Grafschaft Razès gehörte als dessen Vasallenstaat dazu. 1062 fiel die Grafschaft an ihren nördlichen Nachbarn, die Grafen von Carcassonne, deren Erbin Ermengarda all ihre Rechte an den Grafen von Barcelona abtrat. Von ihrem Cousin, dem Grafen von Foix, hatte sie die kleine Baronie Quercorb geschenkt bekommen, die etwa dem heutigen Kanton Chalabre entspricht, und der Grafschaft Razès zugeschlagen wurde.

Ihr Sohn Bernard Trencavel hingegen bekam seine Rechte wieder zurück, nachdem er den Katalanen im Kampf gegen die Mauren geholfen hatte und zudem als Kreuzfahrer gen Jerusalem unter päpstlichem Segen stand. Dadurch kam Razès Ende des 11. Jahrhunderts zum Territorium der Vizegrafen Trencavel. Die Grafschaft teilte somit auch das Schicksal der wesentlich mächtigeren Vizegrafschaft Carcassonne. Mit Raymond II. Trencavel endete die Zeit der Grafschaft Razès und sie wurde Teil des Königreichs Frankreich.

Fanjeaux

Fanjeaux war einst eine heilige Stätte der Römer namens »Fanum Jovis« (Tempel Jupiters). Hier hielt der heilige Dominikus seine ersten Predigten. Im Juni 1206 unterbrachen er und sein Bischof ihre Reise von Rom zurück nach Spanien, als ihnen der päpstliche Legat den Wunsch von Papst Innozenz III. zur Bekehrung der Katharer übermittelte. Im April des darauffolgenden Jahres ließ sich Domingo de Guzmán, wie er damals noch hieß, am Fuß des Hügels von Fanjeaux nieder. In Prouille, drei Kilometer entfernt, gründete

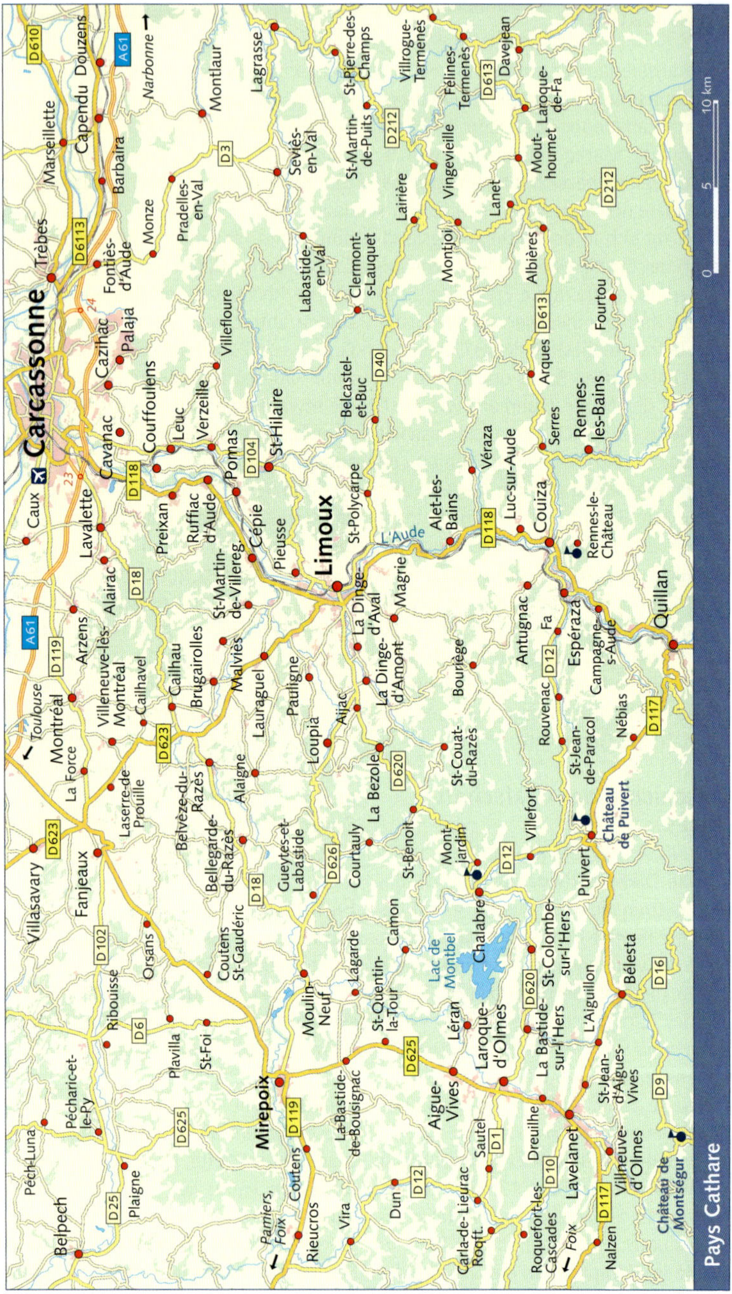
Pays Cathare
Carcassonne
Limoux
Mirepoix
Quillan
Toulouse
Narbonne
Pamiers, Foix
Foix
Château de Puivert
Château de Montségur
Lac de Montbel
L'Aude
A61
D610
D6113
D118
D104
D623
D119
D18
D626
D620
D625
D12
D102
D6
D25
D625
D119
D1
D10
D117
D9
D16
D613
D212
D3
D40
Caux
Trèbes
Marseillette
Capendu
Douzens
Barbaira
Fontiès-d'Aude
Monze
Pradelles-en-Val
Montlaur
Lagrasse
Cazilhac
Palaja
Cavanac
Couffoulens
Leuc
Verzeille
Villefloure
Lavalette
Preixan
Ruffiac d'Aude
Pomas
St-Hilaire
Cépie
Pieusse
St-Martin-de-Villereg.
Alairac
Arzens
Villeneuve-lès-Montréal
Montréal
Cailhavel
Cailhau
Brugairolles
Malviès
Lauraguel
Pauligne
La Force
Laserre-de-Prouille
Belvèze-du-Razès
Alaigne
Loupia
Ajac
Villasavary
Fanjeaux
Bellegarde-du-Razès
Coutens St-Gaudéric
Gueytes-et-Labastide
Orsans
Ribouisse
Plavilla
St-Foi
Moulin-Neuf
Lagarde
Péch-Luna
Pécharic-et-le-Py
Belpech
Plaigne
Coutens
Rieucros
Vira
La-Bastide-de-Bousignac
St-Quentin-la-Tour
Camon
Courtauly
La Bezole
St-Benoit
La Dinge-d'Amont
La Dinge-d'Aval
Magrie
St-Polycarpe
Belcastel-et-Buc
Labastide-en-Val
Clermont-s-Lauquet
Seviès-en-Val
St-Martin-de-Puits
St-Pierre-des-Champs
Villrogue-Termenès
Lairière
Vingevieille
Félines-Termenès
Davejean
Montjoi
Lanet
Mout-houmet
Laroque-de-Fa
Albières
Fourtou
Arques
Rennes-les-Bains
Serres
Véraza
Luc-sur-Aude
Alet-les-Bains
Couiza
Rennes-le-Château
Antugnac
Fa
Espéraza
Campagne-s-Aude
Bouriège
Rouvenac
St-Jean-de-Paracol
Nébias
St-Couat-du-Razès
Villefort
Puivert
Mont-jardin
Chalabre
St-Colombe-sur-l'Hers
Bélesta
Léran
Laroque-d'Olmes
Aigue-Vives
La Bastide-sur-l'Hers
L'Aiguillon
St-Jean-d'Aigues-Vives
Dreuilhe
Lavelanet
Villeneuve-d'Olmes
Sautel
Dun
Carla-de-Lieurac
Roqft.
Roquefort-les-Cascades
Nalzen
0
5
10 km

Katharerskulpturen an der nordöstlichen Stadtmauer in Fanjeaux

er ein Kloster für konvertierte Katharinnen, während sich seine Ordensleute im Oberdorf niederließen. Bis zu seinem Umzug nach Toulouse besuchte Dominikus die beiden Ordensgemeinschaften häufig. Ohne die genaue Stelle seines Domizils zu kennen, man weiß nur, dass es sich um die alte Sattlerei der nicht mehr existenten Burg gehandelt haben muss, wurde ein altes Haus im Viertel Bourguet San Domenge zum **Haus des heiligen Dominikus** umgestaltet. »Sein« Zimmer wurde 1948 in ein Oratorium umgewandelt und mit Glasgemälden des Malers und Designer Jean Hugo (1894–1984) geschmückt, die die Wunder des Heiligen zeigen. Die alten Holzbalken und der Kamin erwecken zumindest den Eindruck, als könnte Dominikus hier genächtigt haben.

Keine 100 Meter östlich des Maison St-Dominique befindet sich der **Aussichtspukt Le Seignadou**. Der Überlieferung zufolge stand der Heilige drei Mal auf diesem Felsvorsprung und sah jedes Mal einen Feuerball auf den Weiler Prouille niedergehen, weshalb er dort eine erste Gemeinschaft gründete. Noch heute besteht dort eine kleine Ordensgemeinschaft von Dominikanerinnen.

i Fanjeaux

Office du Tourisme Intercommunal, 6, place du Treil, 11270 Fanjeaux, Tel. 0468247545; Juli/Aug. 10–13, 14.30–18.30 Uhr, Sept.–Juni 10–12, 14–17 Uhr. www.collinecathares.com

Mirepoix

Auch das Städtchen Mirepoix war eine Hochburg der Katharer (→ S. 33), da der Lehnsherr, der Seigneur de Mirepoix, sich selbst dieser Glaubensrichtung zuwandte. 1206 soll den Inquisitionsunterlagen zufolge ein großes Konzil der Katharer in diesem Festungsörtchen stattgefunden haben. Nachdem das mächtige Carcassonne im Albigenserkreuzzug eingenommen worden war, belagerte Simon de Montfort im September Mirepoix und übergab die Stadt nach erfolgreicher Belagerung Guy de Lévis, einem seiner Getreuen. Die Schwäche von Amaury de Montfort nutzte der starke und mächtige Nachbar Raymond Roger de Foix und befreite Mirepoix von den Baronen des Nordens. Für sechs Jahre kehrte der Katharismus noch einmal nach Mirepoix zurück, bevor durch den Vertrag von Paris die Macht zugunsten des

Königs an Guy de Lévis zurückging. Dessen Sohn Jean ließ den Ort nach einer verheerenden Überschwemmungskatastrophe, ausgelöst durch einen Dammbruch bei Puivert, im Jahre 1289 wieder aufbauen. Nun aber als Bastide zur Grenzverteidigung gegen Spanien. Papst Johannes XXII., einer der Exilpäpste, der in Avignon residierte, erhob Mirepoix in den Rang einer Bischofsstadt, wodurch es eine Kathedrale bekam, an der allerdings bis Anfang des 16. Jahrhunderts gebaut wurde. Nach der Französischen Revolution wurde das Bistum Mirepoix aufgelöst und Pamiers angeschlossen. Rund um den Hauptplatz, die **Place Maréchal Leclerc**, entzückt ein malerisches Ensemble von Fachwerkhäusern mit einer hölzernen Arkadengalerie, die alle zwischen dem zwölften und 15. Jahrhundert entstanden sind. Besonders betrachtenswert ist das **Maison des Consuls**, an dessen Holzkonsolen, die das Dach stützen, geschnitzte üppige Damenfiguren, Fabelwesen und Adlige angebracht sind. Cafés rund um den Platz laden

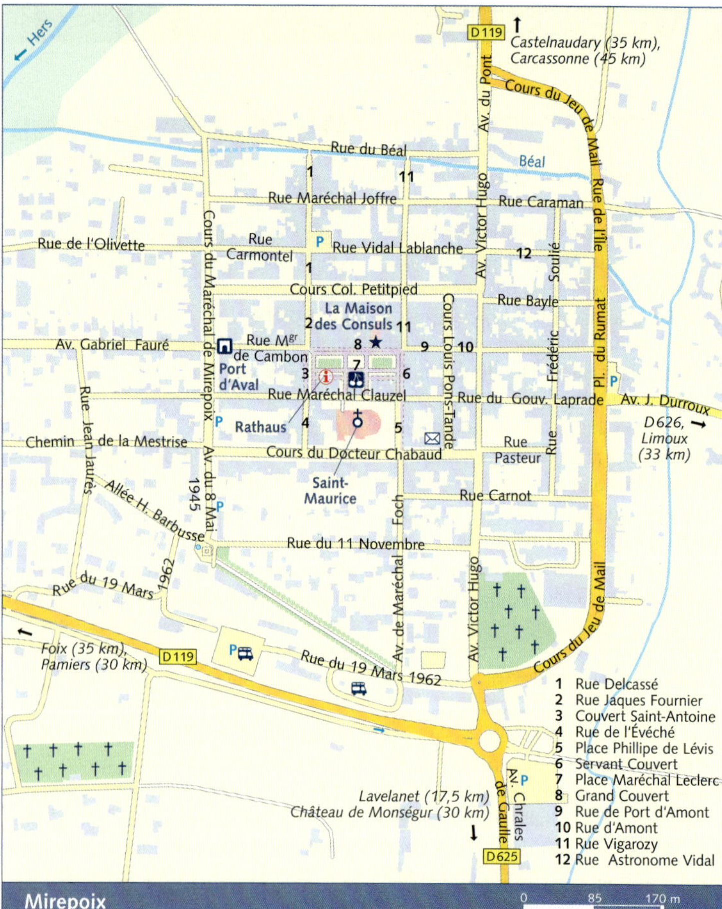

Fanjeaux

zum Verweilen ein, vor allem Montagvormittag, wenn unter dem verschnörkelten gusseisernen Dach der Wochenmarkt abgehalten wird. Abends treffen sich hier die Mirapiciens, wie man die Bewohner der 3000-Einwohner-Stadt nennt, auf einen Apéro.

Direkt hinter der offenen Markthalle ragt die ehemalige **Kathedrale Saint-Maurice** auf, die nach der Erhebung zum Bischofssitz im 14. Jahrhundert begonnen, 1506 geweiht und erst 1865 überwölbt wurde. Jacques Fournier, 1342 zu Papst Benedikt XII. gewählt, war einige Jahre Bischof in Mirepoix.

Mirepoix

MiMa, Festival für Marionettenkunst in Mirepoix in der ersten Augustwoche von Do–So mit Begegnungen mit den Puppenspielern und Designern, vielen Aufführungen, für unterschiedliche Altersgruppen angepasst, ab 3, ab 6, ab 8 und ab 12 Jahren. Programm von 10–22 Uhr. Eintritt 2 Euro pro Aufführung. Familienpässe.
www.mima.artsdelamarionnette.com

Château de Montségur

Der 1216 Meter hohe Felsen (Pog oder Poch auf Okzitanisch) von Montségur war der Schauplatz des letzten Gefechts der Katharer. 1204 wurde die Gipfelburg an Stelle einer älteren wieder aufgebaut, die zum Zufluchtsort für die Katharer wurde. 1232 baute man die Burg zu einer Festung aus und im gleichen Jahr wurde sie zur Hauptstadt der katharischen Bewegung. Guilhabert de Castres, der katharische Bischof von Toulouse, nahm hier ebenso Zuflucht wie hunderte Bonhommes aus den eroberten Städten wie Carcassonne oder Albi. Knapp zehn Jahre später unternahm der Burgherr Pierre Roger de Mirepoix den Versuch, die Mitglieder der Heiligen Römischen Inquisition während eines Tribunals in Avignonet zu töten, woraufhin Montségur im Jahre 1243 von Soldaten des Seneschalls von Carcassonne und etwa 10 000 Kreuzrittern belagert wurde. Nach zehn Monaten mussten die Belagerten in Verhandlungen eintreten, da die Vorräte aufgebraucht waren. Die Bewohner der Burg hatten

Die Burg Montségur thront hoch auf einem Felsen

nur noch die Wahl ihrem katharischen Glauben abzuschwören oder auf dem Scheiterhaufen verbrannt zu werden. Am frühen Morgen des 16. März 1244 wurde Montségur an die Männer im Dienste des Erzbischofs von Narbonne übergeben. Bertrand Marti, Nachfolger von Guilhabert de Castres als Katharerbischof von Toulouse, wurde zusammen mit über 230 weiteren Katharern verbrannt, da sie ihren Glauben nicht verleugnen wollten.

Seit diesen dramatischen Ereignissen ranken sich zahlreiche Legenden um einen geheimen Schatz der Katharer in Montségur. Für manche ist es der Heilige Gral, den die Katharer angeblich in der Burg versteckt haben, für andere ist es Gold und Schmuck. Kurz nach Beginn der Machtübernahme Hitlers erschien das Buch »Kreuzzug gegen den Gral« von Otto Rahn, einem Nazi-Schriftsteller, Historiker und selbsternannten Gralsforscher. Daraufhin organisierte der Reichsführer SS Heinrich Himmler in seinem Mittelalterwahn drei Expeditionen nach Montségur, um den legendären Schatz zu finden. Ohne Ergebnis – natürlich. Für andere ist der Schatz bereits 1885 durch den Pfarrer von Rennes-le-Château, Bérenger Saunière, gefunden worden. Vielleicht dienen diese Legenden um einen Schatz ja auch nur der Motivation für den beschwerlichen Aufstieg?!

■ Besichtigung

Ein steiler und unwegsamer, teils felsiger Pfad führt nach oben zur Burgruine. Für den Aufstieg benötigt man gute 30 bis 45 Minuten und feste Wanderstiefel. Viel zu sehen gibt es nicht mehr, aber die Aussicht von diesem Adlerhorst ist grandios und das Wissen um die historischen Ereignisse erzeugt eine mysteriöse Atmosphäre. Der Weg beginnt harmlos am 1059 Meter hohen Col de Montségur an der D 9, wo eine Vielzahl an Parkplätzen zur Verfügung steht. Von hier hat man auch den schönsten Blick auf den Bergkegel mit den Burgruinen. Die Eintrittstickets für die Burg Montségur löst man an einem Kartenhäuschen auf dem Weg. Besonders groß ist der Andrang auf die Burg zur Sommersonnenwende, um den »roten Strahl« zu sehen. Am 21. Juni geht die Sonne so

▲ Karte S. 326

auf, dass das erste Licht durch eine der östlichen Schießscharten eindringt. Angeblich weist der Strahl den Weg zum Schatz der Katharer...
Im **Dorf Montségur**, zu Füßen der Burg im Lasset-Tal, beherbergt das Rathaus ein **Museum** zur Burg und seiner Geschichte.

Château de Puivert

Das Plateau von Puivert war ehemals Teil der winzigen Baronie Quercorb. Im 12. Jahrhundert wird erstmals eine Burg von Puivert erwähnt, die von der Familie de Congost bewohnt wurde, die Katharern Unterschlupf gewährte. Während des Albigenserkreuzzugs wurde die Burg Puivert nach dreitägiger Belagerung von Thomas Pons de Bruyère eingenommen. Der Burgherr Bernard de Congost floh nach Montségur und gehörte dort zu den Katharern, die 1244 auf den Scheiterhaufen stiegen.
Der Enkel von Thomas de Pons de Bruyère baute eine neue Burg aus exakt behauenen Steinen unmittelbar östlich der aus Bruchsteinen errichteten alten Burg. Eine 240 Meter lange Wehrmauer mit acht Türmen, von denen noch fünf erhalten sind, sicherte die Anlage. Ein Teil der hölzernen Wehrgänge entlang der Mauer, über die man die Schießscharten erreichte, wurde rekonstruiert.
Durch ein mit einem Fallgitter gesichertes Tor in der Ostmauer gelangt man ins Burginnere. Das spitzbogige **Portal** verrät die Bauzeit im gotischen 14. Jahrhundert. Am besten erhalten ist der quadratische **Donjon**, der mit 32 Meter Höhe bei einer Seitenlänge von 15 Metern alle anderen Türme überragt. Er diente weniger als Wohnraum, sondern repräsentativen Zwecken, hier wurden Feste und Empfänge abgehalten. In der **Halle der Musiker** in der vierten Etage erinnern acht Konsolsteine, die mit Musikern und ihren Instrumenten wie Dudelsack, Flöte, Tambourin, Laute, Drehorgel, Psalterium und Rebec geschmückt sind, an ein Sängertreffen berühmter Troubadoure im Jahr 1170 auf Burg Puivert. Im dritten Stock befindet sich die **Burgkapelle** mit einem achtteiligen, spätgotischen Kreuzrippengewölbe, die noch ihr mittelalterliches Weihwasserbecken hat. Vom ungesicherten Dach des Bergfrieds hat man einen schönen Blick auf die gesamte Anlage und die Landschaft des Quercorbs.
Die relativ gut erhaltene Katharerburg ist noch immer in Privatbesitz und war bereits mehrfach Filmkulisse. So wurden hier Szenen des Films »Die neun Pforten« von Roman Polanski mit Johnny Depp in der Hauptrolle gedreht.

Chalabre

Die alte Hauptstadt des Quercorb wurde im 12. Jahrhundert durch die Trencavels aus Carcassonne gegründet und wurde dadurch ein Opfer des Albigenserkreuzzuges. In der Folgezeit wurde Chalabre als Bastide neuerrichtet, wovon noch heute das schachbrettartige Straßennetz zeugt, das sich mit parallel angeordneten Straßen um die **Place Espérance Folchet** gruppiert. Den kleinen Platz dominiert

Die Katharerburg Piuvert

die **Kornhalle Halle aux grains**, die 1775 nach Plänen von François-Jean de Bruyère erbaut und 1920 erneuert wurde. Am Samstagvormittag findet der **Wochenmarkt** unter dem Hallendach und auf dem Cours Colbert statt.

Eine Gruppe Ehrenamtlicher hat einen **historischen Weg mit 30 Stationen** durch Chalabre ausgewiesen, der auf einer Tafel am Platz illustriert ist. Er führt unter anderem zu Häusern und Statuen wichtiger Persönlichkeiten der Stadt wie Antoine Alexandre Dejean, der 1765 in Chalabre zur Welt kam und Marschall von Frankreich wurde. Man passiert sein Statue am Cours d'Aguesseau auf dem Weg hoch zum Château.

■ Château de Chalabre

Auch die Geschichte des Château Chalabre begann als Burg, die im Albigenserkreuzzug belagert und eingenommen wurde. Simon de Montforts treuer Gefolgsmann Thomas Pons de Bruyère bekam Chalabre und entgegen der Gepflogenheiten der anderen Kreuzritter sah er von Inquisition und Zerstörung ab. Der Donjon blieb daher über die Jahrhunderte unverändert erhalten. Bis 1986 bewohnten die Nachkommen de Bruyères die Burg, die im Laufe der Zeit zu einem bewohnbaren Schloss umgewandelt wurde. Seit Anfang des neuen Jahrtausends kümmert sich eine Gesellschaft von Wohltätern um das Schloss, die verschiedenste Veranstaltungen auf Chalabre organisieren. Sie machten aus dem Château und insbesondere den Gärten einen interaktiven **Freizeitpark zum Thema Mittelalter**. Vor allem Familien mit Kindern kommen hier auf ihre Kosten. Ponyreiten als Ritter, Kurse im Bogenschießen, Kalligraphie, mittelalterliche Kampftechniken, Ausstellungen, Spielen wie im Mittelalter, das Angebot ist vielfältig.

Der Ampelosaurus im Museum von Espéraza

▶ Karte S. 326

Espéraza

Die Gemeinde am Oberlauf der Aude mit ihren 1800 Einwohnern ist vor allem für ihre längst ausgestorbenen Bewohner bekannt – die Dinosaurier. 1989 entdeckten Paläontologen in einem Weinberg im benachbarten Dorf Campagne-sur-Aude die ersten Knochen eines Dinosauriers, den man keiner bekannten Gattung zuordnen konnte. Der wissenschaftliche Leiter Jean Le Loeuff gab ihr den Namen Ampelosauros, nach den griechischen Worten ampelos für Wein und sauros für Echse. Nach zwölf Monaten Feldforschung und weiteren Funden konnte man den Pflanzenfresser der oberen Kreidezeit, der vor rund 72 Millionen Jahren lebte, beschreiben: fast 20 Meter lang, vier Meter groß und etwa 15 Tonnen schwer. Wie fast alle Sauropoden hatte Ampelosaurus einen langen Schwanz und einen ebenso langen Hals. Entlang der Wirbelsäule hatte er bis zu 28 Zentimeter lange Stacheln aus in der Haut eingebetteten Knochen, von denen bislang allerdings erst vier gefunden wurden. Im Jahr 2000 entdeckte eine Geologiestudentin namens Eva Morvan das fast vollständige Skelett eines jungen Ampelosaurus von zwölf Metern Länge, das nach der Finderin Eva genannt wurde. Seit 2007 kann man Eva komplett zusammengesetzt im Dinosaurier-Museum des Ortes bewundern.

Eine weitere Attraktion des Städtchens ist der **Sonntagsmarkt**, auf dem viele Künstler, Hippies und Kunsthandwerker neben Biobauern oder Käseproduzenten ihre Waren feilbieten. Straßenmusiker und Lebenskünstler sorgen für ein ganz besonderes Flair. Man kann an Ständen zu Mittag essen oder sich im Café du Pont am Quai Jean Jaurès ein Gläschen gönnen.

Dinosaurier-Museum

Das Musée des Dinosaures d'Espéraza, wie es offiziell heißt, wurde 1992 eröffnet, um die in Campagne-sur-Aude gemachten Funde präsentieren zu können. Der Paläontologe Le Loeuff wurde zum Museumsdirektor ernannt. Der Besuch des Museums beginnt in der 45 Meter langen Galerie de l'Évolution, die durch die Anfänge des Lebens auf der Erde führt. Ammoniten, Reptilien, Flugreptilien, Krokodile und Schildkröten säumen den Weg. Fragmente vom Panzer einer Schildkröte, Überreste eines Krokodils der Gruppe Eusuchia und Knochenreste eines Flugsauriers hatte man Ende der 1980er Jahre ebenfalls gefunden.

Durch einen **Spiel- und Bastelraum für Kinder** (Dino Récré) gelangt man in das **Gewächshaus der Kreidezeit** »Serre du Crétacé«, in dem die Pflanzenwelt vor 70 Millionen Jahren und damit die Umwelt der Dinosaurier hautnah zu erleben ist. Palmfarne (Cycas) und andere Farnarten, Schachtelhalme, Magnolien und die Araukarienart Wollemia, die als ausgestorben galt und erst 1994 wiederentdeckt wurde, stimmen ein auf den Besuch im nächsten Raum, die **Halle aux dinosaures du monde**. Chinesische Flugbeckensaurier wie Tsintaosaurus und Tuaojoangosaurus oder der Mamenchisaurus, der für seinen besonders langen Hals bekannt ist, stehen Seite an Seite mit nordamerikanischen Quetzalcoatlus, den größten

Der Magdalaturm in Rennes-le-Château

flugfähigen Tieren der Erdgeschichte mit bis zu 13 Meter Flügelspannweite, und Exemplaren der Art Triceratops. In der letzten Halle sind schließlich die **Funde aus dem Oberen Aude-Tal** zu sehen. Herausragend ist dabei natürlich Eva. Aber auch andere Sauriergattungen wie der wenig bekannte Tarascosaurus, eine Echsenart, die nach dem Rhone-Ungeheuer Tarasque benannt wurde, sowie Variraptor oder Struthiosaurus.

Rennes-le-Château

Als Rhedae war Rennes-le-Château ehemals Hauptort des westgotischen Razès. Das mittelalterliche Dorf, das gerade einmal 77 Einwohner zählt, wurde durch die Legenden um den Pfarrer Bérenger Saunière berühmt. Dieser hatte die Dorfkirche Sainte-Marie-Madeleine ab 1891 renoviert und sich ein neues Wohnhaus, die Villa Béthania, gebaut. Um 1920 begannen Spekulationen, woher der Abbé Saunière die Mittel für den zum Teil recht ungewöhnlichen Umbau gehabt haben könnte. Ein Restaurantbesitzer namens Noel Corbu, der die Villa Béthania erworben hatte, verbreitete das Gerücht, dass Saunière bei der Renovierung des Altars den Heiligen Gral und ein altes Pergament gefunden habe, das ihm den Weg zum Schatz der Templer, der Katharer oder der Westgoten, am besten alles zusammen, enthüllt habe. Diese hanebüchenen Geschichten kamen Pierre Plantard zu Ohren, der in den 1950er Jahren wegen der Gründung von Phantomgesellschaften bereits wegen Betrugs und Unterschlagung verurteilt worden war und 1956 den obskuren Verein »Prieuré de Sion« (Bruderschaft vom Berg Zion) gegründet hatte. Der bis dato recht erfolglose Autor Gérard de Sède machte die Legende von Rennes-le-Château durch das Buch »L'Or de Rennes«, das Gold von Rennes, populär und dichtete Plantard eine Abstammung vom Merowingerkönig Dagobert II. darin an. Der Gründer der Prieuré de Sion schmiedete weiter an dieser Legende und ließ Manuskripte und Pergamente fälschen, die Saunière angeblich bei den Renovierungsarbeiten gefunden habe. Selbstgemachte Dokumente ließ er sogar in der Nationalbibliothek in Paris hinterlegen, um seine Räuberpistole zu untermauern. Die britischen Autoren Michael Baigent, Richard Leigh und Henry Lincoln machten mit dem Werk »Der Heilige Gral und seine Erben« Rennes-le-Château international bekannt. Nachdem Dan Brown die Legende in seinem Roman »Da Vinci Code«, auf Deutsch unter dem Titel »Sakrileg« erschienen, die Legende aufgegriffen hatte, wurde das Dorf, sein Abbé Saunière und die Prieuré de Sion einem noch größeren Publikum bekannt. Rennes-le-Château freut sich seither über Mythen- und Schatzjäger, 120 000 Besucher zählt das Dorf Jahr für Jahr seither.

▲ Karte S. 326

Über dem Eingang zur **Dorfkirche**, dem geheimnisumwitterten Fundort des Schatzes, prangt die Inschrift »Terribilis este locus iste«, dieser Ort ist schrecklich. Aus kunsthistorischer Sicht sicherlich, denn das Innere ist ein Paradebeispiel für neogotischen Kitsch des 19. Jahrhunderts. Originell ist der Dämon Asmodeus, der links hinterm Eingang das Weihwasserbecken stützt.

Im **Pfarrhaus**, das zum Museum »Domaine de l'Abbé Saunière« wurde, ist die »Grabplatte der Ritter« ausgestellt, die mit der glatten Rückseite nach oben vor dem Altar der Kirche lag und unter der die vermeintlichen Dokumente gefunden wurden. Auch die **Villa Béthanie** mit dem von Saunière erbauten Magdala-Turm und der Garten kann besichtigt werden.

Limoux

Die 10 000-Einwohner-Stadt an der Aude war die Hauptstadt der mittelalterlichen Grafschaft Razès. Das Städtchen ohne besondere Sehenswürdigkeiten ist vor allem wegen seines Karnevals und des Schaumweins bekannt.

Limoux rühmt sich, den längsten **Karneval** weltweit zu feiern. Zwölf Wochen vor Palmsonntag beginnen die Festivitäten Las Fécos genannt. Jedes Wochenende während dieser drei Monate finden Umzüge mit Gruppen, sogenannten Banden, statt, jede Bande trägt dabei ihre traditionellen Kostüme, die meist von der Comedia del arte inspiriert sind und stark an den venezianischen Karneval erinnern.

Das berühmteste Produkt aus Limoux ist allerdings der **Schaumwein**. Die beiden Varianten Blanquette de Limoux und Crémant de Limoux unterscheiden sich durch die jeweils verwendete Hauptrebsorte. Die etwas süffigeren Blanquettes bestehen überwiegend aus der Mauzac-Traube, während die etwas trockeneren Crémants von der Chardonnay-Traube definiert werden. Im Ort kann man mehrere **Sektkellereien** besuchen und natürlich die Schaumweine auch verkosten.

Blanquette und Crémant

Blanquette de Limoux und Crémant de Limoux sind die ältesten historisch belegten Schaumweine der Welt, älter als der berühmtere Champagner. Die Mönche von Saint-Hilaire entdeckten das Prinzip der Flaschengärung und 1531 wurde der Blanquette de Limoux erstmals schriftlich erwähnt, mehr als 130 Jahre vor Dom Pérignon. Der Unterschied zwischen Blanquette und Crémant de Limoux besteht in der Hauptrebsorte. Bei einer Blanquette de Limoux ancestrale wird ausschließlich die Mauzac-Traube verwendet, bei der normalen Blanquette, auch Blanquette brute genannt, müssen Mauzac, Chardonnay und Chenin Blanc vertreten sein, wobei mindestens 90 Prozent Mauzac-Trauben enthalten sein müssen. Bei einem Crémant de Limoux stellt die Chardonnay-Traube mit 50 bis 70 Prozent den größten Anteil. Mit 20 bis 40 Prozent hat Chenin Blanc den zweiten Pflichtanteil. Mauzac und Pinot Noir dürfen mit je maximal 20 Prozent vertreten sein.

Bei der Vinifizierung der Blanquette brute und des Crémants werden zunächst alle Rebsorten separat voneinander vergoren. Diese Grundweine werden dann zu einer Cuvée miteinander verschnitten und ein sogenannter Tirage-Likör hinzugefügt. Dieser besteht aus in Wein gelöstem Zucker und Hefe, die zur Einleitung eines zweiten Gärprozesses nötig ist. Diese zweite Gärung ist eine Flaschengärung und sorgt für die erwünschten Bläschen, denn die Hefe spaltet den Zucker in Alkohol und Kohlensäure, wodurch aus einen stillen Wein ein Schaumwein wird. Die abgestorbene Hefe, die, nachdem sie ihre Arbeit getan hat, absinkt und Depot genannt wird, muss nach der neunmonatigen Reifezeit entfernt werden. Als Vorbereitung für dieses Degorgieren sorgt man dafür, dass das Depot in Rüttelpulten langsam in Richtung Flaschenhals wandert. Da durch die Entfernung des Depots auch etwas Schaumwein verloren geht, füllt man die Flasche mit der Versanddosage auf. Deren Zusammensetzung ist ein Geheimnis des jeweiligen Herstellers, verleiht sie doch dem Endprodukt die prägende Note. Sie kann einfach aus dem Grundwein oder einer Süßreserve, also einem Traubenmost, desselbigen bestehen. Andere verwenden einen Süßwein oder einen Esprit de Cognac.

Etwas anders verläuft die Vinifizierung bei einer Blanquette nach der méthode ancestrale, die ja nur aus einer einzigen Rebsorte besteht. In einer Spontangärung, also ausschließlich durch im Weinberg und im Keller vorkommende Hefen, lässt man die Mauzac-Reben zum Grundwein vergären. Dabei wird nach dem Ablaufen des Mostes von der Kelter der Rebensaft in thermoregulierbaren Edelstahltanks auf etwa zehn Grad Celsius heruntergekühlt, was die alkoholische Gärung um bis zu zwei Wochen verzögert. Dadurch sollen die Aromen aus dem Traubenmaterial besser extrahiert werden. Anschließend wird die Kühlung gestoppt, damit die natürlichen Hefen zu arbeiten beginnen, in der Regel bei etwa 14 Grad Celsius. Der Most wird nur soweit vergoren, dass er noch genügend Zucker enthält, damit in der Flasche die zweite Gärung ohne Zugabe von Tirage-Likör selbsttätig stattfinden kann. Auch bei dieser Methode muss am Ende der Reifezeit das Depot entfernt werden und der Verlust durch die Dosage kompensiert werden. Wie bei der Blanquette brute und beim Crémant werden alle Flaschen anschließend neu verkorkt. Der Korken wird durch ein Drahtgeflecht, Muselet genannt, gehalten und anschließend mit der Folie verhüllt und die Flasche etikettiert.

Saint-Polycarpe

Bereits um 780 wurde hier eine Benediktinerabtei gegründet, die 811 von Karl dem Großen bestätigt und mit einer Schenkung bedacht wurde. Dank dieser Schenkung besaß das Kloster nun Reliquien des heiligen Polykarp, eines Bischofs von Smyrna in Kleinasien, der zum Namenspatron avancierte. Ende des 11. Jahrhunderts wurde mit dem Bau der heutigen Kirche Saint-Polycarpe begonnen.

Der älteste Teil ist der **polygonale Chor**, der mit Lisenen und Blendbögen im lombardischen Stil, einem vorromanischen Baustil, errichtet wurde. Man betritt den **romanischen Innenraum** durch das Portal unter dem Glockenturm. Unter dem **Hochaltar** sind Stücke aus dem alten Kirchenschatz ausgestellt, darunter als kostbarstes Stück das Kopfreliquiar, das den Schädel des heiligen Polykarp birgt. Zwei **karolingische Altäre** aus Granit, die als Seitenaltäre dienen, gehören ebenfalls zu den besonders raren Stücken. Einer ist mit orientalisch anmutendem Flechtwerk geschmückt, das typisch für die karolingische Zeit ist, der andere mit einem Kreuz und den Lettern Alpha und Omega. An den Wänden sind noch **Reste von Malereien aus dem 14. Jahrhundert** zu sehen. Bereits in den 1770er Jahren wurde das Kloster aufgelöst, da es an Mönchsnachwuchs fehlte, und die Klosterkirche wurde zur Pfarrkirche für das 140-Seelen-Dorf gleichen Namens.

Abbaye Saint-Hilaire

▸ Karte S. 326

Eine Urkunde von 825 belegt die Gründung einer Benediktinerabtei, die ursprünglich dem heiligen Saturninus von Toulouse geweiht war, und die der Charta gemäß das Recht hatte, nach den Regeln des heiligen Benedikt zu leben und sich einen Abt zu wählen. Zudem belegt die Urkunde Stiftungen Karls des Großen an die Abtei. Ende des 10. Jahrhunderts erwarb die Abtei Reliquien des heiligen Hilarius, des ersten Bischofs von Carcassonne, was ihr einen regen Pilgerstrom und reichlich Einnahmen bescherte. Da die Abtei unter dem Schutz der Vizegrafen von Carcassonne stand, gerieten auch die Mönche in den Verdacht der katharischen Häresie, weshalb die Gemeinschaft im Rahmen des Albigenserkreuzzugs die meisten ihrer Ländereien und ihre Autonomie verlor. Hundertjähriger Krieg, Pestepidemien und die Religionskriege ließen die Mönchsgemeinschaft mehr und mehr schwinden und bereits 1748 wurde sie aufgelöst, da nur mehr sechs Mönche in Saint-Hilaire lebten. Die ehemalige Abteikirche wurde zur Pfarrkirche des Dorfes, das sich seit dem 9. Jahrhundert im Schatten des Klosters entwickelt hatte, die Klostergebäude wurden verkauft und als Baumaterial verwendet. Aus dem Kreuzgang der Mönche wurde der Dorfplatz. Erst 2001 hat die Gemeinde die Umbauten an der ehemaligen Abtei zur touristischen Erschließung vorgenommen. Mit anderen Worten, sie so umgebaut, dass man inzwischen Eintritt kassieren kann, um die Meisterwerke zu sehen.

■ Besichtigung

Man betritt nun die Anlage durch den ehemaligen **Kapitelsaal**. Im gleichen Flügel befand sich die Wohnung des Abtes, direkt hinter dem Kapitelsaal. Die bemerkenswerte **Holzdecke** entstand im 15. Jahrhundert, wohingegen die Wandmalerei mit all den Namen der Äbte erst im 19. Jahrhundert hinzugefügt wurde, als das Kloster bereits aufgelöst war. Der elegante **Kreuzgang** mit zierlichen Doppelsäulen aus lokalem Kalkstein stammt aus dem 14. Jahrhundert.

Die **romanische Kirch**e beherbergt im südlichen Querschiffarm einen beson-

Ein Meistersück romanischer Steinmetzkunst: der »Sarkophag des Saint-Sernin«

deren Schatz, den sogenannten **Sarkophag des Saint-Sernin**. Vermutlich handelt es sich dabei jedoch um eine Platte, die an der Vorderseite des romanischen Altars angebracht war. Das Meisterstück romanischer Steinmetzkunst wird dem Meister von Cabestany zugeschrieben (→ S. 324). Auf der Vorderseite wird links die Geschichte des Martyriums des heiligen Saturninus erzählt. Mit einer dicken Kordel ist er an den rasenden Stier gebunden, der ihn zu Tode schleift. Rechts der Mitte sieht man den Heiligen mit einem aufgeschlagenen Buch an der Brust, das von seiner Missionierungsarbeit in Toulouse erzählt und damit dem Grund für seine Verurteilung. Rechts von Saturninus die Soldaten, die ihn gefangen nehmen, mit Tierköpfen zwischen ihren Beinen, die ihr Heidentum symbolisieren. Ganz außen rechts sieht man bereits bekehrte Tolosaner, die in der als Turm stilisierten Stadt sitzen und versuchen die Soldaten aufzuhalten. Rechts um die Ecke an der Schmalseite ist Saint-Sernin mit dem Bischofsstab zwischen seinen Schülern Honest und Papoul zu sehen. An der anderen Schmalseite ist seine Grablegung dargestellt.

i Pays Cathare

Office de tourisme du Pays de Mirepoix, place Maréchal Leclerc, 09500 Mirepoix, Tel. 0561688376; Juli–Aug. Mo–Sa 9.30–12.30, 13.30–18 Uhr, So 10–13, 15–18 Uhr, Sept.–Juni Mo–Sa 9.15–12.15, 14–17 Uhr. www.tourisme-mirepoix.com

Tourisme Limouxin, 7, avenue du Pont de France, 11300 Limoux, Tel. 0468311182; Juni, Sept. Mo, Di, Do, Fr 9.30–12.30, 14–17.30 Uhr, Sa 9.30–12.30 Uhr, Juli-Aug. Mo–Sa 9,30–12.30 Uhr, Mo–Di, Do–Fr 14–17.30 Uhr, Okt.–Mai Mo–Di, Do–Sa 9.30–12.30 Uhr, Di, Fr 14–17 Uhr. www.limouxin-tourisme.fr

Eine **Übersicht über die Katharerburgen Okzitaniens** mit Informationen zur Geschichte, Lageplänen und vielen Fotos bietet die englischsprachige Internetseite www.catharcastles.info.

Allo'Taxi Verdier, Mirepoix, Tel. 06215 78596.

Taxis Occitans, Limoux, Tel. 0677254505.

La Maison des Consuls (€€€-€€€€), 6, place Maréchal Leclerc, Mirepoix, Tel. 0561688181. Charaktervolles 3-Sterne-Hotel in einem Fachwerkhaus am Hauptplatz der kleinen Stadt. Acht individuell eingerichtete Zimmer, davon ein Zweibettzimmer. Weinbar, in der man auch Snacks genießen kann, im Haus.
www.maisondesconsuls.com

Hôtel Le Commerce (€€), 20, cours Docteur Chabaud, Mirepoix, Tel. 0561681029. Uriges, sehr preisgünstiges 2-Sterne-Hotel im Zentrum mit 32 sauberen, einfachen Zimmern in 5 Kategorien. Auch Zweibettzimmer. Sehr gutes Restaurant mit schöner Terrasse.
https://le-commerce.fr

Demeure de la Carmine (€€€€), 2, chemin de la Mestrise, Mirepoix, Tel. 0619961322. Sehr individuelles Gästehaus mit besonderem Charme, das liebevoll restauriert wurde und historisches Flair mit hochwertiger Ausstattung verbindet. Zwei Zimmer und zwei Suiten. Schöner Außenbereich mit Pool, Lounge und Terrasse, Hammam. Sehr gutes Frühstück. Kostenloser Parkplatz.
www.demeurecarmine.com

Le Pèlerin (€€), 111, village, Montségur, Tel. 0534140039. Originelles Gästehaus mit rustikalem Charme, das vom norwegischen Ehepaar Ragnhild und Janos Simon geführt wird, die auch Deutsch sprechen. Zwei charmante Zweibett- bzw. Dreibettzimmer mit eigenen Terrassen und Bergblick.

Moulin d'entre les Roches (€€), 3, route de Chalabre, Puivert, Tel. 0468310003. Modern ausgestattet, historische Mühle, in der der deutschstämmige Gastgeber Ingo drei äußerst geräumige Gästezimmer vermietet und dafür sorgt, dass es seinen Gästen an nichts fehlt. Geschmackvolle, phantasievolle Einrichtung. Paradiesische Umgebung. Hervorragendes Frühstück. Auf Wunsch auch Abendessen. Kostenfreie Parkplätze.
www.moulin-puivert.com

Chez Montiz (€€), 8, chemin du Moulin, Montazels, Tel. 0468744034. Das multilinguale Gastgeberehepaar (Französisch, Englisch, Russisch) Katya und Steve betreibt ein exzellentes B & B mit 3 sehr großen Gästezimmern, die hervorragend und mit viel Geschmack ausgestattet sind. Schöner Garten inmitten einer traumhaften Natur, Terrasse mit Blick auf Rennes-le-Château. Kostenlose Privatparkplätze. Sehr gutes Preis-Leistungsverhältnis.
https://chezmontiz.com

Le Mauzac (€€), 1 bis, rue du Razès, Limoux, Tel. 0652651744. Nette Frühstückspension in einem ehemaligen Hotel mit fünf geräumigen, klimatisierten und individuell gestalteten Zimmern. Kostenloser Privatparkplatz.

La Monèze Basse (€€-€€€), D102, Richtung Malras, Domaine Monèze Basse, Tel. 0468316643. Stattliches Anwesen, das ehemals als Weingut diente, inmitten eines herrlichen Gartens mit Pool. Fünf geschmackvolle und liebevoll dekorierte Zimmer, sowie vier Ferienwohnungen vermietet Gastgeber Jeremy. Kostenlose Privatparkplätze.
www.lamoneze.com

Les Jardins de Soulane (€€€), D129, Belcastel-et-Buc, Tel. 0627471302. Sehr geschmackvoll eingerichtetes B & B in traumhafter Lage mit schönem Garten, Wasserteich und Pool. Im historischen Gemäuer aus dem 18. Jh. wurden fünf große Zimmer eingerichtet, zudem gibt zwei Ferienhäuschen für bis zu 4 Pers., die wochenweise vermietet werden. Kostenfreier Privatparkplatz.
www.lesjardinsdesoulane.com

La Glycine Blanche (€€), 27, Grand Rue, Pomas, Tel. 0680364516. Das stilvolle 5-Sterne-Gästehaus mit außergewöhn-

▸ Karte S. 326

lich schönem Ambiente verfügt über zwei klimatisierte Suiten, die liebevoll dekoriert sind. Gepflegter kleiner Garten mit Sonnenterrasse. Nach Reservierung (48 h vorher) wird auch ein Dinnermenü serviert (€€), Tolles Preis-Leistungsverhältnis. www.laglycineblanche.com

Camping Municipal Le Breil (€), Avenue Salvador Allende, Tel. 0468311363; Juni-Sept. Schattiger Platz an der Aude mit 50 Stellplätzen.

Camping - Domaine d'Arnauteille (€€), Montclar, Tel. 0468268453. Apr.-Sept. Weitläufiger 5-Sterne-Platz mit großem, abwechslungsreichem Aquapark mit 5 beheizten Becken im überdachten Bereich und 3 Becken im Außenbereich, dazu Wasserrutschen und Sonnenterrassen. 100 Stellplätze und über 100 Übernachtungsmöglichkeiten in Cottages, die 2-6 Pers. fassen. Restaurant und Tapas-Bar, Supermarkt, Bibliothek, Fernsehraum, Spielzimmer mit Billardtisch und Kicker. Wanderungen, Reitausflüge, Mountainbiketouren, Weintouren, abendliche Animationen, Kinderprogramme. www.camping-arnauteille.com

L'Autre Jardin (€€-€€€), 28, cours Colonel Petitpied, Mirepoix, Tel. 0534021537; Sept.-Juni Fr, So-Di 12-14 Uhr, Fr-Di 19.30-21.30 Uhr, Juli-Aug. jeden Tag mittags und abends geöffnet. Anfang-Mitte Nov. zwei Wochen, ab 15. Febr. drei Wochen geschlossen. Wunderbares Restaurant in einem malerischen Innenhof, in dem frische, ehrliche Küche mit Esprit serviert wird. https://lautre-jardin-mirepoix.net

Le Marin d'Eau douce (€), 21, avenue de Chalabre, Espéraza, Tel. 0468741606; Di-So 11.45-13.45, 18.45-21 Uhr. Eine der besten Crêperien im Süden Frankreichs. Knusprige, hauchdünne Galettes genießen wie in der Bretagne, aber bei meist besserem Wetter. www.lemarindeaudouce.com

Comme à la maison (€€), 39ter, avenue de Carcassonne, Espéraza, Tel. 0627142521; tgl. 9-20 Uhr. Wie der Name des Lokals schon verrät, ist es wie zu Hause. Man isst wie bei Muttern, es gibt selbstgebackenen Kuchen zur Kaffeezeit und auf der Terrasse im Hinterhof ist es ebenso unaufgeräumt wie daheim, aber gemütlich und charmant.

Auberge St-Sébastien (€€), 3, promenade du Château fort, Campagne-su-Aude, Tel. 0468310875. Leckere Pizza und Gegrilltes vom Holzkohlegrill.

L'Escondida (€€), Grande rue, Rennes-le-Château, Tel. 0982392939; tgl. 10-21 Uhr. Gutes Essen und eine wunderbare Terrasse, auf der man es gut den ganzen Tag aushalten könnte.

Salasar, 4, rue de l'Égalité, Campagne-sur-Aude, Tel. 0468200462; tgl. 10-12.30, 14-18 Uhr. 1890 gegründete Kellerei, die Blanquette de Limoux herstellt und Führungen veranstaltet, jeden Tag um 10.30 Uhr. Regelmäßig finden mittwochs um 19 Uhr Verkostungen mit Häppchen statt. www.salasar.fr

Maison Guinot, 3, Chemin de Ronde, Tel. 0468310133; Mo-Sa 9-12, 14-18 Uhr, So 14-18 Uhr. 1 h geführte Besichtigung 6 Euro mit Sektprobe Mo-Sa 10.30, 14.30, 16 Uhr, So nur nachmittags. www.blanquette.fr

Sieurs d'Arques, Avenue du Mauzac, Tel. 0468746345; Mo-Sa 9.30-12.30, 14-18.30 Uhr, So 10-12.30 Uhr. Mit einem Museum für alte Werkzeuge, kostenloser Eintritt, kostenlose Sektprobe. www.sieurdarques.com

L'Atélier des Vignerons, 2, Place de la République, Tel. 0468201242; Mo-Sa 10-12.30, 14-19.30 Uhr, So 10-13 Uhr. Weinhandlung, die verschiedene Marken führt. www.languedocwineshop.fr

Château de Montségur, Tel. 0561011027; Nov.-Febr. 11-16 Uhr, März, Okt. 10-17 Uhr, Apr.-Juni, Sept.r 10-18 Uhr, Juli-Aug. 9-18 Uhr. Eintritt 5,50 Euro, Kinder von 8-15 Jahren 3 Euro, unter 8 frei, Juli-Aug. 6,50 bzw. 3,50 Euro. Bei schlechtem Wetter in den Wintermonaten geschlossen.
www.montsegur.fr

Musée de Montségur, Tel. 0561010694; März Di-So 14-17 Uhr, Apr.-Juni, Sept.-Okt.Di-So 14-18 Uhr, Juli-Aug. täglich 11-13, 14-19 Uhr. Eintritt 2,50 Euro, Kinder 1,50 Euro, unter 8 frei.
www.montsegur.fr

Château de Puivert, Tel. 0468208152; Ostern bis Mitte Nov. täglich 9-19 Uhr, Nov.-Ostern So-Fr 10-17 Uhr. Eintritt 5 Euro, Kinder von 5-12 Jahren 3 Euro.

Château de Chalabre, Tel. 0468693785; Juli-Aug. und in den Ferien 12-18.30 Uhr, Sa geschlossen. Eintritt 10 Euro, Kinder von 4-12 Jahren 8 Euro. Zusatzkosten für diverse Animationen wie Ponyreiten, Bogenschießen oder Kletterparcours. Paketpreise für Animationen 19 bzw. 17 Euro inkl. Eintritt.
https://chateau-chalabre.fr

Dinosauria, Avenue de la gare, Espéraza, Tel. 0468742688; Sept.-Juni 10.30-12.30, 13.30-17.30 Uhr, Juli-Aug. 10-19 Uhr. Eintritt 9 Euro, Kinder 6,50 Euro.
www.dinosauria.org

Domaine de l'Abbé Saunière, Rennes-le-Château, Tel. 0468313885; Apr.-Juni, Sept. 10-18 Uhr, Juli-Aug. 10-19 Uhr, Okt.-März 10-12.30, 13.30-17 Uhr. Eintritt 5 Euro, reduziert 4 Euro.
www.rennes-le-chateau.fr

Saint-Polycarpe, Tel. 0468311431. April-Sept. 9-19 Uhr, Okt.-März 10-17 Uhr.
http://www.audecathare.fr

Abbaye Saint-Hilaire, Rampe de l'église, 11250 Saint Hilaire, Tel. 0468696276; Apr.-Juni tgl. 10-18, Juli/Aug. tgl. 10-19, Nov.-März tgl. 10-17 Uhr.
https://saint-hilaire-aude.fr

▶ Karte S. 326

Canoë Kayak Limoux, 2 bis, rue des violettes, Tel. 0686578068. Kanu- und Kajakverleih, 21 Euro. Auch Tretbootverleih, 15 Euro/30 min, 20 Euro/Std.
www.canoelimoux.fr

Über den **Sentier Cathare**, den Katharerweg, kann man nicht nur zwischen Montségur und Puivert wandern, sondern alle Katharerburgen, also auch Peyrepertuse, Aguilar, Puilaurens oder Quéribus, erlaufen. Er beginnt am Mittelmeer in Port-la-Nouvelle und endet nach insgesamt 250 km in Foix. Will man den ganzen Sentier Cathare gehen, benötigt man 12 Tage. Markiert ist er mit rot-weißen Zeichen, da er als Fernwanderweg GR367 klassifiziert ist. Die IGN-Karte Nr. 9 zeigt den kompletten Weg im Maßstab 1/55000. Für die Strecke zwischen Montségur und Puivert sollte man drei Tage, also zwei Zwischenübernachtungen einplanen. Richtige Wanderstiefel und Trittsicherheit sind erforderlich. Informationen zu allen Übernachtungsmöglichkeiten, Restaurants, Geschäften, Weingütern, etc. auf der Strecke kann man als PDF herunterladen. www.audetourisme.com (ganz unten auf der Seite: Brochures)

La Fromagerie, 21, cours Colonel Petitpied, Mirepoix, Tel. 0534014128. Entzückender Käseladen mit einer hervorragenden Auswahl und einer charmanten Chefin, die einen gut berät. Auch Honig, Konfitüren und Senf.

Chalabre, Samstagsmarkt von 8-13 Uhr auf der Place Espérance Folchet.

Espéraza, Wochen- und Kunsthandwerksmarkt am Sonntagvormittag 6-13 Uhr.

Mirepoix, Wochenmarkt am Montag auf der Place Maréchal Leclerc von 8-13 Uhr.

Limoux, Wochenmärkte von 8-13 Uhr am Freitag auf der Place de la République und der Place Général Leclerc sowie am Sonntag auf der Place d'Aude.

Reisetipps von A bis Z

Anreise

Für die Anreise mit dem eigenen Auto sollte man eine Zwischenübernachtung einplanen, da man nach z.B. für die Strecke Frankfurt-Toulouse je nach Verkehrslage 11–12 Stunden braucht, ab München 12–13 Stunden, ab Hamburg 15 Stunden, ab Berlin sogar mindestens 16 Stunden. Wesentlich bequemer und schneller ist die Anreise mit dem Flugzeug nach Toulouse. Zum Flughafen Toulouse-Blagnac gibt es Direktflüge ab Frankfurt, Hamburg, München, Wien, Zürich und Basel. Bei einer Zuganreise muss man über Paris fahren inklusive eines Bahnhofswechsel vom Gare du Nord oder Gare de l'Est, wo die Züge aus Deutschland ankommen, zum Gare Montparnasse, wo die Züge nach Toulouse abfahren. Gute neun Stunden Fahrt muss man z.B. ab Frankfurt mit ICE und TGV für die Zugreise einplanen. Auskünfte zu Bahnreisen nach oder innerhalb Frankreichs gibt es über www.bahn.de und auf der auch deutschsprachigen Seite www.de.oui.sncf sowie telefonisch über +33892353535 aus dem Ausland und in Frankreich unter der Nummer 3635.

Apotheken

Pharmacies sind an einem grünen Kreuz zu erkennen, das in der Regel blinkt, wenn die Apotheke geöffnet ist. Für Notfälle hängt die Adresse der nächstliegenden diensthabenden Apotheke aus.

Ärztliche Versorgung

Die neue EU-Krankenversicherungskarte EHIC ist dank des Sozialversicherungsabkommens der EU auch in Frankreich gültig. Sie gilt für die Notfallversorgung vor Ort. Dennoch müssen Behandlungen und Medikamente vor Ort bezahlt werden, die bei der eigenen Krankenkasse eingereichten Quittungen werden dann nach dem Regelsatz erstattet. Eine zusätzliche Auslandskrankenversicherung ist also meist nicht nötig. Ein Anruf bei der eigenen Krankenkasse gibt Aufschluss.

Autofahren

In Frankreich gelten folgende **Geschwindigkeitsregeln**: Höchstgeschwindigkeit auf Autobahnen 130 km/h, bei Nässe 110 km/h. Auf vierspurigen Nationalstraßen gelten 110 km/h, bei Nässe 100 km/h, bei nur

Der Bahnhof von Carcassonne

Bei Nässe gelten niedrigere Höchstgeschwindigkeiten

zweispurigen Nationalstraßen und anderen Landstraßen 90 km/h bzw. 80 km/h. Innerhalb geschlossener Ortschaften ist die Höchstgeschwindigkeit auf 50 km/h begrenzt. Wer seinen Führerschein noch keine zwei Jahre besitzt muss sich jeweils an die bei Nässe geltenden Limits halten.

In **Kreisverkehren** gilt ohne anderslautenden Schilder rechts-vor-links, doch meistens informiert ein Schild mit der Aufschrift »Vous n'avez pas la priorité« den Einfahrenden darüber, dass er keine Vorfahrt hat und gewährt den Im-Kreisverkehr-Fahrenden Vorrang.

Telefonieren während des Fahrens ist verboten.

Es gilt wie in Deutschland die **0,5-Promille-Grenze**. Ein Gesetz, das zum Mitführen eines **Alkoholschnelltesters** im Auto verpflichtet, wurde zwar auf unbestimmte Zeit ausgesetzt, kann aber jederzeit in Kraft treten, daher ist das Mitführen von Teströhrchen, die in Apotheken und an Tankstellen erhältlich sind, sinnvoll.

Zur **vorgeschriebenen Fahrzeugausrüstung** in Frankreich gehören eine reflektierende Warnweste mit CE-Kennzeichnung, die griffbereit im Auto verstaut sein muss, sowie ein Warndreieck.

Für **Motorradfahrer** gilt Helmpflicht und seit 2017 auch Handschuhpflicht, sowohl für Fahrer und Beifahrer. Für Fahrradfahrer über 12 Jahren gilt hingegen noch keine Helmpflicht, allerdings muss bei schlechter Sicht, nicht nur nachts, eine reflektierende Warnweste getragen werden.

Bises/Küsschen

Zu den Gewohnheiten, die in ganz Frankreich gepflegt werden, gehört natürlich die Bise, das französische Begrüßungsküsschen. Doch auch hier fangen die Unterschiede zwischen Franzosen und Franzosen schon an. Wie viele Bises gibt man sich? Einen? Zwei? Drei oder gar vier? Ein Pariser antwortet sofort: Zwei! Ein Tolosaner kontert mit Vier, ein Castrais mit Drei. In Okzitanien votierten bei einer Umfrage 57 Prozent für zwei, ein Drittel für drei Küsschen. Fünf von Hundert Befragten fordern vier, und drei sogar fünf Bises. Dabei spielt das Geschlecht keine Rolle, selbstverständlich küssen sich auch Männer auf die Wangen. Allerdings: ein Vorgesetzter würde sich doch wundern, würde ihn sein Angestellter mit Küsschen begrüßen. Auch eine Rezeptionistin oder ein Kellner würde sich wundern, würde der Gast sie oder ihn küssen. Doch außerhalb des beruflichen Umfelds ist die Bise in allen Gesellschaftsschichten üblich und kein Zeichen von Schickeria. Auch wenn man einem Wildfremden das erste Mal begegnet ist das Händeschütteln üblich. Übrigens, selbst die Franzosen wissen nicht immer ganz genau, wie viele Küsse wo üblich sind. Auf der Internetseite www.combiendebises.com bekommt man die Antwort.

Botschaften und Konsulate

Sitz der Deutschen Botschaft in Frankreich ist natürlich in Paris, Generalkonsulate gibt es in Lyon, Marseille, Bordeaux und Straßburg und ein Honorarkonsul hat seinen Sitz in Toulouse. In dringenden Notfällen, die außerhalb der Telefonzeiten liegen, sollte man die **Notfallnummer +33153834500** anrufen. 24/24, auch an Wochenenden und Feiertagen.

Botschaft der Bundesrepublik Deutschland, 13–15, Avenue Franklin D. Roosevelt, 75008 Paris, Tel. 0153647670. Telefonische Erreichbarkeit: Mo–Do 8.30–16.45, Fr 8–14 Uhr. 1. Jan., 8. März, Ostern von Karfreitag-Ostermontag, 1. und 8. Mai, Christi Himmelfahrt, Pfingstmontag, 14. Juli, 3. Okt., 11. Dez., Weihnachten und Silvester geschlossen.
allemagneenfrance.diplo.de

Honorarkonsul der Bundesrepublik Deutschland, 24, rue de Metz, 31000 Toulouse, Tel. 0561523556 vormittags, 0562275050.

Briefmarken/Post

Die Postfilialen öffnen in der Regel um 8 Uhr und schließen abends um 19 Uhr. Briefmarken bekommt man aber nicht nur auf der Post, sondern auch in den Tabakläden, erkennbar an einer roten Raute. Eine »Timbre« für eine Postkarte oder einen Brief bis 20 g innerhalb Europas kostet derzeit 1,50 Euro, in den Rest der Welt 3 Euro und innerhalb Frankreichs 1,28 Euro (Stand 2021). Da die Post meist jährlich das Porto erhöht, haben die normalen Briefmarken keinen Wertaufdruck, sondern sind anhand der Farben erkenntlich. Eine blaue Marke steht für den Versand innerhalb des Landes, eine rote Marke für den Versand in die Länder der EU und in die Schweiz, eine lila Marke für Übersee. Plant man schon eine weitere Reise nach Frankreich in einem der folgenden Jahre, lohnt es sich bereits einen kleinen Vorrat anzulegen – die nächste Erhöhung kommt bestimmt!

Camping

Auf der Seite www.camping.info findet man für alle Regionen eine umfangreiche Auswahl an Campingplätzen mit detailreichen Beschreibungen zu Ausstattung und Preisen, ebenso auf www.campingsfrance.com. Für **Wohnwagenanhänger** besteht eine eigenständige Versicherungspflicht, eine **grüne Versicherungskarte** ist für Camper zwar nicht vorgeschrieben, aber im Falle eines Unfalls hilfreich. Sind am Wohnmobil oder Wohnwagen Extras, wie z.B. ein **Fahrradhalter**, angebracht, ist eine Bescheinigung erforderlich, aus der hervorgeht, dass es sich um ein CE-geprüftes und für den Straßenverkehr zugelassenes Zubehör handelt. Toulouse gehört zu den sechs Umweltzonen Frankreichs, deshalb benötigt man hierfür eine **Crit'Air-Vignette**. Über die – deutschsprachige – Seite www.certificat-air.gouv.fr/de/demande-ext/cgu kann man diese Plakette beantragen.

Vorteilhaft ist auch der Besitz einer **Camping Card International CCI**, die auf vielen Campingplätzen verlangt wird. **Wildcampen** ist in Frankreich grundsätzlich verboten, man darf aber an **Rastplätzen** und auf **Parkplätzen** maximal sieben Tage übernachten. **Parkplätze für Wohnmobile** sind oft sogar ausgewiesen und entsprechend mit Anschlüssen ausgestattet. Viele Gemeinden haben spezielle Plätze für Camper, ohne dass es sich um Campingplätze handelt, die Schilder »Camping reglementé – s'adresser à la mairie« weisen darauf hin. Man muss

Sichere Lage: Château de Montségur

sich dann auf dem Rathaus einfinden und bekommt einen Platz zugewiesen.
Einfacher und sehr hilfreich ist es, sich die App von https://park4night.com aufs Handy zu laden, die die **schönsten Plätze für nur eine Nacht** anzeigt.

Elektrizität

Die Netzspannung beträgt 220 V. Für Geräte mit Flachstecker/Eurostecker benötigt man keinen Adapter, Schukostecker hingen passen nicht, wenn sie vollrund sind und keine halbrunden Aussparungen beiderseits haben.

Feiertage

1. Januar: Neujahr, Jour de l'An
1. Mai: Tag der Arbeit, Fête du travail
8. Mai: Tag des Endes des 2. Weltkriegs 1945, Victoire 1945
14. Juli: Nationalfeiertag, Fête Nationale
15. August: Maria Himmelfahrt, Assomption
1. November: Allerheiligen, Toussaint
11. November: Tag des Waffenstillstandes 1918, Armistice 1918
25. Dezember: 1. Weihnachtsfeiertag, Noël
Dazu kommen die beweglichen Feste Ostern (Pâques), Christi Himmelfahrt (Ascension) und Pfingsten (Pentecôte).
Muttertag wird in Frankreich am letzten Sonntag im Mai gefeiert, Vatertag am dritten Sonntag im Juni. Beides sind keine gesetzlichen Feiertage.

Ferien in Frankreich

Es gibt Winter-, Frühlings-, Sommer-, Herbst- und Weihnachtsferien. Die 2-wöchigen Winter- und Frühlingsferien beginnen im Februar/März und April/Mai zu unterschiedlichen Terminen anhand eines turnusmäßigen Wechsels zwischen drei Zonen. Die Region Okzitanien gehört zur Zone C. Die anderen Ferientermine sind für das ganze Land gültig. Dazu 14 Tage in den letzten zwei Oktoberwochen bis einschließlich Allerheiligen und über Weihnachten und Silvester bis zum ersten Montag im neuen Jahr. Die Sommerferien beginnen mit dem ersten Montag im Juli und enden mit dem letzten Augustwochenende.

	Winterferien	Frühlingsferien	Sommerferien	Herbstferien	Weihnachtsferien
2022	19.02 bis 07.03.	23.04. bis 09.05.	07.07. bis 01.09.	22.10. bis 07.11.	17.12. bis 03.01.2023
2023	18.02. bis 06.03.	22.04. bis 09.05.	08.07. bis 04.09.	21.10. bis 06.11.	23.12.bis 08.01.2024

Französische Fremdenverkehrsämter

Auskünfte über Tourismus in Frankreich gibt es unter:
Atout France, Französische Zentrale für Tourismus, Zeppelinallee 37, 60325 Frankfurt/Main, Tel. 069/745556
Atout France, Wien, Tel. 015032892
Atout France, Französisches Verkehrsbüro Schweiz, Rennweg 42, 8001 Zürich, Tel. 0442174600
www.france.fr

Frühstück in Frankreich

Nicht umsonst hat das französische Wort für Frühstück, petit-déjeuner, ein »klein« voranstehen. In Familien und einfacheren Hotels oder Gästehäusern besteht es in der Regel aus nicht viel mehr als Baguette und/oder Croissants, Butter und Marmelade sowie einem Heißgetränk. Für Gäste wird oft zusätzlich Obst, Joghurt, Kuchen, Viennoiserien wie Brioche oder Pain au chocolat und Saft gereicht, manchmal sogar Käse. Die beliebte deutsche Frühstücksge-

Für manche eher ernüchternd: französisches Frühstück

wohnheit auch Wurst zu essen, kennt man in Frankreich nicht. Nur in höherklassigen Hotels und internationalen Ketten wird sogenanntes kontinentales Frühstück, meist auf Buffets, angeboten, dann auch mit Schinken und Salami. In vielen dieser Hotels steht beim Frühstück ein Korb mit frischen Eiern, die man sich selbst in einem Wasserbad kochen kann. Dabei sollte man ein paar Minuten zugeben, da das Wasser selten sprudelnd kocht.

Hausboote

Hausboote für Touren auf dem Canal du Midi kann man sowohl vor Ort wie auch schon von zu Hause aus chartern, was sich v.a. in den Ferienzeiten dringend empfiehlt. Ein Bootsführerschein wird nicht benötigt. Zahlreiche Agenturen vermieten die Boote von Ostern bis Oktober und geben eine Einweisung, theoretisch und praktisch. Schweißtreibend ist allein das **Schleusen**. Wer die ganze Strecke absolvieren will, hat 63 zwischen Toulouse und Sète zu passieren. Die Schleusen sind teils automatisiert, teils bemannt. Während der Saison sind die Schleusen von 9–12.30 Uhr und von13.30–18 Uhr, im Juli/August bis 19 Uhr geöffnet, geschlossen sind sie an Feiertagen wie dem 1. Mai. Gefahren werden darf zwischen Sonnenauf- und Sonnenuntergang, Nachtfahrten sind verboten. Schwimmen ist übrigens im Canal du Midi ebenfalls verboten.

Kosten

Je nach Größe, Ausstattung und Jahreszeit kostet ein Hausboot zwischen 1000 und 3800 Euro pro Woche zuzüglich der Betriebskosten für Wasser, Diesel und Gas, sowie der Liegegebühren und der Versicherung. Für Treibstoff muss man ca. 150–200 Euro/Woche rechnen. Selbst tanken muss man nicht, der Verbrauch wird am Ende abgelesen und mit dem Vermieter abgerechnet. Um den Radius für Ausflüge zu erweitern, empfiehlt es sich, Leihräder (ca. 50 Euro/Woche) gleich mit anzumieten. Wer nur eine Strecke fährt, muss zudem mit einem Einwegzuschlag und ggf. den Kosten für einen PKW-Transfer rechnen. Eine Kaution muss hinterlegt werden.

Agenturen

Nautic-Tours, Recklinghäuser Str. 119, 45721 Haltern am See, Tel. +4923 645088990; Mo–Fr 8.15–13, 15–19 Uhr. Dieser Vermittler von Hausbooten verschiedenster Agenturen, hat ein großes Angebot für Hausboote in allen Preiskategorien und Touren ab fast allen möglichen Stationen. www.nautic-tours.de

Cris Boat France, 75, rue de Vannes, Redon, Tel. +33230960857. Vermittler von Hausbooten frankreich- und weltweit. Durch die Kooperation mit allen namhaften Verleihagenturen (die alle unten aufgeführt sind) hat man die Auswahl unter mehr als 90% aller auf dem Kanal verkehrenden Hausboote und den verschiedenen Strecken sowie Ablegeorten.
www.crisboat.de

Locaboat Holidays, Rehlingstr. 17, 79100 Freiburg, Tel +49761207370. Von der Gesellschaft für Verbraucherstudien 2019 zum besten Hausbootvermieter gewählter Veranstalter, der ein gutes Angebot mit verschiedenen Abfahrtshäfen bietet und auch Kurz- und Wochenendtouren im Programm hat. Basen am Canal du Midi in Négra, Bram, Argens, Lattes.
www.locaboat.com

Le boat, c/o Crown Blue Line GmbH, Theodor-Heuss-Str. 53–63, 61118 Bad Vilbel, Tel. +4961015579175; Mo–Fr 9–12, 14–17, Sa 11–15 Uhr. Große Auswahl, guter Service. Auch Kurztouren. Basen in Castelnaudary, Trèbes, Homps und Port Cassafières. www.leboat.de

Les Canalous, 1, quai du Canal, Waltenheim-sur-Zorn, Tel. (F) +33385537674, Tel. (D) +49 69962176310. Das französische Unternehmen ist nicht nur Vermieter, sondern auch Hersteller von Hausbooten und einer der Pioniere im französischen Flusstourismus. Deutschsprachige Mitarbeiter und Webseite. Basen am Canal du Midi in Carcassonne, Homps, Colombier, Agde und Carnon. www.lescanalous.com

Nicols, Robert-Koch-Str. 7, 77694 Kehl-Auernheim, Tel. +4978518851980. Französischer Hausbootvermieter mit Niederlassung in Deutschland, der Frankreich- und europaweit Bootstouren organisiert. Zwei Basen am Canal du Midi: Port-Lauragais und Le Somail. www.hausboot-nicols.de

Haustiere

Haustiere wie Hunde und Katzen können relativ problemlos eingeführt werden. Man muss einen **EU-Heimtierausweis** mit sich führen, in dem eine gültige **Tollwut-Impfung** eingetragen sein muss, wobei die Erstimpfung mindestens 21 Tage vor Einreise erfolgt sein muss. Zudem darf das Tier nicht jünger als drei

Hausboot auf dem Canal du Midi

Monate sein und die Anzahl der Tiere ist auf max. fünf beschränkt. Die Mitnahme von Kampfhunden ist verboten, Schutz- und Wachhunderassen wie Rottweiler müssen in der Öffentlichkeit stets einen Maulkorb tragen und angeleint von einem Volljährigen geführt werden.

Karneval

Obwohl in Frankreich in der Regel Karneval kaum gefeiert wird, bildet Okzitanien eine Ausnahme, oder zumindest einige Städte. In **Albi** gibt es einen Festumzug mit geschmückten Wagen, wie man sie von Rosenmontagsumzügen kennt, nur dass sie dort an den Sonntagen vor dem Mardi Gras, dem Faschingsdienstag, der in Frankreich den Höhepunkt der Festivitäten bildet, durch die Stadt fahren.

In **Castres** wird am Wochenende vor Karneval der Carnaval vénitien gefeiert mit Masken wie in der Lagunenstadt.

Den längsten Karneval der Welt feiert **Limoux**. Schon drei Monate vor Rosenmontag und Mardi Gras ziehen die Teilnehmer der Paraden an den Wochenenden durch die Stadt, viele im Pierrotkostüm oder mit weißen Masken. Die Umzüge spielen auf lokale Ereignisse in Politik und Sport an. Höhepunkt ist die Nuit de la Blanquette, bei der eine Strohpuppe verbrannt wird, die stellvertretend für die Sünden der Stadt steht. Der Blanquette de Limoux flißt in Strömen und gab der Nacht ihren Namen.

Erst seit 2011 feiert auch **Toulouse** wieder Karneval, mit einem dreistündigen Umzug.

Landkarten und Stadtpläne

Die besten Landkarten für Frankreich sind die Michelin-Karten. Für das in diesem Reiseführer beschriebene Gebiet ist die Karte Nr. 525 Midi-Pyrénées im Maßstab 1:150 000 zu empfehlen. Für Wanderungen und Radtouren empfehlen sich die IGN-Karten im Maßstab 1:25 000. Für den Wanderweg »Le Sentier Cathare« gibt es eine IGN-Karte im Maßstab 1:50 000. Für lokale Wanderwege bekommt man Detailkarten in den jeweiligen Fremdenverkehrsämtern. Viele Karten kann man inzwischen auch per Internet bestellen oder herunterladen (→ S. 378). Fast alle Hotels halten inzwischen Stadtpläne für ihre Gäste bereit, ansonsten bekommt man sie in den Offices du Tourisme.

Maut

Als Pkw-Fahrer muss man mit rund 9 Cent pro Kilometer Mautgebühr rechnen, je nach Autobahn. Auf der Autobahn über Freiburg belaufen sich die Gebühren bis Toulouse auf rund 60 Euro. Von Norddeutschland über Brüssel und Paris muss man mit gut 50 Euro rechnen.

Die Mautstationen sind automatisiert, d.h. man kann an einem Automaten mit **Kreditkarten**, aber nicht EC-Karten bezahlen sowie mit **Bargeld**, wobei nur 5, 10 und 20 Euro-Scheine und Münzen akzeptiert werden. Bei Auffahrt auf die Autobahn erhält man eine Karte, die an den Zahlstationen dann eingeschoben werden muss. Die Art der Zahlung, die an der jeweiligen Säule akzeptiert wird, ist durch Symbole angezeigt. Ein orangefarbenes »t« verweist darauf, dass dort nur die Télépéage gilt, d.h. dass man im Besitz eines Kästchens sein muss, über das eine automatische Abbuchung erfolgt. Da die Wartezeit an t-Spuren deutlich kürzer ist, sollte man gerade in Ferienzeiten darüber nachdenken ein »Liber t«-Kästchen zu erwerben. Über tolltickets.com kann man auch aus Deutschland diesen Service beantragen.

Öffnungszeiten

Es gibt kein allgemeines Ladenschlussgesetz wie in Deutschland, daher können die Öffnungszeiten variieren. Kleinere

Geschäfte machen in der Regel eine Mittagspause von 2 Stunden zwischen 12 und 14 Uhr. Morgens öffnen die meisten Läden um 10 Uhr, abends sind sie bis 18 bis 19 Uhr geöffnet. Größere Supermärkte am Stadtrand öffnen morgens früher, meist ab 8.30 Uhr und sind abends oft bis 20 Uhr geöffnet. Mit Ausnahme der großen Ketten sind Geschäfte am Montagmorgen geschlossen. Banken haben in der Regel montags bis freitags von 9 bis 12.30 Uhr und 14 bis 17 Uhr geöffnet.

Pannen und Unfälle

Auf Autobahnen kann über Notrufsäulen der Pannendienst erreicht werden, ansonsten über die Nummer der **AIT-Assistance, Tel. 0800089222**. Im Falle eines Unfalls kann die Polizei über 17 oder der Notruf über 112 erreicht werden. Die Mitnahme einer **grünen Versicherungskarte** ist zwar keine Pflicht mehr, aber dennoch empfehlenswert, da sie als Versicherungsnachweis gilt und die Abwicklung der Formalitäten erleichtert.

Parken

In vielen Städten gibt es **blaue Zonen**, die durch entsprechende Linien am Straßenrand markiert sind. In diesen Zonen darf man mit der Parkscheibe von Montag bis Samstag von 9–12 Uhr und von 14–19 Uhr eine Stunde kostenlos parken. Ist eine durchgezogene **gelbe Linie** zu sehen, gilt absolutes Halteverbot, ist sie gestrichelt, gilt Parkverbot und man darf zum Ein- und Aussteigen oder Be- und Entladen kurz halten. Auch nur teilweise auf dem Bürgersteig zu stehen, ist nicht erlaubt.

Manchmal ist das Parken auf nur einer Straßenseite erlaubt, die aber innerhalb des Monats wechselt, manchmal wöchentlich, manchmal täglich, manchmal für jeweils einen halben Monat. Liest man **Stationnement alterné semimensuel**, ist das Parken in der ersten Monatshälfte nur auf der Straßenseite mit den ungeraden Hausnummern gestattet, ab dem 16. eines Monats dann auf der Straßenseite mit geraden Hausnummern. Bei wöchentlichem oder täglichem Wechsel wird dies durch entsprechende Schilder mit dem Hinweis **Jours pairs** (gerade Tage) oder **Jours impairs** (ungerade Tage) gekennzeichnet. Parkflächen, die mit dem Wort **Horodateur** oder **Stationnement payant**, manchmal auch nur Payant auf der Straße markiert sind, sind kostenpflichtig.

Immer mehr Parkplätze sind mit neuen Automaten versehen, bei denen das Autokennzeichen eingegeben werden muss, um zu verhindern, dass man die Tickets weiterreicht. Per Touchscreen bringt man das Gerät zum Leuchten, bei der Aufforderung Plaque d'immatriculation gibt man das Nummernschild ein und bestätigt mit Ok, anschließend wird man meist über die Taste 1 aufgefordert, die gewünschte Parkdauer Durée einzugeben, die man wieder erst bestätigen muss, bevor die Zahlungsaufforderung kommt. In der Regel sind die ersten 30 Parkminuten umsonst.

Radfahren

Nachts oder bei schlechter Sicht muss außerhalb geschlossener Ortschaften eine Warnweste getragen werden.

Rauchen

Generell gilt ein allgemeines Rauchverbot in allen öffentlichen Gebäuden, Geschäften, Spielcasinos, Diskotheken, Cafés, Hotels und Restaurants. An Bahnhöfen gilt das Verbot in aller Regel auf an den Bahnsteigen. Seit 2021 wird auch das Wegwerfen einer Zigarettenkippe mit bis zu 135 Euro sanktioniert. Da Tabak durch die Antiraucherkampagnen sehr teuer wurden, empfiehlt es sich die Zigaretten von zu Hause aus mitzunehmen, zumal es sich an abgelegenen Orten oder am Sonntag als schwierig erweisen kann, welche zu kaufen. Nur in Läden oder Cafés mit einem roten, rautenförmigen Schild mit der Aufschrift »tabac« dürfen Zigaretten verkauft werden, nicht in Supermärkten. Zigarettenautomaten gibt so gut wie nicht.

Reisen mit Kindern

Da Frankreich sehr kinderfreundlich ist und die Franzosen im Durchschnitt auch mehr Kinder als Deutsche haben, ist das Angebot an kindgerechten Aktivitäten sehr groß. Darüber hinaus gibt es in fast allen Sehenswürdigkeiten Tarife für Kinder oder Familienpässe für zwei Erwachsene und zwei oder mehr Kinder. Auch haben die meisten Restaurants Kindermenüs auf ihren Karten, sogar Sternerestaurants. Hat man noch kleine Kinder, die im Buggy/Kinderwagen mit auf Tour genommen werden sollen, tut man sich aber oft nicht leicht, sind doch die meisten Besichtigungsobjekte aus der Zeit vor der Erfindung der Aufzüge. Auch Kopfsteinpflaster, wie in Mittelalterstädten üblich, erschweren die Fortbewegung mit Kinderwagen oder Buggys. Hier sind für Babys Tragetücher hilfreich oder für Kleinkinder die starken Schultern der Papis gefragt.

In **Toulouse** gibt es mehrere Museen, die bei Kindern gut ankommen: Nachwuchsastronauten lieben die Cité de l'Espace, an Technik und Maschinen interessierte Kinder werden auch in der Halle de La Machine, im Aéroscopia und bei den Ailes Anciennes voll auf ihre Kosten kommen. Über einen Besuch im Dinosauria in Espéraza freuen sich kleine Fans der ausgestorbenen Riesenechsen.

In **Albi** bietet sich ein Besuch im Miniaturenmuseum Académie des Miniatures an.

In **Carcassonne** und auf dem **Château Chalabre** können die Kinder hautnah und mit vielen Animationen in die Welt der Ritter und des Mittelalters eintauchen.

Auf Tarn, Aude, Agout und dem Canal de Midi gibt es **Bootstouren oder andere Wassersportaktivitäten** wie Kanu- und Kajakfahren. Auch gibt es vielerorts Gestüte und **Reiterhöfe**, die Ausritte und Kurse anbieten. Auch kann man zahlreiche **Fahrradtouren** und **Wanderungen** unternehmen. Die Fremdenverkehrsäm-

Im Museum Ailes Anciennes in Toulouse

Taxistand am Flughafen Blagnac in Toulouse

ter haben – meist kostenlos – Pläne und Beschreibungen, auch zu Wanderwegen (s.dort). In jedem Kapitel gibt es – sofern vorhanden – Informationen mit besonderen Attraktionen für Kinder, wie Schwimmbäder, Aquaparks, Zoos oder Spielplätze.

Sicherheit

Selbst in Toulouse, der einzigen Großstadt der Region, ist das Risiko Ziel eines Diebstahls oder gar eines Überfalls nicht größer als in Deutschland. Man sollte – wie überall – keine Wertgegenstände, Taschen oder Jacken sichtbar im Wagen lassen, um keine Vermutungen auf »fette Beute« zu schüren.

Tanken

Die Benzinpreise sind in Frankreich nicht nur regional, sondern auch lokal sehr unterschiedlich. Im März 2022 lag der Preis bei durchschnittlich 1,98 Euro für Benzin und 1,97 Euro für Diesel. Die Preise ähneln in der Regel denen in Deutschland. Am günstigsten tankt man an den großen Supermarktketten. Auch nach Feierabend des Personals kann man an Zapfsäulen mit Kredit- oder EC-Karte tanken. Dabei muss man neben der Geheimnummer auch die gewünschte Art des Benzins eintippen. Essence steht für Benzin, Gasoil für Diesel.

Taxis

Kosten für Taxifahrten berechnen sich pro Kilometer und kosten zwischen 0,81–2,42 Euro, je nach Tageszeit, Wochen- oder Feiertag und ob es sich um eine einfache Fahrt oder eine Hin- und Rückfahrt handelt. Dazu kommt eine einmalige Einstiegsgebühr von 1,90 Euro. Für Gepäck, das nicht mit in den Fahrgastraum genommen wird fällt eine Gebühr von 0,50–0,95 Euro pro Stück an. In **Toulouse** muss man wegen der längeren Standzeiten der Taxis zudem mit Zuschlägen in Höhe von 0,85 Euro ab dem **Bahnhof Matabiau** und 2,25 Euro ab dem **Flughafen** rechnen. Wollen statt der üblichen drei Personen vier mitfahren, wird eine Zusatzgebühr von 1,90 Euro berechnet. Auch die Mitnahme von Hunden kostet 1–2 Euro extra.

Telefonieren

In der Regel fallen innerhalb der EU keine Roaming-Gebühren mehr an. Französische Festnetznummern sind inklusive der Regionalvorwahl, die stets mitgewählt werden muss, zehnstellig. Handynummern beginnen mit 06 oder 07, die 09 verweist auf Internettelefonie. Bei Anrufen aus Deutschland wird bei den genannten Rufnummernarten die 0 nicht mitgewählt. Rufnummern mit speziellen Tarifen beginnen mit 08, kostenfreie Rufnummern z. B. mit 0800.

Regionalvorwahl **Haute-Garonne** und **Tarn: 05, Aude: 04**.
Vorwahl **Frankreich: +33**
Vorwahl **Deutschland: +49**
Vorwahl **Österreich: +43**
Vorwahl **Schweiz: +41**

Trinkgeld

Das Trinkgeld »Pourboire« ist in der Regel schon im mit 15 % in der Rechnung der Restaurants enthalten - vermerkt mit dem Zusatz Service compris. Bei aufmerksamem Service lässt man nur ein paar Euro zusätzlich liegen, in Höhe von 3–5 % der Summe. Zahlt man, wie in Frankreich üblich mit der Karte, lässt man das Trinkgeld separat auf dem Tisch liegen. Es wird nicht gerne gesehen, das Trinkgeld auf die Kartenabbuchung aufzuschlagen, da dieses dann versteuert werden müsste. Man lässt sich bei Barzahlung üblicherweise den vollen Restbetrag zurückgeben und lässt dann liegen, was man für richtig erachtet. Für Zimmermädchen ist es üblich einen Euro Trinkgeld pro Tag pro Person liegen zu lassen. Bei Taxifahrten gibt man rund 10 % Pourboire.

Unterwegs in der Region

Innerhalb des Städtedreiecks Toulouse–Albi–Carcassonne kann man sich recht gut mit öffentlichen Verkehrsmitteln, v.a. mit Lokalzügen, bewegen. Will man aber auch ländliche Gebiete wie das Pays des Cathares oder die Montagne Noire und die Dörfer im Cabardès erkunden, braucht man ein Auto, da die meisten Orte gar nicht oder nur schwer mit öffentlichen Verkehrsmitteln erreichbar sind.

Alle bekannten Anbieter haben ihre Mietstationen in Toulose, die Preise beginnen bei 25 Euro pro Tag, für Rundum-Sorglos-Pakete mit Vollkaskoversicherung muss man um die 35 Euro rechnen. In der Sommersaison ist es teurer und man sollte rechtzeitig reservieren.

Straßenbahn in Toulouse

Veranstaltungskalender

► **Februar**

Festival de la Violette, Veilchen-Festival in Toulouse. Blumendekorationen und Ausstellungen, an zwei Tagen Ende Februar auf der Place du Capitole. Infos zum Programm: www.toulouse.fr., unter der Rubrik Service den Stichpunkt culture anklicken.

► **April**

Biennale Rose Béton, Graffiti-Street-Art-Festival, das alle zwei Jahre in Toulouse von April bis September stattfindet. Wegen Corona fand 2019 die bislang letzte Auflage statt.
www.rose-beton.com

► **Juni**

Festival Rio Loco, Musikfest im Juni in Toulouse mit Rock-, Pop-, Jazz-Konzerten mit Künstlern der Region sowie aus vielen anderen Ländern, an verschiedenen Plätzen der Stadt. www.rio-loco.org.

MAP, in Toulouse alljährlich von Mitte Juni bis Mitte Juli stattfindendes Fotofestival. www.map-photo.fr

Festival de Carcassonne, 3-wöchiges Festival mit einem bunten Programm: Theater, Oper, Tanz, klassischen Konzerten, Zirkus, Ritterspielen. Die größten Stars Frankreichs kommen zu dem dreiwöchigen Festival, rund 120 Konzerte werden gegeben, mehr als die Hälfte davon kostenlos.

Am 21. Juni, dem längsten Tag des Jahres, wird in ganz Frankreich des **Fête de la Musique** gefeiert.

► **Juli**

Tangopostale, Tango-Festival mit mehr als 80 Veranstaltungen in Toulouse, Konzerte, Vorführungen und Bälle.
www.tangopostale.com

Freiluftkino Cinématèque, Im Juli und August werden 40 berühmte Filme der Filmgeschichte im Hof der Cinemathek in Toulouse an die Wand projiziert.

Festival Les Musicales de Montmiral, Jedes Jahr am dritten Juliwochenende mit unterschiedlichen musikalischen Ausrichtungen von Fr–So.

Musique sur Ciel, Klassische Musik, Cordes-sur-Ciel, jedes Jahr eine Woche Ende Juli. Junge Solisten spielen Kammermusik an verschiedenen Plätzen, jeden Abend Konzerte in der Kirche Saint-Michel.
www.festivalmusiquesurciel.com

Fête mediévale du Grand-Fauconnier, Mittelalterfest in Cordes-sur-Ciel, jedes Jahr am 13. und 14. Juli.

Festival Les Extravadances, Tanzfestival in Castres. Jedes Jahr Anfang Juli, von Hip-Hop über Flamenco bis Tango und klassisches Ballett. Parvis du théâtre, Place Jean-Jaurès, Cours de l'Hôtel de ville und Place du 8-Mai. Kostenlos.

Fête nationale, Feuerwerk in Carcassonne über der Cité zum Nationalfeiertag am 14. Juli, ab 22.30 Uhr.

Fête de l'Olivier, Olivenfest in Bize-Minervois am letzten Julisonntag.

► August

Weinfest von Gaillac, jedes Jahr am ersten Augustwochenende von Fr–So im Parc Foucaud. Eintritt 5–8 Euro, ein Glas Wein 3 Euro.

Fête de l'Ail, am ersten Augustwochenende feiert man in Lautrec die Ernte der rosa Knolle mit Musik und viel Knoblauch im Essen.

Fête du Cassoulet, in der letzten Augustwoche in Castelnaudary mit Tanz, Musik, Blumenkorso und natürlich Bohneneintopf.

MiMa, Festival für Marionettenkunst in Mirepoix mit kostenlosen Aufführungen jeden Abend.

Feria de Carcassonne, Ende August bis Anfang September. Musikgruppen verschiedenster Stilrichtungen, von Tango und Salsa, okzitanischer Folklore bis zu Mittelaltergruppen mit Spielmannszügen.

► **September**

Piano aux Jacobins, jeden Abend um 20 Uhr Klavierkonzert in der Jakobinerkirche von Toulouse mit wechselnden Pianisten. 15–40 Euro je nach Kategorie. www.pianojacobins.com

► **Oktober**

Toulouse Les Orgues, Anfang Oktober. Orgelkonzerte an verschiedenen Orten der Stadt. www.toulouse-les-orgues.org

Jazz sur son 31, Jazz-Festival in Toulouse mit verschiedenen Gruppen und Musikern in unterschiedlichen Clubs und Kulturzentren wie z.B. im Automne Club.

Wasser und Mineralwasser

In jedem Restaurant, selbst in Sternerestaurants, kann man in Frankreich nach einer kostenlosen Karaffe Wasser, »une carafe d'eau«, verlangen und bekommt ohne scheelen Seitenblick das überall unbedenklich zu genießende Leitungswasser. Bestellt man ein »eau mineral« erhält man stets stilles Mineralwasser. Will man das in Deutschland beliebtere kohlensäurehaltige Wasser muss man »eau minérale gazeuse« ordern. Dabei gibt es wiederum starke Unterschiede in der Spritzigkeit. Das häufigste Wasser der Marke »Badoit« ist nur sanft sprudelnd. »Perrier« ist das spritzigste Wasser, gibt es aber fast nur in 0,33 l-Flaschen, während die anderen Markenwasser in Halbliter- und Ganzliterflaschen angeboten werden.

Wichtige Telefonnummern

Polizei (Police): 17
Rettungsdienst (SAMU): 15
Feuerwehr (Pompiers): 18
Notruf: 112
Deutschsprachiger ADAC-Notruf: 004989222222.
Deutschsprachiger ADAC-Notruf in Frankreich: 0472171222.
Zentrale Notrufnummer zum Sperren von EC/Kreditkarten: 0049116116.
Fragen zu Corona: 0800130000.

Cordes-Sur-Ciel ist eine beliebte Kulisse für Feste und Veranstaltungen

Sprachführer

An der Aussprache des Französischen scheiterte schon mancher, selbst Sportkommentatoren der öffentlich-rechtlichen Sender benennen so machen französischen Biathlethen unfreiwillig um und machen in ihrer falschen Aussprache aus einem Quentin einen Quinton. Dabei sind die Grundregeln letztlich einfacher als man denkt. Und der Konsonant am Ende eines Wortes wird ja sowieso verschluckt.

Konsonanten

Fast alle Konsonanten werden wie im Deutschen ausgesprochen, nur das c wird vor einem e oder *i* wie ein deutsches *s* ausgesprochen, vor einem a, o oder u wird es zum *k*. Soll es dennoch wie s ausgesprochen werden, bekommt es die Cedille, wird also ç geschrieben. *Ça va?* wird also »Sa wa« ausgesprochen, *cadre* wie »kadre«.

Das französische g wird vor e oder i zu sch, wie im eingedeutschten Wort »Garage«. Folgt dem g ein n, hört es sich wie die im Deutschen umgekehrte Variante ng an, wie in »Pfingsten«, oder wie ganz einfach wie ein j. Beispiel: *gagner* spricht sich ganjee.

Ein h fällt praktischerweise immer unter den Tisch, wodurch ein *hôtel* zum Otel wird.

Das j wird als stimmhaftes sch ausgesprochen, während das ch wie beim deutschen sch stimmlos augesprochen wird. Da es das stimmhafte sch im Deutschen nicht gibt, muss man ein wenig üben und den Laut weiter hinten im Rachen bilden. Legt man einen Finger an den Hals und spürt, dass der Kehlkopf leicht vibriert, hat man das j richtig ausgesprochen.

Q oder auch qu wird einfach zum k.

Das französische r wird guturral gesprochen, als am Gaumenzäpfchen gerollt und

Willkommen – Bitte eintreten, es ist geöffnet.

nicht an der Zungenspitze, wie man dies in Süddeutschland üblicherweise macht. Das v wird immer wie in »Vase« und nicht wie bei »Vogel«, also w statt f ausgesprochen. Y klingt fast wie ein i, mit einem leichten Touch zum ü. Das z wird wie ein stimmhaftes s gesprochen.

Vokale

Schwieriger oder vielmehr ungewohnter ist es mit der Aussprache der Vokale. Für sich genommen, hören sie sich noch dem Deutschen ähnlich an: a wie in Ankunft, i wie in Hirte, o wie in Otto. Das e hat eine leichte Tendenz zum ö, wie beispielsweise am Wortende von Wanne. Ein Akzent auf dem e verlängert oder verkürzt dessen Aussprache. *pré*, das Wort für »Wiese«, spricht man «Pree«, *près* für «nahe« wird «Prä« wie in Präsens gesprochen. Das u wird immer zum deutschen ü.

Komplizierter werden Vokalkombinationen wie der Diphthong ai, der zu einem langen ee wie in »Schnee« wird. Kommt dann aber ein n hinzu, wird ain zu einem langen ä wie in lähmt oder gähnen.

Das ou wird in der Aussprache einfach zum u.

Der Doppelvokal au wird wie o gesprochen, eu wie ö.

Auch der Triphthong eau wird zu o, œu wird wiederum zu ö. Der bekannte Triphtong *oui* für ja hört sich an, als ob man statt wie »uie« sagen wollte.

Sollen die Vokale separat ausgesprochen werden, kommt das sogenannte Trema ins Spiel, also der Doppelpunkt über einem Vokal, wie in *noël* für »Weihnachten«. Ausgesprochen hört es sich »No-ell« an. Oder aï z.B. in *laïque* wie »laa-ik«.

Nasale

Besonders kompliziert erscheint vielen die Bildung der nasalen Laute, die in Kombination der Vokale mit einem n, meist am Wortende, gebildet werden.

Bitte bremsen!

Das an wird zu einem nasalen Mittelding aus a und ä, umschrieben mit ã. Im Wort *chanson* oder *France* hört sich das wie »Schãso« oder »frãns« an.

Das en wird zum nasalen o, vergleichbar mit dem å im Namen des norwegischen Kronprinzen Håkan.

Das in wird zum verschnupften äh, wie im Englischen »damned«.

Das un hört sich wie ein Stöhnlaut. Beim Artikel oder der Zahl un für »der« oder »eins«, kommt dieser Laut isoliert vor, wird der Artikel oder die Zahl aber weiblich zu une, verschwindet das nasale und das Wort hört sich wie »ünn« an.

Das on wird wie im Kassenbon als nasaliertes und geschlossenes o gesprochen.

Um das Mysterium der Aussprache des besagten Biathlethen-Namens zu lüften: Quentin Fillon-Maillet wird korrekterweise Kåntãh Fijõ Majee gesprochen.

Am schwierigsten, weil nicht immer gültig, ist das Doppel-L. Manchmal wie in *quelle*, gesprochen »kell«, intensiviert es einfach nur das L. Manchmal wird es wie im Spanischen aber zum deutschen j, wie *camille*, das sich nach »kamij« anhört, oder in *vanille*, »vanij«.

Allgemeine Wendungen

Guten Tag	Bonjour
Guten Morgen	Bonjour
Guten Abend	Bonsoir
Gute Nacht	Bonne nuit
Hallo	Salut
Willkommen	Bienvenu
Aus Wiedersehen	Au revoir
Tschüss	Salut, À tout
Wie geht's?	Ça va?
Alles gut?	Tout va bien?
Alles ok	Tout va bien
Ja	Oui
Nein	Non
Einverstanden	D'accord
Danke	Merci
Vielen Dank!	Merci beaucoup!
Bitte gern geschehen	De rien
Hier bitteschön	Voilà
Bitte	s'il vous plaît oder s'il te plaît (wenn man sich duzt)
Herein!	Entrez!
Auf geht's	On y va
Langsam	Lentement
Entschuldigung!	Pardon!
Es tut mir leid	Je suis désolé
Macht nichts	Ça fait rien
Frohes Fest	Bonne fête
Glückwunsch!	Félicitation!
Alles Gute zum Geburtstag!	Joyeux anniversaire!
Gute Reise!	Bon voyage!

Wichtige Fragen

Wann?	Quand?
Wieviel?	Combien?

Warum?	Pourquoi?
Was ist das?	Qu'est-ce que ce?
Gibt es...?	Est-ce qu'il y a...?
Wieviel kostet das?	C'est combien?
Wo? Wohin?	Où?
Wer?	Qui?
Sprechen Sie deutsch?	Parlez-vous allemand?
Sprechen Sie englisch?	Parlez-vous anglais?
Ich spreche nur englisch	Je parle seulement anglais
Ich verstehe nicht	Je ne comprends pas

Im Hotel

Haben Sie ...?	Avez-vous ...?
ein Zimmer	une chambre
ein Einzelzimmer	une chambre single
ein Doppelzimmer	une chambre double
mit Frühstück	petit déjeuner compris
mit Halbpension	en demi-pension
das Handtuch	la serviette
das Bad	la salle de bain
Ich habe ein Zimmer reserviert.	J'ai réservé une chambre.
Wie viel kostet das Zimmer?	La chambre coûte combien?
Ich möchte ein anderes Zimmer.	Je voudrais une autre chambre.

Verkehrsschilder

Aire	Rastplatz
Autres directions	andere Richtungen
Céder le passage	Vorfahrt gewähren
Chaussée déformée	verformte Fahrbahn
Crue	Überschwemmung
Déviation	Umleitung
Fluide	fließend
Interdiction de stationner	stationnement
stationnement	Halteverbot
Passage interdit	Durchgang, -fahrt verboten
Ralentir	verlangsamen

Rappel	Erinnern
Risque de bouchon	Staugefahr
Route barré	Straße gesperrt
Sauf bus	außer (Linien-)Bus
Sauf vélo	außer Fahrrad
Sortie	Ausfahrt
Toutes directions	alle Richtungen

Notfall/Arzt

Hilfe!	À l'aide!
Polizei	la police
Ärztin/der Arzt	la/le médecin
Krankenhaus	l'hôpital (m.)
Medikament	le médicament
Tablette	le comprimé
vor/nach dem Essen	avant/après le repas
Apotheke	la pharmacie
Durchfall	la diarrhée
Fieber	la fièvre
Schmerzen	les douleurs (w.)
Schnupfen	le rhume
Ich habe Zahnschmerzen.	J'ai mal aux dents.

Kulinarischer Sprachführer

Allgemeines

Ich habe einen Tisch reserviert	j'ai réserver une table
Einen Tisch für 2 (vier) Personen bitte	une table pour deux (quatre), s'il vous plaît
Ober	garçon heutzutage höflicher: Monsieur
Getrennte Rechnung bitte	l'addition à part, s'il vous plaît
Bringen Sie mir bitte...	Apportez-moi...s'il vous plaît
ein Glas	un verre
eine Flasche	une bouteille
einen Teller	une assiette
eine Gabel	une fourchette

ein Messer	un couteau
ein Löffel	une cuillère
eine Serviette	une serviette
die Speisekarte	la carte oder le menu
Tagesgericht	plat du jour
Die Rechnung bitte!	L'addition s'il vous plaît!
Das ist für Sie	C'est pour vous
Ich möchte...	je voudrais...
Guten Appetit!	Bon appétit!
Cuisson	Garstufe
bleu	blutig, innen roh mit nur dünner Kruste, mit einer Kerntemperatur von ca. 48 °C
saignant	englisch, knusprige Kruste mit blutigem Kern, mit einer Kerntemperatur von ca. 52 °C
à point	rosa oder medium, mit einer Kerntemperatur von ca. 56 °C
bien cuit	durchgebraten, hat aber noch einen zarten rosa Kern, mit einer Kerntemperatur von ca. 60 °C
très cuit	ganz durchgebraten, mit einer Kerntemperatur von über 64 °C

Frühstück

petit déjeuner

Brot	pain
Toastbrot	Pain de mie/Toastbrot
Hörnchen	Croissant
Butter	beurre
Käse	fromage
Wurst	Charcuterie
Schinken	Jambon
Marmelade	confiture
Honig	miel
Eier	œufs
Rührei	œufs brouillés
Spiegelei	œuf miroir

Salate, Suppen und Vorspeisen	Salades, soupes et entrées
Mâche	Feldsalat
Mesclun	gemischter grüner Salat
Chicorée	Endivie
Chicorée rouge	Radicchio
Roquette	Rucola, Rauke
Bisque	Suppe aus Krustentieren
Consommé	klare Kraftbrühe
Crème	Cremesuppe
Mourtairol	Safranbouillon aus Hühnerklein und Kalbsknochen.
Potage	Suppe auf Gemüsebasis
Velouté	sämige Suppe
Brouillade	gestocktes Trüffelrührei
Cou d'oie	gefüllter Gänsehals, ähnlich wie Saumagen
Feuilleté	Blätterteigtasche
Omelette aux cèpes, ... aux truffe	Steinpilzomelett, Trüffelomelett
Salade aux gésiers	gemischter Salat mit gebratenen Entenmägen
Tartelettes aux cèpes	Steinpilztörtchen
Terrine	Pastete
Terrine de foie gras mi-cuit	Scheibe Enten- oder Gänsestopfleber-Pastete
Escargots	Schnecken

Fleisch und Geflügel	viande et volaille
Abats	Innereien
Agneau	Lamm
Ailes	Flügel
Aloyau	Lendenstück vom Rind
Andouillette	eine Kaldaunenwurst, Wurst, aus dem Darm sowie dem Magen von Schweinen hergestellt
Bavette	Bauchlappensteak von Rind
Blanc de poulet	Hähnchenbrust
Bœuf	Rind

Boudin	Blutwurst
Brébis	Schaf
Caille	Wachtel
Canard	Ente
Caneton	Jungente
Carré	Rückenstück
Cassolette	Pfännchen
Cassoulet	deftiger Bohneneintopf
Cerf	Hirsch
Cervelle	Hirn
Chapon	Kapaun (kastrierter Hahn)
Chevreuil	Reh
Civet	Wildragout
Cochon, cochon de lait	Schwein, Spanferkel
Confit de canard	im eigenen Fett eingekochte und eingemachte Ente
Coq	Hahn
Côte	Rippenstück, Kotelett
Cuisse	Keule
Dinde, dindon	Pute, Truthahn
Émincé	Geschnetzeltes
Entrecôte	Zwischenrippenstück
Épaule	Schulterstück
Escalope	Schnitzel
Faisan	Fasan
Faux-filet	Lendenstück vom Rind
Foie, foie de volaille, foie gras ... d'oie, ... de canard	Leber, Gefügelleber, Stopfleber ... von der Gans, ... von der Ente
Galantine	gelierte Pastete
Gésiers	Geflügelmägen
Gibier	Wild
Gigot	Schenkel, Keule
Grillon	feiner Brotaufstrich aus gekochtem Enten- oder Gänsefleisch
Jarret	Haxe

Joue	Bäckchen
Langue	Zunge
Lapin	Kaninchen
Lard, lardon	Speck, Speckwürfel
Lièvre	Hase
Longe de veau	Kalbsnierenbraten
Magret de canard à point	rosa gebratener Entenbrust
Mouton	Hammel
Navarin	Lamm- oder Hammelragout
Oie	Gans
Onglet de bœuf	Ochsenfleischscheibe
Perdrix	Rebhuhn
Pieds-paquet	Kutteln und Hammelfüße in Bouillon gekocht
Pigeon	Taube
Pintade	Perlhuhn
Poitrine	Brust
Porc	Schwein
Poule	Henne
Poulet	Hühnchen
Queue de bœuf	Ochsenschwanz
Râble de lapin	Kaninchenrücken
Rillettes	feine Pastete zum Aufstreichen
Ris de veau	Kalbsbries
Rognons	Nieren
Rôti	Braten
Sanglier	Wildschwein
Sarcelle	Krickente
Sauté	Geschmortes
Steack haché	Hackbraten
Suprême de volaille	Geflügelbrust
Terrine	Pastete
Tripes	Kutteln, in Streifen geschnittener Pansen (einer der drei Vormägen eines Rindes)

Vache	Kuh
Veau, Blanquette de veau	Kalb, Kalbsfrikassee

Fisch und Krustentiere

poisson et crustacés

Aiguille	Hornhecht
Alose	Alse, Maifisch
Anguille	Aal
Araignée de mer	Seespinne
Bar	Meerbarsch
Barbue	Glattbutt
Baudroie	Seeteufel
Brème	Brasse
Brochet	Hecht
Bulots	Wellhornschnecken
Cabillaud	Kabeljau
Carrelet	Scholle
Colin	Seelachs
Congre	Meeraal
Coque	Herzmuschel
Crabe	Krebs
Crevette	Garnele
Daurade	Goldbrasse
Écrevisse	Flusskrebs
Espadon	Schwertfisch
Esturgeon	Stör
Flétan	Heilbutt
Grondin	Knurrhahn
Homard	Hummer
Huîtres	Austern
Julienne	Lengfisch
Lamproie	Neunauge
Langoustine	Scampi, Königsgranat
Lieu jaune	Pollack
Lieu noir	Köhler

Limande	Kliesche
Lotte	Seeteufel
Loup de mer	Wolfsbarsch
Merlan	Weißling, Wittling
Merlu	Seehecht
Mérou	Zackenbarsch
Morue	Dorsch
Moules	Miesmuscheln
Mulet	Meeräsche
Noix de Saint-Jacques	Jakobsmuscheln
Omble	Saibling
Palourde	Venusmuschel
Pétoncle	Kammmuschel
Raie, Aile de raie	Rochen, Rochenflügel
Rascasse	Drachenkopf
Rouget	Rotbarbe
Saint-Pierre	Petersfisch
Sandre	Zander
Saumon	Lachs
Sébaste	Rotbarsch
Sole	Seezunge
Tanche	Schleie
Thon	Thunfisch
Tourteau	Taschenkrebs
Truite	Forelle
Turbot	Steinbutt
Vieille	Lippfisch
Vive	Drachenfisch

Beilagen und Gemüse

Accompagnement et légumes

Frites	Pommes frites
Gratin dauphinois	Kartoffelauflauf
Pommes de terre	Kartoffeln
Pommes à vapeur	Salzkartoffeln

Pommes de terres sautées	Bratkartoffeln
Pommes Boulangère	Kartoffelscheiben mit Zwiebeln und Brühe überbacken
Pommes Dauphine	Kroketten aus Kartoffel-Brandteig
Pommes Duchesse	Herzoginnenkartoffeln
Pommes sarladaises	Bratkartoffeln mit Gänseschmalz
Pommes des terre persillées	Petersilienkartoffeln
Purée de pommes de terre	Kartoffelpüree
Riz	Reis
Pates	Nudeln
Mique	Teigklöße aus Mehl, Eiern und Milch, ähnlich wie Böhmische Knödel
Artichaut	Artischocke
Asperge	Spargel
Aubergine	Aubergine
Avocat	Avocado
Bette	Mangold
Betterave	Rote Bete
Carotte	Karotte
Cèpes	Steinpilze
Champignons de Paris	Champignons
Chou de Bruxelles	Rosenkohl
Choucroute	Sauerkraut
Chou-fleur	Blumenkohl
Chou-rave	Kohlrabi
Concombre	Gurke
Courgette	Zucchini
Échalote	Schalotte
Endice	Chicorée
Épinard	Spinat
Fenouil	Fenchel
Fèves	Saubohnen
Girolles	Pfifferlinge
Haricots verts	Bohnen

Lentilles	Linsen
Morilles	Morcheln
Navet	weiße Rübchen
Oignon	Zwiebel
Petits pois	Erbsen
Poireau	Lauch
Poivron	Paprika
Potiron	Kürbis
Radis	Radieschen, Rettich
Tomate	Tomate
Truffe	Trüffel

Kräuter und Gewürze

Herbes et épices

Ail	Knoblauch
Aneth	Dill
Anis	Anis
Badiane	Sternanis
Basilic	Basilikum
Cannelle	Zimt
Câpres	Kapern
Cerfeuil	Kerbel
Ciboulette	Schnittlauch
Coriandre	Koriander
Cresson	Kresse
Cumin	Kreuzkümmel
Estragon	Estragon
Gingembre	Ingwer
Girofle	Nelke
Huile	Öl
Laurier	Lorbeer
Lavande	Lavendel
Marjolaine	Majoran
Menthe	Minze
Moutarde, moutarde à l'ancienne	Senf, grobkörniger Senf

Origan	Oregano
Oseille	Sauerampfer
Persil	Petersilie
Piment	Paprikapulver
Poivre	Pfeffer
Raifort	Meerrettich
Romarin	Rosmarin
Sarriette	Bohnenkraut
Sauge	Salbei
Sel	Salz
Sureau	Holunder
Thym	Thymian
Verveine	Eisenkraut

Obst

Fruit

Abricots	Aprikosen
Airelle	Preiselbeere
Bananes	Bananen
Cassis	schwarze Johannisbeere
Cérises	Kirschen
Coing	Quitte
Fraises	Erdbeeren
Framboises	Himbeeren
Fruit de passion	Maracuja
Groseille	rote Johannisbeere
Mangue	Mango
Melon	Cantaloup-, Netz- oder Honigmelone
Mûres	Brombeeren
Myrtille	Heidelbeeren
Oranges	Orangen
Patèque	Wassermelone
Pêches	Pfirsiche
Poire	Birne
Pomme	Apfel

Prune	Pflaume
Prunelle	Schlehe
Raisins	Trauben
Reine-claudes	Renekloden, grün-gelbe Edelpflaumen
Rhubarbe	Rhabarber
Nachspeisen	desserts, entremets
Baba au rhum	Hefetigkuchen, der mit Läuterzucker und Rum getränkt wird und mit exotischen Früchten und Schlagsahne serviert wird
Bavaroise	Bayrische Creme, bestehnd aus Milch, Eigelb, Zucker, Vanille, Schlagsahne und Gelatine, erfunden anlässlich der Hochzeit von Isabeau de Bavière mit Karl VI.
Beignets	Krapfen
Canelé	Mini-Guglhupf
Charlotte	kleiner Kuchen, bestehend aus einem Ring aus Löffelbiskuits, gefüllt mit Creme und Schlagsahne
Chausson au pomme	Apfeltasche
Clafoutis	Kirschkuchen-Auflauf, aus einem dicken Pfannkuchenteig
Colonel	Zitronensorbet mit Wodka
Coulis au fruits rouge	Spiegel von roten Früchten
Crème anglaise	englische Creme, Variante einer Zabaione
Crème brûlée	»gebrannte Creme« aus Eigelb, Sahne und Zucker
Crème caramel	Karamellcreme
Crème Sabayon	Zabaione, Weinschaumcreme
Crêpes Suzette	hauchdünner Pfannkuchen, der mit einem Orangenlikör wie Grand Marnier flambiert wird
Dame blanche	«Eisbecher Dänemark« in Deutschland, bestehend aus Vanilleeis und Schokosauce
Darioles	kleine Blätterteigpasteten, mit Creme, Pudding oder Marmelade gefüllt
Éclairs	Liebesknochen, Brandteiggebäck in länglicher Form mit Cremefüllung
Financier	längliche Mandelküchlein, wegen ihrer Form auch Goldbarrenkuchen genannt
Fraisier	Erdbeertörtchen

Framboisier	Himbeertörtchen
Fromage blanc	Quark, der mit Zucker gegessen wird
Gateau aux noix	Walnusskuchen.
Gaufres	Waffeln
Glace	Eis auf Milch- oder Sahnebasis
Ile flottante	Schnee-Eier, die wie eine Insel in Vanillesauce schwimmen
Macarons	Makronen
Malakoff	Abwandlung einer Charlotte, die mit Mandelcreme gefüllt ist
Meringue	Baiser, gebackener Eischnee
Mille-feuille	Blätterteig-Schnitte mit hauchdünnen Blättern, dazwischen Marmeladen- oder Cremefüllung und oben eine charakteristische Zuckerglasur mit dunklen Bögen
Moelleux au chocolat	eine Art Schokladensoufflé, Schokoladenkuchen mit flüssigem Kern
Mousse au chocolat	Schokoladenschaum
Nougat glacé	»geeistes Nougat«, Halbgefrorenes mit Nüssen und kandierten Früchten, ähnlich wie Cassata
Opéra	Operntörtchen, bestehend aus Mandelbiskuitschichten, mit Orangenlikör getränkt, Schichten aus Kaffee-Buttercreme und Ganache
Paris – Brest	ein Törtchen, das nach einem Radrennen benannt wurde und deshalb rund wie ein Reifen ist, gefüllt mit einer Haselnuss-Buttercreme
Omelette Norvégienne	Eistorte in einer abgeflämmten Eischneekruste
Pain perdu	Arme Ritter
Profiteroles	kleine Windbeutel, die mit Vanilleeis und geschmolzener Schokolade serviert werden
Réligieuses	Brandteigtürmchen mit Buttercremefüllung
Savarin	ringartiger Kuchen, mit dem Baba au rhum verwandt, aber klassischerweise mit Sirup statt Rum getränkt
Sorbet	Eis auf Wasserbasis, meist Fruchteis

Speculoos	Spekulatius
Tarte au citron	Zitronencremekuchen
Tarte Tatin	Apfelkuchen, benannt nach den Schwestern Tatin, umgekehrt gebacken mit einem salzigem Karamell, Äpfeln und Mürbeteig, dann gestürzt, mit Vanillesauce oder Vanilleeis zu genießen
Tuiles au chocolat	»Schokoladenziegel«, hauchdünne, knusprige Schokoladenchips
Vacharin, vacharin glacé	Baisertorte, in der geeisten Variante mit Halbgefrorenem statt Creme gefüllt
Vergeoise	brauner Zucker mit einem hohen Melasseanteil

Getränke	boissons
Café	Espresso
Café au lait	Milchkaffee, halb, halb
Café crème	Kaffee mit Kaffeesahne
Thé	schwarzer Tee
Tisane	Kräutertee
Eau	Wasser
Eau minérale	Mineralwasser (still)
Eau gazeuse	Wasser mit Kohlensäure
Orangina	Orangenlimonade
Limonade	Zitronenlimonade
Gini	Bitter Lemon
Jus d'orange	Orangensaft
Coca	Cola
Vin rouge	Rotwein
Vin blanc	Weißwein
Vin rosé	Roséwein
Vin moelleux	süßer Dessertwein
Bière	Bier
Bière panaché	Radler
Ratafia	Likörwein aus Pflaumen
Vieille prune	Pflaumenschnaps, der in Eichenfässern gereift ist
Liqueur de Noix	Walnusslikör

Glossar

Abbaye, franz. Abtei

Afterlehen, an einen Dritten weitergegebenes Lehen

Alkoven, Bettnische

Allegorie, bildliche Darstellung eines abstrakten Begriffs, meist durch Verkörperung in einer Frauengestalt

Altane, überdachter Laubengang oder Balkon an Burgen

Angevinisches Reich, abgeleitet vom Adjektiv für »aus dem Anjou stammend‘; Bezeichnung für den umfangreichen territorialen Besitz des Hauses Plantagenet, der das Königreich England und die westliche Hälfte Frankreichs mit dem Anjou (Adjektiv: angevinisch) umfasste

Antichambre, Vorzimmer

Antoniterorden, ein christl. Hospitalorden, der 109 gegründet wurde und sich der Krankenpflege widmete. 1803 säkularisiert und aufgelöst

Apsidiole, Neben-Apsis, nicht zentral am Chor, sondern nebengeordnete Apsis

Apsis, griech. Rundung, halbrunder Gebäudeteil, der an den Chor anschließt

Apsiskalotte, Halbkuppel, die die Apsis überwölbt

Archivolte, Bogenlauf um den oberen Teil eines Portals

Artillerie, militärischer Sammelbegriff für großkalibrige Geschütze, auch Name der entsprechenden Truppengattung

Ästuar, trichterförmige Flussmündung

Atlant, ein nach dem Titanen Atlas aus der griech. Mythologie benannte Baustütze in Gestalt einer männlichen Figur

Attikageschoss, niedriges Geschoss über dem Hauptgesims

Auberge, frz. Herberge

Augusteische Zeit, Zeitalter von Kaiser Augustus 30 v. Chr. - 14 n. Chr

Aurignacien, älteste archäologische Kultur der Jungsteinzeit, vor 40 000–31 000 Jahren

Barbakane, einem Burg- oder Stadttor vorgelagertes Verteidigungswerk, meist in Form einer runden Bastei

Basilika, griech. Königshalle, mehrschiffige Halle mit höherem Mittelschiff, das durch Fenster im Obergaden beleuchtet wird

Bastei/Bastion, stark befestigtes Bollwerk zur Außenverteidigung, das ab dem 1. Jahrhundert aufkommt

Bauhütte, mittelalterlicher Verbund aller an einem großen Kirchenbau tätigen Handwerker

Bel Étage/Beletage, franz. »schönes Geschoss«, bevorzugtes (Wohn-)Geschoss in Schlössern oder Stadtpalais, meist in 1. Stock, oft auch als Piano nobile (ital.) bezeichnet

Belle Époque, frz. »schöne Epoche«, feststehender Begriff für den Zeitraum zwischen 1871–1914, also zwischen Ende des Deutsch-Französischen Kriegs und dem Beginn des Ersten Weltkriegs

Belfried, Glockenturm an Rathäusern oder auch freistehend als kommunales Gebäude

Bergfried/Burgfried, Hauptturm der Burg, letzte Zufluchtsstätte, s. auch Donjon

Bosse, buckelförmig gewölbte Quadersteine mit einem sichtbaren Randschlag

Brasserie, franz. Brauerei, auch Brauereigaststätte

Capitouls, Mitglieder der Stadtverwaltung von Toulouse von 1147–1789

Cardo, Hauptachse in einer römischen Stadt in Nord-Süd-Richtung

Carillon, Turmglockenspiel

Castrum, lat. Römisches Militärlager, Kastell, Burg

Chapelle, franz. Kapelle

Château, Schloss, Burg (eigentlich Château fort)

Chorschranken, Gitter oder Wände, die den Klerikern vorbehaltenen inneren Teil des Chors von den für Laien zugänglichen Teilen abtrennen

Confinement, frz. coronabedingter Lockdown

Corps de logis, franz. Wohnkörper, Hauptgebäude mit Wohnräumen einer Burg oder eines Schlosses

Decumanus, Hauptache in einer römischen Stadt in Ost-West-Richtung

Depression, in der Geologie eine tektonisch verursachte Senke

Devon, ein erdgeschichtliches Zeitalter innerhalb des Paläozoikums, das vor ca. 419 Mio. Jahren begann und vor 359 Mio. Jahren endete.

Diptychon, Zwei-Flügel-Altar

Dominikanerorden, 1215 durch den hl. Dominikus in Toulouse gegründeter Predigerorden

Donjon, Wohn- und Wehrturm einer mittelalterlichen Burg, veraltet auch Bergfried

Dormitorium, Schlafsaal der Mönche in einem Kloster

Echaugette, in der Architektur mittelalterlicher Burgen ein kleiner Erkerturm an einer Bastion oder Mauerecke, auch Scharwachturm, Horchhäuschen oder Pfefferbüchse genannt

Église, franz. Kirche

Empore, galerieartiges Obergeschoss in einer Kirche, das zum Innenraum hin offen ist, v.a. in romanischen Kirchen mit basilikalem Grundriss über den Seitenschiffen eingezogen

Fiale, griech. Gefäß, schlankes, spitzes Ziertürmchen

Flamboyant, franz. flammend, Synonym für die französische Spätgotik mit Maßwerk in Flammenform

Föderaten, lat. Foederati, für die Römer jede Gruppe von Nicht-Römern, mit denen ein Vertrag geschlossen worden war

Fresko, Wand- oder Deckenmalerei, bei der die Farbpigmente direkt dem Kalkputz beigegeben und frisch (ital. fresco) aufgetragen werden, im Gegensatz zum Secco, bei dem die Malereien auf den getrockneten Putz aufgetragen werden, umgangssprachlich steht Fresko aber für jegliche Form der Wand- und Deckenmalerei, unabhängig von der Technik

Fries, seit der Antike Teil des Gebälks, das Decken oder Dächer stützt, mittlerer, dekorativ gestalteter Streifen zwischen Architrav unterhalb und Gesims oberhalb, später auch nur zur Gliederung einer Wandfläche eingesetzt

Frontispiz, Dreiecksgiebel, meist über dem Mittelteil einer Gebäudefassade

Gabelle, Steuer, insbesondere Salzsteuer, die in Frankreich von 1341–1790 erhoben wurde

Gemme, geschnittener Schmuck- bzw. Edelstein

Genesis, altgriech. für das 1. Buch Mose, »im Anfang«, daher auch Synonym für die Schöpfungsgeschichte

Gewände, schräger Mauereinschnitt an beiden Seiten eines Portals

Glockenbecherkultur, wegen der Form ihrer Gefäße benannte Kultur von 2600–1800 v. Chr

Gobelin, Bildteppich aus der Manufaktur im Hôtel des Gobelins in Paris, im 17. Jahrhundert gegründet

Greif, mystisches Fabelwesen mit Adlerkopf und Löwenkörper

Gurtbogen, gemauerter Bogen, der das Gewölbe unterteilt und auf den Pfeilern oder Säulen ruht

Hallenkirche, eine mehrschiffige Kirche mit annähernd gleich hohen Schiffen, hat im Unterschied zu einer Basilika keinen Obergaden

Häresie, Ketzerei, von der offiziellen Kirchenmeinung abweichende Lehre
Harnisch, Ritterrüstung
Hausmeier, einflussreichstes Hofamt im Frankenreich
Hôtel particulier, feststehender Begriff für ein französisches Stadtpalais
Hurde, nach außen vorkragender Wehrgang
Ikonologie, altgriech. Bildlehre
Ikonologisches Programm, Botschaft, die durch Bildsprache, z.B. Figuren an Kapitellen, dem Betrachter näher gebracht werden soll. Im Mittelalter wegen der hohen Zahl an Analphabeten verbreitetstes Mittel zur Belehrung
Infanterie, Truppe sich zu Fuß bewegender und mit Handwaffen ausgestatteter Soldaten
Isthmus, eine Engstelle, der schmalste Punkt einer Landbrücke.
Joch, der einem Gewölbeteil entsprechende Raumabschnitt, zwischen zwei Gurtbögen
Kabinett, Nebenzimmer, kleiner und intimer als große Salons
Kandelaber, Leuchter
Kapitel, Körperschaft der Geistlichen eines Kirchenbezirks oder einer Dom- oder Stiftskirche
Kapitell, lat. Köpfchen, plastisch geformter Steinkubus zum oberen Abschluss einer Säule oder eines Pfeilers
Kapitelsaal, Versammlungsraum eines Klosters, in dem täglich ein Kapitel aus den Regeln des heiligen Benedikt zum monastischen Leben gelesen wurde
Karmelitenorden, um 1150 am Karmelgebirge im Heiligen Land gegründeter Orden,; Mitglieder des im 15. Jahrhundert gegründeten Ordenszweigs für Frauen werden Karmelitinnen genannt
Karyatide, eine Gebälkträgerin; nach den Frauen der antiken Stadt Karyai benannte Baustütze in Gestalt einer weiblichen Figur
Katalaunische Felder, Schlachtort in der Nähe der Stadt Châlons-en-Champagne des Kampfes zwischen den Römern und den Hunnen 451 n. Chr
Kasematte, vom span. Casa matar, deshalb auch Mordkeller genannter dick ummauerter, schusssicherer Raum, meist unter der Erde, der den Bereitschaftsmannschaften auch als Schlafraum diente; mittelalterlicher Bunker
Katapult, Schussmaschine, um große Steine über die Burg- oder Stadtmauern zu schleudern
Keltiberer, Stammesgruppe, die durch die Vermischung von Kelten und Iberern in vorrömischer Zeit in Spanien entstand
Kemenate, Wohn- oder Schlafgemach mit Kamin
Kohabitation, in Frankreich: Zusammenarbeit des Präsidenten mit einer Regierung aus einem anderen politischen Lager
Kommende, lat. anvertrauen, ursprünglich Begriff im Kirchenrecht für die Übertragung der Einkünfte eines Kirchen- oder Klostervermögens auf eine dritte Person unter Befreiung von den Amtspflichten. Seit dem 16. Jahrhundert in Frankreich auch die Bezeichnung für ein vom König weitergegebenes Kloster oder Abtei zur Abschöpfung der Pfründe an einen loyalen Gefolgsmann
Komturei, Niederlassung eines Ritterordens wie z.B. der Templer
Krabbe, aus Stein gemeißeltes bewegtes Blatt, zur Verzierung an gotischen Gebäuden weit verbreitet
Kreuzblume, stilisierte Blume mit kreuzförmig angeordneten Blütenblättern, an der Spitze von gotischen Türmen, Fialen oder Wimpergen zur Verzierung aufgesetzt
Kurtine, in Burgen der Verbindungswall zwischen zwei Bastionen
Lambris, auf den unteren Wandbereich beschränkte Wandverkleidung, meist in Form von Holzvertäfelung

Lanzettfenster, schlankes, spitzbogiges Fenster

Latrine, mittelalterliche Toilette, auch oft Abort genannt

Lehnseid, Treueversprechen gegenüber dem Grundherrn, der in der Regel gleichzeitig der Landesherr war

Lettner, Wand oder Tribüne zur Trennung von den Bereichen für Geistliche und Laien in einer Kirche

Lithographie, graphische Technik, bei der auf eine präparierte Steinplatte die Zeichnung mit fetthaltiger Kreide oder Tusche aufgebracht und im Flachdruckverfahren vervielfältigt wird

Livre, frz. Pfund, alte Währung Frankreichs, die ursprünglich dem Wert von einem Pfund Silber entsprach

Loggia, in der Architektur ein nach außen offener Säulengang oder Laubengang mit Arkaden

Lukarne, auch Zwerchhaus genannt, eine Art große Dachgaube

Mandorla, ital. Mandel, in der christlichen Kunst der mandelförmige Heiligenschein um die ganze Figur Christi

Maschikuli, Gieß- oder Wurföffnung im Boden einer Hurde

Maßwerk, das mit Zirkel ausgemessene geometrische Ornament, mit dem meist der obere Teil eines Fensters oder Giebel ausgefüllt wurden

Merkantilismus, franz. kaufmännisch, Wirtschaftspolitik und -theorie des Frühkapitalismus, geprägt durch größtmögliche Förderung der inländischen Produktion und der Erwirtschaftung von Überschüssen durch Export

Miserikordien, kleine, meist kunstvoll geschnitzte Stützbrettchen an der Unterseite der Klappsitze eines Chorgestühls, als Stütze für lange Stehzeiten bei der Messe

Mörser, militärisch für ein ein schweres Geschütz mit kurzem, großkalibrigem Rohr

Motte, ein frühmittelalterlicher Burgtypus in Turmform, aus Holz auf einem künstlich angelegten Erdhügel errichtet

Musée, franz. Museum

Obergaden, oberer Wandteil einer Basilika mit Fenstern durchsetzt

Oppidum, lat. befestigte Landstadt, als Begriff für befestigte Siedlungen der Kelten in Gallien verwendet

Ossuarium, Beinhaus

Paläozoikum, Erdaltertum, umfasst den Zeitraum von vor 541 Mio. Jahren bis vor 252 Mio. Jahren, untergliedert in die Perioden Kambrium, Ordovizium, Silur, Devon und Perm.

Palmette, Schmuckmotiv in Gestalt eines abstrahierten Palmenblattes

Pastel, frz. für Färberwaid, eine Pflanze zum Blaufärben

Pilaster, ein flach vor die Wand gelegter Blendpfeiler, der zwar wie ein Pfeiler ein Kapitell hat, aber keine tragende Funktion

Plastik, dreidimensionales, körperhaftes Objekt, das das Auftragen von Material und Modellieren entsteht. Der Begriff wird dennoch synonym zu Skulptur (s. dort) verwendet

Polychrom, mehrfarbig

Polyptychon, Mehr-Flügel-Altar

Poterne, Geheimausgang in einer Burg oder kleiner Ausgang

Predella, Sockel aus Holz, meist kunstvoll geschnitzt oder bemalt, auf dem das Retabel steht

Prior, lat. Erster, der 'Erste' der Mönche,Stellvertreter eines Abts, der im Gegensatz zu diesem nicht vom Bischof oder König eingesetzt wird, sondern von der Klostergemeinschaft gewählt wird und absetzbar ist; Vorsteher eines Klosters ohne eigenen Abt

Priorei, ein von einer Abtei abhängiges Kloster, das von einem Prior geleitet wird

Putto, Pl. Putti oder Putten, ital. Knäblein, kleiner, nackter Knabe, meist mit Flügeln
Puy/Puech, Hügel im Okzitanischen
Refektorium, Speisesaal in einem Kloster
Register, in der Architektur ein Bildstreifen des Tympanons
Reliquiar, Behälter zur Aufbewahrung von Gebeinen oder Gegenständen von Heiligen
Reliquie, Gebeine oder Gegenstände von Heiligen
Rempart, Wehrmauer
Retabel, lat. Retabulum die Rückwand, Aufsatz auf dem hinteren Teil eines Altars
Risalit, hervorspringender Gebäudeteil zur Gliederung einer Fassade, typisch für die Architektur der Renaissance und des Barocks
Rocade, frz. Umgehungsstraße
Saalkirche, eine einschiffige Kirche
Scholastik, mittelalterliche Denkweise und theologische Methode der Beweisführung, die auf Basis antiker Philosophie Wissenschaft und Glauben miteinander vereinbaren wollte
Seneschall, historisches Hofamt seit den Karolingern, das sich in Frankreich zum Amt mit der größten Machtfülle einwickelte, inkl. des Oberbefehls über die Armee; im hl. Römischen Reich Deutscher Nation auch als Truchsess, »Vorgesetzter des Trosses«, genannt
Seneschallat/Sénéchaussée, administrative Gebietskörperschaft, die bis zur Französischen Revolution von einem Seneschall (Sénéchal auf Französisch) in Stellvertretung für den König geführt wurde
Silur, ein erdgeschichtliches Zeitalter innerhalb des Paläozoikums, das vor ca. 443 Mio. Jahren begann und vor 419 Mio. Jahren endete.
Skulptur, dreidimensionales, körperhaftes Objekt, das durch Abtragen (Hauen oder Schnitzen) aus Holz oder Stein geformt wird. Der Begriff wird dennoch synonym zu Plastik (s. dort) verwendet
Souper, spätes Abendessen
Speläologe, Höhlenforscher
Staffelchor, eine drei- oder mehrschiffige Choranlage, in der der Hauptapsis länger ist als die Nebenchöre, die damit gestaffelt sind
Staffelhalle, Sonderform der Hallenkirche, bei der das Mittelschiff etwas höher ist als die Seitenschiffe, aber dennoch keinen Obergaden wie die Basilika besitzt
Strebewerk, System von Pfeilern und Bögen in der Gotik zur Abstützung von Mauern und zum Ableiten des Gewölbeschubes
Tapisserie, Wandteppich, Bildteppich
Tolosaner, aus Toulouse stammend
Tonnenkilometer, Maß für die Transportleitung von Frachtgütern, transportierte Masse in Tonnen mal zurückgelegte Wegstrecke in Kilometern
Tribock, mittelalterliche Wurf- oder Schleudermaschine mit Gegengewichten, die besonders weite Schüsse erlaubte; nicht zu verwechseln mit Katapult
Triptychon, Drei-Flügel-Altar
Truchsess, s. Seneschall.
Trumeau-Pfeiler, Mittelpfeiler an einem Portal
Tumulus, Hügelgrab
Tympanon, Pl. Tympana, Giebelfeld mittelalterlicher Portale
Vasall, Gefolgsmann eines Herrn, in dessen Schutz er sich begeben hat, dafür den Lehnseid (s.dort) leistete und dafür abgabenpflichtig wurde
Vestibül, Eingangshalle
Vierung, Durchdringungsraum an der Kreuzung von Langhaus und Querhaus
Vogt, mittelalterlicher Verwaltungsbeamter, königlicher Sachwalter
Zwickel/Zwickelfeld, eine dreiseitig begrenzte Fläche in der Architektur
Zwinger, Areal zwischen zwei Wehrmauern

Literatur

Belletristik

Schiewe, Uwe, Der Bastard von Tolosa, München, 2011. Debütroman des Autors und Auftakt einer Roman-Trilogie um den Edelmann Jaufré Montalban, der sich der Zeit erinnert, als er dem Aufruf zum Ersten Kreuzzug folgte. Als er sich auf eine Burg bei Toulouse zurückzieht, erwarten ihn eine Gattin, die er nur unter Zwang geheiratet hat und eine fast tödliche Intrige um das Rätsel seiner Herkunft. Fesselnde Geschichte mit – manchmal zu – detailreichen Beschreibungen.

Levy, Marc, Kinder der Hoffnung, München, 2008. Basiert auf der Lebensgeschichte seines Vaters und erzählt vom Leben und Sterben junger Widerstandskämpfer im Toulouse der 1940er Jahre. Levy gehört zu den meistgelesenen Autoren Frankreichs und ist ansonsten eher mit intelligent konstruierten Liebesromanen auch in Deutschland bekannt geworden.

Mosse, Kate, Die Frauen von Carcassonne, München, 2017. Die englische Bestseller-Autorin schrieb eine hoch emotionale Liebesgeschichte in Kriegszeiten auf über 800 Seiten. Sie verknüpft die Geschichte von mutigen Frauen in Carcassonne der Kriegsjahre ab 1942 mit einer fantasievollen Episode aus frühchristlicher Zeit.

Golon, Anne, Angélique – Hochzeit wider Willen, München, 2011. Überarbeitete und neu übersetzte Fassung um die Heldin aus verarmtem Adelshaus, die den entstellten, hinkenden Grafen Joffrey de Peyrac aus Toulouse heiraten muss und sich natürlich in ihn verliebt. Die Romanreihe, die zur Zeit des Sonnenkönigs spielt, ist ein Muss für Freunde des opulenten französischen Historienromans und hat seit dem ersten Erscheinen 1957 schon Generationen von meist weiblichen Leserinnen begeistert.

Leroy Ladurie, Emmanuel, Montaillou. Ein Dorf vor dem Inquisitor, Frankfurt/M./Berlin, 2000. Anhand der Inquisitionsakten aus dem 14. Jahrhundert zeichnet Leroy ein Bild von Alltagsleben und der Gedankenwelt in einem Dorf der Katharer. Ein Standardwerk der Mikrogeschichte und absolut lesenswert.

Köppel, Helene Luise, Die Affäre Calas. Die tatsächliche Affäre um einen Tolosaner Hugenotten, der Opfer eines Justizirrtums wurde, wird für eine junge Anwältin plötzlich Teil ihrer Familiengeschichte. Nachforschungen in Toulouse führen zu Geheimbruderschaften, Geschichte und Gegenwart sind in dem Thriller eng verwoben. Auch die historischen Romane Die Ketzerin von Montségur, Die Erbin des Grals oder Das Gold von Carcassonne spielen in der Region und spiegeln die Faszination der Autorin für die Katharer und die Gralsgeschichte wider.

Besson, Jules, Die Toten von Carcassonne, München, 2019. Der pensionierte Kommissar Keller macht Urlaub auf einem Hausboot auf dem Canal du Midi, als er von einem brutalen Mord erfährt und in dem Fall ermittelt. Der Auftakt einer Krimi-Reihe eines unter Pseudonym schreibenden frankophilen Hausbootfans.

Auerbach & Keller, Tote Fische beißen nicht, München, 2012. Im dritten Band der Krimi-Reihe um die Übersetzerin Pippa Bolle wird diese in einem Anglerparadies bei Toulouse durch eine Leiche am Angelhaken von Hemingway abgelenkt.

Minier, Bernard, Nacht, München, 2019. Der in der Region aufgewachsene Kriminalschriftsteller wurde in Frankreich bereits mehrfach mit renommierten Literaturpreisen ausgezeichnet. Die Jagd auf einen cleveren Serienmörder führt seinen Kommissar Commandant Martin Servaz im vierten Band der Psychothriller-Serie nach Toulouse und in die Pyrenäen.

Pisani, Liaty, Der Spion und der Bankier, Zürich, 1999. Ein Bankier, der zuviel über den Verbleib jüdischen Geldes wusste, wird umgebracht, sein Sohn verschwindet und ein gerade erst aus dem Spionagegeschäft ausgestiegener Privatdetektiv geht im Land der Katharer auf Spurensuche. Die italienische Schriftstellerin wird mit ihren Spionageromanen in eine Reihe mit John Le Carré und Ian Flemming gestellt.

Instone, Andrea, Die Mauern von Carcassonne, e-2020. Die in Bonn geborene Autorin veröffentlicht im Selbstverlag und als e-book Krimis, in denen u.a. Fräulein Schumacher ermittelt. Der sechste Band um die unfreiwillige Heldin der Krimiserie, die in den 1920er Jahren spielt, führt sie in die Flitterwochen nach Südfrankreich und in Carcassonne gerät sie in einen Mordfall, während der neuangetraute Gatte vermeintlich einem Schatz der Katharer auf der Spur ist.

Olderdissen, Bernadette, Mord en rose, e-book/Selbstverlag, 2015. Band eins um eine reisewütige Journalistin, die am Flughafen neben einer Leiche erwacht und in deren Heimat Toulouse Nachforschungen anstellt.

Sachbücher, Reiseführer, Bildbände

Wagner, Kay, Okzitanien, Books on demand, 2009. Journalist hat sich auf Spurensuche nach der vom aussterben bedrohten Sprache gesucht und mit Menschen gesprochen, die sich für den Erhalt und deren Überleben einsetzen. Spannendes und lehrreiches Buch.

LaMure, Pierre, Moulin Rouge, München, 2003. Ein ausgezeichnetes Buch um das Leben und Wirken von Henri Toulouse-Lautrec, das ein wunderbares und treffendes Bild der Epoche und der französischen Gesellschaft der Belle Époque zeichnet. Verdient eine Neuauflage, ist aber antiquarisch noch auffindbar. Es lohnt sich danach zu suchen!

Zaglitsch, Hans/Hoffmann, Andrea, Hausbooturlaub Canal du Midi, Bielefeld, 2018. Idealer Begleiter für eine Fahrt auf dem Hausboot über den Canal du Midi und auch bestens zur Vorbereitung geeignet.

Gréus, Ralf, Mit dem Wohnmobil durch Languedoc und Roussillon, Kaltennordheim, 2019. Gut recherchierter Führer für Camper, der auch Carcassonne, Albi, den Canal du Midi und das Land der Katharer umfasst. Mit Kurzbeschreibungen zu Stellplätzen, Anfahrtswegen und genauen GPS-Koordinaten.

Meiser, Annette, Midi-Pyrénées, Erlangen, 2017. Der bislang einzige Reiseführer, der Toulouse und den westlichen Teil der heutigen Region Okzitanien informativ und detailliert beschreibt.

Nestmeyer, Ralf, Languedoc-Roussillon, Erlangen, 2018. Ausführlicher Reiseführer für den östlichen Teil Okzitaniens, der sich an der alten Region orientiert.

Maunder, Hilke/Riehle, Michael, DuMont Bildatlas Frankreich Süden, Köln, 2017. Sehr schöne Bilder, informative, gut geschriebene Texte und viele praktische Reisetipps.

Okzitanien im Internet

www.tourismusoccitanie.de
Deutschsprachige Internetseite des regionalen Tourismuskomitees mit Überblick über alle Sehenswürdigkeiten, Freizeitangebote, Unterkünfte und Restaurants in der gesamten Region Okzitanien.

www.toulouse-tourismus.de
Tourismus-Webseite der Stadt Toulouse mit Kurzinformationen zu allen Sehenswürdigkeiten, mit Tipps zu Freizeitangeboten, Hotels, Restaurants, aber auch Informationen zu Kunst und Kultur.

www.albi-tourisme.fr
Alles Wissenswerte zu Albi liefert die Homepage des Fremdenverkehrsamtes, aber nur auf Französisch, Englisch und Spanisch.

www.tourisme-carcassonne.fr
Alle Informationen zu Sehenswürdigkeiten, Übernachtungen, Restauration und weitere praktischen Hinweisen agibt es auch auf Deutsch.

www.tourisme-tarn.com
Internet-Seite des Departements Tarn, auch auf Deutsch, über die man sich diverse Broschüren und Karten bestellen kann, darunter viele für Radtouren, eine ausgezeichnete Karte für einen Urlaub mit dem Wohnmobil, touristische Karten des Pays de Cocagne, des Albigeois, der Montagne Noir oder auch ein Camping-Verzeichnis.

www.audetourisme.com
Offizielle Seite des Departements Aude, allerdings nur auf Französisch und Englisch. Zeigt bereits auf der Startseite anstehende Veranstaltungen und über die Rubrik brochures (ganz unten links) oder auf Englisch leaflets kann man sich Broschüren herunterladen, wobei die Auswahl auf Französisch umfangreicher ist.

www.tourisme-tarnagout.com
Rein französischsprachige Webseite für das Land zwischen Toulouse, Albi und Castres, über die man sich Wandertouren unter der Rubrik Randonnées, ebenso wie sämtliche verfügbare Broschüren inkl. Karten per Weiterleitung auf die Seite calaméo herunterladen kann.

www.tourismecanaldumidi.fr
Wer Urlaub auf oder entlang des Canal du Midi plant, sollte unbedingt auf dieser Seite vorbeischauen. Hier erfährt man alles über die Anmietung von Hausbooten, über Unterkünfte, Restaurants und Orte entlang der Strecke. Auch Karten und Broschüren kann man herunterladen.

Über die Autorin/Danksagung

Heike Bentheimer, geb. 1966, hat das Reisen zu ihrem Beruf gemacht. Nach einem Studium der Geographie, Kunstgeschichte und Islamwissenschaft fand sie ihre Berufung als Studienreiseleiterin und bereist seit 1991 die halbe Welt beruflich und die andere Hälfte in ihrer Freizeit. Seit 2019 plant und organisiert sie zudem Reisen für einen namhaften Kulturreiseveranstalter in Stuttgart. Frankreich ist ihre zweite Heimat und das schon seit ihrem ersten Aufenthalt durch einen Schüleraustausch. Von der Bretagne bis zur Côte d'Azur, von der Picardie bis zum Baskenland kennt sie La Grande Nation inzwischen besser als ihre bayrische erste Heimat.

Ein besonderer Dank gilt Jean-Michel Boyer, der mir wertvolle Insider-Informationen zur Lebensart der Okzitanier angedeihen ließ, mir einen Blick hinter die touristische Kulisse ermöglichte und mich in die Geheimnisse der okzitanischen Sprache einführte.
Ein noch größerer Dank gebührt meiner Mutter, die mich auf Recherche-Reisen begleitete und unermüdlich nach Fehlern oder Ungereimtheiten im Manuskript zu diesem Buch suchte – und fand! Was sie übersah, fand und korrigierte meine Lektorin Sabine Fach, der ich ebenfalls für die hervorragende Zusammenarbeit meinen Dank aussprechen möchte.

Bildnachweis

Altitude Drone/shutterstock.com 66
Alberto Loyo/shutterstock.com hintere Umschlagklappe
Anibal Trejo/shutterstock.com 220
arenysam/shutterstock.com 301
Borisb17/shutterstock.com 88, 93
Botond Horvath/shutterstock.com 203
Bpi/CColi/shutterstock.com 16
Colibri Vision/shutterstock.com 309, 330
ColorX/shutterstock.com 349
Cristiano Palazzini/shutterstock.com 13
csp/shutterstock.com 165
David Evison/shutterstock.com 10
DavidFM/shutterstock.com 345
defotoberg/shutterstock.com 342
Delpixel/shutterstock.com 346
dvoevnore/shutterstock.com 200, 221
elinaxx1v/shutterstock.com 277
EQRoy/shutterstock.com 46
FrancisIFrance/shutterstock.com 41
Franck-A/shutterstock.com 333
Frederic Legrand - COMEO/shutterstock.com 50
FredP/shutterstock.com 183, 245
G.J. Jurjens/shutterstock.com 39
gabriel12/shutterstock.com 38
Heike Bentheimer 12, 13, 22, 28, 56, 57, 58, 74, 81, 85, 94, 98, 99, 100, 103, 106, 109, 116, 117, 118, 122, 129, 202, 206, 218, 242, 247, 260, 263, 266, 298, 353
Inu/shutterstock.com 274
Irina Kuzmina Titel
Irina Papoyan/shutterstock.com 290
Ivonne Wierink/shutterstock.com 317, 319
JaySi/shutterstock.com 313
JeanLucIchard/shutterstock.com 355
Joaquin Ossorio Castillo/shutterstock.com 305, 323
John_Silver/shutterstock.com 114
joyfull/shutterstock.com 4
KievVictor/shutterstock.com 113
Laverne Nash/shutterstock.com vordere Umschlagklappe, 96, 141
Leonid Andronov_Carcassonne_Neustadt 267
LFRabanedo/shutterstock.com 170
Louis-xiv-lebrunl 43
Martin Silva Cosentino/shutterstock.com 61
Meandering Trail Media/shutterstock.com 62
Mike Briley/shutterstock.com 12, 175
milosk50/shutterstock.com 68, 237
Musée Toulouse-Lautrec 210, 211, 215
MYLOS/shutterstock.com 354
Nadiia_foto/shutterstock.com 77, 82, 127
Nata Shilo/shutterstock.com 166
Nigel Jarvis/shutterstock.com 212
nikolpetr/shutterstock.com 104
Pascal_p10/shutterstock.com 12
paul prescott/shutterstock.com 312
Pedro_Berruguete__St_Dominic_and_the_Albigenses 36
PyrosXav/shutterstock.com 27
Richard Semik/shutterstock.com 257
rubiphoto/shutterstock.com 293
saiko3p/shutterstock.com 84
Santi Rodriguez/shutterstock.com 294
Semmick Photo/shutterstock.com 134, 179
Sergio Formoso/shutterstock.com 18, 341
SergiyN/shutterstock.com 112
Sabine Fach 148
Sharon Wildie/shutterstock.com 144
Skycolors/shutterstock.com 75
Spech/shutterstock.com 131, 207, 252, 315

Stephen M Brooks/shutterstock.com 13, 282, 350
The Life in Pics/shutterstock.com 177, 230
thieury/shutterstock.com 100
Tourisme Tarn 251
travellight/shutterstock.com 271
Tupungato/shutterstock.com 95, 227
Valery Rokhin/shutterstock.com 276
Veronika Kovalenko/shutterstock.com 302, 306

Creative Commons

Alain Colomb/CC BY-SA 3.0 239
Angelmiguel7/CC BY-SA 3.0 343
ArnoLagrange/CC BY-SA 3.0 24
BastienM/CC BY-SA 3.0 59
Bridom/CC BY-SA 3.0. 331
Danilo Royet/CC BY-SA 3.0 195
David Duneau/CC BY-SA 4.0 110
De Pom/CC BY-SA 3.0 205
Didier Descouens/CC BY-SA 4.0 108, 125, 234, 279
Elizabeth Schwegler/CC BY-SA 3.0 47
Fabienkhan/CC BY-SA 2.5 71
fdecomite/CC BY-SA 2.0 180
Frédéric Neupont/CC BY-SA 4.0 143
GFreihalter/CC BY-SA 3.0 337
Jcb-caz-11/CC BY-SA 4.0. 327, 329
Jean-Christophe BENOIST/CC BY 3.0 219
Jens Lallensack/CC BY-SA 3.0 332
Jimidelyon/CC BY-SA 3.0 60, 208
Kimon Berlin/CC BY-SA 2.0 69
Lucas Destrem/CC BY-SA 4.0 316
Mairie Ambialet/CC BY-SA 4.0 254
MathieuMD/CC BY-SA 4.0 15, 272
METGE Jean/CC BY-SA 4.0 295
Mike Peel/CC BY-SA 4.0 145
Mirza Junaid/CC BY-SA 3.0 147
MOSSOT/CC BY-SA 4.0 324
Pere Quintana Segui/CC BY-SA 2.0 52
PierreSelim/CC BY 3.0 133
Pistolero/CC BY-SA 3.0 135
Tylwyth Eldar/CC BY-SA 4.0 299
Von Roehrensee/CC BY-SA 4.0 351
Yeza/CC BY-SA 4.0 304

gemeinfrei: 29, 31, 32, 42, 54, 71, 186, 191, 196, 197

Kartenregister

Übersichtskarten

Stadtpläne

Alle Karten, außer Umschlagrückseite, unter Verwendung von Daten von ©OpenStreetMap-Mitwirkende/www.open-streetmap.org

TRESCHER VERLAG
FRANZÖSISCHER
JURA
Mit Ausflügen in den Schweizer Jura
TRESCHER VERLAG
Heike Bentheimer
PÉRIGORD
Entlang von Dordogne und Vézère
TRESCHER VERLAG
Heike Bentheimer
PICARDIE
Amiens, Chantilly und Somme
TRESCHER VERLAG
Joost Ouendag
KREUZFAHRTEN
FRANKREICH
Seine, Rhône, Saône, Garonne, Dordogne, Gironde und Loire
TRESCHER VERLAG
FLUSSKREUZFAHRTEN
RHEIN
Zwischen Basel und Amsterdam

Kartenlegende

- Autofähre
- Bahnhof
- Bank
- Bar
- Brunnen
- Burg/Festung
- Burgruine
- Busbahnhof
- Café
- Campingplatz
- Denkmal
- Dorfkirche
- Fähre
- Flughafen
- Hafen
- Höhle
- Hotel
- Internetcafé
- Kino
- Kirche
- Kloster
- Klosterruine
- Krankenhaus
- Leuchtturm
- Markt
- Moschee
- Museum
- Naturschutzgebiet
- Oper
- Parken
- Parkhaus
- Post
- Restaurant
- Ruine/Ausgrabungsstätte
- Segeln
- Sehenswürdigkeit
- Seilbahn
- Strand
- Supermarkt
- Synagoge
- Theater
- Tor
- Touristeninformation
- Turm
- Zoo
- Sehenswürdigkeit
- Burg
- Kirche
- Friedhof
- Zeltplatz
- Berggipfel
- Seilbahn
- Autobahn
- Schnellstraße
- Hauptstraße
- sonstige Straßen
- E 65 Europastraße
- A 65 Autobahn
- 243 Bundesstraße
- Eisenbahn
- Grenzübergang
- Staatsgrenze
- Hauptstadt
- Stadt/Ortschaft

Zeichenlegende

- Fremdenverkehrsbüro
- Anreise mit dem Bus, Busbahnhöfe
- Anreise mit dem Zug, Bahnhöfe
- Hotels
- Chambres (Gästehäuser mit max. fünf Zimmern)
- Campingplätze
- Restaurant, Bistro
- Café, Salon de thé
- Weinverkostungen, Weinverkauf
- Nachtleben, Bars, Diskotheken
- Sehenswürdigkeiten wie Museen, Kirchen, Klöster
- Kulturelle Veranstaltungen, Feste
- Fahrradverleih
- Reiterhöfe, Reitausflüge
- Golfplätze
- Badegelegenheiten
- Bootsfahrten, Kanuverleih
- Wanderungen, Spaziergänge
- Einkaufstipps